ENIGMAS
Y CONSPIRACIONES

Gonzalo Ugidos

ENIGMAS
Y CONSPIRACIONES

EL LADO OSCURO DE LA HISTORIA DE ESPAÑA

la esfera ⊕ de los libros

Primera edición: marzo de 2017

© Gonzalo González Ugidos, 2017
© La Esfera de los Libros, S.L., 2017
Avenida de Alfonso XIII, 1, bajos
28002 Madrid
Tel.: 91 296 02 00
www.esferalibros.com

ISBN: 978-84-9060-945-3
Depósito legal: M. 2.798-2017
Fotocomposición: J. A. Diseño Editorial, S.L.
Impresión: Anzos
Encuadernación: De Diego
Impreso en España-*Printed in Spain*

ÍNDICE

Agradecimientos 11

Cosas que no sabe nadie 13

1. LOS FABULOSOS TIEMPOS.
   Vida y muerte en un «país extranjero» 19
   Hubo un lugar misterioso 40
   Remotos nombres, perdidas lenguas 59

2. LOS DE DENTRO Y LOS DE FUERA.
   Los vascos y las vascas 75
   Damas, trapicheos y un falso Astérix 90
   Sobre herejes y tumbas 111

3. LOS MISTERIOS BÁRBAROS.
   Los viajeros getas 122
   El morbo gótico y otras conjuras 134
   Hielo, agotes y una viuda 152
   Pelayo y el zurriburri famoso 164

4. MEDIA LUNA Y CRUZ A MEDIAS.
   Mentiras en tiempos convulsos 177
   Guifré el Pilós, Otger Cataló y un Campeador 196
   El año mil y una lengua de estreno 213
   El Sabio, el Bravo y el Emplazado 225

5. LUCHAS FRATRICIDAS.
   La mala reputación 244
   Érase una vez en América 263
   El azar de los Austrias 281
   Conquistadores y piratas 298
   Las fronteras de la herejía 319

6. ESPLENDOR Y DECADENCIA.
   Siglo de Oro y conjuras 336
   La mala prensa y la pésima salud 356

7. LUJO, MOTINES Y VOLUPTUOSIDAD.
   Intrigas, un fantasma y una carta escondida 375
   «La Trinidad en la Tierra» 399

8. PISTA, QUE VIENEN LOS ESPADONES.
   El tiempo entre conjuras 431
   «Soldados, la patria nos llama a la lid» 449

9. SECRETOS DE ALCOBA Y DE ESTADO.
   Serrallo, pirañas y negreros 466
   Ni amo ni rey 490
   Agentes y expedientes 506

10. EL GRAN COLAPSO.
    Pa poca salud, ninguna 523
    Corresponsales y el origen del *Guernica* 546
    Paisaje después de la batalla 560

Bibliografía 593

A mi madre.
Y a Pepa Bueno por tantas cosas buenas.

AGRADECIMIENTOS

Les debo a Aida y a Guiomar su estímulo, a Lou su santa paciencia, a Luis Canicio la belleza laica de sus sugerencias, a Paz Arenas su fe supersticiosa, a Delia Diaz su pronto socorro samaritano, a Montse Canadell su complicidad criminal. A todos mis amigos les debo volver a la presencia tras el tiempo de ausencia para poder dar a tiempo este libro a mis editores, a quienes a su vez les debo la confianza.

COSAS QUE NO SABE NADIE

De aquí no se va nadie [...].
Antes hay que deshacer este entuerto,
antes hay que resolver este enigma.

León Felipe

No siempre es posible saber quién hizo qué; nada es elemental, mi querido Watson. (Y no es verdad que Sherlock Holmes dijera lo contrario). Las certezas resultan absurdas y estamos condenados a la incertidumbre aunque resulte incómoda. Lo mismo que el alma humana tiene sus pliegues secretos, la historia tiene sus pasadizos ocultos, como la Torre de Londres.

En ese edificio siniestro, cierto preso dedicaba su existencia agonizante a escribir la historia de Inglaterra mientras esperaba que le rebanaran el pescuezo. Un día, a través de los criados que le traían su sancocho cotidiano, le llegaron noticias de una gran trifulca al pie de la prisión, eran informaciones tan confusas y contradictorias que se le quitaron las ganas de escribir la historia de su país, ya que ni siquiera era capaz de saber a ciencia cierta qué diablos había pasado ahí abajo.

A diferencia de ese pobre recluso, los historiadores tienen un cerebro especial, quieren saber lo que pasó hace mil años cuando se pone cuesta arriba saber lo que pasó hace cien. En un mundo impenetrable y oscuro, son detectives ilusos persiguiendo fantasmas, porque la peripecia humana es como una película censurada: alguien parece haber cortado los mejores trozos. O quizás nos parecen los mejores trozos porque valoramos más lo que hemos perdido. A diferencia de una bola de billar o de la virtud de una madre, la historia no es sólida, orbicular y neta. La historia es blanda como el queso de Burgos y llena de agujeros negros como el queso emmental (el gruyer no tiene agujeros). Muchos se han tapado con remiendos de mentirosos y demasiadas veces se ha dado por buena esa mercancía de contrabando. Cuando observamos con detalle algunos de sus misterios, podemos intuir que la historia de España no es en absoluto lo que suponen muchos.

Puesto que en la Península «alguien» escribía ya en época megalítica, ¿podemos sospechar que no fueron los fenicios quienes trajeron la escritura a Occidente? ¿Cómo llegaron los tartesios a crear una civilización tan lejos de Oriente hace casi cuatro mil años? ¿Hay alguna continuidad esencial que vaya de Tartessos a la Turdetania, la Bética y al-Ándalus y que llegue hasta Andalucía? ¿Quiénes eran aquellas mujeres que hace más de cuatro mil años se casaban lejos y dispersaron la cacharrería campaniforme por toda Europa? Hubo en la Antigüedad dos países llamados Iberia, el nuestro y otro en el Mar Negro, ¿cuántas confusiones provocó esa homonimia en los historiadores antiguos? ¿Los vascos y las vascas son una identidad natural con larguísimo arraigo o un invento romántico? ¿Es el euskera una reliquia inmemorial o solo un papiamento medieval?

La tradición entre los cristianos hispanos era que el Evangelio llegó a la Península de la mano del apóstol Santiago, de creerlo tendríamos que aceptar que en diez años habría viajado al otro extremo del Mediterráneo, habría vuelto a Jerusalén, muerto allí y pese a todo acabar criando malvas en Galicia. Dicen que a Ataúlfo le picaron el billete cuando daba un paseo por las caballerizas, ¿fin de la intriga? No vayamos tan deprisa. ¿Por qué se hundió la monarquía visigótica? Dicen que toda la culpa fue de Witiza, pero sobre eso hay mucho que decir. Las reliquias de la urna de plata de la catedral compostelana, ¿son los restos de Santiago o los del hereje Prisciliano? Lo del tributo de las cien doncellas, ¿fue un peaje de lujuria al moro o una melonada de cronistas pinochos? No sabemos quién fue el verdugo de Leonor de Guzmán, la madre del primer Trastámara, ¿la estranguló con sus propias manos el rey don Pedro?

La historia ha relegado a un segundo plano a la Beltraneja mientras que ha encumbrado a su tía Isabel la Católica, ¿qué complicado juego de intrigas le arrebató el trono a Juana en favor de Isabel? ¿Envenenó la reina católica a su hermano Alfonso para allanar su camino al trono? En el sarcófago de este príncipe en la Cartuja de Miraflores apareció un dedo gordo del pie de una mujer adulta: ¿de quién era? Si esto no fuera un misterio de bastante calibre, aquí va otro para sabuesos senior: ¿quién le sopló a Colón el camino al Nuevo Mundo? Lo llaman el protonauta, pero su identidad está velada por el enigma. Moctezuma tuvo, eso es seguro, una muerte teatral, pero no sabemos quién urdió el drama. Aunque era un iletrado, el mejor cronista de las Indias es Bernal Díaz del Castillo, ¿quién es en realidad, quién usurpó su nombre y por qué?

Felipe el Hermoso, el yerno de Fernando el Católico, no pudo morir de muerte natural, lo envenenaron. ¿Quiénes? Pasaron sesenta y dos años y el hijo de Felipe II murió de mala manera, lo mató la enfermedad, se dijo, pero otros creyeron saber que fue su propio padre quien le dio matarile. Es fácil afirmarlo, pero imposible demostrarlo. Solo sabemos que la historia siempre sabe cómo hacerse inevitable.

¿Por qué un país que tenía acceso a las casi ilimitadas riquezas de América acabó en la miseria? ¿Por qué el último rey Habsburgo de España acabó teniendo fama de hechizado cuando los hechos no ofrecen ninguna prueba? ¿Quién estaba detrás de la escena en la tangana que tumbó a Godoy? ¿Qué poderosa mano mecía la cuna en la que, el día de San Blas de 1794, se abortó la revolución española? ¿Quiénes fueron los padres de los hijos múltiples de María Luisa de Parma? ¿Y los de su nieta Isabel II? ¿Queda, por cierto, algo de borbónica en la sangre de los Borbones?

Otro misterio: la muerte de Prim. ¿Sabe alguien de qué murió el gran patriota? Se sigue diciendo que de varios pistoletazos, que le alcanzaron las balas es seguro, pero está lejos de serlo que el plomo le arrancara la vida. Parece que murió estrangulado. ¿Por qué?, ¿por quién?, ¿a sueldo de quién? Conocemos los nombres de quienes dispararon sobre Cánovas y Canalejas, los que quedaron en el lado oscuro fueron los inductores. Los enigmas y conspiraciones anidan en tierra, mar y aire, porque, ¿qué decir del hundimiento del *Maine* que nos birló la última porción de la gran tarta colonial? ¿Y de los aviones que, en solo un año, acabaron con las vidas de Sanjurjo y Mola y despejaron de obstáculos la gloria del general Franco? ¿Casualidad o conspiración? No sabemos. Pero sí que las apariencias engañan, que las conspiraciones conducen del ronzal a la historia, que el poder, la gloria, el dinero o el sexo se esconden a menudo detrás de la escena. ¿Qué hubo de todo eso en la oscura muerte del periodista francés Louis Delaprée, abatido el 8 de diciembre de 1936 en un avión de la Cruz Roja? ¿Cuál es el poderoso vínculo entre sus crónicas sobre los bombardeos de civiles en Madrid y las imágenes que Picasso inmortalizó en el *Guernica*?

Franco se inclinaba a identificarse con el Eje, por lo que Churchill dio la vuelta al disco e hizo que sonara bajito, muy bajito, la cara B: *Money for Being Stand By*. La melodía hablaba de pasta gansa y solo debía llegar a los oídos de una treintena de altos mandos del régimen de Franco, ¿quién compuso aquella producción orquestada por la inteligencia británica? Cada poco tiempo, alguien se acuerda del oro del barco *Vita*, algunos restos del expolio aparecieron en los años sesenta del siglo XX en dos charcas de agua helada a cien kilómetros de México DF. ¿Cómo llegaron allí y qué fue del resto de aquel tesoro de los republicanos españoles? Y ahora en serio, ¿quién fue el oscuro inventor de la luminosa tortilla de patata? Seguimos navegando entre tinieblas.

Wittgenstein recomendaba un prudente silencio antes que decir bobadas: «De lo que no se puede hablar, hay que callar». Este libro nace de la irreverencia de ignorar el consejo del filósofo vienés y trata de indagar posibles respuestas a esas preguntas, o de enunciarlas al menos como un catálogo melancólico de las cosas que no sabemos y que acaso no lleguemos a saber pero necesitamos saber, porque no es posible levantarse cada día de la cama sin preguntarnos ciertas cosas de la vida secreta de los abuelos.

Este es un libro de conjuras, enigmas, zonas de sombra y ocultamientos, pero no trata de ocultismos, sino de nuestras limitaciones a la hora de comprender algunos hechos, sucesos y acontecimientos. Imaginamos con escalofríos la cara oculta del poder y sus asechanzas en cenáculos restringidos donde conspiran unos cuantos desalmados. Seguro que hay algo de verdad en esta caricatura, pero no exageremos.

Estas páginas están petadas de sospechosos, pero ¿quiénes son los sospechosos? Aquí la cosa se pone interesante, porque siempre hay más sospechosos que culpables. Para discriminar entre unos y otros he tenido en cuenta una cautela: apostar porque lo más sencillo y transparente es lo más verdadero. Es el método de la navaja de Ockham, todo lo contrario de las hechicerías conspiranoicas, esas trampas que la irracionalidad tiende al sentido común. Cuando una manzana cae del árbol podríamos pensar que hay unos diablillos invisibles que han movido el árbol solo por molestar, incluso que la manzana cae como consecuencia de un complot de sectas oscuras con el siniestro propósito de terminar con el consumo de sidra. Yo que creo que es por la gravedad.

Sin embargo, he aprendido a desconfiar de las verdades que carecen de misterio, suelen ser falsas. Como Roy Batty, el replicante de *Blade Runner*, cualquiera que tenga ojos para ver, verá sin esfuerzo cosas muy misteriosas: atracar naves tirias más allá de las Columnas de Hércules, brillar el oro de Tartessos en las orillas del lago Ligustino, una chusma de edetanos poniendo en fuga a las legiones de Roma y tribus nativas rompiendo el cascarón de la prehistoria y dando palos de ciego en los caminos del porvenir que se bifurcan entre el olvido o el enigma. Todos esos misterios se perdieron en el tiempo. Es hora de recuperarlos.

1

LOS FABULOSOS TIEMPOS

VIDA Y MUERTE EN «UN PAÍS EXTRANJERO»

Pocos están del todo muertos:
sopla las cenizas del hombre muerto
y una llama se encenderá.

ROBERT GRAVES

LA MISTERIOSA DAMA ROJA QUE ERA NEGRA

Salvo que debió de ser una mujer muy especial, poco se sabe sobre la Dama Roja y sobre el significado que sus enterradores quisieron dar a la tumba de una de las mujeres más misteriosas de la Prehistoria europea. La enterraron los magdalenienses en Cantabria hace diecinueve mil años. Sus genes muestran que era negra. Cuando apareció en la cueva de El Mirón se abrió una nueva ventana a través de la que fisgar en la vida de nuestros antepasados, porque el estudio genético de restos de europeos que murieron hace miles de años proyecta chorros de luz sobre la Prehistoria. Lo que vemos en el Paleolítico Superior, desde hace cuarenta y cinco mil años hasta hace siete mil, es una historia de poblaciones que reemplazan a otras, migraciones en una escala dramática y un clima que estaba cambiando de forma radical.

Hace diecinueve mil años, los humanos que vivían en Europa comenzaban a recuperarse de la etapa más dura de la última glaciación, que había cubierto de hielo buena parte del norte del continente. Huyendo de aquel frío de mil demonios, muchos de aquellos humanos se habían refugiado en las cuevas del sur de Europa, sus pinturas en las paredes revelan la sofisticación de aquella peña, pero se sabe muy poco sobre su estilo de vida, cómo se organizaban o en qué creían. No hay hechos sino interpretaciones.

Aunque los primeros sapiens llegaron a Europa hace unos cincuenta mil años, su huella genética ha desaparecido por completo en las poblaciones actuales. Las primeras poblaciones con las que los europeos de hoy tienen algún parentesco se remontan a hace treinta y siete mil años y pertenecían a la cultura auriñaciense. Por entonces, Europa vivía en la última edad de hielo, con los glaciares avanzando desde el norte de Europa y empujando a pueblos enteros a la migración o el exterminio. Cuatro mil años después apareció otro grupo que reemplazó casi totalmente al anterior y que se asocia con la cultura graventiense, originaria de Francia, aquella gente hacía pinturas de manos en negativo y esculpía en hueso venus orondas.

Pero, de forma inesperada, hace unos diecinueve mil años, reaparecieron los descendientes de la cultura auriñaciense. Restos humanos encontrados en Cantabria demuestran que los habitantes de esta zona estaban directamente emparentados con ellos. Posiblemente aquel pueblo migrase a refugios cálidos de la Península Ibérica y cuando se fue templando el clima tras la última glaciación volvió a expandirse hacia el norte de Europa, reemplazó a sus habitantes y recuperó el territorio perdido. Hace unos catorce mil años, otra población llegada de Oriente Próximo se instaló en el continente, se convirtió en dominante y sustituyó a buena parte de los pueblos anteriores. Conocemos esa última oleada gracias a los restos de un cazador recolector encontrado en Villabruna, Italia. La marca genética de este grupo se perpetuó durante milenios, pariente suyo era el cazador recolector de La Braña (León), que vivió en el Mesolítico, entre hace diez mil y cinco mil años, antes de la llegada de la agricultura y la ganadería.

Aunque los procesos selectivos implicados en la crucial transición a la agricultura no se conocen bien, la llegada del Neolítico, con una dieta basada en carbohidratos y con nuevos patógenos transmitidos por los animales domesticados, supuso desafíos metabólicos e inmunológicos que se reflejaron en adaptaciones genéticas; por ejemplo, la capacidad de digerir la lactosa, que el leonés de La Braña no poseía. El análisis del ADN extraído de uno de sus dientes produjo desconcierto: el hombre tenía los genes africanos de la piel oscura, pero poseía las variantes genéticas que originan los ojos azules en los europeos actuales. ¿Qué significa este lío? Pues que la transición al tono de piel más claro aún estaría produciéndose en el Mesolítico y el cambio del color de los ojos sería anterior. Hasta hace unos catorce mil años todos los europeos tenían la piel oscura y los ojos marrones. Los primeros individuos con piel clara vivieron hace unos trece mil años; después, con la llegada de los primeros agricultores desde Oriente Medio se inauguró el Neolítico y la tez blanca se hizo mucho más común. En otras palabras, los europeos fueron negros durante la mayor parte del tiempo.

¿Quiénes fueron los primeros peninsulares blancos? En los Pirineos habitaban montañeses que adoraban los cantos pintados —los azilienses—, mientras que en las costas cantábrica y atlántica se establecieron gentes que comían mariscos —los asturienses—. ¿Qué tienen que ver unos y otros con nosotros? Genéticamente casi todo, étnicamente nada, porque esa pregunta tiene una trampa, da por supuesto que los españoles de hoy tenemos algo que ver con los que retrospectivamente tildamos de españoles, como si el propietario de una finca tuviera que tener algún parentesco con los propietarios anteriores. Frente a la tendencia, tan propia de los historiadores románticos, a hablar de «nuestros» orígenes o de «nuestro» pasado, es bueno recordar, como dice Leslie P. Hartley en *The Go-Between,* que «el pasado es un país extranjero», ajeno a nosotros; no es «nuestro». La creencia de que las claves de la identidad actual se encuentran en la Prehistoria es muy discutible. De las afinidades genéticas de un grupo humano con otro que ocupó el mismo hábitat hace siete mil años no se sigue que entre ambos exista una continuidad étnica.

Vuelvo a la misteriosa Dama Roja del magdaleniense. El hecho mismo de encontrar enterramientos de esa época ya es extraordinario; son muy escasos y se concentran en un periodo más antiguo, el Gravetiense, hace más de veintiocho mil años. Después hay un periodo en el que apenas existe nada y hace unos diecinueve mil años empieza a haber más inhumaciones, pero aún son muy pocas: media docena en Francia y solo el hallazgo de la Dama Roja de El Mirón en la Península Ibérica. No sabemos qué hacían con los cadáveres, aunque en casos muy contados los enterraban en las cuevas.

Esta señora tenía entre treinta y cinco y cuarenta años cuando murió y la rareza de su entierro hace suponer que debía de ser alguien especial.

El óxido de manganeso que cubre los huesos sugiere que por algún motivo dejaron descomponerse el cuerpo a la intemperie y después, antes de enterrarlo, lo cubrieron con ocre. Esa pintura roja, hecha con óxido de hierro, no se manufacturó con materiales autóctonos, lo cual es un indicio más de que aquella gente dio un tratamiento VIP a las exequias de la Dama Roja. La práctica de cubrir con tinte rojo los huesos de algunos muertos es antigua y ni siquiera exclusiva de los sapiens; de hecho, esta mujer cántabra debe su nombre a la mal llamada Dama de Paviland, un esqueleto de treinta y tres mil años hallado en Gales y cubierto de ocre. Se dieron prisa en ponerle nombre y finalmente resultó ser un hombre.

Los cuidados especiales no libraron a la Dama Roja de sufrir algunas vicisitudes impropias de un personaje que podría haber tenido algo de sagrado. En algún momento tras el entierro, perros o lobos profanaron la tumba y royeron la tibia. Los enterradores recuperaron el hueso y lo volvieron a inhumar con el resto del cuerpo. Aunque el esqueleto está bastante entero, faltan el cráneo y algunos huesos que probablemente fueron conservados como reliquias. Mujer fatal, hay otros detalles intrigantes en la vida y la muerte de nuestra dama. El hallazgo de polen en el enterramiento sugiere que entre los honores que dispensaron a la difunta se encontraban las flores, aunque el polen podría proceder del estómago de la muerta, que tal vez consumió las flores por su poder medicinal. El esmalte de sus dientes, el sarro acumulado y su desgaste nos hablan de la alimentación en el magdaleniense: alrededor del ochenta por ciento de su dieta lo constituían animales terrestres como el ciervo o el íbice, el resto de la manduca eran salmones, pocos vegetales y setas.

Probablemente, el grupo humano que con tanto mimo despidió a la Dama Roja fue el mismo que repobló el norte de Europa cuando los hielos lo permitieron. Al menos eso hicieron los peces. La Península Ibérica sirvió de refugio a los ancestros de los salmones que ahora viven en el Mar del Norte y en el Báltico. El genoma sugiere que las poblaciones actuales más cercanas a la Dama Roja son las de Escandinavia. Tal vez por eso tengamos querencia por las suecas.

LOS ABISMOS GENÉTICOS

Cualquier descubrimiento trastorna el pasado como un terremoto. Basta con que un buen día un paleontólogo abra una excavación y encuentre un hueso para que se hundan capítulos enteros de la historia humana. La paleontología es como una máquina para viajar en el tiempo. Aunque la gloria se la llevó H. G. Wells, la primera máquina del tiempo la imaginó en una novela de 1887 el español Enrique Gaspar. La llamó *anacronópete* y permitía viajar al pasado. En realidad esa novela era el plan B de su autor, que llevaba desde 1881 tratando de montar su zarzuela *Viaje hacia atrás verificado en el tiempo desde el último tercio del siglo XIX hasta el caos*. Mi viaje tiene justo la dirección inversa y empieza por el caos. A Enrique Gaspar no le fue bien con su libro, que, a pesar de sus soberbias ilustraciones, fue un fracaso. Yo, que he hecho el viaje al revés, confío en tener mejor suerte sin estampas.

Los pueblos han tardado milenios en salir del vientre de su madre, la caótica Prehistoria. Cuando asoman a nuestros ojos en las páginas de los antiguos historiadores o geógrafos, los pueblos ya son mucho más viejos que el rodapié de las cuevas de Altamira. Catervas de humanos abandonaron un día su territorio movidas por apetencias primarias o inquietudes indefinibles, por angustiosos temores, por la ambición de un guerrero o por el sueño iluminado de un caudillo, por disidencias religiosas o políticas.

Ese asunto tiene más puntos oscuros que el pellejo de los ciento un dálmatas. Lo que está claro es que España, como todo, empezó por no existir, pero fue precoz en su existencia. La Península fue durante milenios el fondo de saco del mundo. Aquí acababan los caminos del mundo antiguo: los que arrancaban del Danubio o desde el Báltico, los que llegaban por el mar desde el Oriente cercano o desde las islas del Mediterráneo oriental; también los que desde el África nilótica o magrebí cruzaron el Estrecho cuando era más estrecho. Pero, ¿cuándo llegaron aquí los primeros okupas? El estudio de las líneas de costa del Estrecho de Gibraltar permite conjeturar que un grupo de *Homo ergaster* pudo cruzar desde África hace un millón ochocientos mil años a través de una lengua de tierra formada en la llamada glaciación Donau. Cientos de miles de años más tarde, a esta primera migración africana siguieron otras dos protagonizadas por heidelbergensis y sapiens, nuestra propia especie. A estos últimos, los interioristas de Altamira, se unieron al comienzo del Holoceno (hace doce mil años) nuevas razas preibéricas norteafricanas y formaron el primer sustrato étnico y lingüístico peninsular. Luego, claro, hubo otros choques y mestizajes de los que fueron naciendo nuevas culturas.

Total, que desde el Paleolítico Inferior hasta el Mesolítico, llegaron culturas como la clactoniense africana y la tayaciense, auriñaciense y graventiense nacidas más allá del Pirineo, y aquí coincidieron después la solutrense y la magdaleniense. Durante el Neolítico continuaron llegando desde el norte y desde el sur otras gentes portadoras de cacharrería cerámica, aperos agrícolas, herramientas mineras y culto a los muertos y a las fuerzas misteriosas de la vida. ¿Por qué todo el mundo venía aquí? Según cuenta Herodoto, los griegos foceos creían que en Hispania se ataban los perros con longanizas, tal vez por eso, desde regiones muy diversas del Viejo Mundo, llegaron después a la Península los tirsenos o etruscos, los íberos, los ligures, los ilirios, los celtas, los griegos, los fenicios y los cartagineses. Y después, los romanos y los godos, hasta que los musulmanes desembarcaron en la montaña de Tariq —Gibraltar— durante la noche del 27 al 28 de abril de 711. Pero todo a su tiempo.

Hace más de cien años, a pocos kilómetros de Burgos, se excavaba una zanja ferroviaria de veinte metros de profundidad y aparecieron un montón de huesos de animales extintos. Desde luego no eran los restos de una descomunal barbacoa, pero a nadie le importó mucho, hasta que a finales del siglo XX los paleontólogos descubrieron que el lugar era un archivo de la genealogía humana. En aquel páramo de Atapuerca habían vivido cuatro especies humanas diferentes: el antecessor hace más de un millón de años, el heildelbergensis hace medio millón, el neandertal y el sapiens hace unos doscientos mil años. Los investigadores pudieron abismarse en el vértigo de un espacio de tiempo que representa más de cuarenta y cinco mil generaciones de vida humana, soplaron sobre las cenizas del hombre muerto y empezaron a descifrar un centón de enigmas. Vamos con ellos.

Humano es un animal que pertenece al género *Homo*; o sea, que tan humano es el antiquísimo Homo antecessor como el moderno Homo sapiens. La primera humanización del hombre es un profundo misterio y ha sido absolutamente impenetrable hasta hace poco. El Pleistoceno

Inferior (entre dos millones y medio y setecientos ochenta mil años) es el tiempo del Homo antecessor, un poco antes de la división de las líneas evolutivas que condujeron separadamente a los neandertales y a nuestra especie. Hace cuatrocientos treinta mil años, al menos veintiocho niños y adultos de ambos sexos fueron sepultados en la Sima de los Huesos de Atapuerca. No está claro si era una trampa mortal o una tumba con sentido religioso. Se ha conseguido analizar ADN nuclear de dos individuos del barranco: se trata de material genético extraído del núcleo celular más antiguo jamás analizado. El simple hecho de haber conseguido rescatarlo a partir de unos pocos microgramos de hueso molido de un fémur, varios dientes y escápulas, es ya una hazaña que recuerda *Parque Jurásico*, pero lo más interesante es la historia que parece desvelar.

Esos veintiocho humanos son neandertales arcaicos, ancestros de los miembros más modernos de esta especie, que vivió en Europa hasta hace unos treinta y cuatro mil años y con los que los sapiens tuvieron sexo e hijos. El relato que nos cuenta este material habla de hibridaciones persistentes, de sexo e hijos fértiles entre unas especies y otras. Lo cual nos deja perplejos, porque la clasificación de los organismos en especies presupone que las especies diferentes o no se aparean entre sí o, si lo hacen, engendran hijos estériles, como cuando se cruzan yeguas y burros —o burras y caballos— y nacen mulos o mulas.

Como los genetistas han descubierto que la Eva mitocondrial, una mujer africana de hace doscientos mil años, es el ancestro común más reciente de todos los humanos modernos, sabemos que ni los antecessor de Atapuerca ni esa otra especie preneandertal son parientes nuestros; pero vivieron aquí. ¿De dónde procedían aquellos hombres? ¿Por dónde llegaron a la Península?

Encuentro la respuesta en un estudio de la revista *Journal of Human Evolution,* que documenta la entrada de homininos hace casi un millón de años por el sur de la Península Ibérica, cruzando desde África el Estrecho de Gibraltar. Si hasta ahora la teoría dominante establecía que la dispersión humana desde África hacia Europa se había producido dando la vuelta al Mediterráneo por el norte y llegando a la Península a través de los Pirineos, a partir de ahora habrá que considerar que los primeros pobladores de la Península llegaron en patera con mejor fortuna que el pasaje del *Titanic*. El periodo en el que vivieron estos homininos coincide con registros de una caída de cien metros del nivel del mar, lo que habría estrechado el ancho del Estrecho. O sea, que a lo mejor no necesitaron ni pateras, un chapuzón y ya está.

En el Pleistoceno Superior (desde hace ciento veintisiete mil años) vivieron en Europa los tipos humanos neandertal y sapiens. *Neanderthal*, significa valle del Neander. A orillas de ese río alemán se encontró el primer cráneo que dio nombre a este tipo humano fósil. Hay dos importantes genes neandertales, uno está relacionado con la pigmentación y nos permite suponer que eran rubianco-pelirrojos; el otro, con la capacidad para el habla, y nos deja deducir que podían hablar como los cromañones. Aquellos tipos chaparros y fortachones, de enorme nariz, arcos supraorbitarios prominentes y mentón huidizo, empleaban utensilios y fuego, eran buenos cazadores, tenían rituales de enterramiento, usaban adornos y pigmentaciones corporales. Eran antropófagos, pero no muy distintos de nosotros, desde luego no muy distintos de Hannibal Lecter y tal vez mejores que algunos de nosotros. Ellos nunca dirían como Homer Simpson: «¡Por favor, no me comáis! Tengo mujer e hijos ¡comeos a ellos!». Los neandertales cuidaban de sus enfermos. Se han encontrado huesos de neandertales que vivieron durante muchos años con impedimentos físicos graves. ¿Quién los cuidaba?: sin duda sus propios parientes.

Total, que no eran muy distintos de nosotros, salvo que tal vez ni sabían decir croquetas ni comerlas con cuchillo y tenedor. Se extinguieron hace cuarenta mil años en toda Europa, pero no en la Península. En la cueva del Boquete de Zafarraya, en el pueblo malagueño de Alcaucín, restos de neandertales se han datado en treinta y cuatro mil años. Mientras en el resto de Europa era sustituido por el humano moderno, el neandertal resistía en Andalucía. ¿Por qué? Lo veremos. Antes penetremos en el enigma de su exterminio.

LA MADRE DE TODAS LAS CONSPIRACIONES

Los milenios transcurridos protegen con celosa vigilancia su misterio. Desvelarlo es contar una historia de las más increíbles, con un componente de intriga que la vuelve apasionante. Cuenta Yuval Harari, en *Sapiens*, que hace seis millones de años una mona tuvo dos hijas. Una se convirtió en el ancestro de todos los chimpancés; la otra, en el de todos los humanos. Desde hace unos dos millones de años hasta aproximadamente treinta y cinco mil, el mundo fue a la vez el hogar de varias especies humanas, media docena al menos. No es mi intención ponerme melancólico. Ni siquiera triste, que es más de barrio, pero solo queda una y esa exclusividad oculta un enigma que no habla nada bien de nuestra especie.

La evolución del *Homo ergaster* que salió de África hace unos dos millones de años, dio lugar en Europa al neandertal, los que se quedaron en África cursaron en sapiens. Hace unos setenta mil años sapiens africanos se extendieron por la Península Arábiga y desde allí invadieron el continente euroasiático, que ya estaba colonizado por los neandertales. De entrada, ellos sí que son auténticos europeos. En la Península Ibérica hay pruebas de su existencia desde hace unos doscientos treinta mil años. Surgieron en el Paleolítico Inferior y desaparecieron después de haber creado la cultura musteriense. Los últimos neandertales vivieron en Andalucía hasta hace treinta y cuatro mil años. Luego, nada. Los sapiens nos quedamos solos en el mundo. Las causas de la extinción de aquellos parientes son inciertas.

La tolerancia no es una marca de fábrica de los sapiens. ¿Habrían sido los antiguos sapiens tolerantes hacia una especie humana diferente? Puede que la competencia por los recursos derivara en la primera conspiración de violencia y exterminio. De acuerdo con esta teoría, los sapiens sustituyeron a todas las poblaciones humanas anteriores sin mezclarse con ellas. Si este fuera el caso, los linajes de todos los humanos contemporáneos pueden remontarse exclusivamente a África Oriental, hace unos cuarenta mil años. Todos seríamos sapiens puros.

Pero no lo somos. Un pequeño porcentaje de nuestro acervo genético es neandertal. O sea, que hubo sexo y mezcla. A medida que los inmigrantes africanos se extendían por el mundo, se reprodujeron con otras poblaciones humanas y la peña actual es el resultado de ese entrecruzamiento. No nos importó echar una cana al aire sin considerarlo animalismo, de hecho no lo era porque nuestra lógica más profunda, la genética, no vio inconveniente. De aquellos polvos han venido estos lodos que la ciencia descubre ahora en nuestro genoma. Habría, pues, un detalle escabroso de la Prehistoria: hubo perreo, nuestra especie africana no solo se lo montó repetidamente con aquella alemana, sino que nacieron hijos fértiles y dejaron un rastro que pervive hoy en las células de todo quisque; de hecho el porcentaje de ADN neandertal que lleva nuestra especie, aunque ha disminuido por cierta incompatibilidad evolutiva, todavía es del dos por ciento. Y no fue un calentón de un día, fueron centenares de veces durante miles de años. Tantas veces y tantos años que me parece inverosímil descartar que hubiera amor y no solo calentones. A menos que sean la misma cosa como creía Cioran, que llamaba al amor «irrisoria sublimidad del instinto». ¿Y qué tiene que ver este culebrón con nuestra Prehistoria? Voy a ello.

Los neandertales debieron de llegar aquí por el Pirineo. Hasta hace bien poco era un enigma que resistieran en la Península cinco milenios más que en el resto de Europa. Ahora tenemos una conjetura verosímil. Cerca de Nápoles se produjo hace unos treinta y nueve mil años la mayor explosión volcánica del Pleistoceno, la supererupción Ignimbrita Campana. La ceniza se extendió a lo largo y ancho de tres millones de kilómetros cuadrados. Fue el estallido más colosal que ha tenido lugar en Europa durante los últimos doscientos mil años.

Las erupciones volcánicas tienen dos fases, la primera es explosiva: magma y piedras escapan con violencia, en la Ignimbrita Campana la columna inicial alcanzó la estratosfera y llegó hasta los cuarenta y cuatro kilómetros de altura. En la segunda fase, las partículas más pequeñas se dispersan por la atmósfera. La ceniza llegó a Rusia y cubrió una tercera parte de Europa. La erupción no solo acabó con los sapiens de la zona sino que detuvo mejor que las vallas de concertinas la migración que estaba teniendo lugar desde la Europa Oriental a la Occidental. Los sapiens que venían del este no pudieron pasar, y los que ya lo habían hecho quedaron confinados en Francia.

Aquí está la clave que salvó a los neandertales de la Península durante unos cinco mil años más. De haber continuado la transición que estaba teniendo lugar, los sapiens hubieran pasado el Ebro y competido con los neandertales de la Península Ibérica. La consecuencia, como sucedió en el norte de Europa, hubiera sido con toda seguridad la extinción de esta especie. Gracias al muro de cenizas depositadas en un suelo devastado, se han podido encontrar restos de neandertales en España hasta cinco mil años más recientes de lo esperado. Vaya, que la Península fue la última reserva neandertal. De lo cual sería temerario sacar conclusiones.

FUEGO Y BISONTES

Los beneficios de la bipedestación siguen siendo realmente difíciles de calcular. Una conjetura entre los biólogos evolutivos es que pudo ser una ventaja competitiva, porque mirando al horizonte nuestros ancestros se adelantaban a la carrera de los depredadores al acecho. Además, caminar sobre dos piernas liberaba las manos para tirar piedras a lo que podría convertirse en comida, o para tirar piedras y espantar a otras criaturas bípedas que estaban tirando piedras a lo que podría convertirse en su comida. Nada de esto es seguro porque compartimos la bipedestación con los osos o lo gorilas, que no tiran piedras. Fuere cual fuere la ventaja evolutiva, tal vez mirando a los cielos y contando las estrellas el *Homo erectus* podía descubrir dioses que lo amparasen con ideas luminosas como la de fabricar instrumentos.

¿Qué fue primero, el ser humano o sus herramientas? Otra vez la aporía del huevo y la gallina. Es una pregunta sin sentido. El huevo y la gallina se presuponen el uno a la otra y viceversa. El humano se hizo humano con los instrumentos en un proceso dialéctico. Se produjo a sí mismo produciendo instrumentos. No existen los instrumentos sin el ser humano ni el ser humano sin los instrumentos. Aparecieron simultáneamente y están indisolublemente ligados. Un organismo vivo relativamente desarrollado se convirtió en humano trabajando con objetos naturales. Al ser utilizados de este modo, los objetos se convirtieron en instrumentos, o sea, artefactos culturales. La genealogía de la cultura tiene tres edades: la de *utilidad* (la industria lítica del *Homo habilis),* la *estética* (el hacha simétrica del *Homo ergaster*), la de *espiritualidad* (el arte rupestre de los cromañones).

Ya tenemos un bípedo que hace herramientas, ¿qué falta? Una pista: quema. Caliente, caliente. El dominio del fuego es algo que nos separa esencialmente del resto de especies del planeta. Prometeo no fue el único que lo robó a los dioses para entregarlo a los hombres, Loki hizo lo mismo en el norte de Europa, Maui en la Polinesia, y en otras culturas fueron los espíritus animales. Incluso Moisés descubrió a Yahveh en una zarza ardiendo. Pero solo tenemos un dibujo borroso de cómo nuestros antepasados comenzaron a relacionarse con el fuego. Tal vez cayó un rayo sobre un árbol, un grupo de homininos curiosos se acercó a contemplar ese extraño fluido que brillaba y bailaba en la noche. Tal vez trataron de agarrarlo y recibieron un mordisco hasta que pudieron llevarse un poco en un palo. Servía para iluminarse, calentarse y ahuyentar las fieras. Casualmente dejaron algún alimento junto a él y descubrieron que la comida estaba rica, rica. Aprendieron controlar el fuego, a cocinar y a habitar en cuevas. El hogar es donde está la hoguera. Los cambios en su dieta determinaron su evolución y expansión al resto del mundo. Hasta hoy. Los humanos somos monos pirofílicos, el fuego nos dio un poder que no tenían otras criaturas. Alan Couch, de la universidad de Canberra, propone que el fuego fue también una presión selectiva para que los humanos perdiéramos el pelaje corporal: fuego y pelo se llevan mal.

Los restos más antiguos del uso del fuego por el ser humano tienen un millón de años; otra cosa es cuándo se convirtió en algo cotidiano, cuándo aprendieron a encenderlo con la rotación de un palo sobre un madero o mediante chispas de piedras que contenían piritas de hierro. Desde luego, el *sapiens* aún no había comparecido en este mundo. Entonces, ¿a quién debemos la tecnología del fuego? Todo apunta que al Homo erectus; pero seguimos moviéndonos en el suelo blando de la conjetura.

Al mismo tiempo que se domesticaba el fuego, aparecían en África los bifaces, unos utensilios tallados por las dos caras con una novedosa perfección y simetría. No fue un descubrimiento, fue un invento que respondía a una búsqueda deliberada, es decir, consciente. Esos instrumentos con una forma determinada ya existían antes en la mente del autor, los había imaginado a la hora del despioje. Se cree que los bifaces fueron fabricados por el *Homo ergaster*. Aquellos tipos eran primitivos, desde luego, pero sabían lo que se traían entre manos. Eran conscientes. Tenían cacumen. El cerebro genera la consciencia, en ese órgano esponjoso de algo más de un kilo de peso hay un grupo de neuronas con propiedades especiales que otorgan lucidez sobre las percepciones sensoriales y sobre las ensoñaciones y deseos. Los humanos de hace dos millones de años tenían un cerebro de unos seiscientos centímetros cúbicos, más o menos la mitad que el de los sapiens modernos.

¿Qué fue lo que impulsó la evolución del cerebro humano durante estos dos millones de años? Francamente, no lo sabemos; pero sí que el ergaster, combinando curiosidad y perspicacia, fue capaz de hacer lo que era imposible para otras especies. Sus utensilios de cuarcita o de sílex fundaron una cultura tecnológica. A fin de cuentas, la diferencia entre fabricar cuchillos de piedra o *smartphones* es solo una cuestión de grado.

El primer hombre que dio forma a una piedra para ponerla a su servicio, fue el primer artista y el primer visionario. El excitante descubrimiento de que las piedras podían convertirse en instrumentos capaces de modificar el mundo exterior alumbró una idea alucinante en la mente primitiva: podían hacer prodigios con instrumentos, se podía conjurar la naturaleza sin esfuerzo. Fascinado por el poder de la voluntad —que prevé y provoca cosas en la realidad que inicialmente solo existen como idea en el cerebro— adjudicó un poder inmenso a los actos de la voluntad. La magia de la fabricación de instrumentos llevó a intentar la extensión de la magia al infinito. Así nacieron los grafiti rupestres, una forma ilustrada del conjuro. Una forma manual.

El ser prehumano se convirtió en humano porque disponía de manos con las que podía coger y sostener los objetos. El pulgar oponible de la mano es la iniciadora de la humanización. Si somos tan diferentes del resto de los mamíferos es porque les ganamos por la mano. Gracias al pulgar oponible, la técnica acabó por convertirse en un modo de existencia, en una condición antropológica. Si los pies delanteros no se hubieran convertido en manos, no solo no existiría el baloncesto, sino que no existiría nada que sea humano. Y nada más humano que el arte.

Debía de ser por el año 1868, ni siquiera en este dato hay acuerdo, cuando el perro del aparcero Modesto Cubillas, olfateando el rastro de una presa, acabó aventurándose por una abertura en la montaña y quedó atrapado. Cuando su amo desprendió algunas rocas para liberarlo, apareció ante sus ojos una oquedad que parecía muy grande. Pero fuese y no hubo nada. El gran hallazgo tuvo lugar once años después, cuando el patrón de Cubillas, Marcelino Sanz de Sautuola, fue a la cueva acompañado por su hija María, de nueve años, que con sus asombrados ojos de niña descubrió los grafitis: «¡Papá, mira, bueyes pintados…!». Aquella exclamación refería, sin saberlo, que se habían adentrado en el útero de la humanidad. Pinturas rupestres. ¿Qué significan? ¿Qué sentido tienen, qué objetivo? ¿Magia simpática, atraer la caza, favorecer la fecundidad de los animales, la fecundidad en general? Buenas preguntas de difícil respuesta.

El momento estelar del Paleolítico Superior en la Península es el establecimiento de los magdalenienses en el Cantábrico. Venían del otro lado de los Pirineos, en donde se extendían por la cuenca del Garona y de sus afluentes el Dordoña y el Vézère. Sobre la ribera izquierda de este río, en la preciosa región del Périgord Noir, hay un pueblo con un nombre menos largo que su pasado, se llama Les Eyzies-de-Tayac-Sireuil y apenas tiene mil habitantes, pero fue el Nueva York de la Prehistoria, aunque lo que en Manhattan son torres allí son cuevas. Quiso el azar que el mismo año que el aparcero Modesto Cubillas descubría Altamira, el geólogo Louis Lartet descubriera los primeros cinco esqueletos de cromañones, los ejemplares más antiguos conocidos de *Homo sapiens,* en un abrigo rocoso, a mano derecha justo donde termina la calle principal de Les Eyzies-de-Tayac-de-etc. A pocos kilómetros está Lascaux, una cueva primorosamente decorada por aquellos cromañones. Aquellos estetas habitaron también las cuevas de Altamira, Tito Bustillo, Castillo y otras muchas.

Quince mil años después, las pinturas parietales aún hoy son un misterio, pero es casi seguro que son fruto de una sociedad jerarquizada y especializada. Algunos miembros del grupo podían permitirse no ir al curro y dedicarse a la magia para propiciar una buena jornada de caza a sus compañeros. Aquellos cromañones eran cazadores de aventura y salían a emprender amplias batidas. Les tocaron, como a nosotros y a todas las generaciones, tiempos crueles e inseguros. Hacía más frío que en una fábrica de helados y la caza era esquiva. Felizmente, lograron vencer la adversidad elaborando un repertorio instrumental. Los cromañones eran más listos que un Balón de Oro haciendo la declaración de la renta e inventaron las barcas, las lámparas de aceite y los arcos. Ahora que nada como el cincel, con él hicieron virguerías. Tallaron delicadas hojas, cuchillos, taladros, buriles y puntas. Además, aprendieron a trabajar el asta y el hueso e inventaron el arpón, el anzuelo, la azagaya, la aguja y la flecha.

Como los magdalenienses eran más estetas que Oscar Wilde, además de orfebres se hicieron virtuosos del arte parietal. Después de ellos, las pinturas rupestres fueron decayendo hasta desaparecer en formas esquemáticas. Es una pena que su inspiración artística se truncara. ¿Por qué? Lo ignoramos. Solo en el prelitoral mediterráneo en época incierta, aunque posiblemente hacia los años siete mil a tres mil a. C., hubo una réplica expresionista de la gran pintura animalística aquitanocantábrica. La figura humana adquirió el papel de protagonista.

O sea, que hubo dos provincias fundacionales del arte en aquellos nebulosos años paleolíticos: la aquitanocantábrica y la mediterránea. ¿Cuántos eran?: unos veinticinco mil, tal vez el doble pero no más. Eran inmigrantes, llegaron durante la última glaciación, hace cuarenta mil años o poco más, probablemente del norte, por eso se los llama magdalenienses, por la cueva francesa de La Madeleine, pero no es descartable un origen asiático (auriñacienses) o africano (solutrenses).

¿En qué idioma hablaba la gente de Altamira? Ni idea, pero tampoco importa mucho. Lo más fascinante de aquella peña sigue siendo su misterio. Si no podemos descifrarlo, si no podemos rasgar el velo de su secreto, disfrutemos de él en el virtuosismo de unas pinturas inquietantes.

DIOSES, HÉROES Y OTROS ANTEPASADOS

Para los románticos, en la historia como en el amor la belleza está en las vísperas, cuando las cosas aun no ocurrieron, cuando las cosas se imaginaron y por tanto se idealizaron. Para los románticos la belleza está en la Prehistoria, en ese tiempo prestigioso por lejano en el que todo estaba lleno dioses, héroes o personajes extraordinarios cuya actuación fue memorable, aunque no siempre ejemplar. El mito es un prólogo de la historia. La historia acecha las respuestas, pero a diferencia del mito no siempre las alcanza.

Desde la aparición del sapiens hace unos doscientos mil años, las andanzas de los humanos por el mundo son un catálogo de partes alimenticias y agujeros llenos de nada. El horror a ese vacío lo llena el mito, pero el auténtico corrosivo de los misterios es la realidad, por más que siempre haya románticos que se resistan a sustituir la Biblia por el ADN y el mito por la mitocondria. La genética es una ciencia cáustica y cuantos más datos acumula más luminosos se vuelven los orígenes, para desgracia de los muy fans de los dioses y héroes ancestrales.

Los estados existentes y, sobre todo, las comunidades que quieren llegar a ser estado, buscan legitimidad presentándose como encarnación de un pueblo ancestral, natural y único. Sabino Arana, el fundador del nacionalismo vasco, insistía en que el pueblo vasco se remontaba a siete mil años. Su cifra no era caprichosa: siete mil años era el tiempo transcurrido desde el Diluvio Universal y la división de la humanidad en pueblos y lenguas, según el relato bíblico. El pueblo vasco no era solo una identidad natural con larguísimo arraigo, sino producto de la voluntad divina. Es una afirmación arrogante, pero nada original. No hace falta ser de Bilbao para ser goropiano. La ingenua creencia de que el propio pueblo es el más antiguo del mundo tiene un nombre, se llama goropianismo porque el holandés Ioannes Goropius publicó, en 1572, un libro para demostrar que todas las lenguas descendían del holandés. Naturalmente, el goropianismo es anterior a Goropius como los yonquis son anteriores a la farlopa. Pero Goropius fundó escuela.

Como denuncia su segundo apellido, Modesto Lafuente y Zamalloa era vasco por parte de madre bilbaína, y solo un año coincidió con Sabino Arana en su tránsito por la vida. Cuando Modesto murió, Sabino tenía un añito. Ambos eran goropianos, ambos estaban de acuerdo en que había naciones predestinadas a la gloria por la providencia. Ambos eran románticos que hacían historia romántica y la historia romántica suele ser falsa once veces de cada diez. Sabino creía que era Euskadi y Modesto que era España. Así empieza Modesto Lafuente su colosal *Historia general de España*: «Si alguna comarca o porción del globo parece hecha o designada por el grande autor de la naturaleza para ser habitada por un pueblo reunido en cuerpo de nación, esta comarca, este país, es la España».

Lafuente pensaba en las míticas riquezas de la Península. Sobre esas riquezas ancestrales escribe el Pseudo Aristóteles:* «Cuentan que en Iberia, habiendo sido incendiadas las selvas por unos pastores y habiéndose caldeado la tierra con la leña, a los ojos de todo el mundo se vio fluir plata del suelo. Tiempo después, con motivo de haber sobrevenido unos terremotos y haberse agrietado aquellos lugares, se reunió una gran cantidad de plata, que proporcionó grandes ganancias a los colonos griegos». Pero, por lo visto, las riquezas estaban también en el cielo, cuenta el escritor griego Claudio Eliano que más allá de las Columnas de Hércules, Eudoxo vio unas aves más grandes que bueyes. A esas Columnas las llamamos hoy Estrecho de Gibraltar.

La Biblia había elogiado el oro de Tartessos y se creía que los Campos Elíseos eran las riberas del Betis. Dada su situación geográfica, en el extremo occidental del continente euroasiático, era lógico que la Península se convirtiera en escenario ideal para relatos delirantes que llenan de humo de incienso el pasado. Hubo hazañas hispanas no solo de Hércules, sino también de Osiris, Baco y fingidos reyes primordiales como Crisaor, Gerión, Híspalo, Héspero, Atlas, Sículo, Gárgoris o Habis. Iberia era, pues, tierra lejana y prodigiosa, umbral de la Atlántida naufragada.

La identificación de los territorios peninsulares con un reino fabuloso no era casual. La imagen de un El Dorado colmado de riquezas y tesoros tenía un sustento parcialmente real por el intenso comercio de metales. Pero la percepción de la Península como territorio prodigioso estuvo mucho más relacionada con las tradiciones mitológicas de los griegos sobre el lejano Occidente, el límite del mundo. Aquella linde imaginaria era una puerta de acceso a lo desconocido, donde cualquier cosa era posible. Homero y Hesíodo ubicaron allí muchos de los mitos griegos. Era allí donde se producía el ocaso solar, la llegada de la noche y la oscuridad, la entrada en el mundo de los muertos: el Hades y los terribles abismos del Tártaro. Un mundo, pues, plagado de monstruos y peligros. En aquellos confines se hallaba también el Océano, el río circu-

---

* Nombre que se ha dado a los autores de diversas obras que trataron de hacerlas pasar por escritos de Aristóteles sin serlo.

lar que rodeaba la Tierra y en cuyas riberas eran posibles los prodigios; cerca de allí se habían criado Hera y Hefesto, y cruzando su orilla podían alcanzarse tras grandes dificultades lugares paradisíacos como los Campos Elíseos.

Al principio, el extremo Occidente tenía contornos difusos, pero poco a poco los límites señalaban un marco geográfico próximo a la Península Ibérica. Dos de las doce pruebas de Hércules se desarrollan aquí y otro grupo de héroes aparece localizado en los mismos confines: los *nóstoi*, audaces guerreros que tras la guerra de Troya emprendieron un largo viaje de regreso a sus hogares. Entre ellos estaba Odiseo. Asclepíades de Myrleia, que visitó la Península en el siglo I a. C., presentaba como pruebas de la presencia del héroe homérico la existencia de una ciudad llamada Odisea, supuestamente localizada en Sierra Nevada.

¿Quiénes fueron los primeros que disfrutaron de aquellos tesoros, quiénes los pobladores que sucedieron a los magdalenienses de Altamira? ¿De dónde vinieron? El asunto es oscuro como la parte de abajo de una sartén. Según el historiador judeo-romano Flavio Josefo, tras el fracaso de la Torre de Babel y la aparición de las distintas lenguas como castigo divino, los descendientes de Noé se dividieron en setenta y dos familias. Una de ellas fue la de Túbal, quinto hijo de Jafet, que se asentó en Iberia (a la que habría llamado Tharseya, que suena como Tarsis; o sea, Tartessos) y fue por tanto el padre de los *iberi*, a los que «gobernó con imperio templado y justo». El dato fue recogido por Jerónimo de Estridón, o sea san Jerónimo, que lo trasmitió a san Isidoro de Sevilla y este a múltiples historiadores, no necesariamente santos, hasta llegar nada menos que a finales del siglo XIX, época en la que Modesto Lafuente —y no solo él— seguía mencionándolo como padre y fundador de la «nación española». Flavio Josefo dijo lo que dijo, pero lo que no dijo es cómo llegaron a él las noticias del Diluvio. Además, parece seguro que se refería a los íberos asiáticos, situados al pie del Cáucaso, no a los íberos de por aquí.

Forzando un poco la etimología, de Túbal (que en hebreo significa «el señor») se derivarían topónimos como Setúbal o Tudela. Túbal no solo enseñó a su pueblo la metalurgia, el monoteísmo y la ley moral natural, sino también su lengua, una de las setenta y dos surgidas del caos babélico. Sus sucesores, los vascos, habrían permanecido aislados, independientes de romanos, godos y musulmanes y fieles a la misma lengua, «siempre apartados de herejías, con judíos, moros ni otros infieles nunca mezclados [...]. Sola esta nación entre todas las provincias y reinos del mundo conserva sus leyes habidas en la ley de naturaleza antes que Nino, rey de Babilonia, adulterase la áurea edad y corrompiese el mundo con la idolatría».[*] Habrá que volver sobre este misterio, aunque por sus pasos.

Coincidiendo con la guerra de Troya y con la llegada a la Península de héroes griegos, los *nóstoi,* sobre los cunetes del sur de la Península reinaba Gárgoris, que descubrió la apicultura. Cuando a Gárgoris le nació un hijo del estupro con su propia hija, por vergüenza intentó de distintas maneras matar a la criatura. Primero la abandonó a la intemperie, pero al cabo de los días encontró al expósito amamantado por fieras. Después, mandó arrojarlo en una cañada para que lo pisotearan los rebaños, aunque también salió indemne. Azuzó entonces a perros hambrientos y más tarde lo echó a los cerdos. Pero como no sufrió ni un rasguño, al final Gárgoris lo tiró al mar. Tampoco funcionó, porque se manifestó un numen, lo rescató de las olas y lo depositó en la orilla de una playa, donde una cierva nutrió al mamón. Del trato con esa nodriza adquirió el niño la ligereza de sus pies y entre manadas de ciervos corría por montes y bosques sin quedar a la zaga, hasta que lo capturaron con un lazo y lo devolvieron al rey. Gárgoris lo reconoció por el aire de familia y por las marcas del cuerpo que él mismo le había grabado a fuego. Admirado por el tamaño de sus vicisitudes, el rey creyó que era un elegido de los dioses, le impuso el nombre de Habis y lo nombró su heredero. Ya en el trono, Habis dio leyes al pueblo bárbaro, le enseñó a uncir los bueyes al arado, a cultivar la tierra y a comer alimentos dignos.

Hasta aquí el cuento, que nos recuerda a otros cuentos. Los mitos son tan universales porque son pocos y son pocos porque la imaginación humana es limitada. La infancia de Habis recuerda a la de Moisés, Sargón de Akkad, Rómulo y Remo, Atalanta, Hierón II de Siracusa, Cípselo de Corinto o Ciro el Grande. También a Semíramis, abandonada recién nacida en un bosque y alimentada por unas palomas, a Keret, que sobre-

---

[*] Martínez de Zaldibia, *Biblioteca,* 1564.

vivió milagrosamente tras ser arrojado al mar, a Télefo, el hijo de Hércules que, tirado al mar junto a su madre Auge y amamantado por una
cierva, llegó a ser rey de Misia (en la costa del mar de Mármara) y participó en la guerra de Troya. El profesor de Oxford Oswyn Murray ha
contado hasta ciento veintidós leyendas similares. Algunos de los personajes moldeados por este tipo de leyendas existieron realmente, como
Sargón de Akkad, «rey de las Cuatro Regiones» que, en la segunda mitad
del tercer milenio a. C., fundó la dinastía Agadé, sometió a las ciudades-
estado sumerias y creó el primer imperio de Oriente Próximo.

La leyenda de Gárgoris y Habis nos ha llegado a través de una única
obra, el *Epítome* de Marco Juniano Justino, del siglo III. Este hombre la
tomó de una obra de Pompeyo Trogo, llamada *Historias filípicas*, que es
unos cuatro siglos anterior. Pero todo son incertidumbres sobre estos
autores y su obra. El mito de Habis parece una alegoría del tránsito de la
barbarie a la civilización. Sobre esto no hay debate. Sin embargo, los
escépticos defienden que el relato es pura invención y que estaríamos
ante la típica fabulación helenística. Pero no es descartable que, aunque
el mito de Habis denota que no fue ajeno a la cosmogonía oriental, su
génesis fuera autóctona. Estrabón afirmaba que en Turdetania, en el sur
de la Península, existía una tradición de leyes escritas que se remontaba
en sus días —siglo I a. C.— a seis mil años atrás.

Los que sostienen que se trata de un mito autóctono, se basan en que
ni Gárgoris ni Habis son nombres indoeuropeos, a pesar de que unos han
querido ver en el nombre de Gárgoris un eco de Gárgaro, que era la cima
meridional del monte Ida en Jonia, y otros un eco del rey de los gárgaros,
un pueblo que habitaba en el Cáucaso nororiental. Por cierto que algo
más al sur había una región llamada también Iberia, que ocupaba en la
época clásica la porción de territorio que ocupa hoy día la república de
Georgia, en la zona oriental del Mar Negro que los clásicos llamaban
Ponto Euxino. O sea que había dos Iberias. Es probable que a ambas los
griegos las llamaran igual porque ambas tenían minas de oro y porque
por ambas Iberias anduvo Hércules.

Aunque se ha mareado mucho esta perdiz, no se ha resuelto el dilema de si Habis y su incestuoso padre eran nativos o alienígenas. ¿Por qué
nos importa resolver si Gárgoris y Habis eran aborígenes o foráneos?

Pues muy sencillo, porque si tuvieran razón los escépticos que descreen de que se trate un mito autóctono se convertirían en aliados de los arqueólogos que creen que Pompeyo Trogo y Justino nos colaron como propia una fábula que no era nuestra sino de la otra Iberia en la otra punta del Mediterráneo.

Tanto Gárgoris y Habis como sus antepasados Gerión y Crisaor son majestades míticas que reinaron en la desembocadura del Guadalquivir sobre un estado próspero y feliz. ¿Qué tal una escapadita?

HUBO UN LUGAR MISTERIOSO

*Destruir un mito no es negar los hechos,
sino recolocarlos.*

GILBERT RYLE

REINO PERDIDO O REGIÓN UTÓPICA

Después de internarse en la marisma, el que va a Tartessos no consigue verla aunque haya llegado. Dos hipótesis circulan sobre esa adversidad: que esté enterrada o que fuera un sueño; o sea, que no existan sus vestigios porque no existió su esplendor. Para hablar de esa ciudad con certeza habría que empezar por describir las puertas de acceso, pero no ha habido manera de dar con ellas porque no ha habido manera de dar con la ciudad. ¿Y si no se tratara de una ciudad sino de una región que los fenicios, y más tarde los griegos, visitaron y llamaron Tarschisch (según la tradición oriental) y Tartessos (según las fuentes griegas), tomando como base un nombre indígena de sonido semejante?

El primero que intentó localizar Tartessos fue el filólogo Antonio de Nebrija, autor de la primera gramática castellana. En 1492, la identificó con los brazos que formaba el río Betis en su desembocadura. Eran conjeturas sin respaldo porque los arqueólogos se hicieron esperar hasta el siglo XIX. El primero de ellos que removió las entrañas andaluzas en busca de la ciudad fue George Bonsor, un pintor anglofrancés que en la década de 1880 cambió lienzo y acuarela por pico y pala en cuanto sospechó el largo pasado que palpitaba bajo sus pies.

Luego vino el alemán Adolf Schulten. Era un hijo de su tiempo, el de los grandes descubrimientos arqueológicos que ampliaron los horizontes históricos: no solo se descubrieron nuevas culturas, sino también una nueva dimensión del tiempo, que retrocedió paso a paso hasta una lejanía superior a todo lo imaginable para la gente de pasados siglos, cuya visión se basaba en el imaginario bíblico. Los arqueólogos fueron héroes; sus espadas, las azadas y palas; sus campos de batalla, las excavaciones. Uno de ellos encontró la Troya cantada por Homero, se llamaba Heinrich Schliemann y a él se refiere elusivamente Schulten en el prólogo de su libro *Tartessos*: «La pequeña ciudad de Troya ha llegado a poseer, por obra del gran poeta, uno de los más ilustres nombres de la historia. En cambio, Tarschisch-Tartessos, el más antiguo centro cultural de Occidente, después de haber sido destruida por la envidia de los cartagineses, quedó envuelta en las sombras y cayó en el más profundo olvido». Tartessos tenía rapsodas, pero no descubridor, él se propuso serlo.

Para dar con su ubicación, el alemán se bebió la fuente de Avieno en vaso largo. La descripción más detallada de las costas peninsulares que nos legó la Antigüedad está en el poema *Ora maritima*, de Rufus Festus Avienus (Avieno para abreviar), escritor romano del siglo IV. El autor se basaba en textos más antiguos, probablemente del siglo VI a. C., sobre el viaje de un marino y explorador de Marsella durante la última fase de Tartessos. Solo se conservan algunos fragmentos de la obra de Avieno, pero es la primera vez que se dan tantos datos de los pueblos de Iberia, de sus accidentes geográficos, ciudades, divinidades y costumbres. La *Ora maritima* fue para Schulten lo que la *Ilíada* había sido para Schliemann y el Coto de Doñana haría las veces de colina de Hissarlik donde se encontró Troya.

En un fragmento de su poema, Avieno describe el enigmático asentamiento de Tartessos. Por eso Schulten visitó la zona de la desembocadura del Guadalquivir, entre Sanlúcar de Barrameda y Huelva, y realizó infructuosas excavaciones en el Cerro de Trigo (Almonte). Buscaba una ciudad con acrópolis, puerto, murallas, fortalezas marítimas y un mercado. Buscaba las ruinas de un gran estado, seguramente pacífico, cuyos reyes descendían de los dioses, construían carreteras y canales, plantaban viñedos y olivares y gobernaban sobre sobre numerosas tribus.

Tartessos no pasó la prueba de la pala y Schulten aprendió que la primera obligación del historiador es desconfiar de las historias. La base de su tentativa era frágil desde el principio, la *Ora marítima* se muestra como una fuente turbia porque lo que pretende Avieno no es proporcionar información geográfica precisa sino escribir un poema histórico. El escritor antiguo solo le sirvió al arqueólogo moderno como la farola al borracho: más de apoyo que de iluminación. Por eso, la fortuna desamparó a Schulten y no le permitió obtener la prueba material de su meticulosa reconstrucción histórica y cultural de Tartessos. Tenía cincuenta y cuatro años, vivió hasta los noventa con la amargura de no haber encontrado su misteriosa ciudad como su paisano Schliemann había encontrado la suya. En su epitafio en Erlangen puede leerse: *Adolf Schulten, natione Germanico, amicus Hispaniae* (Adolf Schulten, germánico de nación, amigo de Hispania).

Desde 1960, en que murió el amigo alemán, Tartessos se ha convertido al mismo tiempo en el *terminus technicus* de una vieja cultura orientalizante y en una borrosa imagen que sugiere reinos perdidos y regiones utópicas. Inmersa en una nebulosa de incertidumbres, el aura enigmática de Tartessos no se ha desvanecido; al fin y al cabo, un misterio más que sumar a la historia borrada.

¿Qué fue Tartessos? Con una lengua propia y una cultura esplendente, debió de ser un reino de imprecisos límites que dominó el sudoeste de la Península Ibérica hace entre tres mil quinientos y dos mil quinientos años. El historiador griego Herodoto la situó más allá de las Columnas de Hércules, lo cual convertiría esa cultura en una civilización atlántica, probablemente sucesora de las culturas megalítica y argárica de la zona. Aparte del mito del rey Habis o de la introducción de la agricultura en el Guadalquivir, tampoco conocemos gran cosa sobre su verdadera historia. La destrucción de la ciudad de Cartago, con sus bibliotecas abarrotadas de libros en lengua púnica, nos dejó a oscuras. Y los romanos tuvieron poco interés en el pasado de los pueblos vencidos. Pero no es disparatado conjeturar que el sur de Iberia albergó la primera civilización de Occidente, cuando los héroes griegos volvían de Troya. En la Península debió de haber un pueblo con leyes, monarquía de origen divino y una cultura que construía monumentos megalíticos. ¿De dónde salió todo aquello?, ¿de dónde vinieron aquellos mineros y orfebres que construían moradas para los muertos y navegaban cabotando hasta las brumosas islas Casitérides? ¿Era un pueblo autóctono o el puente de playa de una futura racha de invasiones? Difícil saberlo. Los historiadores clásicos nos hablaron de su civilización, pero callaron sobre los artífices que la levantaron.

Es la suposición de que todo impulso civilizador nos viene de Oriente lo que convierte en enigma a Tartessos, que, aunque tal vez con influencia fenicia, pudo ser heredera de la cultura megalítica y aportar su conocimiento a la creación de la primera civilización autóctona de Europa. Pero no sabemos a qué pueblo pertenecían aquellos buscadores de metales que trajeron la cultura megalítica y llevaron sus tumbas hasta la lejana Inglaterra, en donde alcanzaron su tamaño más espectacular.

El problema de la oscura identidad de los se achica si consideramos que desde el Paleolítico coexistían en la Península dos grandes grupos étnicos: los magdalenienses nórdicos que pintaron las paredes de Altamira y los capsienses de origen africano que poblaban las riberas del Mediterráneo y ocupaban la mayor parte de Iberia. Las tribus más adelantadas tenían su centro en Almería y se propagaban por las playas de levante y del sur; eran un pueblo emprendedor, el primero que tuvo lo que hay que tener para echarse al Atlántico, en el tercer milenio a. C., en busca de los metales de las islas británicas. Esta gente sería la antecesora de los que, en tiempos históricos, fueron llamados íberos, tartesios y turdetanos.

Lo digo con muchas reservas, porque a un estudioso como Adolf Schulten —casi nadie al aparato— no le pareció tan claro. Habló de una raza ligur que situó en Tartessos por su parecido semántico al lago Ligustino, nombre que se daba en el siglo VI a. C. al entorno palustre de la ciudad portuaria de Tartessos, pero ese vínculo parece cogido por los pelos de los resbaladizos toponímicos: la existencia de una raíz indígena *liga*, que significaría marisma o pantano. Para Schulten la etnia ligur era el sustrato principal de la población autóctona y pueblo dominante en Andalucía antes de la fundación de Tartessos. Esta peña sería la autora de los colosales sepulcros megalíticos y tal vez de los primeros vasos campaniformes.

Hubo, pues, un país misterioso cuyos moradores se jactaban de poseer antiquísimas crónicas y epopeyas en verso, emporio de fabulosas riquezas, sede de terrenales delicias, teatro glorioso de legendarias gestas, destino obligado de los industriosos mercaderes orientales a cuyos puertos afluían atraídos por la celebridad de sus tesoros. En Tartessos sitúa Homero los Campos Elíseos del recopón: «Confín de la tierra donde reina el rubio Radamanto, donde viven grata vida los hombres, donde no hay ni nieve ni largo invierno ni lluvia, sino que se respira el blando aliento del céfiro que envía el Océano». Aquí, en el hueco de una peña, nació el famoso pastor Gerión. Por aquí cruzaron en sus fantásticas correrías los Argonautas. Hasta aquí llegó en sus atrevidos viajes Hércules, aquí instaló Saturno a los héroes griegos que vagaban por los mares después de la destrucción de Troya, aquí sitúa Solón la famosa isla Atlántida, aquí arribó la nao del capitán Coleo, que recibió una acogida hospitalaria. Y sin embargo, ese tiempo glorioso tal vez solo sea una sombra proyectada en las penumbras del misterio. Tal vez Tartessos solo sea un recurso literario alimentado por un pasado hermético.

¿Son la misma cosa la Tarsis de los latinos, la Tarschisch de los hebreos y la Tartessos de los griegos? Eso pensaron los historiadores que creyeron haber identificado referencias a este reino en las páginas de la Biblia. Las menciones se incluyen en el *Libro primero de los reyes* o en el *Libro segundo de crónicas*, datados en torno al siglo vi a. C., aunque haciendo referencia a sucesos supuestamente ocurridos cuatrocientos años atrás. Se mencionan «las naves de Tarsis», grandes embarcaciones fenicias fletadas para llevar las enormes riquezas del fabuloso reino y surtir al mismísimo rey Salomón. Los profetas cantaron sus glorias y perpetuaron su memoria cuando en bellas imágenes describieron las magnificencias de Tiro, importadas de Tarsis.

Isaías predijo la ruina inminente de Tiro y la libertad de Tarsis, largo tiempo oprimida bajo la férula fenicia; Ezequiel celebró la gran cantidad de plata, hierro y estaño que brotaba de sus minas; Jeremías mencionó su plata en lingotes; Jonás, huyendo de Nínive, se dirigió a Tarsis; Moisés en el *Éxodo* y el Salomón en los *Cantares* hablan de cierta piedra preciosa apellidada tartesia, los autores de los *Reyes* y de los *Paralipómenos* refirieron las grandes expediciones comerciales que las flotas de los soberanos de Jerusalén y de Tiro hacían cada tres años a los puertos de Tarsis y Salomón hermoseó su templo con el oro y la plata del subsuelo.

Fue Adolf Schulten el que se empeñó en demostrar la inequívoca identificación entre Tarsis y Tartessos, pero expertos en textos bíblicos le pincharon el globo y señalaron que la ubicación del reino citado en las Escrituras debía de hallarse en algún lugar de las costas del Mar Rojo y no en la Península Ibérica. Desde entonces parece razonable desechar la identificación Tarsis-Tartessos, y señalar como posibles enclaves para el lugar bíblico el norte de África, el sur de Arabia, la India oriental o Tarso de Cilicia, en la península turca de Anatolia. Tal vez Tartessos no fuera la Tarsis de la Biblia, pero también dio que hablar.

EL OSCURO COLAPSO

Con los viajes de los fenicios de Tiro, Tartessos salió de las sombras prehistóricas y penetró en la historia, aunque no con demasiada claridad. La prudencia de los tirios permitió que al principio convivieran pacíficamente y fundaron colonias como Malaca (Málaga), Sexi (Almuñécar) o Abdera (Adra); pero hacia el 800 a. C. sometieron a los pacíficos tartesios. Solo con el cerco asirio a la ciudad de Tiro consiguieron los tartesios liberarse del yugo fenicio. Durante los siguientes ciento cincuenta años se produjo el increíblemente largo periodo de gobierno del semimítico rey Argantonio. El vacío que dejaron los fenicios lo llenaron los griegos de Focea que fundaron Mainake. En el siglo VII a. C. el rey Argantonio comerciaba con estos foceos y los ayudó en su lucha contra los persas. A partir del siglo V a. C. deja de tenerse constancia histórica de Tartessos. Lo que quedan son estados de menor cuantía regidos por reyezuelos de las tribus turdetanas o túrdulas.

En fin, que después de brillar con paroxismo durante siglos, de pronto, en el espacio de unos pocos años, Tartessos desapareció del mapa. ¿Qué había pasado? Algunos sugieren que la arrasaron los tirios porque los avispados tartesios se rindieron al mejor postor y empezaron a tratar con los foceos. De ser así, lo pagaron caro porque el asunto debió de revolver las tripas a los tirios, que contrataron mercenarios —tal vez sus primos, los cartagineses— para aplicarles un correctivo y a partir de ahí vino el *default*. *Post festum, pestum*; tras el esplendor, la ruina.

Se barajan otras explicaciones menos dramáticas, tan sencillas como que se quedaron sin mercados. Pudo suceder que en el año 573 a. C., al conquistar los asirios Tiro, las frágiles vías comerciales colapsaran. Tartessos salió del apuro porque el vacío fenicio lo ocuparon enseguida los griegos foceos, el Creciente Fértil no podía quedar privado de sus suministros. Los griegos foceos se adelantaron a Cartago, la sucursal africana de Tiro, y se hicieron cargo tal vez de la cartera de clientes de los fenicios y derivaron el estaño por la ruta del Ródano-Saona hacia Marsella, su gran emporio comercial.

Tras la derrota ante los cartagineses de los foceos en el año 535 a. C., en la batalla naval de Alalia, en Córcega, Cartago pudo adueñarse del monopolio comercial con Tartessos, pero no fue por mucho tiempo, porque el reino de Argantonio se disolvió en el tiempo como un azucarillo en el café caliente. Nadie sabe por qué. Como las desgracias nunca vienen solas, poco después dos tsunamis morrocotudos borraron cualquier vestigio de vida en la zona aledaña a lo que hoy es el Parque de Doñana.

Sea como fuere, Tartessos languideció, se deshizo y ¡zas!, desapareció. Quedaron los testimonios que se referían a la ciudad portuaria como una civilización de alma metalúrgica. Tanto es así que Argantonio, el rey tartesio por antonomasia, lleva la plata (*arg-*) incorporada a su nombre. Pero todo eso no pasaba de ser literatura hasta que se elevó a certeza arqueológica. En 1958 una cuadrilla de obreros que trabajaban en un club de cazadores de Camas, a las afueras de Sevilla, se topó con un recipiente de barro que contenía dieciséis placas, dos brazaletes, dos pectorales y un collar. Total, un tesoro de casi tres kilos de oro macizo. En ese tesoro del Carambolo, arqueólogos románticos quisieron ver el ajuar del rey Argantonio y una metáfora del esplendor de Tartessos. ¿Lo fue?

Cuando muchos se resignaban ya a un Tartessos virtual, el hallazgo alborotó los foros científicos. Se desenterraron muros, se estudiaron cerámicas, se cotejaron niveles estratigráficos y se demostró, por fin, que Tartessos no era una alucinación de los autores de la Antigüedad. Se pudo definir un mapa de la civilización tartesia a través de sus yacimientos: en la provincia de Huelva, los de La Joya y el Cabezo de San Pedro; en la de Sevilla, El Gandul y Carmona; en Córdoba, La Colina de los

Quemados; en Cádiz, Mesas de Asta; en Portugal, el yacimiento de Al-
cácer do Sal; en Badajoz, los grandes edificios de Cancho Roano, el
Tamborrio, La Mata y Turuñuelo, que compartieron un final tremendo:
fueron destruidos por sus propios moradores, incendiados y después se-
llados con arcilla. Fue a finales del siglo V a. C. cuando empezaron a
llegar los pueblos céticos del norte, así que los últimos tartesios destruye-
ron sus templos para preservarlos de la profanación de aquellos intrusos.

La cuestión sin resolver es la del vínculo entre Tartessos y Tiro.
Desde el siglo VIII a. C., sobran indicios de que hubo fusión cultural, de
hecho los arqueólogos no saben distinguir muy bien entre elementos
tartesios y fenicios. Creen que los objetos etiquetados como tartesios
—el propio tesoro del Carambolo— son la expresión colonial de un
pueblo semita que se asentó en Cádiz allá por el siglo X a. C. para luego
expandirse por la costa y el interior peninsular. El Carambolo, pues, sería
un santuario fenicio, resultado de un cierto mestizaje entre lo semita y lo
local. Si el Carambolo no fuera un asentamiento indígena, sino —como
es más que probable— un oratorio fenicio dedicado a la diosa Astarté,
volvemos a la casilla de salida y Tartessos regresa al limbo de la entele-
quia. De momento, las piezas del Carambolo se exponen en las vitrinas
del Museo Arqueológico de Sevilla con una nueva denominación de
origen: fenicia.

Otra vuelta de tuerca antes de dejar este acertijo. En el centro del
recinto sagrado del Carambolo apareció un altar con forma de piel de
toro, la misma de los pectorales del tesoro. En ningún santuario fenicio
se encuentran altares con ese perfil, salvo en la Península, en donde hay
varios. Cuenta el mito que Hércules, después de matar al gigante Gerión,
rey de Tartessos, se apropió de su rebaño de toros rojos. ¿Será el toro el
salvoconducto de Tartessos para no arder en la pira de las pamemas históricas?

LA FABULOSA ISLA

El mar no solo se tragó Tartessos, sino algo muchísimo más gordo. O eso
creen los fervorosos de la Atlántida que tienen su *fan zone* en Internet.

A veces argumentan con razones, pero la mayoría de las veces embisten con aspavientos. El asunto, uno de los misterios más caliginosos de la arqueología, suscita dos preguntas: ¿existió en una época y en un lugar determinados un gran continente ahora desaparecido? Si la respuesta es sí, pasamos a la siguiente pantalla: ¿fue ese continente la cuna de una gran civilización prehistórica, madre de todas las civilizaciones posteriores?

En primer lugar nos topamos con una paradoja: en 1926, la Sociedad de Estudios Atlantianos, fundada aquel año en París, mencionaba la existencia de dos mil obras consagradas a la Atlántida, sin embargo no se sabe nada seguro. Las únicas informaciones que presentan alguna apariencia de seriedad son unas pocas líneas de un par de textos. Esas sucintas referencias tienen un autor único: Platón. No existiría la Atlántida sin Platón, y sin los dos textos que la aluden, el *Timeo* y el *Critias*.

Seguramente el griego no tuvo conciencia del lío en que nos iba a meter cuando mencionó la existencia de una enigmática isla más allá de las Columnas de Hércules. Esa localización, que entonces se creía el último confín de la tierra habitable, es mucho más imprecisa de lo que sugiere. ¿Cuánto más allá, dónde más allá? Las Columnas de Hércules eran los dos montes en los dos puntos extremos de África y Europa. La columna norte (antiguo Calpe) sería el Peñón de Gibraltar; la sur podría ser el monte Hacho, en Ceuta, aunque también el monte Musa, en Marruecos. Estos dos cabos que forman el Estrecho tal vez estuviesen unidos por una lengua de tierra que contenía las olas y servía de dique a ambos mares. Los poetas atribuyeron la gran zanja a Hércules y los geólogos suponen que el Estrecho se abrió por una sacudida tectónica. Dejo a la poesía y a la geología disputarse cómo pudo hacerse la conjunción de los dos mares tantos milenios antes de que compareciera en el mundo Ferdinand de Lesseps.

En esos dos *Diálogos* platónicos, el *Timeo* y el *Critias*, escritos cuatro siglos antes de nuestra era, el filósofo habla de una gran civilización emplazada en una isla que desapareció bajo las olas del mar. ¿Estaba refiriéndose a un hecho real o, viniendo de él, era solo un cuento platónico? Voy al texto del *Timeo*: «En la isla de la Atlántida existía un gran imperio maravilloso que dominaba toda la isla y varias otras, así como parte del continente; y además de estas, eran vasallas del imperio las tierras de Libia que iban desde las Columnas de Hércules hasta Egipto, y las tierras de Europa hasta el mismo mar Tirreno. Pero se desencadenaron de pronto violentos terremotos e inundaciones y en un solo día y su noche de lluvia torrencial, la Atlántida desapareció bajo las aguas, engullida por el mar».

Esa crónica parece la sinopsis de una peli que empieza como *Brigadoon* y termina como *Lo imposible*: la Atlántida era una Jauja de calma, lujo y voluptuosidad, pero como la vida es alternancia y los días de mucho suelen ser vísperas de nada, algo terrible pasó. Desaparecida la isla superferolítica, los escritores posteriores la miraron con la melancolía con que se mira la pérdida de un objeto de deseo, y aquella tierra jubilosa se convirtió en el molde de muchas otras sociedades ideales que los filósofos imaginaron después. Se han formulado cientos de teorías, habitualmente en terrenos colindantes con la fantasmagoría. Francis Bacon, político y escritor inglés del Renacimiento, escribió una utopía, y le dio el título de *La nueva Atlántida*. Después del descubrimiento de América, en un ejercicio de reminiscencia, los escritores se acordaron de aquel territorio imaginario y lo identificaron con el Nuevo Mundo. Fue una moda. Mucho tiempo después, en el siglo XIX, a sueldo del rey francés Luis XVIII, el científico y espía español Alí Bey pagó caro su empeño de localizar los restos de continente perdido en el África septentrional, junto a un mar interior al sur del desierto del Sahara.

Solo faltaba que Julio Verne metiera la Atlántida en las *Veinte mil leguas de viaje submarino* para suscitar un *revival* que tiene tela cortada para rato. Los exploradores marinos no paran de descubrir vestigios de ciudades perdidas bajo las olas del océano que los más entusiastas mistagogos atribuyen a la isla de Platón. Como el filósofo ubicó el continente perdido más allá del Estrecho de Gibraltar, indujo la creencia de que tenía que encontrarse muy cerca de la Península Ibérica. En esa fe profesó el inoxidable Adolf Schulten, que sugirió que Tartessos era el emplazamiento original de la mítica tierra sumergida. Era una manera de matar dos pájaros de un tiro: Tartessos sufrió una catástrofe y desapareció bajo las aguas; una poderosa civilización engullida por el océano, *ergo* la Atlántida.

En el Tercer Reich, la organización de las SS Deutsches Ahnenerbe (Herencia Ancestral Alemana) tuvo mucho interés no solo en los visigodos, sino también en la cultura atávica de las Canarias, donde los nazis esperaban encontrar vestigios de una ancestral raza aria. El prehistoriador de la organización Hermann Wirth, que buscaba la Atlántida, creía que las Canarias eran restos del gran continente sumergido, patria de origen de los arios, e imaginaba una monarquía de inmensos torreones coronados por cúpulas esféricas y de canales que desembocaban en el mar. La expedición nazi al archipiélago canario estaba programada para 1939 e iba a ser dirigida por Otto Huth, otro de los investigadores de la Ahnenerbe. Este nazi estaba entusiasmado con los rumores de momias guanches de trenzas rubias y proyectaba hacer mediciones craneales de los canarios y rastrear las antiguas prácticas religiosas de los isleños. La expedición, sin embargo, quedó pospuesta indefinidamente a causa del estallido de la Segunda Guerra Mundial. Del vínculo ario con los guanches, nada de nada por el momento.

Sin embargo, el vínculo de la Atlántida con Andalucía se resiste a desaparecer. Las investigaciones más recientes las han protagonizado frikis de Estados Unidos, donde tienen tanta pasta para investigar que no saben en qué gastarla. *National Geographic* se hizo eco en 1992 de las teorías del geólogo francés Jacques Collina-Girard, que creía que una isla sumergida a medio camino entre Cádiz y Tánger, llamada Espartel, podría ser perfectamente la Atlántida. Espartel, también llamada Majuán, desapareció bajo la superficie de las aguas hace unos doce mil años, cuando al terminar la última glaciación y subir el nivel de los océanos, se produjo un terremoto de magnitud nueve que hundió la isla. Collina-Girard fabuló que el recuerdo de la desaparición de la isla se mantuvo en el antiguo Egipto durante cinco mil años, antes de la invención de la escritura, hasta que en torno al tercer o cuarto milenio a. C. el acontecimiento fue registrado por los primeros escribas. Más tarde Platón habría conocido la historia y se habría inspirado en ella para su cuento.

Aquel estado de torreones coronados por domos orbiculares y de canales que desembocaban en el mar, sigue cautivando con sus enigmas a los detectives del pasado convencidos, como Sherlock Holmes, de que lo que un hombre puede inventar, otro lo puede descubrir. Pero no hay más pruebas de la Atlántida que los indicios platónicos y, hasta ahora, no han tenido ninguna correspondencia con la arqueología. No sabemos si la Atlántida existió o no; pero es sospechoso que solo un autor del mundo clásico hablara de algo tan gordo. Tal vez Platón se fumó algo, o tal vez lo visitó la misma musa que muchos siglos después anidó en la chola de Borges. O en la de Tolkien.

IRREALES *ROYALS*

Arturo Pendragon, Rey de Todo el País y portador de Excalibur, es el monarca mítico más famoso del mundo mundial, pero lo escoltan otros cuantos. Ahí tenemos a Minos, señor de Creta, Agamenón, Menelao y todo ese Gotha de soberanos micénicos. Nuestra historia también tiene sus tronos fabulosos. Aunque algunos tal vez acogieran culos reales.

La idea de que en tiempos muy remotos vivieron unos reyes que lo fueron de Iberia en conjunto es también de tiempos muy remotos. Juan de Mariana, en su *Historia general de España*, da por bueno en el siglo XVI el mito de que Túbal no solo fue el primer hombre que vino a España, sino su primer rey. Pero fueron las supercherías en el siglo XV del dominico Giovanni Manni, *aka* Annio de Viterbo, las que tuvieron éxito hasta la nueva historiografía ilustrada, a partir del XVIII. Annio de Viterbo se sacó de la manga el códice de Beroso, un sacerdote caldeo de estirpe real de los siglos IV-III a. C. En ese manuscrito, más falso que un diamante de todo a cien, explicaba el caldeo cómo Túbal llegó a Iberia y fundó la estirpe de los íberos, sobre los que reinó ciento cincuenta y cinco años. Le sucedió su hijo Íbero, el segundo de una dinastía de veintidós reyes, algunos de cuyos nombres inventados eran Hispalus, Hispanus o Lusus, hasta enlazar con Gárgoris y Habis, los reyes míticos tartesios. Eran seres tan inventados como los vampiros o los *gremlins*. Todo era un chisme, claro, pero cuando la chismografía envejece se convierte en mitología.

El empeño de realzar las glorias de la Antigüedad ha sacrificado la verdad histórica, supliendo la falta de datos con quimeras ingeniosas, con fabulosas tradiciones o con caprichosas etimologías en que por palabras aisladas y sonidos semejantes se pretende deducir lo que cualquier cuñado quiere pasar de contrabando. Para dar a un país la preeminencia de rancidad se han tejido cronologías caprichosas de príncipes que jamás existieron, y cuyos hechos no falta quien refiera con tal puntualidad que parece que los hubiera conocido. Nuestros antiguos historiadores o fueron unos ingenuos y se tragaron las patrañas de otros, o ellos mismos inventaron crónicas apócrifas en que ya se hacía venir a Noé a España o se traían la mitad de los dioses del Olimpo, o daban el catálogo y cronología de más de treinta reyes fabulosos que se habían sucedido en el gobierno de Iberia, y cuyos hechos, guerras, leyes y vicisitudes se referían con pasmosa meticulosidad.

La figura más distinguida en estas fantasías, el PUAME (Puto Amo de los Mentirosos), fue el jesuita toledano Jerónimo Román de la Higuera, contemporáneo de Felipe II, que fabricó un cronicón que atribuyó a Flavio Marco Dextro, hijo de San Paciano, obispo de Barcelona, historiador de la baja latinidad cuya obra se había perdido. Después de esta superchería, Higuera, que era más imaginativo que Antoñita la Fantástica, generó otros cronicones ficticios que contaban, entre otras psicodelias, que Mahoma había venido a España. No sabemos lo que fumaba el cura, pero sus pamemas fueron tomadas en serio durante siglos. Elmyr de Hory, el mayor falsificador del siglo xx, dijo que si sus cuadros se colgaran el suficiente tiempo en un museo se volverían auténticos. Con la verdad ocurre lo mismo cuando se plantea en el escenario adecuado y España tiene querencia por lo inverosímil, por eso colaron los pergaminos del *pater* toledano. El documento que perpetró, el *Chronicon Omnimodae Historiae*, daba una relación completa de todos los reyes de Hispania/España que desafinaba más que el serrucho de *Bricomanía*.

Incluso después de evidenciada la falsedad de las crónicas de Jerónimo de la Higuera y Annio de Viterbo, todavía el padre Mariana, historiador por otra parte tan erudito, no se atrevió a desechar abiertamente aquellas fábulas, aunque tenía la mosca detrás de la oreja, y dedicó no pocos capítulos de su *Historia general de España* a catalogar una sarta de reyes imaginados, entre los cuales cuenta como verdaderos a Gerión, Híspalo, Héspero, Atlas, Sículo, Gárgoris y Habis. Además refiere las hazañas hispanas de Osiris, Baco, Hércules, Ulises, los Argonautas *e tutti quanti*, si bien vacila el hombre y lo que da por cierto en una página lo desmiente en la siguiente, con lo que nos deja más confundidos que Dinio de noche. Abro el tomo primero del *Compendio historial d'España,* de Esteban de

Garibay, y encuentro hasta treinta capítulos sobre los primeros veintisiete reyes de España, empezando por el patriarca Túbal y acabando con Habis. Mejor no engolfarse más en este florilegio de pinochos.

Lo cierto es que el primer rey del que se nos habla en fuentes muy antiguas, no como de un rey de toda la Península sino como de una parte de ella, es Argantonio. Un rey real o casi: no un rey del todo mítico, como otros que aparecen en textos griegos y latinos. Acerca de la existencia de Argantonio hay dos testimonios muy viejos: el de Anacreonte y el de Herodoto. El primero asegura que reinó ciento cincuenta años en la venturosa Tartessos. Las líneas dedicadas a Argantonio por Herodoto tienen el aroma de la candidez y el misterio, pero sugieren en este Matusalén el símbolo de la felicidad de un reino. Herodoto abunda en ese rasgo longevo, aunque lo rebaja un poco. Bueno... bastante: «Llegados a Tartessos hicieron amistad con el rey de los tartesios, de nombre Argantonio, que gobernó durante ochenta años y vivió ciento veinte». Según su relato, los que llegaron eran navegantes foceos que recalaron son sus pentecónteros (buques de guerra) en las costas meridionales de una tierra misteriosa que se diferenciaba del resto de Iberia por estar más allá de las Columnas de Hércules, un límite físico que pocos navegantes se atrevían a traspasar. Allí contactaron los foceos con este rey de los tartesios, que les invitó a vivir en sus dominios.

Antes de las empresas de los foceos, los griegos del golfo de Esmirna ya tenían comercio con los países del extremo oeste mediterráneo. Tal vez esos colonos interpretaron a su modo un nombre más o menos indígena partiendo de la palabra *argentos*, plata. Por otra parte, en Tartessos estaba el *mons Argentarius*. El prestigio de la plata influyó en la idea que tenían los griegos de Argantonio, de quien se cuenta que dio dinero a sus amigos foceos para amurallar su ciudad en Jonia. Argantonio es, pues, el símbolo de la riqueza de Occidente, así como su contemporáneo Creso lo es de las riquezas asiáticas. Schulten consideraba que la longevidad del rey había que ponerla en relación con la fama de longevos de los turdetanos en general y de los naturales del norte de África. Es decir, que la daba como rasgo de tipo étnico. Éforo cuenta que los antiguos reyes de Arcadia habían vivido hasta trescientos años. Tal vez exagera un poco. O eran muy crédulos los antiguos, que lo eran, o lo más sensato es interpretar esta longevidad inverosímil como la duración de una dinastía o la suma de varios reinados de soberanos del mismo nombre. Al igual que los Ptolomeos en Egipto, los reyes tartesios habrían adoptado un nombre cargado de legitimidad.

Cuando se decidió colocar en las cornisas del nuevo Palacio Real las estatuas de los «reyes españoles», la Real Academia de la Historia emitió un dictamen para separar el grano de la paja. Aunque la solución ornamental se reveló técnicamente imposible por la incapacidad del edificio de soportar tanto peso, la Academia se tomó a pecho el encargo y se topó con insolubles problemas conceptuales ¿Cómo delimitar lo español en el espacio y el tiempo? La Academia, en prueba del nuevo espíritu crítico ante las fuentes históricas, eliminó a Hércules, Hispano o Túbal, descartó también a los emperadores romanos nacidos en la Bética —habitualmente llamados «españoles»—, y decidió que el primer monarca representado en efigie en la plaza de Oriente fuera Ataúlfo, el caudillo que dirigía a los godos al cruzar los Pirineos. Los visigodos eran, pues, los primeros reyes «españoles». Por lo visto, con los visigodos había nacido España.

MUJERES QUE SE CASABAN LEJOS

El llamado Príncipe de Stonehenge es un individuo —lo que queda de él— suntuosamente enterrado hace cuatro mil trescientos años en Avebury, a tiro de piedra del famoso monumento megalítico de Stonehenge. No es seguro que fuera un *royal*, pero desde luego no era un muerto de hambre, porque lo inhumaron con pendientes de oro y con un ajuar funerario espectacular. Alrededor de cien artefactos fueron encontrados en su tumba; o sea, diez veces más de lo que se llevaba en las tumbas de cuando entonces. Carecía de rótula izquierda, lo que sugiere que había sufrido una lesión grave que lo dejó paticojo, tenía entre treinta y cinco y cincuenta tacos cuando, a unas tres millas de Stonehenge, lo colocaron para los restos en una cámara de madera. RIP, mister VIP.

El análisis de los isótopos de oxígeno de sus huesos revela que se trataba de un inmigrante centroeuropeo. Ahí tiembla el misterio. ¿Por qué abandonó su tierra y alcanzó Inglaterra, donde llegó tan alto? ¿Se trataría del viaje iniciático de un hombre de especiales cualidades (un chamán, quizás), que venido de tierras lejanas sería admirado y temido por el grupo que lo acogió? En muchas sociedades neolíticas existen mitos que asocian a los régulos o caudillos locales con extranjeros que llegaron con conocimientos y técnicas nuevos y fundaron linajes dirigentes dando un braguetazo con princesas locales. ¿Fue ese el caso del Príncipe de Stonehenge? Ni lo sabemos ni acaso lleguemos a saberlo nunca. Pero ¿qué tiene que ver con nosotros el Príncipe de Stonehenge? Lo cuento.

Para entender su extraño viaje hay que hurgar en el enigma de los famosos vasos campaniformes de la Edad del Cobre. Esta virguería alfarera ocupa un periodo limitado, entre el 2700 y el 2000 a. C. aproximadamente, y es una cerámica ricamente decorada con un repertorio de formas restringido: vasos, cuencos o cazuelas. Se ha creído que eran *made in* Iberia. Desde luego aquellos cacharros tuvieron tanto éxito que fueron un *must*, algo que las familias pijas de toda Europa tenían que tener para darse importancia. Se han documentado materiales campaniformes con variantes regionales en una amplísima área geográfica que abarca desde la fachada atlántica europea hasta los Cárpatos y desde las islas británicas y el sur del Báltico hasta el Mediterráneo y el norte de África.

Esta sorprendente difusión es un rompecabezas desde finales del siglo XIX, cuando se descubrieron las primeras vasijas. Ni la multiplicación de los hallazgos ni las distintas teorías han resuelto el enigma. Hay dos tesis: la del pueblo conquistador y la de una moda social de nuevos ricos. Primero se creyó que el fenómeno campaniforme era una cultura y, por lo tanto, que detrás había un pueblo nómada de mercaderes y metalúrgicos, con un *way of life* como el que todavía tienen los caldereros gitanos.

Pronto triunfó la tesis que situaba en la Península Ibérica el hogar primigenio del campaniforme. Pero los arqueólogos siguieron tratando de desenredar la madeja y hubo uno que salió a hombros de un congreso cuando dijo que él no veía pueblos campaniformes sino «pueblos con campaniforme». En esta frase se resumía su hipótesis. El campaniforme no sería el distintivo de un pueblo, sino del intercambio de cacharros entre las distintas tribus de la Europa prehistórica. De hecho, estos objetos son siempre minoritarios en los repertorios materiales de los yacimientos calcolíticos europeos, rara vez superan el 5 por ciento del total de la cerámica recuperada en los poblados.

Pero, ¿por qué se intercambiaban estos elementos entre tribus tan distantes y por qué en ese momento precisamente? Por un lado, las cerámicas campaniformes no son vulgares objetos domésticos sino productos de lujo muy costosos de elaborar. Es muy probable que fuesen poseídos únicamente por ciertos personajes de ringorrango que aumentaban su prestigio gracias al alto valor simbólico de sus vasos y platos. Solo los poderosos tenían esa vajilla y la exhibirían para reforzar su posición. Para explicar su amplia dispersión geográfica no sería necesario acudir al movimiento migratorio de pueblos, sino que se podía atribuir al desarrollo de los sistemas de intercambios, como los pactos políticos o las alianzas matrimoniales.

La cacharrería campaniforme confería poder, simbolizaba un estatus. Solo la élite estaría autorizada a tenerla, los demás quedaban expuestos al ridículo o la sanción social, eran parias sin derecho a beber del vaso. Porque es más que probable que aquellos vasos fueran lujosos contenedores de cerveza. Es una vieja teoría del prehistoriador Gordon Childe, que especuló con la posibilidad de que en aquellos cuencos se trasegara la birra, utilizada por el pueblo campaniforme para someter a las sociedades indígenas con que se topaba en su expansión por Europa, tal y como hicieron los colonos europeos modernos en África y Siberia, con la ginebra y el vodka. Pero esta teoría nos llevaba a la casilla de salida porque volvía sobre la idea de un pueblo campaniforme que ya se había desechado. Por eso durmió el sueño de los justos hasta que en un congreso en Oxford, otro prehistoriador recogió la intuición de Childe y la ensartó en la conjetura del campaniforme como elemento de prestigio. El papel que habría tenido el alcohol libado en los vasos fue crucial para que aquellos líderes incipientes sostuvieran su posición haciendo amigos con fiestas donde corría el alcohol y se comía hasta la náusea. El análisis microscópico y químico de un vaso, una cazuela y un cuenco de un ajuar funerario encontrado en Ciempozuelos ha demostrado que, efectivamente, contuvieron distintas «marcas» de cerveza.

La cerveza es el pilar de la civilización actual. Según Charles Bamforth, «antes de que se descubriese, la gente solía vagar de un sitio a otro siguiendo a las cabras. Después se dieron cuenta de que el grano se podía cultivar y convertir en pan, y que se podía machacar y ser transformado en un líquido que producía una sensación agradable, cálida y acogedora. Los días de seguir a las cabras se acabaron. Los humanos se asentaron para esperar a que creciera el grano y fermentara la cerveza. Cambiaron sus tiendas por aldeas, estas se convirtieron en pueblos, después en ciudades». Así se resume el origen de las sociedades actuales.

Vuelvo a los cacharros. Si la difusión del campaniforme por Europa se explica en el contexto del comercio, ¿por qué los análisis de las pastas cerámicas muestran en cambio que en la mayoría de los casos se trata de alfarerías locales? La respuesta podría estar en la valiosa información de las decoraciones campaniformes. Esos dibujos de las piezas de barro no son un mero ornamento, son diseños estandarizados que se combinan de acuerdo a veintiún patrones regulares y se repiten en regiones alejadas entre sí por centenares de kilómetros. Esas rebuscadas filigranas no podían estar al alcance de cualquiera, solo especialistas con conocimientos técnicos y simbólicos podían ser alfareros tan mañosos. Pero hemos quedado en que no se trataba de un pueblo especializado que tuviera el monopolio y recorriera grandes distancias para vender su mercancía, y también hemos quedado en que las cerámicas eran locales. Ni viajaron los pueblos ni viajaron las cerámicas, que, sin embargo, eran tan iguales en toda Europa. Un rompecabezas. Comprendo tu frustración, amigo, yo mismo la siento, pero así funciona la ciencia, metiéndose en callejones sin salida.

Descartadas las correrías del pueblo campaniforme por Europa y la teoría de la exportación mercantil, solo nos queda pensar en el movimiento de algunos individuos, tal vez mujeres, que iban a casarse con un extranjero en cumplimiento de un pacto matrimonial. Estas mujeres llevarían los conocimientos para modelar y decorar la vajilla. Todo esto parecería un delirio si no fuera por los análisis de los isótopos de estroncio aplicados a los huesos de individuos que se hicieron enterrar con su menaje. Los resultados permiten dilucidar si el muerto nació en esa región o solo vivió allí en su vida adulta. Si comparamos el contenido en estos isótopos de los dientes (fijado en la infancia) con el documentado en los huesos (que refleja el lugar donde vivió sus últimos años), nos topamos con este eureka: en muchas tumbas campaniformes yacen los restos de individuos que procedían de regiones lejanas, mujeres sobre todo.

O sea, que resulta que las mujeres eran las alfareras. Hacer lo mismo de la misma forma suele producir los mismos resultados. Pasaban sus diseños de madres a hijas que, cuando eran dadas en matrimonio en lugares remotos, llevaban los patrones ancestrales. Quizás el establecimiento de alianzas y pactos políticos entre los líderes de los grupos calcolíticos europeos se sellaba con una boda. No hubo, pues, pueblo campaniforme, sino un conocimiento iniciático transmitido de madres a hijas en muchos pueblos de Europa. Ah, vale, esto tiene sentido, pero ¿quién inventó el campaniforme? El fenómeno se documenta por toda la Península Ibérica desde la segunda mitad del tercer milenio. En el sudeste de la Península y el centro de Portugal, el Neolítico se relaciona con espectaculares poblados fortificados como Los Millares o Zambujal. Allí se baliza el paso del enterramiento colectivo en megalitos y cuevas, propio de una sociedad comunitaria, al enterramiento individual para destacar el deseo de ostentación que reforzaba el poder de los jefes guerreros. El campaniforme debió de ser el elemento de prestigio que consolidó la emergencia de élites guerreras y metalúrgicas. ¿Fue, entonces, la Península Ibérica el foco primordial del campaniforme? Casi seguro.

Lo mismo que las mujeres alfareras se casaban lejos, había hombres también especiales que fatigaban las distancias, como diría Borges. Es muy probable que entonces la lejanía geográfica adquiriera connotaciones cosmológicas, a fin de cuentas los individuos solían morir en el mismo lugar donde habían nacido, eran pocos los que se atrevían a desplazarse de su aldea hasta regiones desconocidas que en las mitologías primitivas solían vincularse con el fin de la Tierra, con el más allá donde habitaban entes con poderes sobrenaturales. Quienes desafiaban el «quieto parado» y se aventuraban más allá del horizonte, forzosamente tenían que ser tipos extraordinarios. El viajero que se desplazaba lejos y llegaba sin daño a otra tierra quedaba investido con el aura del sabio o del héroe. Y con sus poderes. Ese debió de ser el caso del Príncipe de Stonehenge.

REMOTOS NOMBRES, PERDIDAS LENGUAS

DE RÍOS Y CULEBRAS

El nombre siempre nos lo ponen otros. El de la Península nos los pusieron gentes lejanas. Tanto las culturas mesopotámicas como las de Asia Menor y la egipcia tuvieron cierta idea del extremo occidental de Eurasia, una noción imprecisa de una tierra de frontera que merecía un nombre porque estaba donde daba la vuelta el viento, más allá del mar conocido. Los textos que se han salvado no son claros, en cambio, las investigaciones arqueológicas van demostrando que el contacto entre ambos extremos del Mediterráneo fue un hecho en la primera mitad del segundo milenio a. C. Vale, pero si las culturas orientales tuvieron algún contacto con el lejano Occidente, ¿cómo llamaron a la Península? Aquí ya pisamos terrenos menos firmes. De nuevo las tinieblas.

Ya vimos que Tarschisch es nombre bíblico, fenicio y púnico y que es dudoso que se refiriera inicialmente a nuestro Tartessos, sino más bien a un territorio ribereño del mar Rojo que acabó por denotar también al reino de Argantonio. Hesperia es el poético nombre griego del lugar donde se pone el sol, la tierra vesperal donde rezuman sus aromas los jardines precursores de las Islas Afortunadas. De Iberia, el nombre derivado del hidrónimo *Iber* (que no era el Ebro, sino tal vez el Tinto o el Odiel) procede ya el primer étnico: *iberi*. No sabemos cómo la llamaron los egipcios.

A pesar de la falta de documentación segura sobre cómo llamaban a esta tierra en Mesopotamia, nos sale al paso el testimonio escrito más antiguo que encierra una posible alusión a la Península Ibérica. Se trata de un texto cuneiforme asirio de alrededor de 2800. En él se lee: «Anaku, Kaptara, los países allende el mar superior [Mediterráneo] Dilmun, Magan, los países allende el mar inferior [Golfo Pérsico] y los países entre los que nace y muere el sol, conquistados tres veces por Sargón de Akkad, rey del mundo». El texto pretende encerrar con esos nombres los extremos del mundo entonces conocido; en tal caso, parece admisible deducir que en la voz Anaku se hace una referencia a Occidente y, por tanto, también a la Península. La conjetura es más que verosímil porque Anaku, según los asiriólogos, significó plomo y luego también estaño, metal que Tartessos exportó a carretadas a Oriente. El texto, sin embargo, no es inobjetable. Así pues, mejor nos hacemos esta otra pregunta: ¿cómo llamaban los fenicios a las tierras del Occidente y concretamente a la Península? Aquí ya se desvanece el misterio.

Entre los *Manuscritos del Mar Muerto*, descubiertos en 1947 en Qumrán, se han encontrado catorce fragmentos hebreos de un texto bíblico no canónico que parece beber, en parte al menos, en fuentes escritas fenicias muy viejas, del año 1000 a. C. poco más o menos. Al describir las partes del mundo conocido, a esta región del remoto Occidente se la llama, o parece llamársela, Meschesch, probablemente tomando en sentido amplio el nombre de un pueblo situado en el sudeste de la Península, que podría identificarse con el posteriormente conocido por textos griegos con el nombre de Massiena, que se sitúa con toda precisión en la costa entre Málaga y el Segura. Su capital estaba quizás donde hoy Cartagena, que en tiempos anteriores al siglo III a. C. se llamó (ella o alguna otra ciudad próxima) Mastia, nombre que contiene la misma raíz. Tanto la ciudad como el pueblo aparecen ya citados así desde el año 500 a. C.

En los textos bíblicos canónicos ese nombre no aparece; en cambio surge con profusión el de Tarschisch, el probable equivalente fenicio del término griego Tartessos. En el Antiguo Testamento se cita con mucha frecuencia, con aparente alusión al Occidente, pero con la suficiente vaguedad para tener que acudir al término griego de Tartessos si queremos precisar algo más su ubicación. Pero ya vimos que en el Antiguo

Testamento Tarschisch es una designación poco concreta, no da pie para fijar unas coordenadas. Aunque parece deducirse que hacia el año 1000, fuera la que fuera la Tarschisch inicial, para los fenicios empezó a referir también una tierra situada en el extremo occidental del Mediterráneo, equivalente quizás a todo lo que hoy llamamos Península Ibérica.

Antes del año 1000 a. C., los pueblos del Egeo viajaban a menudo por asuntos de negocios al sur de Italia, a Sicilia y, aunque algo menos, a Cerdeña, sur de Francia, Baleares y la Península. En la *Odisea* se alude con frecuencia al lejano Occidente, pero en ninguno de los poemas homéricos hay referencias precisas a un lugar concreto. Por desgracia, las epigrafías cretenses no son muy útiles como fuente histórica, si hubiera en ellas alguna mención de la Península o del Occidente en general, no se sabe. Seguimos varados en el mar de la confusión.

Por lo menos en Hesíodo (siglos VIII-VII a. C.) no solo hay referencias al Occidente y al Océano, sino que se mencionan las Hespérides, las hijas de Hésperos, que vivían en un magnífico huerto entre el Marruecos atlántico y la región gaditana. Hésperos significa la tarde y por extensión el ocaso, el lugar por donde aparece la noche, por donde el sol se oculta dando paso a las sombras: el Occidente, vaya.

Hesperia, o el país del Occidente, podría ser para los griegos primitivos la tierra situada inmediatamente a su lado occidental; o sea, Italia, pero a medida que los descubrimientos geográficos fueron ampliando la extensión del mundo conocido, el nombre de Hesperia emigró hacia el oeste, hasta alcanzar el *Finis Terrae,* el extremo occidental del orbe conocido. Solo aquí cuadraba el concepto real y pleno de Hésperos, de la última frontera occidental. Así se explica el hecho extraño de que siendo para los griegos Hesperia un equivalente de Italia, después el Jardín de las Hespérides aparezca en pleno Océano, al otro lado de las Columnas de Hércules. Entonces Hesperia ya significa tanto la Península Ibérica como el extremo occidental de África (el Marruecos atlántico), pero no concretamente la Península, cuyo nombre para los griegos de entonces, si se lo dieron, nos es desconocido. Lo que es seguro que alrededor del siglo VI ya le habían buscado un nombre: Iberia.

Según se desprende de algún pasaje de la *Ora marítima* de Avieno, la península hespérica fue conocida en algún momento con el nombre de

Ophiussa, es decir, «tierra de las serpientes». Si el nombre de Ophiussa se lo pusieron los foceos o cualesquiera de los primeros griegos que pudieran haber recorrido estos parajes, es cosa que no se puede precisar, pero podría ser anterior a las exploraciones de Focea. Ophiussa parece nombre jónico y lo llevaron también varias islas de Asia Menor, Rodas por ejemplo; por entonces eran los rodios quienes más rondaban estos mares. En todo caso, Ophiussa parece haber sido un término geográfico aplicado más que a toda la Península, a su fachada atlántica, aproximadamente a lo que hoy es Portugal.

Iberia acabó siendo la designación única y general entre los griegos para la Península. A la voz Iberia correspondía el nombre étnico de *iberes*. Resulta confuso el origen de este nombre. En la *Ora maritima*, además de Ophiussa, aparecen las voces *Hiberia, hiberi* e *Hiberus* (río). Choca que aunque el poema de Avieno esté escrito en latín y por un latino, no aparezcan en él ni una sola vez las designaciones latinas Hispania e *hispani*; en todos los casos surge extrañamente la voz griega Iberia y sus derivados adjetivales, pero con la sorprendente hache, que no tiene justificación en las grafías griegas. Si *Hiberia* e *hiberi* son en Avieno fieles transcripciones de algunos de los textos inmemoriales griegos de los que se valió para informarse, tendríamos tal vez en ellas las más remotas pruebas conocidas para el uso entre los griegos de este nombre, ya que la mayor parte del contenido de su poema hay que atribuirla a un original griego, un rotero del siglo VI a. C. o de antes. Con ello tendríamos que el nombre de Iberia era ya usado por los griegos en la primera mitad del siglo VI a. C. Es muy probable que hacia el año 500 a. C. el nombre de Iberia fuera común entre los griegos.

La primera designación que no tiene vuelta de hoja es de mediados del siglo V a. C. y está en Herodoto, que cita tanto Iberia como a sus habitantes, los *iberes*. Desde entonces ya todo el mundo en Grecia llamó Iberia a esta tierra de garbanzos. O de culebras. Aunque nos queda por saber si se referían a toda la Península o solo a la zona meridional y oriental. Los griegos no tenían satélites, lo digo porque como es natural no conocieron la Península Ibérica de una sola vez. Empezaron familiarizándose con las costas meridionales y orientales y no tuvieron una idea cabal de la configuración de Iberia hasta las navegaciones de Piteas y, con más rigor, hasta los siglos II y I a. C., en que los romanos acabaron de conquistar el noroeste de la Península. Por eso, al principio el nombre de Iberia tuvo que tener su aplicación a una parte pequeña de la Península, una parte de la provincia de Huelva. La designación, poco a poco, se va corriendo por la costa mediterránea para significar toda la franja que va desde el cabo de San Vicente hasta el Ródano, para terminar designando, en tiempos ya plenamente romanos, la Península en su integridad, equivaliendo al término latino Hispania.

A los romanos el nombre de Iberia les resultaba confuso, porque implicaba íberos y estos no podían confundirse con los celtas y celtíberos del interior ni con los gallaeci, astures y cántabros, pueblos directamente conocidos entonces por vez primera. Por ello, no hacen extensivo el nombre de Iberia a estas regiones y dejan al futuro el problema de su nombre. El futuro, sin embargo, tuvo que plegarse a la necesidad de designar con un solo nombre toda la unidad geográfica peninsular. En lugar de inventar para las nuevas regiones exploradas distintas nomenclaturas tópicas, basadas en las étnicas, eludieron ese confuso manto de Arlequín y tanto los griegos —con Iberia— como los romanos —con Hispania— se conformaron con meter a todos en el mismo saco. Ya eran jacobinos sin saberlo.

¿De dónde salió el nombre de Iberia? Al describir el litoral de Huelva, la *Ora maritima* cita un río, que no podía ser el Ebro, al que llama Hiberus, y dice: «Muchos sostienen que de él han recibido su nombre los íberos y no del río que corre por entre los inquietos vascones». Queda claro que los íberos y el Hiberus estaban en el sur. El nombre de Hiberus, o Iber, aplicado a ese río de Huelva es muy viejo. Un tal Asklepiades de Myrleia estuvo largo tiempo en Andalucía hacia el siglo I a. C. y escribió una descripción de los turdetanos: «Otros llaman Iberia solo a la región de la parte de acá del Iber, a cuyos habitantes en un principio llamaban igletes». Ese Iber no podía ser el Ebro porque los igletes eran gentes que ocupaban Huelva. Desde Huelva el nombre de Iberia tuvo que extenderse a la parte de la Península que fueron conociendo los griegos a medida que ampliaban el área de sus navegaciones.

¿Entonces, cómo es que los textos más recientes se expresan siempre como si el nombre de Iberia procediese del río Ebro? Pues, probablemente, porque este llamó la atención por su mucho caudal y su gran recorrido, mientras que el otro era insignificante y quién sabe si para entonces había ya cambiado su nombre. Como los antiguos eran muy dados a sacar explicaciones etimológicas, mitológicas e históricas de los nombres geográficos que no entendían, es fácil que cundiese la idea de que Iberia procedía del nombre del río Iber o Ebro. Pudo, por tanto, haber un pueblo íbero y un río Iber en Huelva, tal vez el río Tinto, el Odiel o el Piedras, y otro pueblo y río homónimos en el noroeste. Aunque también es probable que todos los ríos fueran el Iber. No, no me he venido arriba, me explico.

Los romanos desembarcaron en las costas ibéricas en el siglo III A. C. con el pretexto de ayudar a Sagunto, ciudad enfeudada a Roma. La excusa que dieron para la guerra es que los púnicos habían invadido su zona de influencia, señalada por el río Iberus, que servía de frontera por el tratado de 226 a. C. Partiendo de las reglas evolutivas del castellano, el nombre de este río ha sido identificado como el río Ebro; pero dado el curso geográfico del Ebro y el lugar en el que se sitúa Sagunto, o bien la excusa de los romanos era un pretexto tramposo, o bien el río o la ciudad saguntina han cambiado de sitio. Tenemos que descartar esta hipótesis por imposible y creer que el error no está en la geografía sino en la traducción de Iberus por Ebro. Es cierto que la forma latina Iberus produce evolutivamente Ebro, pero Iberus no era el nombre de ese río, sino de todos los ríos: o sea, la palabra ibérica para *río*, para cualquier *río* (de hecho, *ibar* e *ibai* son *ría* y *río* en el euskera actual).

Corto y cierro: el Iberus que invocaban los romanos no era el río Ebro, sino un río importante que, teniendo en cuenta las coordenadas de Sagunto, podría ser el Júcar o incluso el Segura. Esto justificaría que los romanos acudieran a ayudar a los saguntinos.

UN CISNE NEGRO, MUCHOS CONEJOS Y UNA VIRGULILLA

Donde los griegos decían *iberes*, los romanos decían *hispani*. Lo que unos llamaban Iberia, los otros lo llamaban Hispania. De lo que resulta que España es de los pocos países que mantienen su nombre romano, a diferencia de Gallia/Francia, Britannia/Inglaterra, Germania/Alemania, Lusitania/Portugal, Dacia/Rumanía y otros países que cambiaron sus nombres latinos por otros, normalmente por los de los invasores germánicos. Lo suyo es que España se llamara Iberia o Gotia, por los godos; pero los avatares históricos han hecho que del nombre romano derive directamente el nombre de España. Además todos la llaman así en cualquiera de los idiomas: *Espanha, Spagna, Espagne, Spain, Spanien*. Sorprende esta vitalidad y nos obliga a especular sobre las causas de este «cisne negro».

Un cisne negro es un suceso con tres atributos: primero, es una rareza del todo imprevisible; segundo, produce un impacto tremendo; tercero, pese a su condición de rareza, la naturaleza humana hace que inventemos explicaciones de su existencia después del hecho, con lo que se hace explicable retrospectivamente. Esta combinación de poca predictibilidad y gran impacto convierte el cisne negro en un gran rompecabezas, porque tendemos a pensar y actuar como si no existieran los cisnes negros. El azar, que algunos llaman destino, determina nuestras vidas mucho más de lo que creemos y la toponimia no es la excepción. O sea, que España no se llame Iberia o Gotia es un cisne negro.

¿De dónde tomaron los latinos un nombre tan distinto del corriente entre los griegos; cuándo y cómo empezó a usarse? Choca mucho que siendo los romanos herederos e imitadores de la cultura griega, el nombre que dieron a la Península no tenga nada que ver con el anterior griego. Casi al tiempo en que el latín comienza a ser lengua literaria escrita, hallamos ya el nombre de Hispania. La primera mención conocida aparece en el poeta Quinto Ennio. Agradezco esta referencia a Antonio García y Bellido, y este arqueólogo se la agradece a su vez a la buena suerte, pues figura en uno de los cinco brevísimos fragmentos referidos a Hispania de los *Annales* de Quinto Ennio. Vale la pena transcribir el testimonio: *Hispane, non Romane memoretis loqui me* (acordaos de que me habéis oído hablar como español, no como romano). No menciona el nombre geográfico, sino el étnico que presupone la existencia del nombre Hispania. Quinto Ennio escribe hacia el año 200 a. C.; o sea, que Iberia precede a Hispania al menos en cuatro siglos. Lucio Casio Hemina, que debió de escribir hacia mediados del siglo II a. C. es el primero, que nos conste, que escribe el nombre Hispania y un siglo después ya es corriente y moliente.

Si el nombre de Iberia se lo explicaban los griegos por el río Iber, fuere cual fuere, ¿qué origen tuvo el de Hispania? La suposición de que Hispania encierra una raíz fenicia es muy verosímil. En semita, *spanija* significa tierra de conejos. Parece aceptable como hipótesis que *saphan,* que en fenicio significa conejo, cristalizara en su versión latina en Hispania. El añadido de la *i* con la que los fenicios expresaban la idea de isla o costa debió de dar *I-schephan-im,* de donde se derivaría la voz Ispania, o sea, costa o isla de los conejos. Ispania sería el nombre corriente entre los cartagineses, quienes lo heredarían de sus parientes tirios. Luego, por la proximidad de Cartago y Roma, los romanos conocieron nuestra Península con el nombre púnico de Ispania, al que añadieron una hache parásita, que no sabemos cómo se coló en esta historia. En el siglo I a. C., Catulo calificó la Península de «cuniculosa», es decir, de mogollón de conejos.

Total, que el nombre de Ispania sería anterior al de Hesperia, Ophiussa e Iberia, pues habría que datarlo en los tiempos de las primeras relaciones de Tiro con la Península, es decir, sobre el año 1000, en que poco más o menos los tirios fundaron Cádiz.

Pero todos esos nombres son extranjeros. ¿Cómo se llamaban a sí mismos los nativos? O no existió o no se conoce ningún nombre común y compartido por toda aquella peña de layetanos, sordones, elisices, ceretanos, igletes, turdetanos, vacceos, ausetanos, airenosinos, andosinos, bergistanos, cilbicenos, bastetanos, libiofenicios, várdulos, caristios, autrigones o lusitanos, sin agotar ni mucho menos el inventario. Aquellos peninsulares no tenían el menor sentido de pertenencia a algo común, por eso no tenían un nombre que los abarcara. Si no hay cosa, no hay nombre de la cosa. Además, lo normal, y si lo piensas bien también lo lógico, es que sean los extraños los que inventen el nombre de los otros pueblos, de los cuales se sienten diferentes. Los árabes dieron el nombre de al-Ándalus a la parte que dominaron, pero siguieron llamando Hispania al resto, aunque en su pronunciación sonaba Isbahniya.

Hispania dio en Spania por aféresis,[*] y de ahí solo había un paso hasta Spanna. No podía ser todavía *Spaña* porque en el latín no existe la eñe. De hecho, esa letra rara nació en los monasterios medievales por economía, el siglo IX parece la apuesta más segura. Para ahorrar esfuerzo en las tareas de copiado, la geminada latina «nn» se escribía con una pequeña tilde encima de la n: «ñ», esa virgulilla (~) representaba una «n» pequeña, achatada y en cursiva. Durante el siglo XIV se extendió su uso y finalmente en 1492 se incluyó en la gramática de Nebrija. Esta fórmula dio en catalán *ny*, en francés *gn* y en portugués *nh*.

Cabría esperar que el gentilicio de Hispania diera en «hispánico» y no en «español». La palabra «español» es una *rara avis*, el único gentilicio de nuestra lengua terminado en -ol. Friedrich Diez, el fundador en el siglo XIX de la lingüística romance, señaló la existencia de *españón* en el *Poema de Fernán González*, y sugirió que esta forma, paralela a borgoñón, frisón o bretón, hubiera pasado al español por disimilación de la *n* final respecto de la otra nasal, la ñ, que la precedía. Pero ¿por qué no ocurrió lo mismo con sabañón, cañón, piñón, riñón o borgoñón? Algunos romanistas pensaron en *hispaniolus* como base latina de español; pero eso hubiera dado en castellano *españuelo*, igual que de *aviolus* salió «abuelo». Además el sufijo latino -olus era propio de diminutivos, no de gentilicios. Hay que suponer que «español» procedía de lenguas románicas donde -olus rebasó sus límites primitivos y formó también gentilicios, como el italiano, donde el natural de la Romagna es *romagnuolo*, o como el occitano. En la lengua de Oc, -olus derivó en -ol, sufijo característico de las lenguas romances de Provenza, donde hay docenas de gentilicios terminados en -ol, y donde la palabra «español» aparece por primera vez desde finales del siglo XI en la forma *espaignol*. Los primeros en recibir la denominación de *hispanioli* debieron de ser los hispanogodos refugiados en el Mediodía francés tras la invasión musulmana, y luego sus descendientes. El caso es que la forma «español» se sobrepuso a *españón,* que siempre fue minoritaria y desapareció en el siglo XIV.

---

[*] Este *palabro* de la fonética significa la pérdida de un sonido al comienzo de una palabra.

Según Rafael Lapesa, el provenzalismo «español» pudo arraigar porque venía a llenar un vacío. Cuando la lengua castellana comenzó a escribirse en los siglos XI y XII, quienes vivían en los reinos cristianos carecían de un nombre no religioso que los abarcara a todos. Lo que diferenciaba de los moros de al-Ándalus a los asturianos, gallegos, leoneses, navarros, aragoneses o catalanes no era el sentirse hispanos, sino la religión. Se llamaron «cristianos» como sus enemigos se llamaban «musulmanes», o sea «creyentes». Cuando a partir del siglo XI se rompió su aislamiento respecto de Europa, al encontrarse con cristianos de otros países, los de la Península asumieron la etiqueta de *españoles* que ellos les daban y que tal vez generalizaron los peregrinos francos a Santiago de Compostela.

Hacia el siglo III en el latín hablado por quienes no sabían leer, *ni* ante vocal sonaba ñ. Por su parte, la *i* de Hispania ya se pronunciaba como *e* en los primeros siglos del imperio. O sea, hacia el año 300 la mayoría de los latinoparlantes decía España, aunque los cultos escribieran Hispania. Total, que la palabra Hispania, pronunciada España por el vulgo, es mil años anterior a la palabra «español».

LONDRES IBÉRICO

Al poeta T. S. Eliot le seducía «la palabra entre palabras, incapaz de decir una palabra, envuelta en tinieblas». Supongo que se refería a las voces ancestrales. Lo son *becerro, bruja, cachorro, gordo, guijarro, manteca, nava, páramo, perro, pizarra, tojo* o *vega*, que no vienen del griego ni del latín ni del árabe. Son tan antiguas como los pueblos aborígenes que habitaron esta tierra de conejos y culebras mucho antes de que recibiera la visita de los celtas, los rodios, los foceos o los tirios. ¿A qué idioma pertenecen entonces? La respuesta está en la epigrafía, la numismática, la historia antigua, la onomástica y la hidronimia, que desbrozan los enigmas de las voces ancestrales. Peguemos la oreja.

Los autores griegos y romanos dan algunas noticias de los pueblos primitivos de Hispania con los que anduvieron en tratos, pero de qué lenguas hablaban, ni pío. Y, claro, no supieron nada del reparto de la

Península entre pueblos y lenguas antes de las invasiones indoeuropeas. Para poner un poco de luz en este cuarto oscuro nos queda la toponimia con su poder evocador, como en aquella leyenda de la ciudad sumergida en un lago sobre cuyas aguas se siguen oyendo las voces de los habitantes. En los nombres de los ríos, montes y lugares resuenan ahora los ecos de las voces atávicas. Aunque de manera inarticulada o balbuciente, los antepasados nos siguen hablando.

Quienes pegaron la oreja fueron sabuesos tan inquisitivos, e imaginativos, como Humboldt, Gómez-Moreno, Caro Baroja o Maluquer de Motes, pero se encontraron con una adversidad: el estudio de la epigrafía prerromana depende aún de que el destino ponga en manos de los investigadores la piedra Rosetta ibérica, porque tanto la lengua tartesia como la íbera podemos leerla, pero no podemos saber lo que significan sus palabras. ¿Cómo es eso? Pues porque hace casi un siglo —comparando los topónimos y étnicos transmitidos por los textos clásicos y las leyendas monetales, y calculando el número de sus signos— Manuel Gómez-Moreno logró leerlos, pero no traducirlos. En la zona del Algarve y del bajo Guadalquivir apareció la más primitiva escritura hispánica, que Gómez-Moreno llamó bástulo-turdetana o tartesia, en la que las inscripciones van de derecha a izquierda con tendencia a la espiral y sin separar palabras; sus signos son los de la escritura egea de la época minoica. Esas inscripciones de los turdetanos o túrdulos no están descifradas todavía. La lengua tartesia, como la ibérica, puede leerse pero no traducirse, es como tararear una canción sin sentido.

Según el origen de sus hablantes hay lenguas autóctonas y lenguas de colonización; según la familia, hay lenguas no indoeuropeas e indoeuropeas. El primer criterio separa, por ejemplo, las lenguas fenicia y griega de las lenguas celtibérica e ibérica; el segundo, las lenguas más antiguas de las que lo son menos. Al comienzo de la Edad del Hierro, hay dos Hispanias: una aborigen y otra indoeuropea procedente de Centroeuropa. Se distinguen por la toponimia. La primera, en el este y sur, tiene topónimos con el componente ibérico -iltir, que significa ciudad, el ibérico era una lengua vehicular, algo así como el inglés hoy día o el latín en la Europa medieval. En la segunda aparece la desinencia céltica -briga, que significa fortaleza. Los inmigrantes indoeuropeos, que llegaron en varias oleadas, se extendieron por el oeste, noroeste y norte de la Península, hablaban lenguas precélticas y célticas. No parece que hubiera una frontera estricta entre las dos Hispanias, porque había un barullo de pueblos y no es fácil adjudicarlos claramente a una determinada familia lingüística, entre otras cosas porque había un papiamento o superposición de lenguas que complica el conocimiento de los sustratos lingüísticos.

Los celtíberos se encontraban en el centro y hablaban una lengua céltica de caracteres muy arcaicos que no ha sido descifrada todavía. En el norte, en una zona que comprendería la actual Navarra y algunos territorios colindantes, se hablaba la lengua vascónica, aunque era tan parecida al euskera actual como el castellano lo es al latín. Total, que cuando llegaron los romanos, en Hispania se hablaba un Cafarnaún de lenguas; además, la escritura no coincidía con la lengua hablada, los alfabetos tartesio, ibérico y griego servían para diversas lenguas.

De antes de la llegada de los indoeuropeos quedan vestigios de un íntimo parentesco de idiomas entre los antecesores de los pueblos esparcidos por toda la cuenca del Mediterráneo. Estos elementos morfológicos y léxicos no indoeuropeos son comunes en todo el Mediterráneo y reflejan lo que conservaban los pueblos peninsulares de la lengua primitiva. Algún ejemplo: la base *car* (peña, roca) entra en el nombre de una región montañosa del Asia Menor, la Caria, famosa por sus canteras, y forma topónimos también en Italia, Francia y muchos en España: Queira en Galicia, Quero, Quer, Querol en varias provincias, Quiroga, nombre gallego-portugués o Quirós en Asturias. Los accidentes pétreos del terreno son habituales en la toponimia primitiva. Probablemente *ast* (peña, en vasco *aitz*) da el nombre Astura, afluente del Duero llamado después *Éstura*, *Éstola* y hoy Esla. De él derivan los nombres de Asturias y de Astorga.

Tenemos toponimia para exportar. Y no es una forma de hablar. Tácito cuenta que en Britania había una tribu llamada silura y Avieno habla de un monte Siluro en la Bética. Podría tratarse de una homofonía casual, salvo que a Tácito le llamó la atención que los siluros parecían íberos por su color tostado y su pelo ensortijado. Algo había ahí. La arqueología ha descubierto una colonización en Irlanda y en el sudoeste de Gales de gentes del noroeste de la Península en la Edad del Cobre. Quizás fueron ellos los que llevaron a Cornualles el nombre del río Tamara, hoy Tamer, y de la ciudad de Tamara, hoy Tamerton. En la Península ya teníamos el río Tamarus, hoy Tambre, y el castillo de Trastámara en La Coruña, así como el pueblo de Támara de Palencia.

Una de las conjeturas menos inverosímiles sobre el origen del nombre de Londres supone que del inglés antiguo *Lundin* o *Lunden* derivaría *Llyn-Din* que en lengua céltica vendría a significar «fuerte de la albufera». William Candem sugirió que proviene del británico antiguo *lhwn*, que significa «ciudad del bosque». John Jackson, propone como raíz, *Glynn din*, «ciudad del valle». Pero me importa más la apuesta del filólogo Diego Catalán, nieto de Menéndez-Pidal, que sugiere el parentesco toponímico entre la aldea vizcaína de Londoño, nombre ibérico, y Londonium, el primer nombre de London; o sea, Londres. No la toman muy en serio los ingleses, que proponen un barullo de teorías alternativas todas perfectamente peregrinas.

Donde parece más seguro que hubo colonización ibérica fue en Córcega. Séneca, que estuvo desterrado en esa isla ocho años y conocía las lenguas de Hispania, habla de una emigración de los hispanos, posterior a la de los ligures, y observa semejanzas de vocabulario entre los corsos y los cántabros, y también en la manera de vestir y de calzar. Quizá escoge los cántabros como término de comparación porque, recién sometidos al Imperio romano, conservaban intacta la ibericidad. De la colonización ibérica en Sicilia quedan también varios restos toponímicos, Tucídides asegura que los «sicanos» del occidente de Sicilia no eran autóctonos, sino íberos ribereños del río Sicano (Júcar). En fin, no sé qué decir, si acaso que el misterio, sí, un misterio profundo, nos envuelve.

LA TUMBA DE ILTIRBIKIS

Los paleolingüistas dicen que las tribus preindoeuropeas peninsulares debieron de aprender los primeros signos en los intercambios comerciales con tirios y griegos. Pronto los utilizaron de forma generalizada para anotar albaranes en el chalaneo. Pero entonces, ¿por qué Estrabón atribuía a los tartesios la posesión de anales, epopeyas y leyes escritas en

verso de los que decía que tenían seis mil años de antigüedad? La verdad
es que parece más exagerado que relato de pescador; pero el caso es que
cualquiera que se acerque al Museo de Huelva podrá ver signos de escritura encontrados en Andalucía y datados en los milenios v-iv a. C., que
no se pueden clasificar dentro de ninguna de las escrituras conocidas. Por
lo visto, en la Península ya se escribía mucho antes de que los fenicios
aparecieran por sus costas. Algunos útiles con escrituras encontrados en
sepulcros megalíticos desmentirían el mantra de que fueron los fenicios
quienes enseñaron a escribir a los nativos. ¿Y si fuera al revés?

El prehistoriador Marco Merlini se preguntaba en un libro deslumbrante si la escritura no será mucho más antigua de lo que hasta ahora
creíamos y subía su posible cronología al Neolítico europeo, al menos al
7000 a. C., o sea, mil años anterior a la escritura egipcia o mesopotámi-
ca. La primera publicación de los ajuares megalíticos onubenses de La
Zarcita y San Bartolomé documenta una especie de escritura o ideogra-
ma. Puesto que en la Península «alguien» escribía ya en época megalítica,
¿podemos sospechar que no fueron los fenicios quienes trajeron la escritura a Occidente, sino que tal vez fueron los occidentales los que en los
puertos de Canaán enseñaron a los cananeos una forma de escritura diferente a la cuneiforme que ellos ya utilizaban desde hacía varios milenios? Las escrituras aparecidas en megalitos de Huelva acompañarían el
vuelo de las golondrinas de Tartessos por un cielo nebuloso de incertidumbres y conjeturas. Aventurar lo que sucedió en una época tan lejana
partiendo de pistas tan borrosas es arriesgado, pero todo sugiere que los
tartesios sabían leer y escribir. La epigrafía de Tartessos la forma un grupo homogéneo de setenta y una estelas posiblemente funerarias.

Para el mundo ibérico la escritura está atestiguada desde fines del
siglo v a. C. por una inscripción en la base de un kylix (copa o cáliz)
ático aparecido en Ullastret, cerca de Ampurias. ¿Heredaron los íberos la
escritura de los tartesios o el origen del alfabeto ibérico está en el contacto entre los indígenas y los griegos? *Chi lo sá.* Lo cierto es que los íberos
no solo adoptaron una escritura para su lengua, sino que adaptaron a su
propia cultura un número considerable de tipos de documentos conocidos por los griegos: grafitos cerámicos, lápidas sepulcrales o plomos ins-
critos, que son piezas sin otra misión que la de servir de soporte de escri-

tura y que parece que contienen documentos prácticos: cartas de negocio o contratos, a veces invocaciones religiosas, pero nada de cartas de amor ni de novelerías. La vida era dura y no había tiempo para las cosas del querer.

Seguimos sin saber quién les enseñó a escribir ni de dónde viene su lengua; pero el muy observador Estrabón reparó en que los habitantes de Iberia tenían cierta semejanza con los habitantes de una zona del Cáucaso del mismo nombre. Esa conexión —tal vez casual— ha dado pie a relacionar el íbero con las lenguas caucásicas y más tarde con las lenguas camíticas (como el bereber actual), incluso con la lengua vasca. Pero el caso es que los textos notados en escritura ibérica no pueden traducirse utilizando ninguna lengua actual. A pesar de las dificultades, algunos autores[*] proponen traducciones verosímiles para ciertas palabras y elementos morfosintácticos. Una lápida ibérica encontrada en Cabanes (Valencia) contiene esta inscripción: *iltirbikis-en seltar-Yi* que, por comparación con lo aparecido en muchas otras inscripciones, podría traducirse así: «Yo soy la tumba de Iltirbikis». Conocemos, pues, algunas palabras (*seltar* es «tumba») y podemos deducir algunos elementos morfológicos, pero los verbos y el léxico en general son todavía un misterio.

Hay autores que sospechan que el íbero no es una lengua en sentido estricto, sino una *koiné,* un híbrido utilizado por los negociantes íberos, fenicios y griegos para el intercambio. O sea, un *spanglish.* El íbero, o el conjunto de dialectos a los que llamamos ibéricos, serían una especie de *lingua franca,* un popurrí cocido a fuego lento en el crisol de otras lenguas. Sufijos como -*urro,* -*orra,* -*erro* o -*ueco,* -*asco,* -*isca,* que no tienen equivalente latino, parecen reliquias del sustrato ibérico que encontramos en palabras como: baturro, calentorra, gamberro, marueco, peñasco o ventisca. Son también palabras no indoeuropeas: charco, galápago, garrapata, perro, silo, toca, arroyo, zarza, gusano, o conejo.

Los pueblos indoeuropeos no tenían unidad lingüística y podemos pensar por su número y por el vasto territorio que ocupaban (dos terceras partes de la Península) que o bien hablaban lenguas distintas, aunque

---

[*] Javier de Hoz, *Historia Lingüística de la Península Ibérica en la Antigüedad.*

relacionadas entre sí, o bien había un barullo de dialectos. Los bronces celtíberos reflejan una lengua céltica muy antigua emparentada al parecer con las lenguas de las islas británicas. Solo el celtíbero y el lusitano dejaron testimonios escritos y ninguno de ellos creó una escritura propia. El lusitano utilizó el alfabeto latino; el celtíbero, el alfabeto ibérico, y lo siguió usando incluso cuando los íberos ya habían dejado de hacerlo por la presión cultural romana en la época de Augusto. Podemos, pues, suponer que los celtíberos eran unos paletos al lado de los íberos, que tenían una cultura más superferolítica.

Del sustrato indoeuropeo perviven palabras como abedul, álamo, baranda, gancho, garza, greña, puerco, tarugo o toro. Y, por supuesto, topónimos como Segovia o Segorbe (de Segóbriga y, a su vez, de *seg-*, «victoria» y *-briga*, «ciudad»).

Con el sometimiento de los cántabros y astures, los últimos pueblos en resistir a Roma, que fueron vencidos el año 19 a. C., comenzó la total incorporación de la Península al mundo romano que se había iniciado en 218 a. C. con el desembarco en Emporion para combatir a los cartagineses. En época imperial romana el íbero solo subsistía en zonas montañosas. Resistió el euskera; pero no el actual, sino otro del que poco sabemos porque aquellos vascones eran ágrafos.

2

LOS DE DENTRO Y LOS DE FUERA

LOS VASCOS Y LAS VASCAS

Luz, más luz.
GEORG LICHTENBERG

¿ES EL EUSKERA UN CETÁCEO?

Este libro es una historia de amor a la luz y a los taquígrafos, pero en este asunto no se ve claro. Hay misterios tan tozudos que te dejan más chafado que el hombro de un butanero. Leo en el cura Larramendi —y se me nubla la vista— que Dios creó el euskera para que los ángeles pudieran comunicarse entre ellos. Otros goropianos bajaron algo el nivel y se conformaron con asegurar que fue la lengua de Adán, pero quien ya rozó peligrosamente la blasfemia en su delirio fue el abate Dominique Lahetjuzan: «El vasco es la lengua originaria, lo demuestra la divinidad del Génesis, y viceversa: la originalidad del vasco prueba la divinidad del Génesis». Vamos, que Dios existe por ser euskaldún, que si no habría que verlo. Como dijo La Rochefoucauld, «si en los hombres no aparece el lado ridículo es que no lo hemos buscado bien».

Bajo el reinado de Felipe II vieron la luz un montón apologías del euskera, escritas en *erdera*, o sea en castellano, que lo consideraban un idioma babilónico nacido durante la construcción de la torre de Babel y habría sido exportado a Vasconia por Túbal y hablado por sus descendientes hasta la llegada de Hércules y sus mariachis. Esta milonga gozó de amplísima aceptación en la España de los siglos XVII y XVIII; pero las élites siguieron utilizando el *erdera*.

En el siglo XVI, la *Crónica* de Ibargüen Cachopín no solo da por buena la llegada de Túbal a Vasconia, sino que informa, entre otras psicodelias, de que quien dictó los fueros vascos fue Noé en persona, aunque no precisa si antes o después de pillar el melocotón primordial. Al parecer vino a las montañas cántabras a visitar a su nieto Túbal y aprovechó el viaje para legislar. Esteban de Garibay precisa que la lengua vasca sería una de las setenta y dos surgidas en la Torre de Babel, que la habría traído Túbal el año 142 después del Diluvio Universal, lo cual según sus cuentas equivaldría al 2163 a. C., si bien no precisa si arribó a Lekeitio o a Hondarribia ni si al alba o a la atardecida.

¿Se trataba de orgullo y fatuidad? Pues sí, la verdad; pero sobre todo de ir de gorra. O sea, de blindar sus franquicias, exenciones y mamandurrias. Cuando Ibargüen Cachopín nos informa de que fue Túbal quien trajo el culto al auténtico Dios y las buenas costumbres que recogen los fueros, está colando de matute la hidalguía universal de guipuzcoanos y vizcaínos, anterior a los demás títulos nobiliarios, pues se remontaba nada menos que a los tiempos bíblicos. Lo de que la lengua vasca era una de las originarias de la humanidad, infundida directamente por Dios a la peña de Túbal, semejante e incluso superior al hebreo para expresar los misterios filosóficos y teológicos, a lo que llevaba era a defender la universalidad y superioridad de la nobleza originaria de los vascos. ¿Duque, conde, marqués? Calderilla para los de Bilbao. Si los vizcaínos descendían del patriarca Túbal y en Vizcaya jamás hubo feudos ni vasallajes, porque todos los vascos vivieron siempre en la innata libertad de las edades de oro, ¿quién era Felipe II para enmendar la plana a los herederos de Noé?

El cura Manuel de Larramendi publicó en 1745 un célebre *Diccionario trilingüe castellano, bascuence y latín,* inicio de los estudios de la lengua vasca. En su prefacio, inspirado en el método de los pinochos Annio de Viterbo y Jerónimo de la Higuera, recoge una inscripción leída en una lámina de un metal desconocido escrito en caracteres inéditos más antiguos que los romanos, cartagineses, griegos y fenicios, o sea más falsa que un duro de palo, que decía: *Gure eguille andiari, bere meneco Escaldúnac menast ol sendo au jasotzen díogu Erdaldunac lembician sartu zaizcunean; ondocoai adiarazteco, batí, eta benaz gurtzen gatzaiz-cala, ecen ez arrotzoc becala, ambeste Jainco guezurrezco, ta irri garriri.* Según Larramendi, este texto quiere decir: «A nuestro gran hacedor, los Escaldunes, de su mano y sujeción le erigimos esta tabla sólida de metal, al tiempo que se nos han entrado la primera vez los extranjeros de diferente lengua; [lo hacemos] para dar a entender a nuestros venideros que adoramos y muy de veras a uno solo, y no como estos huéspedes, a tantos mentirosos y ridículos dioses». Aquí serpentea el mito del monoteísmo primitivo de los vascos, una suerte de «cristianismo precristiano», destinado a reforzar su preminencia.

El primero en apuntar un parentesco entre vascos e íberos fue Estrabón que, en el siglo I a. C. (cuando todavía se hablaba íbero en la Península, además de un barullo de jerigonzas), reparó en que los íberos y los aquitanos tenían cierto aire de familia y hablaban lenguas parecidas. En el siglo XIX, Wilhelm von Humboldt también creía que los vascos eran un pueblo íbero y en el XX el cura folclorista José Miguel de Barandiarán le compró la mercancía y expuso que la lengua vasca era el resultado de la evolución de la íbera.

Tal vez no sea un total despropósito, porque el caso es que algunas coincidencias no pueden ser casuales, como que -en sea sufijo genitivo posesivo en ambas lenguas o que la letra k sea un elemento pluralizante. Este tipo de coincidencias y algunas otras, como que ambas lenguas compartan una fonética parecida (por ejemplo, las cinco vocales), que ambas tengan el mismo orden sintáctico o que topónimos valencianos actuales puedan ser explicados acudiendo a la lengua vasca (Arriola de *arri,* «piedra»; Ibi de *ibi,* «vado»; Ondara de *ondar,* «arena»; Sorita de *zuri,* «blanco»), llevó a postular no solo su parentesco, sino su equivalencia: el vasco y el íbero serían la misma lengua. A los vascoiberistas les gustó tanto la idea que acuñaron el étnico «éuskaro», inspirado en «íbero». Otro indicio: la palabra *íbero* procede del hidrónimo *Iberus,* que se explicaría a partir del vasco *ibar* («ría, estuario») o *ibai* («río»). En boca de los comerciantes griegos *ibar* pudo convertirse en *iberus* y los habitantes de la zona en íberos; o sea, «los del río», que es precisamente lo que significa el apellido vasco *Ibarra.*

La hipótesis es tentadora. Si combinamos informaciones lingüísticas, geográficas e históricas, no es descabellado sugerir que antes de la indoeuropeización de la Península hubiera continuidad entre el tartesio, el íbero, el vasco y otras lenguas y dialectos de los que no tenemos noticias.

El problema es que no sabemos qué estamos diciendo cuando hablamos del euskera milenario. Los testimonios escritos del vasco son muy tardíos, solo a partir del siglo x de nuestra era aparecen palabras y frases sueltas y no hay textos extensos hasta seis siglos después.

Una posibilidad es que el protovasco llegase a la Península con la cultura de los Campos de Urnas; o sea, hace por lo menos unos tres mil años, un espacio de tiempo mayor que el existente entre el castellano actual y las primeras inscripciones latinas, que se parecen como un huevo a una castaña. O sea, que fuera lo que fuera el protovasco y se pareciera lo que se pareciera al íbero, a lo que no se puede parecer es al euskera actual. Recordemos de nuevo a Leslie P. Hartley: «El pasado es un país extranjero». Y el protovasco, un idioma extranjero para los euskaldunes actuales.

Otra conjetura propone el origen afroasiático del euskera —del protoeuskera no del actual— y aventura un parentesco remoto del vascuence con el bereber, pues a fin de cuentas los íberos procedían del mismo tronco que los bereberes. Se ha descubierto en Aldaieta un linaje norteafricano del ADN mitocondrial anterior a la invasión árabe, lo que daría alas a la creencia en un parentesco de Bilbao con Marrakech. Cuando el poeta Ramón de Basterra habló de la «tenebrosa lengua escita» de sus paisanos, se hacía eco de quienes han creído encontrar similitudes entre el vasco y las lenguas caucásicas. No son los primeros en evocar la vieja tradición referente a los tubalitas, que los emparenta con los turaníes del Asia Menor, los escitas de las crónicas de la Antigüedad, que en épocas arcaicas se extendían en anchísimas vastedades desde el extremo oriental de Europa hasta la meseta del Turán. Hoy esos territorios se reparten entre Kazajistán, el sur de Rusia y Ucrania. Como el carácter aglutinante de la lengua vasca la hace irreductible a las lenguas de familia indoeuropea, que son de flexión, hay quien ha visto grandes analogías entre el euskera y el antiguo acadio, de donde deducen que los vasco-íberos quizás procediesen de los valles del Éufrates y del Tigris, donde en tiempos remotos habitaban los turaníes o acadios, que unidos con los sumerios o semitas formaron el Imperio caldeo.

¿No tendrá que ver todo esto con la existencia de las dos Iberias, la irania del Ponto Euxino y la nuestra, cuyo único parecido era que los griegos les dieron el mismo nombre? La verdad es que la supuesta proximidad del vasco a las lenguas caucásicas o al bereber no acaba de resultar convincente, y mucho menos con el hebreo, a pesar de la homofonía que me descubre Jon Juaristi entre *biscaín* y bis-Caín (dos veces Caín).

De lo que no hay duda es de que el euskera se parece al aquitano de la época romana. Lo más probable es que los vascones del Pirineo Oriental hablaran una variedad del antiguo aquitano. Lo que pasa es que el euskera actual presenta suficientes rasgos morfológicos románicos y vocabulario de origen latino como para no identificarlo con una forma evolucionada de la lengua de los aquitanos de la época de Julio César. O sea, que no salimos todavía de la perplejidad: no parece ni carne ni pescado. Por cierto, ¿es la ballena carne o pescado? Tal vez el euskera sea ballena, sí, ¿por qué no? Es más que probable que proceda de una lengua mixta, una especie de *spanglish* creado a partir de la fusión con el latín (o con un protorromance) de un dialecto aquitano. O sea, cetáceo al fin, porque aunque conserva muchísimas voces patrimoniales, gran parte de su vocabulario es románico. En las variedades orales de la lengua domina el léxico románico sobre el patrimonial, mientras en las escritas domina lo castizamente vasco. Sumando y restando lo que nos sale es que lo romance, el elemento alienígena, es mucho más abundante. Son patrimoniales casi todas las palabras relacionadas con la caza y la ganadería, son románicas casi todas las abstractas, cultas o referidas a la agricultura o a la pesca. Se ve bien en la lista de la compra: *bale* («ballena»), *aingira* («anguila»), *atún* («atún»), *bixigu* («besugo»), *txitxarro* («chicharro»), *xardin* («sardina»), *sapu* («rape, pejesapo»), *espata* («pez espada»), *antxoa* («anchoa»), *bokart* («bocarte»), *berdela* («verdel»), *bakailu* («bacalao»).

Queda por despejar la incógnita de la época en que tuvo lugar el proceso de fusión de un dialecto aquitano con otro latino. Jon Juaristi cree que hay que pensar en un periodo relativamente largo que no sería aventurado acotar, a ojo de buen cubero, entre los siglos IV y VI o incluso VII, es decir, en la época de las invasiones bárbaras o, como muy tarde, bajo la hegemonía visigótica. El euskera parece un producto más de la turbulenta fragmentación lingüística tras la caída de Roma: un caso epilogal, como el rumano, en el que la lengua de los colonizadores estuvo en contacto con otra u otras de diferente familia.

VERDADES Y EMPANADAS

Sostenía Sherlock Holmes que no hay nada más estimulante que un caso donde todo está en tu contra. Al sabueso le ponían los casos imposibles, supongo que disfrutaría como un cerdo en un patatal tratando de resolver el misterio de los vascos y las vascas. Yo en este asunto me acojo a sagrado y me dejo llevar de la mano de tipos que, como Caro Baroja, Martín Almagro Gorbea, Juan Aranzadi o Jon Juaristi, saben todo lo que se puede saber de los vascos. Y las vascas. *Goazen aurrera.*

Envuelto en densas nieblas se nos presenta el origen de los vascos, cosa por lo demás que suele ocurrirles a todos los pueblos que viven donde las cabras. Jon Juaristi atribuye el prejuicio romántico sobre los pueblos montañeses (*highlanders* escoceses, chechenos, tibetanos o vascos) a la teatralidad del paisaje, que fomenta la tendencia al aislamiento y el prestigio del misterio. Si añadimos lo que Azorín llamaba «nigromancia», o sea el arte del historiador para escoger los hechos, agruparlos, generalizarlos, agrandarlos y hacerles decir lo que el historiador quiere que digan, entonces acabamos en la empanada de los relatos épicos sin correlatos fácticos.

Ese fue el caso de Telesforo de Aranzadi, un virtuoso en el arte de ir a las raíces como forma subterránea de andarse por las ramas. Solo o en compañía de otros vendió su burra ciega ofreciendo cobertura arqueológica y craneométrica a la «raza vasca» como descendiente in situ de la «raza pirenaica». Aranzadi fue el primero en forjar el mito de una etnia vasca tardopaleolítica a partir de una cepa de cromañones con algunas aportaciones de poblaciones indoeuropeas en la transición a la Edad de los Metales. La homofonía da mucho juego para el delirio, en euskera herrero y extranjero son casi la misma palabra: *arotz* y *arrot*. ¿Debemos deducir de eso que en aquel pueblo genuinamente picapiedras los primeros metalúrgicos eran maketos? Pues no, porque hay inferencias desopilantes, como la de aquellos tripulantes de un barco turco que en el siglo XIX atracaron en el puerto de Brest y en una noche sin luna se asomaron al muelle desde cubierta y vieron a un sujeto embozado en una capa negra que cojeaba y escupía a cada paso. Cuando llegaron a su país contaron que los franceses eran noctámbulos, cojos, vestían de negro y andaban escupiendo todo el santo día. Hay deducciones que las carga el diablo.

Cierto tipo de argumentos lingüísticos hacen salivar a los defensores de la vetustez autóctona de la etnia vasca. El más usado se refiere a la raíz *aitz,* con el significado de «piedra», en el nombre de ciertos utensilios como el cuchillo *(aizto),* el hacha *(aizkor)* o la azada *(aitzur).* La raíz *aitz* sería la prueba del nueve de que los vascos existían como pueblo en la Edad de Piedra. Lo malo es que *aitz* no significa piedra, sino risco. El término vasco para piedra es *arri* como sabe Iñaki Perurena que, precisamente por levantar piedras, es *(h)arrijasotzaile.* La raíz *aitz* entra en la composición de otras palabras que no tienen nada que ver con la piedra, como *atzamar* y *beatz* (dedo de la mano y dedo del pie). La lengua vasca conserva, en efecto, vocablos muy arcaicos, pero no necesariamente prehistóricos; por eso buscar en el euskera las claves para desentrañar los misterios del mundo prehistórico no resuelve el enigma y te aboca al enredo.

Sobre el origen de los vascos se han dicho muchas boberías por el empeño de realzar su condición de fósil o reliquia, ese pueril orgullo de querer remontar su antigüedad a la migración de las gentes después del Diluvio. Hay que ser muy del centro de Bilbao para creer a estas alturas que los primeros vascos hicieron el crucero del Arca de Noé o que los cazadores del Paleolítico eran tan vascos como los jugadores del Athletic de Bilbao. También se ha puesto cuesta arriba creer que hayan vivido siempre en esas tierras ni que nunca se hayan mezclado con otras gentes desde la época de Túbal. Pero sigue vivo el mantra de que las variadas tierras del País Vasco han tenido una cultura uniforme, han estado habitadas por un solo grupo étnico a lo largo de la historia, se ha hablado en ellas una sola lengua que ha estado allí siempre, que si hubo otras fueron de invasores posteriores que habrían traído los topónimos indoeuropeos. El lingüista Antonio Tovar enumera una larga serie de palabras eusquéricas en apoyo de una fuerte presencia céltica en el País Vasco: *Deba, Ulzama, Lur, Gori, Kai, Iratze, Tegi, Izoki, Zulo, Haitz...* ¿Dónde está la raigambre vasca del nombre del río Nervión por el que bajaba una gabarra?

Hago un *flashback.* Los vestigios más antiguos de la presencia humana en la región se remontan a hace ciento cincuenta mil años, pero no vienen al caso porque eran neandertales. El sapiens llegó en el Paleolítico Superior, entre hace treinta y siete mil y doce mil años, la era de las pinturas rupestres. La del Neolítico es la de los monumentos megalíticos, dólmenes y crómlechs, que aparecen en el País Vasco en el tercer milenio a. C. Desde que comenzó a ser posible la recuperación de ADN antiguo, la genética se ha convertido en una poderosa herramienta para estudiar los movimientos de población en el pasado. Gracias a eso sabemos que no existió el supuesto aislamiento de los vascos durante la Prehistoria.

La antropología prehistórica revela la existencia de grupos diversos en el territorio vernáculo de los vascones. Ni estaban solos, ni estaban aislados, sino avecindados con tipos mediterráneos gráciles, cromañoides y pirenaico-occidentales, mediterráneos robustos y braquicéfalos alpinos: la frecuencia del haplogrupo 107 J que ofrece la población de los antiguos vascos en el Neolítico indica un impacto genético parecido al experimentado por otras poblaciones de la Península Ibérica. En el País Vasco ha habido unos ochenta hallazgos campaniformes, si se supone que se haya conservado uno por cada mil utensilios, podemos estimar que hubo un mínimo de ochenta mil objetos campaniformes para una población pequeña. Es impensable que las mujeres que se casaban lejos y fabricaron ese número de cacharros no dejaran su huella cultural, lingüística y étnica.

Lo que se entrevé entre los cendales del tiempo es la plena incorporación del territorio vasco al fenómeno campaniforme generalizado por toda Europa Occidental, como ya había ocurrido en el mundo megalítico. La abundancia de hallazgos del vaso campaniforme, así como de piezas tan singulares como el hacha de combate de Balenkaleku, cuyo origen se retrotrae a la cultura de Cerámica de Cuerdas del norte y centro de Europa confirman que ya en aquellos lejanos tiempos no había un pueblo sino un *melting pot*. Al oeste del río Leizarán, en el Pirineo, los pastores dejaron círculos de piedra con probables sepulturas que reflejan un rito de cremación originario de la cultura centroeuropea de los Campos de Urnas, una tradición megalítica. Esas gentes forzosamente tuvieron que tener relaciones con los vascones, cuyo sustrato lingüístico tiene influencias de otros pueblos no indoeuropeos, como los arenosinos del

Valle de Arán, los jacetanos del Prepirineo de Jaca y los íberos. Desde luego, la toponimia tumba el castillo de arena de que la lengua vasco-aquitana se hablaba en la Antigüedad desde Vizcaya hasta el Valle de Arán y desde la llanura de Aquitania hasta el Ebro. Los vascos, como casi todo el mundo, han respirado aires cosmopolitas, pero algunos como la paloma de Kant creen volar mejor en el vacío.

Otra mala noticia: los genetistas han comprobado que el ADN de los vascones no se distingue del resto de los íberos. De lo cual, claro, no se deduce que los vascos no existan. De los vascones hablan los autores de la Antigüedad romana y el gentilicio aparece —como *bascunes* y *barscunes*— en monedas ibéricas. Ahí están además Karlos Arguiñano, Karra Elejalde, mi amigo Txarli Lóriz o el pelotari Txikito de Iraeta, cuya personalidad resulta tan evidente como la del ídolo de mi infancia, el ciclista Patxi Gabicagogeascoa. Pero esa personalidad —la de todos los vascos y las vascas— no se sustenta en la Biblia en verso.

En *Antigüedades de Vizcaya*, el cura Martín de Coscojales defendía que la permanencia del euskera se debe a las guerras de los cántabros vasco-íberos contra los romanos, a quienes tuvieron a raya y de quienes habrían permanecido aislados. Tras la derrota de los astures y los cántabros occidentales, en el 19 a. C., solo los cántabros orientales (es decir, los vascones) habrían sostenido contra los romanos una lucha tan heroica que, finalmente, los invasores habrían consentido en pactar con ellos las condiciones de una paz definitiva que respetaría la integridad del territorio vasco y la independencia de su población.

Pero tras la campaña de Augusto contra los cántabros y las últimas expediciones contra los reductos finales de la rebelión aquitana (15 al 10 a. C.), todos los territorios de Vasconia quedaron integrados en el imperio. Vasconia se romanizó, aunque ni en igual grado en todos los lugares ni en todos los aspectos de la vida. Resulta curioso el empecinamiento en negar la romanización de una zona que conserva muchos menos vestigios de culturas prerromanas que el resto de España. Claudio Sánchez-Albornoz definía Vasconia como «la España sin romanizar», y el diplomático y poeta Ramón de Basterra en su poema *El vizcaíno en el foro romano* declaraba su inferioridad congénita por el hecho de proceder de una casta nunca iluminada por el sol de Roma. Pero fueron los romanos los que llevaron al territorio francés el juego llamado *pila*, que derivó en el *jeu de paume* que los vascos llamaron *pilota;* o sea, la pelota vasca. Intentar mantener esa infundada pamema que considera el País Vasco ocupado desde fecha inmemorial por éuscaros procedentes de la dispersión de los pueblos tras la Torre de Babel recuerda la postura mantenida por los creacionistas norteamericanos, que le niegan a Darwin el pan y la sal para pretender seguir ignorando lo que ellos mismos involuntariamente proclaman: que somos monos.

¿Aislamiento?, *ez askoz*. El mito de la clausura de Vasconia no se sostiene. La orografía de la región no es infranqueable, no alcanza alturas superiores a los dos mil metros, salvo en la parte más oriental, y los valles fluviales facilitan la circulación de hombres y caballerías. La muga pirenaica nunca, ni en la Antigüedad ni después, ha sido un obstáculo insalvable. La utilizaron Asdrúbal y Pompeyo y mucho antes, a lo largo de la segunda mitad del primer milenio a. C., hubo una creciente celtización por el influjo galo de la Aquitania, y una iberización procedente del Valle del Ebro. Solo los vascones pirenaicos, aislados en sus valles, debieron de mantener las formas de vida ancestrales. Confrontado a todas estas perplejidades, concluye Juan Aranzadi que si alguna época ha habido en la que el País Vasco se ha mantenido culturalmente aislado no ha sido ni durante la Prehistoria ni en el periodo romano, sino en la actualidad. Bueno, la verdad es que lo dijo antes de que inauguraran el Guggenheim, la red de autopistas y Facebook.

¿SON VASCOS TODOS LOS EUROPEOS?

Fueron los alemanes Johann Gottfried Herder y Wilhelm von Humboldt quienes, a finales del siglo XVIII, comenzaron a usar la voz vascos (o sea, su equivalente alemán, *Baskischen*) en un sentido nuevo, inclusivo, para referirse a los vascos de España y Francia. Hasta entonces no había un término común que los englobara. A finales de la Edad Media, vizcaínos, navarros y vascos eran términos que se referían a tres poblaciones distintas: vascongados, navarros y aquitanos, respectivamente. En la España de los siglos XV al XVIII se consideraba vizcaínos a todos los vascongados, no solo a los de Vizcaya. La «linda vizcaína» de la serranilla del Marqués de Santillana era una alavesa, y el «gallardo vizcaíno» del *Quijote*, un guipuzcoano.

Wilhelm von Humboldt suponía la existencia de un sustrato que permitía identificar una lengua prerromana euscoaquitana relacionada con la ibérica y que los antiguos íberos eran vascos que hablaban el euskera actual, o uno parecido, y que habitaban todas las regiones de la Península. Los celtas serían alienígenas de una oleada posterior. El presunto aislamiento de aquellos pastorones vascos en los Pirineos y su pobreza autárquica, explicarían su marginalidad y la probable falta de interés hacia ellos de los romanos, lo que habría permitido la pervivencia hasta nuestros días de este interesantísimo sustrato extendido en época prerromana desde el Garona, como límite de la Aquitania, hasta las estribaciones pirenaicas por el sur. No es aventurado identificar con estas gentes vasconas de vida pastoril los crómlechs localizados desde el este de Leizarán hasta las cuencas del alto Gállego y el alto Ésera, ya cerca del Aneto, zona que coincide con la extensión del sustrato toponímico vasco.

Pero podríamos dar una vuelta de tuerca más y pensar que no solo los íberos eran vascos, sino también todos los primeros pobladores de Europa. La cosa sería que al llegar la última glaciación, los supervivientes cromañones del continente europeo buscaron refugio en las zonas más benignas del sudoeste europeo. Beneficiados por la mitigación del frío por el efecto *föhn*, formaron el grupo humano protovasco. Un polémico lingüista finlandés, Kalevi Wiik, planteó hace unos pocos años que el euskera actual es el resto de un grupo de lenguas que se hablaron en tiempos paleolíticos en todo el occidente europeo y que vio reducido su ámbito de influencia debido a la expansión indoeuropea. La teoría del sustrato vascónico sostiene que muchos idiomas de Europa Occidental contienen restos de una antigua familia lingüística de la cual el euskera es la única sobreviviente.

Por la misma senda asomada al precipicio de la temeridad camina el paleolingüista alemán Theo Vennemann, que ha sostenido que una forma muy arcaica del euskera, bautizada por él como «protovascónico», fue hablada en grandes extensiones de Europa antes de la invasión de los pueblos indoeuropeos. Pero en esta teoría más que temblar el misterio, resuena la especulación fantasiosa. Según su hipótesis, después de la última edad de hielo pueblos vascónicos se asentaron en la Europa Occidental y dieron nombres a los ríos y lugares, nombres que a menudo persisten actualmente a pesar de estar en regiones donde ahora se hablan lenguas indoeuropeas. Vennemann se basa sobre todo en los paralelismos en la toponimia e hidronimia europeas, que presuponen sustratos preindoeuropeos que se podrían explicar a través de la lengua vasca, por ejemplo, el elemento *aran,* «valle», estaría en nombres como Val d'Aran, Arundel (Inglaterra) o Arendal (Noruega). Según esto, ingleses, noruegos y todos los europeos serían vascos.

La legión de detractores de Vennemann dice que para nada. Critican su tesis porque utiliza raíces vascas modernas que no se corresponden al vasco arcaico. Además, aunque el euskera actual es una lengua aglutinante, no hay motivos, sino al contrario, para creer que antiguamente lo fuera. A ello se suma que la lingüística documenta la presencia de un sustrato indoeuropeo anterior al vasco tanto en la hidronimia como en la oronimia.

UNA DE ESVÁSTICAS Y DENDROLATRÍA

¿Qué religión profesaban los vascones antes de la llegada de los romanos? Francamente, vete tú a saber. Resulta imposible reconstruir un sistema religioso coherente a partir del sincretismo de la época romana, y el folclore no sirve de ninguna ayuda. En materia de mitos éuscaros menudea la invención y escasea la tradición; nueve de cada diez son inventos románticos cebados por la nostalgia de un pasado idealizado. Hasta finales del siglo XIX no contamos material etnográfico fiable. Más que los mitos abusivamente considerados como autóctonos ha pesado la mitología cristiana, todas las legiones de *lamiak, basajaunak, Mari, Maju* o *Gaueko* son poca cosa al lado de la devoción al santo patrono del pueblo. Con razón dice Juan Aranzadi* que el calificativo de «vascos» aplicado a ciertos mi-

---

* *Milenarismo vasco.*

tos es a la vez restrictivo y abusivo. Es restrictivo porque no se entiende
por qué no se hace desfilar el mito del nacimiento de Cristo del vientre
de una virgen o cualquiera de las múltiples leyendas sobre la vida de los
santos. ¿O es que las andanzas de Mari por cuevas y simas son pura fantasía, leyenda y superstición, mentira en fin, mientras que caminar sobre
las aguas o multiplicar panes y peces constituyen verdad revelada y sería
sacrilegio incluirlas en un repertorio folclórico? Y es abusivo porque si la
exclusión de la mitología católica se debe a que no es original, específica
o autóctona, no se explica por qué no se excluye también el ingente
material mitológico «vasco» que tiene un evidente origen indoeuropeo
o grecorromano. Tan mitos vascos son la Virgen María como *Basojaun* o
Gaueko.

Caro Baroja ha documentado que los personajes mitológicos eus-
quéricos proceden claramente del cristianismo y del paganismo clásico:
la *Heren Sugea*, dragón o serpiente, es una traducción del *Serpens Antiquus*
del Apocalipsis; las *lamiak* o *lamiñak* están tomadas directamente de la
Lamia romana y el Tártalo o cíclope, del Polifemo de la *Odisea*, bajo un
nombre que deriva del Tartarus, uno de los infiernos clásicos. La Dama
de Amboto es una variante del mito medieval de Melusina —que es, a
su vez, deudor de un avatar de la Diana de los romanos, la Mater Lucina
que ayudaba a las mujeres en el parto—. Nada que tenga que ver con
una supuesta religión prerromana. Lo más probable es que los pueblos
prerromanos de Vasconia tuvieran no una, sino varias religiones distintas.
En su clásico estudio sobre magia y religión, el antropólogo escocés James George Frazer detectó el totemismo en la historia de un cazador
vasco que afirmó haber sido muerto por un oso, pero que la fiera, después de matarle, le insufló su propia alma dentro del cuerpo de modo
que el cuerpo del plantígrado quedó allí muerto y él era el oso mismo,
ya que estaba animado por el alma del oso. Esa reviviscencia del cazador
muerto en oso es, por otra parte, bastante extendida en muchas tribus.

Ya conté que, en el siglo XVIII, el cura Manuel de Larramendi pecó
contra el octavo mandamiento, o sea que mintió como un bellaco, cuando dijo haber encontrado la prueba arqueológica de que los vascos eran
cristianos ya antes de Cristo; bueno, al menos monoteístas. La verdad es
que ya se había difundido la especie de que los vascos habían adorado la

cruz mucho antes del nacimiento de Cristo, aunque bajo la forma un tanto barroca de la esvástica lobulada, el *lauburu* («cuatro cabezas»). Se improvisó una leyenda según la cual Constantino, la víspera de la batalla de Puente Milvio, habría reconocido en el *lauburu* del estandarte de una cohorte vascona el mismo signo que se le había aparecido minutos antes en el cielo, rodeado por las palabras *hoc signo vincis* («con este signo vencerás»). Ordenó confeccionar apresuradamente estandartes como aquel para todas sus cohortes. Desde entonces, estandarte se dijo en latín *labarum* («lábaro»), corrupción de la palabra eusquérica *lauburu* debida a la torpeza acústica de los romanos, incapaces de captar la sutil belleza de la lengua vasca. Hay quien sostiene que el lábaro sobre el que se prendía la tela del estandarte —dos troncos de madera cruzados— fue el origen de la crucifixión y que a los romanos, en un acto de retorcida crueldad, se les ocurrió clavar a los prisioneros en su propio símbolo. Larramendi sostuvo que la propia palabra estandarte era vasca, fusión del lema *eztanda arte* («hasta reventar») que los legionarios vascones hacían bordar bajo sus esvásticas. Posdata: en el otoño de 1940 Himmler fue a Euskadi a ver lauburus y alucinó en colores: los españoles más antiguos ya eran nazis.

Lo que realmente eran los vascones era dendrólatras, palabro acuñado por Julio Caro Baroja para referir la estima a los árboles rayana en la adoración. Según el himno que le dedicó Iparraguirre, el árbol de Guernica fue plantado por el mismísimo Dios. Caro ya entrevió que los árboles sagrados del País Vasco, que tienen o han tenido funciones jurídicas como lugar de asamblea, documentan una bien conocida tradición de los celtas, para quienes el roble era una manifestación de la divinidad. Los celtas adoraban a Zeus en la forma de un gran roble o encina, lo que explica que el *quercus* indicara el lugar elegido para reuniones solemnes entre los indoeuropeos, pues era el símbolo del *axis mundi*: punto de vinculación de cielo, tierra e infierno, lo que explica su carácter sacro y de lugar onfálico en el que se refleja la voluntad de la divinidad suprema, organizadora y jurista de la comunidad.

Este es el origen del roble de Guernica, el soberbio árbol que desempeña un papel tan importante en el ritual del Fuero Viejo de Vizcaya y que quizás tenga su testimonio más antiguo en el posible árbol que pudo ocupar el hoyo que señala el centro topográfico e ideológico del santuario de Gaztiburu. Almagro Gorbea relaciona el ritual de reunirse a la intemperie en una sucursal terrenal del cielo con una ceremonia similar conservada en la Corintia eslovena, lo que sugiere que ambos ritos son restos de la liturgia celta de coronación real. ¿Deja por ello de ser vasco uno de los más importantes símbolos ideológicos del País Vasco? ¿Hay entonces unos ritos vascos más vascos que otros? Eso sería como decir que en una purrusalda el puerro es más purrusalda que la patata. Si tenemos que admitir el origen alienígena del árbol del Guernica, lo mismo cabe decir para la lengua, la pelota vasca y los genes. Las confusas referencias al Rh negativo y a otras milongas genéticas son *bullshit*, mierda de toro, que sigue uno pisando a poco que se descuide.

En fin, que los mitos sobre los vascos persisten, pero el enigma *non troppo*. Y no hay nada más que decir, «he dicho lo que quería decir y no lo volvería a decir», como enseñó Harper Lee.

DAMAS, TRAPICHEOS Y UN FALSO ASTÉRIX

*España es un león que la razón conducirá con
un hilo de seda, pero que ni un millón de
soldados someterá por las armas.*

JOSÉ I BONAPARTE

UNA MUJER CON PASADO

Cerca de Elche, en un promontorio rodeado por un río, existió un
asentamiento íbero conocido por los griegos como Helike y por los
romanos como Colonia Iulia Ilici Augusta. Los árabes situaron la ciudad
más abajo, en la parte llana, y conservaron el topónimo romano de Ilici,
que fue arabizado en Elche. Al promontorio lo llamaron La Alcudia, que
viene a significar… promontorio. Muchos siglos después, en la mañana
del 4 de agosto de 1897, Manuel Campello Esclápez, *Manolillo*, salió de
su casa y se dirigió a una finca en La Alcudia. Allí trabajaban su padre y
otros obreros, levantaban unos muros de piedra y nivelaban los bancales
para plantar granados. Manolillo tenía diecisiete años y echaba una mano
llevando agua a los mayores. Cuando hicieron una parada para echar un
pitillo bajo una higuera, el chaval cogió un pico y se puso a cavar en un ri-
bazo. Dio con una piedra y la golpeó varias veces, pero se movió menos
que un don Tancredo, así que retiró con la mano la tierra suelta que la
cubría y se topó con unos ojos que lo miraban desde su tumba de tierra.
Acaba de descubrir la cumbre del arte ibérico.

Esta versión, sin embargo, difiere del informe oficial redactado por
Pedro Ibarra Ruiz diez días después del hallazgo, que asegura que fue
Antonio Maciá quien dio con su pico en la escultura. De lo que no hay
duda es de que la noticia del descubrimiento corrió más deprisa que el

cartero del Correcaminos y la gente del lugar bautizó la estatua como la Reina Mora.

El doctor Campello, dueño de la finca, estaba casado con Asunción Ibarra, hija de Aureliano Ibarra y Manzoni, un humanista aficionado a la arqueología que había encontrado gran cantidad de vestigios íberos en sus propias tierras de labor. Había ido formando una valiosa colección que dejó en fideicomiso a su hija Asunción, con el encargo de que a su muerte la ofreciera a la Real Academia de la Historia y se expusiera en el Museo Arqueológico Nacional. Cuando murió don Aureliano, su hija se dispuso a cumplir la voluntad del padre y comunicó el legado a las autoridades de Madrid. La Academia se reunió en sesión plenaria y nombró una comisión para estudiar el asunto. Los comisionados fueron a Elche a hacer el trato y acordaron adquirir el lote y abonarlo en tres plazos. Uno de los plazos venció poco después del descubrimiento de la Reina Mora y hubo un contencioso porque su dueña, doña Asunción, no estaba de acuerdo en incluirla en el lote y la Academia no estaba por la labor de seguir pagando si no se añadía la escultura al trato.

Los días 14 y 15 de agosto se celebraba el Misterio de Elche y el matrimonio Campello-Ibarra invitó a su casa al arqueólogo francés Pierre Paris, que cuando vio el busto íbero supo que se trataba de algo grande. El Museo del Louvre no tardó en comprarla por cuatro mil francos y la Reina Mora salió bien empaquetada camino de París. Durante cuarenta años estuvo en el Louvre hasta que estalló la Segunda Guerra Mundial y, como medida de precaución, la llevaron al castillo de Montauban, cerca de Toulouse. En 1941, el Gobierno de Vichy llegó a un acuerdo con el de Franco: España entregaba a Francia un Velázquez y un Greco y Francia nos devolvía no solo la Reina Mora, sino un buen lote que incluía un Murillo robado por las tropas napoleónicas, una de las esfinges gemelas de El Salobral y varias piezas del Tesoro de Guarrazar, además de algunas esculturas ibéricas de Osuna.

En el París de finales del XIX, algunas estatuas femeninas antiguas empezaron a llamarse damas por iniciativa del arqueólogo Salomon Reinach, que lo aplicó primero a la Dama d'Auxerre y poco después al hallazgo de Elche. Tal vez en otro momento y en otro lugar, se hubieran llamado venus, *korai,* «diosas», «reinas» o, simplemente, «estatuas», pero la erudición de fin de siglo buscaba términos menos convencionales y más laicos para etiquetar los hallazgos prehistóricos, de modo que la Reina Mora volvió a España en 1941 convertida en dama. Pero ¿qué es una dama? ¿Acaso un caballero en femenino; o bien una diosa o una reina? Que no era mora la Reina Mora es seguro; no está tan claro que no fuera reina, sin embargo. O tal vez diosa. Más incógnitas: ¿su autor fue un artista íbero, púnico o griego? ¿Era inicialmente un busto o una estatua sedente o de cuerpo entero? Todos esos acertijos y algunos más nos propone la dama esquiva, pero las flechas del saber, por muy alto que lleguen, apenas arañan el cielo y tienen delante un infinito mundo de misterio.

El arte íbero se consideraba una mala imitación del arte clásico hasta que apareció la Dama, cuya belleza marcó un antes y un después en la valoración de la sensibilidad artística de los íberos, al parecer mucho menos cenutrios de lo que se les suponía. En su parte posterior hay una cavidad casi esférica de dieciocho centímetros de diámetro y dieciséis de profundidad. ¿Servía para introducir reliquias, objetos sagrados o cenizas de difunto? Tal vez fue una figura sedente de cuerpo entero, una imagen de culto que se rompió en dos partes para reutilizar la zona del tronco y convertir su parte dorsal en urna funeraria. Sin bótox ni ácido hialurónico, la Dama está bien conservada, aunque muestra numerosas erosiones, ha perdido su policromía original y la pasta vítrea de sus ojos.

Datada entre finales del siglo v y principios del iv a. C., no sabemos quién fue el autor de la pieza. Tal vez salió de la mano de un artista griego afincado en la Península, aunque tras la localización de numerosas piezas de calidad similar, como el conjunto del Cerrillo Blanco de Porcuna, hay indicios para pensar que el artista pudo ser un indígena que conocía la estatuaria griega. No sabemos si estaba instalado en Elche o era un artista itinerante, pero el hallazgo de otras esculturas del mismo estilo en la misma zona nos da pie para creer en un escultor o taller local del que saldrían todas ellas.

¿Fue autóctona la cultura ibérica? El mundo ibérico recibió aportaciones de pueblos centroeuropeos, celtas sobre todo; pero los orientalistas creen que la emergencia del mundo ibérico solo fue posible con la llegada de poblaciones del Mediterráneo oriental, que desbastaron a los nativos. Parece más que probable, porque en contraste con la indumentaria plenamente autóctona, los rasgos faciales de la Dama revelan influencias de la escultura griega, aunque Artemidoro de Éfeso, que viajó por las costas de Iberia alrededor del año 100 a. C., describe a las íberas con rasgos en los que se reconoce bien a la Dama.

Otro de los misterios que suscita es saber a quién representa realmente. ¿Encarna a una diosa, a una mujer de carne y hueso? Y en tal caso, ¿sería una sacerdotisa o tal vez una princesa? Pudo ser una diosa cuyo modelo fue una mujer de carne y hueso, sería entonces una imagen de vestir como las de muchas vírgenes actuales. Pero de ser una diosa y no una matrona mayestática, ¿cómo pudo servir de urna funeraria? Para la mentalidad de la época supondría un sacrilegio que los restos de un cadáver, impuro por naturaleza, se introdujeran dentro de la imagen de la divinidad. O sea, que no podemos descartar que represente a una mujer de clase alta o incluso que se tratara de una sacerdotisa. Francamente, todo esto me parecen conjeturas propias de *cuñaos*, mejor me abismo en el enigma de su ocultación.

Los grupos escultóricos que formaban el santuario —*heroon*— de La Alcudia fueron destruidos entre los siglos IV y III a. C. De repente, no sabemos por qué, se despertó una fiebre iconoclasta que barrió el mundo ibérico y provocó la destrucción de la mayor parte de su estatuaria. En La Alcudia los fragmentos de las esculturas rotas se usaron a fines del siglo III a. C. para pavimentar una calle junto al templo. Aquellos ataques parecen haber estado relacionados con conflictos sociales. La Dama se salvó porque la enterraron, pero mucho tiempo después fue desenterrada y sepultada de nuevo. ¿Cómo lo sabemos? Porque las características del busto permiten fecharlo en los siglos V-IV a. C., pero el estrato donde fue descubierto data de una época muy posterior, finales del siglo I a. C. Tal vez la imagen fue ocultada por segunda vez para protegerla de una destrucción similar a la que sufrieron las esculturas del *heroon* dos siglos antes. O sea, que el segundo enterramiento del busto no coincide con la época de la destrucción de las estatuas. Entonces, ¿qué peligro acechaba a la imagen en el siglo I a. C. para que tuvieran que esconderla? Ni idea, pero tenemos una pista en el hecho de que el templo ibérico de La Alcudia fuera abandonado en la misma época. Tal vez este segundo enterramiento tuvo que ver con el cambio de creencias que trajo la romanización. ¿Pudo la Dama, perdida su función funeraria, haber recibido culto, asimilada a la imagen de una diosa o a una antepasada divinizada?

Son muchos los secretos que nos ha desvelado la Dama de Elche, pero, mujer fatal, continúa envuelta en un aura de misterio. Y de polémicas.

En 1995, John F. Moffitt, profesor de historia del arte en la Universidad de Nuevo México, publicó un libro titulado, en su versión española, *El caso de la Dama de Elche. Crónica de una leyenda.* El historiador norteamericano decía que la Dama ni es ibérica ni es antigua ni vale un pimiento. Aseguraba que fue tallada por un tal Francisco Pallás y Puig unos meses antes de su descubrimiento, y que se trataba de un *fake.* El prologuista de la edición española dice que la Dama tendría que estar en el Reina Sofía y no en el Arqueológico porque es una pieza de arte contemporáneo que tuvo influencia en Picasso y Brancusi. Lo dice sin sarcasmo. A lo mejor por eso nos la devolvieron los franceses, porque era más falsa que la monja de la quina Santa Catalina.

Sin embargo, el análisis de su policromía realizado por un equipo del CSIC ha evidenciado la antigüedad del pigmento y la estructura de las capas de imprimación y pigmentación, así como el proceso de su pérdida por disolución y recristalización del mortero de yeso que se preparó para recibir el color. El mismo equipo analizó micropartículas del hueco posterior de la Dama y dedujo que pertenecen a cenizas de huesos humanos, las comparó con las de la época ibérica y concluyó que la estatua fue utilizada entonces como urna cineraria. El estudio no solo avalaba su antigüedad, sino que confirmaba la hipótesis sobre su función.

Hola, Mr. Moffitt, ¿está usted ahí?

DEL *BUSINESS* A LA GREÑA SIN SABER POR QUÉ

El mundo se ha encogido y puede rodearse en un día, pero durante miles y miles de años el mundo fue infinito: a partir de Constantinopla comenzaba un arcano y más allá de las Columnas de Hércules caía en turbadora vertical el fin del mundo. Europa flotaba sobre un anillo ilimitado que nadie podía penetrar. Quien osara, perecía. El mundo comenzó a achicarse cuando los mercaderes de Tiro decidieron ampliar su negocio hace más de tres mil años y llegaron a Occidente, cuyos habitantes estaban solos.

Dijo Sartre que «el hombre cuando está solo, se duerme». En los primeros siglos del primer milenio antes de nuestra era, Iberia, la península pasmada en su ancestral mismidad, tuvo visita. Eran los fenicios, que llegaron sobre olas sucesivas desde Tiro. Por los pecios de Uluburun (Turquía), hacia 1300 a. C., por los de Bajo de la Campana (Murcia) —en donde se hallaron doscientos lingotes de estaño y veintiocho colmillos de elefante—, y el de Mazarrón —cargado con casi tres toneladas de tortas de litargirio con noventa por ciento de plomo y el resto de plata— sospechamos que aquellos tirios, los más desenvueltos marinos de su tiempo, navegaban en barcos pequeños, de unos quince metros de eslora, que podían cargar hasta veinte toneladas distribuidas en compartimentos de tablazones.

Sobrecoge la odisea de aquellos lobos de mar a quienes, según Herodoto, reclutó el faraón Necao II para circunnavegar África en solo tres años. Baste recordar que, dos mil años después, los portugueses tardarían todo un siglo para recorrer el mismo trayecto. La hazaña fenicia la protagonizó Hannon, que, partiendo del Mar Rojo, dio la vuelta a África en el sentido de la agujas del reloj en un periplo que terminó en Abydos, al norte de Egipto. Una proeza, desde luego. Como lo fue la de Himilcón, que cinco siglos después, en el 306 a. C., surcó las aguas del Atlántico en busca del oro aluvial de nuestro noroeste peninsular y del estaño de las Casitérides y Cornualles.

Estos descendientes de Canaán —que gracias a la navegación y el comercio vivían tan ricamente en ciudades lustrosas— hacían negocios en Egipto, en el Asia Menor, en las costas del Mediterráneo y de la Europa Oriental; pero cuando te sumerges en las aguas del capitalismo, o sigues braceando o te ahogas y a los fenicios todo les parecía poco. Habían oído que en el *Finis Terrae* había nichos de negocio, que Tartessos era una mina, y esos alicientes les ponían. Cuando los bajeles tirios aportaron en las playas meridionales de una tierra infestada de conejos, la llamaron Spanija por lo mismo que los griegos cuando la vieron plagada de serpientes la llamaron Ophiussa. Los fenicios conocían el Mediterráneo como la palma de su mano, las propias corrientes creaban los distintos circuitos regionales que, siguiendo el eje este-oeste, pasaban desde el Mediterráneo oriental al jónico y al occidental costeando Argelia, Túnez y la Cirenaica. ¿Cuándo avistaron nuestras costas aquellas gentes que los griegos llamaron después «rojo púrpura» por el color de sus velas? (eso es lo que significa fenicios).

Las fuentes literarias clásicas —Posidonio de Apamea y Veleyo Patérculo— remontan la fundación de Gadir (Cádiz) por los tirios al final del segundo milenio, en torno al 1100 a. C. La arqueología, sin embargo, solo ha podido encontrar pruebas de su presencia en la Península a partir del siglo VIII a. C. Tal vez hubiera una precolonización desde el siglo XI a. C., contactos esporádicos con balbuciente trapicheo comercial, pero sin establecimiento de colonias. ¿Arribaron a propósito o fueron arrojados a las lejanas playas por algún azar y, ya en tierra firme, el buen clima y el fértil suelo les abrieron el apetito mercantil? Estamos hablando de hace treinta siglos, demasiado tiempo para verlo claro.

Tal vez la sobrepoblación en las grandes ciudades de Sidón y Tiro y las armas de Josué, que los había invadido para dar a la posteridad de Abraham la posesión de la Tierra Prometida, les inspiraran la idea de establecer colonias donde antes se habían presentado solo como *dealers*. Tal vez se establecieron primero en la isla Eritía (o Eritrea), que podría ser el islote de Sancti Petri, en donde, en tiempos de la guerra de Troya (a comienzos del siglo XII a. C.), alzaron un santuario a Melkart, figuración primitiva de Hércules, con dos columnas de bronce de ocho codos de altura (vienen a ser cuatro metros). Posidonio refiere que los sacerdotes del templo de Heracles-Melkart le relataron los pormenores de la fundación de Gadir, que atribuían al veredicto de un oráculo. Por entonces, Tartessos vivía tiempos de esplendor e irradiaba la idea de un reino promisorio. Un nicho de chollos para emprendedores sin fronteras.

Los emporios comerciales (en realidad este sintagma es un pleonasmo porque emporio significa, precisamente, mercado) de Tiro, Sidón y Byblos no distaban más de sesenta kilómetros de los montes de Líbano; al otro lado, en el fértil valle de la Bekaa, estaban agazapadas las sorpresas: cuando no eran los hititas, eran los crueles asirios o los persas; siempre había algún belicoso invasor dispuesto a perturbar la paz de aquellos mercachifles industriosos. De modo que construyeron fortalezas en sus ciudades y las convirtieron en inexpugnables, o casi. Eran imaginativos aquellos mayoristas fenicios e inventaron originales procedimientos cambiarios que iban desde el simple trueque, hasta el acaparamiento de productos estratégicos para promover el que probablemente sea el más antiguo mercado de futuros. Llevaron hasta la náusea su vocación marinera y comercial porque a la fuerza ahorcan y su asfixiante orografía les impelía a ser audaces. Suele ocurrir que lo que nos amenaza sea lo que acaba salvándonos y por eso se dice que no hay mal que por bien no venga.

Para los fenicios, Tartessos debió de ser como El Dorado y allí se pusieron manos a la obra abriendo factorías, explotando minas e intercambiando géneros. Los metales eran el motor del progreso y el Creciente Fértil —Sumeria, Acadia, Persia, Mesopotamia y Babilonia— les pagaba bien. Total, que de la noche a la mañana convirtieron el Mar Interior en un trasiego de embarcaciones con su peculiar forma de navegación de cabotaje, con costa a la vista. El caso es que entre el año 1000 y el 600 a. C. ya habían fundado media docena de grandes emporios en Spanija.

Con el paso de los siglos, esa imagen de paraíso fecundo, lejos de desaparecer con el declive de Tartessos, continuó gozando de buena salud. Grandes debieron de ser las ganancias en Spanija, puesto que en aquel tiempo adquirió la ciudad de Tiro el esplendor que la hizo tan famosa. Como un tiro iba Tiro. ¿Exagera Aristóteles cuando dice que construían de oro y plata todos los utensilios, anclas, herramientas y vasijas de sus naves, y que hasta lo cargaban como lastre? Incluso suponiendo que hablara más como poeta que como filósofo, y rebajando la parte hiperbólica a que pudo dejarse arrastrar en su entusiasmo, se infiere que era prodigiosa la cantidad de riquezas que aquellos asiáticos importaban a cambio de sus mercaderías.

Esencialmente comerciantes, y por lo tanto más amantes de la paz que de la guerra, podemos suponer que los fenicios se presentaron ante los indígenas menos como conquistadores que como traficantes, y que para captarse la buena voluntad de aquellas gentes, debieron de emplear menos la fuerza que la maña, o sea, la política y la astucia, que suelen ser dos nombres de la misma cosa. No consta que los indígenas opusieran resistencia abierta a los primeros huéspedes, que sin duda acertaron a deslumbrarlos con sus artefactos, dijes y bagatelas, como muchos siglos después deslumbrarían los españoles a los habitantes del Nuevo Mundo.

Pero algo debió de pasar que rompió la paz del comercio, porque visitantes y anfitriones acabaron a la greña. La colonia fenicia de Gadir era la más antigua y la que más había prosperado: ¿suscitó su opulencia la envidia de los naturales?, ¿acaso los tirios, infatuados con su poder, olvidaron la benévola acogida que les habían dispensado los indígenas y dejaron de tratarlos con la buena política del principio? ¿Fueron los celos nativos o el orgullo de superioridad de los alienígenas las causas del estaribel que se montó? Hay división de opiniones. El caso es que, enfurecidos y resentidos, los turdetanos intentaron expulsar de su suelo a los tirios. Lo hicieron con rabia, y los fenicios, incapaces de resistir las acometidas indígenas, volvieron los ojos a Cartago, ciudad de la costa africana y colonia también de Tiro, y pidieron amparo a los cartagineses.

Fue una mala decisión. Es lo único que con alguna certeza podemos sacar de las confusas noticias que nos han llegado. Ni siquiera sabemos cuándo pasó lo que pasó. Si es que pasó. Justino dice que fue en el reinado del hijo de Argantonio. Vete a saber.

COLEO, QUE ENTRE BRUMAS AÚN COLEA

Fueron, pues, los fenicios los primeros civilizadores que desasnaron a la peña nativa y dieron su nombre leporino a todo el país. Habían establecido también colonias en Grecia, la habían civilizado, habían enseñado a los griegos sus artes y sus letras, y los hicieron comerciantes y navegantes como ellos. Y como ellos llegaron también a las costas de Iberia.

Debió de ser en torno al siglo VIII a. C. cuando los navegantes griegos tuvieron los primeros contactos esporádicos con las costas de Iberia. De aquellos años brumosos dataría el texto de Anacreonte de Teos, autor de una de las primeras menciones al rey tartesio Argantonio. Después

veían la luz las *Historias* de Herodoto, que menciona las primeras arriba-
das a Tartessos de arriesgados navegantes foceos y el trato cordial que
Argantonio les había dispensado. También cuenta Herodoto la asombrosa historia de Coleo de Samos, marinero jonio que, en torno a 630 a. C.,
enrumbado en su bajel a Egipto fue desviado de su ruta por inesperados
vientos del este que lo abocaron a las costas tartesias, donde se enriqueció
gracias a un pingüe chalaneo. Los samios, contentos por el chollo, consagraron la décima parte de su producto a la diosa Juno. Aunque el viejo
Argantonio trató de convencerlos para que se estableciesen en el país,
Coleo declinó la oferta. Debió de pensar que más vale caer en Grecia.

Difícil determinar si el periplo de Coleo es un episodio histórico o
solo una novela. Sea lo que fuere, nos pone en la pista de tratos entre
tartesios y griegos —confirmados por el hallazgo de piezas tartesias en
Samos, lugar de origen de Coleo— y de la percepción helena de que
Tartessos y su *hinterland* eran Jauja, aunque también lugar de cobijo para
criaturas monstruosas como el rey tricéfalo Gerión. Por eso, desde el
siglo IV a. C. a los escritores les dio por ubicar allí los episodios legendarios protagonizados por héroes griegos.

El caso es que el pelotazo de Coleo estimuló a otros griegos a venir
a nuestras costas, y así empezó un gran tráfico lucrativo. «No es solo rica
esta tierra por lo que enseña—decía Posidonio—, sino que lo es más por
lo que oculta. Para los íberos no es Hades quien reina bajo la tierra, sino
Pluto» (el equivalente entre los griegos a J. P. Morgan). En los años
treinta del siglo XIX, Horace Greeley, editor del *New York Tribune*, animaba a los jóvenes a instalarse en el oeste americano —*Go to the West,
young man*—, y no era el primero en proclamarlo. Coleo se le adelantó
dos mil quinientos años. Por eso vinieron en tromba los helenos hasta el
Mediterráneo occidental. Lo hicieron directamente desde Asia Menor o
desde sus colonias en Italia, Magna Grecia y Provenza. Los de Rodas se
llevaban la palma por sus largas expediciones marítimas y comenzaron a
venir a Iberia como competidores de sus antiguos maestros tirios.

Aprovechando la decadencia fenicia, en el siglo VII a. C. los rodios
empezaron a fundar colonias en las costas de Iberia: Emporion (Ampurias), Mainaké (¿Málaga?) o Rode, ciudad que por similitud fonética
recuerda a la isla griega de Rodas, ¿fueron los rodios los que fundaron la

actual Rosas? No me atrevo a confirmarlo, pero llevan todas las papeletas. Son escasísimos los textos anteriores al siglo IV, sin duda se perdieron,
pero una vieja tradición cuidadosamente transmitida de unos a otros y
recogida por Estrabón, decía que antes del cómputo por Olimpiadas (la
primera se fecha en el año 776), navegantes rodios se habían aventurado
por los mares lejanos del oeste, llegaron a Iberia y fundaron Rosas. Remontándose aún más en sus recuerdos referían que tras las guerras troya-
nas ciertos dorios de Rodas se instalaron en las islas Gimnesias, es decir,
las Baleares.

En un poema *Licofrón* (escrito hacia el año 270 a. C.) se alude a este
último episodio. La adivina Casandra, hija del rey Príamo de Troya,
prevé la caída de la ciudad y la suerte que les espera a los héroes, tanto
troyanos como aqueos. El poeta hace hablar a la adivina, que profetiza
que algunos griegos arribarán en sus naves a las «rocosas» Gimnesias,
donde vivirán una vida miserable, desnudos y no comiendo el pan si
antes no han logrado derribar con hondas el pedazo colocado sobre un
palo. A renglón seguido el autor alude a la prolongación de estos viajes
hasta las puertas de Tartessos.

Otra versión del mismo tema está en el *Epítome* de Apolodoro (siglo
I a. C.), donde se dice que, tras el saqueo de Troya los soldados del héroe
rodio Tlepólemo fueron desviados por vientos que los llevaron a las islas
ibéricas. Y allí se establecieron. En estos cuentos se entrevén, pues, navegaciones muy remotas por nuestros mares. ¿Tan remotas como para
adelantarse a Coleo seiscientos años? Difícil de creer, quien lo sostuvo se
ve que estaba influido por los *nóstoi,* las fábulas del regreso al hogar de los
héroes griegos tras la guerra de Troya.

Entonces, ¿hubo o no rodios en nuestras costas al mismo tiempo que
fenicios? Bueno, hay un hecho indiscutible: la presencia en las costas de
Iberia de chismes griegos datados a comienzos del siglo VIII. Como esa
fecha precede en más de un siglo a la que generalmente suele tomarse
como inicial de las navegaciones foceas, aquellas importaciones deben de
haber sido de otras gentes distintas y antecesoras de los foceos. Pudieron
ser los rodios, pero también los *calcidios* de Jonia o los cretenses.

Los hallazgos arqueológicos aparecidos desde el sur de España hasta
el Mediodía de Francia parecen desvanecer el enigma. Una vez más la

leyenda se ve confirmada por la arqueología y a su contacto el mito se disuelve en la realidad como los suspiros en el aire. Sin embargo, parece que las fechas dadas por los textos han de someterse a una prudente rebaja. Se ha visto que, según cierta versión corrompida por la leyenda, los rodios fondearon en las Baleares hacia el siglo XII a. C. (Troya, Tlepólemos, los *nóstoi*) y que según otra más aceptable la fundación de Rosas tuvo lugar durante la talasocracia doria (en torno al año 900). La más verosímil es la de Estrabón, que fija los hechos poco antes de las Olimpiadas; es decir, en números redondos, hacia 800.

Tiempo después, los griegos de Focea fundaron Emporion (Ampurias). Para la mayoría de la peña, el nombre de ciudades griegas históricamente importantes suele agotarse en Atenas y Esparta y con un poco de suerte en Corinto, por las uvas pasas. Los que saben algo de los filósofos antiguos podrían llegar también a Mileto (por Tales), a Estagira (por Aristóteles) y por ahí seguido. Pero ¿quién demonios sabe nada de Focea? Una pena que esta ciudad que fue brillante, aunque con un destino adverso, solo les suene a los ratones de biblioteca. Es lo que tiene desaparecer de la película justo cuando comienza la mejor parte, que el público después no te recuerda.

Focea, ciudad jónica, resplandecía en el Asia Menor (la actual costa turca del Mar Egeo) y cuando se puso de moda colonizar las orillas del Mediterráneo fue una de las campeonas en lo de fundar colonias por aquí y por allá. Media costa del Mediodía francés estuvo sembrada de ciudades foceas, entre ellas la poderosa Massalia, que sobrevive divinamente como Marsella. Pero, como decía Orson Welles, tener o no tener un final feliz depende de dónde decidas detener la historia. Focea fue más feliz que McGuiver en un desguace, hasta que dejó de serlo. El reino de Lidia vivió y dejó vivir a los foceos, pero cuando Lidia fue conquistada por los persas, en 546 a. C., Focea era una perita en dulce para los iranios. Un foceo llamado Dionisio fue almirante de las fuerzas navales que los jonios reunieron contra los persas, pero todo salió mal, en parte porque a los jonios les gustaba la *dolce vita* y no eran muy de andar librando guerras. Tuvieron, sin embargo, la dignidad de no resignarse a perder su *phocian way of life* y se marcharon en masa, la mayoría a su colonia de Alalia, en Córcega; otros muchos, a Emporion. Antes de partir, hundieron un gran pedazo de hierro en el puerto y juraron no regresar hasta que el hierro flotara. Así desaparecieron los aguerridos foceos de la historia. A pesar de la nostalgia, tal vez fueran felices recordando los pasados-buenos-tiempos.

UN MISTERIO ESCATOLÓGICO

Cuando los cartagineses, que eran parientes de los fenicios, se percataron de que los pillastres griegos les habían birlado la cartera se lio un pifostio sonado. Después de intentar dirimir aquel entuerto en la batalla de Alalia, en el año 535 a. C., los pícaros griegos quedaron algo perjudicados. Desde entonces Tartessos deja de tener existencia histórica, lo que podría deberse a su destrucción por Cartago, como vimos. La zona de influencia griega se proyectaría en el norte de la Península, sur de Francia, la bota itálica y algunas colonias en el Adriático dispersas por aquí y por allá. La zona sur de la piel de toro quedaría en manos de los púnicos. Así decayó la gresca hasta que, siglos más tarde, los romanos se quedaron con todo el lote. Pero me estoy precipitando.

Cartago, una colonia fenicia como Cádiz, ya era una ciudad rica y populosa. Emancipada de Tiro, se había hecho cabeza de una confederación de colonias militares extendidas por la costa de África. Los cartagineses eran mercantes, como todos los fenicios, pero se distinguían de sus parientes por el furor marcial, tenían más peligro que un mono con una pistola. Sobrinos nietos de los tirios, envidiaban su prosperidad y tenían puestos los ojos sobre aquella tierra en la que debajo de los saltos de los conejos había tesoros. Y como a la ocasión la pintan calva, el Senado cartaginés accedió gustoso a dar a sus parientes de Gadir el socorro que pedían. Total, que aparejaron una flota y, en amparo de los fenicios, vinieron a la Península en plan primo de zumosol y lograron establecer algunas cabezas de playa en la Bética. El objetivo final era pasarse por el arco de triunfo los vínculos del antiguo parentesco y quedarse con el botín de los fenicios.

No debió de ser cosa de coser y cantar, porque los fenicios no estaban por la labor. Algunos meses de asedio les costó a los cartagineses derribar los muros, tuvieron que emplear una de las más formidables máquinas de batir que conocieron los antiguos, el ariete, por primera vez mencionado en la historia. Al fin tomaron Gadir y echaron a sus parientes de la ciudad más rica que tenían en Spanija. Los tirios tuvieron que bajar la persiana de su negocio en la Península. Todo esto sucedía en el año 501 a. C.

Pero tuvieron que pasar más de dos siglos para que llegara el momento de emprender a las claras la conquista de la Península. Roma había privado a los cartagineses de Sicilia y necesitaban resarcirse. Aníbal debía de tener unos veintiséis años cuando sucedió a su cuñado Asdrúbal como general en Hispania. Su padre le había hecho jurar de niño sobre los altares de los dioses que al romano ni agua. Educado entre cuchillos, curtido en el ejercicio de la guerra, codicioso de gloria, arrogante y audaz en los combates, prudente y reconocido como el mejor jinete de su ejército, tan hábil para formar el plan de una expedición como para ejecutarlo, tan sufrido para el frío y el calor como sobrio en el comer y en el beber, austero en el vestir y acostumbrado a dormir sobre el suelo, el primero en el ataque y el último en la retirada, la verdad es que parecía un tipo inoxidable e inconsútil nacido para la gloria. Aunque para la gloria militar se exige también un perfil de crueldad, de perfidia y de falta de temor a los dioses. Atributos todos ellos que le sobraban. Nadie sale de su casa para conducir a la peña si no tiene un superávit de energía que desborde los límites de la normalidad pequeñoburguesa. Aníbal era un *killer*, lo que prueba que el vínculo entre psicopatía y liderazgo no es nuevo.

La empresa contra Italia exigía prudencia, ¿cómo puede un ratón comerse a un elefante? Solo tiene una manera: mordisco a mordisco; o sea, que antes de medir sus fuerzas con Roma tenía que morder en Hispania. Por eso llevó sus armas contra los olcades de las márgenes del Tajo. Los subyugó fácilmente y se adentró en las tierras de los carpetanos y de los vacceos, taló sus campos, rindió varias ciudades y probablemente llegó hasta Elmantica (Salamanca), a cuyos habitantes obligó a huir a las sierras. De vuelta subyugó a los arévacos. Todo esto era un aperitivo, el preludio antes de morder el corazón de Italia. Necesitaba un *casus belli* y lo encontró en la greña que se traían los de Sagunto con sus vecinos turboletas. Aníbal tomó el partido de los de Turba, escribió al Senado pintando a los saguntinos como depredadores instigados secretamente por Roma, y pidió permiso para pisar aquel charco. Se lo dieron.

Los saguntinos enviaron legados a Roma reclamando auxilio y el Senado romano mandó una embajada a Aníbal recordándole el tratado del Ebro. Pero Aníbal se hallaba ante los muros de Sagunto con un ejército —que Tito Livio hace subir a ciento cincuenta mil hombres— armado hasta los dientes y provisto de ingenios de guerra. El cuerpo le pedía ídem de lienzo y Aníbal siguió con el asedio. Los saguntinos despacharon una segunda embajada a Roma apretando por el envío de pronto socorro, pero otra vez se contentó el Senado romano con enviar legados a Aníbal, que pasó de ellos. Los arietes y las catapultas iban derribando las torres y las cortinas del muro, pero los saguntinos parapetados en los escombros y echando mano a la falárica,[*] hacían estragos en los sitiadores. Cayeron los muros y los saguntinos decidieron morir antes que capitular. Encendieron una hoguera y arrojaron al fuego el oro, la plata y todo lo que tenían de valor. Luego, según Apiano, hicieron el último esfuerzo desesperado en la única noche que les quedaba. Fue una carnicería, y sitiadores y sitiados empaparon la tierra con su sangre. Los que quedaron vivos se arrojaron a las llamas, que consumían alhajas y héroes a un tiempo. Las mujeres hundían los puñales en los pechos de sus hijos. Se cuenta el caso de un niño que volvió a entrar en el claustro materno mientras la ciudad era masacrada.[**] Así cayó Sagunto después de ocho meses de asedio (219 a. C.). Aquella fiereza se atribuye a hispanos, pero eran griegos, aunque llevaban cuatro siglos viviendo en nuestro suelo.

Las batallas de Aníbal en Italia fueron en Tesino, Trebia, Trasimeno y Cannas, eso lo sabe hasta el tato; lo que no sabe nadie, porque ni queda rastro en los textos ni hay restos arqueológicos, es qué concretos lugares refieren esos nombres. No hay fuentes que nos saquen de dudas. En realidad apenas quedan testimonios de casi nada. En *El giro,* un precioso libro

---

[*] Lanza de madera de tejo con punta de metal.
[**] Plinio el Viejo, *Historia natural.*

sobre copistas medievales, cuenta Stephen Greenblatt que el infatigable erudito Dídimo de Alejandría se ganó el apodo de *Calcéntero* (literalmente «Tripas de Bronce») por escribir una obra que ocupaba más de tres mil quinientos libros, y todos ellos han desaparecido excepto unos cuantos fragmentos. La desaparición material de los libros antiguos fue consecuencia en gran medida del clima y de las plagas de insectos. Aunque el papiro y el pergamino eran extraordinariamente duraderos (mucho más que nuestro papel barato o que los datos computerizados), era inevitable que los libros se deterioraran con el paso de los siglos, por mucho que lograran sobrevivir a los estragos del fuego y de las inundaciones. Con la excepción de los fragmentos de papiro medio achicharrados que se han recuperado en Herculano y en otro depósito de fragmentos descubierto en un montón apelmazado de desechos en la antigua ciudad egipcia de Oxirrinco, no ha llegado a nuestras manos ningún manuscrito contemporáneo del antiguo mundo grecorromano. Todo lo que poseemos son copias, en su mayoría pertenecientes a épocas y lugares muy alejados de los originales. Y esas copias representan una parte minúscula de la producción de los autores de la Antigüedad. Científicos, historiadores, matemáticos, filósofos y estadistas de la Antigüedad nos han legado algunos de sus grandes logros —la invención de la trigonometría, el cálculo de la posición por referencia a la latitud y a la longitud, o el análisis racional del poder político—, pero sus libros han desaparecido.

Por eso cualquier indicio vale. Si la sangre es el combustible de la historia, la mierda, con perdón, puede ser su rastro. De hecho, una milenaria deposición masiva de caballos cerca de un paso de los Alpes podría dilucidar uno de los mayores misterios de la Antigüedad: ¿por dónde cruzó Aníbal para asestar su golpe a Roma? Un estudio de la Queen's University de Belfast y de la York University de Toronto, publicado en la revista *Archaeometry*, supone haber encontrado la respuesta en una cagada colosal.

Aníbal, que había salido de Sagunto en la primavera de 218 a. C. y había cruzado los Pirineos, remontó el valle del Ródano y atravesó en invierno los Alpes al frente de un ejército de treinta mil hombres que incluía, además de treinta y siete elefantes, a más de quince mil jinetes númidas del norte de África. Tan dura fue la marcha que perdió parte del ejército y todos los elefantes menos uno, *Sirius*. Fue una de las grandes hazañas de la historia universal del alpinismo hípico, pero muy probablemente exagerada por los historiadores romanos, que ensalzaron la figura de Aníbal, a fin de cuentas un perdedor, para agrandar el poderío de la propia Roma; de hecho, las tribus gálicas de Saboya atravesaban habitualmente los Alpes, y Asdrúbal, hermano de Aníbal, también lo hizo pocos años después.

Persiste el enigma del trayecto que siguió Aníbal. Las fuentes clásicas dicen cosas contradictorias que nos empantanan en la perplejidad. De ella nos rescata la arqueología, que ha descubierto un valioso montón de mierda en el Col de la Traversette. Dentro del fango aluvial de un pantano de turba, los arqueólogos identificaron una gran concentración de bacterias *clostridia*, muy comunes en la flora intestinal de los caballos, con una edad estimada de más de dos mil años. Entre abundantes restos de excrementos, también encontraron indicios de gusanos parasitarios de los equinos y pruebas geológicas de que el suelo había sido intensamente pisoteado, lo que sugería que millares de caballerías habían hollado ese abrevadero natural. La vía de Traversette ya había sido propuesta hace más de medio siglo por el británico Gavin de Beer, sin embargo, la dificultad que entrañaba ese camino hizo que el grueso de la comunidad académica la considerara poco creíble y se inclinara por el paso del Col du Mont Cenis, el Col Clapier o incluso el Pequeño San Bernardo, puertos situados más al norte.

Col de la Traversette es un tortuoso desfiladero alpino entre Francia e Italia a 2.398 metros de altitud. Si fuera cierta la conjetura de estos estudiosos, mancharía de fango la fama estratégica de Aníbal, porque en su marcha hacia Roma habría escogido uno de los caminos más peligrosos. A menos que lo hiciera para evitar emboscadas de las tribus galas, algo que no logró evitar porque, como cuenta Polibio, los cartagineses fueron sorprendidos por los alóbroges en una emboscada en un valle angosto.

Los científicos tenían la esperanza de confirmar su hipótesis encontrando boñigas de elefante o algún huevo de un gusano parásito de los paquidermos. Sería la prueba definitiva. Pero los elefantes eran pocos, y pocas, pues, las probabilidades de éxito. Además, hubo otros elefantes que pasaron por allí: los que once años después llevaba en su ejército

Asdrúbal, hermano de Aníbal, y *miss* Dalrymple, una elefanta del zoo de París montada en 1936 por el aventurero estadounidense Richard Halliburton, que se propuso ir tras las perdidas huellas de Aníbal.

¿ASTÉRIX CÁNTABRO O BANDIDO AFRICANO?

Los cántabros no eran una sola tribu, expurgando las fuentes clásicas aparecen una decena de ellas: avariginios, blendios o plentusios, camáricos o tamáricos, concanos, coniacos, coniscos, orgenomescos, salaenos, vadinienses y vellicos. Lo que tenían en común es que les iba la marcha de no dejarse avasallar. Escribió el romano Horacio que «el cántabro, no [está] hecho a llevar nuestro yugo». Su paisano Silio Itálico lo confirmó: «Cuando la edad estéril le encanece, no soportando la vida sin Marte, anticipa al destino sus años inútiles para la guerra. Su ideal está en las armas y considera una deshonra vivir en paz».

Augusto lo sabía de sobra, sabía que rematar la conquista de Hispania iba a tener sus trámites porque los cántabros no estaban mucho por la *pax romana*. Por eso tiró la casa por la ventana y no solo empleó más de setenta mil soldados agrupados en siete legiones y varios cuerpos de tropas auxiliares, sino que recurrió a maquinaria de asedio. Cuando se convenció de que ni siquiera ese despliegue energuménico iba a bastar para vencer a aquella peña cimarrona, ordenó el desembarco de la flota de Aquitania en varios puntos de la costa cántabra y, ahora sí, adiós a las defensas montañesas. Augusto se había nombrado emperador tras su victoria sobre Marco Antonio y tenía que dejar bien alto el pabellón. Lo consiguió a pesar de Corocotta. Si es que detrás de ese nombre estaba el héroe hispano en el que devotamente creyeron Adolf Schulten y tantos goropianos.

En la *Historia romana* de Dión Casio, escrita en griego, está la única referencia al supuesto último resistente contra Roma durante las guerras cántabras de Augusto: ¿el último maquis, otro Astérix? El texto de Dión dice así en la traducción de Adolf Schulten: «Irritose tanto [Augusto] al principio contra un tal Corocotta, bandido hispano muy poderoso, que pregonó una recompensa de doscientos mil sestercios a quien lo apresase;

pero más tarde, como se le presentó espontáneamente, no solo no le hizo ningún daño, sino que encima le regaló aquella suma». Y nada más, no existe en los testimonios de la Antigüedad ninguna otra mención al supuesto bandolero.

Schulten quedó abducido por su enigma y dedujo que era un caudillo cántabro, el último héroe de la resistencia ante Roma. De sobra sabía el alemán que para los cronistas romanos eran bandidos o ladrones todos los que plantaban cara a las legiones. Sobre la sumarísima referencia de Dión Casio, Schulten construyó un personaje de carne y hueso que durante más de dos años se convirtió en un dolor de muelas para el ejército más poderoso del mundo. Corocotta era otro nombre para la lista de la guerrilla, una especialidad hispana desde Indortes e Istolacio, Indíbil y Mandonio, Orisón, Viriato *e tutti quanti,* que seguiría serpenteando en la historia de España con Pelayo, el Empecinado y los maquis, que compartieron la misma sabiduría estratégica: de aquí a cien años todos muertos, a corto plazo se trata de sobrevivir. Henry Kissinger lo clavó: «En la guerra, un ejército pierde si no gana; en la guerra de guerrillas, un ejército gana si no pierde». Sin más base que su propia intuición, Schulten convirtió al «bandido» de Casio en un líder con visión de Estado, en un estratega con conciencia social y en un guerrero de los pies a la cabeza que arengaba a su tribu (¿avariginia, blendia, vadiniense, orgenomesca, concana?) en el lugar onfálico de todas las tribus cántabras: las Fuentes Tamáricas.

En las pocas líneas de Dión Casio había un rasgo de chulería que funcionaba como viático para una larga gloria: el hecho de que Corocotta se presentase ante el divino Augusto para cobrar la recompensa que ofrecían por su cabeza. Dión refiere esa anécdota con ocasión de la muerte de Augusto, en el año 14, para demostrar que el emperador era un tipo magnánimo. Como Corocotta se rindió al propio Augusto, Schulten dedujo que el suceso debió de producirse en los años 25-26 a. C.; es decir, cuando Augusto estaba en Cantabria; aunque Corocotta debió de mantener su resistencia durante los años 29 a 19 a. C. Dión no precisaba la tribu del «bandido», a Schulten le pareció que su nombre era céltico y que podía significar «divino viejo», aunque no tanto por la edad como por su condición de «veterano».

Como Schulten era una vaca sagrada, sus conjeturas fueron a misa hasta que la arqueóloga y epigrafista Alicia M. Canto las desmintió con una tesis desmitificadora: ni Corocotta era cántabro, sino norteafricano, ni fue un héroe, ni tuvo nada que ver con las guerras cántabras, sino que fue exactamente un cuatrero como había apuntado Casio. Nada, pues, de guerrero, de mercenario, ni de régulo… solo un Curro Jiménez de tantos. Lo que Schulten tradujo como «bandido hispano», Canto lo matizó asegurando que el original dice «cierto bandido *en* Hispania», lo que le sugería una procedencia extranjera. Además, la referencia de Dión Casio a Corocotta no está dentro del relato de las guerras cántabras, sino en el contexto de un elogio general de la misericordia de Augusto, que acababa de morir. La atribución circunstancial hecha por Schulten del incidente con Augusto en el contexto de las guerras cántabras resulta caprichosa: Corocotta pudo haberse entregado a Augusto en cualquier otro lugar diferente de Cantabria y en cualquiera de sus estancias en Hispania ya como emperador. Por otra parte, eso de presentarse ante el enemigo para cobrar la recompensa por su captura resulta arrogante, pero absurdo en un verdadero héroe de la resistencia indígena.

Pero el argumento más contundente de Canto para tumbar la pajarota de Schulten es el propio nombre del «héroe», que no sería céltico, sino un apodo griego —*krokóttas*— que significa «chacal» o «hiena». Para remachar este clavo, la epigrafista aportó un documento imbatible: el *Testamentum Porcelli* (el testamento del cerdito). Se trata de una curiosa composición anónima, datada hacia el año 350, que fue muy popular en su momento, es el remedo cómico del acto legal romano de redacción de un testamento dejando legados para asegurarse un mausoleo. El protagonista de esta parodia bufa se llama casualmente Grunnius Corocotta. Grunnius alude al guarrido del cerdo y el nombre de Corocotta en un texto burlesco ya da pistas de que, al igual que Grunnius, es un alias burlón: «La Hiena» parece un nombre muy apropiado como apodo del baranda de una banda de ladrones. El cerdito Grunnius Corocotta dice que deja al cocinero el almirez «que me había traído conmigo desde Thebeste hasta Tergeste». O sea, que la ciudad en la que vivía y fue sacrificado era Tergeste (la actual Trieste), mientras que su patria de origen era Thebeste, ciudad próxima a Cartago. Se ve que el anónimo autor buscó para el cerdo un mote que no solo moviera a la risa, sino que expresara un origen típicamente africano: Corocotta.

La tesis de la arqueóloga Canto cierra tan bien que reduce a fosfatina las tesis de Schulten. Cuenta Suetonio que Augusto «consagró un templo a Júpiter Tronante por haberse librado del peligro cuando en la expedición cántabra, en una marcha nocturna, un rayo rozó su litera y mató al esclavo que llevaba la luz». Ni ese rayo lo escupió Corocotta ni nada tuvo que ver en las adversidades del romano para acabar con la resistencia en Hispania. Bien que lo siento, pero Corocotta no fue otro Viriato ni un Astérix montañés.

SOBRE HEREJES Y TUMBAS

Ayer pasó el pasado con su historia
y su deshilachada incertidumbre.

MARIO BENEDETTI

ABISMOS NUMINOSOS

Curiosa fue la cuestión que, el año 380, Teodosio, nacido en Hispania y último emperador en gobernar todo el mundo romano, presentó al Senado: «¿Qué dios deben adorar los romanos, Cristo o Júpiter?». Defendía la causa de Júpiter el prefecto Simmaco, gran orador; la de Cristo la sostenía san Ambrosio, que tampoco era manco. La mayoría del Senado condenó a Júpiter y Teodosio declaró el cristianismo en su versión ortodoxa la única religión imperial legítima y prohibió la adoración pública de los antiguos dioses.

Entretanto, en Hispania luchaban también el viejo y el nuevo culto, pero donde saltaban chispas era entre herejes y ortodoxos, que se movían más que una bandera en Tarifa. En aquellos tiempos de movida religiosa un tipo alcanzó fama haciendo prodigios, decía que era Elías y una muchedumbre lo creyó y fue proclamado Cristo, incluso un obispo llamado Rufo lo adoró como si se tratase de Dios y lo echaron del episcopado. No solo Rufo iba por libre, el clero se había relajado en sus costumbres, corría tras las faldas y bebía más que una holoturia. En el concilio de Zaragoza se excomulgó a los que se hacían monjes por vanidad o cálculo, para vivir como curas, o eso decía san Jerónimo: «Hay algunos que solicitan el sacerdocio o el diaconado para disfrutar mejor del acceso a las mujeres. Se preocupan en exceso del vestido, de peinar la cabeza con mucho esmero y de perfumarse. Rizan los cabellos con el hierro, las sortijas brillan en sus dedos, andan de puntillas y parecen jóvenes recién casados más que clérigos». O sea, que tenían más tontería que el salpicadero del coche fantástico.

Había, sin embargo, una secta que daba ejemplo de pureza y virtud: los priscilianistas. Si tuvieron algún éxito es porque el patio estaba abonado. Entre los cristianos cundía la certeza de que estaban en vísperas del acabose porque identificaron la llegada del Anticristo con el emperador Juliano el Apóstata. En ese ambiente apocalíptico, Prisciliano salía a hombros predicando la vida ascética.

Los cultos religiosos originarios de lugares remotos como Persia, Siria y Palestina empezaron a abrirse camino en Europa, donde suscitaron miedos y esperanzas, mayormente entre la plebe. Un puñado de miembros de la élite —los más inseguros, los más curiosos o los menos golfos— quizás fijaran su atención en las propuestas venidas de Oriente, que hablaban de un mundo mejor. La mayoría, sin embargo, habría considerado esos cuentos fantasías calenturientas de una secta de orates. En cualquier caso, los sermones de Prisciliano remitían a un mundo en el que la naturaleza parecía saturada de la presencia de lo divino, perceptible en lo alto de las montañas y en las fuentes, en el bosque animado por el espíritu y en las ardientes grietas por las que salía humo proveniente de un misterioso reino subterráneo.

El misterio de Prisciliano sigue ahí, como un buey tozudo clavado en el surco. ¿Fue luminoso o tenebroso; un *agitprop* del hermetismo, un brujo, un iluminado, uno de esos tocahuevos populistas de buenos sentimientos que matan más y más tortuosamente que los malos, aunque solo sea porque a los segundos se los ve venir de lejos, un asceta o uno de aquellos golfos sectarios que «se entregaban en sus nocturnas zambras a abominables excesos», como asegura Menéndez y Pelayo? ¿Reivindicaba la pureza o fue la suya una secta secreta dada al politiqueo, el espiritismo y la crápula? ¿Fue, en fin, un Cristo hispano o un hereje? ¿Nació en Menfis (Egipto), en Iria Flavia o en El Bierzo?

Nimbado por su martirio y por el paso de los siglos ahora es emblema aunque no sepamos muy bien de qué. Prisciliano es uno de los personajes más apasionantes y neblinosos del Bajo Imperio, desde luego fue un heterodoxo, pero no está claro que fuera un hereje. Las fuentes que han llegado a nosotros, sus escritos o los de sus seguidores, y los datos que se espigan en la obra de sus contemporáneos no arrojan la suficiente luz sobre sus ideas, tampoco sobre su vida escoltada por las brumas o el incienso. Se ha supuesto, pero no es seguro, que nació en la Galicia epicentro de la magia de los druidas. No sabemos cuándo. En Cacabelos todo el mundo asegura que era del Bierzo y que su ejemplo fue la primera semilla de la Tebaida berciana, que siglos después fructificó en el Valle del Silencio, y que su memoria animó a san Fructuoso a seguir en Compludo su vida de anacoreta. Es una tesis arriesgada, pero no descabellada.

Prisciliano era rico y en su juventud recibió las enseñanzas de Agape, una sectaria de la nobleza (cuyo nombre significa casualmente «amor») y de un retórico, Elpidio, que lo acompañó como una sombra a lo largo de su vida. A ese maestro se debió al parecer su inclinación por el gnosticismo, aunque san Jerónimo afirma que aprendió la magia en las lecturas de Zoroastro y de Mago. Itacio, un adversario más desagradable que el cepillo de dientes de Drácula, sostiene por el contrario que su aprendizaje en esta corriente, tan importante en el cristianismo primitivo, fue obra de Marcos de Menfis, discípulo directo de Manes, junto al que aprendió la magia y el maniqueísmo. El propio Prisciliano reconoce en el *Apologético* haberse instruido en estudios prohibidos, pero dice que al bautizarse renunció a la ciencia profana y abominó del diablo y de «otros demonios como Sacio, Nebroel, Samael, Belzebuth, Naslodeo o Betial».

En un lugar desconocido de Gallaecia entró en contacto con un pequeño grupo de laicos atraídos por la perfección que se desparramaron por el noroeste haciendo *entrismo*, como los trotskistas muchos siglos después. Se proponían conseguir la dirección de las diócesis, transformar el modo de vida de los sacerdotes y sustituirlos, según iban muriendo, por sus simpatizantes. Exigían el celibato, como ya se había legislado en el concilio de Elvira aunque nadie hiciera mucho caso. La castidad era una obsesión priscilianista, tal vez por influjo de los neoplatónicos, y sin embargo hay fundadas sospechas de que al gurú le gustaban las faldas más que la birra a Homer Simpson.

Encontró prosélitos y formó una abigarrada comuna protohippy, mística, abstinente e impulsiva que se extendió en la clandestinidad como

mancha de aceite. A Prisciliano lo acusaban de maniqueo, pero él rechazaba la etiqueta con arrebato. ¿Era sincero o se trataba solo una cortina
de humo, una máscara para ocultar sus verdaderas creencias? No está
claro, pero el caso es que se interesaba por teorías que lo acercaban a los
heréticos, se apasionaba por la guerra de los hijos de la luz contra los hijos
de las tinieblas, compartía el entusiasmo de los maniqueos por los *Hechos
apócrifos* y predicaba la virginidad como los maniqueos. Si aplicamos el
razonamiento inductivo de cierto embajador de Estados Unidos, nos sale
que Prisciliano no andaba lejos de ser criptomaniqueo. Cito al embajador: «Suponga que usted ve un pájaro caminando por una granja. Este
pájaro no tiene una etiqueta que ponga "pato". Pero el pájaro ciertamente parece un pato. También va al estanque y usted ve que nada como un
pato. Entonces abre su pico y parpa como un pato. Bien, pues en ese
punto usted puede deducir claramente que es un pato, lleve una etiqueta o no la lleve». Prisciliano tampoco llevaba la etiqueta, pero la verdad
es que se acercaba mucho a Manes. Y a algunas mujeres.

Corrían rumores de que Prisciliano montaba a Prócula, hija de su
maestro Elpidio. Tal vez buscara el éxtasis en sus labios. San Jerónimo
acusó a los priscilianistas de encerrarse «solos con mujercillas y, entre
coitos y abrazos, les cantan los versos virgilianos». No dice san Jerónimo
que hubo una Magdalena detrás de Cristo y nadie llamó al escándalo; al
fundador del cristianismo le seguían mujeres, que acompañaron a los
apóstoles en su predicación. Una mujer llamada Tecla siguió en sus viajes a san Pablo. Dice Cioran que «el que ama indebidamente a un dios
obliga a los otros a amarlo, en espera de exterminarlos si rehúsan». No
hay intolerancia ideológica o religiosa que no revele el fondo peligroso
del entusiasmo. Pues bien, san Jerónimo era un entusiasta, de lo cual no
se sigue que fuera un mentiroso.

Los priscilianistas pasaban de las iglesias y en cuaresma se retiraban
en fincas alejadas de las ciudades, en noches de plenilunio recogían setas
alucinógenas en los bosques para viajar a latitudes numinosas del alma,
predicaban el ayuno dominical durante todo el año y el desprecio de los
bienes del mundo. Todo esto provocaba curiosidad y mosqueaba a la
jerarquía eclesiástica, mientras el movimiento arraigaba como en tierra
de mantillo en zonas rurales del noroeste, empobrecidas, poco romani-

zadas y todavía paganas. Las tendencias mágicas y astrológicas vinculadas con los cultos astrales caían bien en aquellos pueblos inmersos en la niebla y al pie de tetas verdes, que veían en el priscilianismo un *revival* de la religión indígena que llamaba dioses al sol, a la luna y a los astros y recurría a los filtros para conseguir favores amorosos, el dominio de los espectros, el envío de sueños y demás artes de agoreros.

El caso es que ante la enemiga de los prelados, el priscilianismo se enrocó sobre sí mismo y empezó a diferenciarse cada vez más del resto de la comunidad cristiana. Profecía de autocumplimiento se llama la figura. No se sabe de quién o de quiénes salió la idea de reunir un concilio para examinar el priscilianismo, su doctrina herética sobre la Trinidad, sus prácticas mágicas y su presunto libertinaje sexual. Los obispos Idacio e Itacio llevaron la acusación de gnosticismo a un terreno nuevo en el que se hizo necesaria la intervención civil: acusaron a los priscilianistas de abortos, estupros, sicalipsis, sodomías, en fin, calderilla en un imperio decadente por el que ya atronaban los cascos de los bárbaros, por eso volvieron a dar la chapa con el asunto de la hechicería para que los campesinos obtuvieran buenas cosechas mediante la consagración de los frutos al sol y a la luna. Probablemente era verdad, y eso ya eran palabras mayores, porque no solo se trataba de un pecado sino de brujería, un feo asunto de delincuencia común.

Prisciliano confesó entre el torno y la mancuerda de la tortura haber celebrado reuniones con mujeres malas y rezar en pelota. Pero en esas circunstancias habría cantado cualquier cosa. Probada la existencia del crimen, el emperador Máximo decretó la pena de muerte. En el año 386 lo ajusticiaron en Tréveris junto a cinco sectarios. Fue como echar gasolina al fuego, porque los priscilianistas se vinieron arriba y los cadáveres de los reos fueron adorados como mártires, de nada sirvió que los echaran de los templos y de las ciudades, el fuego de la herejía no se apagó y amenazaba con provocar un gran incendio. El emperador Máximo pensó enviar a Hispania tribunos pesquisidores con facultad de confiscar y de quitar la vida a los herejes.

Prisciliano puso en cuestión muchas cosas y le tocó perder en tiempos en los que, como escribió el historiador Amiano Marcelino, ninguna bestia feroz era «tan encarnizada contra el hombre como lo son la mayor parte de los cristianos unos contra otros». Los priscilianistas se refugiaron en Gallaecia y allí pudieron seguir con su ascetismo y venerar a su mártir, pero la Iglesia legalista, jerárquica, fosilizada y antiascética se llevó el gato al agua y siguió a su bola y a sus bulas.

Es seguro que Prisciliano reunía las condiciones definitorias de un líder carismático de acuerdo a Max Weber: una persona con dotes extraordinarias que propone ideas innovadoras en situaciones de crisis o desesperación. Pero es imposible rasgar la nebulosa de su ambigüedad, aunque lo más probable es que Prisciliano dedicara una pasión incombustible a ser un hereje para poder ser un buen cristiano. Hereje significa el que elige, una herejía es una elección, y él eligió. Los santos son herejes que tienen éxito, los herejes son santos fracasados. Y bueno, ¿herejía priscilianista o primitivo cristianismo autónomo? Esa sigue siendo la incógnita.

EL MISTERIO CONTINÚA

Ajusticiados Prisciliano y sus colegas, sus cadáveres fueron traídos por sus seguidores a la Península, posiblemente a Gallaecia. Incluso se ha supuesto que están todos enterrados en la Catedral de Santiago. En el año 813, el ermitaño Pelagio comunicó a Teodomiro, obispo de Iria Flavia, que en un viejo castro perdido en un bosque llamado Libredón se veían lenguas de luz y se oían cánticos de trasmundo. El obispo refirió después a Alfonso II el Casto que buscando el origen de las luces halló un sepulcro que inmediatamente atribuyó al apóstol Santiago. Cuando la noticia llegó a los dos hombres más poderosos del momento, el papa León III y el emperador Carlomagno, ambos se apresuraron a certificar que se trataba del apóstol. El mundo necesitaba milagros, los cristianos necesitaban un motor para enfrentarse a los árabes, que habían llegado hasta Poitiers y amenazaban Asturias, el único rincón de la Península que había resistido sus avances. Y de paso la Iglesia, que ya había bendecido los dioses y lugares de la tradición pagana, cristianizaba la antigua ruta iniciática de la estrellas.

Los datos históricos que poseemos sobre Santiago el Mayor son escasos y cuanto menos se sabe más se inventa. No parece que los restos del apóstol, cuya existencia únicamente avalan escritos religiosos, pudieran llegar hasta España —ni por tierra ni por mar ni por aire— desde Jerusalén, donde murió el año 42 ejecutado por Herodes Agripa según *Los hechos de los apóstoles.* De creer a quienes aseguran que anduvo por aquí, tendríamos que aceptar que en poco más de diez años habría viajado al otro extremo del Mediterráneo y desarrollado una labor misionera con tiempo para desfallecer y sobreponerse reconfortado por la Virgen María, que se le apareció sobre un pilar en Zaragoza, habría vuelto a Jerusalén, muerto allí y pese a todo acabar criando malvas en Galicia. Un milagro tan del copón que hasta el pobre Menéndez y Pelayo tuvo que escribir esta compungida frase: «Sería temeridad negar la predicación de Santiago, pero tampoco es muy seguro el afirmarla».

De hecho, hasta que dijeron haber encontrado sus restos en Galicia, la tradición entre los cristianos hispanos[*] era que el Evangelio llegó a la Península de la mano de siete obispos comisionados por san Pedro, cuyo primer éxito tuvo lugar en Acci (Guadix), donde se presentaron en una fiesta pagana, los corrieron a gorrazos y al huir por un puente se hundió al paso de sus perseguidores, que, ojipláticos, descartaron la casualidad y les dio que pensar. Acabaron fundando iglesias. Pero cuando hacia el año 813 extrañas luces nocturnas señalaban en Iria Flavia la tumba que se creyó de Santiago, aquella historia del puente y los gorrazos quedó arrumbada por otra más gloriosa.

El caso es que encontraron un sarcófago de mármol en el paraje que después se llamaría Campo de la Estrella, más tarde traducido al gallego y comprimido, Compostela. Cuando el obispo Teodomiro vio el sepulcro, perdió el báculo para contárselo al rey, que mandó edificar un templo en el Campo del Apóstol *Campus Apostoli.* ¿Sería éste y no el de Campo de la Estrella el origen del nombre de Compostela? ¿Por qué se dio por sentado que eran los restos del apóstol Santiago? Parece seguro que ya se había venerado allí a una gran personalidad antes de la invasión mora. En uno de los esqueletos hallados en la tumba eran claras las seña-

---

[*] José Álvarez Junco, *Historia y mito. Saber sobre el pasado o cultivo de identidades.*

les de haber pertenecido a alguien que había sido degollado, como lo fue Prisciliano en Tréveris.

Desde luego, lo que se ha alegado y vuelto a alegar en apoyo de la evangelización de Hispania por Santiago, y sobre el traslado de sus restos a Galicia, tiene menos apoyo científico que la homeopatía. De ese presunto apostolado no se habla en la Península hasta los días de Beato de Liébana, que se dio prisa en escribir un himno dedicado al rey Mauregato en que se hacía a Santiago cabeza de Hispania. ¿Deberemos al vehemente monje liebaniego la iniciación del culto jacobeo? Desde luego fue sobradamente audaz para dar por buenas tradiciones que san Isidoro y san Julián o no habían conocido o habían rechazado y que había ignorado la Iglesia visigoda, puesto que en el antifonario (libro litúrgico de los ritos de la Iglesia) de 672, que sirvió de modelo al antifonario de León del siglo x, no figuraba la fiesta de Santiago. Si antes del siglo VIII los hispanos hubieran creído en su predicación en Hispania su festividad figuraría en la liturgia primitiva. Están cronológicamente tan cercanas las referencias de Beato y el descubrimiento del sepulcro en el *Campus Stellae* que da que pensar. Beato hizo un gran favor a Alfonso II el Casto porque galvanizó a la peña cristiana a la resistencia.

Fray Justo Pérez de Urbel aliñó una ensalada psicodélica. El caso es que a mediados del pasado siglo xx apareció en Mérida una inscripción mozárabe del siglo VII en la que pudo leerse que bajo el ara de la iglesia de Santa María se guardaban reliquias de santos, entre otros de los dos hijos de Zebedeo, Santiago el Mayor y San Juan Evangelista. Cuando los moros invadieron Lusitania el clero de Mérida habría huido a Galicia con esas reliquias. En el siglo VII empezó a circular por Occidente el *Breviarium Apostolorum,* una colección de biografías de los apóstoles traducidas de un original griego que menciona a Hispania hablando de San Pablo, pero el traductor latino puso Santiago. Por eso san Julián de Toledo, que conocía el original del *Breviarium Apostolorum,* rechazó la tradición del apostolado jacobeo en la Península. Un siglo después, Beato de Liébana, que no conocía el original, dio por buena la traducción latina y aceptó que Santiago hubiera estado en Hispania. Así empezó entre los cristianos del norte la fe en la evangelización de Hispania por Santiago.

El supuesto hallazgo de los restos del apóstol fue muy oportuno. Por un lado, el espíritu debilitado del mundo cristiano se vio vigorizado con un chute de patriotismo religioso. Por otro, su pretendida presencia en la legendaria batalla de Clavijo sirvió para establecer el Voto de Santiago, que obligaba a los cristianos a pagar un impuesto especial al arzobispado compostelano a cambio de la inestimable ayuda del apóstol en las batallas contra el moro. Pero hay una pieza que no acaba de encajar, porque entre el comienzo del culto al apóstol y el Santiago jinete celestial en los combates pasan cerca de tres siglos. El *Jacobus Miles Christi* parece una invención realizada lo más temprano en el siglo XI, e incluso entrado ya el siguiente. Ni los diplomas, anales y cronicones cristianos anteriores a 1100, ni los compiladores ni historiadores musulmanes de la misma época aluden al Santiago guerrero. Nadie ha ofrecido, ni podría hacerlo, ningún testimonio anterior. De hecho, documenta Álvarez Junco que al repoblarse la franja entre el Duero y el Tajo, desde fines del siglo XI, no se consagraron al apóstol las iglesias más importantes. En toda Hispania podían contarse hasta sesenta y tres villas y lugares llamados Santiago —incluidos aldeas y barrios— frente a noventa y uno llamados San Vicente. Por el juglar cantor del Cid sabemos que Alfonso VI no invocaba a Santiago sino a san Isidoro y juraba por él. La gran batalla de Las Navas de Tolosa se libró bajo la advocación de la Virgen María, sin noticias de Santiago.

Tampoco vale como prueba de antigüedad el Privilegio de los Votos que se falsificó en el siglo XII. Honradamente es preciso confesar que no sabemos nada seguro sobre el origen el culto a Santiago de Compostela, por eso la Iglesia tardó casi tres siglos en aceptar la pajarota hispana de Santiago. Fue en tiempos de Alfonso VI. La peculiaridad de su reinado fue su política de alianzas con la casa de Borgoña y la orden de Cluny, empeñada entonces en una pugna con Roma para acabar con la laxitud de la vida monástica. Uno de sus colaboradores en esta política fue Diego Gelmírez, clérigo inteligente y ambicioso, secretario de Raimundo de Borgoña, uno de los dos yernos franceses de Alfonso VI. Los cluniacenses comprendieron que el cuerpo atribuido a Santiago era un chollo para, por un lado, reforzar la guerra contra el Islam y, por otro, rebajar las ínfulas papales. La ruta jacobea fue lanzada desde Saint Jacques de París y fue llamada «Camino Francés». Gelmírez debió de advertir la utilidad de desviar a Galicia una buena parte del flujo de peregrinos que iban a Jerusalén o a Roma, lo que le llevó a iniciar, junto con el abad Hugo de Cluny y la aquiescencia del papa Gregorio VII, la construcción de monasterios, albergues y caminos entre Francia y Galicia para atraer a los peregrinos a Compostela. Sus descripciones sobre la ruta compostelana fueron la primera guía turística. Fuera de España una corriente emocional empezó a arrastrar a catervas de cristianos hacia el sepulcro del apóstol, el Camino era tan importante que en los siglos x, xi y xii los ingleses llamaban al norte de España *Jacobsland*. Todos los países cristianos quisieron tener en su historia la visita de un apóstol, los venecianos aseguraron haber recibido los restos de san Marcos desde Alejandría e Iván el Terrible llegó a señalar que Rusia había recibido la fe cristiana de san Andrés, el hermano de san Pedro, que pasó por Kiev predicando camino de Roma.

Ya en los años 1120, Calixto II, papa borgoñón, sancionó el *Liber Sancti Jacobi* o *Codex Calixtinus* y estableció los años jacobeos y las indulgencias por el peregrinaje. Gelmírez ocupó la sede de Santiago, convertida en arzobispado, y dos franceses ocuparon sucesivamente la sede de Toledo, recién reconquistada por Alfonso VI. No se ignoró ese prestigio del santuario de Santiago entre los árabes y para humillar la esperanza que la fe jacobea suscitaba, en 997 Almanzor arrasó la ciudad y el templo del apóstol. Al cabo de unos años moría Almanzor, su estirpe dejaba de gobernar al-Ándalus, que perdía su poder ofensivo al fraccionarse el califato y los cristianos del norte respiraban. Era lógico que la fantasía popular atribuyese a la venganza de Santiago aquella imprevista mudanza.

En 1900, el hagiógrafo Louis Duchesne publicó en la revista de Toulouse *Annales du Midi* un artículo titulado «Santiago en Galicia» en el que, basándose en el viaje que los discípulos de Prisciliano hicieron con los restos mortales del hereje hasta Galicia, sugería que quien estaba enterrado en Compostela era Prisciliano. Sánchez-Albornoz y Unamuno se hicieron eco de la hipótesis, que ha pasado a ser muy popular y que degrada a Santiago a la categoría de santo turístico. Ramón Chao, autor de *Prisciliano de Compostela*, recuerda que el apóstol «fue decapitado por Herodes en Jerusalén en el año 42 y enterrado en Palestina. Con el carbono 14 radiactivo sería muy fácil probar que los restos de la catedral no son de un hombre del siglo I, pero nunca se ha hecho. No han querido hacer esa prueba, que sería definitiva». El escritor gallego se suma así a historiadores que, como el profesor de Oxford Henry Chadwick, aseguran que la urna de plata de la catedral encierra las reliquias del hereje Prisciliano.

En el siglo XVI, Lutero aseguró que lo único que había en Compostela eran los huesos de un perro o de un caballo, pero ya nada podía detener el fervor de los peregrinos. Aunque, después de todo, Santiago, patrón de España, es el mito más grande de la cristiandad, el símbolo que animaba a los cristianos contra los ocupantes musulmanes. O sea, que pocas bromas. Por eso monseñor Guerra Campos buscó afanosamente una tumba para Prisciliano que no removiera la de Santiago. La encontró en Os Mártores, perteneciente a la parroquia de San Miguel de Valga, en Pontevedra. Hay allí una ermita dedicada a san Mamede en cuyo interior han aparecido sarcófagos tallados en piedra que bien pudieran ser del siglo IV. La teoría de Guerra Campos se basaba en la denominación popular con la que se conoció, hasta mucho tiempo después de su muerte, a los discípulos ajusticiados en Tréveris: *Os mártires* (en gallego dialectal, *Os mártores*).

3

LOS MISTERIOS BÁRBAROS

LOS VIAJEROS GETAS

Todos los países han tenido su época cruel, si no,
no estarían en el mapa.

RAMÓN EDER

¿DÓNDE ESTABAN LAS LEGIONES?

Hay un concepto técnico que pone mucho a los académicos para explicar la caída de Roma y la emergencia de la Edad Media, es el de *Völkerwanderung*, las migraciones de masas que tumbaron lo tardoantiguo y conformaron lo bajomedieval. O sea, el bárbaro como culpable, como diluvio destructor de Occidente que dio paso al oscurantismo medieval. La fecha clave sería la llegada de Alarico a Roma en 406, fecha trasladada después al año 476, cuando el último emperador de Occidente, Rómulo Augústulo, fue desterrado por el patricio bárbaro Odoacro. Aunque hay quien la adelanta un siglo, al año 375 en que los godos cruzaron el Danubio. Cierta historiografía, a falta de datos fiables sobre los bárbaros, ha construido una visión ideológica que los hace capaces de las mayores aberraciones: comer carne cruda, vestir con pieles o cortezas de árboles, llevar pelos largos, adorar a dioses crueles, mutilar los pechos femeninos para la lucha, el despellejamiento del enemigo o la utilización de sus cráneos como vasos. Todo esto suena a pura xenofobia como género literario truculento que data al menos de los tiempos de Herodoto, que hablaba de tribus que solo dormían seis meses, de los arimaspos de un solo ojo, de los misteriosos hiperbóreos y de las amazonas matadoras de hombres. Lo que tenían en común era el nomadismo, lo cual no podía ser del todo cierto porque había un urbanismo notable entre los escitas.

A lo largo de las principales vías comerciales que conformaron la Ruta de la Seda, había desde la Edad del Bronce focos aglutinantes de poblaciones dispersas y grandes estados con poderosos ejércitos que fueron lugares de transmisión de modas, cultura y pensamiento. Las fuentes tardorromanas informan de pacíficos pueblos productores de tejidos de lujo, la seda por ejemplo, y duchos en técnicas como la filigrana, nielado, damasquinado, esmaltado o granulado.

Hay un soneto de Shakespeare que pone el dedo en la llaga de la verdadera situación del imperio romano de Occidente cuando los bárbaros asomaron la patita: *Lilies that fester smell far worse than weeds*. Sin duda, los lirios que se pudren huelen mucho peor que las malas hierbas. Tal vez los bárbaros no lo fuesen tanto y la mala hierba hiperbórea no apestara tanto como el pútrido lirio romano.

La larga pesadilla de caos y violencia que siguió a la caída del Imperio romano la cuenta Amiano Marcelino, un oficial de alto rango del ejército imperial. Historiador lúcido y anclado en una rara imparcialidad, parece que Amiano presentía la inminencia del final. Su descripción de un mundo agotado por unos impuestos confiscatorios, la ruina de grandes sectores de la población y la decadencia de la moral del ejército evocaban las condiciones que harían posible, unos veinte años después de su muerte, el saqueo de Roma por los godos. Las *Historias* de Amiano durmieron durante mil años en los anaqueles de la biblioteca de algún monasterio, hasta que un cazador renacentista de antigüedades las rescató en el *Quattrocento*, faltaban los trece primeros libros de los treinta y uno del original —que no se han encontrado nunca—, pero los otros destilaban el melancólico aroma del definitivo hundimiento del imperio.

Cuando se hundió, cuando empezaron a decaer las ciudades, cuando colapsó el comercio, y la gente, cada vez más aterrorizada, solo era capaz de escrutar ansiosamente el horizonte intentando adivinar por dónde iban a llegar los ejércitos bárbaros; en fin, cuando se le puso malo el hocico a la borrica todo conspiraba para el *epic fail*, solo faltaba rematar al herido, que parece que aún se mueve. Y llegaron los bárbaros. Bárbaro era el término insultante con el que los griegos llamaban a los extranjeros, cuya lengua sonaba a sus oídos como un tartajeo: *bar-bar-bar*. En el otoño de 409, una coalición de pueblos bárbaros —suevos, vándalos y alanos—

que se agolpaban en el piedemonte septentrional del Pirineo entraron en la Península sin que ejército alguno les cortase el paso. Más que de una invasión se trató de un paseíto que puso fin a la dominación romana sobre Hispania. ¿Dónde estaban entonces las legiones romanas acantonadas en la Península?

La Diocesis Hispaniarum, así llamada desde Diocleciano en 297, era un territorio pacificado y romanizado desde hacía siglos, alejado de los escenarios de conflicto y de las fronteras o *limes* más inseguras. Su relevancia era menos estratégica que económica. Si nos parece ahora relevante desde el punto de vista militar, por su posición intermedia entre la Diocesis Galliarum y África, esa idea es solo una proyección de su importancia estratégica moderna. En la época tardorromana, la verdadera importancia de Hispania tenía que ver con las arcas de la hacienda imperial: impuestos, metales, reclutas, caballos, cueros y cereales, destinados a la *annona*, al suministro de Roma y de las legiones que defendían los *limes* britano y germano. Ante la resguardada situación de la Península, y su apacible situación interna, las tropas acantonadas eran escasas y se dedicaban, sobre todo, a la vigilancia de las vías de comunicación y al control del territorio, especialmente de las poblaciones aún asilvestradas del norte.

Conocemos con cierta exactitud, al menos en teoría, las tropas romanas acantonadas en la Diocesis Hispaniarum a inicios del siglo v. Nos ha llegado un detallado documento imperial llamado *Notitia Dignitatum tam civilum quam militarium*, posiblemente redactado en los últimos años de la cuarta centuria e inicios de la quinta, y rectificado en varias ocasiones. Describía todos los cargos civiles y militares, así como las tropas de las que podía disponer el emperador en cada una de las regiones del imperio. Tiene más de ochenta capítulos y en uno de ellos trata de la Pars Occidentis, o sea, Hispania, a la que atribuye una legión y cinco cohortes en distintos asentamientos. Sumarían a lo sumo unos seis mil hombres, en el improbable caso de que sus efectivos estuvieran completamente cubiertos, algo poco habitual durante el Bajo Imperio.

Además de estas tropas la *Notitia Dignitatum* informa de que en Hispania existían contingentes más amplios, bajo el mando de un *comes Hispaniarum*, aunque sin un lugar fijo de acuartelamiento. Estas unidades sumaban unos diez mil quinientos hombres más pertenecientes al ejército romano de campaña, cuerpo mucho más eficaz y ofensivo que su homólogo *limitanei*. En Hispania, pues, existían efectivos de cierta envergadura, algo más de dieciséis mil hombres, que llegado el momento o brillaron por su ausencia o se comportaron como un ejército de chicha y nabo.

¿Por qué no hubo resistencia a los godos? Parece que la dominación de Roma ejerció una influencia sedante sobre el en otro tiempo exaltado temperamento hispano. La larga paz de que disfrutó Hispania en el extremo occidental del mundo romano y la rigurosa y envolvente ordenación jurídica que reglamentó la vida hispana, habrían suavizado las ásperas aristas, paliado vehemencias y domado el orgullo. La prole de la peña cimarrona de los Indíbil y Mandonio sencillamente se había aburguesado a fuerza de comer caliente. La resistencia hispana a la invasión germánica fue mucho menos vigorosa y enérgica que la opuesta a la conquista romana. Tal vez los hispanos sufrían una severa desvitalización cuando en el año 409 el asesinato de los magnates hispanorromanos Didimo y Vereniano, que con sus familiares y clientes defendían los pasos pirenaicos, permitió a suevos, vándalos y alanos penetrar en la Península.

Pocos años después entraban los godos en la Tarraconense, al mando de Ataúlfo, que se había propuesto inyectar la sangre gótica juvenil en las arterioescleróticas venas del imperio; creía al parecer que los visigodos eran demasiado bárbaros para fundar un estado nuevo. Esa política le costó la vida y no fue proseguida por sus sucesores, que, aunque tuvieron que pactar con Roma, nunca pretendieron, como Ataúlfo, fortalecer el caduco armazón estatal romano y contribuyeron a su hundimiento.

La dominación romana significó el gobierno de Hispania por una ciudad, Roma, y su incorporación perdurable a un complejo cultural más o menos unitario. Con los godos entró en tierras hispanas un pueblo entero, una completa comunidad humana. No eran hispanos al cruzar los Pirineos, pero aquellos doscientos mil guiris forjaron lo hispánico. Desde entonces, y a pesar de los árabes, Hispania empezó a ser España para la historiografía patria. Con Ataúlfo había nacido la España ideal de guerreros invencibles y, sobre todo, unida y políticamente independiente y, naturalmente, monárquica, católica, viril —la virilidad de los godos era una marca de fábrica, frente a los romanos nenazas—. Se omitía el pequeño detalle de que al llegar a la Península los godos eran ya cristianos, pero no católicos, sino arrianos.

Los libros de historia ni siquiera utilizan el verbo «invadir» cuando se refieren a los godos; los godos entran, vienen, llegan o pasan el Pirineo. Y lo hacen, además, enviados por Dios para castigar la «corrupción» de aquellos malvados romanos que habían invadido y oprimido a los hispanos. La historia de España está llena de invasiones porque la feracidad de la tierra, su riqueza minera —capítulo inicial de toda historia canónica— y el buen carácter de sus naturales provocaban la pelusa, lo cual originaba intentos de invasión. Frente a tales intentos, los hispanos habían demostrado tener más peligro que un tiroteo en un ascensor: una belicosidad arraigada en sus tradiciones (evocada una y otra vez con referencias a las resistencias de Sagunto y Numancia frente a cartagineses y romanos). Pero por una misteriosa razón a los godos no se les presenta como invasores, como si fueran más nativos que los conejos.

Los visigodos debieron de alcanzar alrededor del cinco por ciento de la población de la Hispania romana entre los siglos V y VIII, o sea unos doscientos mil frente a seis millones de hispanorromanos. Antes que ellos, los suevos y los vándalos habían invadido la Península, pero los vándalos la abandonaron en el siglo V para establecerse en la actual república tunecina, adonde llevaron las refinadas costumbres de Roma que todavía hoy se traslucen en los vestigios arqueológicos que allí dejaron. De su último reducto en tierras hispanas parece que deriva el nombre de «la isla de los Vándalos», que en tamazight o bereberse dice *tamurt Vandalus* y en árabe *al-jazirat al-Andalus*. Es una hipótesis, hay otras. No muy distinta es la que sugiere que cuando llegaron a Hispania, los vándalos eran un pueblo nómada que vivía en tiendas, las *vandalenhaus,* de ahí *vandalaus* y luego *andalaus*. Según otros autores, al-Ándalus también podría ser la traducción árabe de «isla del Atlántico» o Atlántida, el nombre que Platón dio a la isla mítica que se suponía próxima a Andalucía. Otra figuración remite a la palabra germánica *Landlose* («sin tierra»), que designaba a los bárbaros establecidos en el sur de la Península. Tampoco sería del todo descabellado suponer que *Landahlauts* fuera el primer nom bre de al-Ándalus. Significa «tierra de sorteo» y alude al método por el que los godos se repartieron las tierras de la Bética, *hlauts* eran los lotes de la herencia, al inglés llegó la palabra como *lot* y al castellano como lote, de ahí lotería. Incluso hay quien sostiene que al-Ándalus es «paraíso» en la poesía hispanoarábiga o que viene del copto «el sur del oeste». Más desopilante es creer que fueron los vascos los que bautizaron aquella tierra como *Landa-luziak,* que en euskera vale como «campas anchas». Ancha, en efecto, es Andalucía; pero cuando llegaron los vascos ya andaban por allí las suecas.

ORÍGENES Y CABOS SUELTOS

Tenemos solo una idea vaga de lo que pudieron haber sido los orígenes de los godos. Las investigaciones arqueológicas dejan muchos cabos sueltos. Historiadores como san Jerónimo o san Isidoro de Sevilla identificaron a los godos con los antiguos escitas que aparecen en la literatura clásica desde Herodoto. Claro que luego está Jordanes, un funcionario del Imperio Romano de Oriente durante el siglo VI, al que le dio por escribir en Constantinopla una historia sobre *El origen y las hazañas de los getas*, que es como llama a los godos. Este hombre desvanece algunos misterios y alimenta otros construyendo un entretenido *fantasy space*.

Podemos creer sin mayor problema que los godos tuvieron su tierra madre en lo que Plinio el Viejo llamaba Escandia y nosotros Escandinavia, una fábrica de razas, un vivero de pueblos. Se cuenta que los godos salieron de Escandia con su rey Berig para dominar la desembocadura del río Vístula. Debían de ser al menos tres grupos de gentes los que saltaron al continente: los greutungos o «de las piedras», los tervingos o «de los bosques», y los visos o «de las praderas».

Tan pronto como desembarcaron, dieron su nombre al territorio báltico que llamaron Gotiscandia, que se corresponde con la actual región costera polaca del Báltico, entre los ríos Oder y Niemen. Esto es verosímil porque la actual ciudad de Gdansk fue en otro tiempo Goth-danisk y antes fue Gyt-danzyc. La primera emigración se habría producido, pues, desde Gotaland («Tierra de Godos») en el sur de Suecia, hasta el norte de la actual Polonia. Desde allí marcharon al territorio de los ulmerugos, que por entonces ocupaban las riberas del Báltico. Tras entablar combate los expulsaron de sus tierras. Lo mismo hicieron con los gépidos, rugios y burgundios. Con los hérulos primero se las tuvieron de todos los colores y después pactaron. Más tarde sometieron a los vándalos. O sea, que ya entonces tenían más peligro que Willy Fog con el abono de transporte.

Se desconoce el motivo de sus migraciones, no es descabellado pensar en una explosión demográfica, el ansia por encontrar nuevos recursos o sencillamente la misma sed de aventura que tuvieron después otros pueblos escandinavos como los vikingos. A esto hay que sumarle el asunto de la fecha. No se puede determinar cuándo emigraron. La horquilla de estimaciones es ancha y va desde el 400 a. C. al 100 de nuestra era. Estamos hablando de un espacio de quinientos años, tal vez más.

Unas cinco generaciones después del reinado de Berig reinaba Filimer, hijo de Gadarico, que armó a su pueblo hasta los dientes y salió en busca de nuevas tierras. Cuando llegaron a Escitia, les gustó y su primer asentamiento fue junto a la laguna Meótida (mar de Azov). Escitia no era un territorio pequeño, abarcaba desde la Magna Germania, en el oeste, hasta los límites con la India, en el sureste, y territorios de Rusia actual en el noroeste. Como donde las dan las toman, quienes amargaron la vida de los godos fueron los hunos, sobre cuyos orígenes cuenta Orosio una bonita pamema: cuando Filimer entró con su pueblo en el territorio de Escitia, encontró a unas hechiceras a las que llamó en su lengua *haliarunas*. Como no le inspiraban confianza, las expulsó de entre los suyos y las obligó a andar errabundas por zonas despobladas. Cuando las vieron los espíritus inmundos que erraban por aquellas parameras, se echaron en sus brazos y engendraron una raza sombría y raquítica, una estirpe degenerada cuyo lenguaje solo remotamente se parecía al de los humanos y que al principio vivió entre pantanos. Así que esta era la ralea de la que procedían los hunos.

Este pueblo ferocísimo se asentó sobre la ribera de la laguna Meótida y vivió de la caza y de saquear a los pueblos vecinos hasta que unos cazadores vieron una cierva metiéndose en la laguna Meótida; parecía que les iba mostrando un camino. Los hunos la siguieron y atravesaron a pie la ciénaga. Cuando llegaron a Escitia, la cierva desapareció. Los cazadores, que ignoraban la existencia de otro mundo más allá de la Meótida, se quedaron ojipláticos con la tierra de los escitas y volvieron donde los suyos, les contaron su hazaña, alabaron la tierra recién descubierta y convencieron a su pueblo para irse allí por el camino de la cierva. Al llegar, degollaron a unos cuantos escitas que les habían salido al encuentro, a los restantes los sometieron. Lo mismo hicieron con los alpidzuros, acildzuros, irimaros, tuncarsos y boiscos que se asentaban en el litoral de Escitia. También sometieron a los alanos después de agotarlos con sus continuos ataques. Y, desde luego, a los ostrogodos.

La distinción entre ostrogodos y visigodos según algunos eruditos se remonta a los orígenes, cuando los godos «de las piedras», o greutungos, y los «de los bosques», o tervingos, ocuparon respectivamente las regiones oeste y este del río Dniéper y con el tiempo se les pasó a llamar *west goths* que derivó en visigodos, y *ost goths* u ostrogodos: sencillamente, godos del oeste y godos del este cuyas posesiones se llamaron «Östergotland» y «Västergotland». Aunque hay otra etimología propicia, pero tal vez falsa, que quiere que el nombre de los primeros signifique «godos sabios» y el de los segundos, «godos brillantes». Lo que cuenta Jordanes es mucho más bonito: «El puente por el que cruzaban un río se derrumbó cuando solo la mitad del ejército lo había atravesado y no hubo manera de repararlo, de modo que ni los unos pudieron volver atrás ni los otros continuar adelante, pues el lugar estaba cerrado por un abismo rodeado de pantanos con arenas movedizas. Así que solo la parte de los godos que llegó junto a Filimer a las tierras de Escitia después de atravesar el río tomó posesión de aquella tierra». O sea, que así se dividieron los godos entre «ostro» y «visi».

Una penúltima teoría postula que en torno al año 290, en su tercer asentamiento en las orillas del Mar Negro, se dividieron en clanes y llegaron a predominar un par de ellos: los baltos, o baltingos, empezaron a identificarse como visigodos; los ámalos o amalingos se hicieron llamar ostrogodos. Pero nada de esto está muy claro, salvo que los ostrogodos fueron temibles en la costa del Ponto y Escitia y zurraron la badana al vándalo, hicieron pagar tributo al marcomano y sometieron a la esclavitud a los príncipes de los cuados. Cuando llegaron ante el pueblo de los espalos trabaron combate y los doblegaron igualmente.

Así se narra su epopeya en sus más antiguos poemas, y yo no tendría inconveniente en darla por buena sin más. Flavio Josefo, autor del que se puede uno fiar, omite todo esto al hablar de los orígenes remotos de la nación goda, pero da cuenta de que errando de un lugar a otro, dependiendo de los pastos necesarios para sus rebaños, acabaron en Mesia, Tracia y Dacia; o sea, cerca de Grecia. Fueron los helenos los que llamaron getas a los godos, confundiéndolos con otros pueblos que ya habitaban el norte del Danubio. Podemos suponer que algo se les pegó de los griegos a aquellos getas y fueron perdiendo el pelo de la dehesa y desasnándose, aunque no tanto, porque mucho antes de merendarse a los romanos, habían tenido gresca con egipcios, diversos pueblos del Cáucaso y persas. Todo ello antes de caer sobre Grecia y devastarla. Aunque conviene tomar con pinzas estas historias que solo empiezan a despejarse cuando, en el siglo I a. C., sus contactos con los romanos ya son ciertos y se dejan iluminar, no ya por los fuegos fatuos de la leyenda, sino por las bombillas led de la historia.

El emperador Valente acogió a los godos en Mesia y los colocó como muralla defensiva de su propio reino contra otros invasores. Y como Valente era arriano, les mandó predicadores de su secta. Así se convirtieron los visigodos al arrianismo. Como no estaban del todo asentados, sufrieron una hambruna. Los jefes Fritigerno, Alateo y Safraco solicitaron ayuda a los generales romanos Lupicino y Máximo; pero, animados por la codicia, los generales comenzaron a venderles no solo carne de oveja y de buey, sino también cadáveres de perros y otros despojos, y a unos precios de escándalo: una finca por diez libras de carne, por ejemplo. Y cuando a los visigodos no les quedaban propiedades ni enseres, los desalmados *dealers* les pidieron a sus propios hijos. A los padres no les quedaba otra que tragar, mejor perder la libertad que morir de hambre. Lo malo de la avaricia es que rompe el saco y ordeñando una ubre seca solo conseguirás que la vaca te tire del banco de una coz. Los visigodos, que eran más duros que el alicatado de La Jijonenca, no solo aniquilaron el ejército romano, sino que con Alarico al mando entraron en Roma y la saquearon.

LA EMBROLLADA MUERTE DE ATAÚLFO

En el año 410, al estilo germano, sobre la tumba de su antecesor Alarico, fue nombrado rey su cuñado Ataúlfo, un socorrista paternal (*Atta*, «padre»; *Hülfe*, «socorro»). Luego volvió a Roma y arrasó como una plaga de langostas lo que había quedado después del primer saqueo. De Roma se llevó como esclava a Gala Placidia, un pimpollo de dieciséis años y hermana del emperador Honorio. Sin embargo, en atención a su noble linaje y a su belleza se casó con ella y de paso acongojó a sus enemigos, que pensaron que se trataba de una alianza de los godos con el imperio. Ataúlfo se dirigió a las Galias, consolidó su reino y comenzó a salivar con Hispania. Dejó sus riquezas en Barcino (Barcelona) con algunos hombres leales y los que no podían combatir, y penetró en el interior de la Península. Aunque solo dominó parte de la Tarraconense, Ataúlfo suele ser considerado el primer rey visigodo de Hispania. Como entonces andaba todo más revuelto que saco de gatos, la confusión y la oscuridad nos ocultan los motivos que impulsaron al monarca visigodo a cruzar los Pirineos. Unos suponen que Honorio le había concedido, además de la posesión de la Narbonense, la parte oriental de Hispania más próxima al Pirineo. Otros sospechan que vino huyendo de las legiones imperiales de Constancio. Tampoco es disparatado conjeturar que lo que quería era acabar con los vándalos. Tal vez todo se resuma en que, como antes Alarico, oyó una voz interior que le sugirió fundar un imperio en Hispania. De ser así, y así pudo ser, le faltó tiempo para consumar su sueño porque le faltó la vida. Se la quitaron, ¿quién, cómo, por qué? Como no lo sabemos, está permitido especular. El asesinato de Ataúlfo es un desafío para la investigación histórica. Las fuentes son escasas y turbias. Dicen que murió por culpa de una herida en el vientre de la espada de un esclavo. De haber sido así, su muerte se situaría en el ámbito doméstico. Fin de la intriga.

Pero no vayamos tan deprisa. Los hechos sucedieron en Barcino. Aunque Jordanes no menciona el lugar, sí dice que el asesino fue Evervulfo y da como móvil las befas del rey por el exiguo tamaño de ese sirviente. Por lo visto, lo compensaba con el tamaño de su mala baba. Sin embargo, esa identificación del asesino resulta muy cuestionable puesto que Orosio utiliza el plural sugiriendo un complot, aunque vuelve a ceñirse al entono doméstico. ¿Una disputa dentro del ámbito familiar? La versión de Próspero de Tiro es escueta, pero significativa y apunta a su séquito. El autor más prolífico acerca del acontecimiento es Olimpiodoro de Tebas, que escribió todo un libro sobre el asunto. Su trabajo se perdió, pero se salvaron unos cuarenta fragmentos que, pegando los trozos y llenando los huecos con la masilla de la imaginación, sirvieron como fuente a otros autores.

Por esos fragmentos sabemos que al rey le picaron el billete cuando daba un paseo por las caballerizas, dice Olimpiodoro que el asesino se llamaba Dubio y acabó con la vida del rey por «un antiguo rencor», lo cual es un pleonasmo, porque el rencor siempre es antiguo, es el odio rancio. Esto no es incompatible con las versiones de Orosio y Próspero de Tiro, pero sí lo es con el texto de Jordanes. O Fue Dubio o fue Evervulfo. Pero esa disyuntiva es soluble. La autoría de Evervulfo es compatible con la de Dubio. ¿Ilógico? Bueno, he aprendido de Sherlock Holmes que cuando eliminas toda solución lógica a un problema, lo ilógico, aunque parezca imposible, es invariablemente lo cierto. Dubio es una transliteración del latín Dubius, que significa «dudoso, incierto». De manera que el texto podría referirse a un esclavo godo desconocido. Una vez más, el idioma piensa por nosotros y esta traducción permitiría abocar al mismo nombre que apunta Jordanes, o sea, Evervulfo.

Olimpiodoro dice que Dubio mató a Ataúlfo para vengar a su antiguo *dominus*, un tal Saro que fue eliminado por secuaces de Ataúlfo. Ahora entiendo a Olimpiodoro cuando dice que «Dubio vengó a su primer dueño, matando al segundo». En el séquito de Saro se encontraría Dubio (o sea, Evervulfo), quien acabó con la vida de Ataúlfo.

Ataúlfo pertenecía al linaje balto de los visigodos; lo atestigua su nombre, que comienza por «At», como el de su antepasado Atanarico. El enfrentamiento entre las diversas facciones visigodas podría haber sido la causa de su muerte. Eso cree el obispo Idacio, que ya fue presentado en estas páginas como alter ego de Prisciliano. Lo que escribe Idacio en su crónica es que el rey murió *inter familiares fabulas,* o sea, en una conversación dentro del ámbito familiar. Lo que va quedando claro es que le dio matarile una persona de confianza, aunque no fuese conocido entre los componentes de su séquito guerrero, de ahí que algunos lo llamen Dubio (desconocido). Claro que a lo mejor Idacio escribió *famulos* y no *fabulas*. Así el texto tendría más sentido. El asesino habría sido un fámulo, un siervo, o sea Evervulfo. A fin de cuentas, en la corte visigoda los siervos jugaban un papel en las intrigas políticas. La causa del asesinato es diferente en Olimpiodoro que en Jordanes, pero si el autor material señalado por ambas fuentes fuese el mismo, no sería incompatible el motivo de la muerte.

Orosio menciona el filorromanismo de Ataúlfo como causa de su muerte, y aquí podría radicar, no el hecho mismo de su asesinato, sino la pugna interna entre las diversas facciones godas. Olimpiodoro nos aporta alguna luz sobre este hecho: Ataúlfo antes de morir, habló con su hermano para asegurarse la amistad de los romanos y devolverles a su esposa Gala Placidia. Pese a esto, algunos autores sugieren que su asesinato no fue cosa de familia sino que fue inducido o pagado por el emperador Honorio, hermano de Gala Placidia.

El sucesor de Ataúlfo fue Sigerico, presuntamente hermano de Saro. La elección para el trono visigodo del hermano de Saro, en detrimento del hermano del rey asesinado que había sido designado como sucesor y al que Ataúlfo había encomendado asegurar la amistad con los romanos, revela que el clan de Saro recibió el apoyo de una buena parte del ejército de la familia balta. Todas las amenazas que Sigerico había proferido contra los imperiales, los descargó contra la familia de Ataúlfo. Degolló a los seis hijos que tuvo de su primera mujer e hizo marchar doce millas a pie a Gala Placidia en medio de una cordada de esclavas. Esa crueldad le costó la vida. Los godos, expertos en quitar y poner reyes, lo asesinaron a los siete días: duró lo que dura el burbujeo de la gaseosa y pusieron en su lugar a Walia.

EL MORBO GÓTICO Y OTRAS CONJURAS

Al tumbar las estatuas, preserva los pedestales: pueden resultar útiles.

STANISLAW J. LEC

LA TRAMA DE LOS CORNUDOS

Quien crea que la política tiene algo que ver con las ideas, que se lo haga mirar. La sugestión que ejerce el poder tiene que ver con que intuimos que la política es una lucha por el poder a hostia limpia. Y en tiempos de los godos ni te cuento. Después de todo fuimos reptiles, la maravilla es que después fuimos monos y todo siguió igual. Las historias de los godos son lecturas reconfortantes para abismarse en la naturaleza humana al caer de la tarde y dormir plácidamente abrazado a un peluche. Escribir del tabarrón de sus conspiraciones es como pintar burros podridos de Dalí. Fueron siglos de asnos putrefactos y de reyes asesinados. Con Ataúlfo y Sigerico ya llevamos dos de dos.

La unción sacramental del monarca godo de manos del obispo incluía estas palabras con las que Isaías ungió al rey David: «¡Quién osará tocar al ungido del Señor!». Pues la verdad es que osaba todo dios. El historiador franco Gregorio de Tours dice que los visigodos «habían adquirido la detestable costumbre de dar muerte a los reyes que no les agradaban y poner en su lugar al que mejor les pareciera». No sin ironía acuñó el sintagma *morbus gotorum*, síndrome que consistía en que los contagiados pasaban a la otra vida violentamente; o sea, que ese morbo gótico refiere una enfermedad que indefectiblemente terminaba en baja para los restos. Las luchas de poder eran encarnizadas y solían terminar con algún rey muerto o, en el mejor de los casos, tonsurado, práctica que les impedía reinar y les obligaba a retirarse en un monasterio. Hasta el año 591 en que Gregorio de Tours publicó su *Historia Francorum* hubo quince reyes godos, de los que nueve fueron asesinados, dos murieron batallando y cuatro lo hicieron en la cama. En total, de los treinta y dos reyes godos que estudiaban los bachilleres cuando la memoria aún tenía prestigio, trece murieron asesinados, tres en diversas batallas, dos fueron depuestos y, de un par de los catorce restantes, se sospecha que su muerte no fue del todo natural. El carácter electivo de la monarquía favorecía el magnicidio, pero los pretendientes parecían ignorar algo que verbalizó muy bien Tyrion Lannister: «Me gusta mi cabeza. No quiero verla cortada todavía».

Ataúlfo no solo inauguró la dinastía hispánica, sino la tradición de quitar de en medio a las testas coronadas. Sigerico siguió sus pasos. Turismundo fue estrangulado por el esclavo Ascalc por encargo de los hermanos del monarca Teodorico y Frederico. Teodosio II murió a manos de su hermano Eurico. Amalarico fue asesinado en una iglesia de Barcelona por los partidarios de Teudis. La tradición ya estaba bastante arraigada cuando a Teudis le atravesó la espada de un loco y lo dejó en el sitio. Los grandes del reino nombraron sucesor a Teudiselo, que disfrutó poco tiempo de las delicias del cetro por culpa de otras delicias que le costaron la vida. Le gustaban las tías más que comer con los dedos y no respetaba ni a las de los más principales. Los cornudos encontraron la ocasión de vengar el rijo real en un banquete al que el mismo rey les convidó en Sevilla. En lo más animado de la juerga los conjurados apagaron los hachones y bujías y al amparo de las tinieblas cosieron al semental a puñaladas. Llevaba poco más de año y medio de reinado.

Los partidarios de Atanagildo, auxiliados por los bizantinos, se cargaron a Agila y pusieron a Atanagildo la corona en la crisma. En 567 trasladó su corte desde Barcelona a Toledo, que pasó a ser la definitiva capital del reino visigodo. Su viuda Goswinda casó en segundas nupcias con el rey godo Leovigildo, que ya tenía dos hijos de su primera mujer. Los vástagos eran Hermenegildo y Recaredo, que fueron los protagonistas de la conversión de los godos al catolicismo, la religión de los hispanorromanos.

Hermenegildo se casó con la princesa católica Ingunda, hija del rey franco Sigeberto. Goswinda, que además era abuela de Ingunda, trató por todos los medios de meter en vereda arriana a la princesa, que se resistió como gato panza arriba. No hubo manera de meterle el arrianismo ni con buenas razones ni con leña al mono: la golpeó hasta la sangre, la humilló desnudándola y metiéndola en una charca helada. Nada, no hubo forma. Cuando Leovigildo nombró a Hermenegildo gobernador de la Bética, la pareja de casados se instaló en Sevilla, lejos del heroico proselitismo de Goswinda. Allí, entre el obispo Leandro y la fe de su mujer, el príncipe heredero se convirtió al catolicismo y su primer pecado fue no honrar a su padre; el pecado lo expió en el otro mundo, el error lo pagó en este: lo enchiqueraron y fue decapitado por su carcelero. Le hubiera consolado saber que su muerte no fue en vano, porque, en vísperas de su muerte, Leovigildo aconsejó a Recaredo convertirse al catolicismo. En el año 587, en el tercer concilio de Toledo, el reino visigodo dejaba a un lado el arrianismo para convertirse en católico. A Hermenegildo lo canonizó en 1585 el papa Sixto V. El misterio aquí es si fue realmente un santo o un rebelde movido por la ambición del poder. Si alguien lo ve claro, es que no se ha enterado de nada.

También Liuva II contrajo el morbo gótico, otro de tantos. Fue ejecutado por Witerico, cuyo epitafio lo escribió san Isidoro de Sevilla: «Mató con la espada, murió por la espada». Es una metáfora porque Witerico fue envenenado en un banquete en Toledo en el año 610 y su cadáver lo pasearon a rastras por las calles toledanas ante la vista de todos. Ya vamos viendo de dónde le viene la inspiración de *Juego de tronos* a George R. R. Martin.

Tulga tuvo suerte y fue destronado sin que le tocaran un pelo; bueno, lo cierto es que la expresión no es afortunada porque lo tonsuraron tras narcotizarlo en un convite. Wamba corrió la misma suerte que Tulga y se retiró a un monasterio. Aunque seguramente habrá más casos escondidos tras causas extrañas («que parezca un accidente»), también hay reyes que expiraron por causas naturales e incluso a edad muy avanzada, como Teodorico o Chindasvinto, que murió en Toledo a los noventa años, sin que falte quien sospeche que su muerte no fue del todo natural, a menos que consideremos naturales las yerbas ponzoñosas, sospecha que quedaba siempre en al aire cuando al rey no lo habían quitado de en medio con verdugos, luz y taquígrafos, y que prueba lo raro que era en los monarcas godos acabar tranquilamente sus días.

EL ENIGMA WITIZA

Apenas hay documentos contemporáneos sobre el reinado de Witiza, solo algunas sucintas crónicas escritas después de la invasión sarracena y bajo la impresión de aquel acontecimiento. ¿Merece este rey los negros colores con que lo pintan? ¿Serán ciertos todos los excesos y los crímenes que se atribuyen a Witiza? ¿Se debería a este monarca la ruina del reino? Esto es lo que se ha creído durante siglos; pero la memoria de Witiza encuentra al cabo de trece siglos motivos para el desagravio.

No es que se hayan descubierto nuevos documentos que rasguen los cendales de un tiempo de tinieblas, sino que con la perspectiva de los siglos las cosas pueden verse de otra manera. Como pasa con algunos cuadros, cuanto más nos alejamos de los hechos mejor los vemos. Incluso los que con más saña denunciaron los vicios de Witiza, reconocían que no solo gobernó bien Gallaecia en los años que estuvo asociado a su padre en el reino, sino que en sus primeros años en el trono decretó leyes justas. Por ejemplo, indultó a los que habían sido encarcelados o desterrados por su padre, les devolvió sus bienes e hizo quemar los registros de los tributos atrasados para que no pudiesen reclamarles nada. Aunque algunos atribuyen estos actos no a virtud, sino a refinada hipocresía. En fin, mejor huimos de juzgar las intenciones porque el fondo del corazón humano es impenetrable.

Así comienza el padre Mariana la biografía de aquel rey: «El reinado de Witiza fue desbaratado y torpe de todas maneras, señalado principalmente en crueldad e impiedad». Lo primero que le atribuye es haber convertido el palacio en un burdel. Ni las hijas ni las esposas estaban al abrigo de la lascivia del rey, las atropellaba a todas, lo mismo daba que fuesen de familia humilde o de alta cuna. Añade Mariana que para dar excusa al rijo, promulgó una ley que permitía hacer lo mismo a todos, y en particular a los curas, a quienes se les permitía casarse. Dice

Mariana que era una «ley abominable y fea, pero que a muchos dio gusto». Seguro.

Los magnates comenzaron a conspirar contra el monarca para sentar en el trono a alguien del linaje de Chindasvinto, del cual vivían dos hijos: Teodofredo y Favila, supuestos padres de don Rodrigo y de don Pelayo, respectivamente. Cuando Witiza se coscó de la conspiración mató de un bastonazo a Favila y luego intentó tirarse a su mujer. A Teodofredo le sacó los ojos. Rodrigo y Pelayo salvaron el pellejo poniendo tierra de por medio. Para evitar que el complot se repitiera y que los futuros conspiradores tuvieran donde hacerse fuertes, Witiza mandó demoler casi todas las fortalezas y murallas, solo quedaron en pie las de Toledo, León y Astorga. Eso nos han contado hasta la náusea, pero ese chisme hace agua.

Hay historiadores que acusan al rey de otros crímenes, entre ellos haber dado licencia a los judíos que había expulsado Egica para volver a Hispania y vivir libremente. Llamar crimen a eso nos pone en la pista sobre la encarnadura de esos cronistas y de paso la mosca en la oreja sobre el verdadero talante de Witiza, que, desde luego, era algo golfo, aunque no necesariamente un criminal, sino tal vez un libertino contra el que se revolvieron como buitres los hipócritas puretas capitaneados por Rodrigo, gobernador de la Bética. Haber hecho aprobar en un concilio leyes a favor de la poligamia, el concubinato y el matrimonio de los curas escandaliza a unos más que a otros, porque es más que probable que la antigua poligamia germánica tuviera entonces más fundamento demográfico que la simple lujuria. Además, hay que ser muy farsante para llevarle la contraria a Voltaire, que decía que una de las supersticiones del ser humano es creer que la castidad es una virtud.

Tampoco veo reprochable el proceso ruidoso en el que negó obediencia al papa Constantino, que le envió un legado para amenazarle con quitarle la corona si no corregía los decretos publicados contra los sagrados cánones. Parece que Witiza respondió amenazando al papa con caer con un ejército sobre Roma. De resultas de todo ello, los grandes se hartaron y alzaron rey a Rodrigo, que hizo sacar los ojos a Witiza, como él había hecho con su padre Teodofredo. Nadie nos dice si Witiza murió preso o desterrado, si de muerte natural o violenta, si en Córdoba o en

Toledo. Los historiadores menos partidarios de aquel rey liberal sugieren que Dios, harto de tanto desafuero, permitió que los sarracenos infestasen las costas de España con sus cayucos.

Este es el resumen de las culpas que ennegrecen la memoria de Witiza, a quien se culpa de la pérdida de la monarquía goda a manos de los moros. Pero ese retrato se corrige con otros que lo pintan como un buen rey y califican de fábulas la mayor parte de los excesos que se le imputan. Tal vez tengan razón, porque los cargos más antiguos que se le atribuyen son del siglo XIII, pero ¿qué rigor pueden tener relatos quinientos años posteriores a los hechos? Además, desde nuestro profano siglo XXI se ven con simpatía algunos actos que en siglos más estrechos de miras se consideraron abominables, por ejemplo la ley en favor de los judíos y aquello de plantar cara a la intromisión de Roma.

Hay división de opiniones, ¿con qué nos quedamos? No sé bien qué decir, los documentos fehacientes desaparecieron, por ejemplo las actas del XVIII concilio de Toledo, que esclarecerían muchas dudas. Tal vez a alguien le convino hacerlas desaparecer. Desde luego, en la *Crónica mozárabe*, la más cercana a los hechos, Witiza está lejos de figurar como un príncipe tan desacertado y disoluto como el que retratan las crónicas posteriores. El primero que lo pintó con siniestros colores fue el autor de la *Crónica Moissiacense*, un extranjero que escribió un siglo después de la muerte de Witiza, y a medida que los escritores se iban alejando de la época de los sucesos, cada cual fue añadiendo leña con la que abrasar la memoria de aquel rey, hasta llegar al padre Mariana, que por ser cura tenía querencia por exagerar los vicios de un comecuras y por achacar todos los males que cayeron sobre Hispania a la desobediencia al papa y a los decretos de aquel concilio que acaso una mano interesada hizo quemar. ¿Quién tenía razón, el clérigo Mariana que lo pone a caer de un burro o el erudito Mayans que lo encaja en una hornacina?

En cuanto a su caída, de la crónica de Isidoro Pacense se deduce que fue arrancado del trono por una revolución. Tal vez Rodrigo como descendiente de Recesvinto, cuyas leyes habían establecido la igualdad de derechos para hispanorromanos y godos, tenía más partido entre los indígenas que Witiza, cuya familia se había señalado por los privilegios de los pocos godos frente a los muchos hispanorromanos. La *Crónica*

Moissiacense dice que reinó siete años y tres meses, echando las cuentas debió de morir en febrero de 709. La sociedad hispana ya estaba desgarrada política y socialmente, los judíos eran perseguidos, los nobles intrigaban y los africanos musulmanes estaban a las doce menos cinco de cruzar el Estrecho.

MILONGA DE LA HIJA DEL TRAIDOR

A lo largo de la monarquía visigoda, el poder fue pasando de una familia poderosa a otra entre enfrentamientos y querellas. En los últimos tiempos, las dos familias que se disputaban el poder procedían respectivamente de Chindasvinto y de Wamba y así continuaron las cosas hasta la muerte de Witiza. Aquí hay discrepancias en cuanto a la forma en que se produjo la sucesión al trono, la división de la Hispania visigoda en dos bandos y la consiguiente guerra civil. Según unos, Rodrigo hizo cegar y encarcelar a Witiza para usurpar el trono. Otros dicen que a la muerte de Witiza, Rodrigo fue elegido formalmente en asamblea y fueron los witizanos los que se pasaron las normas por el arco de triunfo.

Witiza dejó hijos menores, pero ni está claro cuántos, ni están claros los nombres: se cita a Olemundo, Rómulo, Ebas, Ardabasto y Sisebuto, aunque estos dos últimos nombres tal vez refieran a un único individuo. También se ha supuesto que Agila II fuese uno de los hijos de Witiza, pero esto parece un error consecuencia de datos legendarios hispanoárabes y del hecho de que Witiza había asociado al trono a Agila, considerando, por tanto, que debía sucederle. Pero el tipo de sucesión por linaje no era una costumbre germana, sino romana, y por ello la asamblea que debía reunirse en Toledo para elegir al nuevo rey no tenía por qué tener en cuenta el parentesco. De todos modos, la asamblea se dividió en dos facciones ante aquel trono vacío. Unos eligieron como sucesor a Rodrigo, duque de Bética, y los palmeros del rey muerto eligieron a Agila II.

El reino visigodo ocupaba la mayor parte de la Península Ibérica más otras dos antiguas provincias romanas, la Galia Gótica, antigua provincia a la que los romanos llamaron Septimania Narbonense, entre los Pirineos y Marsella, y la Mauritania Tingitana, con capital en Tánger. Rodrigo fue rey de las regiones del sur con capital en Toledo, mientras que Agila II lo fue de las regiones del norte, la Tarraconense y la Narbonense. Parece que Rodrigo fue elegido a la manera germana, por aclamación, mientras que Agila II lo fue a la manera romano-bizantina, por linaje; pero el caso es que Agila II no era hijo de Witiza. Lo cierto es que hubo contienda entre los dos bandos y que en ella intervinieron a favor de Agila II, el obispo de Sevilla, don Oppas, hermano de Witiza y el conde Olián, pariente también de Witiza y misterioso sujeto, al que posteriormente la leyenda bautizó como don Julián.

Figura histórica de contornos mal definidos, parece que don Julián era el jefe de los cristianos bereberes gumara establecidos en la región de Tánger y que había conseguido cierta independencia de los poderes dominantes en la zona del estrecho, los visigodos a un lado y los bizantinos al otro. Otros autores creen que era godo y lo hacen gobernador de Ceuta o de Cádiz. Al parecer, Agila II pidió auxilio a don Julián cuando vio en peligro el trono porque tanto sus bienes como los de sus hermanos fueron expoliados por Rodrigo. Y los partidarios de Agila no se limitaron a pedir ayuda, sino que se presentaron en Ceuta, donde don Julián los llevó ante Tariq ben Zeyad, el líder bereber que acaudillaba los ejércitos musulmanes como lugarteniente del valí Musa ibn Nusayr, a quien la historia de España conoce como «el moro Muza». Tariq, a su vez, los envió ante su jefe con una carta de recomendación y este, que tampoco quiso tomar directamente la decisión, los mandó a Damasco, donde el califa aceptó ayudarles en la contienda siempre y cuando fuera Muza quien acaudillara los ejércitos y ellos se ocuparan de pagar todos los gastos de la expedición.

Ifriqiya, la provincia musulmana del norte de África, dependiente del valiato de Egipto, estaba al mando de Muza, que conquistó el Magreb y estableció su cuartel general en Tánger tras arrebatar la plaza al reino visigodo. Es un personaje familiar, frecuente en los romanceros, cantarcillos y en los juegos infantiles. Tenía setenta y un años cuando participó en la invasión de la Península, o eso dice la historiografía tradicionalmente admitida, basada en crónicas bereberes muy posteriores a los hechos.

Liberto yemení del gobernador de Egipto Abd al-Azir, Muza ejerció de cobrador de contribuciones en Basora, pero fue acusado de malversación y salió por pies a Egipto. Rehabilitado, le encargaron la reducción de al-Magreb, o tierra de Occidente, que así llamaban entonces los árabes al África entera por su posición relativa a la de Arabia. El liberto hizo un buen trabajo y el undécimo califa de Damasco, al-Walid, le dio el cargo de valí de África septentrional. Volvió a demostrar que era un tipo listo, y con grandes dotes diplomáticas logró la conversión al Islam de las tribus mazamudas, zanhegas, ketamas y howaras.

Se olía la tempestad y el huracán arreciaba demasiado cerca para que la Península pudiera escapar a su azote. Las discordias de los godos y la traición de los witizanos fueron sobrados incentivos para que Muza, jefe de un pueblo ardiente como las arenas de su desierto, resolviera darse un garbeo por Hispania. Cuando murió Witiza, la costa africana del Mediterráneo concentraba un variopinto ejército de árabes, sirios y bereberes. Unos, llegados de Arabia para escapar de alguna asechanza; otros, arrastrados por el nuevo fervor religioso y dispuestos a propagar su fe, y otros, indiferentes al Islam y a su profeta, eran soldados de fortuna a la espera de un buen botín. Julio César había echado mano también de norteafricanos en las campañas ibéricas de su guerra civil. Y muchos siglos después lo hizo Franco.

Ancha era Hispania y el estrecho de Gibraltar, estrecho. Los otros posibles caminos de expansión eran el desierto y el océano Atlántico. No había color. Muza escribió al califa damasceno pidiendo permiso para cruzar el charco. Debió de explicarle que al otro lado la fruta estaba madura. Hay autores que dicen que el califa le prohibió adentrarse en el reino visigodo: «Guárdate de arriesgar a los musulmanes en los peligros de un mar de violentas tempestades». Muza, no obstante, no se guardó. Cauto, envió primero a Tarif con quinientos hombres (cien árabes a caballo y cuatrocientos bereberes a pie) en cuatro grandes barcas, para un reconocimiento de la costa. En julio de 710 desembarcaron en Mellaria, que luego se llamó Tarifa, recorrieron algunos pueblos del litoral, vieron granados, tomaron ganados, hicieron algunos cautivos y se volvieron a África satisfechos de su hazaña, que resultó fácil y fructífera. Esta primera incursión en la Península dejó en el ánimo de los musulmanes la certeza de que podrían conquistarla sin despeinarse.

Muza se convenció del rigor de las noticias de don Julián y preparó otra segunda expedición para la primavera siguiente. Esta vez iban ya siete mil bereberes y algunos centenares de árabes, bajo el mando de su liberto o maula Tariq ben Zeyad. Desembarcaron en una península que llamaron *Alghezirah Álhadrá,* que significa «Isla Verde», y desde allí pasaron a atrincherarse en el monte Calpe, que desde entonces se llamó *Gebal Tariq,* o sea, Gibraltar. Se cuestiona si fueron una o dos las expediciones exploratorias que precedieron a la invasión formal, si Tarif y Tariq fueron dos personas distintas o una sola. Lo que es seguro es que la fama del vencedor de Guadalete corrió por África de boca en boca.

Total, que llegaron siete mil hombres al mando del bereber Tariq ben Ziyab y se reagruparon junto al Peñón. Aquí me topo con la primera incertidumbre. El primer contingente de asaltantes era de siete mil; después, en el mes de Ramadán del año 712, llegó Muza acaudillando un ejército de dieciocho mil hombres, eso dice el *Ajbar Machmûa.* En total, veinticinco mil. Ni por el número de efectivos ni por el despliegue del desembarco aquello fue Normandía.

No hace falta ser un devoto conspiranoico, para ver en la conquista árabe de Hispania y en su consolidación y reflujo, conjuras, conspiraciones, rebeliones y magnicidios por todos lados. Y guerras fronterizas que dieron origen a los principales reinos cristianos medievales peninsulares. Es también un tiempo de enigmas, el primero es que si no tenían flota, ¿cómo consiguieron cruzar? Se dice que Julián les prestó cuatro lanchas. Como mucho, cabrían en cada una cincuenta hombres. La travesía duraría un día, dos con la vuelta. Demasiados viajes y demasiados meses, sin contar los días de mar arbolada, cosa frecuente en Gibraltar, además los visigodos leales a Rodrigo les impedirían pasar. Pero pasaron en pequeños grupos sucesivos, en embarcaciones escasas y frágiles. No pasaron el estrecho de una vez y en una gran flota copiosa, sino en cayucos frágiles prestados por visigodos witizianos de ambas orillas, tal vez con alguna financiación de comerciantes judíos. Y se quedaron. De hecho, fueron bien recibidos porque los esperaban los mismos anfitriones que los habían invitado. Ibn Hazm, en el siglo XI, fue el único autor que nos dejó algunas pistas sobre los grupos tribales que pasaron a al-Ándalus: eran una turba variopinta de bereberes, rifeños, bizantinos y witizianos. ¿Podía aquel ejército de Pancho Villa tener la pretensión de conquistar Hispania? ¿O simplemente eran mercenarios que venían a luchar a favor del gobierno contratante, el de Agila II, y en contra de los partidarios del pretendiente Rodrigo?

Los textos musulmanes son más bien tardíos. Las fuentes árabes más antiguas fechadas con certeza y que hablan de la conquista de la península son el *Ta'rij* (*Historia*) del andalusí Ibn Habib y el *Futuh Misr* (*Conquista de Egipto*) del egipcio Ibn Abd al-Hakam. Se trata de obras redactadas un siglo y medio después de la conquista. La *Crónica del moro Rasis* no concuerda con la *Crónica de Ibn al-Qutiyya* (finales del siglo x o principios del xi) ni con la del *Ajbar Machmûa* (hacia 1007). Los textos latinos son mucho más escasos, pero más cercanos a los acontecimientos. El más importante es una crónica escrita por un cristiano anónimo que vivía con los musulmanes de Córdoba, conocida antigua y erróneamente como *Crónica de Isidoro Pacense* o *Crónica mozárabe*. Unos la datan en el 754 y otros la retrasan hasta finales del ix o principios del x. Unos dicen que es muy poco digna de fiar y otros que es la principal fuente de información sobre la conquista peninsular, la única contemporánea y la más fidedigna. Las fuentes no son consistentes, la *Crónica bizantina-arábiga,* redactada por un autor anónimo aunque probablemente mozárabe pocas décadas después de la conquista, no se aviene con la *Crónica de Alfonso III* (883) ni esta con la *Crónica albeldense* (976). Todos estos relatos están tan cuestionados que incluso hay quien lisa y llanamente niega que hubiera tal invasión. Es el caso de Ignacio Olagüe,* que sostuvo que la invasión militar del siglo viii fue un mito y que la creación de al-Ándalus fue el resultado de la conversión voluntaria de gran parte de la población hispana al Islam.

No es el único, la conjetura debe su difusión a ciertos de foros de Internet, donde es bien conocida la preferencia que algunos manifiestan por todo cuanto tenga que ver con teorías conspirativas o con llevar la contraria. Descreen estos desconfiados de que en una llanura irrelevante de un extremo de la Península se pudiera decidir la suerte de toda ella en

---

* *La revolución islámica en Occidente.*

un instante. ¿Podrá alguien creer que la población de hispanorromanos y visigodos (siete millones) fuera aplastada por unos pocos miles de desarrapados? ¿Resulta verosímil que masas de cristianos corrieran desde el Guadalete a refugiarse en los riscos de Covadonga? La verdad es que parece más verosímil concebir la descomposición de aquel reino cantonalizado y decadente que imaginar una vasta conspiración de traidores contra el monarca, aunque a veces la historia es el lugar donde eclosiona lo improbable.

Inquietan todavía la opacidad del proyecto político witizano y las incógnitas en torno al propósito de los desembarcados. ¿Cuál era el pacto que los extranjeros habían firmado con los enemigos de Rodrigo? ¿Tenían intenciones ocultas? Es probable que de los proyectos inmediatos de los musulmanes no supieran ni ellos mismos, es probable que solo estuvieran interesados por el botín y deseosos de volver a casa con las manos llenas.

Vuelvo a don Julián. Este personaje de tan mala fama tenía injurias personales del rey Rodrigo y ganas de revancha. ¿Qué clase de ofensas había recibido? En este asunto, como en tantos otros, no tengo respuestas, solo referencias a textos discordantes. Lo malo es que todos los datos biográficos suministrados por los cronistas hay que tomarlos con una gran dosis de escepticismo. Fueron recogidos —o inventados— mucho tiempo después de los hechos y resultan flojos.

Una de nuestras tradiciones más populares es la vieja pamema de los amores de Rodrigo y la Caba. Cuentan las crónicas que entre las damas que tenía el rey Rodrigo en su corte toledana había una que estaba de toma pan y moja. Todo el mundo cree saber que se llamaba Florinda, que era hija del conde Julián y que la que llamaban la Caba. Un día Florinda se bañaba con varias amigas y cuando la vio el rey desde una ventana de su palacio, se ve que Florinda puso verraco al mirón. Rodrigo quedó abducido no se sabe si por el amor o solo por la testosterona. Desde entonces el rey no paró de hacerle la corte dentro o fuera de la corte. Algún cronista refiere el cortejo con minuciosidad, pero te ahorro el trance, aunque no el *spoiler*. Rodrigo usurpó por la fuerza lo que fue incapaz de alcanzar por las buenas. «Florinda perdió su flor, el rey padeció castigo», dice el *Romancero español*, que achaca a este ultraje el fin del

reino visigodo: «De la pérdida de España/ fue aquí funesto principio». Lo
que no aclara el *Romancero* es si hubo o no violación: «Ella dice que hubo
fuerza; él, que gusto compartido». O sea, un final abierto como el de
American Psycho.

Otras versiones señalan que fue Florinda quien sedujo al rey, que se
la benefició bajo promesa de matrimonio y luego se aplicó el compromiso a beneficio de inventario: prometer hasta meter y después de haber
metido olvidar lo prometido. La Caba, como la llama por primera vez
Pedro del Corral en la *Crónica Sarracina* (1430), acabó contándole a su
padre el agravio, o don Julián se enteró por boca de otros, según quien
lo cuente. El caso es que se rebotó más que el capitán Garfio cuando le
regalaron un violín y ese rebote habría tenido consecuencias colosales,
porque según los cronistas —desde el *Chronicón Silense* y las *Crónicas Najerense*, *Tudense* y del arzobispo Rodrigo Ximénez de Rada— dio motivo al conde Julián y a la peña de Witiza para llamar a los moros de
África y traerlos a Hispania.

Casi novecientos años después, Miguel de Luna, médico morisco y
traductor real, escribió *La verdadera historia del rey don Rodrigo*. Ofrece una
versión de la conquista árabe alternativa a la que, desde los falsos cronicones y la historiografía oficial, había pergeñado y difundido el llamado
«mito gótico», destinado a establecer la continuidad de una identidad
española esencial e histórica, solo interrumpida transitoriamente por un
molesto interludio musulmán de setecientos años de duración. Para pres-
tigiar el pasado árabe de España —explicable atendiendo su posible condición de criptomusulmán— Miguel de Luna barre para casa y presenta
a Rodrigo como un monarca cobarde en un reino caótico y cruel, frente a los árabes, que encarnan la paz, la prosperidad, la libertad y todo eso.
Y sin embargo, por mucho que Luna innove para ofrecer una visión
promorisca de la historia y no cuestione la violación de la Caba («forçada
contra su voluntad»), a Florinda la llama por su apelativo árabe Caba que,
según explica su autor, significa «mala mujer», cosa que no es verdad:
Aqaba significa «cerro», y un cerro hay en Toledo cerca de las supuestas
ruinas del Baño. O sea, que la Caba no sería la bella atropellada sino la
loma. Si hubo allí unos baños de la Caba, el nombre aludía a la topogra-
fía y no a Florinda.

A don Julián, el conde felón, la mayoría de los relatos lo dan por muerto a manos de los musulmanes, que desconfiaban de un traidor, pero ¿qué fue de Florinda? Una leyenda dice que murió «loca de dolor y de vergüenza» en el torreón de Toledo, o ahogada en el Tajo, en el mismo paraje donde Rodrigo la vio desnuda. Luna dice que, aunque era una víctima, sintiéndose culpable de los excesos cometidos durante la conquista árabe en nombre de su honra, saltó desde lo alto de una torre. Don Julián enloqueció y se mató a puñaladas; su mujer sufrió un cáncer devastador.

Es probable que todo ese suceso famoso sea más falso que beso de suegra. A favor y en contra de su autenticidad se ha escrito lo que no está en los escritos, pero es curioso que de los autores árabes solo Al-Razi hable de los amores de Rodrigo con la Caba y que Al Maqqari, los niegue como fabulosos. Tampoco se refiere al suceso Isidoro Pacense, único escritor contemporáneo y el que mejor informado debió de estar del supuesto suceso. Los cronistas posteriores no dijeron una sola palabra de aquellos amores funestos, que no se mencionan hasta el siglo x.

Con violación o sin violación sobran causas para explicar la invasión de los árabes, que de todos modos se hubiera consumado. Como dice Elizabeth Bishop, «el arte de perder se domina fácilmente; hay tantas cosas decididas a extraviarse que su pérdida no es ningún desastre». Con la población dividida entre los sucesores de los witizianos, que pactaron con los musulmanes, y los adeptos a Rodrigo, hostiles al invasor, no es de extrañar que la construcción legendaria del asunto histórico origen del conflicto comenzara bien pronto como propaganda de las dos facciones para difundir versiones interesadas de la decadencia del poder visigodo.

EL INCIERTO LUGAR DE LA BATALLA

Lo primero que choca es por qué se da a Rodrigo el título de don, con el que no se nombra a ninguno de sus predecesores. Lo aplican no solo a don Rodrigo, sino también a don Oppas, a don Julián o a don Pelayo, sin que se explique la razón de esta novedad. ¿Por qué don Rodrigo y no don Chindasvinto o don Witiza? Un historiador del XVIII[*] dice que fue Pelayo el primero que recibió ese tratamiento cuando reunió a sus gentes para resistir a los sarracenos. Difícil de creer, lo más seguro es que el don no tuviera uso en Hispania por lo menos hasta el siglo X. Quienes dicen que es la abreviatura de «De Origen Noble», no saben que están propalando una ocurrencia. El tratamiento Dom, contracción de *Dominus*, comenzaron a usarlo los papas por humildad, para reservar a Dios el apelativo entero. De los papas pasó a los obispos, abades y otros dignatarios de la Iglesia, de los cuales descendió a los monjes. En Francia lo usaron los cartujos y benedictinos, y son bien conocidos Dom Poirier, Dom Bouquet, Dom Calmet y, desde luego, Dom Pérignon. En Hispania parece que los primeros que empezaron a aplicarlo fueron los judíos, pero solo arraigó cuando lo adoptaron los nobles. El don de Pelayo o de Rodrigo tiene toda la pinta de ser una dignidad retrospectiva. O sea, que en su tiempo eran Rodrigo y Pelayo a secas.

Me asalta otra perplejidad, ¿de dónde sale eso de «último rey godo»? La leyenda de Rodrigo (o Roderico) sufre una sensible merma si se le aplica la estricta verdad histórica: no fue el último rey visigodo, puesto que Agila II le sobrevivió, y este fue heredado por Ardón, reconocido como rey en la región Tarraconense refractaria a Rodrigo.

Podemos estar más o menos seguros de que encumbrado Rodrigo, de la sangre de Chindasvinto, y castigado Witiza, de la familia de Wamba, tal vez con el mismo género de castigo que aquel había empleado con el padre del nuevo rey, quedó el reino godo dividido en bandos que lo destruían al defender unos al monarca reinante y conspirar otros en favor de la familia del rey destronado. Los partidarios de Witiza y su hermano Oppas, obispo de Sevilla y al parecer individuo revoltoso, veían con disgusto el cetro de la nación goda en manos de un enemigo de su linaje y partido, lo veían como un usurpador y, aunque no podían alegar el derecho de herencia, que las leyes godas no reconocían, les animaba el deseo de vengar el agravio recibido y de entronizar a alguno de los pa-

---

[*] José Manuel Trelles, *Historia cronológica y genealógica del primitivo origen de la nobleza de España*.

rientes de Witiza por los mismos medios de los que se había valido Rodrigo. Hervían las ambiciones, las maquinaciones y las conjuras. El reino andaba revuelto y Rodrigo inquieto. Ayudaba al desconcierto la inmoralidad que había cundido en los últimos reinados, y desde luego no era Rodrigo el que la curaba con su prudencia ni la corregía con su ejemplo.

Los árabes, después de haber paseado sus pendones victoriosos por Persia, Siria y Egipto, estaban en posesión de la Mauritania y sus estandartes se habían detenido ante las olas del mar que los separaba de Hispania, pero no se habían extinguido ni el ardor guerrero ni el afán de la conquista. Un paso más y un nuevo mundo se abriría a su imperio. Solo era cosa de mojarse un poco los pies. Ya en tiempo de Wamba los hijos del desierto habían hecho una tentativa seria sobre las playas españolas, pero el monarca godo destruyó la flota invasora. Volverían a intentar adueñarse de una tierra «fértil y bella como la Siria, templada y dulce como el Yemen, abundante como la India en aromas y flores, parecida al Hegiaz en sus frutos, al Catay en la producción de metales preciosos, a Adena en la fertilidad de sus costas». Así imaginaba Modesto Lafuente que salivaban los moros con la Península.

Algún historiador imaginativo sugiere que los moros no desembocaron en el Estrecho, sino cerca de Cartagena. Lo que, desde luego, está más oscuro que las patillas de Curro Jiménez es dónde se riñó la batalla de Guadalete o de la Janda. Se cuenta que al frente de sus respectivas huestes, Rodrigo descendió desde Córdoba y Tariq ascendió desde Algeciras para encontrarse ambos ejércitos a orillas de un río al que los romanos llamaron Barbate, río de los barbos. Dado que el Barbate vertía sus aguas en la laguna de la Janda, los árabes le dieron el nombre de *Uadi Lacca*, que significa «río del lago». Españolizado, ese nombre se convirtió en Guadalete. El encuentro tuvo lugar seguramente entre Vejer de la Frontera, Medina Sidonia, Alcalá de los Gazules y la laguna de la Janda, en la última quincena de julio de 711.

Los sarracenos eran muy inferiores en número, dicen las crónicas que había cuatro cristianos para cada musulmán. Pero los godos estaban de capa caída y los moros se habían venido arriba con las recientes campañas. Uno era un pueblo artrítico; el otro, vigoréxico y dopado de suras. Dicen que a la cabeza de los cristianos el rey Rodrigo iba en su carro de guerra incrustado de marfil, con corona en la cabeza y clámide de púrpura bordada de oro sobre los hombros. Suena tan cursi como lo del pavo aquel que según Gómez de la Serna se embutía en el chaqué para comer en una taberna de mala muerte. Los bereberes hicieron una carnicería entre los godos, la tierra quedó cubierta de cadáveres y el río más rojo que un coche de bomberos. Murieron tantos, «que solo Dios que los crio, los podría contar», dice un escritor árabe.

Dicen que lo que inclinó la balanza fue la defección de los witizanos, que el duque Siseberto, al ver que el ejército de Tariq era inferior en número al de Rodrigo, temió que este ganara la batalla, lo que supondría un desastre para los witizanos, y que, puesto que el pacto con Muza no incluía apropiarse de la Península, se habría pasado a las filas bereberes con todo el flanco derecho del ejército. Lo afirma la *Crónica mozárabe* de 754, pero otras lo niegan y algunas árabes lo omiten. Si los witizanos, justificando su traición con la violación de la Caba, recurrieron a la ayuda extranjera, no hicieron nada muy distinto de otros tantos, porque esa suele ser la causa o la excusa de muchas invasiones. Alguien descontento con su situación interna pide ayuda externa y abre la puerta a quien, en lugar de ayudarle, se le sube a las barbas y se las pela. Tal vez el acuerdo entre los witizanos y Muza era solo para recuperar el trono de Toledo para los parientes de Witiza. A cambio, Muza podría contar con un rico botín de guerra. Incluso los historiadores enemigos de los witizanos señalan que estos nunca creyeron que la intervención de los musulmanes conllevara la incautación de Hispania.

Se ha disputado mucho sobre el mes en que se dio la batalla y si duró tres u ocho días. Parece que el desenlace fue el 5 de la luna de Xawal del año 92 de la Hégira, o sea, el viernes 31 de julio de 711. Sopló el ábrego de África y cayó derrumbado un reino de tres siglos. Se ignora la suerte de Rodrigo. Unos dicen que murió con las botas puestas como el general Custer, cayó en la refriega herido por la lanza de Tariq y se ahogó con su caballo *Orelia* en aguas del Guadalete. Algunos escritores árabes añaden que su cabeza fue enviada a Muza como trofeo. El *Ajbar Machmûa* informa de que «Rodrigo desapareció, sin que se supiese lo que le había acontecido, pues los musulmanes encontraron solamente su caballo blanco, con su silla de oro, guarnecida de rubíes y esmeraldas y un manto tejido de oro y bordado de perlas y rubíes... Solo Dios sabe lo que le pasó, pues no se tuvo noticia de él ni se le encontró vivo ni muerto». Su discutido reinado había durado año y medio, sin un día de tranquilidad. Entonces, ¿por qué las crónicas *Albeldense* y *Rotense* afirman que Rodrigo reinó tres años? Tal vez porque hay quien dice que escapó y se hizo señor de dominios al norte. Hay quien dice que, defendiéndolos de la invasión, dio una batalla en Segoyuela (Salamanca) el año 713, donde parece que murió ya del todo. O no, porque otros aseguran que huyó a Lusitania, se convirtió en ermitaño y murió en Viseu. A Alfonso III el Magno, rey de León dos siglos después, le atribuye su cronista que cuando reconquistó Viseu, encontró en una basílica una lápida sepulcral que decía: *Rudericus ultimus rex gothorum*.

La maleabilidad del contenido legendario, su inmejorable disposición para ser reinventado, lo convierten en arcilla con la que modelar lo que más convenga. El final más truculento de Rodrigo lo recoge, ya en el siglo xv, la *Crónica sarracina* de un fantasioso Pedro Del Corral, que rehabilita al rey al pintarlo arrepentido de su debilidad e imponiéndose la penitencia de meterse en una tinaja con una culebra de dos cabezas que le devoraba el corazón y otras partes blandas: «Ya me come, ya me come, por do más pecado había, en derecho al corazón, fuente de mi gran desdicha». ¿Historia?, suena más a gallofa corralera.

En la primavera del año 712, llegó Muza con un refuerzo de dieciocho mil hombres dispuesto a finalizar la conquista. En dos años, toda la Península estaba bajo la luz opalina de la media luna, salvo Asturias, Cantabria y Vasconia. Del obispo Oppas, hijo de Egica, ya no volvemos a saber y la suerte de la familia de Witiza ha quedado envuelta en el misterio. Perdida Toledo, Agila II se proclamó rey en la Tarraconense pero, sin poder militar alguno, no le duró mucho tiempo la corona.

HIELO, AGOTES Y UNA VIUDA

El Árbol de la Vida no conocerá ya primavera:
es madera seca; de él harán ataúdes
para nuestros huesos.

E. M. CIORAN

ÁRBOLES QUE HABLAN

En la abadía de Kilkenney, el fraile irlandés John Clyn llevaba un diario de la epidemia de peste negra «para impedir que las cosas que deben ser recordadas perezcan con el tiempo y se desvanezcan de la memoria de quienes vendrán detrás de nosotros». Las últimas líneas del monje advertían que dejaba «un espacio en el pergamino por si, por casualidad, algún hombre sobrevive y alguien de la raza de Adán escapa a esta pestilencia y puede continuar el trabajo que yo he comenzado». Admirable ejemplo de cronista sacrificado que no es especie abundosa. Cuanto más importante es un acontecimiento histórico, más escasean los documentos contemporáneos y más oscuridad y más incertidumbre envuelven la historia. Una pena. Parece que en la turbación de aquella crisis fatal no había quien tuviese tiempo para anotar y trasmitir los pormenores de acontecimientos tan interesantes. Por eso es un periodo tan exuberante para las conjeturas como borrascoso para el historiador, por eso abundan más las fábulas y ficciones que las certezas.

Parece un acontecimiento prodigioso ver caer de la noche a la mañana una monarquía de tres siglos, ver de repente invadido un país, vencido y subyugado por gentes extrañas que hablaban otra lengua, que traían otra religión, que vestían otro traje, que llegaron de improviso y sin anunciarse, casi sin preparación. *Veni, vidi, vici:* llegaron, pelearon y se quedaron durante siete siglos. ¿Cómo pudo pasar?

Hay una cuestión para la que no había habido respuesta hasta ahora: ¿por qué los árabes empiezan su expansión hacia el norte de África en el siglo VII? El fervor de los ejércitos del Islam era incontenible y ya en el año 666 se fundaba en Túnez la ciudad santa de Kairouán, nombre que significa caravana. La fundó Sidi Okba, que había sido compañero del Profeta y que, por su gracia, expulsó del lugar a las serpientes y escorpiones y construyó la mezquita Omeya. Los árabes habían iniciado una alegre y confianzuda excursión al monte. Pasaron muchas cosas en pocos años: la plaga de Justiniano, la invasión de Europa por varios pueblos de las estepas, la caída del segundo Imperio persa, la entrada de los turcos en Anatolia, la unión de los tres reinos de China, el inicio de la expansión árabe... Todos esos hechos tuvieron lugar entre el año 536 y el 666. Un estudio de los árboles muestra que durante ese siglo y pico hubo una edad del hielo, la temperatura bajó hasta cuatro grados en verano y aquel frío pudo ser el motor de tanta historia.

En los últimos dos mil años se han producido varias anomalías climáticas. Por el lado del frío, la más significativa es la Pequeña Edad del Hielo, que empezó en el siglo XV y acabó a mediados del XIX. Antes, el clima fue especialmente cálido desde la época del Imperio romano hasta el Renacimiento. Sin embargo, en esos mil quinientos años de clima benigno, hubo un hiato que, aunque más corto en extensión que la Pequeña Edad del Hielo, registró temperaturas aún más bajas. Sus descubridores lo llaman LALIA, de *Late Antique Little Ice Age* (Pequeña Edad de Hielo de la Antigüedad Tardía). Fue el enfriamiento más drástico en el hemisferio norte en los últimos dos milenios. Los dendroclimatólogos usan los patrones de crecimiento de los anillos de los árboles para inferir la temperatura. Las revistas *Science*, *Nature* y *Geoscience* han publicado investigaciones del clima del pasado basadas en lo que se pudo leer en los árboles de los Alpes austríacos y en más de seiscientos alerces siberianos, el árbol más abundante en el macizo de Altai.

Entre ambas fuentes de datos hay casi ocho mil kilómetros de distancia, pero también una sincronía que llamó la atención de los investigadores. Los alerces siberianos solo crecen en verano y en su ritmo de crecimiento los científicos pueden estimar la temperatura estival. Con los datos de Altai y los de los Alpes han podido determinar la evolución de las temperaturas del verano en estos dos mil años. En los árboles de Altai encontraron que los veranos más fríos fueron los de 172 y 1821, con temperaturas 4,6 grados inferiores a la media del final del siglo xx. Ambas fechas coinciden con erupciones volcánicas de gran intensidad. Pero lo que llama la atención es el pronunciado y sostenido descenso de las temperaturas a partir de 536. Así, la década entre 540 y 550 fue la más fría en Altai y la segunda más fría en los Alpes.

La causa de LALIA no está escrita en los árboles, que son un efecto, sino en el hielo. Un estudio publicado en *Nature* en 2015 concretó las erupciones volcánicas de los últimos dos mil quinientos años midiendo la ceniza volcánica atrapada en cilindros de hielo extraídos en los dos polos. Una de las más intensas se produjo en el año 536. Le siguió otra cuatro años más tarde, en lo que hoy es El Salvador. Ambas crearon verdaderos inviernos volcánicos. Las erupciones se vieron reforzadas con las corrientes oceánicas, la expansión del hielo y la coincidencia en el siglo vi de un mínimo solar. La consecuencia fue un frío de mil demonios y un gran retroceso de las tierras dedicadas a la agricultura y el pastoreo.

Historiadores, lingüistas y naturalistas han relacionado LALIA con la historia. Al poco de la primera erupción, estalló una de las mayores epidemias de peste, la plaga de Justiniano, en lo que entonces era el Imperio Romano de Oriente. En Asia central, donde los pastos dependen de ligeras variaciones de temperatura, hubo grandes migraciones turcas y rouran que desestabilizaron Eurasia. Al este, acabaron con la dinastía Wei e indirectamente ayudaron a la unificación de China. En el oeste, llegaron hasta Constantinopla y empujaron a los pueblos nativos cada vez más al oeste. Durante LALIA también entró en declive el Imperio persa de los sasánidas. En la Península Arábiga aumentó el régimen de lluvias y la disponibilidad de pastos para alimentar los camellos sobre los que se expandieron los árabes a partir de la emigración de los musulmanes de La Meca a Medina en el año 622. Este proceso climático coincidió en la Península con otro que facilitó el trabajo a los invasores árabes. A finales del siglo vii, durante el reinado del usurpador Ervigio, sucesor de Wamba, hubo una sequía pertinaz que se trenzó con otra al principio del reinado de Egica y, para acabar de deshidratar al personal, hubo todavía otra más que coincide con el reinado de Witiza. Varios años de sequía continuada acabaron con las cosechas y causaron una terrible hambruna en una población en la que pronto se cebó la peste. La seca trajo la hambruna que explicaría la facilidad con que los moros se hicieron con el dominio peninsular.

Una paramera de penuria y de rabia se convirtió en el río revuelto donde pescaron los invasores africanos. Chindasvinto y Wamba habían logrado resucitar momentáneamente el vigor de los antiguos visigodos, pero había vuelto a apagarse en los flacos reinados sucesivos, y nadie hubiera podido reconocer en Egica o Witiza a los esforzados guerreros de Eurico y Leovigildo. Un pueblo decadente, estragado y dividido, un pueblo que veía sobrevolar las tétricas figuras de los cuatro jinetes del Apocalipsis, mal podría resistir el empuje de otro pueblo hipervitaminado por el Corán y por el régimen de lluvias y la disponibilidad de pastos de los que habían disfrutado hasta hacía poco.

En el siglo VIII, Hispania se llamó al-Ándalus y se convirtió en la provincia más occidental de Dar al-Islam, un inmenso territorio que se extendía desde Persia hasta el Atlántico, cuyos habitantes rezaban cinco veces al día en lengua árabe orientando sus plegarias a La Meca. Se habla generalmente de «los árabes en España», pero a comienzos del siglo VIII ni Hispania era España —no todavía— ni eran mayormente árabes los que llegaron a la Península, sino tribus bereberes del norte de África en alianza política con los Omeyas del califato de Damasco. La palabra moro nombra a los africanos que se establecieron en la Península Ibérica, eran un grupo étnico distinto al árabe, no semita sino negroide, que había sido islamizado y adoptó el árabe como lengua nacional. Moro significa oscuro o negro, y fue el nombre que, por el color de su piel, dieron primero los griegos y luego los romanos a los norteafricanos. Mauritania viene a ser «país de los negros». Más tarde, el nombre abarcó a todos los norteafricanos, fuera cual fuera su color de piel, porque allí habitaron bereberes, bizantinos, romanos, vándalos, árabes y negros africanos.

Los bereberes, habitantes de Berbería, se llamaban a sí mismos *imazighen*, eran de raza blanca y llegaron al norte de Marruecos procedentes de Dios sabe dónde, porque aunque se afirma a menudo que llegaron de Europa, se desconoce cuál es su origen. Podrían ser los descendientes de los hombres que hace ocho mil años pintaron las cuevas de Tassili n'Ajjer. Si vinieron de Europa, se mezclaron con los nativos y su piel se oscureció hasta alcanzar el color por el que los romanos los llamaron moros.

Los moros se hicieron musulmanes como sus conquistadores y llegaron a formar un solo pueblo bajo el nombre común de sarracenos. Derivan algunos ese nombre de Sara, una de las mujeres de Abraham, lo cual se opone a la genealogía que se dan ellos mismos como descendientes de Agar, la esclava egipcia concubina de Abraham con la que engendró a Ismael, del cual descienden los ismaelitas, es decir los árabes o agarenos, que nada tienen que ver con Sara. Otros conjeturan que sarracenos viene de *Sharac*, que significa «oriental» o «de Sahara». Elige a tu gusto.

Tras la rebelión del Albaicín, el 18 de diciembre de 1499, contra la violación de las capitulaciones de Granada por las autoridades cristianas, los moros de España se bautizaron por decreto real y a la fuerza. Desde entonces se les llamó moriscos.

LOS «INTOCABLES» DE LOS VALLES

Una de las más raras uvas del racimo de misterios de la conquista es el destino de los godos que ni se quedaron en al-Ándalus ni acabaron en Asturias. Hay quien sostiene que, para su eterna desgracia, emigraron a Francia y a los valles navarros y allí los llamaron agotes. Si la palabra «agote» no significa nada para ti, no me sorprende. Agotes en España, *cagots* o *gavots* en Francia, fueron los nombres de una comunidad marginada hasta lo abominable y cuyos orígenes nadie ha sido capaz de explicar. De los muchos pueblos perseguidos a lo largo de los siglos, pocos lo han sido por causas tan desconocidas como esta etnia maldita, tan oscura es su historia que parece haber sido borrada deliberadamente. Como atendiendo a un tabú atávico, estas comunidades fueron consideradas malditas, las propias víctimas olvidaron los motivos de su segregación y solo subsistió la leyenda que justificaba su *apartheid*.

Algunas fuentes destacan su aspecto de forasteros, sus rasgos germánicos, con pelo rubio, ojos claros, pómulos marcados y de baja estatura.

Tal vez eran descendientes de los godos que inundaron la Septimania, la Galia gótica, tras el fiasco de Guadalete, de ahí su nombre francés de *cagots* (del bearnés *caa got*, «perros godos»). Tal vez eran visigodos que sirvieron a Carlomagno y cuyos privilegios despertaron la envidia y el rechazo de las poblaciones autóctonas. Pero esa conjetura ni explica las muchas variantes del nombre agote, ni cuadra con la distribución geográfica. El escritor británico Graham Robb sugiere que eran originalmente un gremio de carpinteros y ebanistas y que la intolerancia contra ellos empezó como rivalidad comercial y se fosilizó en el mito de que fueron los carpinteros de la cruz en la que Cristo rindió el alma en siete suspiros. Algunas fuentes los vinculan con los canteros templarios porque solo desempeñaban oficios artesanales con piedra y madera, se creía que estos materiales no podían contaminarse. Obligados a ser leñadores, carpinteros o canteros, hacían barriles de vino, ataúdes para los muertos y, paradójicamente, construyeron muchas de las iglesias pirenaicas en las que se les marginaba. Al parecer, también eran buenos *txistularis* y *bertsolaris*, pero no se les permitía participar en las fiestas.

Para otros serían descendientes de soldados bereberes que quedaron atrapados en los Pirineos tras la invasión musulmana del siglo VIII. Tal vez eso explicara su segregación religiosa. Quizás fueran desplazados por las invasiones carolingias del norte o sarracenas del sur, o incluso desertores de algún ejército. La mención más antigua de los agotes es francesa, del año 1000, y se encuentra en el cartulario de la abadía de Luc. Aparecen después en documentos del siglo XIII, por entonces ya eran humillados como una casta de bichos raros, los «intocables» del Pirineo español y del sudoeste de Francia. Como su geografía coincide con la de los cátaros, ambos aparecen simultáneamente y los oficios que desempeñaban unos y otros eran los mismos, los agotes podrían haber sido antiguas comunidades albigenses segregadas por la ortodoxia y estigmatizadas como una casta de parias. Eso sostenía Otto Rhan, el investigador nazi miembro del Estado Mayor de Himmler, porque se decía que tenían los dedos palmeados y se les obligaba a identificarse con una pata de oca, que llegó a ser un símbolo de reconocimiento entre los cátaros clandestinos porque una mítica albigense tolosana, Clemencia Isaura, tenía un pie palmeado. En un decreto de 1817 del conde de Ezpeleta se abundaba en ese origen:

«Conjeturan ser descendientes de las reliquias disipadas del gran ejército albigense, que fue derrotado en el año 1214 por el Conde Simón de Monforte, junto al castillo de Murello [Muret], sito a las márgenes del Garona». Ese origen concuerda con una carta dirigida por agotes navarros al papa León X en el año 1513 en la que pedían ser reconocidos como albigenses ya conversos, aunque podría ser una manera de buscar el amparo de la Iglesia, de hecho muchos cátaros juzgados y condenados se reconciliaron con la Iglesia, pero sus vecinos vieron en ellos oportunistas relapsos. Ese pudo ser el motivo de la segregación.

Aunque profesaban la fe católica y asistían regularmente a misa, se decía que eran caníbales y se les acusó de paganos y sacrílegos. Las iglesias tenían un área habilitada para ellos, al fondo a la izquierda, bajo el coro, en el «banco de los agotes», separados del resto por una raya pintada en el suelo o por una verja y con un acceso propio, una puerta lateral en la que ponía *Agoten Athea*. Al menos sesenta iglesias pirenaicas todavía cuentan con entradas agote. Tenían su propia pila de agua bendita, sus limosnas se recogían aparte y los párrocos les daban la comunión colocando la hostia en el extremo de un palo para salvar las distancias. Por supuesto, no podían ser ordenados sacerdotes y se les enterraba en cementerios propios sin bendecir, junto a paganos, putas y suicidas. Cuando un *cagot* intentó enterrar a su hija en el cementerio, fue recibido a pedradas. Los enciclopedistas, que adoptaron la defensa de todas las minorías oprimidas, solamente citan dos veces a los *cagots* y ambas por su fama de hipócritas. Tal vez tuvieran razón, obligados a fingir para seguir viviendo quizás adoptaron como estrategia la de tener dos caras: la del oculto resentimiento por las infamias y la de la pública sumisión para sobrevivir.

Si se les descubría descalzos, les abrasaban la planta de los pies con un hierro candente porque decían que allí donde pisaban no volvía a crecer la hierba. Cuando visitaban los pueblos vecinos, sus habitantes quemaban manojos de paja en las viviendas para evitar la «contaminación». Si andaban por espacios públicos debían hacer sonar una campanilla o sonajero para mostrarse y dar tiempo a apartarse a los no agotes. Cuando iban a trabajar a una casa que no era de las suyas, debían utilizar plato y jarra reservados para ellos y tenían prohibido cultivar la tierra o criar ganado, a un agote que se atrevió a cultivar sus campos le atravesaron los pies con clavos de hierro candente. A principios del XVIII un próspero agote fue sorprendido en Las Landas usando la fuente reservada para los no *cagots*, le cortaron la mano y la clavaron en la puerta de la iglesia.

No podían casarse con alguien que no fuera de su casta, lo cual los empujó a una endogamia que tal vez fuera la causa de que los lóbulos de sus orejas estuvieran hinchados o fueran inexistentes. Pero como cuando el amor es más todo lo demás es menos, quedan canciones conmovedoras de los siglos XVI y XVII que hacen llorar con los relatos de trágicas *mésalliances*. A algunos de esos enamorados los quemaron en la hoguera.

La acusación de leprosos no sería más que una injuria añadida para cargar las tintas sobre una impureza derivada de la sospecha de que eran penitentes que habían regresado contagiados de Tierra Santa. El historiador de misterios Gérard de Séde sugiere que esa imputación podría ser un malentendido lingüístico. El referente *cagot* es posterior en el tiempo a otro con el que fueron designados antes: *crestias*, que en occitano significa al mismo tiempo «cristiano», «leproso» y «cretino». Argumenta de Séde que el Evangelio define al cristiano como «pobre de espíritu» (o sea, cretino) aludiendo a la simplicidad del alma.

En el Fuero General de Navarra aparecen con el nombre de *gafos*, palabra con la que las *Partidas* de Alfonso X refieren a los leprosos; en Occitania *gavot* suena como gafo pero también como *cagot*. Posteriormente la gafedad fue el morbo que encorvaba los dedos de las manos y los pies hasta parecer garras. *Gaffel* en holandés significa «horquilla» y la misma raíz da en hebreo la idea de encorvar. La voz «gafe» aún hoy refiere al cenizo que atrae la mala suerte. Otros suponen que los agotes eran pícaros que se hacían pasar por enfermos de lepra blanca (vitíligo) para zafarse de las cargas fiscales o militares o para escapar de la justicia refugiándose en los lazaretos. Ninguna de estas teorías cogidas por los pelos desvanece el misterio.

En el Palacio de Ursúa, en el barrio de Ordoki de Arizkun (Valle del Baztán) nació en 1526 Pedro de Ursúa, conquistador traicionado y asesinado en 1561 por su socio Lope de Aguirre durante la aventura equinoccial de El Dorado. Los Ursúa, una de las más antiguas familias del

Baztán, crearon el barrio de Bozate para alojar a los agotes, que estaban condenados a vivir solo en sus propias agoterías. El escudo del valle del Baztán contiene un tablero de escaques coronado por un yelmo empenachado. Su lema es: «Generosos con los extranjeros, pero no soportamos su yugo». La primera parte de ese lema tuvo como excepción a los agotes, a quienes durante siglos marginaron de su comunidad. Félix Urabayen, en *El barrio maldito*, hace decir a los agotes de Bozate: «Somos mansos, somos tristes, somos un pueblo que solo sabe llorar». Cuenta Miner Otamendi que en el siglo XVIII el ministro de Hacienda, Goyeneche, fundó cerca de Alcalá de Henares un «pueblecito al que bautizaron con el añorante nombre de Nuevo Baztán. Para poblarlo llevaron agotes de Bozate; pero la añoranza fue más fuerte que la esperanza de mejorar y los emigrados regresaron pronto a su barrio, querido por maldito que fuese».

Nada cambió hasta el siglo XIX. Las Cortes de 1817 y 1818, intentaron acabar con la marginación ancestral y prohibieron el uso del nombre infamante. El 27 de diciembre de 1817, el conde de Ezpeleta firmaba el decreto por el que los agotes pasaban a ser iguales a los demás. Pero a pesar de bulas papales, leyes y decretos, el *apartheid* se mantuvo hasta la segunda mitad del siglo XX. Apellidos como Bidegain, Errotaberea, Zaldúa, Maistruarena, Amorena, Santxotena y, naturalmente, Agote son reliquias del linaje maldito de los «intocables».

LA VIUDA DE RODRIGO Y UN VALÍ CRISTIANO

El valiato de Córdoba, dependiente de Damasco, prosperó entre los años 711 y 756. Veintitrés valíes se sucedieron en el poder. Fue una temporada convulsa en la que se llevaban las guerras intestinas, las conspiraciones y las sublevaciones. Una de ellas acabó con la vida de Abdelaziz ibn Musa, hijo del moro Muza y segundo valí de al-Ándalus, que fue asesinado en el 716 acusado de corrupción o, según otros, de traición.

Los árabes y los bereberes que llegaron a la Península fueron solo hombres, la mayoría de ellos se casaron con mujeres autóctonas convertidas y sin convertir, lo cual dio lugar a nuevas generaciones de hombres y mujeres de religión musulmana pero de raza latina o germana, porque las razas árabe y bereber se fueron diluyendo generación tras generación. Una de esas mujeres fue Sara la Goda, una nieta de Witiza a quien su tío Ardabasto desposeyó de las tierras sevillanas que le pertenecían por herencia de su padre Olemundo. En demanda de justicia, Sara acudió al califa de Damasco, que no solo mandó que a la guapa visigoda le devolvieran lo que era suyo, sino que la casó con un árabe de la corte damascena, Isa ben Muzahim, con quien se instaló en al-Ándalus. Cuando Sara enviudó volvió a casarse con un militar sirio. De sus dos maridos tuvo varios hijos que encabezaron familias principales sevillanas.

Uno de ellos fue el cronista Mohamed ben Omar, más conocido por su apodo Ibn Aloutia, que significa «hijo de la Goda», que dejó escritos los desmanes de su tío abuelo Ardabasto, el cual alcanzó el título de príncipe de los mozárabes como recaudador de Córdoba, donde recibía a los altos dignatarios musulmanes en un sitial chapado de oro y plata, vestido con ropajes reales y ciñendo una rica diadema. Ardabasto, aunque mantuvo su religión cristiana, gozó de la protección de los musulmanes porque era el jefe de la facción partidaria del gobierno del Islam, frente a la facción que suspiraba por la restauración del trono visigodo de Toledo.

Muza hizo su entrada triunfal en Mérida el 11 de julio de 712, el día de Alfitra, o de la Pascua con que se despide el Ramadán. En la ciudad estaba la reina Egilona, viuda de Rodrigo. Como era joven y bella como Sara la Goda y Abdelaziz tampoco era manco, cayó herido por el rayo ante su ilustre y coruscante cautiva. El hijo de Muza le robó el corazón a la viuda de Rodrigo y los que comenzaron siendo amantes se convirtieron en esposos.

Si es cierto lo que se cuenta de Egilona y sus caprichos, probablemente fue aquel matrimonio lo que le costó la vida al flamante valí. Abdelaziz no exigió de Egilona que abrazase el Islam, le permitió seguir siendo cristiana y le dio el nombre árabe de Ommalisam, que quiere decir «la de los lindos collares». Desde entonces por amor a su goda fueron en aumento las consideraciones del tolerante valí para con los cristianos, al paso que se hizo sospechoso a los musulmanes, que murmuraban sobre la mansedumbre con que trataba a los pueblos conquistados, tan opuesta al rigor que había empleado su padre con ellos. Algunos lo suponían ya un renegado, llegando a decir que en secreto se había hecho idólatra, que así llamaban ellos a los cristianos.

Lo atribuían al influjo de Egilona, mujer ambiciosa de la que se decía que todas las mañanas colocaba en la cabeza de Abdelaziz una corona semejante a la que llevaba su primer marido, Rodrigo. Desde tiempos de Leovigildo a los godos les dio por emular las ceremonias de los bizantinos, una costumbre que agradecía la viuda de Rodrigo. «Un rey sin corona es un mindundi, soy una princesa, puedo hacer que te sientas un rey, ¿quieres que te haga una corona con tus joyas, alhaja?», le preguntó, y como la alhaja contestó que eso sería imprudente, la goda insistió: «A casa no tiene por qué venir nadie, ¿qué saben tus moros de lo que haces dentro de tus aposentos?». Como Egilona llevaba los pantalones, Abdelaziz aceptó lucir la corona en la intimidad.

Y como una cosa lleva a la otra, Egilona se empeñó en que su marido adoptase la ceremonia bizantina de adoración que Leovigildo había instaurado en la corte goda de Toledo. Un contradiós, porque el Corán dice bien claro que solamente hay que adorar a Alá, no a un rey, y mucho menos a un valí, que era el título de Abdelaziz. El valí dijo que no, pero Egilona erre que erre y dos huevos duros, porque hizo todo lo posible por convencer a su marido para que se independizara del califa de Damasco y se coronase rey con el apoyo de los godos partidarios de Rodrigo. Como el marido se negó espantado, la mujer ideó una estratagema para salirse con la suya. Si los visitantes no se postraban para adorar a su maridito, al menos agacharían la cerviz al acceder a su presencia. El invento de la goda consistió *grosso modo* en una puerta de acceso al aposento del príncipe más baja que la estatura normal de una persona, lo que obligaba al visitante a entrar encorvado y con la cabeza gacha. Lógicamente, una vez dentro del recinto, el visitante recuperaría su apostura, pero ella se hacía la ilusión de que habían rendido a su esposo el homenaje romano de la *adoratio*.

Por culpa de aquellas imposturas Abdelaziz perdió la cabeza. Los rumores fueron espesándose cuando una aristócrata visigoda casada con un jefe musulmán contó a su marido, el capitán Ziyad ben Annábiga, que había visto a Abdelaziz lucir la diadema estando a solas con su mujer en su aposento. El asunto llevó al capitán a creer que Abdelaziz se disponía a coronarse rey, fundando su propio reino en al-Ándalus, independiente del califa y probablemente cristiano. El bulo pasó los mares y llegó hasta el califa Suleimán, hombre orgulloso y sombrío que, irritado ya con Muza, el padre de Abdelaziz, y temiendo el resentimiento de sus hijos, valíes los tres, dos en África y uno en al-Ándalus, dio por buena la acusación y resolvió deshacerse de todos.

El *ukase* para darle el finiquito a Abdelaziz llegó a los cinco principales caudillos de al-Ándalus. Habitaba Abdelaziz una almunia o casa de recreo en las afueras de Sevilla, a cuyo lado había hecho construir una mezquita donde se congregaba el pueblo a los rezos. Resueltos los cinco jefes a ejecutar las órdenes del califa, entraron una mañana en la mezquita cuando el cuitado Abdelaziz rezaba la oración del alba. Se echaron sobre él los conjurados y acabó acribillado a lanzadas. Le cortaron la testuz y enterraron su cuerpo en el patio de la casa. Mandaron al califa la cabeza alcanforada.

Se cuenta que habiendo llegado Muza al palacio del califa al tiempo que este examinaba la cabeza de Abdelaziz, Suleimán tuvo el cuajo de preguntarle: «¿Reconoces, Muza, esta cabeza?». «Sí —contestó el anciano valí—, la reconozco. La maldición de Dios caiga sobre el asesino de mi hijo, que valía más que él». Salió del palacio y partió para Waltichora, su patria, donde al poco tiempo murió de pesar. Sus otros hijos sufrieron la misma suerte que su hermano Abdelaziz.

No sabemos en realidad si hubo un objetivo secreto tras la insistencia de Egilona que le costó la vida a su marido, pero las leyendas cristianas aseguran que el valí se había convertido al cristianismo y que ella hizo todo lo posible por ayudar a los godos a recuperar el trono de Toledo. Ignoramos qué fue de Egilona. Desapareció de la escena, aunque una leyenda jienense asegura que murió de amor en el Alcázar de Andújar. Parece que la historia quiso cubrir con el velo de la oscuridad el fin de los principales personajes godos de la última familia real.

PELAYO Y EL ZURRIBURRI FAMOSO

*Al principio de las catástrofes, y cuando han
terminado, se hace siempre algo de retórica.*

ALBERT CAMUS

DESMONTANDO LA RECONQUISTA

¿Sabes lo que es la Reconquista? Es una historia que decidimos contarnos
una y otra vez hasta que nos olvidamos de que es una mentira. A lo largo
de cinco siglos, castellanos y leoneses centraron la vida en la batalla permanente contra el moro. Nunca hubo más de diez años seguidos de paz.
La guerra no era un paso de ballet ni una mera aventura señorial, era una
empresa feroz. Participaba todo el pueblo y solía entrañar el arrasamiento
del país y la muerte o el cautiverio de millares y millares de personas.
En las campañas, moros y cristianos se destrozaban con ganas: quemaban
los sembrados, cortaban o incendiaban las viñas, olivares o árboles fru-
tales, incendiaban los bosques, robaban el ganado y pillaban y destruían
iglesias y monasterios —o sinagogas y mezquitas, según quien fuera el
atacante— saqueaban y allanaban caseríos, granjas, aldeas, villas abiertas
o mal fortificadas, o los castillos y plazas fuertes que lograban tomar por
asalto. Degollaban o cautivaban a los enemigos que caían en sus manos,
y cuando regresaban a sus lares cargados con el botín y con las cabezas
de sus enemigos en la punta de sus lanzas, la tierra, cristiana o sarracena,
quedaba arrasada, silenciosa y yerma. Y esas campañas se realizaban un
año y otro año, y una década y otra y siglo tras siglo.

Esa guerra interminable amenazaba especialmente las fronteras, pero
no se detenía en ellas. Ninguna tierra mora o cristiana, por alejada que

estuviera de la faja desierta que separaba de ordinario a los dos pueblos, podía sentirse segura de no ver aparecer al enemigo al llegar el verano o al comienzo del otoño. Durante los siglos IX y X los mahometanos llegaron hasta Oviedo, hasta las orillas del Cantábrico y Santiago de Compostela. Y a la inversa: la riada cristiana se precipitaba por las tierras de moros. Pero las fuerzas de la cristiandad fueron ínfimas durante tres siglos frente al poderío cordobés. Y después, cada vez que se debilitaba el ímpetu bélico de al-Ándalus y los cristianos equilibraban la balanza, los soberanos cordobeses reclutaban catervas de bereberes africanos para petar las filas de su ejército. Grandes oleadas africanas venidas desde las abrasadas tierras del Sahara cruzaron el Estrecho tres veces en menos de dos siglos. Según la metáfora que tanto gustaba a los cronistas islámicos, cubrían el suelo de al-Ándalus «como nubes de langostas».

Pero, ¿fueron aquellas guerras una reconquista, una guerra religiosa y nacional, una cruzada contra el Islam —la *restitutio Hispaniae*— o una pura «tarea de ganapanes» (como afirmó Menéndez Pidal) solo preocupados de la ocupación y la explotación futura de las leguas de tierra que se extendían más allá de las fronteras, aunque no por fervor patriótico o religioso sino para hacerse con un botín a lanzazos? ¿Fueron el acicate el cristianismo y la independencia o fue la pobreza lo que les indujo a luchar contra los moros para quedarse con sus bienes? ¿Era honor y vergüenza o solo ganas de hacer caja?

Para responder hay que meterse en un pantanal. Los cronistas nos cuentan la guerra que en los siglos X y XI se libraba contra los musulmanes como si fuera únicamente una guerra de religión, una cruzada, pese a que realmente no fue así hasta mucho después. Nunca existió una unión monolítica del cristianismo contra el Islam. Las relaciones, alianzas y matrimonios entre los reyes cristianos y los Omeyas fueron constantes, muchas veces para luchar los cristianos entre sí. ¿Cómo interpretar que Sancho García, el de los Buenos Fueros, conde de Castilla de 995 a 1017, hijo del conde García Fernández y nieto de Fernán González, se enfrentara a su propio padre y atacara Castilla con el apoyo y tropas de Almanzor? En el asalto de Almanzor a Santiago de Compostela hubo nobles leoneses, el Cid cambió de bando tantas veces como gira una veleta con tiempo ventoso, a los benimerines que asediaron en Tarifa a Guzmán el

Bueno los trajo un agente del sultán de Marruecos: el propio hermano del rey cristiano Sancho IV, el infante don Juan, que no solo participó en el asalto, sino que fue quien amenazó con tajarle el gaznate al hijo de Guzmán el Bueno. Comarcas enteras eran dominadas frecuente y alternativamente por hispanos y moros; árabes resentidos emigraban a territorio cristiano y viceversa, ejércitos musulmanes y cristianos peleaban juntos, cautivos musulmanes eran educados por los cristianos y se hacían sacerdotes, como los clérigos sacricantores de Alfonso II el Casto; curas cristianos caían cautivos de los sarracenos y convertían después a los muslimes, como san Víctor; renegados de una y otra religión se pasaban a los dominios contrarios; súbditos y príncipes de ambos pueblos se casaban entre sí. Total que, como decía Ygritte a Jon Snow, «la gente colabora, cuando le conviene. La gente se alía, cuando le conviene. La gente se ama, cuando le conviene». Así era en los Siete Reinos y así fue en la Reconquista.

Ortega afirmaba que «una reconquista de ocho siglos no es una reconquista». ¿Quiénes tienen razón, los que creen que la Reconquista fue un hecho o los que creen que fue un invento? Tal vez los dos tengan su cacho de razón y fuera un invento al principio y un hecho desde finales del siglo XII. Curiosamente, no se dice «Reconquista de Granada» sino «conquista de Granada». La acuñación «Reconquista», así con mayúscula, fue propaganda de unos reinos cristianos que no existían antes de la invasión islámica para presentarse como herederos directos del antiguo reino visigodo. Y si no existían antes, nada podrían reconquistar después; pero claro, quien impone una interpretación del pasado tiene todas las bazas para dominar el futuro. El «mito gótico» pretendía establecer la continuidad de una identidad española esencial e histórica, solo transitoriamente interrumpida por un molesto interludio musulmán de setecientos años de duración. Pero la mayor parte de la nobleza visigoda aceptó el dominio de los nuevos invasores para intentar mantener su posición social. Total, que ese mantra de la continuidad entre el reino visigodo y los posteriores reyes cristianos autoproclamados herederos de los godos podría ser una melonada. ¿Existió esa continuidad? No está claro. Los que la niegan alegan que si los pueblos del norte rechazaron con contundencia la presencia de los árabes invasores, no hicieron nada distinto de lo que ya habían hecho frente a Roma y frente a los visigodos. Por lo tanto, al menos en sus orígenes, el fenómeno histórico llamado Reconquista no obedeció a motivos puramente religiosos. ¿La cruz contra la media luna?: los montañeses de Asturias estaban tan poco cristianizados como romanizados.

El hispanista Derek William Lomax escribió en un libro titulado *The Reconquest of Spain* que «la Reconquista fue una ideología inventada por los hispanocristianos poco despúes del año 711, un objeto de nostalgia y un cliché retórico de publicistas». Esa percepción de irrealidad tiene fundamento en el hecho de que tras el derrumbe del califato (a comienzos del siglo XI), los reinos cristianos optaron por una política de dominio tributario —parias sobre las taifas— en lugar de por una clara expansión hacia el sur. El régimen de parias y el sistema global de trasvase de recursos desde el sur islámico al norte cristiano peninsular se sustentaba en el respeto escrupuloso de las fronteras y de la soberanía de cada reino y príncipes andalusíes. No solo eso, sino que en las pugnas entre las diferentes coronas cristianas —y sus luchas dinásticas— solo se alcanzaron acuerdos de colaboración contra los musulmanes en momentos puntuales. El móvil fundamental de muchas batallas era la obtención de botín, uno de cuyos componentes más suculentos eran los cautivos, rápidamente convertidos en objeto de venta, canje o rescate, frente a los cuales los enemigos muertos eran un trofeo más inútil que la primera rebanada del pan Bimbo.

Los palmeros de la existencia histórica de la Reconquista se esfuerzan en subrayar la continuidad de las estructuras políticas y culturales visigóticas desde el momento mismo de la reacción de Pelayo. Hubo, en efecto, una fortísima migración a Asturias de la nobleza visigoda, hecho que se observa en la propia antroponimia de los primeros monarcas asturianos y que recogen no solo las primeras crónicas cristianas de la Reconquista sino el texto árabe más antiguo, el *Ajbar Machmûa*. Hubo también continuidad en la forma de elegir a los reyes, calcada de la norma toledana, y el asunto se aclara más si se da por bueno que Pelayo era pariente de los reyes godos. Desde los mismos días de la sublevación de Pelayo contra los invasores musulmanes parecía vigente, al menos de forma imperfecta, el «orden de los godos» que se pretendió restaurar en tiempos de Alfonso II. Ni Pelayo ni Alfonso habrían fundado nada en Asturias, sino refundado un legado visigodo.

Entonces, ¿era Pelayo consciente de estar restaurando «la salvación de España y el ejército del pueblo godo», como leemos en la *Crónica de Alfonso III*? o, por el contrario, ¿era Pelayo simplemente un caudillo cántabro —no godo— que luchaba por su propia supervivencia, sin más horizonte que, al frente de «treinta asnos salvajes», mantener incólume el pequeño rincón donde se había iniciado la primera resistencia a la invasión islámica? Habría que preguntárselo a él; pero se pone cuesta arriba refutar la idea de que a la altura del reinado de Alfonso III (866-910) la Reconquista fuera algo más que un proyecto nebuloso. Y sin embargo, en la *Crónica Albeldense*, del año 881, tras narrar la conquista de la Hispania visigoda por los musulmanes, el anónimo cronista escribe: «Los cristianos día y noche afrontan batalla y cotidianamente luchan, hasta que la predestinación divina ordene que [los sarracenos] sean cruelmente expulsados de aquí».

El autor de este texto tenía que ser un iluminado o haberse chutado algo, o simplemente era un neurótico que confundía el deseo con la realidad, porque entonces ni el más animoso de los consejeros del rey participaba del entusiasmo profético del autor de la *Albeldense*. Pero si esta opinión existía y a su luz se interpretaban las campañas de Alfonso III, es porque el proyecto que llamamos Reconquista debía de estar definiéndose como lo que acabaría siendo: una ideología justificativa de la expansión territorial y de la conquista de los territorios ocupados por los musulmanes.

O sea, que volvemos a estar en el filo de la navaja y a fin de cuentas la Reconquista tal vez no fuera solo una simple «tarea de ganapanes». Idealismo puro y realismo sucio se dieron la mano en la Reconquista. Por un lado, en ningún país de Occidente calaron tan hondo los ideales de honor y vergüenza; por otro, se hacían perfectamente compatibles con hacer caja. Luchar contra el moro era un ideal que se traducía en privilegios y exenciones fiscales, militares y penales. A veces el honor agraviado e incluso la sangre derramada se vindicaban mediante indemnizaciones en *cash*.

Y luego está el cantonalismo de la peña hispana. Ese gen de campanario, disociador e individualista, determinó la caída de la monarquía visigoda. La incapacidad para la asociación, la vertebración y el pacto explica también la división de la España cristiana medieval en reinos distintos y las tendencias centrífugas de la España moderna. Siempre estaban prestos los cristianos para ir a la guerra con sus reyes, tanto para luchar en al-Ándalus como para pelear contra un hermano o para correr las fronteras de otro reino cristiano. Cuando los soberanos descuidaban las empresas bélicas contra los musulmanes, ellos solos se daban leña de lo lindo.

Hubo, es cierto, mucho *business*, muchos intereses, muchas contemplaciones y mucho marear la perdiz; pero hubo también Reconquista. La hubo a partir de una ideología que fue madurando y perfeccionándose con el paso del tiempo. No era solo elucubración de clérigos visionarios o de nostálgicos que idealizaban el pasado visigodo. Algunos o muchos de los elementos sobre los que se construyó esa ideología eran míticos o fabulosos, pero a una ideología no se le pide que sea verdadera, sino que sea operativa. Y la ideología de la Reconquista lo fue. El plomo retórico se transmutó en plomo a secas por la alquimia de los propagandistas.

LA CONFUSA IDENTIDAD DE UN ESPATARIO

En realidad, sobre la existencia de Pelayo, el primer rey asturiano, no hay noticia alguna hasta unos ciento setenta años más tarde. Las primeras crónicas que mencionan al personaje y su hazaña de Covadonga datan de los años 880 y fueron obra de monjes y obispos vinculados a la corte de Alfonso III, monarca que había expandido por el valle del Duero el hasta entonces modesto reino asturiano. Era el momento de legitimar aquella pujante monarquía y de que el obispado de Oviedo reclamara la primacía frente a los todavía poderosos rivales mozárabes de Toledo y Córdoba y frente a la emergente Santiago.

Apoyándose en estos clérigos, la corte de Alfonso III emprendió una tarea deliberada de creación de una memoria histórica. La legitimación de la monarquía asturiana se consiguió por estas crónicas, que conectaban su reino con el visigodo. Para lo cual los cronistas emparentaron la verdad con la mentira y a Pelayo con alguno de los últimos reyes de Toledo. Porque si aquellos pueblos cántabros se habían rebelado contra los godos pocos años antes, ¿por qué iban a encumbrar como caudillo a uno de sus nobles en fuga? Parece más verosímil que Pelayo no fuera un noble godo refugiado en las montañas, sino un baranda local. Pero se pasaron de frenada y para remachar la dudosa vinculación entre godos y reconquistadores lo emparentaron de muchas maneras: como simple *spatarium* de Witiza y Rodrigo, como hijo del duque Favila, «de linaje real», como hijo de Bermudo y nieto de Rodrigo, e incluso como primo del obispo Oppas, detalle este último desafortunado, por tratarse de la traidora familia de Witiza. Otra crónica convirtió a Alfonso I, yerno y segundo sucesor de Pelayo, en hijo de un duque de Cantabria descendiente de Leovigildo y Recaredo. Todo ello es algo contradictorio y poco verosímil; pero, tratándose de un mito, no importa tanto que respondiera a una realidad como que fuera aceptado, y lo fue, vaya que si lo fue. Así se construyó la legalidad sucesoria de los reyes asturianos.

Lo aceptado fue que desde la catástrofe de Guadalete y al paso que los invasores avanzaban por el interior de la Península, multitud de obispos, curas y monjes se llevaron las alhajas de sus templos y monasterios, se unieron a labradores, artesanos y guerreros, hombres, mujeres y niños sobrecogidos de espanto y temerosos de caer bajo el yugo de los sarracenos y trataron de ganar un asilo en las asperezas de los montes septentrionales. Unos llegaron a la Septimania, otros se refugiaron entre las breñas de los Pirineos, de Cantabria o de Galicia. Pero sobre todo de Asturias, país cortado por inaccesibles rocas, hondos valles, espesos bosques y estrechos desfiladeros, una de las últimas regiones del mundo en que lograron penetrar las águilas romanas y no muy dócil al dominio de los godos. Les dieron acogida los rústicos montañeses y en el corazón de aquellos riscos un puñado de hispanos y godos, confundidos en el infortunio, incubaron el propósito de sacudirse el yugo de las armas sarracenas. Los mahometanos se habían cuidado poco de la conquista de unos riscos no solo de difícil acceso sino miserables. Parece, no obstante, que bajo el gobierno del cuarto valí, Ayyub, llegaron algunos destacamentos a la parte llana de Asturias y se apoderaron fácilmente de las aldeas y puertos de la costa, cuyos habitantes habían huido a las montañas. Dejaron por gobernador en Gegio (Gijón) a Munuza, paradójico cuñado de Pelayo.

Para la cronística asturiana Pelayo es la encarnación del rebelde que huyó junto a su hermana Ermesinda (o Adosinda), denunció los pactos y se alzó contra el ejército ocupante. Aunque más allá de esa identificación, las notas biográficas que le atribuyen las distintas fuentes difieren tanto que llegan a la contradicción flagrante. Según el autor de la *Crónica Rotense*, de fines del siglo X, la más larga y consistente en los aspectos militares, Pelayo había sido conde de los espatarios, o sea de la guardia de los reyes Witiza y Rodrigo, había peleado en la batalla de Guadalete y la fama de sus proezas y la nobleza de su alcurnia contribuyeron a que los asturianos lo aclamaran como caudillo hasta que en Gijón fue arrestado por Munuza, que lo desterró Sevilla.

Los motivos reales de Munuza los desconocemos, los legendarios: quitarlo de en medio para que el moro pudiera casarse con Ermesinda. A su regreso, Pelayo encontró a su hermana casada con el valí y fue tal su rebote que se echó al monte. Si logró salir con bien de la empresa fue gracias a que los asturianos aceptaron su plan de constituirse en comunidad insurrecta. De modo que pudo hacer frente a la hueste «innumerable» mandada contra él desde Córdoba porque contó con la colaboración de sus socios, dice el cronista. Caben dudas acerca de quiénes eran estos socios, pero el cronista deja claro que Pelayo era el caudillo de los asturianos en la jornada de Covadonga. Y lo era, porque se había promovido él a sí mismo.

Parece difícil que un grupo de godos en espantada, por muy selecto que fuera, pudiera haber prescindido de la colaboración de los naturales del país para una operación que se preveía larga y llena de aprietos. Podemos sospechar que en las últimas décadas del siglo IX, la memoria colectiva de los cristianos del norte guardaba el recuerdo de un tiempo decisivo en el que un movimiento espontáneo cambió el signo de su historia. Según esa memoria, aquella inflexión se produjo cuando los naturales del país supieron aprovechar el saber militar de un portaestandarte godo para rebelarse, una vez más, contra un poder centralizador. Podemos también sospechar que el contingente que resistió la presión musulmana estaba integrado en su mayoría por nativos. Se trataría, pues, de un ejército popular, aunque contara con la presencia de algunos godos e hispanos.

EXAGERA QUE ALGO QUEDA

El momento estelar de la leyenda de Pelayo es la gesta en Covadonga, batalla fundacional del ciclo bélico contra el musulmán y en la que los cristianos habrían derrotado a un número abrumador de infieles gracias al auxilio de la Virgen María.

Lo que se nos cuenta es, más o menos, que cuando llegó a oídos del valí Alahor la noticia del levantamiento de Asturias, el moro se disponía a penetrar con sus huestes en la Galia gótica, pero no dio mucha importancia a la movida asturiana y encargó a su lugarteniente Alkamah la empresa de reprimirla. Partió, pues, Alkamah con un cuerpo de ejército respetable, aunque seguro que no tanto como contaron los cronistas medievales. Tanto cristianos como musulmanes manifiestan una peculiar obsesión por el aumento hiperbólico de las cifras de soldados intervinientes en cada batalla y por el número de bajas producidas en sus filas. Exageran más que Tartarín de Tarascón con la intención de ensalzar al ejército propio y denigrar al contrario. Cuando, por ejemplo, no se puede ocultar la derrota de los correligionarios, se aumenta el número de combatientes enemigos hasta el extremo en que se pueda convertir la derrota propia en una lucha heroica. Del mismo modo, los muertos de cada ejército aumentan o disminuyen según el bando en que milite el cronista que relata los hechos.

Pelayo no creyó conveniente esperar a Alkamah en Cangas y se retiró con todo su pueblo hacia el monte Auseba. Las mujeres, viejos y niños buscaron lo más fragoso de las breñas para esconderse, mientras los hombres de armas se situaban en las colinas desde donde atalayar mejor al enemigo en los desfiladeros. En un estrecho valle al oriente de Cangas se levanta una enorme roca, en su centro hay una abertura natural, una gruta llamada por los naturales Covadonga. Allí esperó Pelayo con los soldados que cabían en aquel recinto, a los demás los colocó en las alturas y bosques del valle regado por el río Deva. Alkamah hizo avanzar su ejército por la cañada, iba tan encajonado que solo podía presentar un frente igual al que oponían los refugiados en la cueva, de manera que sus flancos quedaban expuestos a la emboscada.

Entonces comenzó el zurriburri famoso. Las flechas de los árabes rebotaban en la roca y, mezcladas con las que lanzaban los cristianos desde la gruta, volvían como bumeranes a los infieles. Los apostados entre las breñas hacían rodar al valle enormes peñascos y troncos de árboles que aplastaban a los agarenos. El desaliento se apoderó de ellos tanto como crecía el ánimo de los cristianos. Cuando Alkamah vio sucumbir a su compañero Suleimán, intentó ganar la falda del monte Auseba y ordenó la retirada. Se estorbaban unos a otros en aquellas angosturas cuando se levantó una tempestad que convirtió el espanto en infierno. El estampido de los truenos, el eco que retumbaba en los montes, la lluvia a jarros, las peñas y troncos que caían de todos lados, el suelo enfangado por las torrenteras y las aguas desbordadas del Deva, hicieron creer a los soldados de Mahoma que los montes se desplomaban sobre ellos. Dijeron los cronistas que ni un solo moro quedó para contarlo.

Este acontecimiento se supone que ocurrió en el año 718. Cómo pudo un puñado de montañeses despellejar a un ejército muy superior en tamaño, recursos y experiencia es otro de los tantos misterios que nos interrogan desde las páginas de la historia. A menos que todo sea un cuento. Pero el caso es que los historiadores posteriores dieron por buena la fábula. Las crónicas antiguas miden el tamaño del ejército árabe que combatió en Asturias con cifras que asombran. El obispo Sebastián de Salamanca, que escribió probablemente su crónica en el reinado de Ordoño I (850-866), es decir casi ciento cincuenta años después de los supuestos hechos, asegura que murieron en la primera refriega ciento veinticuatro mil moros (caldeos los llama él, ya veremos por qué), y que otros sesenta y tres mil perecieron aplastados por las peñas. De manera que, según el cronista, el ejército moro se componía de ciento ochenta y siete mil hombres, que la palmaron sin excepción. Si así fue, hace bien en recurrir al milagro para explicar la victoria de Covadonga. Rodrigo de Toledo «solo» hace perecer a veinte mil en la primera pelea, y después, en la retirada, «una gran muchedumbre». En el *Moro Expósito,* el duque de Rivas riza el rizo y exagera la exageración en un romance que se supone cantado por un rústico cristiano:

El valeroso Pelayo cercado está en Covadonga
por cuatrocientos mil moros
que en el zancarrón adoran.
Solo cuarenta cristianos tiene,
y aun veinte le sobran.
Cuatrocientas mil cabezas
de los perros de Mahoma
los valerosos cristianos
siegan, hienden y destrozan.

La verdad es que estas rimbombancias no son muy genuinas. Los cronistas —que escribían casi dos siglos más tarde— recurrieron a los modelos narrativos bíblicos y a los de la Antigüedad clásica. De ahí tomaron una leyenda de las Guerras Médicas. En el siglo v a. C., un ejército de Jerjes de varios cientos de miles de hombres había invadido Grecia y devastado ciudades hasta que se encontró ante el santuario de Apolo en la montaña de Delfos, los pocos centenares de defensores griegos consultaron al oráculo sobre la protección de los tesoros sagrados y les respondió que él mismo se bastaba para protegerlos; en efecto, al comenzar la batalla salieron del santuario rayos y se desprendieron de la montaña peñascos que se precipitaron sobre los despavoridos soldados persas que en medio de la confusión se dieron muerte unos a otros; finalmente, los pocos miles de sobrevivientes que huían aterrorizados perecieron víctimas de un fuerte temblor de tierra y el desbordamiento de un río.

El relato de Covadonga reproducía el esquema al pie de la letra. La coincidencia con las cifras manejadas en los relatos bíblicos es también sugestiva. Como ha señalado Javier Zabalo, algunas crónicas elevan el número de musulmanes muertos (a los que llaman «caldeos», para mayor sabor bíblico) a ciento ochenta y siete mil exactamente, cifra nada caprichosa porque coincide, casi, con los ciento ochenta y cinco mil asirios aniquilados por un ángel cuando el rey Senaquerib quiso atacar Jerusalén.

De esos ciento ochenta y siete mil, dos tercios —ciento veinticuatro mil— murieron en la batalla principal, en el intento de asalto a la gruta de Covadonga: una cifra, de nuevo, muy cercana a los ciento veinte mil madianitas que la palmaron ante Gedeón, a los ciento veinte mil infantes, igualmente aniquilados, enviados contra Judea por Nabucodonosor bajo el mando de Holofernes, o a los ciento veinte mil enemigos a los que derrotó Judas Macabeo con solo seis mil hombres. Pelayo quedaba equiparado a Gedeón y Judas Macabeo, y los hispanogodos se ponían al nivel del Pueblo Elegido en cuanto a protección divina.

Las historias árabes también refieren el suceso con asombro, no disimulan la horrible matanza y hacen justicia a la audacia de Belay el Rumi (Pelayo el Romano). El gobernador de Gegio, Munuza, al conocer la derrota y la muerte de Alkamah no se vio seguro en Asturias y huyó. Algunas crónicas cristianas afirman que lo alcanzó Pelayo en la vega de Ovalle y lo quitó de en medio, otras que Munuza escapó a Sevilla con Ermesinda, se reconcilió con su cuñado Pelayo y se instaló en Gijón con su chica. No debieron de ser felices y comer perdices porque en otras crónicas se cuenta que Munuza se casó con Lampegia, hija del conde aquitano Odón, y que el valí Abderramán mandó un sicario para rebanarle el pescuezo. Los asturianos aclamaron como rey a Pelayo, principio de una nueva monarquía de godos y romanohispanos. A la salida de la gruta de Covadonga hay un campo llamado Repelao (síncopa de Rey Pelayo), donde se supone que se hizo la proclamación.

Los árabes no contraatacaron, ¿por qué? Nadie lo sabe. El caso es que la paz dio a Pelayo tiempo para organizar su estado montaraz. La fama de su triunfo fue atrayendo a los cristianos de las comarcas vecinas y a medida que la población iba creciendo y que se sentía segura iba descendiendo de las breñas a los llanos. Araron terrenos incultos, cultivaron los campos, apacentaron ganados, edificaron templos y casas, ensancharon el recinto de las aldeas e hicieron de Cangas la capital de aquel reino de pitiminí. No nos hablan las historias de nuevas batallas que tuviera que dar Pelayo, solo que reinó diecinueve años y murió pacíficamente en Cangas en el año 737. Según el cronista Ambrosio de Morales, Alfonso X el Sabio ordenó trasladar a Covadonga sus restos y los de su mujer Gaudiosa. Allí, en una cavidad natural, dentro de un túmulo de piedra, reposarían también los de Ermesinda, la hermana de Rodrigo y mujer de Munuza.

Los historiadores han tenido que bucear a profundidades abisales en las fuentes antiguas para extraer la poca información que tenemos de Gaudiosa. Su nombre significa «gozosa» o tal vez «agradable a Dios», que viene a ser lo mismo. Parece que nació en Cosgaya, en el valle de Liébana, en alguna tribu de cántabros o astures. Pelayo la conoció cuando tuvo que refugiarse en esas tierras después de salir por pies de Guadalete. Lo más probable es que fuera hija de un jefe astur y que el matrimonio le valiera a Pelayo para ganar la confianza de los montañeses. Pero Gaudiosa demostró no ser una mujer que se conformara con servir para descanso del guerrero y cuando Pelayo preparó la resistencia ella no se quedó hilando en casa. Aunque su marido la mandó a su pueblo para tenerla a buen recaudo, ella por su cuenta y riesgo reclutó un ejército con las gentes de Cosgaya que, como en los tiempos de Estrabón, llevaban guedejas largas, danzaban al son de flautas y trompetas, se ejercitaban en el pugilato, la carrera, las escaramuzas y las batallas campales, solo bebían agua y comían mayormente bellotas y carne de cabrón asado con manteca.

Tras recibir la noticia de que su marido había resultado vencedor y aclamado como rey, Gaudiosa de armas tomar salió con su ejército al encuentro de los restos del derrotado ejército musulmán. ¿No habíamos quedado en que nadie salió con vida? Tal vez hubo supervivientes hasta que Gaudiosa dio con ellos y los aniquiló cerca de Espinama, en un lugar conocido ahora en su honor como Campos de la Reina.

Gaudiosa y Pelayo tuvieron dos hijos, Favila, que heredó el trono de su padre, pero murió atacado por un oso, y Ermesinda, que se casó con el que sería Alfonso I, hijo de Pedro, duque godo de Cantabria. Así se unieron en los futuros monarcas de la corona asturiana los linajes godo y montañés, que irían recuperando la Península palmo a palmo, y poco a poco, a saltos y sobresaltos y a marchas y contramarchas.

Gaudiosa es antecesora del papel político de las Sanchas, Urracas, Petronilas, Berenguelas, Molinas e Isabelas de la historia de España. La monarquía asturiana fue en eso mucho más feminista que la gótica de Toledo. Tal vez algo tengan que ver las tradiciones indígenas asturianas.

4

MEDIA LUNA Y CRUZ A MEDIAS

MENTIRAS EN TIEMPOS CONVULSOS

Una mentira no tendría sentido si la verdad
no fuera percibida como peligrosa.

ALFRED ADLER

LAS INVENCIONES DEL COPISTA

El arzobispo Rodrigo Ximénez de Rada cuenta que el rey Ramiro I, indignado porque Abderramán I le hubiera reclamado el tributo de las cien doncellas, convocó en León a los prelados y abades, a los próceres y magnates del reino, y con su consejo declaró la guerra al emir. El rey envió contra los árabes a su hijo Ordoño, que, a la altura de Albelda, junto a Logroño, vio a su ejército acometido por los moros. Vinieron mal dadas para los cristianos, que se retiraron a llorar su infortunio al vecino cerro de Clavijo.

En Oviedo, al rey Ramiro I se le apareció en sueños el apóstol Santiago, que lo alentó a que volviera al día siguiente a la pelea y le dijo que él mismo combatiría a la cabeza del ejército cristiano. El 23 de mayo de 844, al grito de «¡Santiago! ¡Santiago! ¡Cierra España!», comenzó la pelotera y el apóstol apareció espada en ristre en un corcel blanco. Quedaron en el campo más de sesenta mil moros, sin contar los que acuchillaron persiguiéndolos hasta Calahorra. Todo esto vuelve a sonar a *déjà vu*: el modelo es obviamente el sueño de Constantino en la noche anterior a su victoria sobre Majencio en el Puente Milvio, cuando Cristo se le apareció con la cruz y le anunció: *In hoc signo vinces*.

En agradecimiento al apóstol, Ramiro decretó una ofrenda anual a la iglesia de Santiago, una medida de pan por cada yunta de bueyes y otra por cada moyo de vino, y que del botín obtenido en la guerra se entregase a Santiago tanto como correspondiera a un caballero. Además, Ramiro rompió el compromiso del tributo de las cien doncellas, establecido en tiempos del rey Mauregato, que desde entonces no se volvió a pagar nunca más.

¿De dónde arranca toda esta pavada de Clavijo? Ninguno de los antiguos cronistas dice una sola palabra de una batalla que, de ser cierta, no habrían omitido. Seguramente debió de fraguarse cuatro siglos después en Galicia, en el entorno de la catedral de Santiago y en el seno de un taller historiográfico fecundo en delirios como el que impulsó su primer arzobispo, Diego Gelmírez, y que dio como fruto la famosa *Historia compostelana*. Al parecer, el autor de la leyenda fue un tal Pedro Marcio, canónigo de la catedral, que afirmaba haber copiado un diploma o privilegio de Ramiro I, llamado del Voto de Santiago, en el que el propio rey contaba el éxito militar de Clavijo con la ayuda del apóstol. Ese pretendido diploma es un invento, desde luego, aunque se basa en un hecho real: la batalla que tuvo lugar cerca de Albelda, en Monte Laturce, en 844, sobre la que posiblemente se elaboró un relato que, deformado o no, llegó hasta mediados del siglo XII y fue puesto por escrito por Pedro Marcio. No era la primera vez que el *scriptorium* compostelano fabricaba supercherías, algunas de tanto o más fuste que la de la batalla de Clavijo, como el famoso diploma de Alfonso II declarando a Santiago «patrono y señor de toda España».

Pero la intención del mentiroso era buena: una réplica cristiana a la guerra santa musulmana, si ellos tenían la *yihad*, los cristianos tendrían la cruzada y a ver quién mea más lejos. Porque el pacifismo fundacional del cristianismo era disfuncional cuando venían mal dadas, si ponías la otra mejilla te alanceaban dos veces y así no había manera. Los primeros cristianos tenían escrúpulos para servir en las legiones romanas y el papa León I salió desarmado al encuentro de Atila, que se acercaba a Roma armado hasta los dientes. Desde san Agustín se fue elaborando el concepto de «guerra justa» que santo Tomás hizo suyo, y ya el papa Urbano VI se dejó de remilgos y bendijo los cuchillos de la primera cruzada, que convertía a sus combatientes en «soldados de Cristo». En el caso hispano, la guerra contra los musulmanes, legitimada hasta entonces por la recuperación del reino visigodo (guerra, por tanto, «justa»), pasó a ser con Santiago guerra «santa». Santiago mataba moros por «España», los reyes de Castilla y León se proclamaron «alféreces de Santiago» y los gritos de combate fueron «¡Santiago y cierra España!» o «¡Santiago y a ellos!». Sánchez-Albornoz confesaba no conocer ningún texto hispanomusulmán antiguo en que los sarracenos aparezcan exclamando «Mahoma» como grito de guerra. ¿No habrían empezado a invocarle los musulmanes de al-Ándalus a imitación de los cristianos del norte de España, a quienes acaso comenzaron a oír gritar «Santiago» al entrar en batalla?

La percepción por la catedral compostelana del Voto de Santiago duró hasta las Cortes de Cádiz de 1812, nada menos. En el diario de sesiones se esgrime el motivo de su abolición: lo apócrifo del diploma. El lenguaje en que está escrito es impropio de un rey cristiano, se refiere a la corte del reino en León, donde aún no residían los monarcas, lo firma un arzobispo, título que aún no existía, y está fechado en 834, ocho años antes de que comenzara a reinar Ramiro. El padre Mariana justificó esos disparates sospechando que el copista del presunto documento original estaba pasado de copas. Del original nunca se supo.

No hemos sido los españoles los únicos en adornar los hechos de la historia con fábulas y patrañas, esas habas cuecen en todos lados. La mitología santiaguista se exportó *urbi et orbi* y Pierre de Marca, el mismo historiador que califica de absurda la aparición del apóstol Santiago en Clavijo, refiere como cosa cierta que en una batalla que dieron los franceses a los normandos, en el año 980, se apareció el mártir san Severo en traje de capitán y montando un caballo blanco, en memoria de cuyo milagro el conde de Gascuña, Guillaume Sanche, fundó la abadía de Saint-Sever en las Landas. En 1139, la noche anterior a la batalla en la que Afonso Henriques, conde de Portugal, derrotó a un ejército de cinco reyes musulmanes y les arrebató la ciudad de Ourique, se le apareció Jesucristo mostrándole cinco llagas y le reveló que si portaba la cruz triunfaría al día siguiente pese a la inferioridad de sus tropas. De ahí vienen los cinco puntos rojos que figuran en el escudo de Portugal (las llagas de Cristo o los cinco reyes musulmanes, a elegir). Significativamente, la batalla se libró un 25 de julio, el día de Santiago.

¿INFAME TRIBUTO O RIDÍCULA FANTASÍA?

Aurelio reinó entre los años 768 y 774 y durante siglos lo marcaron con un estigma que no merece. Los cautivos moros que Alfonso el Católico había apresado y enrolado a la fuerza en sus expediciones por las tierras de los sarracenos se levantaron contra sus señores cristianos. La localización de esta rebelión no se conoce, pero debió de tener gran importancia. Quien los pacificó fue Aurelio, pero dicen que fue al precio de que condescendiera en que algunas doncellas cristianas de linaje noble se casaran con musulmanes cautivos. A fin de cuentas, los invasores de la Península no trajeron mujeres y todos se casaban con hispanas o visigodas. Tal vez esté ahí el origen de la famosa fábula del tributo de las cien doncellas, inventada cerca de cinco siglos después y que habría dado origen al topónimo de la localidad asturiana de El Entrego.

La leyenda no llega a las crónicas de los historiadores cristianos hasta el siglo XII. Según Lucas de Tuy, el tributo se impuso en el reinado de Aurelio y los sucesivos reyes —cinco hasta la llegada de Ramiro I— lo mantuvieron para no cabrear a los árabes. Berceo menciona el suceso, pero dice que fue Abderramán I quien recibió el tributo y por tanto lo hace coincidir con el reinado de Mauregato. También para Ximénez de Rada toda la responsabilidad de acordar este tributo fue de Mauregato que, tras llegar al trono asturiano en el año 783, se comprometió al tributo en pago por la ayuda de Abderramán I para derrocar a Alfonso II el Casto. Los condes Arias y Oveco se rebelaron contra Mauregato y lo mataron en venganza por haber concedido a los moros un tributo que dejaba a los cristianos a la altura del betún como mamporreros del moro. El rey Bermudo I, su sucesor, quiso acabar con esa carga sustituyéndola por un pago en dinero. Tras Bermudo volvió a reinar Alfonso II el Casto, el rey derrocado por Mauregato, quien rechazó también el pago en dinero y entró en batalla con los moros para acabar con la broma. En la batalla de Lutos derrotó y mató al capitán moro Mugait y acabó con el tributo.

En mitad del siglo XIII la leyenda reapareció en el *Poema de Fernán González,* aunque aquí el moro perceptor era Almanzor. Tampoco hay acuerdo en la aritmética del tributo, para Berceo era de sesenta doncellas, y trescientas para el *Poema de Fernán González*. La leyenda resurgió en el siglo XVI, aunque en esta versión es Abderramán II, en tiempos del rey Ramiro I, quien se atreve a pedir de nuevo el tributo, que ya era solo de siete doncellas que había que entregar al alcalde moro de Simancas para su lujuria personalísima. Las siete doncellas se cortaron las manos y los rostros para que el moro las rechazara y no las tuvieran por lo que no eran.

¿Pagaron o no tributo de doncellas los asturianos a los moros? Para algunos es más que probable que así fuera en los días de Silo y Mauregato y más que improbable que lo siguiera pagando Alfonso II el Casto, que no era partidario de según qué cosas. Yo ni quito ni pongo tributo, pero observo que hasta el siglo XIII ningún cronista menciona el lúbrico peaje. Sobre el asunto, las fuentes musulmanas no dicen ni Pamplona, *quod erat demonstrandum*.

GENEALOGÍA DE UNA FILFA

Incluso lo grande nace pequeño y antes de ser ancha, Castilla fue un pequeño alfoz del norte de Burgos, luego fue un condado leonés, después un extenso reino y en el apogeo de su holgura un imperio en el que no se ponía el sol. Parece seguro que Castilla nació en territorio autrigón ocupado por los várdulos; pero no está ni mucho menos claro que su primer nombre fuera Bardulia. Ese nombre procede de la tribu de los bárdulos (o várdulos) que en época prerromana y romana poblaba la mayor parte de la provincia de Guipúzcoa. Sánchez-Albornoz conjetura que, entre los siglos VI-VIII, los vascones, más fuertes que sus vecinos, les obligaron a desplazarse hacia el sudoeste, ocuparon sus tierras y empujaron a los bárdulos *foras montes*, hacia dominios autrigones al norte de la Bureba, al occidente de los valles de Mena, Losa y Valdegobia. A favor de esa sospecha estaría el topónimo Castro Urdiales, que parece derivar de *Castrum Varduliae* o fortaleza de los várdulos. Como una sola etimología no parece fundamento suficiente para afirmar el corrimiento hacia occidente de la población bárdula, se ha aducido también el topónimo Bardauri (un barrio de Miranda de Ebro) que significaría Villa de Bárdulos. Pero los argumentos basados en toponimias problemáticas siempre son blandengues. ¿Qué tendríamos entonces que deducir de los lugares llamados Bardulas (provincia de La Coruña) y Bardullo (Asturias)? Ni todo lo que empieza por *bio* es biología, por ejemplo biombo, ni todo lo que empieza por *bar* es bárdulo, por ejemplo Barquisimeto.

Es probable que los bárdulos terminaran asimilando a sus vecinos caristios y autrigones. A la comarca que ocuparon, algún documento de la Baja Edad Media la llama Bardulia, aunque empieza a llamarse Castella a principios del siglo IX. Una carta de repoblación fechada el 15 de septiembre de 800 en el hoy desaparecido monasterio de San Emeterio de Taranco de Mena, redactada por el abad Vítulo y su hermano Hervigio, contiene la primera mención a ese territorio con el nombre de Castella. Varias décadas después, Ordoño I de Asturias encomendó al conde Rodrigo el gobierno de la marca oriental del reino, un condado lindante al norte con el Cantábrico, al este con los alaveses y al sur con las guarniciones árabes, que se llamó desde entonces Condado de Castella y después Castella Vetula.

La definitiva adopción del término Castilla aparece en la *Crónica de Alfonso III*, donde, relatando las conquistas de Alfonso I, dice: «Bardulia, que ahora es llamada Castilla». Tras esa primera mención de Bardulia, hay otras diecisiete desde fines del siglo IX hasta mediados del XIII; pero todas derivan de la *Crónica de Alfonso III* cuya identificación de Bardulia con Castilla está en tela de juicio. Ramos Loscertales sospecha que podría tratarse simplemente de una pedantería del autor de la *Crónica*. En contra de las tesis que defienden que Castilla fue Bardulia está la *Diplomática del periodo astur*, recopilación de un par de centenares de documentos que van de 718 a 910. El nombre de Bardulia aparece en uno solo y es un documento falso compuesto en los siglos XI-XII con una clara influencia de la *Crónica de Alfonso III*, como lo prueba la alusión a las conquistas de Alfonso I en la «Barduliense provincia». En cambio, el nombre de Castilla aparece en la *Diplomática* con frecuencia.

En el siglo XIII, con la victoria de Alfonso VIII en Las Navas de Tolosa y las conquistas en el sur de Fernando III, Castilla era ya la potencia hegemónica peninsular, incluso una de las potencias europeas, pero su pasado no estaba a la altura de su presente. Los primeros héroes de la llamada Reconquista eran asturianos, no castellanos. Asturias existía desde tres siglos antes que Castilla. León también había entrado en la historia más de un siglo antes. Incluso el reino original de Pamplona-Navarra podía presumir de un pasado más antiguo. Eso no podía ser, si a Castilla nadie le tosía en la Península tampoco podían racanearle un pasado alicatado hasta el techo.

¿Hubo un plan o todo fue una de tantas casualidades de la historia? Tal vez a Fernando III no le había gustado el Chronicon Mundi, la historia escrita en 1236 por el leonés Lucas de Tuy, el Tudense, por encargo de Berenguela, la madre del rey; un libro en el que se tomaba de los autores navarros y riojanos la historia de los Jueces de Castilla, pero se contaba como una rebelión ilegítima contra un poder legítimo, el de León. Para dar réplica al Tudense, Fernando III encargó otra historia donde las cosas se relataran a su gusto y capricho. El rey fabulador, con su fábula en su cabeza, se puso a la búsqueda de guionistas, sopesó el perfil de los candidatos y se decidió por el flamante arzobispo de Toledo, Rodrigo Ximénez de Rada. Titulado en Bolonia y París, asiduo acompañante de los monarcas castellanos en las campañas militares, era también un hábil diplomático bien relacionado con el Papa, el amanuense perfecto, el negro ideal para plasmar en el pergamino las ocurrencias de su rey para adecentar el pobre pasado de su poderoso reino.

Así nació, en 1243, el *De Rebus Hispaniae*. La obra daba la vuelta a la versión de los Jueces de Lucas de Tuy: la tiranía era la que ejercía León, ante la que los castellanos respondieron de forma prudente con sus dos jueces. Según el invento de Ximénez de Rada, el rey leonés Ordoño I atribuyó una de sus derrotas a la negativa de los condes castellanos de acompañarle al frente, de manera que los llevó presos a León y los mandó a criar malvas. Indignados los castellanos, aunque no tan temerarios como para responder con las armas, decidieron ser autónomos y eligieron entre los nobles dos magistrados, uno civil y otro militar, con el nombre de Jueces, porque su misión era hacer justicia y no menoscabar su libertad, no fuera a ser que por salir de Guatemala acabaran en Guatepeor. Algunas fuentes precisan que los condes castellanos a los que Ordoño atribuyó el descalabro fueron Nuño Fernández, Fernando Ansúrez y Abolmondar Albo y su hijo Diego. Sobre la identidad de ese

Abolmondar, nombre mozárabe que vendría de Abu Al-Mundhir, hay discrepancias, unos dicen que era Rodrigo Díaz y otros apuestan por Munio Gómez.

Los relatos juglarescos y cronísticos posteriores convirtieron sin ningún fundamento histórico a Laín Calvo en «juez» de la primitiva Castilla, junto a Nuño Rasura, en este caso con mayor descaro, pues ni este personaje se deja ver en la documentación de la época ni, en cualquier caso, cuando emerge en las primeras menciones cronísticas —de la segunda mitad del siglo XII—, se le asocia con la práctica jurídica sino que se le supone, aunque falsamente, abuelo de Fernán González. Las mismas fuentes que dicen que Ordoño finiquitó a los condes castellanos rebeldes, sugieren que no habrían sido ejecutados en León, sino encarcelados en Tejar, a orillas del Carrión, aunque debieron de ser liberados después, ya que las fuentes los presentan actuando con normalidad. Ya se va viendo que el motivo de los castellanos para elegir a los jueces empieza a hacer agua.

Ximénez de Rada aprovechó el viaje psicotrópico de su historia de encargo para colocar de matute otros mitos fundacionales castellanos que se habían ido generando en las décadas anteriores. Es el caso del conde Fernán González, «el Buen Conde», padre de la patria castellana y conectado con los Jueces de Castilla. La guinda la puso el hijo de Fernando III, el rey Alfonso X, que al incluir en su *Crónica general* los materiales averiados contrabandeados por Ximénez de Rada fue el último responsable de que las invenciones y tergiversaciones sobre los mitos fundacionales de Castilla hayan circulado como monedas de curso legal.

O sea, que desde finales del siglo XII y hasta mediados del siglo XIII, un puñado de historiadores y de poetas se inventó una patria, una nación y unas libertades originarias más postizas que el cartón piedra. Y ya puestos, falsearon la antigüedad de la independencia castellana hasta el punto de que Castilla existiría como entidad política casi al mismo tiempo que la Asturias de Pelayo. Convirtieron al Cid, un señor de la guerra lleno de claroscuros, en el ejemplo de la nobleza caballeresca, del vasallo leal, del hombre honrado, del buen cristiano, casi un santo capaz de ganar batallas después de muerto. Y en descendiente del otro juez mítico, Laín Calvo.

A Fernán González, un jefe político y militar, uno entre tantos, que hasta varios siglos después de muerto fue perfectamente irrelevante, los panegiristas castellanos lo acabaron convirtiendo en el Rómulo castellano, padre de la patria, el Gran Timonel que puso a Castilla en el mapa. Le atribuyeron la creación del condado de Castilla (cuando se creó por iniciativa del rey leonés Ramiro II) y una imposible victoria sobre el temible Almanzor, imposible porque cuando el caudillo árabe hizo su primera incursión en tierras castellanas el conde llevaba ya nueve años viendo crecer las raíces de las lechugas. Además lo hicieron nieto de Nuño Rasura, uno de los inventados jueces de Castilla.

La parafernalia mítica probablemente comenzaron a levantarla los juglares del siglo xii y la remataron los anónimos autores de los romances del xiv y el xv. Es muy posible que los primeros bebieran de los anónimos autores del *Cantar de mío Cid,* de la *Historia Roderici*, del *Liber Regum*, del *Linage de Rodrigo* o de *las Crónicas navarras*, el monje que escribe la *Crónica najerense*, Gonzalo de Berceo y sus hagiografías en verso, el monje que urdió el *Poema de Fernán González* y el que inventó la *Leyenda de Cardeña.*

¿Por qué en muy pocos años un grupo disperso de autores parecen conchabarse para cocinar la olla podrida de una falsa historia de Castilla? Por dos simples motivos: la política y el dinero. La pasta mueve a los escribas de los monasterios, al Berceo que inventa vidas de santos, al monje de San Pedro de Arlanza que crea el *Poema de Fernán González*, y al de San Pedro de Cardeña que pergeña la *Leyenda de Cardeña*. Lo que tienen en común es que necesitaban nuevos estímulos para atraer peregrinos y hacer caja, para eso hicieron publicidad de sus respectivos monasterios decadentes.

¿QUIÉN MATÓ A SANCHO EL GORDO?

Durante el cautiverio en Córdoba del rey navarro Fortún el Tuerto, le acompañó una de sus hijas, llamada Óneca. Abdallah, el hijo mayor del emir, engendró en ella un varón, Muhammad, que nació en el año 864. Abdallah fue emir, pero su hijo con Óneca no llegaría a reinar aunque fue el padre de Abderramán III, el primer califa de al-Ándalus. A través de Óneca, la oscura dinastía vascona de los Arista entroncó con los Omeya, descendientes del Profeta. Óneca consiguió del emir la libertad de su padre, volvió con él a Pamplona después de obtener la carta de repudio del príncipe Abdallah y se casó con su primo Aznar Sánchez, del que nació doña Toda, futura reina de Pamplona.

Difícil encontrarse en la Alta Edad Media hispana una mujer más de armas tomar que Toda Aznar, que en sus ochenta y dos años de vida se construyó una biografía tremebunda. Durante el siglo IX en Navarra se establecieron dos grandes familias: la vascona de los Arista y la gascona de los Jimeno, que emparentaron casándose los unos con los otros. Toda Aznar, todo un carácter, era una Arista y se casó con el primer rey Jimeno, Sancho Garcés I. Ese matrimonio cambió la política navarra, que se alió a los cristianos de León y se enfrentó a los musulmanes de Tudela. Al morir su marido, los Jimeno no se fiaban un pelo de la reina Toda, que al fin y al cabo era una Arista, y sentaron en el trono a un hermano del rey muerto que solo vivió seis años. Entonces Toda se invistió de una autoridad indiscutible. Aunque sus parientes cordobeses la obligaron a la pleitesía, Toda primero se sometía y luego los traicionaba. En Simancas, los cronistas describen una Toda a caballo hartándose de despachar a los sarracenos de su sobrino Abderramán III. Pero si iba a la guerra era solo como último recurso. Prefería arreglar los conflictos a las buenas y fue por eso una gran casamentera. A sus cuatro hijas las casó varias veces buscando distintos pactos. A Sancha, por ejemplo, la casó sucesivamente con el rey Ordoño II de León, con el conde de Álava y finalmente con Fernán González, conde de Castilla. También colocó a sus sobrinas y nietas en todos los tálamos de abolengo. Los últimos años de su vida los pasó entre Córdoba y Pamplona pactando una alianza con su sobrino Abderramán III para que la ayudara a recuperar el trono leonés para su nieto Sancho el Craso.

Este Sancho nació en el año 935 de la semilla de Ramiro II de León y el vientre de su segunda mujer, Urraca Sánchez. Desde que no levantaba un palmo del suelo se movía entre comilonas hipercalóricas que lo pusieron como un tonel. Creció con los años y, sobre todo, engordó como una vacaburra, hasta las veinte arrobas, más de doscientos kilos,

porque comía sietes veces al día y no era raro que el menú tuviera catorce o quince platos, de caza sobre todo. La balumba lo convirtió en invá-
lido y ni podía subirse al caballo ni empuñar su espada, ni casi levantarse
de la cama. El conde castellano Fernán González había conspirado en
favor del Craso contra su propio yerno Ordoño III. Conchabado el in-
grato conde con el desnaturalizado Sancho (hermano de Ordoño III),
entró cada uno con su ejército por tierras de León para caer simultáneamente sobre la capital, pero erraron en sus cálculos, porque Ordoño estaba prevenido. Los sediciosos hallaron los pasos tan cerrados, tan fortificadas las plazas, y tan apercibidas y bien distribuidas las tropas, que
tuvieron que retirarse con el rabo entre las piernas. Según un obispo
llamado don Pelayo todo el gasto lo pagó la reina, porque Ordoño pilló
un rebote *king size* por la deslealtad de su suegro y repudió a la hija del
conde, pretextando para la anulación del matrimonio la infecundidad de
Urraca y así poder casarse con Elvira, hija del conde de Asturias Gonzalo, de quien tuvo a Bermudo, que llegó a reinar. Eso cuenta el obispo
don Pelayo, pero ni Ordoño se casó con Elvira ni tuvo con ella a Bermudo. Este cronista mitrado era otro de esos falsarios que prosperaron en
la historia de España como hongos después de la lluvia.

Al final, el contubernio entre Fernán González y su sobrino el Craso logró poner a este en el trono tras la extraña e inesperada muerte de
Ordoño III, pero el conde castellano empezó a mover la silla al nuevo
rey so pretexto de que ni podía combatir ni engendrar un heredero. El
conde urdió una conspiración que cursó en rebelión militar, sitió León,
entró en la ciudad y arrebató al Craso el trono por las bravas. Sancho I
el Craso, fue expulsado de su reino por los nobles, que, no contentos con
burlarse de lo que hoy llamaríamos su obesidad mórbida, lo sustituyeron
por su primo Ordoño IV.

Derrocado y humillado, Sancho I logró escapar nadie sabe muy bien
cómo de aquella trampa mortal y se refugió en Navarra, en las faldas de
su abuela la reina Toda, que a diferencia de su nieto los tenía bien puestos a sus casi ochenta años y se puso manos a la obra para que Sancho
recuperara el trono. Lo primero era perder los kilos de más para poder
combatir e infundir respeto en sus enemigos. Todo le salió a pedir de
boca a Toda Aznar.

Gracias a una cura de adelgazamiento dirigida por el famoso médico judío Hasday ben Hasprut, que era además consejero de Abderramán III, Sancho lució tipito de sota de bastos. El galeno sometió a un auténtico calvario al leonés, una dieta sin vuelta de hoja: le cosió la boca para evitar que comiera nada sólido, solo le dejó una pequeña abertura en los labios para poder beber agua e infusiones. Eso, ciertos ejercicios de *running* y baños de vapor le hicieron perder la mitad de su peso y pudo montar a caballo, sostener la espada y yacer con mujer. Fue la última hazaña de Abderramán III o, al menos, la última de renombre. El precio del tratamiento no fue barato, la factura alcanzó la cesión de diez fortalezas pagaderas a Abderramán III. Sancho se embutió en una armadura y al mando de un ejército prestado por el califa, se dispuso a recuperar el cetro. Un ejército árabe marchó sobre Zamora en el año 959, el rey Ordoño IV abandonó el trono y huyó a Asturias. Sancho I volvió a poner sus posaderas en el trono leonés en abril de ese mismo año y dio por terminado el juego de tronos que había durado casi una década.

Pero le quedaba a Sancho un enemigo poderoso, el conde Gonzalo Sánchez, que gobernaba a Lamego, Viseu y Coímbra. El monarca leonés salió en su busca, pero apenas había pasado el Miño se encontró con los enviados del noble sublevado que venían a ofrecerle en su nombre reconocimiento y homenaje, y a pedirle una entrevista con el conde relapso. El rey dijo que vale, que de acuerdo; pero el conde ocultaba muy malas intenciones. La entrevista se celebró, el conde dio las gracias, organizó un banquete y le dio al rey una manzana emponzoñada que Sancho el Craso comió sin recelo. Fue un craso error. No tardó en sentir sus efectos y con gestos y palabras balbucientes ordenó que lo llevaran a León. Intentaron cumplir su voluntad, pero al tercer día de camino la palmó en el monasterio de Castrelo de Miño (967). Así acabó Sancho el Craso a los doce años y un mes de haber empuñado por primera vez el cetro de León. Dejó un hijo de cinco años. Sería Ramiro III.

Sancho se había negado a entregar las fortalezas que había prometido a Abderramán III y cuando murió el califa, declaró que la deuda había quedado saldada. No debió de parecerle un justo criterio al sucesor del califa. ¿Instigaron su finiquito los mismos que le quitaron la mitad de su grasa?

LOS VELA Y UN VELATORIO

Las crónicas dicen que castellanos y navarros trasladaron el cadáver del conde castellano García II Sánchez hasta el antiguo monasterio de San Salvador de Oña (Burgos) y lo enterraron en el lado de la epístola, junto a sus padres. Sin embargo, en el panteón de San Isidoro de León se muestra el sepulcro de este conde. Es un pequeño cenotafio en cuya lápida está grabada la figura de un joven (tenía diecinueve años en el momento del asesinato), coronado, con cetro y en aptitud de discurso, con su nombre grabado a los pies: García. En el mismo túmulo puede leerse: «Aquí descansa el infante don García, que vino a León a recibir el título real y fue muerto por los hijos del conde Vela».

¿Quiénes eran los Vela y por qué liquidaron al condesito? Parece una historia de odio rancio, pero esconde una gran conspiración. Los manaderos de la tragedia se encuentran muchos años antes. El nombramiento por el rey leonés Alfonso III el Magno de «un hombre principal llamado conde Vigilia o Vela» como conde en Álava, coincidió con el nombramiento de Rodrigo como conde en Castilla. En aquel tiempo, siglo IX, los condes o *comites* eran figuras heredadas del reino visigodo, y la designación era en realidad la atribución de funciones administrativas, jurisdiccionales y militares por delegación del rey en las marcas fronterizas, sin carácter sucesorio, ni siquiera necesariamente vitalicio. Los condes eran gobernadores, por eso figuran como condes *en*, en vez de como condes *de*.

Más tarde, siendo conde en Castilla Fernán González, su política unificadora, apoyada entonces por Ramiro II de León, condujo a la anexión del condado alavés y a la expulsión de los Vela, que buscaron refugio en la corte del califa cordobés Abderramán III. Desde entonces un odio africano separó para siempre a las dos estirpes. En el año 960, los Vela intervinieron a favor de Sancho el Craso, aliado del califa y de Pamplona, en la guerra contra Ordoño IV y su suegro Fernán González. Vencedor Sancho el Craso, los Vela se establecieron en León, enlazaron con grandes familias y encabezaron el partido anticastellano. Al principio de su gobierno, el conde de Castilla Sancho García decidió acabar con el odio que separaba a las dos familias, se reconcilió con Vela Íñiguez y con sus hijos Rodrigo e Íñigo y los repuso en sus antiguas posesiones, pero por motivos políticos se vio obligado a expulsarlos nuevamente. Rodrigo e Íñigo fueron bien acogidos en León por el rey Alfonso V, que los heredó en las Somozas. Pero a la muerte de Alfonso V, la tensión entre castellanos y leoneses se trocó en amistad, dirigida a contener el arrollador avance político de Sancho el Mayor de Navarra. Para ratificar la alianza se acordó el casamiento del conde castellano García II Sánchez con la infanta Sancha, hermana del leonés Bermudo III.

Era el año 1029, el joven conde castellano García II Sánchez, biznieto y último descendiente de Fernán González, fue a León para casarse con la joven princesa Sancha, de quince años, hija de rey de León Alfonso V y hermana del nuevo monarca leonés Bermudo III. El castellano, según algunas crónicas, acudió acompañado por su cuñado, el navarro Sancho el Mayor, el monarca peninsular más poderoso e intrigante.

Las comitivas castellana y navarra llegaron a León y acamparon fuera de la ciudad. Lucas de Tuy cuenta de esta manera los sucesos de aquel 13 de mayo de 1029: «Sucedió que hallándose el rey Bermudo en Oviedo, llegaron a León los nobles burgaleses con su conde, el infante García, dispuestos a ir a Oviedo para poder hablar con el rey tanto del futuro matrimonio como de la concesión del título de rey al conde García, pero los hijos del conde Vela, reuniendo una tropa en las Somozas, recordando los males que les había infligido el conde Sancho [padre de García] caminando toda la noche entraron en la ciudad de León y al amanecer del martes mataron al mismo infante García a la puerta de la iglesia de San Juan Bautista. Diego, hijo del conde Vela, que en el bautizo había sacado de la pila sagrada al dicho infante, le dio muerte con su misma mano perpetrando un enorme sacrilegio y desechando cualquier temor de Dios. En la misma ocasión, fueron asesinados muchos caballeros, tanto castellanos, como leoneses, que habían acudido en socorro del infante García». Añade el cronista que la infanta Sancha lloró amargamente la muerte del conde García y le dio sepultura con todos los honores al lado del propio padre de la infanta, el rey Alfonso, en la iglesia de San Juan Bautista (hoy San Isidoro).

Según la tradición, los asesinos Rodrigo, Íñigo y Diego Vela se refugiaron en el castillo de Monzón de Campos (Palencia), donde cercados y derrotados, fueron quemados vivos por Sancho el Mayor. Una pura invención, tal vez para maquillar la probable inducción del crimen por el rey navarro. Los castellanos recelaron de una conspiración leonesa, pero en León se vio en el magnicidio la larga mano del rey de Navarra. Si alguien ganó con la muerte del conde castellano fue Sancho el Mayor, como demuestran los posteriores acontecimientos y el giro radical que, desde la muerte del conde castellano, tomó la historia de los reinos del norte peninsular. En el *Romanz del Infant García* se asegura que en el crimen participó el gobernador de la ciudad, Fernando Laínez, y que cuando la infanta Sancha quiso impedir que alancearan a su prometido, fue abofeteada, cogida del pelo y empujada escaleras abajo por el gobernador leonés.

Una vez capturados los responsables del asesinato, la venganza de la infanta fue de antología: a Fernando Laínez le cortó las manos con que atacó al infante, le cortó los pies que le llevaron hasta el lugar del crimen, le arrancó la lengua con la que planeó la traición y le sacó los ojos que lo vieron todo. Después lo montó en una acémila y lo hizo pasear por las villas de Castilla y de León pregonando los motivos de su tortura.

Diga lo que diga el romance, lo cierto es que los asesinos y sus cómplices buscaron refugio entre los montes, ninguna mano se levantó para castigarlos y nunca se desveló el misterio que había rodeado el crimen. Si bien a partir del asesinato no vuelven a aparecer en documento alguno leonés, hay indicios de que Rodrigo Vela pasó a Galicia. Tampoco Íñigo Vela debió de resultar muy socarrado porque en 1032 vendía una viña en Grañón (La Rioja).

¿Satisficieron con su sangre un rencor de familias casi secular o se trataba del desenlace de una intriga en la que los Vela solo eran el brazo ejecutor, pero no sus beneficiarios? ¿Mataron por iniciativa propia, impulsados por el odio, o tal vez instigados por una criminal intriga para impedir a todo trance el matrimonio? La tradición popular materializada en el *Romanz del Infant García*, inspiró la historiografía posterior, de marcada significación castellanista, haciendo aparecer a los Velas como unos asesinos y traidores, que incluso se habían pasado al Islam. A partir de los trabajos de Sánchez-Albornoz y los de Menéndez Pidal se vislumbraban otras cosas. Las dramáticas circunstancias del crimen —en la puerta de la iglesia esperando a su prometida antes viuda que casada—, alimentaron una tradición que sirvió de tapadera y excusa a lo que parece una conspiración del copón que acabó por redefinir el mapa dinástico y la configuración de aquella España germinal. Demasiado para una simple venganza de los Vela.

En *Medea*, la famosa tragedia de Séneca, se dice: *Cui prodest scelus, is fecit*. En español quiere decir: «Aquel a quien aprovecha el crimen es quien lo ha cometido». Esta presunción es un axioma fundamental de los instructores judiciales y policiales: el descubrimiento de un posible móvil favorece el hallazgo del culpable, por lo menos limita el número de los sospechosos. Apliquemos la regla del *cui prodest*. De haberse llegado a contraer el matrimonio, el condado de Castilla se hubiera convertido en reino y, a falta de herederos de Bermudo III, los sucesores de Fernán González se hubieran convertido en la dinastía unificadora de Castilla y León. Sin embargo, con esa muerte, Sancho el Mayor consiguió heredar a su hijo menor Fernando como conde de Castilla que, casado con la hija de Bermudo III, acabó convertido en el rey Fernando I de León y Castilla.

El conde García murió sin descendencia y los derechos al condado de Castilla los heredó su hermana Muniadona, también conocida en las crónicas como Mayor, casada con Sancho el Mayor. El rey pamplonés se hizo con el poder efectivo del condado castellano e inició la expansión hacia el oeste, ocupó las tierras entre los ríos Cea y Pisuerga, territorio leonés que había recuperado Alfonso V después de que el castellano Sancho I García se las hubiera usurpado durante la niñez. En los años siguientes el reino leonés fue un barullo. Sancho el Mayor llegó a dominar Zamora y Astorga, y aunque Bermudo III siguió siendo el rey de León, el navarro pudo entrar en la capital en algún momento y pretender el reino. Hubo intentos de normalización y acercamientos, se concertó la boda de Bermudo con Jimena, hija del rey navarro, y de Sancha, la hermana de Bermudo prometida al malogrado García, con Fernando, segundo hijo de Sancho el Mayor. Esta última boda, junto con el asesinato de García, determinó el futuro del reino de León. Cuando, en 1035, murió Sancho el Mayor, el reino navarro quedó en manos de García, el primogénito. El segundo hijo, Fernando, se hizo con el condado de Castilla, Gonzalo obtuvo Sobrarbe y Ribagorza, y Aragón fue para el ilegítimo Ramiro.

Las hostilidades contra León continuaron con el nuevo rey navarro y su hermano el conde de Castilla, que pretendía las tierras entre los ríos Cea y Pisuerga. Ante la invasión leonesa, Fernando solicitó la ayuda de su hermano García y, a finales del verano de 1037, ambos se enfrentaron al rey leonés en las cercanías del pequeño pueblo burgalés de Tamarón. Casi ochenta años después, así cuenta la *Crónica silense* la muerte del rey Bermudo: «Fernando y su hermano García, congregando las haces de los más fuertes guerreros, al avanzar contra el ejército invasor, se encuentran al enemigo que había atravesado la frontera de los cántabros. Ya los dos ejércitos se miraban retadores con las armas deslumbrantes, cuando Bermudo, lleno de audacia y de osadía, clava el aguijón de la espuela a su famoso caballo *Pelagiolo* y, ansioso de lucha, parte con rápida carrera, tensa la lanza, entre las apretadas filas del enemigo; pero la muerte acerba, a quien ningún mortal puede vencer, le echa por tierra en aquel impetuoso galopar, mientras el feroz García y Fernando arrecian en la lucha, cayendo en torno a él siete de sus más fuertes guerreros».

Tras el desastre de Tamarón, la corona de León recayó en Sancha, hermana de Bermudo y mujer de Fernando. En un principio los leoneses no aceptaron a Fernando y cerraron las puertas de la capital, solo un año después, el rey consorte, de origen navarro, fue consagrado como rey de León. Tradicionalmente se le considera el primer rey de Castilla. No está claro. En *El Imperio hispánico y los Cinco Reinos,* Ramón Menéndez Pidal documentó que «Fernando no se titula más que conde en los años 1035, 1036 y comienzos de 1037, mientras se titulan reyes sus hermanos en Aragón y Ribagorza». ¿Qué importancia tiene que Fernando se intitulara o no rey de Castilla? Pues que si lo hizo sería el primer rey de Castilla, lo que afirmaría por primera vez una independencia real de este condado respecto a León. La Colección Diplomática del Monasterio de Sahagún, se refiere a Fernando I como *rege in Legione, regis Legionense* y otras variantes en un total de ciento cuarenta y dos documentos, mientras que solo uno dice que es *rex in Legione et in Castella.* En la Colección Documental del Archivo de la Catedral de León se le denomina *regnante rex Fredenandus in Legione, in sedis Legione* y otras variantes similares en setenta y cuatro documentos, mientras que solo dos le señalan como *Rex Fredenando in Legione et in Castella*. Partiendo del supuesto de que los documentos en los que Fernando se intitula rey de Castilla sean originales y no una falsificación posterior (como parece señalar el hecho de que se arrogue un título territorial cuando esa costumbre no se había iniciado todavía), ¿son suficiente unos meses para decir que el reino de Castilla se anexionó León, y que así nació el reino de Castilla y León? La famosa primera reunificación de «Castilla y León» parece un mito.

El origen del reino estaría en la muerte del monarca. Con la división de sus estados entre sus hijos, el primogénito Sancho II heredó Castilla con el título de rey. Ahora sí. La muerte de Bermudo en Tamarón se considera el fin de la dinastía astur, pero resulta discutible, son muchos los que creen que continuó en la persona de la reina Sancha I de León, hermana de Bermudo III y madre de Alfonso VI.

Una postdata. Sancho III Garcés de Navarra fue el baranda más poderoso de la Península durante la mayor parte de su reinado, por eso lo llamaron Sancho el Mayor. Sin embargo, es muy mal conocido. Ninguna crónica contemporánea da cuenta de sus hechos y cuando a partir del siglo XII comenzó a relatarse su historia, empezó a deformarse. Gonzalo Martínez Díez subraya que de los noventa documentos que conservamos, solo uno, redactado en el último año de su vida, es original. La mayor parte fueron rehechos, maquillados e incluso inventados después, unos habían desaparecido en diversas calamidades, o bien por el clima o las plagas de insectos, y hubo que restituirlos a partir de la memoria oral, otros quizás no habían existido nunca. Algunas crónicas de más de un siglo después de su muerte (*Historia silense, Crónica najerense, Liber Regum, Chronicon Mundi, De Rebus Hispaniae*) nos endilgan relatos de pura filfa.

Este rey —¿Santxo Nagusia?— ha adquirido dimensiones míticas en la tradición vasquista por haber sido supuestamente el forjador del más extenso estado vasco de la historia, porque incluiría todos los pueblos de Vasconia, incluidos los gascones aquitanos. Es verdad que las posesiones de Sancho se extendieron por un territorio muy amplio, que abarcaba Navarra, Castilla, Álava, parte de Aragón y la mayoría de las tierras del reino leonés, pero no logró hacerse con el ducado de Gascuña. Los nacionalistas vascos insisten en que unió la Vasconia occidental y la oriental, pero no fue así: el antiguo condado de Álava siguió vinculado a Castilla durante todo su reinado, aunque parece que Sancho estableció tenencias navarras en el Pirineo occidental, unos dicen que hasta el río Deva; otros, que hasta Durango, en el riñón de Vizcaya. Coincidiendo con el milenario de la llegada al trono navarro de Sancho el Mayor, los *abertzales* navarros han desempolvado el mito del primer estado vasco, pero con escaso éxito.

Mayor eficacia tuvo la explotación del mito dinástico de Sancho el Mayor en el unitarismo hispánico auspiciado por Castilla. Tanto Rodrigo Ximénez de Rada, el gran defensor de la idea de Reconquista, como Alfonso X exaltaron la figura del monarca navarro como origen común de las dinastías de todos los reinos hispánicos, y así pasó a la cronística posterior. Lo bueno de los vascos es que lo mismo sirven para un roto como para un descosido y hasta Abderramán III podría haber reclamado el título de unionista español por ser nieto de vascos.

GUIFRÉ EL PILÓS, OTGER CATALÓ Y UN CAMPEADOR

Somos herederos sin testamento.

PAUL VALÉRY

LA CUATRIBARRADA DEL PILÓS Y LOS BARONES DE CATALÓ

Berenguer Ramón II gobernó una temporada su condado catalán junto a su hermano gemelo Ramón Berenguer II, llamado Cabeza de Estopa por su espesa cabellera de color membrillo. El testamento de su padre, que se llamaba —¿cómo si no?— Ramón Berenguer I establecía que los hermanos debían gobernar a pachas y proindiviso, aunque en realidad existían ciertos privilegios en favor del conde Cabeza de Estopa. A los gemelos no les gustó mucho la decisión de papá y dividieron sus posesiones contra la voluntad de su padre, cuyos huesos debieron de revolverse en la tumba. Los condes mielgos convinieron residir de forma alternativa durante seis meses en el palacio condal.

El 5 de diciembre de 1082, Cabeza de Estopa se dirigía a Barcelona atravesando el bosque de Perxa del Astor, actualmente dentro del término municipal de Gualba. Unos desconocidos, tal vez gendarmes de su propio séquito, lo asesinaron con espesura y alevosía. Llevaron su cadáver a Girona, donde recibió sepultura a la intemperie hasta su traslado, trescientos años después, al interior de la Catedral de Girona por iniciativa de Pedro IV de Aragón. Su hermano, Berenguer Ramón II, fue acusado de instigar el magnicidio, por lo que quedó para los restos con el apodo de El Fratricida.

La implicación de este Berenguer Ramón en las disputas de las taifas moras lo puso a malas con el Cid y en la guerra subsiguiente el de Vivar hizo prisionero al conde, no una sino dos veces. Desde 1086, a raíz de un compromiso pactado con la nobleza barcelonesa, asumió la tutela de su sobrino Ramón Berenguer, asociándolo así al trono.

Catorce o quince años después de la oscura muerte de su hermano Cabeza de Estopa, para dilucidar el caso se celebró una justa en la corte de Alfonso VI de León. Como el conde perdió, según la costumbre fue considerado culpable y partió a Jerusalén en la primera cruzada, no se sabe si con un grupo de peregrinos o de guerreros cruzados. Aunque no se tiene noticia de su muerte, sí se sabe que con los cruzados de Raimundo IV de Toulouse había algunos guerreros procedentes del Rosellón, tal vez Berenguer Ramón se encontrara entre ellos, tal vez murió en el sitio de Jerusalén.

En 1982, el hallazgo en la Catedral de Girona de un emblema cuatribarrado en la decoración de la tumba de Cabeza de Estopa hizo salivar a los nacionalistas catalanes, que creyeron tener la prueba de que la Señal Real estuvo desde su origen asociada a los condes de Barcelona. Y volvieron a dar la chapa de la cuatribarrada como símbolo exclusivo de Cataluña. En la tumba había un sarcófago cuya única decoración exterior, en buen estado de conservación, era efectivamente una sucesión de diecisiete tiras verticales rojas y doradas de unos cinco centímetros, identificadas con las armas tradicionales de la corona de Aragón. Según unos, el primitivo sarcófago de Girona confirmaba el origen catalán del escudo de armas —que es el símbolo oficial de las comunidades autónomas de Aragón, Baleares, Cataluña y Valencia— y demostraba que el linaje condal de Barcelona tenía como emblema palos rojos sobre fondo dorado ya antes de la unión del condado de Barcelona con el reino de Aragón. Según otros, la decoración heráldica de palos de oro y gules en el ataúd de Ramón Berenguer II Cabeza de Estopa no es original, sino un añadido de 1385, cuando Pedro IV de Aragón ordenó el traslado de los restos al interior de la Catedral de Girona. La verdad es que no parece posible que en su emplazamiento original, a la intemperie, se conservara la pintura durante tres siglos.

Las barras, o Señal Real de Aragón, fueron el emblema medieval de los soberanos de la corona de Aragón, luego el distintivo fue adoptado en las armas de otros linajes nobiliarios, en órdenes religiosas y en escudos de villas y ciudades. Desde los Reyes Católicos su uso quedó asociado a las armas de los reyes de España e integrado más tarde en el escudo nacional. La primera denominación del emblema está documentada en la concesión de Alfonso II el Casto de Aragón —que nada tiene que ver con Alfonso II de Asturias que también fue Casto cuatrocientos años antes—. Pero las primeras manifestaciones del símbolo aparecen en los siete sellos de Ramón Berenguer IV, conde de Barcelona y príncipe de Aragón, que datan del año 1150 más o menos; o sea unos setenta años después de la muerte de Cabeza de Estopa, que difícilmente pudo lucir el emblema. Además, la heráldica no apareció en Europa hasta finales del segundo cuarto del siglo XII.

Aunque descrito en algunas leyendas, el origen de la cuatribarrada es objeto frecuente de controversia y de gresca política entre «hordas de ignorantes propagadores de sueños y profecías», como escribió Joan Margarit, obispo de Girona, canciller e influyente diplomático en la Roma del siglo XV. Según Álvarez Junco, la construcción mitológica llega un poco más tarde a la Marca Hispánica que a Castilla. Desde la segunda mitad del siglo XII hasta los primeros años del siglo XIV se redactaron en el monasterio de Ripoll las *Gestas de los condes de Barcelona*, primeras crónicas catalanas de importancia, que a diferencia de las castellanas prescinden de la Hispania prerromana y romana e incluso dejan en un segundo plano la visigoda para comenzar con la inicial «liberación» de las tierras catalanas frente a los musulmanes, que se atribuía a Carlomagno y a sus descendientes. La dinastía de los condes de Barcelona, en vez de intentar emparentar con el linaje godo, hacía descender su sangre de los carolingios. Hasta el siglo XIV las crónicas catalanas destacaban con orgullo la intervención personal de Carlomagno, que arrebató Girona a los musulmanes en el año 785, y de su hijo Luis el Piadoso, conquistador de Barcelona y fundador del condado de ese nombre, lo que explicaba su primacía sobre el resto de los condados catalanes. Pero para las *Gestas*, el acontecimiento fundacional sería la obtención de manos de Carlos el Calvo del dominio hereditario sobre el condado de Barcelona por parte de Guifré el Pilós o Wifredo el Velloso.

El emperador franco Carlos el Calvo, nieto de Carlomagno, habría dividido el condado de Barcelona separando la Septimania de la Gothalania, cada una bajo el gobierno de un conde. Se creía que Cataluña venía de Gothalania y que la palabra «catalanes» procede de gothoalanos (godos y alanos). Para Joan Margarit, Barcelona fue la primera capital goda, antes que Toledo. Tras la división de Carlos el Calvo, Udalrico obtuvo el condado de Barcelona y lo legó a Wifredo, llamado el de Arrià, que gobernó con cierta independencia. Le sucedió al poco tiempo un godo-franco de la Septimania llamado Salomón, a quien los catalanes pusieron en una esquela en el 874 porque querían a un nativo, un conde propio, por eso nombraron a uno que había nacido en su país, Wifredo el Velloso, a quien muchos suponen hijo del otro Wifredo, el de Arrià, emparentado con la estirpe real carolingia. Para el historiador renacentista Pere Miquel Carbonell los dos Wifredos, el de Arrià y el Pilós, son el mismo y añade que era natural del ducado de Baviera, «de casa molt generosa». Tanto para Pere Antoni Beuter como para Roig y Jalpí era un «excelentísimo godo», que procedía «del linaje real de los godos».

Fuese que Carlos el Calvo, en compensación de algún servicio, donara a Wifredo el condado de Barcelona o que Wifredo conquistara su independencia con la punta de la espada, parece que con Wifredo el Velloso dio principio la serie de condes soberanos de Barcelona, el nuevo estado cristiano de la Hispania oriental. Alrededor de la heroica muerte del Velloso, Pere Antoni Beuter se inventó en 1551 la leyenda que narra que el emblema de los cuatro palos lo creó el rey de los franceses después de una batalla contra los normandos, cuando el monarca mojó su mano en la sangre de las heridas de Wifredo, pasó cuatro dedos por encima del escudo de oro del conde de Barcelona y le dijo: «Estas serán vuestras armas, conde». Antes de la obra de Beuter, ni una sola referencia al origen de la cuatribarrada o Señal Real.

En 898, a los veinticuatro años de gobierno independiente, murió Wifredo el Velloso, el último conde de Barcelona designado por la monarquía franca y el primero que legó sus dominios a sus hijos. A partir de entonces, los condados catalanes se transmitieron por herencia y eran *de facto* independientes del reino franco. Wifredo dejó el triple condado de Barcelona, Ausona y Girona a su hijo Wifredo II o Borrell I, que con ambos nombres lo designan los documentos. Continuó Borrell la obra de su padre hasta el 912, en que murió en la flor de la edad, como se dice. Como solo dejó una hija, llamada Rikildis, la herencia del condado, según la costumbre de los francos por la que se regían los condes de Barcelona, y que no admitía la sucesión de las hembras, pasó a su hermano Sunyer.

¿Venían los catalanes de los godos, de los francos o de sí mismos como los vascos? En el siglo xv, Joan Margarit defendía que Cataluña venía de Gothalania, pero las crónicas catalanas de finales del xvi y comienzos del xvii abandonan las referencias a los orígenes tanto godos como carolingios de la liberación catalana frente a los musulmanes. El notario rosellonés Francesc Comte escribió en 1586 un libro en el que explicaba que los que expulsaron al moro de Cataluña fueron los catos, un pueblo germánico asentado en los Campos Cataláunicos cuyo príncipe Otger Cataló había expulsado de Cataluña tanto a los musulmanes como a los godos. Dos años después, Francesc Calça, catedrático de Retórica de la Universidad de Barcelona y *conseller* de la Generalitat, llama catalaunos a los catos. Pero no fueron ni Comte ni Calça los inventores de Otger Cataló, sino Pere Tomich, que fabricó en el siglo xv un héroe fundador no ya legendario como Wilfredo el Velloso, sino completamente manufacturado por su ensueño. Otger Cataló habría sido el único noble cristiano que había sobrevivido a la invasión sarracena, malherido y refugiado en los Pirineos, logró reponerse gracias a un perro fiel que le lamía diariamente las heridas y a una cabra que lo alimentaba (hay mitos con recidiva, y los de Habis y Rómulo y Remo ya ni te cuento). Tras recobrar la salud, convocó con su cuerno a todo el que quisiera seguirle en la lucha contra el invasor; pero no tuvo gran poder de convocatoria porque solo fueron nueve los que juraron ante la Virgen Negra luchar a su lado: los nueve Barons de la Fama o Cavallers de la Terra de donde procedían las más nobles familias catalanas —al revés que el cobarde campesinado que se sometió al invasor, lo que justificaba su situación servil—. Los nueve, aunque no sumaban ni para un equipo de fútbol, se echaron al monte y dieron leña al moro. A partir de ellos se realizó la división de Cataluña en «novenarios» (nueve obispados, condados, etc.).

O sea, que a Cataluña no la reconquistaron ni godos ni francos, Cataluña se autoliberó y punto pelota. Si luego, por libre elección, se entregó a los carolingios, fue bajo condición de mantener sus fueros y libertades. Tomich reservó un lugar para el papa en su relato, pues habría participado personalmente en la conquista de Barcelona —lo que a su vez justificaba el pago de los diezmos—. Otger Cataló y los Nueve Barones fundaron monasterios y rigieron el territorio durante un largo periodo, hasta que en 801 llamaron a Carlomagno, que conquistó Barcelona con ellos y otros caballeros godos. La Leyenda de Otger Cataló era para el humanista del siglo xv Pere Miquel Carbonell, archivero de Barcelona, *«rises per homens letrats»*. Este historiador contribuiría, sin embargo, a la creación de otras leyendas, como la aparición de Sant Jordi combatiendo al lado del rey Jaume I.

En los años 1580, en plena crisis aragonesa, Francesc Tarafa, canónigo y archivero de la Catedral de Barcelona, «descubrió» el documento que atestiguaba el pacto por el que los «godos o españoles» que vivían en la Ciudad Condal se sometían al emperador carolingio por su «libre y pronta voluntad para evitar el crudelísimo yugo de la raza de los sarracenos». O sea, que volvemos a la casilla de salida, porque por lo visto los catalanes ya no eran catos o catalaunos, sino godos o españoles que voluntariamente eligieron ser un protectorado carolingio, aunque con condes soberanos. E idiosincráticos.

UN MALENTENDIDO

Una balada recogida en Rumanía demuestra que bastan cuarenta años para consumar un mito. Cuenta Mircea Eliade que el relato hablaba de un novio que unos pocos días antes de su boda fue empujado desde un peñasco por un hada enamorada de él. Cuarenta años después, al averiguar que la novia vivía todavía, un investigador se entrevistó con ella. Resultó que cuando su novio se cayó cantil abajo, ella estaba delante, había sido un accidente sin hada ni nada. Cuando el investigador contó esta versión a la gente del pueblo, tildaron a la novia de loca: «Ella ya está chocha, esa es la verdad», le dijeron. Ni siquiera la testigo ocular podía desmentir «la verdadera historia» del hada celosa. Preferían la posverdad, pero todavía no se llamaba así, sino comulgar con piedras de molino.

Los héroes de las gestas antiguas —y modernas— son en muchos casos fruto de la imaginación o de un malentendido. Incluso cuando se inspiran en personas de carne y hueso se vuelve muy difícil separar el grano de la historia de la paja de la fábula que los crioniza en el éter de una fingida santidad. El caso del Cid es excepcional. Como documenta Francisco Javier Peña Pérez, sencillamente el Campeador es inimaginable al margen de las contradicciones que determinan la historia de la Península a lo largo del siglo XI. Sin el potencial militar del norte y las parias del sur, el Cid se queda en un fantasma inconsistente y fuera de lugar. Aunque su biografía corrió durante siglos entreverada de ficción, conocemos su vida real con bastante exactitud e incluso poseemos, lo que no deja de ser asombroso, un autógrafo suyo, la firma que estampó al dedicar a la Virgen María la Catedral de Valencia en 1098. En ese documento el Cid, que nunca utilizó ese alias, se presenta a sí mismo como «el príncipe Rodrigo el Campeador».

Los romances y cantares que surgen en torno a su figura a finales del XII son humo de incienso. El *Cantar de mío Cid,* por ejemplo, es una bonita perla engordada alrededor de un gramo de realidad. Refiere una historia apasionante que se fue decantando a lo largo de un siglo de tradición oral sobre un brillante militar cuya verdadera cara es muy distinta de su mito. De coplas como esa pasó a las crónicas de Lucas de Tuy, Ximénez de Rada y Alfonso X, y el que había sido un *condottiero*, un señor de la guerra capaz de servir a tirios y a troyanos —quiero decir a moros y cristianos— se convirtió en el modelo de vasallo leal, buen cristiano y compendio de todas las virtudes sin mezcla de mal alguno. Se puede decir una mentira sin mentir. Se puede engañar contando datos verdaderos. El truco consiste en exponer unos hechos ciertos y, silenciando otros, inducir a una interpretación falsa. A esa engañifa recurrió, a comienzos del siglo XX, Menéndez Pidal para convertirlo en el héroe nacional español, lo cual solo puede tener fundamento si se consideran la picaresca y tener un morro de cemento armado como santo y seña de la identidad española. Un hombre puede ser un artista en lo que sea, vendiendo lavadoras por ejemplo, el Cid era un artista de la extorsión y a veces pintaba obras maestras el tío.

Sin ese arte, Rodrigo Díaz no habría pasado de ser un infanzón anónimo a convertirse en el Cid *Campi doctor*, el vencedor en el campo de batalla, el protagonista de poemas, crónicas y libros de historia. Su imagen se ha desdoblado en dos que se parecen como un Cristo a un Barrabás: el Rodrigo histórico y el Cid legendario. El Rodrigo histórico es un oportunista que ve crecer la hierba y sabe aprovechar las ventajas coyunturales que se le ofrecen para labrarse un destino privilegiado. En vez de integrarse en el ejército real, mejor montárselo como autónomo, resulta más gratificante ser un *freelance* sin controles ni sumisiones. El Cid iba a lo suyo, a su bola. Punto.

Aunque resulte paradójico, los textos más antiguos sobre Rodrigo el Campeador son árabes, lo mencionan en una veintena de obras que nunca se refieren a él con el título de Sidi o Cid, tratamiento reservado a los gobernantes musulmanes, además las referencias de los árabes al Cid son casi siempre para llamarle de todo menos bonito o para endilgarle un zasca con toda la mano abierta. Para ellos era un *tagiya* («tirano»), *la'in* («maldito») e incluso *kalb ala'du* («perro enemigo»). El gran impacto que les causó la pérdida de Valencia suscita en ellos sentimientos encontrados de tirria y de admiración, por eso Ben Bassam en su *Dajira* o *Tesoro* (escrita hacia 1110) dice de él que «este infortunio era un prodigio de Dios por su destreza, por su resolución y por su intrepidez», claro que en este contexto «prodigio» debía de significar algo parecido a malote.

Dos testigos presenciales de las hazañas de Rodrigo escribieron las obras que cimentan la leyenda árabe del Cid —el *Manifiesto elocuente,* de Ben Alqama, y otra de Ben Alfaray cuyo título se desconoce— pero solo las conocemos por referencias de autores posteriores. Tal vez hubo noticieros cristianos o poemas que en vida del Cid se habrían divulgado entre un pueblo ávido de noticias sobre sus hazañas; pero si los hubo se perdieron, lo único seguro es que los textos cristianos más antiguos que tratan de Rodrigo son ya del siglo XII y están en latín. El primero es el *Poema de Almería* (1147-1148), que cuenta la conquista de la ciudad por Alfonso VII, después de este aislado testimonio el Cid se pone de moda y hay una eclosión de literatura cidiana. El detonante parece haber sido la composición, hacia 1180 y quizá en La Rioja, de la *Historia Roderici Campidocti*, una biografía latina en la que se cuenta su vida, seguramente a través de la tradición oral. Poco después se compuso la primera obra en romance, el *Linaje de Rodrigo Díaz,* un breve texto navarro que nos informa de la genealogía del héroe. A partir de esas obras se compuso un himno latino, el *Carmen Campidoctoris*, que compendia las batallas campales de Rodrigo. Ya en pleno siglo XIII, los inevitables Lucas de Tuy, en su *Chronicon Mundi,* y Ximénez de Rada, en *De rebus Hispanie,* aplauden con las orejas sus principales hazañas.

Pero lo que lo catapultó al estrellato y lo convirtió en un personaje *larger than life* fue un *sokatira* de a ver quién lleva el incienso más lejos, me refiero a tres poemas épicos: las *Mocedades de Rodrigo,* el *Cantar de Sancho II* y, sobre todo, el *Cantar de mío Cid.* A ellos se suman tres poemas breves de los que solo se conserva uno, el *Epitafio épico del Cid;* los otros dos están perdidos, si es que existieron realmente: *La muerte del rey Fernando* y *La jura en Santa Gadea.* Mucho tiempo después, tal vez en el monasterio de San Pedro de Cardeña, se redactó una *Estoria del Cid* muy influida por el género de las vidas de santos y tan fantasiosa como un delirio.

LA IRRESISTIBLE ASCENSIÓN DEL INFANZÓN

Imposible fijar fecha y lugar de su nacimiento. Nada dice sobre el particular la *Historia Roderici,* tampoco dicen nada los historiadores árabes coetáneos. Conjeturemos.

Según la *Historia Roderici,* Sancho II armó caballero al Cid y lo llevó a la batalla de Graus del año 1063. Como los jóvenes se solían armar caballeros entre los quince y los veintiún años, el Cid pudo nacer entre 1041 y 1047. Respecto a su lugar de nacimiento, tampoco hay ninguna noticia documental, pero el calificativo «de Vivar» escolta desde antiguo al Campeador. Claro que la adopción de un topónimo como apellido familiar tanto podía hacer referencia al lugar originario del tronco familiar como a la casa solariega de sus dominios. Vivar es una de tantas otras posibles cunas de Rodrigo; pero a falta de datos ciertos en contrario

Ramón Menéndez Pidal, en un informe para la Academia de la Historia, resolvió referirse a Rodrigo como «el héroe de Vivar».

La saga familiar se inicia por vía paterna con Laín Calvo, a quien los relatos juglarescos convirtieron por la cara, como se ha visto, en «juez» de la primitiva Castilla. De los demás ascendientes paternos citados en su genealogía, carecemos de más información hasta llegar a los abuelos, lo cual sugiere que estamos ante una familia cuyo linaje memorable apenas cuenta con un par de generaciones. Es prácticamente seguro que el padre del Cid, Diego Laínez, no consiguió sobrepasar en su vida las barreras de la infanzonía, pero gracias al ascendiente que le otorgaba el apellido de su mujer pudo dejar el campo despejado a su hijo Rodrigo para que diera el salto hacia los peldaños más elevados de la aristocracia. Por cierto, de la señora madre del Cid nadie tuvo la delicadeza de transmitirnos su nombre, a pesar del ascendiente público de la familia, sin duda perteneciente a la *crème de la crème* de los magnates. Magnates e infanzones disfrutaban de prerrogativas fiscales, militares y judiciales, no eran como los demás, pero tampoco iguales entre ellos. Los magnates eran terratenientes, disfrutaban de la confianza del soberano, tenían una relación directa con él y prestaban servicios remunerados en la curia regia o en las circunscripciones de la soberanía real. Eran condes, próceres, eclesiásticos áulicos o generales del ejército real; o sea, *the best and the brightest*. En otro escalón más modesto se movían los infanzones, aristócratas de medio pelo con proyección local o poco más. El Cid debutó como infanzón en la tercera división.

No sabemos mucho de la infancia del héroe. ¿Era hijo único? Parece que no, porque en su carta de arras se cita a dos sobrinos suyos, Alvar Fáñez y Álvaro Álvarez, que bien pudieron ser hijos de dos hermanas distintas de Rodrigo, como delatan los respectivos apellidos paternos de cada uno. A los diez o doce años, Rodrigo fue acogido en la corte de Fernando I para su educación, como «vasallo de criazón», y formó parte del séquito del infante Sancho en calidad de paje o doncel. Siendo todavía muy joven, entre los dieciséis y los veinte años, la familiaridad con el aún infante Sancho le permitió vivir una experiencia iluminadora del panorama geoestratégico en que se debatían los poderes peninsulares del momento.

Al infante Sancho le correspondía velar por el estricto cumplimiento de las obligaciones tributarias del rey musulmán de Zaragoza, taifa sometida por Fernando I al pago de parias. Seguramente las cantidades correspondientes al año 1063 no habían sido satisfechas, lo que obligó a Sancho a organizar al año siguiente una operación de castigo contra el rey de Zaragoza. El infante llevó a Rodrigo. La llegada a la capital del Ebro de los ejércitos castellanos coincidió con el momento en que Ramiro I de Aragón atacaba los territorios de al-Muqtadir de Zaragoza para ocupar la fortaleza de Graus. El moro organizó su ejército para recuperar la plaza y Sancho de Castilla se le unió con su mesnada para hacer efectivo el compromiso de ayuda convenido con su protegido musulmán. La batalla de los ejércitos castellano y zaragozano contra el aragonés resultó adversa para Ramiro de Aragón, que se despidió del mundo de los vivos. Este monarca era tío carnal de Sancho y hermano de Fernando I de Castilla y León. Su muerte, pues, no era nada personal, solo negocios.

Rodrigo era tal vez demasiado joven para luchar, las crónicas solo dejan constancia de su presencia en Graus, pero tonto no era y tomó buena nota de lo que sucedía ante sus ojos, era una escena con una lógica confusa: un príncipe cristiano ayudaba a otro musulmán a recuperar una fortaleza ocupada por un tercer contendiente, hermano de sangre y de religión del primero. En aquellos tiempos, reyes y pretendientes a serlo se enfrentaban a la luz del campo de batalla o en la oscuridad de la traición. Hermanos contra hermanos, legítimos contra bastardos, burgueses contra reyes, reinos contra reinos, todos luchaban dominados por la ambición, pactando alianzas con el enemigo de ayer o de mañana. Rodrigo recibió en Graus una lección magistral de pragmatismo político, allí ni había Reconquista ni Cristo que lo fundó, allí solo se ventilaba el cobro de unos tributos y el poder de seguir cobrándolos. La lección quedaría bien grabada en la memoria del chaval y la tuvo que recordar muchas veces en su vida. Una vez más, y van tropecientas, volvemos a ver que el concepto clásico de «Reconquista» no funciona como apoyatura científica para entender el ambiente histórico en que se desenvolvió el Cid.

Un año después moría en León Fernando I y su reino quedó en manos de sus tres hijos: Sancho, en Castilla; Alfonso, en León; García, en Galicia. Sancho no tardó mucho en armar caballero a su vasallo y lo acogió en la corte como hombre de confianza. La muerte en 1067 de la reina Sancha, madre de los tres nuevos monarcas del noroeste, fue el pistoletazo de salida para que los hermanos se tiraran los trastos a la cabeza. Si uno quiere buscar en la historia ejemplos de familias desestructuradas, la aristocracia medieval es todo un parque de atracciones para psicólogos y psiquiatras. Fue Sancho II, el soberano de Castilla, el primero en abrir las hostilidades, aunque la batalla en Llantada contra Alfonso puede decirse que acabó en tablas porque no tuvo consecuencias en las fronteras. Unos años más tarde, Sancho y Alfonso se conchabaron para desalojar a su hermano García de su reino de Galicia y se lo repartieron a pachas. El acuerdo de reparto debía de estar cosido con alfileres, porque un año más tarde llevó a las manos a los dos monarcas cerca de Carrión de los Condes. Allí fue Alfonso el que mordió el polvo y acabó cautivo en Burgos. Tras unos meses de prisión, su hermano le dejó establecerse en la corte del rey musulmán de Toledo.

En todas estas batallas, Rodrigo brilló como portaestandarte del ejército del vencedor Sancho II, ya rey de Castilla y León. Para redondear sus conquistas el rey se empeñó en someter a la aristocracia zamorana, encastillada bajo el señorío de su hermana la infanta Urraca. Naturalmente en el cerco a Zamora estaba Rodrigo. Vellido Dolfos se había acogido a la protección de Sancho hasta ganarse su confianza, lo que le permitió llevar a cabo su traición y matar a su incauto protector. La imprevista muerte de Sancho, el 7 de octubre de 1072, debió de dejar en el desamparo a quienes habían sido sus *consiglieri*. Rodrigo era tal vez el más significado de todos. Pero a rey muerto, rey puesto: el de Vivar no tenía remilgos. El *Carmen Campidoctoris* y la *Historia Roderici* dan cuenta de la excelente relación que se trabó desde el primer momento entre él y Alfonso VI, lo que pone de manifiesto la patraña del episodio conocido como Jura de Santa Gadea, del que me ocuparé. Un indicio de que había buen rollito es que Alfonso VI le dio como esposa a Jimena Díaz, hija del conde de Oviedo y perteneciente, por tanto, a una de las pocas familias de magnates. El braguetazo alejaba al de Vivar del círculo de los infanzones. Dice Frank Underwood que «la proximidad al poder engaña a algunos a creer que lo ostentan», Rodrigo era sapo de otro pozo y ponía fin a esa clase de pensamiento antes de que brotara. Era un hombre de altas miras.

A mediados del siglo XI habían cambiado las tornas y los príncipes cristianos del norte sacaban pecho con los empequeñecidos titulares de los reinos de taifas. Los líderes cristianos empezaron a mangonear en las disputas internas de los musulmanes, cuyos príncipes tenían que pagar sustanciosas soldadas a cambio de protección. Como Dios aprieta pero no suelta, pronto llegó otra extorsión a las autoridades islámicas: cantidades de dinero solemnemente convenidas y regularmente satisfechas, las parias, tributos por la paz que los cristianos imponían a quienes hacía poco tiempo se los habían exigido y cobrado a ellos.

El dinero drenado desde la sociedad andalusí a la cristiana por las soldadas y las parias fue una pastizara espectacular. En 1091 el Cid reunía, de los enclaves levantinos que dominaba, unos ciento cincuenta mil dinares, un dineral que le habría colocado en cabeza de la lista Forbes de la época. Pero pensar en el dinero habría sido una pérdida de talento. Él no cometió ese error y eligió el poder en lugar del dinero. Dinero era el castillo que empezaba a caerse a pedazos a los diez años. Poder era la roca que resistía por siglos.

No cualquiera podía ser el Cid, se requerían coraje y astucia a partes iguales. Rodrigo sabía situarse en el lugar estratégico más débil del camino por donde circulaban los recursos del sur hacia el norte, entonces se ofrecía a apuntalar ese punto descubierto de la ruta a cambio de que los obligados a la tributación añadieran una pequeña suma de monedas para el nuevo ángel de la guarda. El Padrino, o sea el Cid, cobraba comisiones a dos manos, a diestro y siniestro. Siempre que no se desatara una competencia significativa por el control de la ruta, el negocio estaba asegurado.

UN CÍNICO PARÁSITO

Alfonso VI desterró al Cid dos veces y las dos con mucha razón. Pero las cabalgadas del Campeador fueron demoledoras para los intereses del rey, que acabó por pensar que era mejor tener a Rodrigo dentro meando hacia afuera que fuera meando hacia adentro. Alfonso derogó la primera condena al destierro y ofreció al de Vivar la oportunidad de cambiar de bando e ir a levante a proteger a al-Qadir, antiguo rey de Toledo que le había dejado el reino por las buenas a cambio de Valencia. Rodrigo sopesó las ventajas del negocio y aceptó la oferta a cambio de que le reconociera por escrito la propiedad de la tierra y los castillos que conquistara en suelo musulmán, además de la apropiación de todo el botín conseguido en el campo de batalla y de todos los tributos que pudiera arrancar a los príncipes moros de la región. Dos años sirvió a al-Qadir y Alfonso VI volvió a desterrarlo por desleal.

No hay mal que por bien no venga. Había pasado el tiempo de servir a ningún rey, musulmán o cristiano, y llegado el momento de establecerse por su cuenta. ¿No había sido él el que había impuesto su ley a los reyes moros de Albarracín, Valencia y Murviedro, de cuyos tributos había vivido divinamente? ¿O acaso sus éxitos y el cobro de esas parias se debían, más que a su poder intimidatorio, al amparo institucional que le había dispensado el rey de Castilla y León? Urgía disipar cuanto antes este atisbo de duda. Urgía ponerse en camino y reencontrarse con los príncipes musulmanes aliados suyos para recordarles sus obligaciones tributarias. El Cid hizo al rey valenciano al-Qadir una de esas ofertas que no se pueden rechazar: un nuevo sistema de parias que obligaba no solo a la capital del reino sino también los innumerables castillos dispersos. El Campeador podía respirar hondo: su poder intimidatorio permanecía intacto y ya no trabajaría de vasallo a soldada, como cuando sirvió al el rey de Zaragoza o al mismo Alfonso VI. Las nuevas relaciones con al-Qadir de Valencia eran un paso adelante en su camino hacia el principado soberanista pleno. Rodrigo se situaba en clara posición dominante respecto a su protegido y ostentaba la soberanía virtual de la zona; era un rey sin tierra que recaudaba unas ciento cincuenta mil monedas de oro al año. Una barbaridad.

Tras su segundo destierro, hasta su muerte diez años más tarde, el Cid desplegó toda su *force de frappe* sin sumisión a nadie, como señor absoluto del reino de Valencia. Eso de la Reconquista no iba con él. Apenas dio muestras de obedecer a proyecto bélico-político alguno que superara el inmediato interés personal, al revés que Alfonso VI o Pedro I de Aragón nunca pretendió un cambio de la sociedad en la que actuaba, le bastaba con ser beneficiario neto de la confusión mediante el sabio manejo del binomio amenaza/protección. Se la traía el frasco lo de imponer el modelo de organización cristiano feudal en los territorios de su influencia o soberanía. El Cid era un parásito conservador y ambidextro, pillaba a dos manos. Quien quiera proyectar sobre él la imagen del imperialismo castellano no encontrará dónde agarrarse, su trayectoria se revela indiferente a la política de la sociedad feudal cristiana europea, pero se aprovecha de su aliento expansivo. Era un anarcoindividualista de derechas, un aynrandiano a la bola de su cuenta de resultados.

Ernest Gellner consideraba como rasgos propios del Medievo la «fidelidad a las personas antes que a los principios, el culto al honor, a la lealtad, a la violencia y a la virilidad». No sabemos lo macho que era el Cid, sí que no le hacía ascos al terror, en el resto de los atributos sencillamente no tributaba. El reinventor moderno del Cid fue Menéndez Pidal, un ratón de archivos y bibliotecas que se pasó varios pueblos haciéndole la ola y convirtió al cínico en virtuoso. Menéndez Pidal se arrebata con el juramento que supuestamente, a finales del año 1072, hubo de prestar ante el Cid el rey Alfonso VI de León en la iglesia de Santa Gadea de Burgos, a fin de demostrar que no había tomado parte en el asesinato de su hermano Sancho II de Castilla durante el cerco de Zamora. La jura de Santa Gadea es un mito creado en el siglo XIII, tras la unión definitiva de los reinos de Castilla y León con Fernando III el Santo. La aceptación del episodio de Santa Gadea remite a un psicodrama interpretado por un Cid heroico, fiel, patriota, testosterónico y justo que además se cortaba muy bien las uñas de los pies, y un Alfonso VI miope, envidioso, acomplejado y fratricida. Son virtudes y defectos que ni tienen ningún fundamento ni sirven para medir la dimensión histórica de un logrero y de un estadista.

LA OSCURA SUERTE DEL TRAIDOR

Siempre que nos topamos con un misterio algo cálido y punzante nos recorre la piel interior algo como un chupito. No se sabe si Alfonso VI, que encerró a su hermano García en el castillo de Luna y allí lo dejó morir como a un perro, asesinó a su otro hermano Sancho II. El caso quedó tan oscuro como la muerte de Kennedy. Doy la luz a ver qué vemos.

El rey Fernando I de León reunió a la curia regia y anunció que iba a cambiar el sistema testamentario aplicado hasta entonces e instaurar los usos del reino de Navarra, que para eso era hijo de Sancho el Mayor. O sea, que repartiría sus dominios entre todos sus hijos. A su varón primogénito Sancho le dejó el condado de Castilla que, desde entonces ascendía a la categoría de reino. A Alfonso, el favorito, le correspondió el reino de León, que llevaba incorporado el título de emperador. A García, el benjamín, le correspondió el reino de Galicia creado al efecto. La herencia de sus dos hijas fue menor: a Urraca le dejó la ciudad de Zamora y a Elvira la de Toro.

Dos años después de su coronación, Sancho II de Castilla guerreó contra Sancho Garcés IV de Navarra (que le había arrebatado a su padre algunas plazas fronterizas) y contra Sancho Ramírez de Aragón (que pretendía expandirse por el reino taifa de Zaragoza, tributario de Castilla). El Sancho castellano se enfrentó a los otros dos Sanchos y recuperó las plazas fuertes que pretendía. Cuando murió su madre, Sancha de León, se propuso birlar a sus hermanas las ciudades de Toro y Zamora. Elvira no ofreció resistencia y le entregó Toro por las buenas, pero Urraca se preparó para defender las murallas de su ciudad. Contaba con la ayuda de los nobles leoneses, que estaban enfrentados con Sancho. Después de más de siete meses de asedio, la situación de la ciudad se había vuelto imposible, pero el rey Sancho murió en el cerco de Zamora.

La *Historia Roderici* no dice en ningún momento que la muerte de Sancho II de Castilla se debiera a una traición, pero las crónicas posteriores se hicieron eco del *Cantar de Sancho II*, que contaba la muerte del rey por la presunta traición de un tal Vellido Dolfos, que tiene toda la pinta de ser un personaje legendario a pesar de que está documentada en 1057 la existencia de cierto noble leonés llamado Vellit Adulfiz. Lo que dice la leyenda es que Vellido Dolfos, amante de Urraca, salió de Zamora hacia el campamento castellano y concertó una entrevista a solas con Sancho con la excusa de que iba a desertar del bando de Urraca y que le mostraría una puerta de acceso a la ciudad. Un domingo de octubre de 1072, durante un paseo por los alrededores de Zamora buscando resquicios en las murallas de la ciudad sitiada, el rey descabalgó para vaciar el vientre y dejó su venablo a Vellido Dolfos. El traidor lo usó para dejar en el sitio al rey.

Algunas crónicas cuentan que tras el asesinato, el Cid, extrañado por la apresurada huida de Vellido Dolfos, pero sin saber aún lo que había pasado, persiguió al asesino, que huía hacia un portillo de las murallas de Zamora. Crónicas, cantares y demás documentos difieren sobre la suerte del traidor. Unos cuentan que el Cid no logró darle alcance; otros, que ajustició al felón. Hay fuentes que aseguran que se refugió en la ciudad y dio a entender a todos que Urraca había aprobado el magnicidio. El romance que empieza «Rey don Sancho, rey don Sancho» da cabida a la voz popular que acusaba a Urraca como instigadora del crimen y que por eso no tomó represalias contra Vellido Dolfos y le permitió refugiarse en tierra de moros. Incluso hay crónicas que atestiguan que Diego Ordóñez, primo del rey Sancho, logró vengar su muerte y descuartizó vivo al matador.

El papel de Urraca en la muerte de su hermano Sancho sigue resultando confuso. Su estrecha relación con su hermano Alfonso ya dio pábulo a cotilleos, y cronistas y juglares hablaban de amores ilícitos, de incesto, vaya. El franciscano Gil de Zamora, colaborador de Alfonso X el Sabio, dice que Urraca rindió la plaza a Alfonso porque se había «casado» con él. Que se sepa Urraca vivió y murió soltera.

EL AÑO MIL Y UNA LENGUA DE ESTRENO

¿Por qué son todos los dioses unos capullos
violentos? ¿Dónde está el dios
de las tetas y el vino?

TYRION LANNISTER

EL FALSO MIEDO AL FIN DEL MUNDO

Los códices medievales salidos de los *scriptoria* de los cenobios e iluminados por monjes copistas se llaman beatos por un monje que firmaba así, Beato, y que realizó sus ilustraciones y copias de sus *Comentarios al Apocalipsis de San Juan* en el silencio y la paz del monasterio de San Martín de Turieno.

Del monje Beato no es mucho lo que sabemos, salvo que fue abad de su monasterio y capellán de la reina Adosinda, esposa del rey asturiano Silo. Bueno, también sabemos que fue un intelectual *avant la lettre* y amigo de Alcuino de York, cabeza de la escuela teológica del emperador Carlomagno. También que este Beato de Liébana se retiró al monasterio de Valcabado, en Zamora, y allí murió sin saberse autor de una obra que tanto influyó en la cultura milenarista y en los terrores apocalípticos que supuestamente escoltaron la llegada del año mil.

Lo que se nos dice es que durante aquel fin del milenio se temía el fin de la raza humana y el miedo a que se acabara el mundo puso al personal de los nervios. La guerra, la peste, la carestía y otras calamidades y fenómenos naturales como los eclipses, inviernos más fríos, heladas más tardías, lluvias extraordinarias y sequías pertinaces se interpretaban como signos premonitorios y daban la impresión de que el mundo se había salido de su quicio. La maldad del ser humano espantaba menos que la ferocidad de la naturaleza. Se decía que en aquel tiempo los hombres eran piadosos pero también crueles, pues a los que no volvía santos, el miedo los volvía desalmados. En sus mejores momentos la vida era entonces como comer fresas en la punta de un cuchillo. Los mismos monjes que predicaban la paz del Evangelio y la caridad de Jesús mandaban masacrar a leprosos y judíos acusados de envenenar los pozos. En el fuego de las hogueras se purificaban las almas de las brujas y de los herejes. Cuando la hambruna asolaba las villas y las aldeas como en un pregusto del Apocalipsis, la gente se sustentaba con todo tipo de carroñas, devoraba las bestias salvajes o recurría a las raíces de los bosques. El hambre desesperada les toleraba comer carne humana. No era infrecuente que los viajeros fueran muertos por otros más robustos que ellos, sus miembros despedazados, cocidos a fuego y devorados. Muchas gentes que se trasladaban de un lugar a otro para huir del hambre eran degolladas durante la noche y servían de alimento a aquellos que les habían ofrecido hospitalidad. Algunos, enseñándoles un huevo o una fruta atraían a los niños a lugares apartados, los asesinaban, los descuartizaban en una artesa y los devoraban. Más de una vez, en muchos lugares, los cuerpos de los muertos fueron arrancados de la tierra y sirvieron para calmar el apetito. En algunas regiones los campesinos extraían del suelo una tierra blanca que se parecía a la arcilla, la mezclaban con lo que tenían de harina o de salvado y hacían con esta mezcla panes, gracias a los cuales esperaban librarse de la muerte. En los alodios y realengos se veían rostros pálidos y demacrados, muchos tenían la piel salpicada de inflamaciones; incluso la voz humana se parecía a los graznidos de pájaros expirando. Los cadáveres se amontonaban en las calles y en las plazas y cuando llegaba la canícula abrasadora los niños, los viejos y los enfermos morían de disentería. El cornezuelo del centeno desencadenaba la gangrena y muchos se pudrían hechos pedazos, como quemados por un ardor que devoraba sus entrañas; sus miembros, enrojecidos poco a poco, ennegrecían como carbones, morían deprisa entre estertores atroces o continuaban sin pies y manos una existencia miserable. Otros muchos se retorcían en contorsiones nerviosas mientras se multiplicaban los signos anunciadores de calamidades y los monjes vagabundos describían los múltiples fuegos del infierno. Bueno, vale…

Es verdad que los gobiernos eran inestables, los monarcas asesinados, los amos despóticos, los castigos duros y la crueldad era el aire que se respiraba por todas partes, ¿pero habían sido las cosas diferentes en el siglo anterior, o en el anterior al anterior? No lo parece, pero hasta el año mil la desdicha parecía más natural y llevadera. A partir de entonces, el mundo parecía resquebrajarse si cundía el hambre o si las epidemias asomaban la patita, y en tales adversidades se veían señales de la cólera divina y el anuncio del fin inminente. Los fieles confesaban sus pecados y sobre las iglesias románicas aparecían Adán y Eva.

Todo eso se nos cuenta, pero ¿con qué fundamento? ¿Verdaderamente reinó el pánico unánime en la Europa medieval? Cuando se habla del fin del mundo, ¿los autores se refieren al año 999 o al año 1000? Además, en lo relativo al reino milenario de Cristo en la Tierra, ¿esos mil años empiezan a contar tras el nacimiento de Cristo o después de su muerte? Y qué decir de los distintos cómputos del tiempo que en el Medievo respondían a intereses regionales. La medición del tiempo en Castilla era diferente, por ejemplo, a la de Francia. La Era Hispánica comenzaba con la conquista de la Península por los romanos y no dejó de usarse hasta el año 1383, fecha en la que Juan I ordenó la homologación al calendario gregoriano. Si en todo el Occidente cristiano no se seguía un único cómputo cronológico, ¿cómo pudo existir un miedo global al fin del mundo en fecha precisa?

Lo cierto es que el milenarismo es una proyección retrospectiva del siglo XIX, cuando los románticos descubrieron la Edad Media igual que los renacentistas habían descubierto la Antigüedad y se pudieron buscar antigüedades como locos. La exageración de ensayistas y literatos magnificó y mitificó las cosas con la poderosa ayuda del calado popular de las supersticiones. Los autores exageraron los miedos del año 999 y dibujaron un espectáculo tremebundo de temores, miedos, hambres, guerras y epidemias, que eran el *prêt-à-porter* medieval.

Pero, ¿en qué datos pudieron apoyarse para generar esta imagen sórdida de la Edad Media? A finales del primer siglo de nuestra era, en la isla de Patmos, el apóstol Juan tuvo una visión y escribió el *Apocalipsis* en unas pocas decenas de páginas. Seis siglos después, en el año 776, un oscuro monje mozárabe, el copista que firmaba Beato, escribió una glosa al *Apocalipsis* en cientos de páginas en letra minúscula visigoda y con miniaturas escalofriantes. Es un texto farragoso, exuberante y mediocre. Sin embargo, es un clásico porque, como decía Rousseau, «el acento es el alma del discurso» y Beato acentuaba de lo lindo en un tiempo, el del avance del Islam, que hizo del siglo VIII una época de zozobra e incertidumbre.

De ese libro original, hoy perdido, se hicieron en principio dos copias, luego con el transcurso de los siglos se hicieron muchas más. En la actualidad se conservan treinta que, repartidas por todo el mundo, son un tesoro: algo escaso y valioso, un *albo corvo rarior*, frase característica con la que los viejos bibliógrafos designaban los libros singulares. Efectivamente, a los *beatos* de Beato les vale esa etiqueta que los distingue como «más raros que un cuervo blanco». La obra no solo inicia la miniaturización mozárabe, sino que influyó de manera decisiva en la imaginería del arte románico. Y, sobre todo, en la creencia en torno al año mil de que al mundo se le iban a fundir los plomos.

Es cierto que se produjeron catástrofes naturales, que hubo eclipses y se avistaron cometas, pero es falso que la inminencia del final del primer milenio suscitara el pánico colectivo y que la gente muriese de miedo y regalara sus posesiones. No hay testimonios coetáneos contrastados y por tanto no puede deducirse una conciencia milenarista de los pocos textos conservados. Entre ellos están *Los anales carolingios*, *La crónica Anglosajona* o el *Apocalipsis de Irene*, que predecía la destrucción de Rávena y catástrofes que se extenderían por toda la Tierra. Su autor, un tal arzobispo Gracioso, no tenía maldita la gracia. También Juan, un monje visionario de la época de Carlomagno, profetizó el fin del mundo. ¿Fundaron estos textos un canguelo universal? ¿Verdaderamente tuvieron tanta difusión y tanto impacto en una sociedad rural y analfabeta? No es fácil de creer. Cerca del año 1000, según el calendario de san Juan, al mundo le quedaban cuatro días mal contados antes del inevitable Juicio Final, pero no se detecta en la historia medieval fenómeno alguno al que pueda cuadrar con la etiqueta de «los terrores del año mil». El siglo XI fue un periodo de frenesí arquitectónico, pero ni un solo monumento de la época contiene la menor alusión simbólica al fin del mundo ni al júbilo por haber escapado de una catástrofe. Es probable que el fin del milenio fuera usado por el clero para aumentar las donaciones a la Iglesia.

LOS SÓTANOS DEL CEPORRISMO

A los de Mejorada los llaman *zorreros,* porque según la tradición cuando iban en una procesión pasó una zorra, y los que llevaban a hombros la imagen del Cristo, al no encontrar otro proyectil mejor para ahuyentarla o para matarla, le tiraron el Cristo. Los vecinos de Castrojeriz se vanagloriaban de haber irrumpido en los palacios de Fernando I y de la infanta doña Urraca, de haberlos saqueado y de haber perpetrado algunas muertes para defender sus libertades. En Sahagún hubo revoluciones populares en las que llegaron a asaetear al abad mientras celebraba la misa. Alfonso VII había ordenado al conde Rodrigo Martínez y a su hermano Osorio sitiar el castillo de Valle, sus defensores profirieron una ristra de blasfemias y vencidos y cautivos fueron uncidos con bueyes y se les obligó a arar, pacer yerbas y comer en pesebres.

En nuestros sótanos antropológicos están el orgullo y la pasión, pero también la vulgaridad, la ignorancia arrogante y el ceporrismo. Cuando Roma penetró en la Península, se topó con algo muy primitivo, con la excepción del área turdetana (andaluza) y del litoral mediterráneo, donde la influencia de los extranjeros había sido más intensa. Ya en la Edad Media, mientras en León y Castilla se preparaban a la lucha adobando sus armas y adiestrando sus caballos, se invocaba a Dios y a santa María y a Santiago mientras peleaban como demonios contra los moros o contra ellos mismos, mientras consagraban a la guerra no un sobrante de su actividad sino toda ella. Más allá del Pirineo y más abajo del Tajo, la lírica, la filosofía, la ciencia, la técnica, la industria y el comercio interesaban y ocupaban a las minorías estupendas de los pueblos cristianos e islámicos e incluso a las masas que habitaban en centros urbanos. En los reinos cristianos de la Península todo eso eran lujos inaccesibles en medio de la furia. Por eso eran tan bastos como un tapacubos.

Para Canalejas, «Séneca es quizá el autor que ha influido más en la historia de nuestra cultura intelectual, ha creado el sentido moral de nuestro pueblo; así en el último periodo de la Edad Media como en el siglo XVII y aun en el XVIII, las doctrinas de Séneca corren de libro en libro, y su nombre recibe un acatamiento religioso». Menéndez Pelayo cifra el hispanismo de Séneca en su tendencia a la egolatría y el uso de expresiones barriobajeras: escribía en primera persona, refería obscenidades y porquerías y hablaba de sí mismo. Séneca, efectivamente, no se cortaba un pelo y acuñaba frases sucias en sus epístolas y hasta en sus obras filosóficas. Los olores nauseabundos emanan también de los impúdicos epigramas del celtíbero Marcial, tan dado al realismo sucio como su compatriota Séneca. Y lo mismo podríamos decir del andalusí Ibn Hazm, que usa un tono tan grosero como aliento que apaga una candela para hablar del homosexual cordobés que había prostituido a sus mujeres para gozar de unos efebos. Cuando el viejo duque de Alba le dijo al médico López de Villalobos: «Hora volvamos a mi enfermedad no sean todas chocarrerías», el galeno le replicó: «Estas chocarrerías, después de Dios, le dan la vida, vuestra señoría, porque os criasteis en ellas y son los aires de la patria».

Lo grosero no es una torpe inclinación sin significación en la contextura hispánica, la mala educación no emerge por generación espontánea, hunde sus raíces en un doble proceso histórico. Américo Castro sostiene que tiene abolengo arábigo y cita las frases vulgares alusivas a los actos escatológicos que aparecen en los textos islámicos. Pero esas obras son de autores que, como Ibn Hazm o Ibn Quzman, son hispanomusulmanes. Los filósofos y poetas musulmanes orientales no caían tan bajo. Ni Beato de Liébana ni Elipando de Toledo podían haber sido contagiados de formas arábigas de expresión, por la insignificante penetración de lo islámico oriental en España y la total ausencia de todo contagio en el rincón perdido de los Picos de Europa; sin embargo, Beato tuvo un enfrentamiento con los herejes adopcionistas encarnados en Elipando, metropolitano de Toledo, y el obispo Félix de Urgell.* La polémica fue más desagradable que una infusión de salfumán. Elipando y Beato se acusaron mutuamente de Anticristos y con la mayor naturalidad, el monje llamó

---

* El adopcionismo sostenía la idea de que Jesucristo era el hijo adoptivo de Dios.

a su adversario «testículo del Anticristo» y el prelado llamó al monje «borracho y farsante».

El velo pudoroso con que el cristianismo cubrió la procacidad pagana habría frenado las plumas de los escritores hispanogodos de la Reconquista, pero habrían quedado vivos los viejos hábitos en el uso diario. Como muestra un par de botones. La hermana del rey Bermudo II el Gotoso, cuando era llevada a Córdoba como cautiva para el harén de Almanzor, apostrofó a los soldados que la custodiaban diciendo a gritos que «los pueblos deben fiarse más de las lanzas de sus soldados que del coño de su mujeres». Los nobles de la batalla de Las Navas de Tolosa eran más bastos que bragas de esparto, don Diego López de Haro oyó a su hijo que le gritaba: «Pues que vos dio el rey la delantera que en guisa fagades que non me llamen fijo de traydor». Don Diego respondió: «Llamar vos han fijo de puta mas non fijo de traydor».

La necesidad de batallar sin descanso por la vida acentuó durante los siglos IX a XI la vitalidad de castellanos y leoneses —que antes fueron astures, cántabros, vascones o germanos—. No tuvieron ocio, la lucha era continua. Solo tuvieron una vida ejecutiva, no introspectiva. Solo tenían tiempo para la acción. «Tras la batalla, la puebla; y tras la puebla, la batalla», escribe Sánchez-Albornoz. En ese vivir a la intemperie, en lucha permanente, no tuvieron tiempo para la fantasía. No pudieron soñar ni imaginar. Así se atrofió su potencia imaginativa. Solo podían invocar a Dios, su mirada no podía apartarse de lo presente y envolvente, una realidad que los enclaustraba y les impedía ser almas bellas. Así se blindaron del influjo de las sutilezas musulmanas y así se acentuó su mala educación.

No riman con un acendrado fervor católico la inmoralidad de clérigos y laicos, el hábito de blasfemar en arameo en todas las clases sociales, las irreverencias en los templos, las parodias de lo sagrado, las frases irrespetuosas, la inundación del habla por chabacanerías propias de Charles Bukowski, el ninguneo de los mandamientos y el dejar para el último momento arrepentimientos y expiaciones. El habla vulgar se inundó de expresiones insultantes a la providencia divina: «A Dios rogando y con el mazo dando», «fíate de la Virgen y no corras», «no lo sabe ni Dios» ¿Se permitieron los musulmanes irreverencias semejantes?

En *Estampas de la vida en León durante el siglo x* cuenta Sánchez-Albornoz que un abad se lamentaba de la lujuria que corrompía campos, aldeas y ciudades: «Dios castiga con razón nuestros pecados. Ha suscitado discordias civiles entre condes y príncipes cristianos y ha permitido que los monarcas leoneses se arrastren ante el trono de los califas sarracenos». Luego se explayaba en una letanía de abadesas, ermitaños, monjes y clérigos que retozaban como sátiros, y lo mismo hacían los laicos que se lo montaban «con nueras, con cuñadas y con nietas». El abad de San Justo vivía también escandalizado por los «días de ruina y de tragedia que anuncia el Apocalipsis. El reino favorecido del Altísimo va a ser aniquilado, cual nueva Babilonia, por haberse entregado, como ella, a la disipación y a la lujuria». El pueblo recelaba de la virtud de las abadías y conventos y a veces asaltaba los monasterios y asesinaba a las novicias impúdicas. Escandalizó en León el cenobio que regía la abadesa Proniflina, en el que se decía que había monjas preñadas, así que los leoneses asaltaron las celdas y mataron «ipsas meretrices». Los textos parecen a veces un lodazal donde menudean insultos, injurias y bajezas en labios de infantas y magnates, y de prelados que convocaban a sus clérigos llamándoles «hijos de puta».

El barón de Rosmithal, que viajó por la Península entre 1465 y 1467, se escandalizó de lo brutos que eran los vecinos de Olmedo. El alcaloide del ceporrismo español lo resumió sumariamente Pío Baroja: «Aquí no hay más que tres cosas: un patriotismo de Madrid, burocrático y falso, un regionalismo, que es una cursilería, y luego la barbarie natural de la raza. Esto es lo español». Que los españoles abandonaran el ceporrismo sería como si el mono se escapara de la botella de anís.

PRIMEROS VAGIDOS DE UNA LENGUA BALBUCIENTE

¿Qué lengua se hablaría en los primeros siglos de la reconquista en las comarcas y estados cristianos? El idioma tuvo que alterarse con la gran calamidad del colapso del reino godo. También es seguro que el latín, ya algo adulterado en la dominación goda incluso entre las clases ilustradas y los hombres de letras, y más viciado y corrompido en el uso vulgar de las masas, apareció desde los primeros tiempos de la restauración no solo alterado en su sintaxis, en sus casos y declinaciones, sino salpicado de palabras nuevas y extrañas, que revelaban el nacimiento y formación de un nuevo lenguaje en el pueblo, que trascendía a los documentos oficiales, a las escrituras públicas y a los instrumentos solemnes.

Reunidos al abrigo de unos riscos, los restos del reino godohispano —obispos, clérigos, nobles y pueblos de diferentes comarcas— se mezclaron con los indígenas de aquellas montañas que habían resistido la influencia de los dominadores. Los magnates tenían mejor cultura, los parias eran más numerosos. Los primeros hablaban el latín heredado de los romanos, más o menos alterado; los segundos, los dialectos del primitivo idioma que aún conservaban. Los limos de aquellos ríos desbordados fueron mezclándose y debieron de formar el mantillo del nuevo idioma. Podemos sospechar que al latín, raíz principal y elemento dominante, se agregarían voces célticas, vascas, fenicias, púnicas, griegas y hebreas, y que alterando su sintaxis, y modificando desinencias o inflexiones, dieran nacimiento a una lengua mixta.

Vinieron luego las continuas y recíprocas aceifas e incursiones, las conquistas y reconquistas, las treguas y alianzas, renegados de uno y otro bando que se expatriaban al territorio de enfrente, matrimonios mixtos, ejércitos musulmanes y cristianos que peleaban juntos, fluidas relaciones de intercambio... Ese vaivén no podía menos de producir mezcla en los idiomas, y no es extraño que el árabe fuera una de las lenguas que se inocularan en el romance, aunque menos de lo previsible. Américo Castro cifra en dos mil el número de voces españolas de origen árabe, Nykl las reduce a menos de la mitad. ¿Quién de los dos acierta?

En el siglo XII, Castilla aparece fuertemente anclada en Occidente. La Iglesia se inunda de clérigos de más allá del Pirineo, por todas partes se establecen numerosas y dinámicas colonias de francos o ultramontanos. En el arte triunfa el románico, con su triple proyección arquitectónica, escultórica o miniatural. Se abren paso en la literatura los modelos de la vecina Francia. En la lengua literaria el clero galo hace sentir su decisiva influencia y la lengua romance se llena de galicismos. Se aceptan la letra carolingia y la liturgia romana, las instituciones vasalláticas se deslizan hacia el feudalismo y de ultrapuertos vienen las semillas de la futura burguesía. El derecho, la economía y las modas sufren el impacto de lo occidental.

Mientras se formaba la lengua en el norte, los cristianos del sur olvidaban el latín y algunos, pocos, incluso hacían elegantes versos en árabe. Era algo inevitable con el trascurso del tiempo, incluso aunque el emir Hixem no hubiera ordenado el uso del árabe para todas las transacciones sociales y prohibido el latín en las escuelas de los cristianos. El bilingüismo era la norma en al-Ándalus y muy reducida la esfera en la que se hallaba confinado el árabe puro, por eso para el resto del mundo árabe los musulmanes hispanos eran percibidos como extranjeros, o al menos, como parientes muy remotos. En la Córdoba de los califas el espíritu occidental, todavía vivo y operante, asimilaba los arrolladores influjos de Bagdad, Persia y Bizancio, pero había más diferencia entre Córdoba y Bagdad que entre Córdoba y París. Ibn Hazm se parecía en sus sentencias y estilo a su paisano Séneca.

En la carta de fundación del monasterio asturiano de Obona, en el año 780, se encuentran palabras completamente extrañas al latín, y que hoy forman parte del diccionario castellano, por ejemplo: *vacas, tocino, mula, río* o *peña*. En la carta de donación de Alfonso I el Católico a la iglesia de Covadonga se lee una jerigonza de latín y romance en la que figuran palabras como *campanas de ferro, casullas de syrgo, capas* o *porcos*. En otra de Ordoño I nos asaltan a la vista *verano, iberno, ganado, carnicerías* o *caballo,* que desfiguran cada vez más el degenerado latín que, además, no era el ciceroniano sino el de la soldadesca.

En torno al año 1000, en el monasterio de San Millán de la Cogolla, un anónimo monje anotó en los márgenes de un penitencial la traducción de algunas palabras a la lengua que se empezaba a usar en la calle. Son más de mil anotaciones que hasta hace bien poco se consideraban el primer texto escrito en romance. Es más que probable que estas *Glosas emilianenses* no sean el primer documento en romance, pero sí se consideraba el más antiguo hasta que ese honor fundacional se lo arrebataron una serie de documentos del siglo XII que a su vez son copias de otros documentos que se remontan al siglo IX, aunque la autenticidad de algunos de ellos es discutida. Están escritos en un latín muy tardío adulterado por algunos elementos propios de un dialecto romance hispánico. Ahí estarían las huellas más primitivas del castellano. Se escribieron a comienzos del siglo IX en la colegiata de Santa María del pueblo burgalés de Valpuesta y por eso se llaman los *Cartularios de Valpuesta*. La Real Academia Española dice que están escritos en «una lengua latina asaltada por una lengua viva» y los ha avalado como los primeros documentos en los que aparecen palabras escritas en castellano.

Esa lengua, sin embargo, no nació ni en un monasterio ni en un palacio. Aquí no hay misterios, ni enigmas ni sacramentos, por más que sobren los goropianos que se empeñen en la patochada de vincular el nacimiento del idioma al monasterio de su pueblo. Las lenguas son del pueblo y es paradójico que haya quien diga que todas las lenguas nacen en la calle y luego afirme que el castellano nació en tal o cual monasterio. El castellano nació en la calle, como los gatos. Según Menéndez Pelayo el primer poeta castellano conocido es, probablemente, el hebreo navarro Judá Leví, que nació hacia 1070 y versificó no solo en su lengua, sino en árabe y «en la lengua vulgar de los cristianos».

¿De dónde vienen nuestras palabras? En total, la Real Academia Española ha incluido en su diccionario información etimológica de más de cuarenta y cinco mil palabras. Muy en resumen: más de cuarenta y una mil de ellas vienen de lenguas indoeuropeas, sobre todo del latín y de las lenguas romance (más de treinta y ocho mil), casi dos mil vienen del griego, casi seiscientas del inglés y más de mil trescientas de los idiomas amerindios. Del árabe vienen mil doscientas, del catalán poco más de trescientas, el mismo número que del quechua, del euskera y del gallego. Hay palabras llegadas desde el mandinga, el guanche, el maorí y el hindi. Y, por supuesto del caló. Chanchi, dabuten, fetén. ¿Por qué en español las vocales suenan tan cerradas y tan claras, por qué no tenemos en español ä, ö y ü como en alemán, ni *oe* como en francés? Aquí, la explicación puede que esté en el euskera, a fin de cuentas los primeros testimonios escritos en castellano surgieron en zonas próximas al actual País Vasco. Como el euskera tiene también cinco vocales, es posible que influyera en la formación del sistema vocálico del castellano.

Los aportes prerromanos al romance (los anteriores al latín) son los de las lenguas de los colonizadores y las de los indígenas, fueran las que fueran, porque no tenemos claro lo que hablaban los nativos. Hay palabras que no sabemos de qué lenguas prerromanas proceden, como cama, vega, camorra, abarca, mogote, sapo, sarna, caspa, gazpacho, abarca, artiga, aulaga, barda, barraca, barro, cueto, charco, galápago, manteca, rebeco, silo, sima o toca.

Ya en el siglo XIII, Alfonso X el Sabio dio prestigio al uso del castellano escrito, que empezaba a tener esa inconfundible textura que «resuena casi como las trompetas de guerra», como se dice, en latín, en el *Poema de Almería*. A fin de cuentas fue un idioma de guerreros.

Entretanto, en el condado de Barcelona se formaba otra lengua nacida, como la castellana, del latín corrompido por los idiomas y dialectos de los pueblos de raza germánica que se establecieron en la Septimania gótica. Este idioma fue el provenzal o lemosín que se hablaba en la Italia septentrional, en Provenza, en la Francia gótica, en el principado de Cataluña, el reino de Valencia y las Baleares. Era la lengua de los trovadores provenzales.

EL SABIO, EL BRAVO Y EL EMPLAZADO

Todo lo humano debe retroceder si no avanza.

Edward Gibbon

LA VERDAD DE LAS MENTIRAS

Cerca del palacio cordobés de los marqueses del Carpio está la calle Cabezas, se llama así porque dicen que allí estuvieron expuestas las cabezas de los infantes de Lara de los que dio noticia un cantar de gesta. La cosa es saber, y no se sabe, si los cantares de gesta que luego nutrieron las crónicas eran juegos de imaginación de poetas tardíos o si, por el contrario, tienen valor histórico porque arrastran materiales históricos. ¿Qué hay de real en los infantes de Lara?

El testimonio más antiguo del suceso aparece en un cantar de gesta prosificado en la *Crónica general* de Alfonso el Sabio y cuenta que en el último cuarto del siglo x siete hijos del señor de Salas, Gonzalo Gustioz, fueron capturados por los musulmanes en una emboscada urdida por Ruy Velázquez, llevados a Córdoba y decapitados. Trasladados los cadáveres a Castilla se inhumaron en un pórtico del monasterio de San Millán de la Cogolla dentro de sepulcros de piedra. Al menos desde el siglo xvi, este monasterio y el de San Pedro de Arlanza pujaron por la pretensión de conservar la sepultura de los siete hermanos asesinados.

El origen de la pendencia tuvo lugar en tiempos del conde Garci Fernández y fue la boda en Burgos del ricohombre Ruy Velázquez —hermano de doña Sancha, madre de los infantes de Lara—, con doña Lambra. La alegría de las fastos se vio turbada por una disputa en la que murió Alvar Sánchez, primo de doña Lambra, a manos de Gonzalo González, el menor de los siete infantes de Lara. Días después, doña Lambra sorprendió a Gonzalo González bañándose en pelota picada y, escandalizada, lo acusó de provocador y aprovechó el incidente para reverdecer el agravio de la muerte de su primo. Doña Lambra ordenó a un criado manchar a Gonzalo González con un pepino relleno de sangre y el ofendido finiquitó al criado mientras sus hermanos se descostillaban de risa. Ruy Velázquez fingió la reconciliación y mandó a Córdoba a su cuñado Gonzalo Gustioz, padre de los siete infantes, para que pidiera a su amigo Almanzor ayuda para sufragar los gastos de la boda.

Le hizo portador de una carta, escrita en árabe, en la que pedía al moro que matara al mensajero. Además, la carta anunciaba a Almanzor que Ruy Velázquez llevaría engañados a los siete infantes a la frontera de Almenar, para que el capitán moro Galbe acabara con ellos. Almanzor, sin embargo, se compadeció de Gonzalo Gustioz y se limitó a meterle en chirona, donde lo cuidó la propia hermana de Almanzor. Hubo temita entre la princesa y el señor de Salas, y así llegó al mundo Mudarra, a quien llamaban «el hijo de la renegada» y fue educado por el caudillo moro.

Mientras Gonzalo Gustioz era prisionero del moro, Ruy Velázquez invitó a sus sobrinos los siete infantes a ir con él en cabalgada contra tierra de moros en el campo de Almenar. Tal como había dispuesto el tío traidor, les sorprendió el capitán moro Galbe, que los cercó, los rindió, los degolló y llevó sus cabezas a Córdoba. Almanzor presentó a Gonzalo Gustioz las desfiguradas cabezas de sus siete hijos. El padre las cogió una a una, las limpió de polvo y sangre y a cada una le dedicó un lamento. Córdoba se compadecía del dolor del noble cristiano y Almanzor le permitió volver a Castilla con las siete cabezas. Al despedirse de su princesa mora, Gonzalo Gustioz se quitó un anillo, lo partió en dos y le dio una mitad. En Salas, Gonzalo Gustioz arrastró una vida triste. Era viejo, sin consuelo y sin poderse vengar de Ruy Velázquez, protegido por el conde Garci Fernández.

Pasaron los años y un día llegó Mudarra a Salas con doscientos caballeros moros. Se dio a conocer mostrando el medio anillo de su padre. Pasadas las primeras alegrías del encuentro, padre e hijo cabalgaron hacia

Burgos y en el palacio condal, Mudarra desafió y mató al traidor Ruy Velázquez.

En esta película se distinguen claramente dos partes. La primera tiene sabor realista y parece dirigida por Sam Peckinpah: las fiestas, las disputas, los homicidios en las bodas y tornabodas de Ruy Velázquez, la íntima amistad de este ricohombre castellano con Almanzor, los agüeros, la cabalgada en la frontera del Duero, la presencia de Garci Fernández y de Galbe, en fin la vida misma en aquel tiempo. Todo resulta verosímil. La segunda parte ya es otro cantar —bueno, es el mismo pero parece otro— y suena a peli de Cecil B. de Mille: la princesa guardiana de un prisionero del que se enamora, el anillo partido en señal de reconocimiento, el hijo bastardo vengando el honor de la familia. Son cosas que ya hemos visto antes en otros cuentos. *Déjà vu, déjà connu, déjà entendu.*

Pero hay algo en la primera parte —la de Peckinpah— que parece invención caprichosa y lo que es peor, invención imbécil. ¿Cómo Ruy Velázquez y los siete infantes atacan sin motivo la frontera musulmana teniendo ante Almanzor un mensajero amistoso? ¿Cómo los hijos no ven que al entrar en cabalgada por la frontera de Almenar comprometen la situación de su padre y el éxito de la embajada que lo había llevado a Córdoba? Tampoco es muy realista que en Córdoba se hiciera preso a un mensajero atropellando la inmunidad del embajador, que en la cultísima corte califal era escrupulosamente respetada. La prisión de Gonzalo Gustioz no se sostiene, la corte de Córdoba no era una bárbara conculcadora del derecho de gentes. La historia de los siete infantes empieza a sonar a calderilla histórica, a pura filfa. Y sin embargo, lo cierto es que da el pego porque dos de sus personajes, el conde Garci Fernández y Almanzor, son históricos, por eso Menéndez Pidal defendió la historicidad de la leyenda,[*] por eso y porque el moro Galbe de este cuento se confunde con el célebre Galib, suegro de Almanzor y gobernador de Toledo en vida del conde Garci Fernández.

A ver, si reducimos a esquema la primera parte de la leyenda, la parte realista, nos queda esto: gobernando Castilla el conde Garci Fer-

---

[*] Conferencia de Ramón Menéndez Pidal en Córdoba, 1951.

nández, un ricohombre de su corte, Ruy Velázquez, envía a Gonzalo
Gustioz con embajada de amistad a Córdoba. Entretanto, Ruy Velázquez ataca con sus sobrinos, los siete hijos del mensajero, la frontera de
los moros en Almenar, en tierras de Soria. Allí el moro Galbe mata a los
siete infantes. El trofeo de sus cabezas llega a Córdoba la víspera de San
Cebrián. Ahora comparemos este esquema con otro que cuenta el cronista Ibn Hayyan. En agosto del año 974, el conde de Castilla Garci
Fernández había enviado una embajada al califa de Córdoba para confirmar la amistad que existía entre ambos estados. Mientras los embajadores
cumplían su misión, el conde Garci Fernández atacó inopinadamente la
frontera de Deza, en tierras de Soria, y derrotó a los valíes de aquel dis-
trito, subordinados de Galib, gobernador de la frontera. Al saber esto el
califa se indignó y expulsó a los embajadores castellanos respetando su
inmunidad, pero como ellos se resistieron a la orden de expulsión, los
mandó prender y los encarceló. La noticia del rebato de Deza, que causó la indignación del califa, llegó a Córdoba el 12 de septiembre.

Son tantos los parecidos en tiempos, lugares y personas entre las dos
series de hechos que encajan como mano en guante, por eso a Pidal se
le puso la mosca detrás de la oreja y sentenció que la leyenda no era leyenda, sino historia. Y lo confirmó con una semejanza definitiva. La
noticia de la agresión dirigida por Garci Fernández sobre la tierra de Deza
llegó a Córdoba el 12 de septiembre, y las cabezas de los siete infantes
caídos en la frontera de Almenar llegaron a Córdoba la víspera de San
Cebrián. Al hacer averiguaciones sobre la fiesta del famoso obispo de
Cartago, san Cipriano, Pidal se encontró con que, según el calendario
del siglo x, se celebraba el 14 de septiembre, de modo que, según el
cantar de gesta, las cabezas de los infantes llegaron a Córdoba la víspera
de este santo, esto es, el 13 de septiembre, un día después que la noticia
de la cabalgada sobre Deza. Esa sorprendente coincidencia ya era demasiado.

Del embajador Gonzalo Gustioz ninguna historia árabe ni cristiana
dice una palabra, solo sería posible encontrar el nombre de ese emisario
en algún documento notarial de los conservados en los archivos eclesiásticos. Y en efecto, diez documentos de los monasterios de Cardeña y de
Arlanza y de la catedral de Burgos nombran al padre de los infantes y a

su hijo mayor, Diego. Por esos documentos sabemos que Gonzalo Gustioz fue poblador de Salas y potestad de la tierra de Juarros, en el alfoz de Lara. Los diez documentos pertenecen a los años 963, 969, 970, 971,972, 974 y 992. La presencia de Gonzalo Gustioz es frecuente en la docena de años que va desde 963 a 974, en que el nombre se repite en nueve documentos; después hay un vacío de dieciocho años en que el nombre no reaparece, hasta que en el 992 reaparece en el décimo y último documento. Llama la atención que el silencio documental de Gonzalo Gustioz en esta colección diplomática ocurre a partir del documento fechado en 974, fecha reveladora: es el año de la embajada pacífica de Garci Fernández, seguida de la acometida bélica contra la frontera de Soria.

Todo, pues, sucede en nuestros diez documentos como si Gonzalo Gustioz hubiera ido con los embajadores de Garci Fernández y hubiera sufrido en Córdoba una larga prisión de todos o parte de esos dieciocho años en que no tenemos de él ninguna noticia. Pero la historia de Ibn Hayyan nos ha llegado incompleta, se interrumpe después de contarnos la prisión de los embajadores castellanos y no sabemos la suerte que corrieron. Lo más probable es que sufrieran un largo encarcelamiento, porque a la injustificada ruptura de paz por Garci Fernández siguió un largo periodo de guerras del que formaron parte las aceifas de Almanzor.

Los pretendidos sarcófagos de los siete infantes de Lara parecen estar en el monasterio de San Millán de Suso, aunque los restos han sido disputados por otros monasterios, como el de San Pedro de Arlanza. También la iglesia de Santa María de Salas de los Infantes dice guardar sus cabezas y antaño exhibió siete cráneos que eran tenidos por los de los siete hermanos. En la Catedral de Burgos se dice que está el sepulcro de Mudarra.

LAS DOS CABEZAS DEL CONQUISTADOR

Se atribuye a Jaime I el Conquistador el origen de la palabra interjectiva «caray». La cosa es que cuando, sitiado en Valencia, tuvo el antojo de comerse un revuelto, los sirvientes salieron de las murallas para coger un par de cabezas de ajos tiernos y perdieron las suyas. Solo volvió uno y con un solo diente de ajo, «car all» (caro ajo), dijo el rey. Esa acuñación fue la menor de sus hazañas. Para repoblar los territorios que conquistaba, Jaime I inventó el sistema de jobadas: las tierras que se daban a cada familia eran las que podían arar dos bueyes durante tantos días como miembros tenía la familia. Pero ni por el caray ni por las jobadas le recuerda la historia. Empiezo por el principio.

En el *Libro de los hechos del rey Jaime* se cuenta la historia de la princesa Eudocia Comnena, a quien los trovadores llamaban «la Emperatriz». Cautiva de una red de intereses intricados, fue una pieza en el juego diplomático. Su historia es la de una joven princesa griega que abandona su espléndido palacio con el designio de reinar en una prestigiosa corte y acaba convertida en la esposa de un barón occitano de chichinabo que la repudia y la recluye durante los últimos años de su vida en una abadía benedictina. Jaime I estaba convencido de que si él heredó un reino fue gracias a la lucha de su abuela Eudocia Comnena y de su madre María de Montpellier. Según el Conquistador, su abuelo paterno, Alfonso de Aragón, negoció su matrimonio con Eudocia, hija del emperador bizantino Manuel I Comneno, pero el rey cambió de opinión y se casó con Sancha de Castilla. Eudocia, en realidad no era hija del emperador Comneno, sino su sobrina, y no iba a casarse con Alfonso de Aragón, sino con un hermano suyo, el conde Ramón Berenguer IV de Provenza. Aunque tampoco, porque en el último momento el conde rompió su compromiso y como Eudocia Comnena ya estaba en Occidente por no hacer el viaje en balde se casó con el señor de Montpellier Guillermo VIII. Las mujeres en su posición solían hacer lo que les mandaban. Los bizantinos consintieron el matrimonio con la condición de que el hijo o hija que naciese de la unión heredase el señorío de Montpellier. Del matrimonio nació María de Montpellier, que se casó con el hijo de Alfonso de Aragón y de Sancha, Pedro II de Aragón, el rey aragonés de Las Navas de Tolosa. De ese matrimonio enrevesado nació Jaime I.

Pedro II se casó con María de Montpellier porque era muy rica y, como diría Daenerys Targaryen, un hombre que lucha por el oro no puede permitirse el lujo de perder a una chica bien dotada. No hubo amor, los reyes no dormían juntos y el esperado heredero parecía que no iba a llegar nunca, lo cual preocupaba a la nobleza, que conspiró con la

Iglesia y la propia reina para poner remedio al asunto. Pedro tenía líos por un tubo y cierta noche lo llevaron a una alcoba para echar un rato con alguna de sus tantas amantes. La alcoba estaba a oscuras, había una cama y sobre la cama un bulto que se suponía que era el lío. Pedro la tomó al asalto y ella no se resistió ni poco ni mucho. Amanecía cuando una procesión de nobles, sirvientes y religiosos entró en la habitación implorando el perdón de un rey estupefacto, sobre todo cuando supo que a quien se había estado trajinando era su propia mujer. Una y no más. Fue la única noche que pasaron juntos, pero muy provechosa porque la reina empezó a engordar por la cintura. En 1208 nació un príncipe, María encendió una docena de cirios, cada uno con el nombre de uno de los apóstoles, y el último en apagarse fue Santiago, que vale tanto como Jaime. Así fue bautizado Jaime I de Aragón.

Su niñez fue dura porque su padre no quiso saber nada ni de él ni de la madre que lo parió. Cuando Jaime tenía tres años, María de Montpellier abandonó este mundo y la tutela del príncipe recayó en el noble francés Simón de Montfort. Fue una burla de la casualidad que el rey Pedro muriera comandando su ejército en la batalla de Muret frente a los cruzados del tutor de su hijo. Era el año 1213. Los nobles aragoneses reclamaron al pequeño infante, que a la vuelta a su reino fue educado en la fortaleza de Monfort por caballeros templarios, que forjaron el temple del principito. Aquel niño prodigio aprendió a combatir y a gobernar su reino, y a los doce años capitaneó sus tropas contra el señor de Montcada y se casó con Leonor de Castilla, la hija de Alfonso VIII. En 1224, nobles desafectos le hicieron preso en Zaragoza, pero logró escapar.

Jaime no podía contar con ejércitos numerosos porque la población era escasa, aunque sí con uno de los mejores cuerpos de infantería, los almogávares, que dieron mucho que hablar y grandes victorias a su rey. Cuando desenvainaban sus espadas gritaban: «¡Desperta ferro!» y, efectivamente, despabilaba el hierro y corría la sangre como si fuera agua. El matrimonio del rey con Leonor de Castilla finiquitó cuando el marido instó la nulidad. Volvió a encontrar el amor en Violante, que era princesa de Hungría y con quien tuvo un montón de hijos, entre ellos Pedro, que llegaría a ser el rey de Aragón, Valencia y Cataluña; Jaime, que reinaría en Baleares, el Rosellón, la Cerdaña y Montpellier; y Violante, que se casaría con Alfonso X el Sabio. En 1244, Jaime firmó con el infante de Castilla los tratados de Almizra por los que Alicante y Murcia se cedían a Castilla. El infante castellano en cuestión llegó a reinar con el nombre de Alfonso X y el sobrenombre de Sabio y se convertiría en yerno de Jaime.

En el siglo XIII, en el que Castilla conoció sus primeras crónicas generales, la expresión más elaborada de la historiografía catalana fueron las cuatro grandes crónicas de los reinados del periodo, entre los que destaca, desde luego, el de Jaume I el Conqueridor, que estuvo cercano a verse ungido con la santidad. Ramón Muntaner lo llamó «Sanctus Rex» y Pere Miquel Carbonell y Jeroni Pau contaron, ya en el siglo XV, que en varias batallas se había visto a Sant Jordi combatiendo a su lado. Pere Antoni Beuter escribió que «las maravillas que en su nacimiento y criança acontecieron olían y sabían a milagros». En el siglo XVII se hicieron esfuerzos por canonizarlo formalmente, pero sin alcanzar el éxito que coronó los que en esa misma época se hicieron en favor de su contemporáneo Fernando III de Castilla. Solo Francia, *fille aînée de l'Église*, tenía en ese momento un rey elevado a los altares —San Luis, el de las Cruzadas—, la católica monarquía de los Habsburgo españoles logró imponer su exigencia de tener otro, pero dos era demasiado. Y se optó por el castellano.

Cuando, tras las desamortizaciones y las guerras carlistas, se expolió el monasterio de Poblet el párroco de La Espluga de Francolí, el pueblo de al lado, recuperó los desperdigados restos del rey, los envolvió en mantas y los llevó a su parroquia. Un historiador de Tarragona se enteró del asunto y reclamó a Isabel II que hiciera algo con los despojos. Se formó una comisión para decidir el futuro de los restos, que acabaron guardándose en varias cajas. Valencia se ofreció a acoger con todos los honores a Jaime I, pero Cataluña dijo que no hacía falta, que *molt gracies* pero que se hacía cargo de todo, y los restos acabaron siendo trasladados a la catedral de Tarragona en 1843.

¿Y cómo se había realizado la reintegración de los restos? Pues de una forma bastante chusca. Como las fuentes históricas señalaban que Jaime I era muy alto, buscaron el esqueleto más grande, como señalaban también que tenía una gran herida en la cara, buscaron un cráneo con señales de haber sufrido una lesión. Y lo metieron todo en una caja. En

1952 Franco presidió un grandioso remolino de huesos y tumbas para reintegrar los restos al monasterio de Poblet: entonces se descubrió que en el ataúd de Jaime I había un cuerpo y dos cabezas. ¿Qué había pasado? Pues que el arqueólogo Salvador Vilaseca reparó en que las lesiones que presentaba el supuesto cráneo del Conquistador se habían producido *post mortem* y que, por tanto, cabía dudar de que realmente fuera suyo, así que buscando entre los demás restos vio un cráneo con severas lesiones que sí se ajustaba a las fuentes históricas y lo introdujo en la misma caja. Como los dos cráneos eran igualmente probables, el rey siguió enterrado con ellos. Más vale que sobre que no que falte.

EL MISTERIO DE LA PRINCESA NORUEGA

En la *Crónica general* se refiere el origen de las desavenencias entre los reyes de Aragón y de Castilla. Cuenta que disgustado Alfonso X porque en seis años de matrimonio su esposa Violante no le hubiese dado sucesión (esterilidad que imputaba a la reina, puesto que él tenía ya hijos bastardos), planeó divorciarse y pidió al rey Hakkon IV de Noruega la mano de su hija Kristina. Pero cuando la princesa llegó a Castilla, la reina Violante había quedado preñada y Alfonso se encontró en una situación embarazosa. Ya no tenía excusa para repudiarla, hacerlo era enemistarse con su suegro Jaime I el Conquistador, con el que ya tenía bastantes problemas, pero desairar a Kristina sería bochornoso para el rey de Noruega. Alfonso encontró la manera de salir del paso casando a su prometida extranjera con su hermano Felipe, abad de Valladolid y arzobispo electo de Sevilla, que colgó los hábitos y la aceptó con gusto. *E tutti contenti,* menos la novia, que murió de melancolía al poco tiempo.

Si vas a Covarrubias seguirán contándote esta historia, tiene gancho como todas las historias de amor con final triste, pero el marqués de Mondéjar, en sus *Observaciones a la Crónica antigua de don Alfonso el Sabio,* resulta convincente al denunciar la falsedad de esta leyenda. Es cierto que la princesa Kristina de Noruega se casó con el infante don Felipe de Castilla, que renunció para ello al sacerdocio y al episcopado, pero ni fue por el previo rechazo de Alfonso X ni en los años que refieren las crónicas, sino tiempo después. La princesa no fue reclamada por el rey Alfonso para ser su mujer y mucho menos por la infertilidad de Violante, que en 1253 había dado ya a luz a la infanta Berenguela.

El viaje de la princesa desde su país boreal hasta Valladolid está descrito con bastante detalle en una saga islandesa y ha sido reconstruido por el historiador Vicente Almazán. En el verano de 1257 Kristina, acompañada por el embajador Loden Lepp y un séquito de más de cien caballeros y damas nobles, abandonó Tønsberg para casarse sin saber con quién. Alfonso X pretendía casarla con un hermano suyo, aunque no estaba decidido con cuál. La nave en la que viajaba la princesa iba cargada con una espléndida dote de oro y plata quemada, pieles blancas y grises y otras gollerías. Navegaron hasta Yarmouth, en Inglaterra, y de ahí cruzaron hasta Normandía donde desembarcaron, compraron más de setenta caballos y se dirigieron a visitar al rey francés.

Cuando el rey Luis IX se enteró de que la comitiva nórdica tenía previsto seguir por mar, les aconsejó que no lo hicieran por la ruta occidental de Gascuña, que estaba infestada de piratas sarracenos, les ofreció guías y les recomendó viajar por tierra firme a través de su reino. El otoño había comenzado, las noches eran frías y fue un viaje poco confortable. Castillos, aldeas y monasterios iban quedando atrás y solían dormir bajo las estrellas. Los guías acompañaron a la comitiva hasta Narbona y de ahí pasaron a Girona, cuyo conde, escoltado por un obispo y trescientos hombres, salió a recibir a la princesa Kristina a dos millas de la ciudad. Cuando el cortejo noruego se acercaba a Barcelona, Jaime I de Aragón salió a su encuentro con tres obispos y un enorme séquito. Les dio hospedaje y les trató a cuerpo de reina durante un par de días. Algunas crónicas cuentan que Jaime I quedó abducido por la princesa y que le propuso matrimonio. El rey ya era viudo, es cierto, pero los intereses políticos de la corona noruega no estaban en Aragón, sino en el emperador del Sacro Imperio, Alfonso X, que podría serle de utilidad para controlar Lübeck y el cereal del Báltico.

De Cataluña, la princesa se dirigió a Castilla y ya en Soria, en vísperas de la Navidad, la recibió el infante don Luis. Cabalgaron hasta Burgos y en monasterio de Las Huelgas los acogió doña Berenguela, abadesa del convento y hermana del rey. De su propio ajuar, la princesa Kristina regaló un cáliz de oro para la nueva catedral que se estaba construyendo. Alfonso X, que estaba en Valladolid celebrando Cortes, salió al encuentro de la princesa en Palencia y el 4 de enero de 1258 la acompañó a Valladolid. A las Cortes asistían los miembros de la familia real, de manera que Alfonso tuvo ocasión de presentar a la joven princesa a sus hermanos casaderos Fadrique, Sancho y Felipe. ¿Fue ella la que eligió o aceptó el consejo de los políticos? Sería lo segundo y el que salió ganando fue don Felipe, arzobispo electo y poco vocacional de Sevilla y buen cazador de osos y jabalíes. El 6 de febrero, miércoles de ceniza, se firmó el contrato de esponsales y el 31 de marzo, primer domingo después de Pascua, fue la boda.

La pareja se trasladó a Sevilla, en donde se había instalado la corte tras su conquista por Fernando III en 1248. Era un sitio estupendo para ser feliz, una hermosa ciudad mora de clima benigno e higos dulces del monte Ibal Al Rahma. Siempre es saludable comer higos a media tarde, ayuda a mover los intestinos. No es mucho lo que sabemos, pero parece que, efectivamente, comieron higos y perdices. Aunque no por mucho tiempo. Kristina murió cuatro años después sin dejar descendencia, tal vez por una meningitis porque en su sarcófago, caray, se encontró una receta para tratar el mal de oído con jugo de ajo.

La mayoría de las fuentes, seducidas por los tristes encantos del romanticismo, sugieren que murió de melancolía porque ni los higos de Ibal Al Rahma ni los murmullos del Guadalquivir la consolaron de la lejanía de los fiordos. Fue enterrada en un sarcófago muy sencillo en el claustro de la colegiata de Covarrubias.

EL SECRETO DE LA CANTIGA 235

El infante Fernando, primogénito de Alfonso X, había muerto cuando todavía vivía su padre y había dejado dos hijos varones, don Alfonso y don Fernando, que se criaban bajo la tutela de su abuela, la reina Violante. Entonces se planteó el dilema de quién debía ser el sucesor del rey Sabio, si el hijo del primogénito muerto o el hijo segundo del rey, es decir Sancho. Finalmente ganó Sancho, pero se reanudó el conflicto sucesorio porque Alfonso de la Cerda, hijo del infante Fernando, exigió el trono y fue apoyado no solo por parte de los castellanos, sino por otros reinos como Aragón, donde reinaba su tío Pedro III. En Badajoz, proclamaron a Alfonso de la Cerda. Sancho los sometió ofreciéndoles perdón y seguro, y el seguro y perdón que les dio fue picar el billete a «cuatro mil y más entre omes y mujeres». Tal vez merecían castigo pero ajusticiar a todos, parece un sistema de hacer justicia y de tranquilizar reinos propio de los Lannister. Como Tywin Lannister, era un hombre de principios, quizá no de los tuyos o los míos, pero los mantenía y era consciente de su posición y del mundo que le rodeaba. No lo describiría como un mal tipo: era duro, implacable y serio.

Ajustada la tregua con los almohades, retirado el califa Yakub Abu Yusuf a sus territorios africanos, y puestas en buen estado de defensa las fronteras, llegó el infante don Sancho a Toledo, donde por medio de Lope Díaz de Haro solicitó a su padre el rey Alfonso X que le confirmara el título de sucesor y heredero del reino. De hecho, ya un gran número de ricoshombres y caballeros le habían reconocido en Villa Real (Ciudad Real). ¿Podía Alfonso X favorecer al hijo en detrimento de los nietos? De acuerdo con el derecho consuetudinario castellano, en caso de muerte del primogénito en la sucesión a la corona, los derechos debían recaer en el segundogénito, Sancho; sin embargo, el derecho romano privado introducido en el código de *Las Siete Partidas* establecía que la sucesión debía corresponder a los hijos de Fernando de la Cerda. O sea, que había dos leyes y, por lo tanto, ninguna. Para curarse en salud y acertar en la resolución, el rey convocó al Consejo para que lo sacara del atolladero.

Los del Consejo tampoco sabían a qué carta quedarse, solo el infante don Manuel, hermano del rey, esgrimió el argumento de que cuando cae la rama mayor de un árbol, la que está debajo debe reemplazarla. O sea, que Sancho debía subrogarse en los derechos de su hermano el infante Fernando de la Cerda. Este infante don Manuel era el padre de don Juan Manuel, indebidamente llamado infante y más conocido por sus dotes literarias que por las trapacerías, rapiñas, intrigas y alzamientos de bienes y de voluntades que perpetró como el chorizo que era. Estas desvergüenzas son menos famosas que sus escritos, aunque son más abultadas. Tanto es así que causa estupor no solo que cultivase el género moralizante en su famoso *Conde Lucanor*, sino incluso que tuviese tiempo material de escribirlo con lo ocupado que estaba en la depredación de cualquier patrimonio que se le pusiese por delante. Consta que cierto día le llegó la noticia de que su tío Enrique, llamado el Senador, había fallecido y don Juan Manuel corrió más que los créditos de las películas para hacerse cargo de sus bienes, pero cuando llegó, el anciano estaba vivo todavía y el glorioso literato, para ahorrarse tener que volver otro día, «tomóle cuanto le falló en la casa, plata e bestias» y se lo llevó a toda pastilla, según reseña la *Crónica de Fernando IV*.

El padre de esta joya de hombre, es decir el infante don Manuel, hermano Alfonso X el Sabio, se había pronunciado contra el rey y apoyado al infante Sancho, rebelde contra su padre, con quien anduvo en pendencias hasta su muerte. Es muy lícito sospechar que su hijo don Juan Manuel, muy suelto de pluma como era, manipulara crónicas anteriores para favorecer no solo las tesis del rebelde Sancho, sino también para legitimar la corona de su propio yerno Enrique de Trastámara, el matador de Pedro el Cruel y sucesor en su trono, que estaba casado con su hija Juana Manuel.

A lo que iba, que contra el orden de sucesión que él mismo había previsto en las *Partidas*, Alfonso X se decidió en favor de su hijo segundo Sancho. Convocó Cortes en Segovia y lo hizo jurar como Sancho IV el Bravo. Pero no faltó quien protegiera la causa de los infantes de la Cerda, la reina Violante, contraria a la sinrazón con que los habían desheredado y consciente del peligro que tenía su desestructurada familia, procuró al menos ponerlos a salvo y se acogió con sus nietos al amparo de su hermano Pedro III de Aragón (que, muerto Jaime I, acababa de heredar la corona aragonesa). Hizo el viaje con tal sigilo que cuando el Alfonso X lo supo ya no la alcanzaron las órdenes que expidió para que la detuviesen en el camino. Llevó también con ella a la madre de los niños, la princesa Blanca de Francia, hija de san Luis, y hermana del rey francés Felipe el Atrevido. El rey se pilló un buen rebote y como sospechó que el infante don Fadrique, su hermano, era el instigador de la fuga de concierto con su yerno Simón Ruiz, señor de los Cameros, mandó a Sancho que los hiciera prender y los matara. Era junio de 1277 la situación del reino era precaria, porque a las desavenencias en el seno de la familia real, se unía la enfermedad del rey Alfonso X, que sufría ataques de cólera.

La *Crónica de Alfonso X* no menciona las causas que impulsaron a Alfonso X a condenar a muerte a su hermano y al yerno de este. Lo más probable es que la causa fuera una conjura *«a favor de don Sancho sin don Sancho»*. Los conspiradores se proponían declarar a Alfonso X el Sabio incapacitado para gobernar y sustituirle por su hijo Sancho. Según una de las versiones, al mismo tiempo que su yerno era quemado en la hoguera en Treviño, el infante Fadrique de Castilla fue encerrado en el castillo de Burgos y colocado dentro de un arca con hierros puntiagudos, donde murió. Otra versión señala que el infante Fadrique fue ahogado o «asfixiado por engarrote», es la primera referencia escrita de lo que vendría a ser el ajusticiamiento por garrote vil siglos más tarde. Según Antonio Ballesteros Beretta, en ambos casos el ejecutor habría sido el infante Sancho por órdenes de su padre.

Todo esto es muy confuso, ¿qué necesidad tenía Alfonso X de quitar a su hermano de en medio? Manuel González Jiménez, biógrafo del rey Sabio, sospecha que ante la inestabilidad en el reino, las dudas del rey en designar heredero al infante Sancho y la impopularidad de Alfonso X, debida a sus desaciertos políticos y a sus ataques de cólera, el infante Fadrique habría intentado dar un golpe de estado y ser proclamado regente hasta que el infante Sancho alcanzase la edad designada en las *Partidas* para poder ser proclamado rey. De ser así, se explicaría la reacción del rey, pues el delito de alta traición llevaba aparejada la confiscación de bienes y la pena de muerte por ahogamiento, la que le habría sido aplicada al infante Fadrique de Castilla según la *Crónica de Alfonso X*.

La confusión se espesa en torno a estos hechos al leer un verso de la cantiga 235, compuesta por Alfonso X, que hace referencia a una conjura en la que participaron dos ricoshombres: «Los que evitaban la mujer fueron quemados como velas». Lo que acaso se sugiere es que el infante Fadrique y su yerno el señor de los Cameros fueron ajusticiados por haber cometido el *«pecado nefando»*, es decir, por haber mantenido relaciones homosexuales, que estaban penadas con la muerte.[*]

---

[*] Richard P. Kinkade, *Alfonso X, Cantiga 235 y los acontecimientos de 1269-1278*.

A pesar de ciertas similitudes entre la cantiga 235 y las ejecuciones del infante Fadrique y de su yerno, el establecimiento de una analogía entre ambos hechos supondría ignorar que el infante Fadrique, según refieren las crónicas de la época, no fue quemado vivo, sino ahogado, además no existen pruebas de la supuesta homosexualidad del infante Fadrique o de su yerno, a menos que demos por buenos los rumores de que ambos habían adquirido durante su estancia en Túnez las costumbres de los musulmanes. Otros eruditos parecen convencidos de que en los versos de la cantiga 235 no se alude a la conjura que determinó el ajusticiamiento del infante Fadrique, sino a la revuelta nobiliaria de 1272, que estuvo protagonizada por el infante Felipe de Castilla, otro hermano del rey, y por Nuño González de Lara el Bueno. Por otra parte, los dos ricoshombres mencionados en los versos de la cantiga 235 en realidad fueron condenados a la hoguera por ser simpatizantes de la herejía cátara o albigense. También se ha sugerido la posibilidad de que don Fadrique tuviera un lío con la reina Violante y que, por eso, tras la ejecución del infante su cuerpo se habría arrojado a un estercolero o una letrina.

Total, que no sabemos qué es lo que pasó. Con eso me quedo. Y con la pena. Por mucha convicción que queramos suponer que tuviera sobre la culpabilidad de los dos ajusticiados, no fue el rey Sabio muy piadoso y en estas páginas me sumo a las de los historiadores que se lo reprochan.

EL EMPLAZADO Y OTROS DESBARAJUSTES

A Sancho IV el Bravo le sucedió su hijo de diez años Fernando IV el Emplazado, cuyo remoquete se debe a otra milonga. Este nieto de Alfonso X la palmó el 7 de septiembre de 1312 en Jaén, sin que nadie le viera morir. La historia y la leyenda se entrelazan de nuevo como la hiedra y el muro en las oscuras circunstancias de esa muerte.

Las crónicas apuntan que cuando el monarca se disponía a sitiar el castillo moro de Alcaudete, fue informado del asesinato de su privado, Juan de Benavides. Acusaron del crimen a los hermanos Pedro y Juan Carvajal, caballeros de la Orden de Calatrava. El rey se dirigió a Martos y los condenó a muerte con indicios insuficientes. Los condenados protestaron que eran inocentes, pero el rey ni caso. Aprovechando que Martos tiene una roca famosa, el rey mandó despeñar a los reos en sendas jaulas de hierro desde lo alto del peñón. La sentencia se cumplió el 7 de agosto de 1312, o eso dicen las crónicas. Dicen también que, cuando se vieron perdidos, los hermanos Carvajal emplazaron al monarca al juicio de Dios para que antes de un mes compareciera ante el tribunal divino. Al mes justo de la ejecución, el rey reventó en Jaén durante una siesta. No había cumplido los veintiséis años. Hay historiadores que apuntan como causa última de la muerte del rey una trombosis coronaria, lo cual nada dice de la mentira o verdad del emplazamiento.

La historia, o debería decir la leyenda, no tiene bastante imaginación y se repite. Emplazado fue también el rey francés Felipe el Hermoso (no confundir con el marido de Juana la Loca) cuando mandó quemar a Jacques de Molay, el gran maestre de la orden de los templarios, que incluso en los espasmos de la tortura había negado los delitos que se le imputaban. El rey, sin embargo, se apresuró a condenar al gran maestre y al delfín de Viena como relapsos, y los sentenció a arder en la hoguera. Ambos mártires sufrieron el suplicio de fuego protestando de su inocencia mientras los consumían las llamas. Apelaron al cielo y lo pusieron por testigo de la injusticia: al tiempo de morir emplazaron al papa y al rey ante el tribunal de Dios dentro de un año. Era el mes de marzo de 1314. Fuera o no cierto este emplazamiento, tan sucesivo y parecido al de Fernando IV de Castilla, el papa Clemente V murió en Lyon el 20 de abril de 1314 y el rey Felipe el Hermoso en Fontainebleau el 29 de noviembre del mismo año.

LA MUERTE DE LA FAVORITA

A la muerte de Fernando IV, su hijo Alfonso tenía un año y eso fue causa de disputas entre los aspirantes a ostentar la regencia. Sus tutores luchaban entre ellos a campo abierto, cada uno trataba de satisfacer su particular ambición y de medrar a costa del desorden; entre tantos tutores el rey estaba sin verdadera tutela y el reino patas arriba. La prudencia de doña María de Molina, la viuda de Fernando IV y madre del rey Alfonso XI, única tutora legítima y desinteresada, no bastaba para remediar el desgobierno, porque los magnates, con admirable ligereza, nombraban un tutor y lo revocaban, se ponían en manos de otro y lo despedían también, y volvían a entregarse al primero, o a otro que les ofreciera mejor partido. La reina madre, para remediar este estado de cosas, había convocado Cortes en Palencia, pero cuando hacía las maletas enfermó en Valladolid. Consumidas sus fuerzas, no tanto por los años como por las fatigas y pesadumbres del gobierno de tres turbulentos reinados, María de Molina murió. La mujer fuerte y sensata que en tres reinados consecutivos había impedido que acabara de naufragar el Estado, zarandeado por continuas borrascas, dejaba el barco a merced de la galerna. El cuadro desconsolador que ofrecía el reino después de la muerte de doña María, lo dibuja con vivos colores la *Crónica antigua*.

Alfonso XI de Castilla, llamado el Justiciero, una vez declarado mayor de edad en 1325, asumió el trono. Tenía quince años. Tras un primer matrimonio no consumado y posteriormente anulado con Constanza Manuel, hija de don Juan Manuel (el impresentable adelantado mayor de Murcia y señor de Villena y autor de *El conde Lucanor*), se casó con su prima hermana María de Portugal, de la que tuvo dos hijos. Uno de ellos fue Pedro I, llamado el Cruel por sus detractores y el Justo por sus partidarios.

Con su amante Leonor de Guzmán, el rey Alfonso tuvo diez hijos, entre ellos Enrique II de Castilla, que dio matarile a su hermanastro Pedro el Cruel e instauró la dinastía de la Casa de Trastámara en la corona de Castilla. Leonor de Guzmán era una joven viuda cuando el rey Alfonso XI bebió los vientos por ella. La ausencia de hijos en los primeros años del matrimonio real le costó a la reina ser relegada a un papel en la sombra. Cuando Alfonso conoció a Leonor empezó una *love story* que duraría hasta la muerte. La concubina no fue una reina de derecho pero sí de hecho, lo que desató las iras del suegro de Alfonso, el rey de Portugal, y provocó que saltaran chispas entre ambos reinos.

La reina María quería a su marido y para recuperarlo no se le ocurrió otra cosa que acudir a una hechicera judía para que le preparase un filtro de amor, un bebedizo que echaría disimuladamente en la copa del rey para enamorarlo. No se sabe muy bien cómo el frasco acabó en la enfermería del convento de San Francisco y su contenido en el gaznate de un novicio enfermo de calenturas. Animado por un inesperado vigor, el chaval perdió la vocación, abandonó el convento y se enroló en la guerra contra los moros granadinos. Su ardor guerrero le ganó una invitación del rey al Alcázar y allí conoció a Leonor de Guzmán. Ignorante de que era la amante del rey, se vino arriba y se la pidió al rey por esposa. Alfonso vio la ocasión de convertir a su favorita en una dama respetable ante la corte y evitar las murmuraciones, que ya habían llegado a oídos de su suegro, el rey de Portugal. Hubo boda, pero antes de lo que suele venir después Leonor confesó a su flamante esposo que el suyo era un matrimonio de conveniencia y que sus noches pertenecían al rey. El hombre rompió su espada, la arrojó a los pies del monarca y dijo: «Quedaos con vuestra favorita, que yo me vuelvo al convento». ¿Leyenda?, casi seguro.

A los bastardos que el rey tuvo con Leonor, el padre les cubrió bien el lomo y los equiparó con su hijo legítimo, el infante don Pedro, y así cebó una guerra civil. Bien parapetados en sus señoríos, condados y maestrazgos, los infantes bastardos se prepararon para el asalto a la corona de su hermanastro Pedro I, que se había criado alejado de su padre, cautivo en el Alcázar hispalense bajo la tutela de su resentida señora madre, la reina legítima una y otra vez humillada por el insólito número de bastardos de su marido con Leonor de Guzmán.

En 1350, después de veinte años de feliz relación con Leonor, el rey Alfonso XI murió de la peste negra en el sitio de Gibraltar. No había cumplido los cuarenta años. La reina madre salió de una larga prisión de olvido y desprecio y su hijo Pedro I subió al trono a los dieciséis años, aunque fueron María de Portugal y su favorito, Juan Alfonso de Alburquerque, quienes ejercieron el poder efectivo. La reina y su hijo Pedro vieron cómo se había formado un auténtico partido capaz de arrebatarles el poder y supieron también que Leonor de Guzmán prestaba su propia alcoba a su hijo Enrique para beneficiarse a su prometida Juana Manuel, otra hija de don Juan Manuel, y precipitar un matrimonio que tanto le convenía. A Leonor le esperaba la venganza. Era como si la reina María pensara lo que en ocasión parecida pensó Tyrion Lannister: «Llegará un día en el que creas que estás a salvo y feliz y tu alegría se convertirá en cenizas en tu boca. Entonces sabrás que la deuda ha sido pagada».

En su camino a Sevilla en el cortejo fúnebre del rey, Leonor de Guzmán fue arrestada, encarcelada en el castillo de Talavera de la Reina y ejecutada por orden de la reina madre. Como no sabemos quién fue el verdugo, prosperó la leyenda de que la estranguló con sus propias manos el rey don Pedro. De ser así, fue el primer acto cruel de su reinado cruel. No parece que fuera nada personal, solo negocios, pero esa muerte convirtió la guerra civil en un problema crónico. Y más aún cuando las polémicas Cortes de Valladolid, donde el rey tomó medidas en contra de los privilegios de los nobles castellanos, puso a los magnates del lado de los hijos de Leonor. Enrique y sus medio hermanos se pasaron los siguientes años entre guerras, fugas al extranjero y reconciliaciones.

Ya veremos cómo dieciocho años después de la muerte de Leonor en 1369, su hijo Enrique de Trastámara asesinaba a su hermanastro Pedro I en Montiel.

5

LUCHAS FRATRICIDAS

LA MALA REPUTACIÓN

Aprecio por encima de todas las mentes disyuntivas.

PAUL VALÉRY

LA CONSPIRACIÓN DE LOS BASTARDOS

Pedro de Borgoña, rey de Castilla por la gracia de Dios y para desgracia de tantos, comenzó su reinado entre turbulencias y acabó asesinado por su hermanastro. Pienso en aquellos bastardos y caigo en la cuenta de que la historia escribe tramas más *gore* de lo que las series de televisión puedan concebir.

Todo empezó con la muerte apestosa de Alfonso XI y la coronación de un imberbe Pedro I, que se había criado lejos de la corte, a diferencia de sus diez hermanos bastardos, que acaparaban los mejores cargos y títulos de Castilla. Esa fue la herencia envenenada de su padre Alfonso XI. Enrique de Trastámara fue uno de los diez hijos que Leonor de Guzmán tuvo del rey. Mientras Pedro —el legítimo heredero— vivía marginado, Enrique recibía los condados de Noreña y Trastámara, los señoríos de Lemos y Sarria y las villas de Cabrera y Ribera. Desde luego era uno de los tipos del reino que iba más sobrado. Sus hermanos también tenían donde caerse muertos y se aliaron a los nobles para quitarle a Pedro el trono.

El rey invitó a Sevilla a Fadrique Alfonso, el gemelo de Enrique: no era un armisticio, sino una encerrona, pero Fadrique logró escapar desde las mazmorras hasta el patio del alcázar, aunque allí acabó la carrera. Dicen que fue el propio rey quien lo mató de un mazazo y que después se puso a comer delante de su cadáver. Poco después quitó la vida a su primo el infante Juan de Aragón y Castilla y, en venganza contra otro infante aragonés, Fernando, por desertar de su bando, hizo matar a su madre, Leonor de Castilla, en el castillo de Castrojeriz. Otros dos bastardos, Juan Alfonso y Pedro Alfonso, recibieron también el remate por orden de su medio hermano el rey. Hay indicios de que la muerte de don Tello, otro hermanastro, pudo no haber sido natural. Los diez bastardos de Leonor de Guzmán iban cayendo uno tras otro como los diez negritos de Agatha Christie. La fama de cruel del rey Pedro crecía al mismo ritmo que el rastro de sangre que dejaba a su espalda.

En marzo de 1369, Pedro salió de Sevilla a Toledo; en el campo de Calatrava lo esperaba Enrique, que a punto estuvo de dar jaque al rey. Don Pedro buscó refugio en el castillo de Montiel (Ciudad Real), donde quedó sitiado durante nueve días. Intentó sobornar a Bertrand Du Guesclin, el mercenario francés de su hermanastro Enrique, para que lo dejase escapar. El francés fingió aceptar y lo citó en su tienda de campaña. Allí lo esperaba Enrique de Trastámara. Fue una escena digna de Shakespeare. «¿Dónde está ese judío hideputa que se nombra rey de Castilla?». «¡El hideputa seréis vos, pues yo soy hijo legítimo del buen rey Alfonso!», respondió Pedro, que fue el primero en desenvainar. Pedro había desarmado a Enrique y, como dijo Tyrion Lannister en ocasión parecida, «los momentos así requieren a alguien que actúe, que haga lo desagradable, lo necesario». Lo hizo Du Guesclin sujetando al rey por la pierna, momento que aprovechó el bastardo para asestarle una estocada mortal. El caballero francés se justificó con una frase cínica: «Ni quito ni pongo rey, pero ayudo a mi señor». Siempre está bien que te deban favores.

Después de dos décadas jugando al perro y al gato todo había terminado. *Game over.* Así fue el miserable final del rey, a los treinta y cinco años y siete meses, y a los diecinueve de su reinado proceloso. Dijo Voltaire que «los españoles son gente que solo sabe hacer bien tres cosas: el amor, la guerra y el tonto», ni que pensara en don Pedro I de Castilla. Su cabeza fue clavada en una pica y exhibida ante las tropas en la almena del castillo. Sobre ese ensangrentado pedestal puso su pie el bastardo Enrique para subir al trono de Castilla y de León. Con la muerte de

Pedro I terminó el reinado de la Casa de Borgoña en Castilla y empezó el de la Casa de Trastámara, que duraría casi dos siglos.

Enrique II de Castilla la palmó, según algunas crónicas, envenenado por agentes del rey de Granada, viejo aliado de Pedro I, según otros murió de un ataque de gota. ¿Quién dice la verdad? La suya, como la de tantos otros colegas del Gotha medieval, fue una muerte rodeada de un insondable piélago de misterio.

LA CRÓNICA FANTASMA

El ser humano ha tenido gran afición por matarse y en aquellos tiempos la afición era vicio. Todos eran monstruos, todos eran lo que los demás creían que eran. Todos tenían veneno suficiente para todos. Pedro I de Castilla era un personaje poliédrico con un carácter endemoniado desde que tuvo una enfermedad infantil que le provocó paranoias. Traicionado por todo el mundo, incluyendo su propia madre, María de Portugal, su tía la reina aragonesa y sus hermanastros, cómo no iba a ser fiero. Aunque de ahí a injuriarlo como psicópata, hay un trecho que no está claro que se pueda recorrer sin pagar el peaje de caer en la injusticia. La opinión actual, bastante generalizada, es que no fue ni más ni menos cruel que sus coetáneos y no parece congruente insistir en el sambenito. Perdonó varias veces a algunos de sus hermanastros, tuvo varias oportunidades de acabar con Enrique y no lo hizo. Nunca se sabrá qué mecanismos le hacían ser tan extraordinariamente cruel con unos y tan compasivo con otros. Nadie puede negar que se pasó varios pueblos en su lucha contra los grandes señores de la nobleza y contra los de su propia sangre, pero no hizo nada distinto al otro bando. Enrique, el responsable de colocar de matute el sobrenombre de Cruel en las crónicas, fue llamado el Fratricida. Un mote igual de crudo que el de su hermano. Ambos mataron a hermanos, ambos pudieron recibir el alias de su contrincante de haber sido otros los cronistas.

Como a muchos otros monarcas de la turbulenta Edad Media, a Pedro se le atribuyen numerosas muertes, aunque a él se le cuelga la etiqueta de *serial killer*. Lo normal era que los reyes evitaran cebarse con los consanguíneos y los nobles, la puñalada la solían reservar para los extraños y los débiles, pero Pedro hizo más bien lo contrario, protegió a los burgueses, a los judíos y musulmanes y se ensañó con su numerosa familia y con una nobleza levantisca. Como al final sus enemigos se llevaron el gato al agua, quedó como el Cruel para los restos. Ese apodo, sin embargo, muda según el punto de vista.

El principal punto de apoyo de su mala fama fue la *Crónica de don Pedro*, que años después de la muerte del protagonista escribió Pedro López de Ayala, el tipo que más ha contribuido a hacer odiosa la memoria del rey Pedro empeñándose en pintarlo como un psicópata. Ayala era el publicista de Enrique de Trastámara, su jefe de prensa y responsable de su aparato de *agitprop*, obtuvo jugosos favores de los bastardos, era un estómago agradecido que describió al rey como cojo y contrahecho, cuando en realidad era un tipo juncal, alto, rubio y de ojos azules. Claro que no estaba solo en sus percepciones del «monstruo».

Recusemos al rey Pedro IV el Ceremonioso de Aragón, que en sus *Memorias* se ensaña contra el de Castilla, y digamos que había en ello espíritu de rivalidad. Pero tenemos que empezar a dar alguna importancia a las palabras con que el italiano Matteo Villani calificó al rey Pedro: «Bestial, frenético, tirano perverso de España, indigno de ser llamado rey». Coincide el escritor lemosín del siglo xv Puig Pardinas que lo etiqueta como «el más cruel príncipe del mundo» y dice que cuando murió se alegró toda la Tierra. Gutierre Díaz de Games, autor de la *Crónica de don Pero Niño*, le hace este traje: «Fue home que usaba vivir mucho a su voluntad, mostraba ser muy justiciero, más era tanta la su justicia, e fecha de tal manera, que tornaba en crueldad. A qualquier mujer que bien lo parescia non cataba que fuese casada o por casar: todas las queria para si; nin curaba cuya fuese. Por muy pequeño yerro daba gran pena, a las veces penaba e mataba los omes sin porqué a muy crueles muertes... Aquel rey tenía a Dios muy airado de la mala vida que avia vivido, ya non le podía más sufrir, porque la mucha sangre de los inocentes que él avia derramado le daba voces sobre la tierra».

Prosper Mérimée escribió un tocho de cerca de seiscientas páginas sobre Pedro con el ánimo de reivindicarlo de las presuntas injurias de los cronistas, pero al final no le quedó otra que aceptar los terribles cargos que le hace la historia y se limitó a atenuar en lo posible las brutalidades de Pedro con la rudeza del siglo y con el designio de abatir a la orgullosa nobleza. Su compatriota Saint-Hilaire dice que «querer rehabilitarle es una tarea que ha podido agradar al espíritu de paradoja, pero que repugna al verdadero espíritu histórico. A medida que se avanza en su historia, se nota más y más la odiosa conducta de este monstruo, a quien por honor de la humanidad debemos suponer atacado de una especie de vértigo». El inglés Dunham dice que «con que sean verdad la mitad de las crueldades que le atribuye Ayala, pocos reyes antes o después de él fueron o han sido tan feroces». Ferrer del Río documentó sobradamente que don Pedro era más que digno merecedor del sobrenombre de Cruel, porque «convertía en máximas de política las pasiones de la incontinencia, de la perfidia y de la venganza». Amén.

¿Amén? ¿Fue denigrado porque era un mal rey y un sádico asesino, un monstruo de las tetas y la sangre, o porque fue denigrado en su tiempo los historiadores necesitaban justificar las injurias y por eso lo describieron como un verdugo cuando en realidad no era peor que otros gobernantes y, desde luego, no era peor que los que le picaron el billete? Tal vez ni tan cruel ni tan justiciero, tal vez un rey de su tiempo, tiempo de incertidumbres, de hambrunas y epidemias, de crisis económica y de valores, en el que la vida no valía nada. Tal vez fue la historia, ya que la escriben los ganadores, la que puso la etiqueta a su conveniencia. Al final, el rey Pedro sigue escapando a la definición.

¿De dónde y cuándo nació la idea de negar la veracidad de la crónica de Ayala, y la pretensión de reemplazar en Pedro el marbete de Cruel por el de Justiciero? El primero que abrió este camino fue un anónimo cronista, despensero de la reina Leonor, mujer de Juan I, que decía que hay dos crónicas, una verdadera y otra falsa. El oscuro compilador aludía a las dos crónicas de Ayala que se conocen con el título de *Abreviada* y *Vulgar*, que sustancialmente son la misma, aunque en la segunda se suprimen algunos pasajes. Cierto deán de Toledo que se decía bisnieto del rey Pedro dedujo que la crónica fingida era la de Ayala y la verdadera una que habría sido escrita por Juan de Castro, obispo de Jaén. Pero a esta crónica, que defendía al rey don Pedro, le pasa lo que a la criatura del lago Ness, todo el mundo habla de ella y nadie la ha visto jamás. Durante algún tiempo se creyó que el doctor Galíndez de Carvajal la había sacado del monasterio de Guadalupe en 1511 por orden de Fernando el Católico. Al final resultó que el manuscrito de Guadalupe, recuperado por el fraile Diego de Cáceres, era un ejemplar de las crónicas de Ayala. Si hubiera existido la del obispo de Jaén, ¿cómo este prelado que acompañó a Inglaterra a la hija del rey Pedro, Constanza, no la publicó allí en tantos años como estuvo? ¿Cómo no la hizo publicar el duque de Lancaster, a quien tanto interesaba rectificar la opinión que en Castilla se tenía de su suegro el rey Pedro? ¿Cómo habiéndose casado Catalina de Lancaster, nieta de Pedro, con el infante Enrique de Trastámara, nieto de Enrique el Fratricida (enlace que presenció el obispo Juan de Castro) no dio a luz esa crónica, cuando ya no existía ningún inconveniente? ¿Cómo permaneció escondida aún después de ser reina de Castilla la nieta de Pedro? ¿Cómo no se hizo publicar en tiempo de los Reyes Católicos, a los que no les gustaba ni poco que llamaran Cruel a Pedro? ¿Cómo siguió siendo secreta en el reinado de Felipe II, que mandó que a Pedro se le apellidara el Justiciero? ¿Cómo, en fin, nadie ha logrado ver esa crónica buscada por tantos?

Todo indica que los buscadores eran ciegos en una habitación oscura buscando un sombrero negro que no estaba ni allí ni en ninguna parte. Pero si existiera y alguien acabara por encontrarla, ¿qué peso podría tener, frente a tantos otros testimonios, la apología de alguien tan tenazmente alineado bajo las banderas del rey Pedro y de sus hijas?

El primero entre los modernos defensores del rey Pedro fue el conde de la Roca, que escribió a mediados del siglo XVII. No hay nada más fácil que defender una causa de la manera en que lo hace este conde. No niega el suplicio ejecutado por el rey en sus hermanastros, pero lo disculpa alegando que «si bien anticipar el castigo o la culpa nunca será justicia, alguna vez es conveniencia». Con esa lógica no hay acción humana que no pueda llevar su salvoconducto. El conde de la Roca tuvo una legión de seguidores que publicaron libros titulados *Apología del rey don Pedro de Castilla*, *El rey don Pedro defendido*, *Vindicación del rey don Pedro I de Castilla* y por ahí seguido. Son panfletos cínicos porque no niegan los hechos, pero los interpretan con admirables sofismas de abogados defensores. En el siglo XVIII, José Ledo del Pozo, catedrático de la Universidad de Valladolid, terminaba su apología con este párrafo que provoca la risa floja: «Floreció en efecto en su glorioso reinado la administración de justicia, el establecimiento de las leyes políticas y el adelantamiento de las militares, la misericordia con los pobres, la veneración a la Iglesia, el respeto a la religión, el culto a los templos, el temor a Dios, y en una palabra, cuanto pudo concurrir a formar en don Pedro un íntegro legislador, un capitán valiente, un cristiano perfecto, un juez severo, un padre caritativo, un monarca apacible y un rey a ninguno segundo, digno por esto de los nombres de bueno, prudente y justiciero». Le faltó añadir que era un campeón de la manicura. Tal vez José Ledo se pasó de irónico, porque parece que era un volteriano comecuras y escribió su obra como cortina de humo para despistar a los inquisidores.

En otros apologistas del rey, reivindicadores de lo perverso, más que los fundamentos históricos lo que parece haber pesado es cierta propensión a atenuar primero, disculpar después, olvidar más adelante y admirar con el tiempo a los hombres crueles cuando para perpetrar sus violencias han necesitado de valor y determinación. Tendemos a horrorizarnos primero del crimen, pero pasada la primera impresión compadecemos al criminal si actuó con intrepidez y acabamos por acordarnos solo del héroe y olvidarnos del monstruo. Por eso tiene el Cid tan buena prensa: un rasgo de generosidad cantado por un romancero deja siempre una impresión duradera. Al rey Pedro le ha tocado ser favorecido por ese efecto, han bastado algunas aventuras amorosas y algunas anécdotas misericordiosas para predisponer a dar por buenos los escritos que han intentado representarlo como Justiciero. Además, sin el apoyo de los grandes nobles, pero sí de la prominente comunidad judía y de ramas nobiliarias emergentes, como la Casa de Alba, Pedro I aumentó el comercio de Castilla con Flandes, reorganizó la administración de la justicia, fomentó la agricultura y la ganadería y buscó soluciones a las dificultades para encontrar mano de obra como consecuencia de la peste negra. Esa hoja de servicios es la cara amable de este rey esquivo y la peana sobre la que erigir el desagravio.

Ya desde finales del siglo XIV y comienzos del XV aparece cierta historia legitimista que favorece su figura justiciera, esa corriente doctrinal estuvo vinculada al entorno de su nieta Catalina de Lancaster. Isabel la Católica prohibió que su antepasado fuera denominado el Cruel: ¿qué interés tenía? También ella estaba enfrentada al poder de los grandes nobles, que hacían y deshacían a su antojo, también de ella se dijo que había pasaportado al infierno a familiares que la aventajaban en su precedencia al trono. Pero el verdadero promotor de su rescate fue Felipe II, que ordenó sustituir el apelativo de Cruel por el de Justiciero: ¿qué interés tenía? En el transcurso de un mismo año había encerrado a la princesa de Éboli y había desterrado a Fernando Álvarez de Toledo, de la poderosa casa de Alba. Vaya, que tanto Isabel la Católica como Felipe II tenían razones para indultar a su ancestro antes de que les aplicaran a ellos la misma vara de medir.

En la literatura, Pedro ha sido un verdadero filón. Lo expresó divinamente Fernández y González en *El condestable don Álvaro de Luna*: «¿Necesita un zurcidor de dramas, un personaje tremendo, feroz, entregado a instintos brutales? Ahí está el rey don Pedro. ¿Se quiere para una leyenda tenebrosa una especie de ogro, de vampiro, de tigre humano? Siempre el rey don Pedro. ¿Se desea interesar al público con las desgracias y con el heroísmo salvaje de una mujer? Se apela a doña Blanca de Francia o a doña María Coronel». Fernández y González se quejó de que «el público, engañado por los que llenan de abortos los libros y la escena, se indigna contra la memoria de aquel rey, le desconoce y le odia». Antonio de Trueba escribió que «no se ha escaseado medio alguno, por odioso que fuese, para pintar al desgraciado don Pedro como un monstruo de falsía y crueldad».

No fueron los únicos escritores que simpatizaron con el monarca, otros muchos trataron de comprenderlo y concluyeron que la historia le ha sido adversa porque la escribieron sus matadores. Zorrilla lo reivindica en una escena de *El zapatero y el rey*:

> Mató, atropelló cruel;
> mas ¡por Dios, que no fue él,
> fue su tiempo quien lo hizo!

O sea, que si Pedro fue un *killer*, hay que contar hasta tres antes de colgarle la etiqueta de psicópata, porque «lo que pasó bajo la lluvia solo bajo la lluvia puede ser contado», como escribe Ferlosio. Eso sin contar con los derechos que asisten a la desesperanza. Y el rey Pedro fue un desesperado.

Entonces, ¿qué? ¿Cruel o Justiciero? Depende de quién escriba la crónica. Al final, la historia de don Pedro se transformó en una interesada interpretación. Cada nuevo escritor lo reinventó a su manera en una labor narrativa en la que participaron a partes iguales la historia y la literatura. Ambas emprendieron un viaje hacia el pasado, donde, a través de la recuperación de papeles de archivos y de leyendas populares, la meta era desentrañar un carácter que se escapa a las etiquetas. Pedro aparece una y otra vez durante la Edad Media como un fantasma obsesivo cuyo rastro se pierde en una compleja intriga tejida de interpretaciones contradictorias.

UN TRASTÁMARA EQUÍVOCO

Es hora de adentrarnos en el laberinto psiquiátrico de un Trastámara equívoco. Estamos en el siglo XV, en una encrucijada que podía llevar a España a encaminarse hacia futuros muy distintos. Me topo aquí con un misterio de los buenos, un enigma *king size*. ¿Fue Enrique IV —el quinto de los Trastámara— un inepto o un hombre calumniado por cronistas escabrosos? Ya en su tiempo hubo división de opiniones: unos confirman la especie de que era un memo y otros la atribuyen a calumnias propaladas por los partidarios de los Reyes Católicos. Hay que ir con cautela en este asunto para no caer en la perplejidad que producen los relatos contradictorios, porque la pasión que movía las plumas en aquellos años solo es comparable a la que empujaba las espadas y emponzoñaba las copas. El reinado de Enrique IV es una historia de intrigas, conjuras palaciegas, conspiraciones y tal vez parricidios.

Cuando su madre, María de Aragón, lo trajo al mundo tuvo una grave hemorragia. Al hijo, las crónicas lo describen como un hombre más feo que un pie sin uñas. Los historiadores no ahorraron reprobaciones para dibujar la apariencia física y el alma degenerada del medio hermano de Isabel la Católica. Así lo describía, por ejemplo, el cronista

Alonso de Palencia: «Sus ojos feroces, de un color que ya por sí demostraba crueldad, siempre inquietos en el mirar, revelaban con su movilidad excesiva la suspicacia o la amenaza; la nariz deforme, aplastada, rota en su mitad a consecuencia de una caída que sufrió en la niñez, le daba gran semejanza con el mono; ninguna gracia prestaban a la boca sus delgados labios; afeaban el rostro los anchos pómulos, y la barba, larga y saliente, hacía parecer cóncavo el perfil de la cara, cual si se hubiese arrancado algo de su centro».

Su abulia lo convirtió en dócil instrumento de sus consejeros y todas las noticias, tan confusas, coinciden en referir la debilidad de su carácter, que lo convirtió en pelele del ayo Juan Pacheco. Los enemigos del rey lo acusaron de afeminado y Palencia insinúa que Juan Pacheco tenía ya con su pupilo relaciones de ese cariz. Resultan ambiguos esos «deleites que la ansiedad suele demandar y la honestidad negar», como elusivamente escribió Palencia insinuando que se lo montaba a pelo y a pluma. A los quince años se casó con Blanca de Navarra. Para entender las intimidades de aquellas regias lunas de miel, conviene tener en cuenta el aparato inhibidor del protocolo palatino. Diego de Valera describe así la noche de bodas de los futuros Reyes Católicos: «El Príncipe y la Princesa consumaron su matrimonio. Y estaban a la puerta de la cámara ciertos testigos puestos delante, los cuales sacaron la sábana además de haber visto la cámara donde se encerraron». Lo que pudo hacer Fernando el Católico no pudo hacerlo Enrique IV y al conocerse el gatillazo «empezaron a circular colas de palaciegos ridiculizando la frustrada consumación» y aludiendo a la mayor facilidad del rey para liarse con Juan Pacheco. Aunque lo más probable es que fuera un eunocoide hiposexual y que ni carne ni pescado. Su pretendida juventud licenciosa es hipotética, Gregorio Marañón después de reconocer que diagnosticar a los muertos antiguos «tiene mucho de atrevido y pedantesco», se atreve a sugerir que era un «esquizoide con timidez sexual» y «un displásico eunocoide con reacción acromegálica». Signifique esa jerga lo que signifique, el caso es que el matrimonio con Blanca de Navarra nunca llegó a consumarse. La no realización de esta coyunda inaugural es incuestionable después de conocer la sentencia de su nulidad matrimonial, en la que el obispo de Segovia le atribuyó al rey una incapacidad inducida por un maleficio.

De los trece años que duró el enlace, los reyes cohabitaron durante tres sin lograr el metesaca. ¿Era realmente el príncipe impotente o es que no le ponía su princesa?, me lo pregunto porque se decía que tenía relaciones frecuentes con putas de Segovia, que dieron fe de que tenía «una verga firme y daba su débito y simiente viril como otro varón». No sabemos de qué tipo, pero el rey tuvo amores con al menos un par de damas de la corte: Catalina de Guzmán y la portuguesa Guiomar de Castro, aunque según Palencia fueron puros juegos de artificio. Creo que lo que el cronista quiere sugerir es lo que explicaba muy bien Ernesto de Hannover hablando a altas horas de la noche de las diferencias entre ser un vicioso y ser un pervertido: «Un vicioso es al que le gusta que le acaricien el culo con una pluma, un pervertido es al que le gusta que le acaricien con el pollo entero». Ignoramos qué tipo de caricias le ponían a Enrique, pero parece seguro que no era un caso del todo perdido. El viajero Münzer escribe: «Su miembro era delgado en la raíz y grueso en la extremidad, por lo que no podía entrar en erección». ¿Es esa afirmación categórica un cuento de burdel, una de tantas infamias inventadas por los partidarios de los Reyes Católicos? Si fuera una calumnia se habría reducido a la jácara de la impotencia o a cualquier otra escabrosidad, pero no a una información tan anatómicamente precisa, que no puede tener otro origen que la pura, aunque no limpia, verdad. El misterioso autor de las *Coplas de Mingo Revulgo* dejó este par de versos no tan crípticos:

> Ha dejado las ovejas
> por folgar tras todo seto.

Menéndez Pelayo, y no solo él, dice que se refieren a las preferencias sexuales del monarca. Esa impresión daba la copla. Aún más explícitas son las cachondas y exageradas *Coplas del Provincial*, que tienen como estribillo la sodomía de la mayor parte de los personajes de la corte. El viajero Tetzel habla también explícitamente de esa afición del rey, que conocía bien Fernando el Católico. Desde luego a Enrique le gustaban algunas extravagancias y no solo las de sexo en grupo, como Tyrion Lannister tenía un punto débil en su corazón «para los lisiados, los bastardos y las cosas rotas». En Valsaín tenía un portero enano y un «etíope tan terrible cuanto estúpido», era famosa su afición a los moros y tenía a su lado siempre una guardia abundante con escándalo de todo el reino. No solo adoptó los vestidos sarracenos y sus posturas y alimentos, sino también, dice Palencia, «otros hábitos funestos, propensos a vergonzosa ruina». Cuando hizo adornar la sala de homenaje del Alcázar de Segovia con las estatuas de los reyes de España, mandó labrar la suya en traje sarraceno y no abandonó estos gustos ni en los umbrales de la muerte, que le sorprendió vestido con una túnica miserable y calzado con borceguíes moriscos.

Con casi treinta y seis años, en un siglo en el que la mayoría de edad se declaraba a los catorce, Enrique no había tenido hijos con su primera esposa y la triste princesa Blanca volvió a sus tierras de Navarra «entera, melancólica y hastiada». Tampoco habían nacido hijos con sus supuestas amantes múltiples cuando contrajo segundas nupcias con Juana —hermana del rey de Portugal— que había pasado su infancia en Toledo junto a su madre desterrada allí, donde murió, al parecer envenenada. Con la princesa Juana, Enrique tuvo la sospechosa precaución de derogar la antigua ley de los reyes de Castilla que prescribía que al consumarse el matrimonio, «se encuentren en la real cámara un notario y testigos». O sea, que nos dejó a oscuras de lo que pudo pasar. Pero los cortesanos siguieron haciendo burlas. De ese segundo matrimonio del rey nació Juana, apodada para siempre la Beltraneja por la creencia —apoyada en la cacareada ineptitud del rey— de que en realidad era hija de Beltrán de la Cueva.

Los juicios han sido unánimes, todos condenan a la reina Juana por adúltera y ligera de cascos y todo el mundo la hace responsable del caos con que terminó en España la Edad Media. Todo el mundo dice que aquella portuguesa estaba de toma pan y moja y todo indica que a pesar de eso fue muy desgraciada al lado de un marido tosco, feo, maloliente, misántropo y extravagante. Tal vez deberíamos desagraviarla e inclinarnos respetuosamente ante su tumba.

Enrique IV encerró a su mujer en el castillo de Alaejos y le puso como guardián al arzobispo de Sevilla, que perdió el oremus y le tiraba los tejos con descaro. No parece que el golfo del prelado rindiera la presa, porque Juana se fugó del castillo, tal vez mitad por asco del arzobispo, tal vez por amor a su sobrino Pedro de Castilla el Mozo, bisnieto de Pedro el Cruel. Fue su amante, pero muy probablemente su único amante, y seis años después del nacimiento de su hija Juana. De él tuvo la reina dos hijos.

La reina Juana se instaló en Madrid y allí vegetó a la sombra de los infundios, con sus dolores y sus recuerdos, retirada en el convento de San Francisco hasta que murió a los treinta y seis años, poco después de su marido. Su muerte, como la de su propia madre, estuvo escoltada por los rumores de un envenenamiento ordenado por su hermano, el rey de Portugal, para que no revelara lo que a él le convenía que no se supiera y poder colocar a su sobrina la Beltraneja en el trono de Castilla. Otros dicen que murió a causa de un aborto. A pesar de tantos enigmas, yo tengo la impresión de que la pobre reina Juana fue víctima y no causa de aquellas calamidades.

EL MISTERIO DE NUNCA ACABAR

Menéndez Pelayo describe el cuadro tenebroso de la España de los Trastámaras como «uno de los más tristes y calamitosos periodos de nuestra historia». Para hacerse con la corona, Isabel la Católica tuvo que enfrentarse en una dura guerra civil a un partido nobiliario adverso apoyado por el rey de Portugal, que quería a Juana la Beltraneja en el trono de Castilla. ¿Qué complicado juego de intrigas le arrebató el trono a Juana en favor de Isabel?

Juana debió de nacer en torno a enero de 1462 y debería suceder a su padre Enrique IV. Sin embargo, el destino de la niña se ensombreció cuando las dudas sobre su filiación determinaron el sesgo de su vida. Su padre había deseado durante tanto tiempo un heredero que nada más dar a luz Juana de Portugal convocó a los nobles para que juraran lealtad a la pequeña infanta, a quien llamaron como a su mamá. Habían pasado siete años desde el matrimonio y ese mismo día, después de inclinar la cabeza ante su rey y reconocer a la princesa como heredera al trono, Juan Pacheco, marqués de Villena, echó a rodar los rumores de que Juanita no era hija del rey. La lealtad, entonces como ahora, era un asunto de conveniencia.

La difamación del monarca con motivo del divorcio sin hijos de Blanca de Navarra y un segundo matrimonio sin herederos durante mucho tiempo con Juana de Portugal fueron la mejor arma de la nobleza rebelde. El nacimiento de Juana «hija de la Reina» —como con muy mala baba se refieren a la infanta los cronistas Palencia y Valera— representaría para un sector de la nobleza el colmo de los desatinos del rey y, sobre todo, de su permisividad con su favorito, Beltrán de la Cueva. Enrique prefería entre todos sus capitanes a Beltrán de la Cueva y no solo lo ascendió a señor principal de su casa, sino que, según algunos cronistas a los que no es obligado creer, se emperró en que ocupara su lugar en el lecho conyugal. Tal vez para acabar con la esterilidad de la reina. Dicen que Juana acabó cediendo; pero ¿cuándo, antes o después de que naciera la heredera?

Cuando escribe sobre el embarazo y parto de la reina, el cronista Diego Enríquez no alude a ningún rumor, tan solo advierte que en un futuro el honor de la reina se iba a poner en entredicho. Así, cuando se tuvo que jurar a la princesa Juana, según Enríquez, no hubo negativas de la nobleza y todo se desarrolló con normalidad. Solo en los últimos capítulos de la crónica comienza a hablar de la deshonestidad de la reina, confirmándola sin ninguna duda, pero no sugiere en ningún momento que Beltrán de la Cueva fuera el padre de Juana.

Fuera verdad o calumnia, se decía que el rey incitó al adulterio a ambas reinas. Blanca no tragó y Juana también se resistió, al menos al principio. En el pacto de Guisando, redactado por los enemigos de Enrique IV un año después de los amores de la reina con Pedro de Castilla el Mozo, se hace constar que «la Reina no había usado limpiamente su persona de un año a esta parte». No se alude para nada al supuesto adulterio, siete años antes, con Beltrán de la Cueva. Y no por falta de ganas. Si solo había hecho mal uso de su persona de un año a esta parte, es que no había reproche que hacerle antes. Si añadimos el detalle de la relativa impotencia del monarca, lo que resulta es que la Beltraneja, en la densa oscuridad que envuelve su genealogía, está más cerca del rey que del galán Beltrán.

Para acreditar la ilegitimidad de la Beltraneja, el capellán Palencia sospecha que la reina ya había sido infiel antes del nacimiento de su hija. Los demás cronistas de su época y posteriores se limitaron a copiar ese testimonio. Pero los fundamentos de Palencia son tan disparatados que su «justa sospecha» se convierte en despropósito. Se trata de un «se decía» y nada más. Un simple rumor de mentidero. Incluso Hernando del Pulgar, el cronista de Isabel la Católica, lo reconoce, aunque viene a decir que si el río suena agua lleva. Si la inducción del rey al adulterio de Juana con el botarate de Beltrán de la Cueva fue cierta o una melonada que se forjó por los partidarios de los Reyes Católicos, nadie lo sabrá nunca, pero no hay ni una sola prueba, ni una sola. Y sí indicios que lo desmienten. Al morir Enrique IV, Beltrán de la Cueva luchó en favor de Isabel contra los partidarios de la Beltraneja, no es verosímil que combatiese a su propia hija, aunque quién sabe, porque no sería la primera vez que las razones de Estado fueran más fuertes que las de la sangre.

En fin, que no hay prueba contundente de que la Beltraneja fuera fruto del adulterio ni de que la clase de impotencia del rey fuera absoluta. No puede asegurarse sin más que mentía la reina cuando juraba que Juana era hija legítima. La misma afirmación hizo Enrique desdiciéndose de su afirmación, coaccionada, de Guisando. Pero es más difícil negar la veracidad a la proclamación de la legitimidad de su hija hecha por el rey en trance de morir, cuando es casi imposible disimular nada.

Pero aun dando por cierta la impotencia del monarca, eso no excluye la posibilidad de una fecundación episódica, tal vez ayudada por los recursos heroicos de la terapéutica de aquellos tiempos, entre los que no sería inverosímil que se empleasen los métodos de fecundación artificial, ya entonces en uso. Circulaba la especie de que la reina se había sometido a un procedimiento de inseminación con una cánula de oro, lo confirmaría un manuscrito de la Biblioteca Nacional que dice expresivamente que la reina «fue fecundada antes de desflorada». Nada tendrían que extrañar esas prácticas dadas las circunstancias del matrimonio y nada lo tiene tampoco que esa curiosa noticia nos haya llegado prendida en los rumores del arroyo, y no consignada en los documentos oficiales o semioficiales.

Si a Cristo lo negaron tres veces, a Juana la negaron dos. La parte descontenta de la nobleza, dirigida por el marqués de Villena, Juan Pacheco, se negó a reconocer a la Beltraneja como heredera al trono, según exigía el rey, y montó un contragobierno. Tomaron bajo su protección al infante Alfonso y a su hermana Isabel y el 5 de junio de 1465 celebraron la llamada «farsa de Ávila». Se levantó un tablado en el que sentaron en un trono a un muñeco que representaba al rey con corona, manto y cetro. Leída la acusación, el pelele fue despojado de sus insignias reales y con el aplauso de la muchedumbre fue pisoteado y hecho pedazos mientras los nobles rebeldes gritaban: «A tierra, puto». Los insurrectos designaron como rey al medio hermano de Enrique, Alfonso, hijo de Juan II y de su segunda esposa, Isabel de Portugal. No era sino un destronamiento puro y simple del rey legítimo en favor de su hermano de once años, pero señalaba la auténtica fuerza de la oligarquía nobiliaria y eclesiástica.

El caso es que Enrique cedió los derechos de sucesión primero a su medio hermano Alfonso y luego, en el pacto de los Toros de Guisando, a su media hermana Isabel, quien —para colmo— era la madrina de bautizo de la princesa acusada de ilegítima. La concordia de los Toros de Guisando, de septiembre de 1468, entre Enrique IV y su medio hermana, establecía la paz y reconocía a Isabel como princesa de Asturias y heredera de la corona de Castilla. El pacto, en el que el rey suscribió su propia deshonra del modo más solemne al desposeer a su presunta hija Juana del título de heredera, no es prueba de nada. Sitges supone que el rey «no se dio cuenta de lo que firmaba, o bien que esta cláusula deshonrosa se ha interpolado posteriormente en un documento cuyo original se desconoce». Como no se han conservado las estipulaciones del pacto de Guisando, nos asiste el derecho a la sospecha de que fueran un amaño posterior para legitimar la sucesión.

El otro documento que se desvaneció de la historia fue el testamento de Enrique. Los reyes tuvieron que jurar ante el representante de Dios en la Tierra que Juana era su hija. Nadie les creyó. Aparte de esas declaraciones verbales, ¿dejó Enrique testamento escrito en el que hiciese declaración de la legitimidad de Juana? Historiadores portugueses afirman la existencia de ese documento, decisivo para apoyar los derechos de la Beltraneja; los cronistas españoles partidarios de Isabel la Católica niegan su existencia, de ser así sería el último desplante que el rey le haría a su hija.

En el pacto de Guisando la futura reina Isabel se comprometía a no casarse sin la aprobación del rey. Enrique IV trató, en abril de 1469, de casar a su medio hermana con Alfonso V de Portugal, bajo convenio de que si Isabel no aceptaba el matrimonio Alfonso habría de casarse con Juana. Isabel contrajo matrimonio secreto con su primo Fernando, heredero del reino de Aragón, y Enrique consideró roto el acuerdo y proclamó a Juana heredera al trono. Tras la muerte de Enrique, en mayo de 1475, el poderío militar de Isabel y Fernando parecía imbatible, pero el tío de Juana, el rey Alfonso V de Portugal, conocido como el Africano por sus conquistas en el Magreb, cruzó la frontera con mil seiscientos peones y cinco mil caballos, desposó a su sobrina, se proclamó rey de Castilla y declaró la guerra sin esperar siquiera la dispensa papal que autorizara el matrimonio entre una niña y el hermano de su mamá. Juana tenía doce años cuando la casaron con su tío de cuarenta y tres.

El rey de Portugal no pudo derrotar en Toro a los ochenta mil jinetes y treinta mil peones de Fernando e Isabel. Tras esa batalla, Juana, deslegitimada hasta por la vía de las armas y con un matrimonio nunca refrendado por la Iglesia, huyó a Portugal. Antes de que ingresara en el convento de Santa Clara de Coimbra, los Reyes Católicos le ofrecieron que desposara a su hijo de un año el infante Juan, así aseguraban el sometimiento de «la otra reina». Juana escogió los votos. A la muerte de Isabel, Fernando el Católico quiso casarse con ella para restituirle sus derechos como heredera de la corona y volver a reinar en Castilla como su consorte, pero «Juana La Beltraneja de Castilla» no iba a sonar muy bien.

Hasta el último de sus días firmó «Yo, la reina», reivindicando una condición que si se la otorgó el destino divino se la negaron los designios humanos. Había perdido la guerra. Había perdido la corona. Había visto reinar a sus enemigos. Los vio morir. La «excelente Senhora», como la llamaban en el convento, vivió sesenta y ocho años. Demasiado tiempo como para no preguntarse alguna vez: «¿Seré yo hija de mi padre?». La respuesta tal vez no la tuviera ni su propio padre que pudo estar tan lejos de la verdad en este asunto como un hombre cualquiera.

¿CATÓLICA Y FRATRICIDA?

En su agonía, Enrique quedó tan deshecho que no hubo necesidad de embalsamarlo. La simple influencia en su salud de sus paseos en la frialdad del otoño por los bosques de El Pardo no explica su súbita muerte. Las crónicas hablan de que el óbito se produjo por «un flujo de sangre». ¿Nefritis? ¿Lesión cardiaca? ¿Cáncer? Vale cualquier presunción, pero los trastornos que describieron los médicos se ajustan mucho mejor a un envenenamiento; tal vez por arsénico. Era la ponzoña más usada entonces y en su fase final provoca una intensa gastroenteritis sanguinolenta y anasarca, que es el término médico que describe una forma de edema o acumulación de líquidos en todo el cuerpo. Su sintomatología encaja como la mano en el guante en la sospecha del tóxico. De hecho, en el documento que su hija Juana la Beltraneja dirigió al Consejo de Madrid se afirma la certeza del asesinato: «Le fueron dadas yerbas y ponzoña». ¿Hubo un complot de los partidarios de Isabel contra su medio hermano? Algunas papeletas tiene la conjetura para ser cierta.

El infante Alfonso también murió de repente, a los catorce años. Le habían acusado de entenderse con los conspiradores de la farsa de Ávila. El estudio antropológico de sus restos en la Cartuja de Miraflores revela que al morir tenía una estatura de ciento sesenta y cinco centímetros, muy alta para su edad, por lo que en edad adulta podría haber alcanzado el uno ochenta. Las piezas esqueléticas permitieron definir la edad, el sexo y la estatura con gran precisión, con lo que está fuera de toda duda que se trata de Alfonso de Castilla. El cráneo estaba desintegrado, sin duda por las malas condiciones del enterramiento. El hecho inquietante y misterioso fue el hallazgo en el sarcófago de un dedo gordo del pie perteneciente a una mujer adulta cuya identidad no se ha podido precisar.

El hecho cierto es que el infante Alfonso enfermó y murió a los cinco días en pleno enfrentamiento con su hermanastro. Algunos creen que lo quitaron de en medio esbirros del rey Enrique. En principio se quiso achacar su muerte a la peste, pero el médico que estudió el cadáver acabó con las sospechas: «Ninguna señal de pestilencia en él apareció». Los análisis toxicológicos practicados en los restos de Alfonso no revelan existencia de sustancia alguna que pueda confirmar que murió envenenado. Lo cual no asegura que su muerte se debiera a causas naturales, puesto que los restos se encontraban en un ataúd afectado por la humedad, el mayor enemigo para la conservación de los despojos ¿Murió envenenado o víctima de la peste? *Ignoramus et ignorabimus*, aunque hay quien asegura que Isabel envenenó a su hermano Alfonso con el fin de allanar su camino hacia el trono.

Uno de los conspiradores contra el rey en la farsa de Ávila era el gran maestre de la orden de Calatrava, que debía casarse con la infanta Isabel. De este famoso Pedro Girón, primer señor de Ureña y Osuna, se dijo que «era el más bravo, el más rico y el más turbulento de todos los señores de España, y por su maestrazgo, por su esplendidez, por su bravura, por sus vastos estados y hasta por su orgullo, era el más nombrado de todos los grandes». Pedro Girón consiguió la mano de quien sería Isabel la Católica, pero la novia pasó días y noches de rodillas, implorando la muerte para ella o para el prometido que venía a raptarla. Mientras tanto, su aya Beatriz de Bobadilla acechaba empuñando una daga para matar a su señora antes de que se la entregaran al gran maestre. Pero no hizo falta, la muerte le llegó al novio de manera misteriosa. Cuando, para formalizar la petición de mano, iba camino desde Porcuna (Jaén) a Madrid, al frente de un ejército de tres mil hombres, dicen que le sobrevino un repentino ataque de apendicitis a su paso por Villarrubia de los Ojos. Se habló de envenenamiento, pero ni entonces ni después se probó nada.

ÉRASE UNA VEZ EN AMÉRICA

Los españoles. ¡Los españoles!
Esos hombres quisieron ser demasiado.

FRIEDRICH NIETZSCHE

EL MAPA ROBADO

Carlyle creía que la historia la hacen los héroes, y me parece que no le falta su punto de razón, porque aunque la historia no la hagan los héroes, no puede hacerse sin ellos. Tal vez su influjo no sea tan determinante como el espíritu de los tiempos y esa corriente hegeliana que arrastra la historia a sus desembocaduras múltiples, pero el influjo de los colosos es lógico que sea colosal. Los héroes han dado tirones imprevisibles en el curso de las cosas, aunque su acción solo suele ser fecunda cuando la época estaba preparada para su hazaña. Ha habido un Atila, un Tamerlán, un Gengis Khan que han cruzado como un meteoro por el espacio de la historia sin dejar otra huella de sus hazañas prodigiosas que un recuerdo fugaz. Solo cuando se dan las condiciones objetivas de Gramsci, cuando el héroe pone en marcha la turbina de la historia en el momento oportuno, puede notarse su influjo. Lutero, Felipe II, Richelieu, Federico de Prusia o Napoleón, llevaron la historia a donde la historia no hubiera ido sin ellos, que la cogieron del ronzal. Y algo como eso fue capaz de hacer Colón, en fin no quiero ponerme yo también goropiano, pero auuque sea con la voz muy bajita tengo que decir que es un emblema del momento estelar de la historia de España, del que dijo Taine: «Hay un momento superior en la especie humana: la España desde 1500 a 1700».

Cristóbal Colón es una adivinanza envuelta en un misterio con un enigma dentro. El historiador Augusto Mascarenhas asegura que el nombre de Colombo fue el pseudónimo «robado» a un tejedor genovés. El hombre que se topó con América al intentar llegar a India, era en realidad un portugués del Alentejo, hijo bastardo del infante don Fernando. Su nombre verdadero era Salvador Fernandes Zarco y llegó a Castilla como espía del rey Juan II de Portugal. El agente secreto debía desviar a España de sus apetitos sobre el codiciado comercio con Asia. Los intereses de Europa se centraban en las riquezas del Oriente, pero el Imperio otomano impedía a las naciones cristianas pasar por territorios islámicos. El portugués Bartolomeu Dias había encontrado un camino alternativo hacia Oriente por el cabo de Buena Esperanza. El trabajo de Colón consistía en engañar a los españoles y convencerlos de que era posible llegar a Oriente navegando hacia Occidente. La cosa era mantener en secreto el camino descubierto por Bartolomeu Dias. Como el pueblo en el que había nacido el falso Colón se llamaba Cuba, así llamó a la primera isla que descubrió. Si esta teoría fuera cierta Portugal se habría metido en propia puerta uno de los más colosales goles de la historia, porque de América llegaron a España mucho más oro y riquezas de las que llegaron de las Indias Orientales.

Diga lo que diga el historiador Mascarenhas, parece que nadie conoce el lugar en el que nació y tampoco dónde está enterrado. Cuando en el año 2003 un equipo de la Universidad de Granada abrió su supuesta tumba en la Catedral de Sevilla para estudiar el ADN de los restos se topó con la sorpresa de que solo quedaba el veinte por ciento de un cadáver. ¿Dónde está el resto de sus huesos? También su biografía se resiente de agujeros y está repleta de rincones oscuros. Muchos documentos reveladores han sido robados, mutilados, alterados por manos desconocidas. Y lo más inquietante es que él mismo contribuyó a tamaña confusión. Y también su hijo Hernando.

Cristóbal Colón tuvo, al menos, dos hijos. El mayor se llamó Diego y lo tuvo con su mujer, la portuguesa Felipa Moniz de Melo. El menor era bastardo y lo tuvo con la joven cordobesa Beatriz Enríquez Arana. Se llamaba Hernando, nació en 1488 en Córdoba y se convirtió en humanista, cosmógrafo y, desde luego, en el mayor coleccionista y catalogador de libros de su tiempo. Su biblioteca llegó a tener no menos de diecisiete mil volúmenes y entre ellos cientos de incunables y de joyas bibliográficas. A los cinco años Hernando de Colón fue nombrado paje del príncipe don Juan, el único hijo varón de los Reyes Católicos. Junto con su hermano Diego se educó en la corte de Valladolid y tuvo, por ello, una formación exquisita. Entre que su padre ya se comía los libros con los ojos y que fue maestro suyo el prestigiado humanista Pedro Mártir de Anglería, devoto del saber y de los libros en que el saber se contiene, Hernando concebía la vida feliz bajo la forma de una biblioteca.

A los trece años acompañó a su padre a las Indias, en el cuarto viaje colombino. La travesía fue penosa entre huracanes y tormentas y cuando tras ochenta y ocho días de travesía llegaron al cabo de Gracias a Dios, en lo que hoy es Nicaragua, las velas estaban desgarradas, los cabos rotos, los baos podridos y las provisiones corrompidas. Lo cuenta Hernando en su libro *La Historia del Almirante*. En 1509 realizaría su segundo viaje al Nuevo Mundo acompañando a su hermanastro Diego, gobernador de las Indias. A su regreso le presentó al rey Fernando un proyecto para dar la vuelta al mundo. Fue rechazado.

La Historia del Almirante, una obra sobre la vida y viajes de su padre, no llegó a publicarla y, a su muerte en 1539, el manuscrito pasó a su cuñada María de Toledo, mujer de Diego Colón. Luis Colón (hijo y heredero de Diego) se lo entregó al genovés Baliano de Fornari, al parecer en pago de una deuda. Fornari lo llevó a Venecia, donde se imprimió en 1571. Existen dudas entre los historiadores sobre la autenticidad y fiabilidad de la obra, Tal vez la narración de los viajes en la *Historia* sea veraz, pero la parte biográfica es un invento. Tal vez el manuscrito de Hernando Colón solo contuviera la parte relativa a los viajes, mientras que la pseudo-biografía de Colón fuera añadida después por un autor desconocido. *La Historia del Almirante* no aclara el lugar de nacimiento de Colón, le atribuye una ascendencia noble que hoy se cree inexistente, afirma que Colón estudió en la Universidad de Pavía, cosa también falsa. Y por ahí seguido. Lo cierto es que parece un libelo para enaltecer a Colón y poner a caer de un burro a sus rivales, sobre todo a Gonzalo Fernández de Oviedo, cronista oficial de Indias, y a los hermanos Pinzón, codescubridores de América. Mejor buscar al verdadero Colón en fuentes menos turbias.

Todo el mundo creía entonces en ínsulas ignotas. Cristóforo Colombo creía, además, que el dedo de la providencia lo había elegido a él para descubrirlas. Desde su infancia genovesa no había hecho otra cosa que navegar, observar los vientos y las corrientes, anotar sus derivas y completar su experiencia con los libros antiguos y modernos. Su familia vivía cerca de la Porta Sant'Andrea y a los diez años el chico tomó querencia por el trasiego del puerto, se acercaba a los atracaderos y se embobaba viendo a los marineros bajar de carracas, galeras, carabelas y naos que se arracimaban en el muelle. Llegaban de lugares exóticos como Constantinopla, Chios, Egipto, Túnez o Siria. Cristóforo jugaba con sus amigos entre balas y matutes de seda o borra, entre barriles de vino, aceite y especias. El pescado salado, la brea, la almáciga, la nuez moscada y los aromas animales de las acémilas exhalaban su aliento en el aire cargado de salitre. Escuchaba las historias que contaban los marineros acerca de tierras mágicas que había hacia levante. Pero también había tierras encantadas hacia poniente, en donde se situaban ínsulas legendarias llamadas San Borondón, Antilia o la Isla de las Siete Ciudades, que ya habían originado expediciones en su búsqueda. En ese ambiente el niño abrió su alma a los misterios del mundo y supo que cosmógrafos judeo-catalanes hacía cien años que habían dibujado un mapa del mar de las Indias en donde figuraban siete mil quinientas cuarenta y ocho islas ricas en piedras preciosas y metales de valor.

A los catorce años se enroló en un barco. Por entonces no sabía leer, aunque no tardaría mucho en aprender por sí mismo y no lo haría en el italiano de su nación, sino en el castellano de Castilla, porque tal vez esa era la lengua de sus padres, acaso judíos descendientes de catalanes desterrados. O no, porque todas las noticias que nos dieron sus allegados son a veces tan falsas como un euro con la cara de Popeye. Para poseer dignamente el cargo de almirante, necesitaba fingir estudios en la Universidad de Pavía que nunca hizo, necesitaba hazañas marítimas al servicio de Renato de Anjou o del almirante francés Coulon el Mozo, que nunca realizó, necesitaba correspondencia con Toscanelli, que no parece haber tenido. Como la zorra borra su rastro con el rabo, quiso borrar Colón la juventud de Colombo.

Durante nueve años residió en Portugal, donde actuó como agente de la casa Centurione en Madeira y vendió cartas de marear en momentos en que estaba tieso como la mojama. Viajó, mejoró sus conocimientos marinos y, ya casado con Felipa Monis de Perestrello, vivió en la isla de Porto Santo y es probable que viajara también hasta las Azores. Considerando su intrepidez y su ansia, raro sería que no se hubiera adentrado más allá. Su mujer era noble por ambos costados y esa pertenencia abrió a Colombo muchas puertas para los progresos de su ambición. Pudo acceder a la copiosa documentación acumulada por su suegro, Bartholomeu Perestrello, que había sido capitán hereditario de Porto Santo: mapas, cartas, portulanos, bitácoras, noticias de viajeros y referencias a pecios recogidos en alta mar, presumiblemente arrastrados por las corrientes marinas desde tierras situadas al oeste de las Islas Alegres.

Colombo leía a mano armada, anotando en los márgenes lo que más llamaba su atención. De la *Medea* de Séneca copió un fragmento para uso personal porque sintió que aquellas palabras le hablaban solo a él desde los abismos del tiempo pasado: «Vendrán ciertos tiempos en los cuales el mar océano aflojará los atamientos de las cosas y se abrirá una grande tierra y un nuevo marinero, como aquel Thyphis que fue guía de Jasón, descubrirá nuevo mundo y entonces no será la isla Thule la postrera de las tierras». Y pocas líneas más abajo añadía: «¿Qué distancia hay entre las playas extremas de Hispania y las de la India? Poquísimos días de navegación, si sopla para la nave viento propicio». En esa profecía vio un horóscopo y, por lo tanto, una misión porque era un tipo dado a la meticulosa interpretación de los indicios.

Paolo dal Pozzo Toscanelli vivió y trabajó prácticamente toda su vida en Florencia, donde tuvo ocasión de conocer a Fernão Martins y discutir con él en cuanto a las dimensiones de la Tierra y la extensión del mundo conocido, por lo que, cuando este último llegó a ser confesor y consejero del rey Alfonso V de Portugal, le habló al monarca de las teorías de Toscanelli. El rey le pidió que se las explicara por carta. La respuesta fue una larga misiva a la que acompañaba un mapa de la zona atlántica entre Europa y el oriente de Asia. Del mapa nos queda una referencia que de él hace Bartolomé de las Casas. El doble error de Toscanelli consistía en suponer el Viejo Continente demasiado grande y el globo terráqueo demasiado pequeño, pues el tamaño de la Tierra se achicaba en su mapa una cuarta parte. Ese error fue una de sus grandes contribuciones involuntarias a la gloria de Colombo, que asumió sus medidas como dogma de fe. Entre sus múltiples fuentes árabes y la teoría de Toscanelli, tal vez Colombo aceptó la distancia que más le convenía, la menos disuasoria. Y fue la carta de Toscanelli la que acabaría llevando consigo en el viaje del descubrimiento.

Entre 1483 y 1485 Colombo debió de hacer su primera oferta al rey portugués. Eran momentos de efervescencia en la empresa descubridora de Portugal, que estaba explorando la desembocadura del Congo y la costa más al sur, con la intención de encontrar una vía meridional que permitiese enlazar con el Índico y llegar a la tierra de las especias. Colombo proponía una vía más corta y directa que la todavía incierta ruta por el sur de África. Juan II de Portugal encargó un dictamen a una junta de expertos que desestimó su viabilidad; tenían ya suficientes elementos de juicio como para considerar fantasiosos los fundamentos del genovés.

Colombo tuvo que buscar un nuevo *sponsor*. Antes de marcharse secretamente de Portugal penetró en el aposento en donde sabía que estaba el mapa inestimable de Toscanelli, olvidado bajo capas de polvo. Sacó el documento de su escondite, lo copió y salió con su tesoro, que necesitaba como credenciales científicas para su misión en Castilla. Con el mapa en el bolsillo y de la mano de su hijo Diego, que tenía cinco años, salió Colombo huido de Portugal. Sabía que el rey Juan II podría declararlo traidor.

Llegó a Castilla hacia mediados de 1485. Se dirigió a Palos de La Frontera, un puerto andaluz del condado de Niebla. Ante los monjes de La Rábida dijo llamarse Cristóbal Colón. Pero tras tres años de espera improductiva en la corte de Isabel y Fernando, Colón perdió la paciencia. Lisboa, Palos, La Rábida, Sevilla, Sanlúcar, El Puerto, Córdoba, Salamanca, Córdoba de nuevo y Sevilla otra vez, y luego Murcia, Juan de Portugal, el duque de Medina Sidonia y el de Medinaceli, el cardenal de España, el rey y la reina: estaba más cansado que lomo de burro. En un momento de desesperanza escribió al rey de Portugal proponiéndole un retorno a Lisboa para intentar convencerle de nuevo de la excelencia de su proyecto. La respuesta del monarca fue muy cordial, tanto que Colón receló. ¿No había hurtado la carta de Toscanelli? ¿No tendía el rey de Portugal al monopolio en materia de descubrimientos y consideraba delito de lesa majestad burlar el secreto de su valiosa documentación? Colón había robado el camino al Nuevo Mundo. Por eso el rey le pedía que volviese con palabras de miel. Pero Colón sabía que el rey tenía la justicia algo pronta. Por haber oído que su cuñado, el duque de Viseu, conspiraba contra él lo hizo llamar y tras unas pocas palabras de reproche le plantó una daga en el corazón. Eso fue cuatro años antes de que Colón leyese en Murcia las expresiones de cordial amistad que el rey le hacía. Nunca volvió a Portugal, por eso pudo seguir vivo para su gran empresa.

LA OSCURA IDENTIDAD DEL PRENAUTA

¿Sabía Colón a dónde se dirigía cuando emprendió el primer viaje a América? Hay quien afirma que sí. De hecho, en las Capitulaciones de Santa Fe, documento firmado con los Reyes Católicos en abril de 1492 (meses antes de iniciar su travesía), se habla de «lo que ha descubierto en las mares oçeanas». ¿Qué podía haber descubierto si aún no había ido a ninguna parte? ¿O sí? Bartolomé de Las Casas escribió algo que pone los pelos de punta: «Ya él tenía certidumbre que había de descubrir tierras y gentes en ellas, como si en ellas personalmente hubiera estado (de lo cual cierto yo no dudo)».

Se ha tratado de responder a esa inquietante pregunta diciendo que Colón se había hecho con algún mapa o carta de navegar de los antiguos templarios, quienes, se afirma, pudieron haber llegado a América mucho antes que él. Pero también se habla de una leyenda de los tiempos del propio almirante. Se dice que un navegante fue arrastrado por los temporales hasta ciertas tierras desconocidas en Occidente, donde tomó agua y leña, y de las que pudo volver, aunque tan trabajado que apenas le quedó aliento para referirlas a Colón antes de morir en sus brazos.

En los relatos que en los siglos XVI y XVII hicieron respectivamente Baltasar Porreño y Gonzalo de Illescas, hablan de «un cierto marino,

cuyo nombre hasta ahora no se sabe ni de dónde partió ni qué viaje lle-
vava, mas que andava por el Mar Océano de Poniente». El enigmático
navegante habría sido zarandeado en medio de su travesía por una tormenta de las que le hunden a uno en el fondo del mar o lo elevan a la
gloria. El hombre tuvo al parecer la segunda de esas suertes. ¿Fue él quien
vio las tierras que envenenaban los sueños de Colón? El caso es que,
estando en Madeira, el anónimo explorador habría expirado en los brazos
de Colón, no sin antes contarle cuantos secretos marítimos le había re-
portado su aventura.

¿De dónde sacaron esa historia esos autores de los siglos XVI y XVII?
Lo cierto es que ya antes que ellos otros habían deslizado pistas para
construir un relato así. Gonzalo Fernández de Oviedo[*] contó esta historia: «Quieren decir algunos que a una carabela que desde España pasaba
para Inglaterra le sobrevinieron tales e tan forzosos tiempos, e tan contrarios, que hobo necesidad de correr al Poniente tantos días, que reco-
nosció una o más de las islas destas partes e Indias e que después le hizo
tiempo a su propósito y tornó a dar la vuelta». Oviedo relata la muerte
de toda la tripulación y añade que el piloto de esa carabela «era tan íntimo
amigo de Cristóbal Colón y en mucho secreto dio parte dello».

¿Quién era este desconocido marino? ¿De qué tierra partió? ¿Dónde
lo encontró Colón? Según algunos, era andaluz y Colón se tropezó con
él en Madeira; según otros, era vizcaíno y el futuro almirante lo encontró
moribundo en Cabo Verde o en Porto Santo. ¿Qué dice al respecto el
hijo de Colón, Hernando? Por supuesto, nada claro, no vaya a ser que le
quiten los entorchados de almirante a su padre, pero no puede soslayar
en el capítulo IX de su *Historia del Almirante* los relatos que se contaban
sobre las hazañas de navegantes como Pedro Correa, Martín Vicente,
Pedro Velasco o el portugués Vicente Díaz, todos los cuales parecen
tener noticias —o al menos indicios— de islas y tierras ignotas situadas a
poniente.

¿Dónde y cuándo tuvo lugar el decisivo encuentro del protonauta
con el futuro descubridor? ¿Fue en Porto Santo? ¿Fue en Azores? ¿Tal

---

[*] *Historia general y natural de las Indias*, Sevilla, 1535.

vez en Madeira o acaso en Cabo Verde? No hay acuerdo entre los que citan el suceso. ¿Y cuándo? En eso, tras calcular lo que se sabe de las andanzas comerciales del escurridizo Colón, Juan Manzano* se inclina por el año 1478. Pero para que ese encuentro fuera posible y tuviera la trascendencia que se le supone, lo primero es admitir la propia existencia del piloto, de su nave derrotada y de su viaje fatal.

Demos por bueno lo del barco a merced de los vientos y las corrientes que lo desvían de su singladura hasta que la quilla muerde la playa de alguna isla. ¿Cuál? ¿Llegaron realmente a América? Manzano recoge la descripción de Oviedo, que no nos saca de dudas: «Recosció una o más de las islas destas partes e Indias» (escribe «destas» porque su texto lo redactó en América). Peor nos lo pone López de Gómara al afirmar que «fue a parar en tierra no sabida ni puesta en el mapa». Pero emerge la pluma de Las Casas para ofrecer un dato correspondiente al primer viaje colombino: «[Los indios] tenían reciente memoria de haber llegado a esta isla Española otros hombres blancos y barbados como nosotros, antes que nosotros no muchos años».

Ahí estaría la prueba de la presencia de la tripulación perdida. Pensemos ahora en unas hembras que se pasean ofreciendo sin disimulo lo que en Europa se tapaba, y en una marinería con meses de abstinencia. Sus desahogos entre las carnes prietas de aquellas pibones taínas les transmitieron la bacteria espiroqueta; es decir, la sífilis, un morbo entonces desconocido en Europa. Solo en los momentos en los que la enfermedad comenzó a mostrar su cara con pústulas, fiebres y dolores insoportables, aquellos marineros perdidos y dados a la caza de la entrepierna indígena le vieron las orejas al lobo e hicieron planes para regresar. Los cronistas Oviedo, Gómara y Las Casas dibujan el espeluznante espectáculo de la muerte salpicando la nave en su regreso como si fuera espuma de un mar emponzoñado. Cuando Colón los encuentra apenas queda un hilo de vida en un puñado de hombres, pero la fortuna le sonríe porque el piloto aún es capaz de echar un pulso a la muerte durante varios días, que son los que aprovecha Colón para sonsacar la relevante información para

---

* Juan Manzano y Manzano, *Colón y su secreto: el predescubrimiento.*

su proyecto. Sigue siendo enigmático cómo acertó aquella gente a coger la ruta correcta de regreso teniendo en cuenta que nunca habían estado antes allí.

Si todo esto fue así y si el gran secreto de Colón fue justamente aquella información privilegiada que le confió antes de expirar el piloto desconocido, ¿cómo es que luego ha escrito sobre ello tanta gente? ¿Qué extraño secreto era ese? Seguramente se comenzó a divulgar después de una de las noches más extraordinarias de la historia de la humanidad, la del 9 al 10 de octubre de 1492, cuando Colón se vio obligado a contar su secreto a Martín Alonso Pinzón ante la revuelta de la marinería. Porque Colón a punto estuvo de no descubrir América. Si lo hizo fue gracias a que consiguió engañar a su tripulación con relación a la distancia que los separaba de casa. Colón llevaba dos bitácoras, una auténtica y otra falsa, que era la que mostraba a sus hombres para que no se asustaran al saber la verdadera distancia que habían recorrido. Tras sesenta y cinco días en el mar, la noche del 9 al 10 de octubre de 1492 se produjo un intento de motín en la *Santa María* que fue sofocado con la ayuda de los hermanos Pinzón. Entre el 9 y el 10 de octubre, el descontento se extendió al resto de la expedición. Los capitanes tomaron la determinación de que sin en tres días no divisaban tierra, darían la vuelta. El 12 de octubre, cuando la tripulación ya estaba inquieta por la larga travesía sin llegar a ninguna parte, el grumete Rodrigo de Triana dio el famoso grito de: «¡Tierra a la vista!». Aunque por los mismos pelos, a Colón se le abrieron de par en par las puertas de la historia.

Los descendientes de Pinzón se encargaron de que no apareciera aquella confesión en los pleitos colombinos que se libraron años después para poder presentar a su antepasado, Martín Alonso, como el hombre que entregó a Colón el plano decisivo del descubrimiento. Con ello querían otorgar a su antepasado la gloria que debiera corresponder al protonauta. Pero lo cierto es que si los Pinzones querían ocultar esa información para darse importancia, esta explicación no explica, sino que confunde. ¿Cómo se pudo divulgar tanto el supuesto secreto de Colón? Tal vez por aquellas frases escritas por Las Casas sobre la presencia, según el testimonio de los nativos, de unos hombres blancos que habían estado por allí años antes. Seguramente cuando los españoles aprendieron la lengua de los nativos y escucharon esa historia ataron cabos y cayeron en la cuenta de que el almirante sabía algo de todo aquello.

¿Qué pudo contar el piloto en su agonía? ¿Qué aprendió de él el almirante para su futura industria? Toda la ciencia que años después Colón desplegó sobre las olas embravecidas del Atlántico, ¿se la debía a las confidencias que con un hilo de voz le transmitió el infortunado navegante o solo confirmó lo que ya sabía? El propio almirante nos da pistas de una misteriosa conversación con alguien en España. Lee, si no lo crees, las notas garabateadas el 30 de octubre de 1492 en el *Diario de a bordo de Colón*, manuscrito atribuido a Las Casas: «Y dice que había de trabajar de ir al Gran Can, que es muy grande, según le fue dicho antes de que partiese de España». ¿Quién se lo dijo «antes de que partiese de España»? Solo pudo ser el piloto anónimo, no pudo ser la carta de Toscanelli, pues ese documento lo había visto y eso no es lo que se dice en el *Diario*. La frase es «le fue dicho», no que lo hubiera visto. Por tanto, alguien se lo dijo. La verdadera fuente de información que tuvo Colón para su proeza tuvo que ser lo que le contó el desgraciado piloto.

Pedro Mártir de Anglería, amigo de Colón, aseguró que toda esa historia del piloto desconocido era una fábula urdida por los envidiosos para rebajar la gloria del almirante. Para Mártir de Anglería quienes propalaron esta historia no serían fiables historiadores sino deshonestos novelistas.

En 1609, mucho tiempo después por lo tanto, el Inca Garcilaso se sacó de la manga el dato de que aquel piloto era de Huelva y que atendió por el nombre de Alonso Sánchez. Había transcurrido siglo y medio desde el descubrimiento de las Indias cuando contó en sus *Comentarios reales* que había escuchado esa historia en la niñez de labios de su padre y de otros conquistadores del Perú, con pormenores que no se habían borrado de su memoria. Muchos le han dado crédito, pero pruebas no hay. Se mencionó también al portugués Pedro Vázquez y a un incierto vizcaíno. Tal vez hubiera más de una expedición o aventura serendípica. Desde el siglo XIII los cántabros perseguían a las ballenas hasta los mares del norte, y tanto Garibay como Henao dan motivo a pensar que antes de que naciera Colón, sin propósito deliberado y sin consecuencia alguna, los audaces pescadores hicieron escala y provisión de agua dulce en la costa noroeste americana.

¿Habría hecho Colón su viaje sin saber palabra del viaje de Alonso Sánchez o de quien fuera? ¿Habría expuesto su vida y la de sus hombres sin tener la certeza del regreso y de que no iba a dejar el cuerpo y la fama en el fondo del Atlántico? Muy probablemente, porque era un cabezota, lo que no podría haber hecho era asegurarse de cómo volver, a menos que tuviera mucha suerte o la providencia le inspirara el derrotero.

LA FLECHA DEL PROGRESO Y EL TIEMPO CIRCULAR

¿Por qué Cortés acabó con Moctezuma y Pizarro capturó a Atahualpa y no fueron los conquistadores de los emperadores mexica e inca los que llegaron a Europa y sometieron a Carlos V? Encuentro la respuesta en *Antropogeografía*, del alemán Friedrich Ratzel, un libro publicado en 1891, que dio mucho que hablar en tiempos de infatuación colonialista.

Durante los tiempos coloniales, europeos y asiáticos pensaban que su supremacía económica, militar y cultural se debía a la superioridad genética, moral e intelectual de sus pueblos, el mismo argumento racista de Ginés de Sepúlveda que venía muy bien para justificar la sumisión de los nativos americanos, y después de los africanos y australianos. En *Armas, gérmenes y acero*, el biólogo Jarred Diamond explica que apenas existen diferencias genéticas entre las distintas etnias que justifiquen la diversidad evolutiva de los pueblos y, siguiendo a Ratzel, apunta a la geografía como motor de la historia. Los pobladores de Eurasia tenían acceso a plantas más fáciles de cultivar y a animales domesticables, además estaban mejor comunicados entre ellos, lo que permitió que la agricultura y la ganadería se propagaran con mucha más rapidez. Y con ellas la civilización. Pero si fue la agricultura el principal detonante de la revolución neolítica, de la que surgieron las primeras civilizaciones, ¿por qué los americanos, que contaban con la patata, uno de los cultivos más eficaces, no crearon sociedades tan complejas como las europeas?

La datación de los primeros cultivos de trigo y de patatas es muy controvertida, pero parece que ambos empezaron a plantarse en torno al 7000 a. C., en Mesopotamia y el actual Perú respectivamente. En parte gracias al tubérculo, los incas fundaron el Estado más extenso de la historia de la América precolombina, que llegó a tener unos quince millones de habitantes; pero Pizarro, que solo comandaba ciento ochenta soldados, se los merendó en menos de tres años. Esa singularidad, ese cisne negro, ha sido un semillero de teorías, pero economistas de las universidades de Tel-Aviv y Warwick han puesto sobre la mesa una de las más sugerentes, que tiene como protagonista a la patata.

Según esos investigadores, las civilizaciones más avanzadas cultivaron trigo, cebada, arroz o maíz. Por el contrario, los pueblos más primitivos apostaron por los tubérculos como la patata, el taro o la mandioca. Los cereales ni son más fáciles de cultivar ni crecen más rápido que los tubérculos, pero se recolectan y almacenan de forma distinta. Ahí está el origen de la gran divergencia entre la flecha del progreso y el tiempo circular. El trigo, por ejemplo, se cosecha una o dos veces al año y produce montones de grano seco. Una vez recolectado, el cereal puede almacenarse durante mucho tiempo y se transporta fácilmente. Pero también es fácil de robar. Los tubérculos, por el contrario, no se almacenan nada bien, son pesados, están llenos de agua y se pudren rápidamente en cuanto se sacan de la tierra. La yuca, por ejemplo, crece todo el año y la gente la desenterraba cuando quería comérsela. Desde luego, para una partida de bandidos o para un vecino hostil, es mucho más fácil saquear un granero que andar desenterrando rizomas.

Las sociedades que cultivaban cereales tuvieron que hacer de la necesidad virtud y para proteger sus cosechas instauraron la división social del trabajo y un cuerpo de trabajadores dedicados a la seguridad; pero no trabajaban gratis, había que ponerles un sueldo y así emergieron sistemas fiscales con una casta de recaudadores de impuestos legitimados para confiscar parte del grano almacenado.

¿Podemos darnos por satisfechos con esta explicación? No del todo, tal vez resulte algo reduccionista. Además ignora el hecho de que la mayoría de las sociedades que cultivaban tubérculos vivían en los trópicos, donde las enfermedades endémicas ralentizaron el surgimiento de civilizaciones avanzadas. Por otra parte, en la mayoría de los lugares los tubérculos se empezaron a cultivar miles de años después que los cereales —según Diamond las sociedades plenamente agrícolas surgieron en

Mesopotamia en el 8500 a. C., y en Sudamérica no aparecieron hasta el 3500 a. C.—, así que las civilizaciones cerealísticas partieron con mucha ventaja, porque al que madruga Dios le ayuda y camarón que se duerme... y todo eso. Eso por no hablar de muchos otros factores importantes, como la presencia, o no, de ganado, así como la disponibilidad de caza abundante, que pudo jugar un importante papel en el mantenimiento de sociedades cazadoras-recolectoras.

Críticas aparte, la nueva teoría completa la lista de razones que han moldeado el mundo. En cualquier caso, si la patata hubiera sido la causa de un déficit civilizatorio, acabó siendo la salvación de Europa; probablemente, tus ancestros y los míos no habrían sobrevivido si Colón no la hubiera traído del otro lado del charco. La patata fue uno de los primeros cultivos americanos que los españoles introdujeron en Europa y causó una auténtica revolución en su agricultura. Las primeras referencias a tubérculos oriundos de América se remontan a veinticuatro años después del primer viaje de Colón, cuando Pedro Mártir de Anglería registró la existencia del boniato o batata. El cultivo de la patata incrementó de forma muy notable la producción agrícola de los campesinos europeos, sobre todo en regiones donde no se daba el cereal. Si entre 1700 y 1900 se triplicó la población del mundo, fue sobre todo por la patata. Un respeto. Y además está el milagro de la tortilla.

EL ENIGMA DE LA TORTILLA

¿Cuánto tiempo tuvo que pasar para que la humilde patata consumara una de sus mejores epifanías, la de su conversión en tortilla? Amo la luz, las cosas claras y las bombillas led, este es un libro de luces encendidas en la oscuridad, no soporto los misterios, me inquietan y este me quita el sueño, la verdad. La verdadera historia de la tortilla de patata abunda en misterios e intrigas fantasmagóricas; muchas más, desde luego, que su recetario porque, a diferencia del gazpacho y a semejanza del pilpil, la tortilla de patata solo admite una única receta. No la toques ya más, que así es la reina de corazones de nuestra cocina. Solo un ingrediente separa a dos bandos irreconciliables: concebollistas y sincebollistas.

Dicen que la inventó el general Zumalacárregui durante las guerras carlistas, dicen que la comió Alejandro Dumas en su viaje por España. Lo primero tiene toda la pinta de ser un cuento; lo segundo está bien documentado. ¿Dónde, cuándo y cómo se hizo la primera tortilla de patata? Como siempre hay un antes, trataré de empezar por el principio. Y en el principio, claro, fue la patata.

Durante la conquista del Perú, los españoles repararon en «una fructa que hay en aquella tierra de la otra parte del Cuzco, que la produce de sí la misma tierra; e son redondos e tan gruesos como el puño, llámanlos papas, e quieren parescer turmas de tierra». Así hablaba de las patatas el cronista de Indias Gonzalo Fernández de Oviedo. Cuando encontraban nuevos alimentos, los conquistadores solían compararlos por aspecto o sabor con los que ya conocían, las patatas les recordaban a las turmas o criadillas de tierra tan comunes en Extremadura. Pedro Cieza de León en la *Crónica del Perú*, escribió que aquel fruto sin cáscara ni hueso quedaba tan tierno como una castaña cocida cuando se asaba.

Además de la papa, los españoles encontraron la batata o boniato y la aguaturma, también llamada patata de caña o tupinambo. Su forma y común origen ultramarino, así como su irregular introducción en diferentes regiones españolas generaron un lío monumental y tuvo severas consecuencias en la tortilla española. Oficialmente, y según los diccionarios, «patata» fue sinónimo del taíno «batata» (boniato) hasta 1817, mientras la voz quechua «papa» se reservaba a lo que hoy llamamos patatas. Este galimatías explica que la «patata» que encontramos en referencias antiguas no siempre sea lo que parece. No podemos estar seguros de si fueron papas o batatas (patatas o boniatos) lo que bajo el nombre de «patatas» se exportó de Canarias a Flandes ya en 1567. Tampoco podemos saber si era una cosa u otra lo que comieron los enfermos indigentes del hospital sevillano de las Cinco Llagas poco después, o si la mismísima Teresa de Ávila agradeció en una carta de 1577 el envío de uno u otro tubérculo.

Lo que sí está claro es que la batata, más dulce y apropiada para los postres, se empezó a cultivar enseguida en la Península. La humilde papa, «comida insípida» para la Real Academia Española, llegó a esta orilla del Atlántico como curiosidad botánica en torno a 1560 y todavía la última edición del *Diccionario* de la RAE nos recuerda en su tercera acepción que patata significa «cosa de poca calidad o de mal funcionamiento». Aunque se sembró en Galicia y Castilla, no despertó interés hasta finales del XVIII. No hay nada como el hambre para empezar a apreciar la comida.

Existe cierto embrollo a la hora de fechar la llegada de la patata al resto de Europa. Es posible que viajara a Nápoles y Flandes de la mano de los tercios españoles, que la consumían como alimento barato para soldados y como forraje para animales de carga. A otros países debió de llegar directamente de América a través de botánicos y naturalistas. A pesar de la reticencia inicial de los labradores, se reveló como un cultivo ideal: crecía en tierras frías, daba grandes cosechas y podía sustituir los hidratos de carbono de los cereales. Su popularidad se incrementó durante la Pequeña Edad del Hielo del siglo XVIII y en épocas de guerra, puesto que al estar oculta dentro de la tierra no era arrasada por los ejércitos enemigos.

En Francia no la comían porque creían que provocaba la lepra. La maldición de la patata acabó cuando un ingenioso farmacéutico francés popularizó su consumo gracias a una estratagema de pícaro. El agrónomo Antoine Parmentier conoció de primera mano los beneficios nutritivos del tubérculo en sus días como prisionero de Prusia durante la Guerra de los Siete Años. Luis XVI le ofreció unos terrenos a las afueras de París para plantar las calumniadas patatas y cuando los tubérculos estaban maduros protegió el campo de cultivo con alambradas y hombres armados. Todo el mundo se preguntaba qué sería eso tan valioso que Parmentier cultivaba. A la caída de la noche, los soldados se retiraban y el pueblo parisino se precipitaba a robar las patatas. Parmentier consiguió convertir la despreciada patata en delicia culinaria.

En España hizo falta que Enrique Doyle, un irlandés residente en Madrid, sembrara en 1780 unas cuantas patatas procedentes de su país para convencer al rey Carlos III y a su ministro Floridablanca de las bondades del tubérculo. Cinco años después se publicó una Real Orden con instrucciones acerca de la cría, cuidado y uso de esta planta cuyas «utilidades son dignas de consideración». Eran nutritivas, sanas y baratas y las sociedades de amigos del país ayudaron a difundir su cultivo y las convirtieron en pocos años en el rancho común de los que no andaban sobrados. Pero, ¿qué pasa con esa tortilla? Marchando.

Fue el azaroso encuentro de tres ingredientes básicos: patatas, huevos y una dosis de imaginación, aunque no tanta como presume la sarta de leyendas que han corrido acerca de su origen. Una de las más difundidas refiere al general carlista Tomás de Zumalacárregui probándola en casa de una campesina navarra obligada a darle de cenar con lo que poco que tenía; otra versión dice que él mismo se puso el mandil para freírla en las campas de Begoña durante el sitio de Bilbao. Otra más asegura que para que no se desperdiciaran las enormes cantidades de huevos de las que le proveían las gentes fieles a la causa carlista, a Pancracia Ollo, la mujer de un general, se le ocurrió elaborar tortillas de patata con cebolla. Resultaba nutritiva, económica, sencilla y fácil de transportar: un rancho de guerra. El caso es que los ejércitos carlistas no debían de ser muy patateros por lo que cuenta Galdós en los *Episodios nacionales*: «Para el rancho de hoy me han dado una cosa que llaman patatas. Mire, mire: son como piedras. Oí que comiendo estas pelotas sacadas de la tierra, se pierde la buena sangre y nos volvemos todos gabachos o ingleses. Yo no entiendo; pero le diré que las probé y me supieron al jabón que traen de Tafalla y Artajona. Que las coman los guiris, para que revienten de una vez».

Otro de los cuentos sobre el neblinoso origen la tortilla sucede en Flandes, donde el cocinero Lancelot de Casteau publicó en 1604 *Ouverture de cuisine*, un recetario en el que incluía una especie de tortilla hervida con mantequilla, hierbas, vino, yemas de huevo y algo que llamaba *tartoufles*. *Tartoufle* se ha traducido como «patata» y resultó en el alemán *Kartoffel*, lo que pasa es que en el mismo recetario cuenta Casteau que sirvió esas *tartoufles* en un banquete de 1557 y por entonces era más que improbable que hubiera patatas en Lieja. De modo que las *tartoufles* se quedan en batatas, y los belgas, sin ser los inventores de la tortilla de patata. Además ya me contarás qué tienen que ver los ingredientes de ese chef y la manera de preparación con una tortilla *comme il faut*.

Mejor miramos hacia otro lado por ver si así se desvanece el misterio. En torno a 1790 la patata ya se llamaba así en casi toda España mezclando «papa» y «batata». Solo en Canarias y en partes de Andalucía siguieron llamándola papa para distinguirla de la batata que se cultivaba en Málaga. Los primeros patateros trabajaban para la industria panadera, mezclaban patatas cocidas con harina y elaboraban un pan que aguantaba fresco muchos días. Si la gente humilde comía pan de patatas, el precio de los cereales bajaría y se pasaría menos hambre. A esta labor se dedicaban en Villanueva de la Serena (Badajoz) José de Tena Godoy y su amigo el marqués de Robledo, que escribieron sin pretenderlo una de las páginas de más brillo de la historia de la tortilla. En un número de 1798 del *Semanario de agricultura y artes dirigido a los párrocos* se cuenta cómo crearon su propia receta de pan de patatas y cómo la mezcla de patata cocida, agua, sal, levadura y harina de trigo causó admiración entre los presentes: «Todas las señoras votaron que si se mezclaba con huevo, esa masa se haría la más excelente fruta de sartén». Esta cita ha servido al investigador del CSIC Javier López Linaje para otorgar la primogenitura de la tortilla a Villanueva de la Serena. Tal vez sea un galardón precipitado porque se trataba de una tortilla virtual, ya que al parecer no pasó de las musas al teatro. Que no la llegaron a cocinar, vaya. Además se trataría de una receta del todo heterodoxa porque llevaba harina, que es como poner chorizo en la paella.

La clave, pues, no está en una revista para párrocos, sino en una biografía del militar navarro Espoz y Mina. La escribió el polígrafo José María Iribarren en 1967 y en ella menciona un *Memorial de la ratonera*, un anónimo de quejas y preguntas dirigido a las Cortes de Navarra en 1817. En el manuscrito alguien se quejaba de la miserable vida de los campesinos navarros: «Dichosos los que tienen pan, dos o tres huevos en tortilla para cinco o seis, porque nuestras mujeres la saben hacer grande y gorda con pocos huevos, mezclando patatas, *atapurres* de pan, u otra cosa», (atapurres llaman a las migas en Navarra).

Aquí sí, por fin, empezamos a vislumbrar no solo el nombre sino la cosa. Y los humildes orígenes de la cosa. Como las patatas eran más baratas que los huevos, servían de relleno para que los huevos cundieran más. Otorguemos, pues, la primicia a los aldeanos navarros, sin descartar que compacta, hecha por los dos lados y sin doblar, o sea, a la española, no se cocinara antes en otro lugar.

En menos de cincuenta años desde que empezaran a cocinarla los aldeanos navarros como un invento fruto de la necesidad, la tortilla de patata clásica, canónica y como tiene que ser, se convirtió en un plato global e interclasista. *Bon appétit*.

EL AZAR DE LOS AUSTRIAS

Nada cierra: siempre, por algún sitio,
se escapa lo que existe, huye.

PAUL VALÉRY

LA CORRESPONDENCIA CIFRADA

Los Reyes Católicos tuvieron un hijo y cuatro hijas nacidos para la tragedia. Solo María tuvo un matrimonio feliz y dio al Imperio la futura emperatriz y esposa de Carlos V. La mayor, Isabel, murió poco después de su boda con Manuel I de Portugal, Catalina fue a Inglaterra y siendo mujer de Enrique VIII sufrió un martirio conocido, a Juana le esperaban las tinieblas mentales. Juan de Aragón y Castilla, heredero de los Reyes Católicos, murió de repente a los diecinueve años. Llevaba siete meses casado con Margarita de Austria y los médicos dijeron que lo mataron los polvos como a las ratas, porque no paraba de petrolear los bajos de su esposa. La verdad es que era un enfermo como su abuela Isabel de Portugal, la madre de Isabel la Católica, que murió loca de atar. De ella arrancan las raíces hereditarias de la degeneración mental que reaparece en Juana la Loca y en don Carlos, el primogénito de Felipe II. ¿Era Juan, como lo fue después don Carlos, raquítico y más tonto que pichote? Desde luego queda la inquietante posibilidad de que su cabeza no estuviera del todo en orden.

Con su muerte murió también el último sucesor al trono de la dinastía Trastámara, porque la niña que alumbró su mujer en el segundo mes de su viudez murió nada más nacer. Isabel, la hermana mayor de Juan de Aragón y Castilla, esperaba de esta desgracia una herencia que también lo habría sido para Portugal, donde reinaba. Pero también ella rindió prematuramente tributo a la muerte tras el parto del infante Miguel de la Paz, en quien recayó el derecho de sucesión. En 1500 los Reyes Católicos se trasladaron a Granada para sofocar las revueltas que estaban provocando los moriscos, Miguel de Paz de Avis y Trastámara acompañó a sus abuelos en aquel viaje del que nunca volvería. El 20 de julio el angelito, que no llegaba siquiera a los dos años de edad, moría de unas fiebres repentinas. La vida es como lamer miel en una espina, o sea, que hay momentos buenos y momentos malos y la reina Católica tuvo un par de ellos muy malos. Si no había tenido ya bastante Isabel con la muerte de su hijo el infante Juan, ahora su nieto, su única esperanza, moría de forma repentina y adiós a la posibilidad de unir la Península en un solo reino.

La muerte de Miguel de Paz determinó la sucesión de Juana la Loca. ¿Deseaba aquella muerte su marido Felipe el Hermoso? Se queda uno de piedra si atiende a lo que dice Manuel Fernández Álvarez, que nos descubre que «Felipe el Hermoso tenía un correo en la corte de los Reyes Católicos con la orden expresa de salir a uña de caballo, en cuanto se supiera que el niño-príncipe había muerto». ¿Por qué estaba tan seguro el archiduque de que Miguel de Paz no estaría mucho tiempo en este mundo? ¿Intuición, estadística, conspiración? Seis meses antes, su mujer, Juana la Loca, estando en una fiesta en la corte de Gante, se sintió indispuesta, corrió al retrete y parió un niño sano y robusto. Era Carlos, un Habsburgo, el futuro emperador.

A la historia le cuesta menos provocar un cisne negro que alumbrar lo previsible, por eso lo previsible es que no pase lo que habíamos previsto y que casi nunca lo que esperamos coincida con lo que nos espera. La incapacidad de predecir los cisnes negros implica la incapacidad de predecir a secas, porque lo que acaba pasando no solo suele ser muy raro sino que marca el curso de la historia. Una batalla ganada o perdida en ocasiones por puro accidente fortuito, un puñal o un arcabuz acertando o no en su blanco, la astucia o la constancia de un guerrero o un navegante, una muerte o una boda, incluso una sonrisa o una burla, han marcado el destino de muchas colmenas humanas. Lo raro, lo imprevisto, ha cambiado muchas veces el curso de la historia. Amén.

Si el único hijo varón de los Reyes Católicos, el príncipe Juan, no hubiera muerto prematuramente, si no hubieran muerto antes de lo previsto todos y cada uno de los herederos de los Reyes Católicos, España y todas sus tierras de ultramar no habrían acabado en manos de una dinastía extranjera, proveniente de Centroeuropa, y ajena a todos los avatares históricos de la Península: los Habsburgo que gobernaron España por dos hechos casuales que es muy raro que ocurrieran.

Tras la sorpresiva muerte del infante Miguel de la Paz, Felipe el Hermoso y Juana tuvieron que viajar desde Bruselas a Castilla para ser presentados en las principales ciudades como príncipes de Asturias. Fue un corto viaje para Felipe, que quería volver a la magnificencia de su corte borgoñona, pero Juana estaba encinta de su cuarto hijo y a mediados de diciembre de 1502 Felipe se despidió de su mujer y de sus suegros y volvió a Bruselas. También se despidió de las damas a las que ponía «mirando *pa* Cuenca», gracieta que él acuñó y que sus guardias expandieron por los burdeles de Castilla.

Cuando su marido volvió a Flandes, Juana, que había quedado sola en Castilla, fue presa de frecuentes arrebatos de desesperación, cayó en una profunda apatía y pasaba las noches y los días recostada en un almohadón con la mirada perdida en el vacío. Cuando despertaba asustada de su propio sopor lanzaba gritos agudos y sollozos lastimeros. En marzo de 1503 dio a luz en Alcalá a su hijo Fernando, que como sucesor de Carlos V ceñiría la corona de emperador de Alemania.

En el castillo de la Mota, Juana vivía desesperada por no ver a su marido. Intentó huir de aquella prisión y sacudía desvalida los barrotes de las rejas. Como un animal pasó al raso varias noches frías de noviembre suplicando que la dejaran marchar a Bruselas junto a su marido. Isabel la Católica se acordaba de los ataques de demencia de su propia madre y permitió que Juana embarcara en la primavera de 1504 rumbo a las costas de Flandes en busca de su marido. Ya no volvió a ver a su madre en este mundo.

Poco después de su llegada a Bruselas surgieron graves conflictos. Una violenta agresión a una dama de la corte fue el principio de aquellos arrebatos de celos que no terminarían nunca y amargarían la vida de su marido. La presunta rival era un pibón de toma pan y moja y Juana estaba convencida de que se tiraba a su marido. Un día la agarró por el pelo, la insultó, le cortó las trenzas y le desfiguró la cara con unas tijeras. Su marido la amenazaba con no dormir con ella si seguía así y Juana se volvía sumisa. Pero al día siguiente ya estaba acosando de nuevo a las damas de la corte. Felipe la encerraba en su cuarto y ella hacía huelga de hambre y se pasaba la noche gritando como la loca que ya era. Empezó por aislarse, cantaba entre dientes y pasaba el día arreglándose los vestidos. Ya había dado el paso de la sociedad a la soledad, de la salud a la enfermedad. Había caído en el idiotismo para el resto de sus días y solo salía de su pasmo para lo único que aún la conmovía: dormir con su marido.

La reina Isabel murió amargada en 1504. En la cabeza de su viudo bullía la obsesión de tener otro heredero para su corona de Aragón. Fernando el Católico tenía cincuenta y dos años y quería casarse con la Beltraneja, que estaba en un convento en Coimbra. Para evitarlo, el flamenco De Veyre, agente de Felipe el Hermoso en España, buscó ayuda en el rey de Portugal, que sacó a la Beltraneja del convento y la puso a buen recaudo. Fernando se llevaba a parir con su yerno Felipe el Hermoso, no se fiaba un pelo de él desde que, tras la muerte del príncipe Juan de Aragón y Castilla, Felipe el Hermoso barajó la posibilidad de reclamar las coronas de Castilla y Aragón con la ayuda del rey de Francia, con el que estaba a partir un piñón. Fue entonces cuando se la juró Fernando el Católico, que interceptó la correspondencia de su yerno con De Veyre, arrestó al secretario de este último y le amenazó con el tormento y la muerte si no le descifraba los textos de la escritura secreta. Así desveló Fernando los planes de Felipe para proclamarse rey con la venia del monarca francés. ¿Incubó entonces la idea de asesinar a su yerno? Muchos años después, recordando la historia de España, dijo Henry Kissinger que «cuando España es importante es también peligrosa».

EL FEO ASUNTO DEL HERMOSO

Tras un viaje por mar muy accidentado, la flotilla que en la primavera de 1506 traía desde Flandes a Felipe y a Juana arribó al puerto de La Coruña. Felipe mandó desembarcar allí y no en Laredo, donde los esperaba Fernando. ¿Por qué? Estremece la respuesta del conde Fürstenberg, que capitaneaba los lansquenetes de la guardia de corps de Felipe, y que dio esta explicación al emperador Maximiliano: «De haber tomado tierra en Laredo, Felipe habría sido traicionado, vendido y hecho prisionero o quizás asesinado».

En junio de 1506 se encontraron los dos reyes rivales en la aldea de Villafáfila. Firmaron un tratado por el que se reconocían y confirmaban mutuamente en sus reinos: Aragón para Fernando y Castilla para Juana y Felipe *iure uxoris*. En un acuerdo secreto juraron ante Cristo en la cruz y los cuatro Evangelios no permitir jamás que Juana se mezclara en asuntos de gobierno porque sería la ruina del reino.

En septiembre del mismo año, Felipe I el Hermoso se encontraba en el palacio burgalés de la Casa del Cordón cuando, tras jugar un partido de pelota bebió un vaso de agua fría y empezó a tener fiebre y vómitos, el cuerpo se le llenó de manchas negras y aunque los médicos creían poder curarlo con purgas y sangrías, murió a los seis días, el 25 de septiembre de 1506. Tenía veintiocho años. Felipe el Hermoso, el primero de los Felipes de España, solo gobernó durante un par de meses su herencia castellana. En una carta escrita por uno de los médicos que le atendieron se describen algunos de los síntomas de la enfermedad: «Estábase con la calentura y con sentimiento en el costado, y escupía sangre. Y se le hinchó la campanilla, que decimos úvula, tanto que apenas podía hablar». El informe del doctor Parra, médico de cabecera, atribuyó la muerte a una inflamación de los pulmones y anginas. Investigaciones posteriores sugirieron que lo mismo pudo ser envenenado que apestado.

A pesar de los siglos, el secreto de su muerte sigue oculto y su misterio escondido entre los pliegues de la historia, pero una vez más el *cui prodest* —a quién beneficia— podría ser la pregunta adecuada para averiguar el porqué de algo cuya explicación no salta a primera vista. En las ganancias que obtuvo Fernando el Católico de la muerte de su yerno, los historiadores ven un elemento altamente sospechoso. Es seguro que a Felipe le habían recomendado que estuviera sobre aviso contra las tentativas de envenenamiento por parte de Fernando, aunque no hay puntos sólidos de apoyo para atribuir al suegro la muerte del yerno, parecen muy fundadas las presunciones de un crimen que allanaba el camino de Fernando. ¿Casualidad? No lo creo. ¿La larga mano del suegro? No lo descartes. Desde luego, el enigma no está en si al rey Católico le importó la muerte o impostó el duelo, es fácil saber lo que le bullía en el caletre, algo parecido a esto que sentenció Tywin Lannister: «La casa que pone su familia primero, siempre vencerá a la casa que pone los caprichos y los deseos de sus hijas y yernos primero».

Se dieron mucha prisa en quemar las vísceras del difunto y los rumores de envenenamiento se expandieron como mancha de aceite. Su corazón lo mandaron a Flandes en un estuche de oro. ¿Seguro que era el suyo? ¿O el suyo lo habían quemado junto a las otras vísceras antes de embalsamar el cadáver? Un tal López de Arráoz compareció ante la justicia por varios delitos y aseguró que al rey le habían dado «bocado envenenado». Fue absuelto, ¿por qué? Tal vez los jueces temieron que supiera demasiado y cantara. La crónica de la familia bávara de los Zimmern sugiere que Felipe el Hermoso fue envenenado por su propia mujer en un arrebato de celos, de hecho el conde Fürstenberg escribió a Maximiliano: «El mayor enemigo que tiene mi bondadoso señor de Castilla, además del rey de Aragón, es la reina, su graciosa esposa, que es mucho más mala de lo que yo puedo decir a Vuestra Imperial Majestad». Lo cierto es que la presunta culpable recibió el golpe con pesadumbre pavorosa. La loca amó con locura a su marido, tan hermoso y tan golfo.

Hace mucho tiempo que el castillo de Tordesillas desapareció de la faz de la Tierra. El tiempo hizo estragos en sus muros desde que quedó abandonado, y en 1771 fue demolido porque amenazaba ruina. Ya no queda piedra del edificio que en cada siglo había acogido a una reina prisionera. Allí, en 1384, Juan I de Castilla desterró a su mujer Leonor de Aragón, que no salió del recinto más que para ser enterrada. Allí estuvo presa la reina María de Portugal, para que no pudiera ayudar a su belicoso hijo Pedro el Cruel. Ese maldito castillo fue también la prisión de Juana la Loca. Allí vivió como prisionera de Estado hasta que la rescató la muerte. Un castillo está compuesto de piedras. Una piedra cae y otra toma su lugar. Y el edificio se sostiene por mil años o más. Salvo que no queden piedras, entonces se desmorona. Lo mismo les pasa a los linajes.

En el siglo xix, el explorador de archivos alemán Gustav Adolf Bergenroth se pasó ocho años quemándose las cejas en el archivo de Simancas. Encontró numerosos documentos inéditos, muchos de ellos cifrados. Logró penetrar casi todas las claves españolas de los siglos xv y xvi y transcribió y tradujo reveladores documentos. Era la única persona viva capaz de entender aquellos papeles confidenciales y la primera que halló documentos que mostraban que Juana la Loca, despojada del trono de Castilla, había sido víctima de una confabulación. Su madre, la reina Isabel, la habría desheredado porque no iba a misa ni quería confesarse. Su padre, Fernando, convenció en 1506 a Felipe el Hermoso para que la encerrara en Tordesillas. Años más tarde el hijo primogénito de Juana, Carlos V, mantuvo el encierro y ordenó que la obligasen a escuchar misa y confesarse empleando tortura si fuera necesario. ¿A qué venía ese celo misionero? La razón, según los papeles de Bergenroth, es que Juana había abrazado secretamente el protestantismo.

Fue una serie de azares biológicos —la muerte de su primo y heredero Miguel de la Paz seis meses después de nacer él, la de su padre en 1506 y la incapacidad mental de su madre— lo que en 1516, al morir a su vez su abuelo Fernando el Católico, puso a Carlos V al frente de la monarquía hispánica. Quedaba el obstáculo de su madre, Juana, la heredera legítima de la corona de Castilla. En la práctica la reina estaba excluida del gobierno por sus delirios, que se agudizaron tras la muerte de su marido, pero había que respetar sus prerrogativas. Por ello, Fernando el Católico dejó establecido que Carlos se titularía gobernador de Castilla, no rey. No lo vieron así los consejeros del príncipe Carlos, quienes en marzo de 1516, en Bruselas, hicieron proclamar a Carlos como rey de España. Golpe de Estado mediante, Carlos se hizo con todos los poderes efectivos aunque siempre respetó el estatuto de su madre, que tuvo tratamiento de reina hasta que, a las siete de la mañana del Viernes Santo del 12 de abril de 1555, Juana la Loca coronó su calvario. Tenía setenta y cinco años y había pasado recluida cuarenta y seis. La mayor parte de su existencia había sido un interminable Viernes Santo.

Carlos I, su hijo Felipe II y su nieto don Carlos llevaban en los genes el oscuro estigma ancestral de los desórdenes depresivos. Eran ciclotímicos, la herencia mental de Juana la Loca: una acinesia de matiz catatónico que rayaba peligrosamente en los límites de la psicopatía esquizoide. Así se expresaría hoy su diagnóstico psiquiátrico. El emperador Maximiliano I, vivaracho y alegre, miraba el carácter de su nieto Carlos con recelo y nerviosismo, lo veía como un pasmarote y eso le preocupaba. El humanista Pedro Mártir de Anglería lo retrató con estas palabras: «Tiene dieciséis años, pero posee la seriedad de un anciano». Su antiguo maestro Leopoldo Ranke trazó este bosquejo: «Se le desarrolló cierta inclinación a la soledad, una fuerza insuperable que, en el fondo, era la misma que había tenido a su madre tanto tiempo apartada del mundo».

Carlos permanecía largas horas de rodillas en una estancia cubierta de negro y alumbrada con siete hachones. Cuando murió su madre, creyó oír su voz pidiéndole que la siguiera y tomó la decisión a abandonar la vida antes de morir. Cuando el papa Paulo IV supo que iba a abdicar prematuramente, dijo: «Se ha vuelto definitivamente loco». En los dos retratos que le hizo Tiziano tiene la mirada abismada en el vacío, como si a su alrededor todo fuese aire y nada más que aire. Era su tendencia a la abulia y a la melancolía, el rasgo esquizofrénico que le legó su madre, y a ella su abuela Isabel de Portugal.

Felipe II heredó la misma melancolía y la misma apatía. Uno de sus biógrafos lo llama «hombre triste, tardo y desconfiado». Nadie consiguió hacerle reír. A los cincuenta y un años, cuatro veces viudo y con cabellos blancos vivía dentro de un círculo de ataúdes. Los hijos se le morían sin jugo ni fuerza, como plantitas sin abono, y con mucho trabajo pudo lograr que le quedara vivo como heredero al trono y continuador de la dinastía un muchacho débil, gordinflón y dado al sueño. Felipe II estaba rodeado de catafalcos en lugar de nietos y envejeció sin conocer el júbilo de ser abuelo. Las noches en El Escorial se hacían eternas para el monarca, que tenía que soportar la aparición fantasmal de un perro negro. Vivía atormentado por extrañísimas visiones que lo dejaron al borde de la locura y su salud fue de mal en peor en el austero monasterio-palacio. La maldición del casamiento entre parientes envenenó el fruto de su primer matrimonio: don Carlos era el producto típico de la carga hereditaria a través de generaciones endogámicas. Pero aún no tiene la venia para entrar en esta historia.

LA CANTÁRIDA Y UN TIGRE DE BENGALA

A la muerte de Isabel la Católica, su viudo Fernando II de Aragón proclamó reina de Castilla a su hija Juana, pero él se reservó la gobernación del reino. Aquello no gustó a su yerno, el archiduque Felipe el Hermoso, quien buscó la complicidad del enemigo habitual, la corte francesa. Fernando, tipo astuto, neutralizó ese respaldo firmando el Tratado de Blois y casándose con Germana de Foix, su sobrina nieta y sobrina también del rey Luis XII de Francia. Él tenía cincuenta y tres años y ella diecisiete. El atractivo de la yogurina pudo ser mortal para Fernando, que para engendrar un hijo con Germana se supone que recurría a la ingesta de testículos de toro. La viagra *avant la lettre.*

Las capitulaciones matrimoniales estipulaban que Germana aportaba a un futuro hijo los derechos dinásticos del reino de Nápoles y el título de rey de Jerusalén *in partibus infidelium*; por su parte, el rey Católico se comprometía a nombrar heredero a ese posible vástago. Aquello sentó a cuerno quemado a los castellanos, que veían que la dinastía de Isabel quedaba apartada de esos acuerdos entre el monarca francés y el aragonés. Pero todo dependía de la actividad procreadora de Fernando, y aunque la retahíla de bastardos que había sembrado daba buena cuenta de su poderío, la lozana reina no llegaba a concebir. El rey recurrió a la mosca española, que no es una mosca sino un escarabajo de unos dos centímetros de longitud de la familia de los meloidos.

El *Lytta Vescicatoria,* conocido como cantárida o mosca española, es un coleóptero fosforescente que no es lo más llamativo del insecto. Desde tiempos de los egipcios tiene prestigio reconstituyente con efectos similares a ese vigor que ahora se suministra en pastillas azules. Las cantáridas se capturaban, se secaban, se trituraban y su polvo dicen que inducía a otros polvos. De color marrón amarillento con reflejos iridiscentes, de olor desagradable y sabor amargo, su contacto con la lengua puede causar ampollas y ese efecto vesicante fue la probable causa de la muerte, muchos años después, de Simón Bolívar. Como sabían los envenenadores de los tiempos del cardenal Richelieu, un par de gramos de cantárida pueden dejarte empalmado como un duque, incluso tieso. Eso era lo malo, lo bueno eran sus efectos vasodilatadores, que te daban en la cama la fuerza de un tigre de Bengala, como había descubierto Disocórides, que describió su «eficacia en provocar la lujuria». Por eso era sustancia muy querida por Livia, la mujer de Augusto, por Casanova y, desde luego, por el marqués de Sade, acusado de una orgía con varias prostitutas después de haberlas envenenado con la mosca española. El supuesto efecto afrodisíaco en los hombres se convierte en priapismo. No debe de ser agradable, pero eso no impedía que se regalase a los novios antes de la noche de bodas, que lo buscasen los que temían no dejar el pabellón alto o que lo tomasen los reyes para satisfacer a sus amantes o esposas, como el católico Fernando.

Se supone que la cantárida formaba parte junto con el arsénico, la belladona y la cimbalaria, de uno de los más famosos venenos de la historia, el *acqua toffana*, el arma letal de los Médici. El nombre proviene de su inventora, una tal Giulia Toffana que en Palermo, durante una carrera laboral de más de medio siglo, ayudó a numerosas mujeres a quedarse viudas antes de tiempo.

Probablemente a Fernando el Católico, empeñado en tener un heredero, se le fue la mano con la sustancia, que acabó por dañarle la salud. Su matrimonio con Germana de Foix, menos de un año después de enviudar, levantó las iras de los Habsburgo y de los nobles de Castilla, que lo interpretaron como una maniobra para impedir que el hijo de Felipe el Hermoso, el futuro Carlos V, heredase la corona de Aragón. Y así era, pero todo pasaba porque el matrimonio tuviera hijos y para eso, según Jerónimo Zurita, cronista del Reino de Aragón, recurría Fernando a la cantárida.

El 3 de mayo de 1509 nació en Valladolid el único hijo de la pareja, Juan de Aragón y Foix, pero murió a las pocas horas. Siento tener que decirlo pero fue un mal que evitó males mayores, porque con el hijo de Germana de Foix y de Fernando el Católico se habrían separado las coronas de Castilla y Aragón, ya que según las leyes aragonesas se postergarían con este nacimiento los derechos hereditarios de la reina Juana.

Seis años después murió el rey de una hemorragia cerebral, tal vez pagó el abuso de la mosca española, aunque a algunos se les puso otra mosca en la oreja y se maliciaron que «le fueron dadas yerbas». Fray Prudencio de Sandoval hace responsable a su mujer de darle los afrodisíacos, «porque la reina, con codicia de tener hijos, le dio no sé qué potaje ordenado por unas mujeres. Dominole tan fuertemente la virtud natural que nunca tuvo día de salud, y al fin le acabó este mal». Fray Prudencio no parece que estimara mucho a Germana porque además la retrató como «poca hermosa, algo coja, gran amiga de holgarse en banquetes, huertas, jardines y fiestas».

Fernando de Aragón, en una carta a su nieto Carlos, le pidió que cuidase de su viuda, «pues no le queda, después de Dios, otro remedio sino solo vos». Carlos I se lo tomó al pie de la letra y cuando llegó a Castilla con diecisiete años congenió con Germana que, diga lo que diga fray Prudencio, debía de estar mazo buena y solo tenía doce años más que él. Dicen que Carlos ordenó construir un puente de madera entre el palacio real en Valladolid y la casona de Germana. Dicen también que tuvieron una hija, Isabel de Castilla, que no fue criada por sus padres. Esa hija ilegítima no fue un problema entre el emperador y su mujer, porque la emperatriz desconocía su existencia o prefería ignorarla. Los devaneos amorosos del monarca en brazos de la mujer madura acabaron cuando Carlos casó a Germana de Foix con Fernando, duque de Brandeburgo, uno de los magnates alemanes de su séquito. Cuando la francesa enviudó, se casó por tercera vez con Fernando, duque de Calabria. Estas bodas no le sentaron bien y acabó su vida rellenita como un tonel.

SOMBRAS SOBRE UN ESQUELETO DECAPITADO

El mito anida en las sombras de una realidad brumosa, en incógnitas sin solución fácil. El de don Carlos sigue anclado a interrogantes con respuesta insatisfactoria. Su corta vida está llena de lagunas y agujeros negros. Ni su perfil ni su biografía se apoyan en realidades firmes e incuestionables; por eso aún vive en la línea de sombra de la historia. Su agitada vida de príncipe de trato difícil, con problemas mentales que inquietaron en la corte por la incertidumbre del futuro de la propia monarquía y, sobre todo, su precoz y oscura muerte, tiznan de sospechas el papel de su padre, Felipe II. La mejor forma de sofocar una chispa de duda es un aluvión de verdades. Pero nos faltan esas verdades. Como lo que se explica

por lo menos no hay que explicarlo por lo más, lo más verosímil es que
el enlace entre Felipe II y María Manuela de Portugal, primos hermanos
en grado doble, fuera un terrible error genético. La sangre de don Carlos portaba un coeficiente de consanguinidad de 0,211,[*] casi el mismo
que resulta de una unión entre hermanos. Solo tenía cuatro bisabuelos,
cuando lo normal es tener ocho.

En los últimos días de enero de 1568 una noticia causó sensación en
las cortes de Europa. En Madrid, donde se alzaba sobre pies de oro el
trono más poderoso del mundo, el rey Felipe había hecho prender a su
único hijo y heredero, el príncipe don Carlos, de veintitrés años, y lo
había encerrado bajo cerrojos, como a un criminal. ¿Por qué? Sobre eso
todo eran conjeturas y fabulaciones. El príncipe murió de repente tras
cinco meses de prisión. Corrieron espantosos rumores y se habló de envenenamiento. Que el imperio más grande del mundo quedara de repente sin sucesor podía acarrear consecuencias imprevisibles. Las malas
noticias no tenían fin. En octubre del mismo año la reina de España, la
joven Isabel de Valois, había dejado la vida inesperadamente. La mujer y
el único heredero masculino del soberano más poderoso del mundo
habían bajado a la tumba en pocos meses rodeados de misterio.

Hago un *flasback*. Felipe, que aún no era rey, se había casado en
noviembre de 1545 con María Manuela, una princesa portuguesa; era un
matrimonio que se ajustaba a los lazos existentes entre las casas reales de
España y Portugal. La pareja era casi de la misma edad, entre dieciséis y
diecisiete años, y María pronto se quedó embarazada. En 1546 dio a luz
a Carlos en Valladolid. Fue un parto trabajoso que duró cerca de dos días
y dejó tan extenuada a la madre, que murió dos semanas después. Era una
situación común en una época en la que un altísimo porcentaje de las
mujeres moría en el sobreparto, pero dijeron que fue por comer un limón estando recién parida. Cualquiera que fuese la causa de la muerte,
el niño creció sin la atención de una madre.

---

[*] Gonzalo Álvarez, Franciso C. Ceballos y Celsa Quinteiro, *The Role of Inbreeding in the Extinction of a European Royal Dynasty*.

El embajador veneciano en la corte de Madrid aseguraba que el niño mordía los pezones de las nodrizas, que habían tenido que sustituirse tres veces (las nodrizas, no los pezones). Al parecer cumplió cinco años antes de que pronunciara ni una sola palabra, que resultó ser «no». Ya prometía. Veía poco a su padre, que estuvo ausente de España entre 1548 y 1551, cuando Felipe II hizo su gran gira por Alemania y los Países Bajos, y también entre 1554 y 1559, cuando el monarca viajó a Inglaterra para casarse con la con la reina María Tudor y cruzó a Flandes para sustituir a su padre al frente de los asuntos en esas provincias. Una ausencia de nueve años. Don Carlos se quejaba de la soledad de una extraña forma, en tercera persona: «¿Qué va a ser del niño, aquí solo, sin padre ni madre?». Felipe II, sin embargo, dispuso para el hijo su propia casa principesca, con administradores, asesores y tutores responsables de su educación y tutela. Su condición de zurdo contrariaba a sus maestros que intentaron corregirlo atándole la mano hábil.

El viejo emperador murió en 1558 y Felipe II regresó a España, ya como rey, en 1559. Por fin don Carlos, que tenía catorce años, podría beneficiarse de la presencia de su padre. Pero la convivencia no suavizó el temperamento, el carácter del príncipe daba que hablar en las cortes europeas: los embajadores venecianos informaban de sus crueldades con los animales, en una ocasión le cogió afición a un caballo que apreciaba especialmente el rey y convenció al caballerizo mayor, Antonio de Toledo, para que le dejase montarlo. Lo montó del modo más salvaje, lo golpeó cruelmente y el animal acabó muriendo como consecuencia de las heridas. El francés Pierre de Brantôme, que visitó Madrid en 1564, dijo de Carlos que «amenazaba, golpeaba, insultaba», tres verbos que resumen el problema del príncipe.

Algunos retratos del príncipe, realizados en 1557 y 1564 por el pintor de la corte Sánchez Coello, dan alguna pista sobre los defectos físicos de don Carlos, con su cara torcida y sus piernas deformes. A los quince años, en Alcalá, mientras intentaba acceder a las dependencias de una criada cayó por unas escaleras y se golpeó en la cabeza. Lo encontraron inconsciente, sangraba y tenía fiebre, cayó en coma y su muerte parecía inminente. Una arriesgada trepanación le salvó la vida, pero no evitó los daños cerebrales, que se presumían irreparables. De hecho, lo fueron.

El rey llegó a plantearse casarlo con su hermana Juana para tener cierta seguridad de que el poder siguiese en buenas manos a su muerte, ya que Juana había gobernado durante un lustro los estados hispánicos. A don Carlos le repugnaba la idea de casarse con su tía porque era diez años mayor que él y no era virgen. La única candidata por la que Carlos pareció tener algún aprecio fue su prima Anna de Austria, hija del emperador Maximiliano II. La idea era tan conveniente para estrechar los vínculos entre las dos ramas de los Habsburgo, la española y la austriaca, que irónicamente, Anna se casaría más tarde con Felipe II, así que el padre le arrebató al hijo algo que este deseaba.

Brantôme asegura que el príncipe comenzó a escribir un cuaderno de burlas dirigidas contra su padre. Cuando Felipe II consiguió echarle un vistazo, se enfureció. Cuanto más se distanciaban padre e hijo, más se acercaba el hijo a su madrastra, lo confirmaba el embajador francés en un despacho que envió a París. El príncipe regalaba joyas carísimas a la reina Isabel de Valois, los dos eran casi de la misma edad, se llevaban muy bien y Carlos se disputaba su atención con los otros dos príncipes de la corte —Alejandro Farnesio y Juan de Austria—. Siglos después, los escritores de novelas románticas y de libretos de ópera interpretaron que el mutuo aprecio era amor. No hay ninguna prueba.

Según el embajador Dietrichstein, la principal queja del príncipe contra su padre era que no le concedía más que un papel nominal en el gobierno (en teoría era miembro del Consejo de Estado) y que le estuviera vedada cualquier posibilidad de servir en ultramar, en los Países Bajos o en Italia. Cuando en abril de 1567 el duque de Alba estaba despidiéndose del rey en Aranjuez, don Carlos entró en la sala y protestó alegando que era él quien debía ir a Flandes y no el duque. Se dejó llevar por uno de sus ataques de furia, sacó su daga y amenazó a Alba: «No habéis de ir a Flandes, o os tengo de matar». Alba sujetó la mano del príncipe y lo contuvo, el príncipe amenazó entonces con matar a su padre. «Alguna desgracia va a ocurrir» profetizó el embajador francés.

Don Carlos confesó al prior del convento de Atocha que deseaba la muerte de su padre y llegó a contactar con los rebeldes flamencos para organizar un viaje a Bruselas y proclamarse su soberano. En una reunión con Juan de Austria, al que pidió ayuda para fugarse a Italia, el príncipe le comunicó sus planes. El general pidió veinticuatro horas a su sobrino para tomar una decisión e inmediatamente salió a informar al rey. Advertido de la traición, don Carlos cargó una pistola y apretó el gatillo que habría matado al futuro héroe de Lepanto si no hubiera sido descargada previamente por un cortesano.

A Felipe II se le acabó la paciencia cuando la lectura de la correspondencia de su hijo sacó a la luz una conspiración para acabar con la vida del rey. Entonces consultó con sus consejeros y tomó su decisión. En el Alcázar de Madrid, en la noche del 19 de enero de 1568, se oyeron los pasos apresurados de una veintena de hombres armados. Al frente de ellos iba el propio rey con armadura y yelmo, flanqueado por miembros del Consejo de Estado. Una vez dentro de la alcoba, lo primero era anular la reacción del príncipe, que no tuviese tiempo de utilizar la espada, el puñal o el arcabuz que tenía junto a la cabecera. Entraron sigilosamente y se apropiaron de todas las armas y documentos que había en la estancia. El príncipe se sobresaltó: «¿Ha venido Su Majestad a matarme?», preguntó. Felipe II dijo que ahora lo trataría no como debería un padre, sino como lo haría un rey. No podía permitir rebeldes en su propia familia. Parecería idiota y don Carlos parecería un héroe. Así es como caen los reyes. Los ayudantes se llevaron todos los objetos contundentes y cerraron con clavos las ventanas. El príncipe quedó encerrado en una torre del Alcázar, su confinamiento fue para siempre. Después de años de dudas, el rey había tomado la terrible decisión de privarse de un sucesor.

Madrid hervía con los rumores y en Francia y los Países Bajos circularon las historias más descabelladas, pero si vamos a los hechos, el hecho cruel y vengativo es que don Carlos intentó quitarse la vida dejando de comer. También se tragó uno de sus anillos creyendo que los diamantes eran venenosos. En verano, cubría la cama con hielo, cayó enfermo y murió a primera hora del 24 de julio.

Su muerte suscitó conjeturas a manta; la más difundida fue la de aceptar el homicidio como final de un largo enfrentamiento entre padre e hijo. El cómo variaba. Se especuló con una muerte lenta por envenenamiento, con la asfixia por estrangulamiento con la almohada mientras dormía, e incluso con la decapitación. Pero, dada la debilidad del príncipe, puede que las condiciones del cautiverio mermaran su salud hasta la muerte. El suicidio por inanición parece también plausible. No disponía de ningún arma y se habían tapiado la chimenea y las ventanas para evitar que se lanzara al vacío. ¿Se puede culpar a Felipe II de dejar de morir a su hijo? Ni la posibilidad de la muerte natural le libró de la sospecha. Pero, ¿qué causas habrían podido llevar al rey a ordenar la ejecución de su hijo? ¿Llegó el príncipe a comulgar con el pensamiento protestante? La celeridad con que el rumor se difundió en Francia tras su apresamiento, el supuesto contacto con los rebeldes y una supuesta aversión al Santo Oficio tras los autos de Valladolid de 1559, configurarían la imagen del don Carlos luterano.

Su pérdida pronto quedó solapada por otra que aconteció pocos días después. Isabel de Valois, la joven esposa del monarca, no se había recuperado del parto de Catalina en el mes de octubre anterior cuando quedó embarazada de nuevo y cayó enferma. La muerte de don Carlos la afectó profundamente, cuando le dieron la noticia estalló en llanto y no hubo modo de consolarla. Esa reacción alimentó más tarde al rumor de que los dos habían estado enamorados. A mediados de septiembre Isabel empezó a tener fiebres y desmayos. El rey estaba a la cabecera de su cama cuando murió con veintidós años.

Por Madrid circularon las historias más extravagantes. La opinión en el extranjero se regodeó con los rumores y posteriormente se elaboró una narración enlazando los supuestos acontecimientos. Respetables historiadores de la época, como el francés Jacques Auguste de Thou, publicaron relatos que insinuaban un complot criminal. El dolor privado de Felipe II solo fue una parte de la cruz con la que tuvo que cargar, la otra fue la siniestra reputación que derramaron sobre él las tragedias de su familia, unidas a las que se perpetraron en su nombre en Flandes. Guillermo de Orange inventó una historia apasionada y terrible en su *Apología*. Según él, aunque Felipe II estaba casado con Isabel de Valois, estaba realmente enamorado de su sobrina carnal, Anna de Austria, y quería desposarse con ella, para lo que necesitaba la autorización del papa. Felipe descubrió los amores entre su hijo Carlos y su esposa Isabel de Valois. Caduco, viejo, cruel, sombrío, fanático y celoso, planeó la muerte de su mujer y de su hijo con el doble fin de enviudar y de conseguir de la Santa Sede el permiso para casarse con su sobrina alegando la falta de un sucesor para el trono. Aunque en sus *Relaciones* no menciona directamente el *affaire*, Antonio Pérez, involucrado en la propalación de turbias historias de la vida sentimental del rey, dio legitimidad a todas las turbiedades que en los ambientes franceses e ingleses se decían sobre Felipe II.

En 1795 abrieron el ataúd de don Carlos y encontraron un esqueleto enterito. Nadie se admiró del hecho de que después de un reposo sepulcral de doscientos veinte años, la cabeza estuviera separada del tronco. ¿Quién había hablado de decapitación?

CONQUISTADORES Y PIRATAS

Chamuscadle la barba al rey de España.

FRANCIS DRAKE

TODAS LAS MUERTES DE MOCTEZUMA

Nos han contado que los españoles tenían una superioridad tecnológica tan enorme que parece que iban con misiles Pershing, AK-47 y tanques M1 Abrams. Y no. Estaba la superioridad que daba el caballo, el acero y los perros de la guerra, pero la victoria la obtuvo el factor humano: tipos de huevos duros y astutos como vulpejas. Sir Walter Raleigh atribuyó el éxito de sus rivales a su asombrosa capacidad de recuperación: «Tempestades y naufragios, hambre, derrocamientos, motines, el calor y el frío, la peste y todo tipo de enfermedades han sido, en un momento u otro, los enemigos para cualesquiera de los descubridores más nobles de todo el mundo. Fue la virtuosa paciencia de los españoles lo que los marcó para la grandeza imperial».

Algunos venían de luchar en los tercios en Europa y eso los hacía los mejores soldados del mundo. Los indígenas, por el contrario, lo que tenían de su lado era la superioridad numérica, un clima hostil a los españoles, grandes cordilleras y enfermedades contagiosas. Ganaron las armas, los gérmenes y el acero, de los que habla Jarred Diamond. Pero esto resulta algo general, lo ilustraré con la historia de la caída misteriosa de Moctezuma.

¿Quién mató al último emperador del Imperio mexica en pleno auge? Es una buena pregunta, pero con respuestas múltiples ante la imposibilidad de acudir a las hemerotecas. Algunos cronistas sostienen que Moctezuma murió de una pedrada de los suyos, la historiografía más reciente sugiere que lo mataron los conquistadores. Pero todo son callejones sin salida en este laberinto de la historia. La sombría muerte del cacique mexica es, cinco siglos después, un feo asunto escondido en los frunces de la historia. Desde luego, si los españoles secuestraron, humillaron y asesinaron al gobernante azteca, habría sido un magnicidio repugnante porque Moctezuma recibió a los españoles divinamente. Creyó que eran dioses.

Cuando, en 1519, un pequeño cuerpo de ejército de cuatrocientos hombres con cuarenta caballos comandado por Cortés invadió el Imperio azteca, la intrusión estuvo precedida por numerosos portentos como rayos sin truenos (un cometa, supongo), el agua del lago parecía hervir por el viento huracanado y se anegó parte de Tenochtitlán, sobre cuyas ruinas se levanta hoy la ciudad de México. El *huey tlatoani* (rey de varias ciudades) Moctezuma, apellidado Xocoyotzin, que significa «el joven», tomó tales fenómenos como la escolta del anunciado regreso del dios Quetzalcoalt y cuando supo del desembarco en Campeche de hombres barbudos y blancos que llevaban palos que escupían fuego se convenció de que tenía enfrente un poder divino. Era un mal presagio, porque desconfiaba de la excesiva proximidad de aquellos dioses. Y hacía bien. Lo que hizo mal fue ofrecerles regalos valiosos para aplacarlos y mantenerlos lejos de la capital: torpe táctica porque excitó la codicia de los conquistadores. La angustia del anfitrión reflejaba su debilidad y como lo Cortés no quita lo salvaje, aquel psicólogo conductista que era el extremeño pensó que si cogía al emperador mexica por los huevos, su cabeza y su corazón lo seguirían, de manera que instigó una matanza en Cholula para exhibir su fuerza y así se ganó la invitación del encogido *tlatoani* para entrar en Tenochtitlán. Se adueñó de la ciudad y retuvo al soberano en su palacio suntuoso de Axayácalt a pesar de que el curtido guerrero mexica había renunciado a entablar batalla y «nunca consintió en muerte de ningún español, ni en daño a Cortés, a quien mucho quería», como escribió el capellán López de Gómara, quien no supo jamás si lo hacía por bondad natural, porque estaba muerto de miedo o porque era más corto que las mangas de un chaleco. «A mi parecer —escribe

Gómara— o fue muy sabio, pues pasaba así por las cosas, o muy necio, que no las sentía». Tal vez fuera un sabio que también tenía días tontos.

Hernán Cortés tuvo que ausentarse para luchar contra los españoles desembarcados para arrestarlo por rebelde al emperador Carlos, el capitán Pedro de Alvarado quedó al frente de una guarnición de poco más de un centenar de hombres. La versión recopilada por Bernardino de Sahagún de fuentes tlatelolcas —vasallos de los aztecas— asegura que los nativos celebraban su fiesta principal, el *Toxcalt*, y que los españoles recelosos de una rebelión y tentados por las joyas y el oro de los nobles, con el festín en su apogeo cerraron las puertas y exterminaron a un millar de partici-pantes en lo que se conoce como «la matanza del Templo Mayor». Hubo revueltas y los españoles hicieron prisionero a un dócil e indeciso Moc-tezuma.

Las cosas estaban, pues, manga por hombro al regreso de Cortés, que utilizó al dirigente mexica como mediador ante la multitud irascible. El 29 de junio de 1520, en un intento de sofocar los disturbios, el soberano, más a la fuerza que por las buenas, se asomó a la balconada del palacio e instó a su pueblo a retirarse. Sobre lo que pasó después divergen las fuen-tes en todo, salvo en que Moctezuma, que tenía cincuenta y cuatro años, no murió de viejo. ¿Apedreó la multitud a su tibio monarca tildado de traidor? ¿Lo mataron los españoles ante el fracaso de su mediación? *Chi lo sá*. No hay fotos, pero era tiempo de cronistas y el acontecimiento generó relatos, crónicas, noticias y cartas. Lástima que esas fuentes sean contradictorias.

En una exposición en el British Museum pude ver dos manuscritos inéditos del siglo XVI con dibujos que representaban la muerte en el tu-multo del caudillo azteca, lo mostraban con grilletes y con una cuerda al cuello. El historiador indio Ixtlixóchilt, bautizado con el nombre de Fernando de Alva, escribió que su soberano fue herido por un golpe en la cabeza, puñaladas y un espadazo en los riñones. Los informadores in-dios del historiador dominico fray Diego Durán le dijeron que encon-traron muerto al rey con una cadena alrededor de los tobillos y cinco heridas en el pecho, rodeado de muchos notables apuñalados por los españoles antes de escapar del palacio. Otro historiador nativo, Chimal-pain, asegura que el azteca fue estrangulado y que murió a hierro «cinco horas antes de su inútil aparición en las terrazas altas de Axayácalt». Es decir, que lo que apareció ante los guerreros aztecas fue el cadáver maquillado de un Cid ultramarino que reinó diecisiete años y algunos meses sobre las ciudades de Tenochtitlán, Texcoco y Tlatelolco. Según otro relato azteca recopilado por Bernardino de Sahagún todos los nobles nativos en poder de los españoles fueron ejecutados a garrote al dejar de ser útiles, sus cuerpos fueron arrojados a la calle y en el de Moctezuma había heridas de espada.

Más atroz es aún la versión que sostenía el catálogo de la exposición del British Museum: lo mató Cortés vertiendo oro fundido en su garganta. Buena parte de estos relatos que incriminan al conquistador invocan como fuente el *Códice Ramírez*, que es posterior a la conquista y que unos atribuyen a Diego Durán y otros al jesuita mestizo Juan de Tovar.

Pero por respeto a las garantías procesales, hay que escuchar al imputado. En una de las cartas que dirige al emperador, Cortés se exculpa del crimen: «En llegando a un pretil, que salía fuera de la fortaleza, queriendo hablar a la gente que por allí combatía, le dieron una pedrada los suyos, en la cabeza, tan grande que de allí a tres días murió». Su testimonio lo avalan otros testigos presenciales como Bernal Díaz del Castillo, que, en su *Historia verdadera de la conquista de la Nueva España*, asegura que los suyos «le dieron tres pedradas y un flechazo». Añade que rehusó la ayuda médica y los alimentos y cuando a los tres días murió «Cortés lloró por él y todos nuestros capitanes y soldados» (no es sorprendente la coincidencia casi literal de Hernán Cortés y Bernal Díaz, pero esa es otra historia y la cuento dentro de un rato). Casi palabra por palabra repite la versión López de Gómara, pero no cabía esperar otra cosa de este cura porque escribió *La conquista de México* a mayor gloria de su señor Cortés y previo pago de quinientos ducados. Y lo mismo dice Antonio Herrera, cronista mayor de las Indias. Historiadores de varios siglos han visto en las presuntas lágrimas de Cortés y en el sentimiento unánime de dolor de sus hombres el indicio de su inocencia.

Lo cierto es que Cortés era un fino estratega y bajo el prisma de la estrategia militar no le convenía la muerte de Moctezuma que, mientras estuvo vivo, resultó un títere de enorme utilidad para pastorear a su pueblo; muerto se convirtió en mártir y bandera de la resistencia como confirma Bernal Díaz del Castillo: «Por culpa de la muerte de Moctezuma, nunca nos dejaron solos: veíamos la muerte en sus caras». López de Gómara remacha el mismo clavo: «Más perdieron nuestros españoles con la muerte de Moctezuma que los indios».

La noche siguiente, los españoles, acosados por la ira de los nativos, tuvieron que salir por pies y con más miedo que vergüenza se refugiaron entre sus aliados tlaxcaltecas. Murieron la mitad de los soldados y perdieron casi todo el oro que habían pillado. En aquella Noche Triste, salieron del palacio de Axayácalt con influyentes dignatarios del bando mexica. Esa era la táctica habitual del conquistador de México: hacer rehenes para eventuales pactos de intercambio. Y ese es otro argumento en descargo de Cortés por la muerte del *tlatoani* empenachado. Para la historia, esta partida acaba en tablas, para el lector es una novela con final triste y abierto a su imaginación o a su capricho.

EL CASO DEL CRONISTA FANTASMA

1568. Un viejo compañero de Cortés escribe al final de su vida la *Historia verdadera de la conquista de la Nueva España*, un documento de primera mano y una auténtica obra de arte. Su autor, Bernal Díaz del Castillo, se supone que fue testigo ocular de los principales acontecimientos y de los más mínimos hechos de la conquista. ¿Cómo pudo un simple soldado raso, sin ninguna experiencia literaria, escribir esa crónica virtuosa? ¿Cómo pudo estar tan cerca de Cortés en todo momento y, sin embargo, no aparecer en ninguna de sus cartas, en ninguna de las crónicas y registros de la época? ¿Quién es en realidad el misterioso Bernal Díaz del Castillo?

Las dudas sobre él han sido una constante a lo largo del tiempo, incluso alguien por ahí ha puesto en tela de juicio su existencia por las contradicciones y opacidades en la vida del cronista, quien en su famosa historia no escribe nada sobre sí mismo, solo que es de Medina del Campo y que tenía ochenta y cuatro años en 1568, que es la fecha del punto final de su crónica. El primer documento que tenemos de Díaz del Castillo es de 1544, pero ninguno de los especialistas que han buscado su presencia entre los quinientos cuarenta soldados con los que Cortés emprendió la conquista la ha encontrado. Todos se han topado con eso. ¿Por qué nadie ha sido capaz de construir su biografía?, pues lisa y llanamente porque es un fantasma: no hay datos biográficos, salvo alguno que certificaría su estancia en Guatemala en 1544, donde debió de morir cuarenta años después.

El mundo en el que se crio Bernal Díaz del Castillo era todavía un lugar donde eran posibles los milagros y en el que las hazañas traían consigo gloria, honra y nobleza. Tenía veinte años cuando salió de su pueblo, embarcó y supuestamente combatió, sufrió codo con codo con Cortés durante décadas y participó en un montón de batallas. Brutal y vehemente, no sabía latín ni poseía elegancia literaria ninguna, pero con su *Historia verdadera* se convirtió en el más grande cronista de la conquista americana. O eso habíamos creído.

En noviembre de 1519, al frente de un gentío de indígenas enemigos de los aztecas formaban unos pocos cientos de soldados al mando de Hernán Cortés, uno de ellos debió de ser Bernal Díaz del Castillo. Protegidos por pesadas corazas y con los caballos resoplándoles en el cogote se adentraron por el gran camino que sale de Estapalapa y a medida que se aproximaban a la gran ciudad, ellos, que solo conocían los pueblos españoles y las villas coloniales cubanas, iban quedando cada vez más atónitos por las cosas tan admirables que vieron sus ojos: grandes ciudades, lagunas, canoas y muchos puentes que daban a la ciudad de Tenochtitlán.

Se había supuesto que cuando Bernal ya era muy viejo comenzó a escribir sus recuerdos y no abandonó su crónica hasta su muerte, añadiendo, quitando, reescribiendo, corrigiendo, enmendando el texto sin descanso. Al cronista le movían varias indignaciones, la primera y principal eran las mentiras de los cronistas oficiales como López de Gómara o Gonzalo de Illescas. No podía soportar las invenciones de quienes sin haber empuñado ni una perica ahora escribían la historia de Nueva España. A ellos se enfrenta el viejo cascarrabias sentimental, obsesionado con el reconocimiento de su gloria, desde la digna actitud de un veterano maltratado que sabe bien de lo que habla. Lo asombroso es que Bernal era un analfabeto, ¿cómo pudo convertirse en un Homero?

Entre los poco más de quinientos soldados del ejército de Cortés, si sabían leer y escribir un par docenas ya eran muchos. La cultura en esa época era una cosa más rara que el aceite de Aparicio y en la *Historia verdadera* hay referencias muy cultas, guiños a Homero, a las historias latina y griega y a la Biblia, así como neologismos derivados del francés y el latín. Demasiado para un iletrado como Bernal.

El enigma lo resuelve el historiador francés Christian Duverger. Con su libro *Crónica de la eternidad* arrojó una bomba en las tranquilas aguas de la historia de la literatura en español. Demuestra que el cronista-soldado, el testigo crítico de la versión oficial de la historia, el gran reportero de la conquista de México, no es el autor del libro que se le atribuye. Duverger va eliminando candidatos a la autoría entre la docena de compañeros de Cortés que sabían leer y escribir —ninguno pudo ser testigo de todo lo relatado— hasta toparse con el propio conquistador. Un análisis del estilo de la crónica revela que su autor estaba impregnado de prosa latina y construcciones propias del náhuatl, que solo alguien como Cortés, fascinado con México e «inmerso en un proceso de mestizaje pudo dejar que penetraran en su manera de escribir en castellano». El conquistador fue también un autor de *bestsellers*, de auténticos pelotazos como *La segunda carta de relación* que vendió mil ejemplares, un *hit* si se considera que solo dos de cada cien sabían leer y que el precio del libro era el equivalente a veinte mulas o cuatro caballos. Pero todas sus obras fueron quemadas en plazas públicas, porque era competidor de la legitimidad del propio rey. Fin de la intriga: el verdadero autor de la *Verdadera historia* fue el propio Hernán Cortés. El aventurero renacentista, el señor de la guerra satanizado por la historia, se convertiría así en el verdadero fundador de la novela latinoamericana.

¿Y Bernal? La atribución de su crónica por parte de Cortés a ese soldado oscuro fue un ingenioso recurso para burlar la censura que se le había impuesto. Bernal Díaz del Castillo fue un hacendado en Santiago de Guatemala, el tipo existió. Nacido hacia 1496 en cuna plebeya, sin apenas educación, nunca escribió otra cosa que albaranes. Pero, ¿cómo nadie reparó en todos estos siglos en la imposibilidad de su autoría? Según Duverger, aunque muchos dudaron, se impusieron los esquemas mentales, los prejuicios. Lo primero que sorprendió al investigador es que Bernal abra su crónica diciendo: «Terminé de escribirla el 26 de febrero de 1568 en Santiago de Guatemala, sede de la Audiencia…», cuando la Audiencia en esos años estaba ¡en Panamá! Esa fue la primera pista, pero vendrían más. Por ejemplo, Díaz del Castillo, que se pavonea en su crónica de gran intimidad con Cortés, no es citado por este en ninguna de sus *Cartas de relación*. Además, escribe a los ochenta y cuatro años, lo que sería un caso portentoso de memoria, y lo hace para enmendar la plana a la supuesta versión oficial de fray Francisco López de Gómara, pero su *Historia de la conquista de México*, publicada en Zaragoza en 1552, fue prohibida por la Inquisición al año siguiente y jamás viajó a América. Difícilmente podía enmendar lo que no pudo conocer. Además, en la crónica de la conquista hay otras incongruencias similares, como las referencias a otros libros a los que no pudo tener acceso por carecer de la autorización de la corona española y de la Iglesia, como las obras de fray Bartolomé de las Casas.

Frente a la idea tradicional de un Cortés aislado y perdedor, Duverger descubre a un Cortés intelectualmente muy activo en la etapa que pasó en Valladolid (1543-1546), tanto que organiza en su casa una academia en la que se dan cita los notables de la ciudad. En esos años el conquistador concibió su plan porque había visto cómo todas sus cartas al emperador Carlos no solo habían sido prohibidas sino también quemadas en plaza pública. Carlos V le prohibió escribir, Felipe II refrendó la prohibición y Cortés contrató a López de Gómara, a quien confió sus archivos para que escribiera la historia oficial, la parte de datos de archivo. En su testamento dejó escrito que se le pagaran quinientos ducados por el trabajo. Pero le faltaba otra parte, la del testimonio; entonces decidió inventar un personaje de soldado raso, testigo permanente de la acción. Silenciado en el presente, Cortés escribió para el futuro. Estaba orgulloso de lo que había hecho en México y era consciente de que la marca que el hombre deja en la Tierra se borra pronto ni no deja su testimonio en libros. La corona quería matar su memoria, borrarle de la historia, y él sabía que su aliada era la posteridad.

Cortés murió en 1547, la obra de Gómara fue prohibida —su poseedor corría el riesgo de pagar una multa altísima, equivalente al precio de veinte mulas— y el manuscrito de Cortés permaneció oculto durante dos décadas. Salió a la luz cuando se sublevaron en México los tres hijos del conquistador, al frente de los herederos de los conquistadores, contra las Leyes de Indias que amenazaban con confiscar sus propiedades. La crónica escrita por Cortés viajó a América con intención de convertirse en el gran golpe de efecto que legitimara la causa de los primeros criollos. La conspiración fracasó y los hijos del conquistador fueron detenidos y enviados al exilio. Antes, los hermanos enviaron el documento a Guatemala, donde vivía Bernal Díaz del Castillo, uno de los pocos supervivientes de la conquista. Su hijo, Francisco Díaz del Castillo, aprovechó el libro como una oportunidad de mejorar su posición en sus pleitos. Era una prueba de cargo. El manuscrito sufrió algunas manipulaciones hasta su definitiva impresión en Madrid en 1632 con el título que conocemos y la autoría de Bernal.

¿FATALIDAD O GENOCIDIO?

Sin saberlo, Colón acababa de descubrir un continente cuyas riquezas dejaban a Tartessos a la altura del betún. En unos pocos años, imperios centenarios sucumbieron ante el envite de unos cuantos hombres y su aplastante superioridad militar que, junto con la propagación de enfermedades, diezmaron a poblaciones enteras. A medida que se consolidaba la presencia española se fraguaban conflictos por la propiedad de las tierras conquistadas, la situación jurídica de los indios, la autoridad de la monarquía o la misión evangelizadora de la colonización.

A fray Antonio Montesinos se debe el primer grito de protesta contra la forma en que se estaba llevando a cabo la colonización del Nuevo Mundo. Ese grito tiene una fecha y un lugar: 1511, La Española. Previamente, entre 1495 y 1500, se había discutido mucho en España sobre la legitimidad de la venta de indios como esclavos. Autorizada en un primer momento por la reina Isabel, acabaron imponiéndose razones morales y teológicas, de manera que la venta fue prohibida mediante un decreto del 29 de junio de 1500. Las Leyes de Burgos reglamentaron la legitimidad de la encomienda o repartimiento, pero reconociendo la libertad de los indios e imponiendo (teóricamente) graves responsabilidades a los encomenderos. Trescientos años antes de la Revolución Francesa o la Guerra de Independencia de Estados Unidos, las Leyes de Burgos son el primer texto legal que protege a los indígenas de un país conquistado y prohíbe expresamente la esclavitud. Leyes tan progresistas que incluso otorgaban a las mujeres tres años de derecho de maternidad para cuidar a sus hijos.

Bartolomé de Las Casas escribió la *Brevísima relación de la destrucción de las Indias,* un libro que nutrió la Leyenda Negra. Decía, entre otras cosas, que en La Española había treinta mil ríos y vivían tres millones de indios, o que Alonso de Ojeda con una docena españoles mató a diez mil indios. No era muy fiable Las Casas; pero ha pasado la historia como adelantado de los derechos humanos. El hecho cierto es que la población indígena del Caribe —indios taínos y caribes— desapareció en menos de veinticinco años.

En la conquista de América, tan truculenta como todas las conquistas, corrió sangre, claro que sí: mucha sangre. Aquí no hay misterio que valga, no hay más que leer a los cronistas. Pero ¿puede decirse que fue una guerra de exterminio, un genocidio? ¿Realmente fue una guerra de españoles contra indios? Ni Colón en La Española ni Núñez de Balboa en Panamá ni Cortés en México ni Pizarro en el Perú habrían obtenido otra cosa que una miserable tumba de no haber contado con el apoyo de centenares de miles de indios —desde taínos en La Española hasta huancas y tallanes en Perú o tlaxcaltecas en México— que se unieron a sus filas para liberarse de la brutal opresión a las que les sometían caribes, mexicas o aztecas. España creó allí su propio mundo implantando su cultura y no lo hizo ni mejor ni peor que los romanos o los árabes, que antes habían conquistado la Península Ibérica.

De hecho, nunca nadie antes había prohibido esclavizar a los vencidos, y España lo prohibió en 1504. Nunca nadie antes había dictado leyes de protección laboral para los siervos —en este caso, indígenas—, y España lo hizo desde 1512 por las Leyes de Indias. Nunca nadie antes había reconocido la dignidad humana de las poblaciones dominadas, y España lo hizo. Nunca nadie antes había sometido a juicio moral la legitimidad de sus conquistas, y España lo hizo en la Controversia de Valladolid de 1550-1551. La conquista de América no solo está llena de claroscuros,

sino también de perplejidades. En 1550 comenzó un espectáculo insólito para el mundo: por primera vez en la historia, un emperador paraliza-
ba la expansión de su imperio para suscitar un debate: ¿es conforme a la
justicia y a la civilización y la conversión de los indios del Nuevo Mundo? A la pregunta de Carlos V intentaron responder dos hombres excepcionales —Juan Ginés de Sepúlveda y Bartolomé de Las Casas— que,
ante un consejo compuesto por quince expertos reunidos en el Colegio
San Gregorio de Valladolid, expusieron dos tesis opuestas. Esa controversia es el primer gran debate sobre los derechos humanos y el acto
fundacional del derecho de gentes.

Bartolomé de las Casas, un progresista en una monarquía absolutista,
ganó el debate, «¿cómo pudo ser?», se preguntaba ciento cincuenta años
después el editor inglés de Las Casas. La paradoja observada por el editor
inglés se puede formular así: la voz más comprensiva de las costumbres
de la otra cultura (la de los indios), y al mismo tiempo la voz más libre
de prejuicios etnocéntricos, se alzó con toda libertad precisamente en un
país, la España de 1550, en el que se estaba imponiendo la Inquisición,
en el que se combatía la reforma protestante en nombre del imperio, y
en el que el temor a los herejes había incubado la paranoia. No es solo
que el punto de vista defendido por Bartolomé de Las Casas durante casi
medio siglo se pudiera expresar con total libertad en la España de entonces, sino que además constituyó la opinión mayoritaria y más influyente
durante mucho tiempo. El Consejo de Indias, las universidades de Salamanca y de Alcalá y una buena parte de los filósofos, teólogos y juristas
españoles con influencia en la corte, entre los años que van desde la
muerte de Fernando el Católico hasta el comienzo del reinado de Felipe
II, se manifestaron en favor de las tesis de Las Casas y en contra de los
intereses coloniales de los encomenderos. La opinión pública informada
de aquella España estuvo duramente en contra del principal contradic-
tor de las tesis de Las Casas, Juan Ginés de Sepúlveda, defensor de la guerra que se hacía a los indios, dos de cuyas obras contra las ideas de Las
Casas (*Democrates Alter* y *Apología*) fueron prohibidas y retiradas de la circulación por orden de Carlos V.

Las denuncias de Las Casas a los crímenes de los conquistadores hacen de él un humanista, pero sus informaciones eran de segunda mano,

y con frecuencia exageraba o mentía deliberadamente para dramatizar sus argumentos. Faltaba a la verdad cuando presentaba como pacíficos a todos los indios sin excepción: algunos de sus acompañantes fueron víctimas de otras tribus. La belicosidad de los indios no puede tampoco justificarse como una respuesta a la agresión de los conquistadores, porque existía antes. La mayor parte de los cronistas de Indias le contradicen, López de Velasco afirmaba que «las guerras entre sí eran muy continuas y con diferentes solemnidades y desvaríos, y siempre por causas muy livianas que la más ordinaria era la división de los términos de sus tierras, sobre que se mataban cada día, y se consumían comiéndose los unos a los otros cuando se cautivaban en sacrificios de ellos».

La guerra era hasta tal punto una virtud para los indígenas que sus hazañas o sus víctimas estaban representadas por emblemas que adornaban al guerrero, en las máscaras o en el tatuaje. Los soldados incas volvían de la guerra blandiendo las cabezas de los vencidos en la punta de las picas. Algunos prisioneros eran despellejados y trasformados en tambores que conservaban la forma humana por lo que el cadáver parecía golpear su propio vientre con varitas que les colocaban en las manos. Las cabezas reducidas como trofeos de guerra, los collares hechos con dientes, los cueros desollados de las víctimas convertidos en vestidos y los cráneos transformados en copas para beber la chicha son un lejano antecedente de los libros encuadernados por los nazis con piel de judíos.

Se habla con horror del asesinato del inca Atahualpa por Pizarro, pero se olvida que aquel había hecho matar a su hermano Huáscar y bebió chicha en su cráneo las vísperas de la emboscada que le tendieron los españoles. Los conquistadores torturaban y mataban a los indígenas, seguro, pero lo contrario también era cierto. A Valdivia lo mantuvieron con vida durante tres días mientras lo iban comiendo. El mismo cronista cuenta que los aztecas les decían a los hombres de Cortés: «Miren qué malos y bellacos que sois, que aun vuestras carnes son malas para comer que amargan como hieles que no podemos tragar de amargor».

Los primeros cronistas documentan la antropofagia de numerosas tribus indígenas, sobre todo en los tupinambá y los tupiguaraní del Brasil, que engordaban a las víctimas, las mataban de un golpe de macana en la cabeza y a la olla. Américo Vespucio escribía a Lorenzo de Médicis desde las costas del Brasil: «Cuando vencen despedazan a los vencidos, luego se los comen asegurando que se trata de un manjar delicioso. También se nutren de carne humana: el padre devora al hijo y el hijo al padre, según los avatares de la lucha. He visto a un hombre monstruoso que se ufanaba de haber devorado a más de trescientas personas. He visto un poblado en donde trozos de carne humana salada pendían de las vigas de las casas, como entre nosotros se hace con el jamón y las salchichas». El Inca Garcilaso dela Vega, poco sospechoso de animadversión hacia los indígenas por su origen mestizo, señalaba que el canibalismo estaba muy difundido en el Perú y el Amazonas. Solían comerse a sus propios niños porque su carne era tiernísima. Los peruanos tenían carnicerías públicas donde cada uno podía procurarse abundante carne humana. Uno de los conquistadores de México dice haber visto en las afueras de la ciudad un «expositor» con casi ciento cincuenta mil cráneos. Tal vez exagere, pero si te tomas la molestia de indagar acerca del término *tzompantli*, te quedarás aterrado. Una pista: va de cabezas sanguinolentas de cautivos sacrificados a los dioses. En los Andes, unos cuatro mil sirvientes de variado rango y concubinas habrían acompañado al inca Huayna Capac en su viaje al más allá.

Cierta historiografía, basándose en las piadosas descripciones de Las Casas, presenta a unas imaginarias civilizaciones indígenas anteriores a la conquista donde reinaban la paz, el amor entre los hombres, la igualdad y el arrullo de los arroyos como telón de fondo sonoro. La realidad con que se topaban los conquistadores era muy distinta: luchas a muerte por la propiedad y el poder, esclavitud e imperialismo, los pueblos fuertes dominaban a los débiles y las religiones exigían sacrificios humanos. Ni los indios malos se enfrentaron a los blancos buenos ni al revés: lo contrario de un error no tiene por qué ser la verdad. Los indios no eran los demonios que pintaban los conquistadores, pero tampoco los ángeles imaginados por los indigenistas, a los que atribuían una candidez cuyo único soporte es la candidez de los propios indigenistas.

Las abultadas cifras que da Las Casas sobre los muertos no son más que una especulación, dada la inexistencia de censos y la imposibilidad de que alguien contara los cadáveres. La guerra de cifras sobre la población precolombina, que oscilan entre los más de cien millones y los ocho millones tirando por lo alto, enfrentó —y lo sigue haciendo— a quienes defendían las cifras altas para subrayar el comportamiento «salvaje» de los conquistadores y a los partidarios de las cifras bajas para minimizar el impacto del choque entre ambas civilizaciones. La historiografía reciente culpa a las enfermedades traídas por los europeos de la drástica disminución de la población americana, más que a las «matanzas sistemáticas» y las «crueldades infinitas» denunciadas por Las Casas. La causa principal fue biológica: los indios carecían de anticuerpos para las enfermedades europeas, las epidemias de viruela y sarampión mataron a tres de cada cuatro; el tifus, la gripe, la neumonía y la rubeola unidos al hambre, la explotación, los suicidios, la abstención de sexo o los abortos hicieron el resto.

Está claro, desde luego, que la violencia de los conquistadores, los malos tratos, la exigencia desorbitada de trabajo y tributos, el desplazamiento masivo de comunidades y el desmoronamiento de sus formas de vida tradicionales tuvieron una influencia cierta en la caída de la población. Pero aun admitiendo las intenciones deliberadamente asesinas que se atribuyen a los españoles, era materialmente imposible que unos pocos cientos de conquistadores estuvieran capacitados para exterminar en forma directa a millones de indios. Los malos tratos, por otra parte, no diferían de los dados por los oficiales a los soldados españoles, a quienes en caso de desobediencia golpeaban con palos, a veces hasta matarlos. Pero sin duda fue la «agresión microbiana», que ya habían descrito los cronistas de la época, la causante de la mayor mortandad. Tzvetan Todorov lo expresa así: «Se podría decir que no tiene sentido buscar responsabilidades, o siquiera hablar de genocidio en vez de catástrofe natural. Los españoles no procedieron a un exterminio directo de esos millones de indios, y no podían hacerlo».

Fue una conquista armada, desde luego, pero ¿hubo «resistencia indígena» contra el «opresor español»? La verdadera represión contra los amerindios, la más cruenta y letal, no fue la de los conquistadores españoles —ni la que los propios amerindios habían ejecutado antes sobre sí mismos—, sino la que acometieron las nuevas naciones hispanoamericanas después de la independencia. Recuerda Juan José Sebreli que los españoles vencieron a los charrúas, pero no los exterminaron, quienes los aniquilaron fueron los uruguayos después de la independencia. Las guerras más feroces contra los mapuches no fueron las libradas por los españoles y sus aliados indios del norte, sino las planificadas por Chile y Argentina entre 1878 y 1885. Después, mucho después, de la independencia. Fue también después de la independencia cuando se ejecutaron las campañas de eugenesia o limpieza étnica en Bolivia, que consistían no solo en la esterilización de los indígenas, sino también en su exterminio. Todo eso se hizo en nombre del progreso y la modernidad. Lo mismo que en Colombia, Venezuela o Perú. En México, la desamortización de la ley Lerdo (1856) condenó literalmente a morir de hambre a millares de indígenas que conservaban sus tierras desde la época colonial.

¿Y todo eso por maldad? No necesariamente, solo por cálculo. Cuenta E. T. A. Hoffmann que en un pequeño principado vivían hadas que hacían prodigios. Pero un nuevo soberano decidió instaurar la Ilustración y mandó talar bosques, canalizar ríos, construir carreteras y vacunar contra la viruela. Su primer ministro le aconsejaba limpiar el Estado de quienes hacían oídos sordos a la voz de la razón, sobre todo de las hadas que, enemigas de la Ilustración, recitaban poesías, un veneno secreto que volvía a la gente ociosa, juguetona e improductiva. Encarcelaron a las hadas, confiscaron sus caballos alados y los convirtieron en animales de tiro. El desencantamiento fue el precio que pagaron por el progreso.

Para las naciones liberales emancipadas, los indígenas eran las hadas, un obstáculo indeseable para el progreso.

EL ORO EVAPORADO Y LOS PERROS DEL MAR

En las dos primeras décadas del siglo xvi los españoles extrajeron, probablemente, más de catorce mil kilos de oro en tierras caribeñas. En el Darién un cacique le señaló el sur a Vasco Núñez de Balboa y le dijo que allí había un país de tesoros cuyos amos comían en platos de oro. Su nombre sonaba melódicamente como «Birú». Perú: ese nombre reavivó la codicia de Balboa. Pero no sería él quien lo conquistara. La noticia del hallazgo de oro en Perú estimuló nuevas exploraciones, nuevos descubrimientos y la apertura de nuevas minas. La mayor parte del metal llegaba a España, donde la cantidad y calidad del oro provocaban asombro. En la década de 1540 se descubrieron las minas de plata de Zacatecas y Guanajuato, en México, y Potosí, en Perú, las primeras del continente americano. Su rendimiento empezó a ser del recopón cuando a mediados de siglo se generalizó el uso del mercurio en el filtrado del metal. Al principio, el metal precioso se lavaba en los ríos que bajaban de las montañas.

Pero aquel manguerazo de riqueza solo sirvió para empobrecer España. ¿Cómo era posible? ¿Cómo pudo ser posible que la riqueza acarreara pobreza? Responder a esta pregunta es penetrar en los enigmas y perplejidades de una buena parte de la historia de España.

La búsqueda de oro fue el motor de la exploración y colonización del Nuevo Mundo. Los aventureros españoles eran argonautas dopados por la esperanza de encontrar riquezas fabulosas. No solo el pirado Lope de Aguirre, sino Colón, Cortés, Pizarro, Orellana y toda la peña tenían el oro metido entre ceja y ceja y perdieron la chola como don Quijote por los paladines o Homer Simpson por la cerveza. Unos pocos se hicieron más ricos de lo que jamás habían imaginado, se construyeron casas fabulosas y se ennoblecieron. Fueron muchos, pero fueron los menos; los más no fueron tan afortunados. La mayor parte de los hombres que participaron en la caída de Tenochtitlán acabaron sus días en la miseria.

El hallazgo de oro en una parte de Tierra Firme hizo que, en 1514, la zona fuera rebautizada como Castilla de Oro, y a partir de la década de 1530 los españoles aseguraron que habían encontrado oro en las necrópolis al interior de Cartagena de Indias. Por entonces se extendió la noticia de que en los pueblos chibchas había un rey que iba desnudo sobre una balsa en el lago sagrado de Guatavita para hacer ofrendas, «cubierto de la cabeza a los pies con polvo de oro, brillaba como un rayo de sol». Era El Dorado y añadía la leyenda que el oro y las joyas utilizadas en la ceremonia se arrojaban a las profundidades del lago. La búsqueda de ese lugar mítico enloqueció a los aventureros. Cuando Gonzalo Pizarro llegó a la región, envió a Orellana con cincuenta hombres a buscar el tesoro, una misión que concluyó con el famoso viaje por el Amazonas.

Gracias a la explotación de las ricas minas de plata de Tierra Firme, al gobierno le salía el dinero de las orejas y se lo pulía en campañas militares. Carlos V conquistó Túnez en 1535 con el rescate que el inca Atahualpa había pagado a Francisco Pizarro. Pero el tesoro americano daba para mucho y la llegada de los lingotes estimuló la construcción y las artes decorativas. Los colonos que regresaban de América construían impresionantes residencias para epatar a sus paisanos y las decoraban con arte del caro. Pero ya antes del reinado de Felipe II, algunos se percataron de ciertos efectos secundarios de aquel torrente de oro y plata. Aumentaban los precios y prosperaban los especuladores. Había que ser rico para poder comer caliente, los demás se morían de hambre. Ver para creer: la inflación llevó a los hidalgos, los curas y el pueblo llano a no poder vivir de sus rentas. Además, desaparecían misteriosamente las riquezas que se suponía que estaban llegando desde América. No había dinero disponible. ¿Dónde había ido?

Se acusaba a los comerciantes extranjeros de sacar la plata y el oro del país a cambio de artículos importados. Los españoles tenían un chollo en las Indias y los extranjeros tenían otro en España. La pasta pasaba por aquí y acababa en Francia o en Flandes. Los manufactureros extranjeros se instalaron aquí, vendían muy caros sus productos aquí y acababan quedándose con la plata de aquí y exportándola allí. La colonia de extranjeros no tardó en dominar la vida social de Sevilla, que ya no era realmente un puerto español: la mayoría de los bienes que llegaban a la ciudad eran extranjeros, y la mayoría de lo que llegaba de América iba a parar a manos extranjeras. La tradicional extrañeza de Castilla respecto al mar significó que buena parte del comercio marítimo fuera copado por gentes no castellanas (sobre todo, por vascos) y por extranjeros (ingleses, holandeses y franceses). En Alicante —que era el puerto español más importante del Mediterráneo—, el transporte naval correspondía a los barcos extranjeros casi en un cien por cien.

Se habló de que se le estaba robando a España su riqueza, pero, en general, la plata desaparecía por medios bastante legales, como pago por bienes que se importaban desde España, era el propio Estado el que facturaba al extranjero la mayor parte, sobre todo para pagar los gastos militares y los créditos a los banqueros alemanes y flamencos. A finales del xvi, el castellano Martín González de Cellórigo se percató de que el chollo americano era un arma de doble filo y concluyó que el país «de su gran riqueza ha sacado suma pobreza». Gracias al comercio con España, los rebeldes holandeses obtuvieron enormes cantidades de plata y oro a cambio de queso, trigo, mantequilla, pescado, carne, cerveza y productos del Báltico.

Hollywood ha difundido la pamema de que los piratas del Caribe robaron el tesoro español, Henry Kamen asegura que «un altísimo porcentaje del oro y la plata extraída de las minas americanas simplemente no se envió a España. A menudo ni siquiera llegaba a España porque se gastaba en América, o se utilizaba allí, en transacciones comerciales». Ya, pero, ¿y los piratas? Hay constancia de la presencia de comerciantes franceses en las costas de Brasil muy pronto, ya en 1503. A ojos de los españoles todos aquellos navíos eran piratas ilegales y debían ser tratados como tales. En otras palabras, los funcionarios españoles llamaban piratas a todos los barcos extranjeros que no les pedían permiso. Otros europeos, naturalmente, no reconocieron los derechos desorbitados que se atribuían a sí mismos los españoles sobre los territorios del Nuevo Mundo, y pensaban que ellos tenían el mismo derecho para comerciar en la zona. «¿Dónde está la cláusula en el testamento de Adán que diga que medio mundo le corresponde a España?», preguntó el rey francés Francisco I, tras el Tratado de Tordesillas que repartía el Nuevo Mundo entre españoles y portugueses con la bendición del papa Alejandro VI. Cuando Hernán Cortés pisó un metro cuadrado de América reclamó para España toda la superficie terrestre del Nuevo Mundo. Cuando Núñez de Balboa se pegó un chapuzón en el Mar del Sur reclamó para España todo el Océano Pacífico. ¿Qué país iba a aceptar unas exigencias tan absurdas? Los otros europeos, en consecuencia, consideraban que sus actos no eran piratería sino competencia comercial legítima. Ellos eran comerciantes, nada que ver con los piratas criminales dedicados solo al robo de los comerciantes. Pero las autoridades españolas no apreciaban demasiadas diferencias entre unos y otros.

Empeñado en convertir el Atlántico en *Mare Clausum* de su imperio, Felipe II cerró los puertos americanos al comercio con extranjeros y a medida que avanzaba el siglo las restricciones al acceso foráneo al mercado indiano se hicieron más fuertes. Pero como cuando una puerta se cierra, otra se abre surgieron el contrabando y el corso como mecanismo de acceso a los productos americanos. Los ingleses, tradicionalmente echados al mar por su condición insular (y por su jodido clima) esperaban que el matrimonio de María Tudor con Felipe II les abriera las puertas al pastel americano, pero no fue el caso. Ya con Isabel I y la plena instauración del anglicanismo las posibilidades de acceder al mercado indiano se redujeron a cero pelotero y las relaciones entre las monarquías española e inglesa se convirtieron en bronca perpetua. Pero de no haber sido por los comerciantes «ilegales», las provisiones y el mantenimiento de muchísimos puestos dirigidos por españoles se habrían hundido.

Si además el contrabando se nutría con el corso, miel sobre hojuelas, un negocio redondo que John Hawkins, Francis Drake, Cavendish o Raleigh olfatearon pronto. Isabel I de Inglaterra nos echó los Perros del Mar como una ganzúa para reventar el bombín de la cerradura y aquellos corsarios dieron a Felipe II treinta años de quebraderos de cabeza. Sus campañas se percibían en Inglaterra como iniciativas empresariales en las cuales la participación de la sociedad mercantil era clave, a través de compañías comerciales o de la financiación individual de algunos armadores, una parte de los beneficios obtenidos por los corsarios beneficiaban a los tiburones de las finanzas y a la corona, que cobraba un *royalty* por las patentes de corso. Los ingleses llevaron a cabo alrededor de unas doscientas expediciones con patente de corso durante los años de conflicto bélico entre 1585 y 1603. Pero esos ataques no fueron actos de piratería, sino campañas de guerra, respaldadas por una flota financiada por la reina de Inglaterra.

Un viejo proverbio dice que cuando se exagera se pierden los detalles. Se ha exagerado mucho la eficacia saqueadora de los corsarios ingleses. Según los cálculos de Pierre Chaunu, entre 1540 y 1650 de los once mil buques que hicieron la Carrera de Indias se perdieron quinientos diecinueve barcos, la mayoría por tormentas y otras calamidades naturales. Solo ciento siete se perdieron por ataques piratas, es decir menos del uno por ciento. El historiador escocés John Bennett Black dice que «en las guerras entre España e Inglaterra, únicamente el ataque a las naves sueltas tuvo algún éxito. Las Flotas del Tesoro triunfaron por su perfecta organización y porque los españoles tenían un perfecto servicio de información. Admitamos que, aparte de las presas menores, los marinos ingleses solo en una ocasión pudieron interceptar o apresar una de aquellas codiciadas flotas».

La historiografía inglesa ha repetido hasta la náusea que la actividad pirata fue un constante quebradero de cabeza para el traslado del oro, la plata y otras mercancías del Nuevo Mundo a España. Exagera más que cachete de payaso. Las cifras de barcos que llegaron a puerto español desmienten esa patraña romántica. La Flota de Indias dejaba muy pocas fisuras. Y daba igual que los perros que olfateaban la presa fueran ingleses o gabachos. Como el rey francés Francisco I quería que el sol luciera para él como para otros y nadie le mostró la cláusula del testamento de Adán que lo excluía del reparto del mundo, la monarquía francesa empezó también a financiar expediciones corsarias contra los barcos de carga españoles. En 1521, el pirata Jean Florin capturó parte del conocido como el Tesoro de Moctezuma, el grueso de las riquezas que Hernán Cortés envió a Carlos V tras la conquista de Tenochtitlan. Sin embargo, los españoles aprendieron pronto a defenderse con la construcción de impresionantes galeones, mucho más armados que los navíos piratas, y un sistema de convoyes. Nada más llegar al trono, Felipe II estableció por Real Cédula las condiciones para asegurar la defensa naval frente a los ataques y los famosos piratas realmente solo pudieron atacar barcos pesqueros o chalupas de poco valor. El sistema de convoy español, cuyo artífice fue el capitán Menéndez de Avilés, sería copiado por Inglaterra y Estados Unidos en las dos guerras mundiales. Solo una operación naval con un amplio dispositivo podía tener alguna esperanza de sacar provecho en el Atlántico, los únicos dos ataques militares del siglo XVII que se saldaron con éxito fueron financiados por estados rivales: en 1638, una potente escuadra al mando del almirante holandés Piet Heyn consiguió capturar una flota que partía de Cuba, y en 1657 una escuadra inglesa al mando del almirante Blake se hizo con una buena parte de una flota española en las Azores. Cargados hasta los topes, los navíos españoles sucumbieron a los ataques enemigos en el Pacífico solo en cuatro ocasiones, siempre ante asaltos británicos: en 1587, 1709, 1743 y 1762. Ese raquitismo depredador es la auténtica prueba de que la defensa naval cumplió con su propósito.

A partir del siglo XVI fue desapareciendo el terror medieval a los monstruos marinos que aguardaban en los mares desconocidos. Ya se sabía que los verdaderos monstruos marinos eran los terribles vientos del norte que desde finales de verano comenzaban a soplar en el Golfo de México, y que en el Canal de Bahamas acechaban los huracanes. De hecho, el descubrimiento de las corrientes marinas del Pacífico por Urdaneta fue la clave del control de ese océano y del comercio del Galeón de la China, que convirtió a España en el imperio de la primera globalización comercial.

Sin capacidad para atacar la Flota de Indias o los galeones de gran tamaño, la actividad de los corsarios se limitó en la mayoría de casos a ataques contra poblaciones del Caribe mal defendidas y con gobernadores incompetentes. Tras el desastre de la Armada Invencible, Felipe II destinó ocho millones de ducados para nuevas naves y fortificaciones en el Caribe. La inexpugnable Cartagena de Indias fue reforzada por los mejores expertos en poliorcética y con el tiempo la piratería patrocinada por Inglaterra, Francia y Holanda se la tuvo que envainar.

Los temporales fueron la causa de que se fueran pique más de cuatrocientos galeones españoles que cubrían la ruta del Nuevo Mundo con su valiosa carga y se convirtieran en espejismos hechos de fantasía y realidad que fascinan con un aura de misterio a aventureros, historiadores y arqueólogos. Total, que no fueron los Perros del Mar los mayores ladrones de la Carrera de Indias, sino «los elementos», como diría Felipe II. Las fuerzas de la naturaleza tenían más peligro que los cañones.

LAS FRONTERAS DE LA HEREJÍA

La Inquisición es una cosa permanente.

ERNST JÜNGER

UNA *CONSPIRAÇÃO* PASTELERA

Si hubo tantas zonas de sombra en la historia de Gabriel Espinosa es porque su proceso secreto fue declarado materia reservada por el duque de Lerma. ¿Pastelero, soldado, hijo oculto de algún noble, caballero encubierto, embaucador… o rey? La faramalla del *affaire* tiene tres protagonistas estelares: él mismo, un fraile y una sobrina de Felipe II.

En los últimos años de ese reinado llegó a Valladolid un tipo pelirrojo y elegante que intentaba vender un lote de joyas. Estuvo recorriendo durante tres días las calles de la ciudad y llamó la atención el poco respeto con que se refería al rey, de modo que el chulesco individuo encontró lo que andaba buscando porque acabó siendo detenido por Rodrigo de Santillán, alcalde del crimen de la Real Chancillería, que se propuso investigar la procedencia de aquellas alhajas en venta y castigar las calumnias al monarca. Cuando registraron al sujeto le encontraron cuatro cartas de las que era el destinatario, dos de ellas las firmaba un fraile agustino llamado Miguel, y en ellas el extraño personaje recibía el tratamiento de «Majestad»; las otras dos eran de amor y las firmaba una monja de un convento de Madrigal de las Altas Torres que no era una religiosa cualquiera, sino nada menos que María Ana de Austria, hija de don Juan de Austria. Trataba al destinatario como si fuera su novio y se refería a una hija del detenido como si fuera la propia hija de doña Ana.

Era extraño que el pretendiente de una sobrina del rey fuera por ahí injuriando al monarca, pero más raro aún que un fraile lo llamara «Majestad». La verdad es que todo era muy raro. Por si acaso, Rodrigo de Santillán informó del asunto directamente a Felipe II.

Para entender el cogollo del *affaire* tengo que referirme a la situación política en el Portugal de aquellos años. Cuando murió el rey Juan Manuel, heredó el trono su hijo don Sebastián, sobrino carnal de Felipe II y chaval visionario que se empeñó en montar una cruzada contra los moros de Berbería, para lo cual pidió consejo a su tío Felipe II y al duque de Alba, que aunque tacharon su proyecto de descabellado no lograron disuadirlo de su capricho. Y a la Berbería que se fue el pavo con lo mejor de la nobleza portuguesa y una tropa de aventureros españoles. En la batalla de los Tres Reyes en Alcazarquivir, en una tremebunda jornada de calor, los moros no dejaron cristiano con cabeza y, visto lo visto, el rey don Sebastián pensó que era una ocasión memorable para suicidarse con gloria. Debió de espolear su caballo y enfrentarse el solo a un ejército, pero nadie volvió a verlo ni vivo ni muerto. *Missing*. Se desvaneció en el aire infecto y el reino de Portugal quedó desconsolado y descoronado.

De momento ocupó el trono su tío abuelo, el cardenal infante don Enrique, que murió de viejo un par de años después. Felipe II se dispuso a heredarlo, como hijo que era de la emperatriz portuguesa Isabel y nieto de Manuel I, y mandó al duque de Alba a ocupar Portugal por las buenas o por las malas; lo escoltaba una escuadra al mando del marqués de Santa Cruz. Alba cumplió en un santiamén y las Cortes de Tomar reconocieron a Felipe como rey legítimo. Pero, ¡ay!, no todos los portugueses quedaron contentos, aún pesaba mucho el recuerdo de Aljubarrota, la batalla en la que los portugueses dieron para el pelo a los castellanos, y el prior de Crato, con la ayuda del traidor Antonio Pérez y de ingleses y franceses, no paró en atizar el rescoldo de la disensión.

El espectro de don Sebastián se convirtió en uno de esos matojos rodantes, tan bellamente llamados rodamundos o salicornios. Cuajó la leyenda de que en realidad no había muerto y corrió la especie de que estaba de peregrinación a los Santos Lugares y que volvería. Lo profetizaba el trovador Antonio Bandarra (cuyo apellido se convirtió en sinónimo de gandul y vividor). Así se fue espesando el mito del sebastianismo y empezaron a aparecer oportunistas o delirantes que decían ser el mismísimo don Sebastián.

Sebastianista era el fraile agustino portugués Miguel dos Santos, que había sido confesor del rey don Sebastián y fue desterrado de Portugal por Felipe II por difundir el sebastianismo y apoyar al prior de Crato en las disputas sucesorias. Desde 1587 era el vicario de las novicias en el convento de monjas en Madrigal. La más prominente era la novicia María Ana, una de las hijas de Juan de Austria, que había ingresado a los seis años por orden de Felipe II, para que no la convirtieran en el centro de una conspiración en la corte. Pero tenía más vocación por seguir los pasos mundanos de su padre que por la austeridad de la clausura. El agustino le dijo que la había visto a ella en sueños, arrodillándose con el rey Sebastián delante de una cruz; le dijo también que eso significaba que estaban destinados a casarse y a liberar Jerusalén. En 1594 el fraile metió en el convento como repostero a Gabriel de Espinosa, que tenía un sorprendente parecido con Sebastián, y se lo presentó a la monja. Luego Miguel dos Santos se puso en contacto con los principales nobles portugueses y los invitó a acudir a Madrigal para verificar si aquel tipo era el mismo rey. Incluso el rey francés Enrique IV llegó a interesarse en la historia porque Francia estaba en guerra con España en esos momentos y la cosa era molestar. Dos Santos consiguió el apoyo de los nobles disidentes portugueses así como del antiguo secretario del rey de España, Antonio Pérez, que en ese momento se refugiaba en Francia. El pastelero de Madrigal se convirtió en el centro de una conspiración internacional centrada en el resucitado Sebastián.

Es posible que Espinosa fuera natural de Toledo, al menos consta que allí obtuvo el título para desempeñar el oficio de repostero. Se dijo que era hijo bastardo de Juan Manuel de Portugal, padre del rey don Sebastián, y de una doncella llamada María Pérez o María de Espinosa. Se dijo también que era hijo de la archiduquesa Juana de Austria, y por lo tanto medio hermano del rey don Sebastián. Lo más probable es que fuera un paria huérfano. En junio de 1594 llegó a Madrigal de las Altas Torres acompañado de Inés Cid, una gallega de veintisiete años a la que había conocido en Allariz (Orense), y se instalaron en Madrigal para hacer pasteles de carne y empanadas. Un pastelero peculiar, porque dominaba el portugués, el francés y el alemán, tenía gran facilidad de palabra y destreza en la monta de caballos, virtudes más propias de un caballero que de un simple artesano. Es posible que tanto su arrogancia como sus destrezas las aprendiera como acompañante en las campañas del capitán Pedro Bermúdez, al que había servido como pastelero.

Ignoramos casi todo de cómo se produjo el encuentro entre el confesor dos Santos y el pastelero, pero parece que el fraile lo encontró en Portugal y le llamó la atención el asombroso parecido con el rey don Sebastián, no solo por su cabello rubianco, poco habitual en Castilla, sino por su poliglotía y buenas maneras. ¿Creyó realmente que era el mismísimo rey? Probablemente solo le convino, porque propuso al pastelero suplantar al desaparecido rey de Portugal y reclamar sus derechos. A menos que Gabriel Espinosa fuera de veras don Sebastián, como él mismo mantuvo hasta su último suspiro. Cuando dos Santos se lo presentó a doña María Ana de Austria, bien por creer realmente que se trataba de su primo don Sebastián o por salir del convento, aceptó los planes de fray Miguel y se prometió en matrimonio con Gabriel Espinosa con la ambición de llegar a reinar en Portugal. María Ana dio al pastelero todas sus joyas para conseguir los caudales con los que financiar la movida y Gabriel viajó a Valladolid para venderlas y hacer caja. Acabó en el calabozo por indiscreto y lenguaraz.

El alcalde Rodrigo de Santillán, acosado por las deudas, estaba más tieso que la cuerda de un violín y vio la ocasión de obtener el favor real y alguna encomienda, por eso puenteó el escalafón y se puso en contacto directo con el rey. Luego viajó con sus alguaciles a Madrigal, encerró a doña María Ana en sus aposentos, se incautó de todos los documentos y detuvo a fray Miguel, que fue quien reveló entonces que el pastelero era en realidad el desaparecido rey don Sebastián. El alcalde volvió a ver al rey en Valladolid y recibió instrucciones de acabar con aquella broma. Se inició la instrucción de un proceso contra los tres detenidos, acusados de conspiración para suplantar la personalidad de un rey.

Como todos los documentos del proceso se conservan en el archivo de Simancas, del juicio lo sabemos casi todo. Los reos fueron repetidamente interrogados, a veces bajo tormento como se llevaba entonces.

Gabriel Espinosa primero aceptó los cargos y después proclamó con rotundidad una y otra vez que era don Sebastián. Explicó al juez que las joyas eran la contribución de doña Ana a la causa de su restauración, entretanto fueron llegando al juez sucesivas cartas de doña María Ana y de dos Santos que debieron de sembrar la duda en el juez, pues desde entonces se dirigió al pastelero dándole el tratamiento de Majestad. El fraile pidió al juez que se personara Felipe II para la identificación. Era mucho pedir pero el juez Santillán escribió al rey, esperó su respuesta, la recibió, procedió y se acabó la broma.

Camino del cadalso, Gabriel confesó a un cura: «Mi muerte descubrirá el secreto de mi existencia y el misterio todo». Cada vez que el alguacil repetía que la sentencia era por «suplantar a otras gentes siendo de origen plebeyo», el reo se ponía como una hidra y gritaba: «¡Eso no!, ¡Dios lo sabe!». Tal vez el pastelero de Madrigal acabó creyéndose de verdad su propia ficción. Les pasa a muchos actores que, tras representar una y otra vez el mismo papel, acaban asumiéndolo como real. Bela Lugosi, por ejemplo, no podía conciliar el sueño si no dormía en el ataúd de Drácula.

A Gabriel de Espinosa lo colgaron el 1 de agosto de 1595. En el cadalso se mostró altivo y él mismo se puso la soga al cuello. Consumada la condena, su cuerpo fue decapitado y descuartizado, expusieron la cabeza en el Ayuntamiento y los despojos en las cuatro puertas de la muralla. A Inés Cid, la madre de los hijos del pastelero, la azotaron en público y la desterraron de Madrigal. Se fue con sus hijos y nunca más se supo. Dos Santos fue desposeído de su condición religiosa y juzgado como laico. Lo colgaron en la Plaza Mayor de Madrid, también su cuerpo fue descuartizado y sus restos devueltos y expuestos en Madrigal. Para doña María Ana, Felipe II decretó que fuera desposeída de sus privilegios y recluida en la rigurosa clausura del convento de Nuestra Señora de Gracia de Ávila. Permaneció encerrada hasta que su primo Felipe III subió al trono y le otorgó el perdón, volvió al convento de Madrigal y llegó a ser priora hasta que en agosto de 1611 fue nombrada abadesa perpetua del monasterio de Las Huelgas Reales de Burgos.

Pero el caso se cerró en falso. ¿Cómo un pobre artesano pudo llegar en tres meses a prometerse con una sobrina de Felipe II? ¿Y cómo se atrevió a mantener en todo aquel proceso una actitud tan entera y retadora con personas tan principales como Rodrigo de Santillán? ¿Por qué Simón Ruiz, el mercader más rico de Medina del Campo, le hacía llevar comida en vajilla de plata a la cárcel? El rumor de la aparición del desaparecido rey don Sebastián corrió por toda Europa, bien alimentado por franceses e ingleses, muy interesados en que España perdiera la corona portuguesa y sus ricas colonias. Pero en Portugal el *affaire* tomó cuerpo y credibilidad. La documentación sobre el proceso quedó guardada en el archivo de Simancas con la orden expresa del duque de Lerma de considerarlo materia reservada como secreto de Estado y la cautela no fue levantada hasta mediados del XIX. Ni siquiera entonces, ni siquiera ahora, sabemos si fue una olla podrida de pícaros o una conspiración por todo lo alto.

Hay pocas posibilidades de que el pastelero fuera otra cosa que un impostor seducido por el dinero fácil y de que su compinche dos Santos no encontrase en su parecido con el rey Sebastián la excusa perfecta para recuperar una posición política. Aunque tal vez detrás del plan del fraile los hilos de la trama los movieran nobles portugueses. Tal vez el plan fuera convencer a la monja de que Gabriel era el rey, viajar los dos a Portugal, casarse, levantar al pueblo contra los invasores españoles, proclamarse nuevos soberanos, arrebatar el reino a Felipe II y luego abdicar a favor del prior de Crato.

La intriga fue recreada por José Zorrilla con el título de *Traidor, inconfeso y mártir*, también sirvió de argumento a Patricio de la Escosura para la novela *Ni rey ni roque*. Manuel Fernández y González vendió doscientos mil ejemplares de otra novela titulada *El cocinero de Su Majestad* o *El pastelero de Madrigal*. A Gabriel Espinosa, su farsa le ganó el prestigio de los muertos.

BRUJAS SOCARRADAS

La segunda acepción de enigma que da el Diccionario de la Real Academia es «realidad, suceso o comportamiento que no se alcanza a comprender, o que difícilmente pueden entenderse». Y esa es exactamente la idea que me asalta cuando contemplo desde la distancia lo que ocurrió en el paso del siglo XVI al XVII. Aquella España poderosa e influyente, la potencia que dictaba las modas y el tono de la alta cultura, la nación —ya se llamaba así, aunque no con el sentido actual— que saqueaba, compraba o generaba cuanto de bello y eficaz destacaba entonces, colapsó y, como dice el tango, al desvanecerse fue dejando cenizas en el corazón.

Menéndez y Pelayo llevaba al absurdo el argumento: «¿Por qué no había industria en España? Por la Inquisición. ¿Por qué somos holgazanes los españoles? Por la Inquisición. ¿Por qué duermen los españoles la siesta? Por la Inquisición. ¿Por qué hay corridas de toros en España? Por la Inquisición». Pero diga lo que diga don Marcelino, España se cerró a cal y canto y se marginó de las corrientes del progreso. En 1559 Felipe II prohibió a los españoles estudiar en otros países, España se convirtió en el Tíbet de Europa (Ortega) y los agentes inquisitoriales prohibían la entrada de libros de pensamiento. La sombra de la Inquisición era paralizante. El humanista Luis Vives profetizó: «Ya nadie podrá cultivar las buenas letras en España sin que al punto se descubra en él un cúmulo de herejías, errores y taras judaicas. Esto ha impuesto silencio a los doctos».

Los grandes pensadores extranjeros de la Ilustración emplearon con profusión el «ejemplo español» para criticar el Antiguo Régimen y su ideología. Montesquieu veía en España el perfecto ejemplo de la mala administración de un Estado bajo influencia del clero. La Inquisición sería la culpable de la ruina económica de los estados, la gran enemiga de la libertad política y de la productividad social: era anacrónica, irracional e irreligiosa.

Pero la Inquisición, aunque nació para para meter en vereda a los herejes, trabajó más en materia de costumbres y en menudencias como los hechizos de las brujas. Perseguía librepensadores, pero mayormente delincuentes de tres al cuarto, más palurdos que malvados, entre los cuales se contaron centenares de brujos y brujas de medio pelo. William Monter cataloga en *Frontiers of Heresy* algunos desvelos marginales de los inquisidores: llevar al patíbulo a sodomitas, proporcionar al rey galeotes, vigilar contrabandistas en la frontera de los Pirineos, y otras muchas chapuzas con más alcance político o económico que doctrinal. A la Inquisición le inquietaban las audacias teológicas, tan peligrosas para la fe como para el orden político, pero ¿por qué tenían que preocuparle las pequeñas porquerías de marmita y bazofia que cometían las brujas?

Pues porque, como todo el mundo sabe, tenían el hábito de despedazar y comer niños, podían provocar con sortilegios un aborto, embobar a un chiquillo, desatar tormentas, propagar epidemias, agostar las cosechas, transformarse en animales, entregarse al demonio en paganos aquelarres o mear en el vino. Como saben los enólogos y los simples aficionados, el vino puede acorcharse, oxidarse, maderizarse por exceso de calor, refermentarse o contaminarse. El vino es algo vivo y expuesto, por lo tanto, a enfermar por muy diversas causas. Las cosas eran más sencillas en el siglo XVI. Cuenta el historiador Carlo Ginzburg que en aquella época si el vino se estropeaba se echaba la culpa a las brujas. Todo el mundo creía entonces que después de sus aquelarres satánicos de media noche, las brujas tenían la mala costumbre de allanar las bodegas de una aldea y ensuciar las cubas con su orina. Naturalmente, tal aditivo no le hacía ningún bien al *bouquet* del caldo. Miles de mujeres europeas fueron quemadas en la hoguera acusadas de mear en el vino. En la provincia alpina de Friuli, en la frontera con Austria, había unos hombres que protegían de esa lacra a los viticultores, eran los bienandantes, magos benéficos que espantaban a las brujas. A estos especialistas se los identificaba en el momento de nacer porque salían del vientre materno con la cara envuelta en la membrana amniótica.

Pero lo más maravilloso de las brujas es que podían transportarse de un lado a otro por el aire, aunque no a bordo de una escoba, sino de un palo o una silla previamente barnizados con ungüento de bebé hervido. El supuesto vuelo de las brujas representaba un problema especial para los teólogos, porque solo el alma pero no cuerpo puede volar. Si el demonio fuese capaz de extraer el alma del cuerpo de la bruja y devolvérsela luego, sería un milagro —y no un milagro cualquiera— comparable al milagro de la Resurrección. Los teólogos no creían en la brujería como poder natural innato de la persona, sin embargo se admitía la existencia de brujas que, para poder obrar, tenían necesariamente que haber pactado con el demonio. El don brujeril tenía que deberse al arte ilusorio del demonio. Curiosamente al ser detenidas perdían su poder, lo cual las hacía vulnerables al peculiar sistema judicial de los inquisidores, que era más desagradable que una endodoncia.

No solo las brujas son enigmáticas, sino que también lo son las cazas de brujas. Según Joseph Hansen la primera bruja socarrada fue una tal Angela de la Barthe en 1275, cuando la Inquisición de Toulouse la condenó por haber comido carne de niños y tenido relaciones con el demonio. A lo largo del siglo siguiente, cientos de hombres y mujeres, acusados de brujería, habrían sido quemados por las inquisiciones de Toulouse y Carcasonne. Hansen sugiere también la seductora idea de que la Inquisición, tras haber exterminado a cátaros y valdenses, se volcó sobre las brujas para no perder el trabajo. Pero no solo las fuentes de Hansen, sino todos los datos sobre la caza de brujas en el sur de Francia se remontan a un libro de divulgación escrito en 1829 por el francés Lamothe-Langon, que era novelista y, por lo tanto, mentiroso profesional. A mediados de 1970 un historiador inglés y otro americano demostraron, independientemente uno de otro, que las fuentes medievales presentadas por Lamothe-Langon las había inventado él para dar color a su relato y eran más falsas que la calva de Lucas Grijánder. Los primeros aunque escasos informes datan de 1360. O sea, casi un siglo después de la supuesta quema en Toulouse de Angela de la Barthe.

La densidad de la persecución de brujas en Europa varía mucho de un país a otro, en Francia hubo cuatro mil procesos y en España trescientos. Se lleva la palma Alemania con veinticinco mil. Algo debieron de tener que ver en esa paranoia brujeril dos eruditos inquisidores germanos del siglo xv que perpetraron un *bestseller* que Carl Sagan definió como «uno de los documentos más aterradores de la historia humana». Se titulaba *Malleus Maleficarum* (traducido como *Martillo de las brujas. Para golpear a las brujas y sus herejías con poderosa maza*), y tuvo un impacto diabólico en los juicios contra las brujas en el continente durante dos siglos. Es algo así como el *Mein Kampf* de la misoginia y viene a documentar que la naturaleza imperfecta de la mujer la hacía más predispuesta al influjo del diablo, de ahí que la gran mayoría de los actos de brujería estuvieran cometidos por estos seres de «lengua mentirosa y ligera», a los que no se puede dejar solos dado que «una mujer que piensa sola, piensa mal... porque es un defecto natural en ellas no querer ser gobernadas». El asunto tenía que ver con un fallo de diseño: «Cabe destacar que hay un defecto intrínseco en la formación de la primera mujer, dado que fue hecha de una costilla doblada, es decir la costilla del pecho, que se curva en una dirección distinta a la del hombre. Y así, con esta malformación, es un animal imperfecto, siempre traiciona». «Qué otra cosa es la mujer sino la enemiga de la amistad, la pena ineludible, el mal necesario, la tentación natural, la calamidad deseable, el peligro doméstico, el perjuicio delectable, el mal de la naturaleza pintado con buen color». Las imágenes y comparaciones se trenzan como una enredadera alrededor del mismo estribillo: las mujeres son lo peor de lo peor. «Este monstruo toma una triple forma: se presenta bajo la forma de un león radiante; se mancha con un vientre de cabra; y está armada de la venenosa cola de un escorpión. Lo que quiere decir: su aspecto es hermoso; su contacto fétido; su compañía mortal». Vamos, que feministas no eran. Citan también el *Eclesiastés*: «Encontré a la mujer más amarga que la muerte; es un lazo de cazadores, una red su corazón, y sus brazos son cadenas. Quien agrada a Dios, la huye». ¿Que por qué las mujeres no pueden evitar ser tan corrupias?, pues porque «es insaciable la boca de la vulva, de ahí que, para satisfacer sus pasiones, se entreguen a los demonios». O sea, que era eso: las mujeres son lo peor de lo peor porque en lugar de alma tienen almeja.

A esos piraos teutones les dio el mentís su colega el inquisidor español Alonso de Salazar, que escribió en un informe a su jefe: «No hubo brujas ni embrujados hasta que se empezó a hablar y escribir de ellos». Su investigación contribuyó a la definitiva abolición de las quemas de brujas en todo el Imperio español. Se da por supuesto que la Inquisición pudo haber causado escabechinas de brujas en los países católicos, pero la historia revela algo muy distinto, no fue la Inquisición quien inició la persecución de las brujas sino la justicia civil en Suiza y Croacia. En los países católicos la Inquisición fue la salvación de miles de personas acusadas de un crimen imposible. Lo cual demuestra una vez más que el pasado no es nunca un lugar donde lo blanco es blanco y lo negro es negro. Más bien se parece al presente, está lleno de claroscuros y de zonas pantanosas, y velado por telarañas colgadas de la sinrazón. También se parece al futuro en que es imprevisible.

CRIMEN EN UN CALLEJÓN Y TRAIDOR EN FUGA

Rodeado de un brumoso halo de traiciones, rivalidades y abyectas ambiciones la muerte de Juan de Escobedo puso patas arriba la corte de Felipe II. Para contar esa historia hay que hablar de Antonio Pérez.

Moreno, garboso y siempre vestido como un brazo de mar, con su bigote y una pequeña barbilla de chivo, desde su entrada en la Administración, en la década de 1560, se había convertido en una de las figuras destacadas de la corte por sus luces. Era un tipo inteligente y, aunque al principio el rey no se fiaba un pelo de aquel joven al que consideraba «derramado», no tuvo más remedio que reconocer su eficiencia. Como secretario del rey, el principal cuidado de Pérez fue estar al tanto de los asuntos de Italia y de los problemas relacionados con las revueltas de Flandes. Además era colega del primer ministro del rey, el príncipe de Éboli y cuando murió, Pérez se convirtió en el representante más importante de las opiniones del príncipe en el seno del gobierno y mantuvo un estrecho contacto con su viuda, Ana de Mendoza. Abundan las novelas malas sobre la amistad particular entre Pérez y la princesa tuerta de Éboli. Para saber la verdad de esa *liaison dangereuse* hay un par de libros rigurosos, *Vida de la princesa de Éboli* de Gaspar Muro y la biografía de Pérez escrita durante su exilio en París por el *amateur* Gregorio Marañón. Un *spoiler*: Pérez comunicaba tantas horas con la princesa, que se sospechaba que estaban liados, pero conociendo las preferencias sexuales del secretario, solo podía ser una relación basada en otros intereses. Eran socios, simplemente, y tenían más peligro que un saco de bombas.

Durante el tiempo en que el medio hermano de Felipe II, don Juan de Austria, fue gobernador en Flandes, hubo en Madrid una considerable oposición a sus políticas. Las diferencias coincidían además con la agria rivalidad que se había entablado entre Antonio Pérez y Juan de Escobedo, secretario de don Juan. Pérez había recomendado en su día a Escobedo para que trabajase con don Juan de Austria, le venía bien para mantener vigilado a don Juan, pero le salió el tiro por la culata, ya que Escobedo y el hermanastro del rey se hicieron uña y carne, o uña y mugre, como se diga. Juan Escobedo pasó a defender los planes más atrevidos de don Juan en Flandes, en particular el de llegar a un acuerdo de paz con los rebeldes y a continuación invadir Inglaterra con los tercios, un proyecto que Felipe II no veía claro y al que se oponía también Antonio Pérez.

Don Juan proponía como solución a los problemas en el norte de Europa su propio casamiento con María de Escocia, heredera del trono de Inglaterra. Pérez, que mantenía una correspondencia privada con don Juan y Escobedo, denunció esos planes ante Felipe II y el rey, que sentía un limitado entusiasmo por don Juan, pareció estar de acuerdo, pero de momento no dijo ni Pamplona.

Felipe II nombró a don Juan, que por entonces estaba sirviendo en los ejércitos de Italia, como sucesor de Luis de Requesens en Flandes. El príncipe se alegró del nombramiento, pero quería que el monarca también se interesara en sus propios planes de casamiento con la princesa escocesa. En junio de 1576, Juan de Austria envió a Escobedo a Madrid con una carta en la que esbozaba sus ideas, Felipe II recibió al secretario y se disgustó por las toscas maneras con que Escobedo defendió las alegaciones de su señor, que para su nuevo cargo en los Países Bajos pedía mucho dinero, mucha gente y mucha libertad para hacer de su capa un sayo. Bueno, a fin de cuentas era su hermano, pero ¿de dónde sacaba Escobedo para tanto como destacaba? Cuando, ya en Flandes, don Juan se percató de que el rey no le iba a dar lo que le había pedido, se llevó un rebote y volvió a mandar a Escobedo a España para averiguar qué estaba pasando. El secretario descubrió que Pérez estaba conspirando, no solo contra su señor, sino incluso contra el rey. Escobedo sabía demasiado, se confió demasiado y lo pagó demasiado caro.

Pérez temía a don Juan y a Escobedo porque sabían que el secretario mantenía negociaciones secretas en torno a la guerra de Flandes sin el permiso del rey. Así que Pérez decidió cubrirse las espaldas y, en el otoño de 1577, no solo denunció a Escobedo ante el rey como instigador de las peligrosas maniobras políticas de don Juan, sino que le convenció de que no bastaba con detenerlo porque se rebotaría don Juan, lo mejor era «darle un bocado o cosa tal». ¿Dio el rey su consentimiento para envenenarlo o para «cosa tal»?

A las nueve de la noche del lunes de Pascua de 1578, en el callejón de la Almudena, cinco sicarios le salieron al paso y un espadachín lo atravesó de parte a parte de una sola estocada. Los embajadores extranjeros informaron en su correspondencia de que el atentado bien pudiera estar instigado por un marido cornudo; la mayoría, sin embargo, creía que había móviles más poderosos y sugerían que detrás del crimen estaba la mano de Pérez. El rey palpó la verdad, pero huyó despavorido y, de momento, no hizo nada, que se detuviera a los sospechosos habituales. Y nada más.

Posteriormente, Pérez acusó al rey de haberlo instigado para quitar a Escobedo de en medio. Pero el secretario era más falso que un billete del Monopoly y no hay pruebas, claro que la ausencia de pruebas no prueba la inocencia. El único argumento convincente que podría descartar la implicación de Felipe II en el asesinato es que no iba a ganar nada con ello. Salvo acabar para los restos con su arrogancia, claro. Un motivo de menor cuantía, pero matar es fácil para un rey.

El 12 de abril, el alto funcionario real, Rodrigo Vázquez de Arce, envió al rey una nota en la que se señalaba a Pérez como la mano que había movido los hilos. Inexplicablemente, el rey envió la nota a Pérez para ver su reacción, el secretario le devolvió al rey un esbozo con lo que debería ser su respuesta y Felipe II se la envió escrita de su puño y letra a Vázquez de Arce. Así se convirtió el rey en encubridor de un sospechoso de asesinato. Don Juan de Austria murió en Flandes víctima del tifus, según fuentes oficiosas, y Antonio Pérez parecía haber ganado definitivamente la partida. Pero para entonces todo el mundo sabía en Madrid que el secretario era el asesino de Escobedo.

En enero de 1585, cuando estaba a punto de huir, Pérez fue arrestado y enchiquerado. Cuando lo acusaron del asesinato de Escobedo y le pidieron que explicara la supuesta implicación del rey, dijo que no sabía nada. Lo llevaron a la tortura, sus amigos hicieron planes para sacarlo de allí y la noche del 19 de abril de 1590 escapó de prisión y huyó al reino de Aragón, su tierra. Las leyes de Aragón, un reino autónomo, blindaban a Pérez, pero el gobierno de Castilla se hizo el sueco y Rodrigo Vázquez firmó la sentencia de muerte decretada contra el fugitivo. Pero solo era válida en Castilla.

La España imperial no era una unidad política, por eso llamarla España es un anacronismo, no era otra cosa que un conglomerado de reinos, principados, condados y señoríos, en el que cada uno tenía sus propias leyes, monedas, lenguas, instituciones y hasta aduanas; solo el monarca era el mismo. En contra de lo que se dice, los Reyes Católicos jamás consiguieron la unidad del Estado y los Austrias tampoco, solo impusieron la unidad religiosa con un ejército de inquisidores.

Pérez solicitó ser juzgado por el tribunal del justicia mayor de Aragón, independiente del control de la corona. Por su propia seguridad lo alojaron en la prisión civil de Zaragoza y varios miembros de la nobleza baja, encendidos de entusiasmo por las libertades de su país, le hicieron la ola. El rey presionó a la Inquisición para que reclamara jurisdicción sobre Pérez, pero cuando los inquisidores de Zaragoza intentaron trasladarlo a su propia prisión en el palacio de la Aljafería, hubo disturbios en la ciudad, se pasaron de frenada y mataron al virrey, el marqués de Almenara. Y eso sí que pasaba de castaño oscuro. El rey dormía cuando le llevaron la noticia, se vistió y despachó con los ministros, que propusieron dejar de templar gaitas, mandar un ejército y ejecutar a los nobles aragoneses implicados en los tumultos. Pero Felipe se negó a actuar, prefería la cautela y no quería pisar los mismos charcos que en Flandes. Era sabio y sabía lo que no sabía, pero no ignoraba algunas cosas que pueden sacarte de un aprieto en la vida. Es importante acotar la batalla. ¿Cómo se acota?, ¿contra qué se lucha?, ¿con qué armas? Lo que puedas hacerlo por lo menos, no lo hagas por lo más, se matan más moscas con miel que a cañonazos y una leona ataca a la gacela más débil. Agamenón no inició su guerra contra Troya y Príamo, sino contra Helena y Paris, que eran mucho más frágiles. Y ni aun así. Todas esas cosas sabía el rey, que era un zorro, aunque nunca llegó a ser un erizo que solo sabe una cosa pero muy grande, como le gustaba decir a Isaiah Berlin.

La Inquisición intentó de nuevo hacerse con Pérez y el problema ya no fue la algarada, fue mucho peor, fue una masacre: veintitrés muertos y decenas de heridos graves. El rey perdió la paciencia. Se acantonaron dos ejércitos en las fronteras de Aragón y los cuatro jueces del tribunal aragonés, presididos por el justicia mayor, Juan de Lanuza, declararon que enviar un ejército contra Aragón era un contrafuero. Por si acaso, varios nobles abandonaron Zaragoza, entre ellos Juan de Lanuza. El ejército real entró sin resistencia en la ciudad, que parecía desierta. Los nobles y el justicia mayor fueron persuadidos para que volvieran a Zaragoza. Cuando lo hicieron, arrestaron a Juan de Lanuza. Tenía veintidós años, fue decapitado en la plaza del mercado, lo enterraron con aguacero y todos los honores y Felipe II publicó un perdón general, aunque no tanto porque el edicto llevaba un anexo con ciento cincuenta nombres a los que no les alcanzaba la misericordia real. Se montó un espectacular auto de fe en Zaragoza: ochenta y ocho acusados participaron en la ceremonia. No estaba Pérez, que se había puesto a buen recaudo en Pau, en la vecina provincia protestante de la Navarra francesa, donde asentó sus cuarteles para conspirar contra Felipe II por tierra, mar y aire.

La represión en Aragón no sirvió para detener a Pérez, pero sí para dejar claro quién mandaba. Enfrentarse directamente a los grandes nobles todavía tenía sus trámites, pero con la derrota de las Comunidades se abrió una enorme brecha y por ahí se coló la larga mano del rey, dueño y señor de sus reinos. Pobre de quien creyera otra cosa; por eso, por mear fuera del tiesto, al imberbe Juan de Lanuza le rebanaron el pescuezo.

Pero no había prisa en desmontar los fueros, se puede matar a una persona, y hasta se pueden retocar un poco los fueros, pero mejor no quitarlos, mejor mantener las apariencias. Los fueros fueron la línea roja que ninguno de los Austrias traspasó. Los últimos Austrias se estuvieron verdaderamente muy quietecitos, no fuera que el chiringuito se les desmontara del todo. Los nobles se adaptaban como podían a los nuevos tiempos y la Iglesia suspiraba con resignación: se había enfrentado a muchos problemas pero ahora le había salido una hidra con siete cabezas dentro de su propio nido, los protestantes, y con ellos no le valía ni la cruzada ni la excomunión, necesitaba al rey, y aun así lo tenía muy mal. Ningún obispo o cardenal español volvió a tener el poder que tuvo, por ejemplo, el cardenal Mendoza en la corte de los Trastámara, y cuando el rey ponga o quite o apoye o retire la confianza a alguno de los suyos, como en el caso del arzobispo Bartolomé de Carranza, los demás se callarán y mirarán para otro lado, porque al rey no hay Dios que le tosa. No, no pueden molestar al rey, el único que puede defenderles. Y el rey lo sabe. El rey sabe que los nobles ya no pueden nada contra él, que el papa ya no puede nada contra él (y si se mete mucho peor, como con el asunto del divorcio de Enrique VIII), que los municipios y los parlamentos tampoco pueden nada contra él. Total, que Pérez no podía sentirse seguro en ningún rincón de España.

Al otro lado de la muga, Navarra era un sitio estupendo para su exilio porque su rey, el protestante Enrique, era el principal candidato a convertirse en el siguiente rey de Francia, y porque aún se mantenía vigente una declaración de guerra entre Navarra y España. El *affaire* Pérez ya no era solo una cuestión personal, sino un problema internacional como una catedral. Juan Velázquez, el agente de Felipe II en la frontera de Fuenterrabía, informó al rey de que Pérez estaba intentando organizar no solo una invasión desde Inglaterra, sino otras dos más desde Francia y desde Portugal. Pero el rey fracasó en sus intentos de secuestrar a Pérez y al final de hartó de gastar tanto dinero en un traidor al que la Inquisición acusaba de rebelión, herejía, blasfemia y sodomía.

Pérez siguió dando la brasa desde Inglaterra. Había conseguido pasar de contrabando parte de su dinero, pero mayormente vivió de la caridad de la reina. En Inglaterra llegó a ser amigo del filósofo Francis Bacon y miembro de la influyente camarilla que revoloteaba en torno al conde de Essex, a quien enredó con largos memorandos proponiendo diversas políticas contra España, que luego enviaba a la reina y a su canciller, lord Burghley. No hablaba ni una palabra de inglés, pero era un latinista virtuoso y pudo comunicarse en la lengua universal del momento, el latín. Además, un tercio de los consejeros privados de la reina hablaban español.

El exiliado no se paraba en barras y propuso a la reina Isabel nada menos que una alianza global de Europa, en la que participarían Francia e Inglaterra, así como las fuerzas musulmanas de Oriente, para tumbar la monarquía de Felipe II. La reina no estaba tan loca, lo cual propició un acercamiento de Pérez a la corte francesa, que puso de morros a Isabel I. Había muchas razones para que la corte inglesa sintiera cierta hostilidad hacia el traidor, y ninguna de ellas era porque fuese español. Simplemente tenía muy poco que ofrecer a los ingleses en lo relativo a información útil sobre la defensa de España, y no acababan de confiar en él porque era católico. La reina solía referirse a él, incluso en su presencia, como el «traidor español». *British humour*, supongo.

Los enredos de Pérez se fueron definitivamente al carajo cuando el prepotente Essex intentó una rebelión contra la reina, fue arrestado y ejecutado como traidor y Pérez quedó colgado de la brocha. La reina se distanció de él más todavía cuando supo que el traidor había estado liado con algunos adolescentes ingleses. Le disgustaba esa preferencia sexual. Gregorio Marañón sugirió que Pérez era bisexual y que había adquirido el gusto por los hombres durante su juventud italiana. La pluma, la pluma para escribir quiero decir, fue un desahogo para sus angustias. Durante los años de exilio cargó por todas partes con los documentos con los que había huido y redactó sus *Relaciones*, panfleto que fue leído con avidez por los morbosos que buscaban terribles secretos de Estado. El librito sedujo a todos los europeos que querían ver confirmado su arraigado prejuicio de que Felipe II era un asqueroso tirano.

Las circunstancias conspiraron para que al conspirador Pérez le resultara imposible consumar su deseo de «vivir y morir en Inglaterra». El rey murió en 1598, Pérez le sobrevivió trece años, nunca volvió a España y murió, quejándose de frío y soledad, en la casa parisina de un banquero italiano.

6

ESPLENDOR Y DECADENCIA

SIGLO DE ORO Y CONJURAS

Lo que niegas te somete,
lo que aceptas te transforma.

CARL GUSTAV JUNG

LA VIDA VELADA

Dice Azorín que la historia es un arte nigromántico, una adivinación auscultando las vísceras de los muertos. Pero hay muertos elocuentes y otros discretos. Cervantes es un muerto que confunde. Hay en nuestras letras de ese tiempo personajes fanfarrones como Quevedo, retraídos o secretos, como Góngora o Gracián, y de vida velada, como Cervantes.

Aquella España deslumbró al mundo y alumbró el *Quijote*, pero su brillo no desvanece las sombras sobre su autor. La verdad es que nadie sabe nada a ciencia cierta de Cervantes. En el *Quijote,* el autor siempre está apareciendo y desapareciendo, pero al mezclarse con sus personajes inventados, se contamina de su ficción y disuelve en ellos su propia humanidad furtiva. Más allá de los prodigios de su talento, «solo hay oscuridad, o esa penumbra abstracta, esa sugestión de espacio hondo y vacío que es el fondo de los retratos de Velázquez o Rembrandt», dice Muñoz Molina. Cervantes es un pasajero furtivo o un polizón en su propia obra. Surge y se pierde como una sombra por detrás de los personajes inventados.

No es fácil descifrar los misterios en torno a su vida porque aunque existen multitud de conjeturas sobre su experiencia argelina, están difuminadas por las referencias autobiográficas que aparecen en *Los baños de Argel, El gallardo español, Los tratos de Argel, La gran sultana* y, especialmente, los tres capítulos del *Quijote* que narran la historia de *El cautivo*. Son obras y personajes con los que el autor enturbia su propia huella trenzando tramposamente las vivencias en la ficción. Su biógrafo Jean Canavaggio, un cervantista cauteloso, advierte que explicar a Cervantes es arriesgado, nos movemos en terreno movedizo, sembrado de silencios y lagunas. «¡Cuántas oscuridades todavía!», se lamenta el biógrafo. Cuanto más crees saber de la persona más sospechas que se trata de un personaje oscurecido adrede por él mismo con encubrimientos y maquillajes. A falta de luz, solo podemos construir hipótesis atrevidas y especulaciones sugerentes. Vamos con ellas.

Tras seis años de servicio en el ejército, el 26 de septiembre de 1575 Miguel de Cervantes viajaba en la galera *Sol* camino de España junto a su hermano Rodrigo. A medio camino, el barco fue asaltado por una flota corsaria mandada por un turco. Fue conducido a Argel y adjudicado como esclavo a un corsario menor, Dali Mami. Llevaba cartas de recomendación de don Juan de Austria por su comportamiento en Lepanto, lo que hizo creer a sus captores que se trataba de un VIP y le fijaron un rescate de quinientos escudos. Tenía veintiocho años y comenzaba una etapa de su vida digna de sus propias novelas.

Se la jugó intentando escapar cuatro veces; falló en todas. Se dice que renegó de su religión, que se planteó no volver jamás a España y que tuvo varios novios. ¿Están ahí los orígenes de las inclinaciones sexuales que se le atribuyen? A finales del xvi Argel, bajo el dominio del Gran Turco, tenía un puerto que guardaba la flota de treinta y tantos corsarios que salían en primavera al abordaje de los barcos españoles e italianos. Su población cosmopolita —árabes, judíos, turcos y todo tipo de gentes en tránsito— se comunicaba gracias a una lengua franca. Aislada por tierra, Argel servía de cárcel natural para veinticinco mil cristianos cautivos en espera de rescate, alojados en prisiones —los baños de Argel— donde disfrutaban de cierta libertad de movimiento.

Recién llegado a Argel, con la libertad que Dali Mami le dejaba para moverse por la ciudad, encontró a su hermano Rodrigo y tomó contacto con algunos compatriotas, no todos esclavos, porque había españoles entre los jenízaros y los mercenarios, entre los corsarios y los comerciantes que atracaban en el puerto. Cervantes pronto planeó escapar a Orán en compañía de un guía. La aventura fue un fiasco, era imposible recorrer a pie los casi quinientos kilómetros de secarral y montañas entre ambas ciudades y el guía los dejó tirados.

En abril de 1577 llegó a Argel la galera *San Pablo*, con casi trescientos cautivos, entre los que estaba Antonio de Sosa, un teólogo portugués cultísimo que tuvo enorme influencia en el escritor. Nació una amistad entre un hombre de una gran cultura y un soldado con inquietudes. ¿Fue así como Cervantes se hizo juntaletras? No lo podemos saber. Tampoco qué libros pudo haber leído allí.

Aprovechando que su familia pagó el rescate de su hermano, dio órdenes de comprar una galera que debía llegar desde Mallorca. A la espera, catorce prisioneros se escondieron en una cueva junto a la bahía, en unos jardines propiedad del rey Hassan Pachá el Veneciano. Durante semanas, Cervantes iba y venía a la cueva, cuyo paradero solo conocían el jardinero, que era español, y un melillense apodado El Dorador que los asistía y que, con la galera ya a la vista, los denunció el muy cabrito. Los intentos de evasión se castigaban con la muerte, pero su jugoso rescate despertó la codicia del rey, que se apropió del esclavo y lo confinó cinco meses en los baños reales. Tras el encierro, Cervantes se obsesionó todavía más con ahuecar el ala. Por tercera vez lo intentó y por medio de un musulmán mandó cartas al general de Orán, Martín de Córdoba, pero fueron descubiertas y empalaron al mensajero. Esta vez se libró de ser apaleado gracias a un influyente corsario español, Mourad Raïs Maltrapillo, renegado murciano que mandaba una galera.

En septiembre de 1579, consiguió la ayuda de un comerciante valenciano, Onofre Exarque, que aportó el dinero para que otro renegado, Abderramán, comprara una barca para huir, pero la información sobre la fuga llegó a manos del cautivo exdominico Blanco de Paz, que había acusado a Cervantes de «comportamientos deshonestos», y se lo chivó a Hassan Pachá, conocido por su crueldad. ¿De dónde venía la enemistad entre Blanco de Paz y el escritor? Es una incógnita. Finalmente, entre su familia y los trinitarios pudieron reunir la suma del rescate y doce años después de su salida de España, Cervantes fue liberado por los trinitarios Juan Gil y Antonio de la Bella. En septiembre de 1580, desembarcó en Denia. Empezó el reseteado del pasado argelino. Y no solo argelino.

De regreso en Madrid, la soledad fue la habitual compañía de Cervantes, una soledad mental porque no tenía con quien hablar de sus intereses y preocupaciones, lo que a su vez justifica que se despertara en él el deseo de regresar a Italia como vía de escape a una existencia de frustraciones. Como no pudo emigrar, Cervantes se refugió en el consuelo de la escritura.

Hay dos cuestiones en la vida de Cervantes que han obsesionado a los historiadores: la homosexualidad y el origen de su familia. Su sexualidad ha resultado para los cotillas profesionales mucho más compleja de lo que desearon creer sus estrechos hermeneutas porque, como dijo José Ángel Valente, «bien claro está que una de las características del tradicionalismo ibérico es la incapacidad de percibir el eros». Fernando Arrabal rompió la imagen de escayola, «heroica y ejemplar», del excombatiente de Lepanto cuando aseguró que la piedra filosofal del secreto cervantino estaba en cierto documento de 1569 (descubierto en el archivo de Simancas en 1820). Era un oficio judicial que ordenaba su captura y la amputación de su mano derecha. Para Arrabal, ese papel es la prueba de que había cometido el «pecado nefando» que le hizo huir «aterrado y horrorizado» a Italia y que le dejó traumatizado toda su vida.

Un ensayo de la profesora Rosa Rossi provocó cierta sorpresa, bastantes reservas y alguna áspera reacción. Al tratar del matrimonio de Cervantes, Rossi reconoce que el perfil del escritor como hombre casado se borra por la ausencia de huellas y obliga a imaginar lo que pudo ser. ¿Por qué abandonó a su mujer solo tres años después de la boda? ¿Fue una separación o una huida? Lo cierto es que no sabemos nada, no hay cartas a ella, ni documentos en Esquivias que nos permitan ir más allá de la figuración. Por el fracaso de sus relaciones con Catalina de Salazar, Rossi sospecha que Cervantes era impotente —sinónimo de homosexual en la época— y deduce que la falta de hijos y su explosión creativa tras el matrimonio son la evidencia de una sublimación sexual. Como no hay pruebas en las que basar su verdadera historia, Stephen Marlowe construyó un mundo de ficción en torno a los hechos documentados a fin de crear una historia verdadera. Otra vez la verdad de las mentiras. Marlowe nos descubre que de una franca relación sexual se pasó a la impotencia y luego a la abstinencia. No pasamos del nivel de la hipótesis. Igual que con su presunta condición de cornudo o las acusaciones de sodomía hechas por el siniestro Blanco de Paz.

Los rumores de la impureza de sangre del apellido Cervantes siempre han estado ahí. Lo cierto es que su padre, Rodrigo de Cervantes, había pedido expresamente un «informe de limpieza» de linaje para su hijo Miguel cuando este quiso servir a Acquaviva en Roma. ¿Por qué lo hizo si ese trámite no era necesario entonces? Tanto obsesionaba a Cervantes el asunto que en una de sus mejores piezas, el entremés *El retablo de las maravillas*, critica esa obsesión durante toda la obra. Remontándose al siglo XIV, Arrabal saca a relucir una especulación novelesca: las raíces judías del tatarabuelo de Cervantes, Pedro Díaz de Cervantes y de su bisabuelo paterno, el médico cirujano cordobés Juan Luis de Torreblanca. Lo que le faltaba a Cervantes, porque si a las sospechas sobre su condición sexual se suman las de su presunta condición de cristiano nuevo (evidenciada en la profesión de su padre, los constantes cambios de residencia de la familia y la crítica de la limpieza de sangre en sus obras) ya tenemos a un tipo doblemente marcado.

Para entenderlo hay que ponerse en su tiempo. En un tratado escrito después del auto de fe de 1632, el doctor Juan Quiñones de Benavente informa de que «el judío, el marrano o el simple cristiano nuevo cuando judaízan no llegan a la hombría, pues son hombres que tienen, por castigo divino, flujo menstrual en sus partes posteriores». Ese tipo de acusaciones y el temor a sus consecuencias sociales o penales habrían obligado a Cervantes a andarse con pies de plomo. Lope de Vega puso en verso esa obligada teología de la ocultación:

> Bien hayan los poetas que en extraños
> círculos enigmáticos escriben,
> pues por ocultos no padecen daños.

Y la misma cautela había recomendado el cardenal Bartolomé de Carranza:

> El necio callando
> parece discreto
> y el sabio hablando
> se verá en aprieto.

Hay otras lagunas en la vida velada de Cervantes. Están, por ejemplo, el porqué de su salida de España en 1569, el cómo y porqué de su empleo en Italia al servicio del joven cardenal Acquaviva y el misterio de sus relaciones con su hermana Andrea. ¿Cómo se entiende que viviera del trabajo de sus hermanas Andrea y Magdalena, que aceptara el dinero que ganaban con su cuerpo en lo que Arrabal llama «la casa de prostitución de las Cervantas»? No hay hechos, no hay detalles, solo preguntas y conjeturas.

Tal como indica su título —*Death and Life*— la obra de Marlowe está dividida en dos partes. En la primera se relata el periodo entre su nacimiento y su rescate de Argel, donde es colgado como castigo de su último intento de huida y rescatado *in extremis* por el mago Cide Hamete. La segunda parte abarca desde su regreso a España en 1580 hasta 1616 y tampoco termina en la muerte, sino en la inmortalidad del relato de su propia historia. La «muerte» de Cervantes en Argel dio lugar a su resurrección como escritor. La primera parte se caracteriza por la oscuridad, el sufrimiento y el silencio, mientras que en la segunda Cervantes encuentra no solo su voz, sino que renace cuando repara en que la vida tiene cosas más interesantes que simplemente vivirla. Contarla, por ejemplo. Comparando la novela de Marlowe con la biografía de Canavaggio, uno tiene la sensación de estar en presencia de algo auténtico, ¿el verdadero Cervantes? Tal vez, porque el arte da vida a lo que la vida mata. La historia de Marlowe es una novela, pero ya dijo Cervantes que «las historias fingidas tanto tienen de buenas y de deleitables cuanto se llegan a la verdad o la semejanza della».

AGENTE SECRETO EN VENECIA

En 1618, un día antes de la Ascensión, se celebraban las bodas del dux con el mar. Al amanecer, un escenario macabro estremeció a los estupefactos ciudadanos de la Serenísima República de Venecia. En el Gran Canal decenas de cadáveres inflados por la putrefacción flotaban a la deriva, debía de ser la cosecha de una noche de cuchillos largos. Casi todos los muertos eran mercenarios franceses contratados por Venecia, por lo que el embajador inglés envió a Londres un informe que decía: «Toda la ciudad está en este momento bajo el horror y la confusión tras el descubrimiento de una insidiosa y temible conspiración de los franceses contra este Estado; bajo la cual no menos de treinta han sufrido terrible castigo, entre hombres estrangulados en prisión, ahogados en el silencio de la noche, o colgados a la vista pública».

El marqués de Bedmar, embajador español en Venecia, se preguntaba qué era lo que había ocurrido y, por lo que se dijo, el rey de España Felipe III tampoco salía de su asombro. Pese a las apariencias, era absurdo pretender que Francia, aliada de Venecia, hubiese montado una conjura contra la Serenísima, sin embargo el embajador inglés acertaba en una cosa: «El fondo es invisible». Ha seguido siéndolo durante cuatro siglos. Los asesinatos de Estado, que alcanzaron incluso a otros franceses embarcados en naves venecianas, fueron justificados por el gobierno de Venecia acusando a España de urdir un golpe contra el dux Giovanni Bembo, porque todos los franceses asesinados habrían sido antes mercenarios al servicio del duque de Osuna, virrey de Nápoles.

En Italia la llaman la *Congiura di Bedmar* suponiendo que se trataba de un golpe contra la república de Venecia urdido por el embajador de Felipe III. Aunque no a solas sino conchabado con el duque de Osuna, el gobernador de Milán, marqués de Villafranca, y el espía Francisco de Quevedo. Pero en España el tenebroso complot es conocido como la Conjuración de Venecia, suponiendo que los españoles no hicieron nada y que el dux lo montó todo para librarse de su dependencia de la corona española.

Italia era algo más que una tierra de bellezas y reliquias de la Antigüedad, la península bullía de conflictos entre los pequeños estados por un lado, y por otro España, que poseía la mitad de Italia, y Francia, que intentaba sacarla del tablero. Carlos V ya había dicho refiriéndose al rey de Francia: «Mi primo Francisco y yo estamos por completo de acuerdo: los dos queremos Milán». Se jugaban intereses fundamentales para la comunicación por tierra entre los dominios italianos de los Habsburgo y los Países Bajos. Se trataba de la posesión del Monferrato y el Finale, territorios en permanente disputa tanto por Italia como por Francia. Ya había antecedentes de la rebeldía de los venecianos contra los Habsburgo y hacía solo algo más veinte años había conspirado el duque Carlo Emanuele de Saboya, yerno de Felipe II.

En 1613 había muerto sin herederos Francisco IV Gonzaga, duque de Mantua y marqués de Monferrato, lo que puso en bandeja al duque de Saboya la idea de apoderarse de su marquesado. El gobernador de Milán, marqués de Hinojosa, conminó al de Saboya a abandonar la ofensiva y restituir los territorios ocupados, pero Carlo Emanuele desoyó la orden, orgullosamente devolvió el Toisón de Oro al rey de España, siguió adelante y se convirtió en un héroe en Italia. Nunca antes un italiano, por más yerno que fuera del Felipe II, se había atrevido a medirse con la corona de España.

El alarde terminó dos años después con la devolución de los territorios ocupados y la firma de la Paz de Asti, considerada por algunos como una renuncia vergonzosa por parte España y una victoria moral del Saboya. Para contrarrestar la debilidad del anterior gobernador, apareció en escena el duque de Osuna, uno de cuyos objetivos era atar corto al duque de Saboya y devolverlo al redil. Al servicio del duque de Osuna, Quevedo viajó a Niza para espiar al de Saboya y de paso los territorios adyacentes, como el puerto de Villefranche, a través del cual tal vez pudiera el de Osuna consumar un desembarco y distraer las fuerzas del Saboya en el Milanesado.

Francisco de Quevedo no se había alistado en el ejército, su cojera le impedía empuñar una pica en un tercio de infantería como tenían a gala los hidalgos españoles, pero sí hizo la guerra en la solitaria misión del espía. Aunque no estaba como 007 al servicio de Su Majestad, sino de Pedro Téllez Girón, tercer duque de Osuna. Si extraordinaria era la personalidad del agente secreto Quevedo, su jefe tampoco era manco, descendía de aquel otro Pedro Girón que la palmó oscuramente en Villarrubia cuando iba a casarse con la que iba a ser Isabel la Católica, y obtenía como grande de España unas rentas superiores a las de la casa de Alba; pero le pudo el instinto de la aventura y después de luchar como capitán de los temibles Tercios de Flandes al servicio de Felipe III, se hizo pirata para acabar con los piratas y se ganó por su astucia y arrojo el sobrenombre de Pedro el Grande.

Amigo de Quevedo y, como el poeta, también de las conspiraciones y de las pendencias, el tercer duque de Osuna era un espadachín

virtuoso y un golfo perdido antes y después de su matrimonio con Catalina Enríquez, que era nieta de Hernán Cortés. Los escándalos le llevaron a la prisión del castillo de Arévalo y en la humedad de su mazmorra aprendió la lección. Su fama de calavera quedó en el olvido y fue
condecorado con el Toisón de Oro. Aficionado a la estrategia, le dio
por estudiar las causas del fracaso de nuestra armada, que impidieron a
España seguir gobernando los mares. Esa circunstancia gravitaba sobre
la seguridad del imperio de los Austrias como una espada de Damocles
o, por mejor decir, era su talón de Aquiles. Y a enmendar las cosas se
aplicó Pedro Téllez.

Amigos de los tiempos de estudiantes, Téllez y su compinche Quevedo eran una pareja de armas tomar. Se admiraban mutuamente y eran
tan inseparables como uña y mugre. Quevedo los tenía bien puestos y
roneaba con eso de su testosterona: «Mas no fuera yo español si no buscara peligros, despreciándolos antes para vencerlos después». Era también
un intrigante, tenía un don para los enredos y lo puso al servicio de su
señor. Con sus contactos en la corte maniobró y repartió sobornos para
lograr que Osuna, al que habían mandado a Sicilia en una especie de
destierro, ascendiese a virrey de Nápoles. En aquellos primeros años del
siglo XVII el Mediterráneo estaba infestado de piratas turcos, venecianos
y berberiscos y al duque de Osuna se le ocurrió un plan que, a la vez que
apoyaba los intereses del rey de España, favorecía la ambición de victorias
y riquezas propias de un grande de España.

Tenía una flota privada de naos y cocas artilladas trabajando a tiempo parcial ya en fletes ya en acciones de piratería sin disimulo alguno, y
en vista de que el negocio estaba un poco de capa caída, pensó en correr
el corso contra los intereses venecianos, robar sus barcos cargados de ricas
mercancías y saquear sus prósperas ciudades. Le sugirió a Felipe III una
acción expeditiva con patente de corso contra la soberbia Venecia que
siempre estaba conspirando de oficio. Felipe III no estaba en guerra, ni
quería estarlo, con la Serenísima República, que era un pequeño estado,
pero una gran potencia marítima y económica, con multitud de enclaves
en el Adriático y el Mediterráneo oriental. Sin embargo, no convenía
dejar sin represalia el apoyo que Venecia había prestado al rebelde Saboya, de modo que el rey le concedió a Osuna la patente de corso, aunque

secreta para no perjudicar abiertamente las relaciones diplomáticas avalando de frente sus rapiñas. Con su escuadra privada y tropas pagadas de su bolsillo, Osuna acabó con los corsarios y dejó el mar limpio como una patena. Al de Pedro Grande añadió otro alias: Miedo del Mundo. Así lo llamaban.

El duque, sin embargo, no usaba la enseña de los Austrias, sino un pabellón de conveniencia para no comprometer al monarca. Felipe III, al escuchar indolentemente las quejas del embajador de Venecia sobre las acciones del aristócrata español y su flota corsaria en la zona de influencia de la Serenísima, se llevaba las manos a la cabeza con mal indisimulado gustazo. En voz alta reprendía al duque y en cuanto desaparecía el ofendido diplomático se apretaban unas copas y se descostillaban de risa.

Osuna no dejaba nada al azar ni en la guerra ni en los negocios, que a fin de cuentas eran la misma guerra por otros medios. De su propio bolsillo había financiado una red de espías temida por sus expeditivos métodos, además tenía un secretario personal cuyo nombre era reverenciado por los temores que suscitaba con su pluma de vitriolo, que más bien parecía una destilería de veneno. Este perillán ilustrado, alto representante de las letras patrias y espadachín, era además un espía camaleónico, el tipo perfecto para que el duque le encomendara la espinosa misión secreta de provocar a los venecianos y tener un *casus belli* para intervenir y quedarse con su lucrativo negocio en el mar. Y allá fue Quevedo. En Niza estuvieron a punto de capturarlo los saboyanos y escapó de chiripa.

Venecia, que tradicionalmente no se implicaba directamente en aventuras militares pero financiaba cualquier enfrentamiento que favoreciera sus intereses, notaba que declinaba su poder mercantil y se veía cada vez más constreñida a un papel secundario y acaso a la muerte por asfixia. Pero todo cambió con el advenimiento de un nuevo dux, máxima autoridad en aquella turbadora república de un rincón del Adriático. Es probable que al ver desatado y sin correa a Miedo del Mundo, los venecianos orquestaran una intoxicación preventiva alimentada por su contraespionaje para poner contra las cuerdas al rey de España y frenar las correrías mediterráneas de Pedro Téllez, que aterraba a las poblaciones costeras protegidas por los venecianos.

El nuevo dux veneciano, Giovanni Bembo, uno de los héroes de Lepanto, acababa de ascender al poder tras una serie de durísimas votaciones. Era un valiente descerebrado y fanfarrón y ya había chocado con los primos austriacos de los Habsburgo. Según los venecianos, el marqués de Bedmar, embajador de España en la república, andaba conspirando para perpetrar un golpe de Estado en Venecia. Con mercenarios franceses y holandeses, se pretendía ocupar los centros vitales de la ciudad, volar el arsenal y proclamar el dominio de España sobre la Serenísima. La verdad es que algo había y que no solo Bedmar sino también el gobernador de Milán, marqués de Villafranca, Pedro Téllez y Quevedo estaban metidos en el ajo. El golpe iba a perpetrarse en la ceremonia de las bodas del dux con el mar, cuando las principales autoridades salieran a la laguna en el *Bucentauro*, una fabulosa góndola de ciento sesenta y ocho remeros en cuyo piso superior —de oro, marfil y terciopelo rojo— se sentaban noventa altos dignatarios de la Serenísima. Cuando el dux arrojara a las aguas un anillo de oro, como preveía el ceremonial, los hombres de Osuna asaltarían el *Bucentauro*, secuestrarían a sus pasajeros y, con la protección de la escuadra del virrey, se llevarían su presa a Nápoles. Para darle una vuelta más de tuerca, los venecianos añadieron que el verdadero propósito de Miedo del Mundo era presionar a Venecia, para que la Serenísima apoyase sus planes: nada menos que proclamarse rey de Nápoles independiente de España.

Nada de esto llegó a ocurrir, pero los canales se llenaron de cadáveres franceses aquel 19 de mayo. La explicación dada por Venecia para justificar las sumarias ejecuciones, la legítima defensa, convenció a buena parte de Europa, era el débil triunfando contra el fuerte y muchos débiles soñaban con liberarse del dominio Habsburgo.

¿Por qué resultó tan creíble la versión veneciana, si no se mostraron pruebas? Es verdad que tanto los antecedentes como las intrigas previas de Pedro Téllez y sus mariachis parecían orientarse a un complot, pero nunca existió la certeza de la conspiración. ¿Y si no hubiera sido una conjura sino la *Congiura*? ¿Y si la reacción preventiva de los venecianos hubiera sido en sí misma la verdadera conjura?

El caso es que cuando se empezaron a ver los cadáveres flotando y se corrió la voz de que eran conspiradores franceses al servicio del duque de Osuna, las turbas asaltaron el palacio del marqués de Bedmar, que sin arredrarse ante el riesgo, se abrió paso entre la multitud y se presentó ante el Consejo de los Diez, aparentemente más cabreado que King Kong cuando supo que la rubia era de bote. Protestó con tal aplomo que el Consejo se inquietó, pensaba que el embajador tenía suficiente gente armada para protegerse, pero lo único que tenía era su propio coraje y su dignidad ofendida. A fin de cuentas, era cardenal. Como no recibió protección del gobierno, tuvo que poner pies en polvorosa y salir a escape de la ciudad pantanosa.

Mayor apuro tuvo para escapar el agente secreto Quevedo. Pero le sobraban recursos y burló la muerte que lo cercaba disfrazado de mendigo andrajoso, convenientemente maquillado con pústulas de lepra que se convirtieron en salvoconducto para huir. Con eso y su dominio del dialecto véneto logró salir del paso. Casi nadie al aparato, don Francisco. Aunque no se salvó de la hoguera. Un mes después de la conjura, real o supuesta, Quevedo y el duque de Osuna fueron quemados en efigie en la plaza pública: sendos peleles de paja.

La reacción veneciana provocó la caída y posterior prisión del virrey Osuna. Felipe III, a quien tantos servicios había prestado, lo destituyó y le hizo preso en la fortaleza de Barajas. Cuando accedió al trono Felipe IV, su valido Olivares le convenció de que Osuna no era de fiar por ser hombre del duque de Lerma, el valido del monarca anterior. Así se decidió su ejecución. Pero sus debeladores no llegaron a presentar cargos, Osuna nunca declaró ante la justicia. Reducido a prescindir de fiestas, partidas de caza y pendoneo nocturno, sin ejercicio ni caballos ni sirvientes ni mujeres, tuvo que someterse a la espera de un larguísimo proceso por las acusaciones contra él de venecianos y napolitanos, que hablaban de sobornos, cohechos, abusos de fuerza y violaciones. «Vivo en conversación con los difuntos y escucho con mis ojos a los muertos», pudo haber dicho como en el soneto de Quevedo. Murió a los cincuenta años en su oscura mazmorra. Solo Quevedo, su amigo de correrías y de conspiraciones, dedicó a su memoria unos versos. También una obra extensa que permanece inédita, si es que aún se conserva, y que iluminaría el misterio de su caída en desgracia y de su muerte en la ergástula.

Seco Serrano lo tenía claro, escribió que todo fue «una trama urdida muy inteligentemente por la eficaz y nada escrupulosa diplomacia veneciana. Con la inculpación de la conspiración, logró Venecia una base concreta para solicitar de Felipe III y del débil gobierno de Lerma —que buscaba a toda costa la paz en Italia— que fueran removidos de sus cargos enemigos tan eficientes y peligrosos». Vista con la perspectiva de cuatro siglos, la conjura de Venecia, si no fue una invención del gobierno veneciano, fue en todo caso una poderosa arma de propaganda contra España, a lo que contribuiría un fraile saboyano, el abate de Saint-Rèal, que publicó *La conjura de los españoles contra la República de Venecia en 1618*.

La conjura, o la *Congiura*, fue un acontecimiento estelar en la vida de Quevedo, que se vio arrastrado por el duque de Osuna en su caída. De regreso en España, la pérdida del favor del rey lo llevó al destierro en su señorío de la Torre de Juan Abad. El desplazamiento del comercio marítimo del Mediterráneo al Atlántico condenó a la poderosa república de Venecia a languidecer. El gran dux Bembo pasó a mejor vida después de una noche de sexo, drogas y tope de *grappa*.

LAS CLOACAS DE UN REY PASOTA

«Dios, que siempre me ha dado tantos reinos, me ha negado un hijo capaz de regirlos», se lamentó Felipe II consciente de que era poco probable que su último hijo varón llegara a la edad adulta. Por ello descuidaron la educación del príncipe y su padre prestó mucha más atención a la formación a su hija predilecta, Isabel Clara Eugenia, que permaneció soltera hasta poco antes de la muerte de su padre a fin de recurrir a un matrimonio beneficioso para la monarquía hispánica en caso de que hubiera sido la sucesora.

Con la llegada al trono de Felipe III, el único hijo varón que sobrevivió a Felipe II, se interrumpió la estirpe de reyes españoles que gobernaron sin necesidad de delegar en validos o favoritos, cuyo recuerdo más reciente eran los accidentados reinados de Juan II y Enrique IV el Impotente, que permitieron que Álvaro de Luna y Juan Pacheco mangonearan Castilla en su beneficio. Dominado durante casi dos décadas por el funesto duque de Lerma, Felipe III se reveló como un gobernante apático con muy poco interés en los asuntos de Estado y con menos formación que un pelagatos. Además desarrolló un comportamiento compulsivo, un rasgo de familia, en su caso con los juegos de azar.

La salud de Felipe III, que tenía un nivel de consanguinidad poco por debajo de su malogrado hermanastro don Carlos, no fue precisamente la de Popeye y frente a un padre que se pasaba de exigente, el heredero fue un tipo perezoso, indolente y pasota. El psiquiatra Alonso-Fernández lo describe como «de dotación intelectual escasa o mediocre, casi en el umbral de la deficiencia mental. Si no fuera por su fervorosa entrega al divertimento, la imagen de Felipe III podría ser equiparada a la de los monjes medievales atacados por una especie de pereza melancólica, la acedía». De esa abulia sacó petróleo Francisco de Sandoval y Rojas, perteneciente a una familia noble con más deudas que rentas hasta que Felipe III elevó su rango a duque de Lerma. Educado en la corte como compañero de juegos del príncipe don Carlos, Francisco de Sandoval pasó a ocupar el cargo de gentilhombre del príncipe Felipe, con el que hizo buenas migas y mucha caja gracias a la venalidad y el choriceo, malas prácticas que son tan antiguas como andar de pie.

El investigador egipcio Ahmad Saleh descifró la inscripción de un papiro en el que se cuenta la historia de un funcionario de Tebas llamado Peser que, en tiempos de Ramsés IX, dirigía una trama en connivencia con una banda de saqueadores de tumbas. Los jueces se hicieron los egipcios y en el proceso ni Peser ni otros cargos públicos implicados fueron condenados. Carlo Alberto Brioschi cuenta que «en la Antigüedad, engrasar las ruedas era una costumbre tan difundida como hoy y considerada en algún caso incluso lícita». Los griegos también tenían la mano larga, en el año 324 a. C. Demóstenes, acusado de haberse apoderado del tesoro público de la Acrópolis, fue condenado al ostracismo. Pericles, llamado el Incorruptible, fue acusado de especular con las obras del Partenón. En Roma había una doble moral: se diferenciaba la esfera pública de la privada, desviar los recursos públicos era reprobable, pero en los negocios particulares se hacía la vista gorda. A Verre, gobernador en Sicilia, le imputaron extorsiones por valor de cuarenta millones de sestercios. Catón el Censor sufrió más de cuarenta procesos por corrupción. Publio Escipión hizo quemar pruebas que acusaban a su hermano Lucio de una estafa al imperio. Bertolt Brecht escribió que «la ropa de los gobernadores de Julio César estaba llena de bolsillos». Los magnates tenían bula para ser mangantes, pero dentro de un orden.

Dante sitúa a los corruptos en el infierno, pero fue declarado culpable de recibir sobornos y aceptar mordidas por la emisión de licencias. El papado de los Borgia merecería capítulo aparte. Napoleón decía de Talleyrand que era «el hombre que más ha robado en el mundo, el único modo de obtener algo de él es pagándolo». El emperador solía tolerar a sus ministros que robaran un poco, siempre que administrasen con eficiencia.

En España, si hay un periodo histórico donde la venalidad se extendió como un lodazal fue el que va del siglo XVI al XVIII. En 1599, Francisco de Sandoval y Rojas recibió la confianza del rey y, ya como duque de Lerma, controlaba tal cantidad de oficios, mercedes y dignidades que ya le daba igual ocho que ochenta y fue enchufando en todos los cargos del reino a parientes y cómplices. El tráfico de influencias, el nepotismo y la venta de dignidades públicas eran su pingüe industria. Arrogante y avaricioso, siempre estaba buscando la manera de llenar la bolsa con sisas en las arcas reales o con mordidas por la venta de favores públicos. Tuvo el cuajo de convencer al rey para trasladar la corte de Madrid a Valladolid y pegó un pelotazo vendiendo a precio de oro a la corona los solares y palacios que había comprado a la baja. Las plusvalías lo convirtieron en el hombre más rico del reino, y más rebosaron sus bolsillos cuando, solo seis años después, volvió a engatusar a Felipe III para restaurar la corte a Madrid, a cuyo concejo le tocó apoquinar por el traslado. El duque repitió la operación urbanística con el mismo pelotazo. La especulación le llenó tanto la faltriquera que fue, de lejos, el hombre más rico del reino, pero también el capo de una red de golfos apandadores.

Los beneficios le dieron para construirse en Lerma su palacio, hoy espléndido parador, y en Madrid el palacio que ahora alberga la Capitanía General del Ejército, un edificio más grande que el Alcázar Real. Cuanto más se enriquecían el duque y su *gang*, más se empobrecía España. El imperio estaba en bancarrota y la hacienda real tuvo que decretar una suspensión de pagos al no ser capaz de hacer frente a la devolución de la deuda. La reina Margarita de Austria-Estiria instigó una investigación de las finanzas que descubrió el entramado de corrupción del valido. Con la muerte, en 1611, de la reina, que era el único obstáculo a quienes utilizaban al rey como títere, las luchas por hacerse con el control del reino se intensificaron entre el duque de Lerma y el inquisidor general Luis de Aliaga —otro que tal—, quien con ayuda del conde duque de Olivares —futuro valido de Felipe IV— consiguió que al hombre de confianza del valido, Rodrigo Calderón, le cortaran por corrupto la cabeza de cuajo en la Plaza Mayor de Madrid. Para salvar su pescuezo el de Lerma solicitó de Roma el capelo cardenalicio, que le aseguraba la inmunidad. «Para no morir ahorcado, el mayor ladrón de España se viste de colorado», cantaban los madrileños cuando el de Lerma se acogió a sagrado. Su sucesor, el conde duque de Olivares, le embargó rentas y bienes: una fortuna tan colosal que hubiera dado para levantar cinco palacios de El Escorial.

Mientras chorizos como Francisco de Sandoval conducían la nave del Estado hacia sus turbios puertos particulares, Felipe III mataba el tiempo con fiestas, jornadas de caza, la cría de caballos, la danza, la música y los juegos de naipes, a los que era tan adicto que, según Alonso-Fernández, era un ludópata que perdía la hijuela ante sus cortesanos.

LA NIETA NEGRA DEL REY GARAÑÓN

Que la decadencia española empezó con Felipe IV no parece dudarlo ningún historiador. Muchos señalan la fecha del 19 de mayo de 1643 como la del principio del fin del Imperio español. Aquel día los franceses derrotaron a los tercios españoles en la villa francesa de Rocroi, a solo tres kilómetros de la frontera belga. Los hasta entonces invencibles tercios españoles, un ejército de élite, perdieron aquella batalla por dos razones. La primera es que ante la tercera carga de la caballería francesa ningún cañón español disparó. Habían agotado las municiones. La segunda es que los refuerzos comandados por el comandante Jean de Beck llegaron al campo de batalla seis horas después de su comienzo. O sea, cuando ya era demasiado tarde. Esas dos chapuzas determinaron la pérdida de la hegemonía española. El relevo lo tomó Francia, cuyo rey Luis XIV tenía seis años y llevaba solo cinco días en el trono. Gracias al declive español pudo reinar setenta y dos años con la majestuosidad de un Rey Sol. La geopolítica es un juego de suma cero, lo que uno gana otro lo pierde. Francia ganó su *grandeur* y España se perdió a sí misma.

Felipe IV tenía la cabeza mucho más que en la alta política en la baja cama. Tenía más peligro que don Juan en un convento de clausura y es difícil saber el número exacto de hijos que tuvo más allá de sus doce vástagos en sus dos matrimonios, porque de sus bastardos solo reconoció a Juan José de Austria. El historiador Alberto Risco se atreve a precisar que sus hijos naturales fueron veintitrés. Entre veinte y cuarenta se mueven las apuestas, pero ninguno de sus contemporáneos tuvo el atrevimiento de contar los resultados de su rijo. Además de Juan José, otros de los bastardos que dieron que hablar fueron Alonso Henríquez de Santo Tomás y Alonso Antonio de San Martín, que llegaron a ser obispos; Carlos Fernando de Austria, hijo de la noble vizcaína Casilda Manrique de Luyando, fue guarda mayor de las damas de la archiduquesa Mariana de Austria, la segunda mujer de Felipe IV.

Paradójicamente, el rey que más hijos ha tenido en la historia de España murió sin ser capaz de dar más heredero varón que el enclenque Carlos II. Una maldición para un monarca que no se ocupó de los asuntos de su reino hasta que se le empezó a desmoronar. Ya era demasiado tarde. Con mucha prosopopeya cuenta José Deleito y Piñuelo que el príncipe empezó a convertirse en garañón «con los primeros hervores de la adolescencia, cuando cabalgó sin freno por todos los campos del deleite, al impulso de pasiones desbordadas». Quiere decir que era un verraco prematuro. El psiquiatra Francisco Alonso-Fernández ha visto en el rey el comportamiento de «un sexoadicto anónimo y promiscuo», un semental, vaya. Sobre todo le atraían las mujeres, por vanidad, por hacerles perder su honor.

El denominador común de todas las mujeres beneficiadas era la fugacidad de las relaciones, a veces de un solo golpe. En su *cursus honorum* se encontraban casadas o viudas, doncellas, damas de alta alcurnia, monjas y, por supuesto, actrices. Buscaba plan frecuentando de incógnito los palcos de los teatros populares como El Corral de la Cruz o El Corral del

Príncipe, así conoció a María Inés Calderón, una actriz a la que apodaban la Calderona y que había estado liada con el duque de Medina de la Torres. Tentado por sus carnes trémulas, el rey, con la excusa de felicitarla por su actuación, pidió que le dejaran a solas con ella y la puso mirando *pa* Cuenca. El niño que nació, un «hijo de la tierra», como se inscribía en el libro de bautismo a los hijos sin padre conocido, fue apadrinado por un caballero de la orden de Calatrava, ayuda de cámara del rey. Pocos años después del parto, la Calderona ingresó en el monasterio benedictino de San Juan Bautista en Valfermoso de las Monjas, Guadalajara, donde fue abadesa. Conocido como don Juan José de Austria, su hijo se convirtió en una de las figuras políticas más importantes del reinado de su medio hermano Carlos II.

Hiperactivo fuera del matrimonio, Felipe IV tampoco escatimaba su vigor en dar herederos legítimos a la monarquía. En 1615 se casó con Isabel de Borbón, la hija del rey de Francia, con la que lo habían prometido a los seis años. De ese matrimonio nacieron siete hijos, aunque solo dos llegaron a adultos. Uno de ellos fue Baltasar Carlos, que juró ante las Cortes castellanas como heredero antes de que la viruela lo quitara de en medio a los diecisiete años. La otra hija superviviente, María Teresa de Austria y Borbón, vivió cuarenta y siete años y fue reina consorte de Luis XIV de Francia.

La muerte del príncipe de Asturias llegó en el peor momento de la vida de Felipe IV. Además de perder Portugal, la guerra contra Francia y la de Flandes, le faltó el canto de un duro para perder los condados catalanes y murieron ese mismo lustro su mujer y su hermano el cardenal infante Fernando, otro candidato a la sucesión. El rey, que había evitado la consanguinidad cansándose con una princesa francesa, tuvo que improvisar una solución de urgencia, recurrió a lo que tenía más a mano y se casó con la prometida de su hijo, la archiduquesa Mariana de Austria, que tenía solo doce años y era su sobrina. Tuvieron cinco hijos, aunque solo dos llegaron a adultos: Margarita, que se casaría con el emperador alemán Leopoldo I y murió con veintiún años, y Carlos II, cuya muerte sin herederos desencadenó la Guerra de Sucesión.

Que el rey dejó tras de sí una muchedumbre de vástagos de distinta categoría social, es seguro y no sería raro que e incluso distinta raza. Pero no fue él sino una de sus hijas legítimas, María Teresa, quien tuvo una descendencia exótica y sorprendente. María Teresa de Austria es famosa por el retrato que le hizo Velázquez con una estética similar a *Las Meninas*, pero su relevancia política consistió en ser la mujer del rey de Francia Luis XIV. Poco interesado por la belleza austriaca y el carácter frío de María Teresa, Luis XIV se desparramó en una exuberancia de amantes exuberantes y aunque la hija de Felipe IV tenía su propio séquito de damas y consejeros, quedó marginada en el ambiente intrigante de la corte, así que para no morir de aburrimiento tomó como mascota a un chaval pigmeo que le hacía gracia. Se lo había regalado el duque Beaufort, que lo trajo de uno de sus viajes. El esclavo fue cristianizado con el nombre de Nabo y se integró en el círculo de la reina, que le tomó cariño. Nada más morir Nabo en 1664, María Teresa quedó embarazada de su tercer hijo. Tras un parto difícil, dio a luz a una niña con rasgos exóticos y algunas malformaciones.

Aunque la severa educación y el puritanismo de María Teresa, a quien no se le conoce ningún amante, vuelven cuesta arriba creer que hubiera tenido líos con Nabo, en la voluptuosa corte francesa los rumores se convirtieron en un secreto a voces. La muerte de la niña Ana Isabel de Francia, un mes después, cebó todavía más la fuente de los cotilleos. Porque, ¿cómo explicar el color oscuro de la hija de Luis XIV y María Teresa? Los médicos conjeturaron que se debía a la alimentación de la reina y a su mala aclimatación a París, de hecho un año antes había dado a luz a otra hija que murió a los pocos meses. Hoy se especula con que la coloración de la piel de la criatura fuera provocada por una cianosis, la presencia de pigmentos anómalos en la hemoglobina. Tampoco es descartable que la niña hubiera heredado los genes de los Médici, tan arraigados en la familia real francesa y con varios miembros de la piel color guirlache.

Años después brotó la sospecha de que la niña no había muerto realmente y se dio por supuesto en ciertos círculos que la hija de los reyes era Louise-Marie-Thérèse, una monja de la abadía de Moret-sur-Loing conocida como la Monja Negra de Moret. La figuración se fundaba en tres indicios: su nombre era la suma del de los reyes, María Teresa la visitó con cierta frecuencia hasta su muerte en 1683 y se conservaba una carta por la que Luis XIV le otorgaba una pensión vitalicia de trescientas libras. La propia Louise-Marie-Thérèse fardaba de proceder de alta cuna y llegó a insinuar que era hermana del delfín de Francia.

Sin embargo, según algunas investigaciones de principios del siglo XX, Louise-Marie-Thérèse resultó ser una huérfana entregada al convento por madame de Maintenon, amante del rey, la niña había nacido de una pareja de moros que trabajaban en la *ménagerie* de Versalles. Gary McCollim, historiador especializado en la corte de Luis XIV, cuenta que el Rey Sol tenía un cochero morisco casado con una mujer preciosa. Tuvieron una hija de la que el rey y la reina fueron padrinos y cuando los padres murieron, la metieron en un convento. Como ahijada del rey, esta niña podía referirse al delfín como su hermano. Esta vez sí, la llave parece que encaja en su cerradura.

LA MALA PRENSA Y LA PÉSIMA SALUD

Unos engrandecen España hasta el cielo;
otros la abaten hasta el abismo.

BENITO JERÓNIMO FEIJOO

EL MUNDO CONTRA EL IMPERIO INMUNDO

Escena primera. Cuando Felipe II puso precio a la cabeza del príncipe Guillermo de Orange, este líder de los rebeldes holandeses contraatacó publicando su *Apología*, que pasa por ser el acta de nacimiento de la Leyenda Negra. El panfleto le zurraba la badana al duque de Alba, cuyos soldados —venía a decir— eran más brutos que las alpargatas del Algarrobo y violaban a las mujeres delante de maridos e hijos. El duque era la bestia negra de los flamencos porque le tocó lidiar con la sublevación de los nobles protestantes y creó el Tribunal de los Tumultos, conocido por sus enemigos como Tribunal de Sangre. Hasta el siglo XX no se ha podido limpiar el nombre del que fue fino estratega, político sagaz y uno de los hombres más cultos de su época, que comandaba en Flandes un ejército de cincuenta y cuatro mil soldados, de los que menos de ocho mil eran españoles y más de treinta mil flamencos y que, inflexible con la disciplina, castigaba los excesos de sus tropas contra la población con la misma severidad que a los rebeldes. Pero el príncipe de Orange se despachaba a gusto, sobre todo, contra Felipe II, al que acusaba de haber tenido relaciones incestuosas con su hermana, de bigamia, de asesino de su esposa Isabel de Valois y de haber ejecutado a su propio hijo y heredero, don Carlos.

Escena segunda. En un relato titulado *De statu belgico deque religione hispanica historia*, publicado en 1545, Francisco de Encinas denunciaba la persecución de los protestantes por la Inquisición española. Según Encinas, los inquisidores «eran monstruos, secuaces de Satanás», que vivían de lujo y saqueaban España envueltos en secretismo. Diez años después, John Foxe publicó el *Book of Martyrs*, una morbosa colección de vidas de mártires ilustrada con cincuenta grabados de torturas. En ese texto se encuentran muchos de los elementos que se repetirán hasta la náusea: cualquiera puede ser juzgado por cualquier nimiedad, la Inquisición no puede equivocarse, los acusados lo son a menudo por dinero, envidia o para ocultar desmanes de la Inquisición, si no encuentran pruebas se inventan, los prisioneros son encerrados en oscuras mazmorras donde sufren horribles torturas. Se había abierto la veda y empezó a disparar hasta el apuntador, y uno de los tiradores más certeros fue el misterioso Reginaldo Gonzalo Montañés, que publicó en la siguiente década *Exposición de algunas mañas de la Santa Inquisición española*. Parece que ese nombre era el alias de Antonio del Corro, un protestante español refugiado en Fráncfort y protegido por los príncipes luteranos. El libro fue un éxito inmediato, hubo dos ediciones en inglés, una en francés, tres en holandés, cuatro en alemán y una en húngaro, y continuó publicándose hasta el siglo XIX. El relato toma la forma de un prisionero que pasa por todas las etapas del proceso.

Escena tercera. A partir de 1578 se difundió también en Europa la *Brevísima relación de la destrucción de las Indias* de fray Bartolomé de las Casas, que pasó a formar parte inseparable de los panfletos antiespañoles.

Escena cuarta. El exsecretario Antonio Pérez publicó desde el exilio varios libelos contra Felipe II. En uno de los que se le atribuyen presentaba a los castellanos como descendientes de judíos y por tanto traidores en los que no se puede confiar, personas «malignas y perversas... llenas de orgullo, arrogancia, tiranía e infidelidad». De Felipe II decía que la tiranía era en él tan natural «como la risa lo es a un hombre».

Epílogo. Todos esos hilos se trenzaron en los Países Bajos para construir la sólida maroma con la que colgar al imperialismo español. Lo que todos esos libros tienen en común es que fueron afluentes principales del gran río de la Leyenda Negra, que terminó achacando a los españoles una querencia congénita a la crueldad, el fanatismo, la intolerancia y toda clase de vicios sin mezcla de bien alguno. La etiqueta «Leyenda Negra» es retrospectiva y la popularizó en 1913 Julián Juderías; pero no fue él quien acuñó la fórmula.

Aunque el origen del término es desconocido, su primer uso hay que buscarlo, en 1893, en Francia para referirse a la «leyenda negra de Napoleón», y era una evidente contraposición de «leyenda áurea», del clásico del siglo XVIII Jacobo de la Vorágine. No encuentro mejor definición del concepto que la de Manuel Fernández Álvarez, que la refiere como la «cuidadosa distorsión de la historia de un pueblo, realizada por sus enemigos, para mejor combatirle». Cuanto más monstruosa la distorsión, tanto mejor para el propósito. Vale, pero hay un punto inquietante en todas las leyendas negras y lo resume bien William S. Maltby: «Quizás la leyenda negra no constituya un punto de vista legítimo o justificable, pero es necesario recordar que es una leyenda y no un mito. Nació, como todas las leyendas, de hechos reales que no pueden ser ignorados. Los españoles cometieron grandes errores, al igual que los hombres de otras naciones».

El asunto es, a pesar de todo, si la leyenda negra fue una realidad o un delirio paranoico de los propios españoles, de hecho Ricardo García Cárcel niega la existencia objetiva de la leyenda, pero no la percepción neurótica que tuvieron los españoles sobre su imagen en el extranjero: «Ni leyenda, en tanto en cuanto el conjunto de opiniones negativas de España tuvieran no pocos fundamentos históricos, ni negra, dado que el tono nunca fue constante ni uniforme». Tal vez tenga razón y fueran los propios españoles los que vieran gigantes donde solo había molinos y los que tuvieran de ellos mismos peor concepto que sus propios enemigos, por eso pudo escribir Joaquín Bartrina que «oyendo hablar a un hombre es fácil saber dónde vio la luz del sol; si alaba Inglaterra, será inglés; si reniega de Prusia, es un francés y si habla mal de España... es español».

Pero el asunto sigue sin estar claro, porque querernos, lo que se dice querernos, no nos quisieron mucho. Los libelistas de los tiempos de *La Invencible* vieron inquisidores con instrumentos de tortura a bordo de cada barco español. Samuel Clark en su *England's Remembrancer* (Londres, 1657) se atrevió a afirmar que los inquisidores tenían entre sus objetivos azotar a muerte a todo ciudadano inglés de más de siete años, y marcar a los restantes como ganado, con una «L» de luterano. Los escasamente *friendly* encuentros entre naves inglesas y españolas fueron relatados a su manera por los corsarios Francis Drake y John Hawkins, que extendieron la idea del español como un amasijo de todos los vicios. El desastre de *La Invencible* les adensó la mala baba del prejuicio antiespañol, que el canciller de Inglaterra Francis Bacon enunciaba en esta pulla: «Los franceses son más listos de lo que parecen. Los españoles parecen más listos de lo que realmente son». El padre del liberalismo conservador británico, Edmund Burke, aseguraba que «España es un país exangüe, sin nervio. Su nobleza le pesa como un dogal al cuello». El duque de Wellington se apuntó a propalar el tópico: «Los españoles son los más vagos de todas las naciones que he conocido, para ellos todo es beber». Darwin sugirió que la decadencia española podría deberse a que la Inquisición aniquiló a los españoles mejor dotados. Parece un eco de lo que escribió otro inglés ilustre, Thomas Malthus, que nos tiraba esta lanzada: «Los españoles se han degradado completamente y se multiplican como brutos sin reparar en las consecuencias». La mirada arrogante con que nos miraron los británicos es también perseverante y en una carta a su hermano Stanislaus, fechada en Roma en 1906, James Joyce, irlandés asimilado, contaba que un italiano se quitó el sombrero delante de un español y dijo: «Usted me ahorra la vergüenza de ser el último de los europeos». El famoso crítico literario Cyril Connolly aseguró mucho más recientemente que «los españoles han vendido su alma por cemento y solo pueden salvarse con una serie de terremotos». Inglés era también el que dijo que «la principal convicción de España es que los españoles son un pueblo diferente, cuando son realmente un pueblo aparte». O sea, que visto lo visto, cuestionar la leyenda negra parece extravagante

Tal vez todo ese rencor responda a la dinámica descrita por Umberto Eco en su ensayo *Construir al enemigo*, porque «tener un enemigo es importante para definir nuestra identidad». O sea, que nuestro enemigo nos complementa como Luke complementa a Darth Vader, por eso cuando el enemigo no existe, es preciso construirlo de tal manera que cause repulsión: tiene que oler mal como aliento de hiena y parecer peligroso como una horda.

Vistos estos ejemplos se pone muy cuesta arriba negar la existencia objetiva de la leyenda negra. Y, si existió, ¿quién nos la endilgó? ¿Los holandeses como Guillermo de Orange, los británicos como John Foxe, los franceses como Voltaire? ¿O tal vez los propios españoles como Francisco de Encinas, Reginaldo Gonzalo Montañés, Bartolomé de Las Casas o Antonio Pérez? Pues, todos juntos de la mano y algunos otros. Me topo con un libro del sueco Sverker Arnoldsson que recuerda que la Italia de los siglos XIV y XV ya era muy hostil a España. La leyenda negra tiene mucho de anticatalana en su origen italiano medieval, cuando el reino de Aragón era un imperio mediterráneo. La presencia de príncipes, cortesanos, soldados, mercenarios y piratas aragoneses en Italia provocó una reacción local, sobre todo de las élites que se consideraban herederas de la Antigüedad romana. Los aragoneses empezaron a tener fama de rudos, ignorantes y ridículamente ceremoniosos. La expansión aragonesa en el sur de Italia coincidió con el auge del comercio en Barcelona y Valencia, competidoras para las ciudades italianas del norte a partir de 1300. La reacción fue la extensión de una imagen de avaricia e infamia de los comerciantes catalanes. Esa percepción se agudizó por la de inmoralidad que los italianos creían ver en las cortes papales de Calixto III y su sobrino Alejandro VI, ambos de origen valenciano, de la corte aragonesa de Nápoles y de las cortesanas valencianas, que eran bien conocidas en Italia.

Además, los judíos expulsados en 1492 llegaron en gran número a las ciudades italianas, con lo que se llegó a confundir marrano con español, hasta el punto de que el papa Julio II llamaba «marrano circonciso» a su predecesor Alejandro VI. La enemistad entre españoles e italianos llegó al punto de que, tras la muerte de Alejandro VI, hubo una persecución violenta contra los detestados nepotes catalanes, que acabó con algunos muertos. La leyenda negra anticatalana se extendió al Mediterráneo oriental con las expediciones de los almogávares, que aterrorizaron la región. Esa inquina anticatalana mutó en antiespañola tras la conquista de América y el ascenso de la monarquía hispánica a la condición de potencia dominante. Durante el siglo XVI, las intervenciones militares de tropas españolas en Italia se generalizaron con infinidad de conflictos menores causados por soldados acuartelados que no recibían a tiempo sus soldadas. La guinda de la mala prensa la pusieron los saqueos de Prato de 1512, con más de quinientos muertos, y el de Roma de 1527.

Durante la Guerra de la Independencia los ingleses encontraron de repente un aliado contra Napoleón en el pueblo español y los tópicos de la leyenda negra se volvieron positivos, la crueldad hispana se convirtió en valentía, el execrable fanatismo mutó en exótica pasión, y la soberbia se percibió como orgullo patriótico e individualista. Se sustituyeron antiguos insultos por una visión romántica del país. Había nacido la leyenda rosa. De repente, ingleses y alemanes descubrieron en los españoles los ideales de honor, fervor patriótico y religioso, los valores puros, y primarios —aunque tal vez algo salvajes— que la civilización estaba destruyendo en Europa. O sea, la españolada.

MISIÓN SECRETA EN NUEVA ESPAÑA

En el siglo XIX, el historiador mexicano Vicente Riva Palacio escribió *Memorias de un impostor*, que inspiró al novelista popular Johnston McCulley la creación de un audaz caballero enmascarado, un justiciero *full time* conocido como El Zorro. Su primer episodio apareció en 1919 en un semanario de *pulp fiction*. Esa primera novela por entregas se llamó *La maldición de Capistrano*, tuvo éxito y el personaje fue llevado al cine por Douglas Fairbanks. Dos décadas después sería Tyrone Power quien encarnara el personaje antes de que Antonio Banderas se embozara con su antifaz. La televisión, la Disney y los musicales han contribuido a la universalización de un personaje que llegó a la ficción desde la historia. El Zorro, es un personaje histórico. Un irlandés que vivió y murió en el siglo XVII.

En Wexford, un neblinoso puerto irlandés, en una familia noble nació en 1615 William Lamport. Su abuelo Patrick era un fanático de la escaramuza y se alistaba en cualquier pendencia donde hubiera que batirse cuerpo a cuerpo; en su biografía consta, por ejemplo, su participación en la batalla de Kinsale, aquel episodio histórico donde los irlandeses se batieron contra tres mil trescientos soldados españoles de la Armada Invencible que desembarcaron en la isla. Desde niño, William Lamport se contagió del espíritu justiciero de su abuelo, escuchaba durante horas sus batallitas mientras el viejo Patrick paseaba por sus jardines y decapitaba de cuando en cuando una rosa con la punta de su bastón.

William creció y estudió en Londres y se hizo un «hombre de mediana estatura, rubio de barba y cabello tirante a castaño, enjuto de carnes, quebrado de color y de ojos muy vivos», según el retrato que le hicieron los inquisidores en los documentos de su proceso. La descripción coincide sospechosamente con los rasgos de un retrato que se conserva en el Timken Museum de San Diego, el de un joven capitán anónimo inmortalizado por Rubens. El hombre tuvo más lances que Rocambole, luchó contra la opresión inglesa y ejerció de pirata en la costa atlántica; pero su cabeza había sido puesta a precio, de manera que en Burdeos escapó del barco y llegó a Santander primero, y después a Bilbao, hasta que finalmente se estableció en La Coruña.

Ya en la corte conoció al conde duque de Olivares, el ministro principal de Felipe IV, que lo reclutó como consejero y espadachín, lo formó como militar, alcanzó el grado de capitán y su arrojo dio que hablar en la batalla de Nördlingen. Se había liado con la noble Ana de Cano y Leyva, con quien tuvo una hija sin boda de por medio. Como William no quiso enmendar el *affaire* pasando por la vicaría, se ganó la enemiga de los cortesanos y en su socorro acudió Olivares, que le dio trabajo al otro lado del charco: lo empleó como espía con la misión secreta de controlar en México al virrey Diego López Pacheco y Bobadilla, marqués de Villena, y de infiltrarse entre los criollos levantiscos que habían instigado algunos conatos de revuelta hartos de los impuestos arbitrarios.

Allí castellanizó su nombre, se hizo llamar Guillén Lombardo de Guzmán y se empleó como tutor del hijo del escribano mayor de Nueva España, Fernando Carrillo. No era ni oficio ni ganapán, sino oportuna tapadera para infiltrarse en la *beautiful* criolla y marcar de cerca al marqués de Villena del que tanto recelaba Olivares que, gracias a los informes de Lombardo, ordenó su arresto y lo sustituyó por el obispo de Puebla, Juan de Palafox. Pero a Guillén no le pagaron bien los servicios prestados y se desquitó convirtiéndose en justiciero *freelance*. Le escandalizó la corrupción de la Nueva España, le parecía una indecencia que los criollos tuvieran una moral doble: una que predicaban y no practicaban, y otra que practicaban y no predicaban y él era un hombre de principios, un católico a machamartillo. Lo cual no le impidió seducir a un centón de mujeres de la aristocracia mexicana, tanto solteras como casadas. Guillén Lombardo era un aventurero, uno que tiene aventuras y, por lo tanto, que tiene también aventuras con mujeres, ¿vale? Las mujeres, claro; pero también los versos, los silogismos, las sonatas, la olla podrida, una ecuación, el jardín o una causa justa. Y alguna infamia, y duelos… humano, demasiado humano, nada de lo humano le fue ajeno. No eran, pues, las mujeres lo esencial en su vida, sino una filigrana recurrente cuyas volutas describía como un capricho y, por lo tanto, como un acontecimiento imprescindible. Se convirtió en aventurero por la fuerza de las cosas, porque tal es la suerte de cualquiera que, exiliado de su patria, recorre el mundo sin ser rico. Pero era también un iluminado que conocía las utopías de Tomás Moro y Campanella, de manera que decidió ponerlas en práctica para acabar no solo con los chanchullos y marrullerías de los poderosos, sino de paso con la esclavitud de los indígenas, de quienes había aprendido la astrología y algunas artes curativas. También a consumir peyote.

Cuando cayó su benefactor, el conde duque de Olivares, estaba a punto de casarse con Antonia Turcios, una mujer de la nobleza, pero lo dejaron con la miel en los labios y lo enjaularon acusado de practicar artes diabólicas y tener costumbres disipadas. En las mazmorras de la cárcel secreta la Inquisición sufrió torturas y privaciones durante diez años. En la Nochebuena de 1650, mientras los feligreses asistían a la misa del Gallo, un sujeto zarrapastroso deambulaba sigilosamente por el centro de Ciudad de México, miraba por el rabillo del ojo para cerciorarse de que no lo seguían y pegaba pasquines en los muros de varios edificios y en el pórtico de la catedral. Luego caminó al palacio del nuevo virrey, el conde de Alba de Aliste, y aseguró a la guardia que era un emisario llegado de La Habana con importantes documentos para el virrey. Cuando el guardia regresó del interior del palacio, el misterioso personaje se había esfumado. El guardia no podía saber que aquel tipo enigmático de aspecto extranjero era Guillén Lombardo, que apenas unas horas antes había escapado de la cárcel de la Inquisición.

La caza del hombre que sabía demasiado, y que estaba metido hasta el cuello en actividades subversivas, no tardó en cobrarse su pieza porque los párrocos de todas las iglesias anunciaron en sus sermones severos castigos así en la tierra como en el infierno para quien diera cobijo al fugitivo. Guillén Lombardo fue apresado mientras echaba un rato en la cama de la esposa de un marqués. Las mujeres, claro; pero también las mujeres son una causa justa. Vuelta al talego, siete años esta vez; pero no lo soltaron para ser libre sino para alimentar la hoguera por hereje. Antes de que lo alcanzaran las llamas de la pira desató las cuerdas que lo ataban a la estaca y se ahorcó con ellas. Así murió William Lamport, pero muchos años después nació El Zorro para actualizar su leyenda de justiciero insolente, hábil espadachín e irresistible seductor. Animal adorador que jamás se equivocó de objeto, idolatró el *summum bonum*, eso que la vida tiene de santo y de bueno y que tan bien resumió Bertrand Russell: «Tres pasiones, simples pero abrumadoramente fuertes, han gobernado mi vida: el anhelo de amor, la búsqueda del conocimiento y una insoportable piedad por el sufrimiento de la humanidad». Un exacto epitafio para el hombre que acabó siendo El Zorro.

CONSPIRACIONES EN TORNO A UNA BARRIGA

«Hagan otros la guerra; tú feliz Austria, cásate; porque los reinos que Marte da a los otros, a ti te los concede Venus», así rezaba la traducción de unos versos latinos del siglo XVI. La dinastía Habsburgo llevó a su máxima expresión la habitual práctica entre reyes de casarse con parientes para que todo siguiera quedando en familia. Esta política tuvo consecuencias geoestratégicas y militares al trazar alianzas asombrosas, pero también las tuvo médicas porque se averió no solo la salud sino la fertilidad de los regios linajes.

Durante un tiempo, los Austrias creyeron tener asegurada la descendencia en el príncipe Baltasar Carlos, hijo de Felipe IV y de su primera mujer Isabel de Francia. Acostumbrada a niños de salud quebradiza, la familia real celebró el buen aspecto del bebé, que a los tres años juró como «heredero de Su Majestad y Príncipe destos Reinos de Castilla y León, i los demás desta Corona a ellos sujetos, unidos, e incorporados, i pertenecientes». Años después juró también como heredero de los reinos de Aragón y de Navarra y nada hacía sospechar el final prematuro que el destino tenía reservado a este príncipe de las Españas. En 1646, en la víspera del segundo aniversario de la muerte de la reina Isabel de Borbón, Felipe IV y Baltasar Carlos asistieron a una misa nocturna en su memoria. Aquella misma tarde el príncipe se sintió mal y al día siguiente, sábado 6 de octubre, tuvo que quedarse en cama. El martes 9, a las ocho de la mañana, el arzobispo de Zaragoza le administró el viático y pocas horas después, adiós Madrid. Se lo había llevado la viruela. Pasaron quince años hasta que nació el nuevo heredero Carlos II, pero la muerte de Baltasar Carlos iba a desencadenar una serie de sucesos que mandarían su dinastía al desván de la historia.

El análisis de la endogamia en las tres generaciones antecesoras de Carlos II arroja datos que ponen los pelos como escarpias. Su bisabuelo Felipe II se casó con su sobrina Anna de Austria, hija del emperador Maximiliano II, casado con la hermana de Felipe II, María. El abuelo de Carlos II fue Felipe III, casado con su prima Margarita de Austria. El padre de Carlos II fue Felipe IV, casado con su sobrina Mariana de Austria, hija del emperador Fernando III, a su vez casado con su prima María Ana, hermana de Felipe IV. Carlos II fue descendiente, por tanto, de tres generaciones de abuelos y abuelas con siete matrimonios consanguíneos virtualmente incestuosos. Su coeficiente de consanguinidad era similar al resultado de las relaciones entre hermanos o entre hijas y padres,[*] Carlos II fue la guinda final de los escarceos de los Austrias con ellos mismos. Su sangre sin mezcla fue el veneno que le hizo portador de alteraciones genéticas, entre ellas probablemente el síndrome de Klinefelter, una anomalía cromosómica que provoca malformaciones y desórdenes metabólicos, además de hipogonadismo y esterilidad.

Pero hay pocas pamemas tan curiosas en la monarquía española como la que se urdió con Carlos II, al que se supuso hechizado. Estamos hartos de oír que Carlos II fue desde niño un ser insulso y torpón, con voluntad de merengue e inteligencia de mosquito. Alonso-Fernández lo trata de oligofrénico. ¿Hasta qué punto? Un débil mental se caracteriza, entre otras cosas, porque es muy superficial en sus sentimientos y no era

---

[*] Gonzalo Álvarez, Franciso C. Ceballos y Celsa Quinteiro, *The Role of Inbreeding in the Extinction of a European Royal Dynasty.*

el caso de Carlos II. Su primer matrimonio con María Luisa de Orleans fue un asunto profundo y entrañable durante los poco más de nueve años que duró. Su dedicación al trono no fue inferior a la de varios Borbones y en dignidad e integridad moral estuvo claramente por encima de la mayor parte de ellos. Lo acredita, por ejemplo, la decisión con la que defendió las pinturas del patrimonio de la corona de la rapiña de su segunda esposa, empeñada en regalárselas a su hermano, el elector Juan Guillermo del Palatinado, que era un coleccionista sin fronteras. Las intrigas de los agentes de Juan Guillermo y las peticiones de Mariana no consiguieron ablandar las negativas del rey, de lo cual se va deduciendo que la idea de un monarca temblón ante Mariana de Neoburgo navega con bandera falsa. La historiografía actual pone en duda que fuera un desecho de hombre pese a su mala salud.

Carlos II tuvo la desgracia de vivir en el periodo posterior a la pérdida de la hegemonía internacional de su monarquía y, sobre todo, la inmensa mala potra de que su competidor Luis XIV, el rey de la potencia dominante después de las derrotas de Felipe IV, fuera un monarca astuto como una vulpeja. Y, sin embargo, Carlos II logró mantener intacto el imperio frente al poderío francés, consiguió una de las mayores deflaciones de la historia, el aumento del poder adquisitivo en sus reinos, la recuperación de las arcas públicas, el fin del hambre y de la guerra. Desde el punto de vista de la fiscalidad, el reinado supuso un remanso tras más de un siglo y medio de insoportables sablazos tributarios. Tal vez no fuera tan decadente y desde luego no fue un hechizado. Aislar el misterio de su mala prensa es descubrir por qué alguien pudo concederle algún crédito a la patraña de su embrujamiento, a menos que hubiera intereses políticos para el nacimiento y la persistencia de la pajarota.

Carlos II nació el 6 de noviembre de 1661, justo cinco días después de la muerte de su hermano Felipe Próspero. Felipe IV murió en 1665 y le sucedió el último de la docena de sus hijos legítimos. El embajador francés reportó a Versalles: «Parece extremadamente débil, con esas mejillas pálidas y la boca muy abierta, un síntoma, de acuerdo con la opinión unánime de los doctores, de alguna anomalía gástrica, y aunque dicen que camina por sí solo y que las correas con que la menina lo ayuda y lo guía sirven únicamente para que no se caiga si se tropieza, a mí me parece dudoso, puesto que lo he visto coger la mano de su aya para sujetarse cuando le quitan las correas. Sea como fuere, los doctores no le auguran una larga vida, y parece que esto se da por seguro en todos los pronósticos».

Su infancia no debió de ser como para tirar cohetes: a los tres años, los huesos del cráneo todavía no se habían cerrado y la criatura no pudo caminar hasta los seis e incluso cuando cumplió los nueve lo hacía malamente y no lo perdonaban las sátiras y coplillas con tan mala baba como esta:

> *El príncipe, al parecer,*
> *por lo endeble y patiblando*
> *es hijo de contrabando.*

Padecía infecciones bronquiales y dentales, sufrió también ataques epilépticos y después el sarampión, la varicela, la rubeola, la viruela y retortijones diarreicos como resultado de la glotonería y del prognatismo, que le obligaba a una dieta deplorable. Hasta los cuatro años, su alimento fue exclusivamente la leche materna de catorce nodrizas que tenían que turnarse porque la criatura les mordía los pezones. Como lo coronaron a esa edad, resultaba indecoroso que fuera un mamón y su madre ordenó suspender la lactancia a Su Majestad. El gobierno quedó en manos de su madre y de un consejo regente.

Cuando el rey llegó a la mayoría de edad, su matrimonio se convirtió en cuestión de Estado. ¿Podría casarse el joven Carlos? ¿Podría engendrar un heredero? Estas cuestiones eran asuntos de alta política. La corte francesa era la más interesada en colocar una de sus princesas en la cama de Carlos II, que era cuñado y primo hermano de un Luis XIV empeñado en unir a la suya la corona de España, so pretexto de que su mujer María Teresa era medio hermana de Carlos II. María Luisa de Orleans, sobrina del Rey Sol, compitió con una princesa austríaca de seis años que impuso en el *casting* el emperador de Austria. Pero fue Luis XIV el que desplumó el pato, que es como dicen los franceses «llevarse el gato al agua».

El 2 de agosto de 1667 se cerraba el acuerdo matrimonial que había estado negociando el embajador español marqués de los Balbases. Pasarían aún casi doce años antes de que se celebrara la boda por poderes en el palacio de Fontainebleau. A todo esto, mientras reyes y políticos decidían el destino de la princesa, María Luisa mostraba su descontento con la decisión de ir a España y amenazó con hacerse monja. Fue inútil. Tuvo que comerse el marrón de esposar a los diecisiete años con un rey tan bisoño como averiado, aunque como las cosas son más difíciles de pensar que de pasar la pobre María Luisa se resignó a su suerte.

Cruzó el Bidasoa y conoció a su marido en Quintanapalla, pequeña aldea cercana a Burgos. El rey la había visto antes en una pintura que lo entusiasmó. Terminada la misa de velaciones, almorzaron solos, fueron a Burgos sin admitir a nadie en su coche y se encerraron en sus habitaciones. Carlos no sabía cómo repartirse los cinco sentidos y mientras la besaba solo balbucía: «¡Mi reina!, ¡mi reina!». A Carlos le gustó desde el primer momento y ella llegó a sentir por él un afecto tierno. Un día, o tal vez una noche, se cumplió el milagro. El rey anunció que había consumado el matrimonio, se permitió bromas sobre el asalto y dio detalles de la gran proeza. Pero no hubo consecuencias y la reina cargó con la culpa. La tildaban de estéril y los médicos le recetaron mil brebajes, sahumerios, potingues, emplastos y naturalmente sangrías y purgas, pero como si no. Se probaron entonces los remedios sobrenaturales y llovieron las estampas, rosarios, novenas, trisagios y reliquias. El pueblo, mientras tanto, sacaba punta al retruécano:

> Parid, bella flor de lis,
> que en aflicción tan extraña,
> si parís, parís a España,
> si no parís, a París.

Pero no era la reina la causa del problema, sino el rey, que las pocas veces que se le afilaba el lápiz era un visto y no visto y la espada no llegaba a la vaina. La reina, es de suponer que algo contrariada, confesó a la mariscala de Villars, esposa del embajador francés, que el rey disparaba antes de cargar y así no había manera. La mariscala escribió al diplomático Rebenac: «La reina me dijo hoy que un defecto atribuido al exceso de vivacidad del rey impedía que la cópula fuera perfecta». Se hizo lo que humanamente se pudo, se invocó a los espíritus del cielo y de la tierra y no hubo fórmula ni sagrada ni profana que no se probara, pero del deseado embarazo nada de nada.

Los anuncios de posibles preñeces eran pronto desmentidos y, ante la desesperación del pueblo, la corte y el rey, se llegó a insinuar que la reina se provocaba abortos. Mientras María Luisa intentaba sobrellevar su calvario, sufría frecuentes alteraciones menstruales que la hacían creer que estaba encinta, pero no. Según testimonio de una sirvienta de palacio, Margarita Lautier, la reina «lloraba mucho cuando se sentía con el achaque y tomaba durante esos días gran cantidad de bebidas heladas y de comida ácida». Los remedios aplicados a la reina le provocaron problemas intestinales y el Rey Sol llegó a temer que estuvieran envenenando a su sobrina.

La verdad es que con el mismo aplomo se decía una cosa y la contraria, si Luis XIV estaba tan interesado en que su sobrina diera un heredero a España, ¿cómo podía el embajador Foscarini escribir al dux de Venecia en los siguientes términos?: «Fallida repetidamente la necesaria sucesión, se ha tachado de infecunda a la reina llegando la malicia y la perversidad a sospechar que el rey Luis XIV, su tío, la había hecho propinar medicamentos esterilizadores y que ella misma toma brebajes con este fin». Las sospechas llegaron al extremo de registrar la cámara de la reina, donde encontraron cosméticos y sustancias inquietantes. En un informe de los doctores Juan de Clavería y Miguel de Alba, protomédicos de Su Majestad, y de Diego Martínez Pedernoso, boticario mayor, se hacía constar que «si fuera mujer la que lo usase pudiera infecundarse y si con los ingredientes que componen las confecciones dichas, polvos y aguas destiladas, se hiciesen mechas y se aplicara su uso por la boca de la madre, con gran facilidad abortara». Los españoles sospechaban de los cortesanos y servidores que acompañaban a la reina desde Francia, sobre todo de su exnodriza Francisca Duperroy, viuda de Quentin, a quien torcían ese apellido y la llamaban «La Cantina», y suponían que era una agente de Luis XIV. No sería raro, la verdad. En el verano de 1685 el marqués de Feuquiére escribía: «La reina de España está en muy grave peligro, se la ha procesado secretamente por crimen de aborto y sus enemigos no tropezarán con dificultad ninguna para aducir a modo de prueba cuantos falsos testimonios necesiten. Temo que el rey, por debilidad de carácter, la sacrifique al frenesí popular».

El martes 8 de febrero de 1689, María Luisa salió a montar a caballo, perdió el equilibrio y cayó al suelo. Un manuscrito de la Biblioteca Nacional se hace eco de que cuatro días después del accidente «la reina comió un plato compuesto por ternillas de ternera, sustancia de gallina y de carnero y pidió que se lo helaran con cuatro libras de nieve, después merendó ostras frías con mucho limón, aceitunas, naranjas y una taza de leche fría, y habiendo merendado lo que se ha dicho pasó la noche con grandes congojas». Se refiere a un cuadro de vómitos y retortijones, por lo que de madrugada tuvieron que llamar al médico de la reina, Juan Lorenzo Francini, y al del rey, Lucas Maestre Negrete. La reina temía haber sido envenenada y Lucas Maestre respondió: «Es verdad, señora, que el cuerpo está lleno de veneno pero es el que Vuestra Majestad ha tomado de sus propias manos, que si fuera de otra calidad yo se lo sacara. No piense Vuestra Majestad que en España se haga tal». Ambos facultativos recabaron la opinión de Gabino Fariñas, el decano de los médicos de la real cámara, y los tres diagnosticaron el caso como de «cólera morbo». Como remedios internos le administraron emulsión de opio, sal de perlas y extracto de yemas, y como externos óleos, ungüentos y ventosas; pero ni aun así. María Luisa pidió el «agua de la vida», una pócima prohibida por el protomedicato y creada por un curandero malagueño, Luis de Alderete. Le sobrevinieron sudores, se sentía morir y llamó a su confesor. Murió a las nueve de la mañana del 12 de febrero de 1689. No había cumplido los veintisiete años.

Se han propuesto distintas causas de la muerte: salmonelosis, cólico miserere o, más probablemente, una apendicitis con peritonitis. Pero como su mutis permitía un nuevo matrimonio del rey con otra princesa más fecunda, no faltaron los conspiranoicos que hablaron de arsénico. Decía Sherlock Holmes que «existe una roja hebra criminal en la madeja incolora de la vida, y nuestra misión consiste en desenredarla». Vamos a ello.

Eran tantas las voces que hablaban de arsénico y de una conspiración para quitarla de en medio, que el rey autorizó la autopsia. Según consta en archivo del Quai d'Orsay, Juan Lorenzo Francini, escribió en su informe: «El vientre grande y lleno de gases, los intestinos dilatados y como convulsos, pero abiertos estos, sus membranas interiores estaban blancas sin ser corroídas. Los pulmones estaban llenos de sangre. El útero, sin defecto». Dictaminó como causa de la muerte una intoxicación alimenticia.

La muerta al hoyo, y el rey al bollo; o sea, que se acordó un nuevo matrimonio con Mariana de Neoburgo, de la numerosísima prole del elector alemán del Palatinado. Mariana fingió once embarazos, pero tampoco dio hijos al rey. Lo que sí dio al reino fue una cuadrilla de alemanes que dominaron la corte: la baronesa Berlepsch, llamada «la Perdiz», ejerció una férrea privanza sobre la reina y era el centro de un gatuperio de buscavidas como el aventurero alemán Heinrich Wiser, falso barón conocido popularmente como «el Cojo», el también aventurero y especulador italiano Novelli, su compatriota Mateucci, un soprano castrado y un par de españoles, el conde de Baños y Juan de Angulo. Total, una olla podrida de sujetos ávidos medrar y arramplar con las riquezas de la corte. La Perdiz acordó con la reina el fingimiento de sucesivos embarazos para consolidar el papel de la soberana. Tras descubrirse la superchería de los oportunos «abortos», el pueblo cantaba:

La Perdiz, poderosa
más que el monarca
cuando quiere, a la reina
la hace preñada.

Las querellas entre las dos reinas alemanas de la corte (la reina madre Mariana de Austria y la reina consorte Mariana de Neoburgo) aumentaban el barullo. Como Carlos II seguía siendo incapaz de perpetuarse, los estados europeos empezaron a moverse en la sombra para beneficiarse de la sucesión. Francia esgrimía un argumentario en favor de los derechos dinásticos de la hija de Felipe IV, María Teresa, casada con Luis XIV, pero la influyente posición de Mariana de Neoburgo alimentó ciertas esperanzas de una sucesión proalemana activamente impulsada en Madrid por el embajador imperial, Ferdinand Harrach, para colocar en el trono al archiduque Carlos de Austria. Pero en torno al arzobispo de Toledo, el cardenal Portocarrero, se fue formando un partido profrancés que prefería tener a la poderosa Francia como aliado y no como enemigo.

EL *AFFAIRE* DE LOS HECHIZOS

Hacía años que uno de los confesores del rey, el dominico fray Tomás Carbonell, iba diciendo que Carlos II era víctima de artes de brujería, ¿qué otra cosa, si no, podía explicar sus persistentes problemas de salud y su inutilidad para engendrar un heredero? Durante el matrimonio con María Luisa, tanto los médicos como los diplomáticos se convencieron de que la reina no tenía ningún impedimento y que el rey era capaz de ponerse firme. Entonces, ¿por qué tampoco Mariana de Neoburgo quedaba preñada? Mientras estos debates fomentaban las hablillas y las conspiraciones, la salud del rey empeoraba a ojos vistas. Aunque era un treintañero, su decrepitud había hecho creer a fray Tomás Carbonell que el monarca estaba hechizado y el bulo se extendió como la mala hierba.

¿Era su incapacidad para engendrar un heredero resultado de un maleficio? Carlos II lo creía. Estaba tan débil y tan melancólico que ni sus bufones, enanos o marionetas lo apartaban con sus gracietas de la idea de que estaba endemoniado, y nunca se sentía a salvo sin su confesor y dos frailes a su lado, que dormían en su cámara todas las noches. Ordenó llamar al inquisidor general, Rocaberti, le confesó su convicción de que su enfermedad no era natural, sino resultado de brujería, y le pidió que llevara a cabo una investigación exhaustiva. Unas semanas más tarde el padre Froilán se convirtió en confesor del monarca.

Los acontecimientos que tuvieron lugar después fueron la clave del drama del «hechizo» del rey y los puso por escrito un miembro de la Inquisición. Su informe, tenía un título muy largo,* pero se puede resumir como *Proceso de Froilán Díaz* y fue publicado en Madrid ochenta y tantos años después de la muerte de Carlos II. Por eso sabemos que lo que estaba sucediendo no era un caso de magia negra, ni siquiera una conspiración de un grupo de eclesiásticos, sino algo mucho más gordo, una lucha entre facciones rivales de la corte: los peones de una sucesión francesa contra los amigos proalemanes de la reina.

---

* *Proceso criminal fulminado contra el Rmo. P. M. Fray Froylan Díaz, de la sagrada religión de los predicadores, Confesor del Rey N. S. D. Carlos II.*

El exorcista Froilán Díaz supo que un colega y viejo amigo, fray Antonio Álvarez Argüelles, estaba por aquellos días exorcizando en Asturias a una monja poseída, ¿y si se le preguntaba al demonio de la monja sobre la situación del rey? Con cartas cifradas para mantener el secreto, fray Froilán y el inquisidor general ordenaron a Álvarez Argüelles que interrogara al demonio asturiano sobre el hechizo del rey.

Valiéndose de ensalmos, Argüelles consiguió que el demonio cantara de plano y acabó jurando «por Dios Todopoderoso que era verdad que el rey había sido hechizado mediante un bebedizo ponzoñoso». Dijo que la poción se la habían administrado a la luz de la luna cuando el rey tenía catorce años en una taza de chocolate. La fórmula del bebedizo, según reveló el mismo demonio, contenía tres partes de hombre muerto: «sesos para anularle la voluntad, intestinos para arruinarle la salud, y riñones para esquilmarle la virilidad». «¿Y fue un hombre o una mujer quien le administró el hechizo?». «Una mujer. Y ya ha sido juzgada». «¿Por qué lo hizo?». «Para poder reinar». «¿Cuándo?». «En la época de don Juan José de Austria, a quien ella mató con un encantamiento semejante, aunque más fuerte».

El demonio sugería que la mujer era Mariana de Austria, la reina madre, que también habría asesinado a don Juan José. O sea, que había un largo lapso de tiempo, un cuarto de siglo para ser precisos, entre el supuesto maleficio de 1673 y las condiciones en las que se encontraba el rey veinticinco años después. Demasiado tiempo para que las lamentables condiciones del rey se debieran al encantamiento original. ¿Se había hecho algo desde entonces? «Sí —juró el demonio por Dios y la Santísima Trinidad— en 1694, solo hace cuatro años, el día 24 de septiembre, un encantamiento semejante se le dio en la comida y no dejó rastro alguno».

En esa coyuntura, murió el inquisidor Rocaberti y le sucedió el obispo de Segovia, Baltasar de Mendoza, que era del partido proalemán de la reina. Mendoza le hizo entender al rey que ya estaba bien de tanto exorcismo y tanta tontería y que lo que había que hacer era dar puerta a fray Froilán. En realidad la reina estaba intentando hacerse con el control de la corte y sus políticas sucesorias. Arrestaron a fray Froilán, que acabó huyendo a Roma, donde buscó asilo en un convento dominico y solicitó el favor del papa. La reina obtuvo una carta del monarca dirigida al duque de Uceda, embajador en Roma, ordenando apresar a Froilán Díaz y traerlo a Cartagena. Nada más atracar, lo metieron en el trullo de la Inquisición en Murcia.

Ya no se trataba de brujería, sino de controlar la sucesión. Carlos II murió en noviembre de 1700, y le sucedió el francés duque de Anjou, con el nombre de Felipe V que, cuando descubrió que Mendoza se oponía a la dinastía de los Borbones, lo confinó en su sede de Segovia. El inquisidor general cometió el error de pedir amparo a Roma, Felipe V lo cesó y decretó la absolución de fray Froilán, que tras cinco años de confinamiento, estaba casi ciego. Esa liberación y el obispado de Ávila fue la ganancia del fraile en el reparto de dividendos.

¿Pero hubo realmente algún indicio o prueba de que el rey estuviera sometido a un hechizo? En realidad, el titular del trono estaba más enfermo del cuerpo que tronado. Su esterilidad era resultado del síndrome de Klinefelter, que cursó en un estado intersexual con genitales ambiguos. La necropsia confirmó la existencia de un solo testículo, «negro como el carbón». Su muerte debió de ser consecuencia de una infección urinaria unida a una insuficiencia renal crónica producida por una glomerulopatía, probablemente era monorreno, o sea que solo tenía un riñón. Pero fue su corazón lo que le llevó a la tumba. «Al rey se le para el corazón y empeora visiblemente. Se le hinchan el vientre, las piernas y la cara», describió su médico flamenco, el doctor Geelen. Hidropesía la llamaban entonces, retención de líquidos, edema, ascitis por insuficiencia cardiaca progresiva, decimos ahora.

Cioran destacaba como rasgo idiosincrático de rusos y españoles su ineptitud para insertarse en los acontecimientos porque, poco dotados para el sentido común, mantienen relaciones chocantes con lo real. El entorno de Carlos II, todo ese ganado de frailes chiflados y cortesanos maniobreros, eran incapaces de ver las cosas como son y mantenían chocantes relaciones con lo real. El *affaire* de los hechizos no fue más que una tormenta en un vaso de agua, y no tardó en caer en el olvido. En el siglo XIX, Modesto Lafuente presentó el caso por primera vez a la atención del curioso público y lo describió como «una intriga asquerosa de la diplomacia francesa».

7

LUJO, MOTINES Y VOLUPTUOSIDAD

INTRIGAS, UN FANTASMA Y UNA CARTA ESCONDIDA

*La historia del mundo es la suma de
aquello que hubiera sido evitable.*

BERTRAND RUSSELL

EL TESORO DEL CAPITÁN NEMO

La leyenda del tesoro hundido en la Ría de Vigo tuvo un *revival* por el éxito de la novela de Julio Verne *Veinte mil leguas de viaje submarino*, cuyo protagonista, el capitán Nemo, hace frecuentes viajes en su nave submarina *Nautilus* a la costa de Galicia, para financiar su empresa rescatando lingotes de oro en el fondo arenoso de la ría, una inagotable mina de oro y plata. ¿Cuánto oro? En un artículo publicado en 1976 en la revista americana *Lost Treasure*, se decía que la bahía de Vigo hace estremecer al verdadero cazador de tesoros, pues a tres millas de profundidad permanece hundido el tesoro más grande del mundo. El atractivo de la ficción es mucho mayor que el de los hechos, porque todos los datos históricos disponibles sugieren que allí no hay ningún tesoro dijera lo que dijera Julio Verne, que, a fin de cuentas, es quien es por el tamaño de su imaginación y no por el rigor de sus datos. A pesar de la arraigada tradición que reivindica que la plata acabó en el fondo de la bahía, los documentos lo desmienten.

Al estallar la Guerra de Sucesión, España tuvo que enfrentarse a la coalición angloholandesa, pero apenas contaba con soldados o marinos. Sin embargo, dinero no le faltaría, siempre que sus galeones cargados con oro y plata de América consiguieran entrar en sus puertos. En el otoño de 1702 esperaban un rico convoy, eran diecinueve galeones españoles escoltados por veintitrés barcos de guerra franceses comandados por el almirante Château-Renaud. La flota iba a atracar en Cádiz, porque la Casa de Contratación de Sevilla tenía la exclusiva de la valoración de carga estibada y de hacer llegar el quinto real a la corona. Cualquier otro lugar de arribada infringía los intereses de un entramado establecido *in illo tempore*. Pero Château-Renaud, sabiendo que una flota inglesa al mando del almirante sir George Rooke estaba navegando por aquellas aguas, decidió dirigirse a un puerto francés. Los mandos españoles del convoy se opusieron, querían ir a un puerto español. Vientos muy potentes habían zarandeado la flota española, que a duras penas había rebasado las Azores, algunas velas estaban rasgadas y las violentas mareas propias del otoño en esas latitudes a ratos embarcaban agua por las troneras inferiores, mientras una mar arbolada amenazaba con mayores estragos. Puesto que los barcos no podían dirigirse a Cádiz, el almirante español Manuel Velasco consideró que mejor sería dirigirse al puerto de Pasajes. Château-Renaud estaba en desacuerdo, en su opinión los únicos puertos seguros eran Brest o La Rochelle, incluso Lisboa. Finalmente acordaron poner rumbo a Vigo. El 22 de septiembre de 1702 la flota de Nueva España entró en la Ría de Vigo y se adentró por seguridad hasta la altura de Redondela. Los diecinueve galeones españoles transportaban ciento ocho millones de piezas de plata, oro y otras mercancías preciosas destinadas a costear la Guerra de Sucesión a favor de Felipe V. El monto aproximado podría haber ascendido a la exorbitante cifra de miles de millones de euros al cambio actual.

George Rooke regresaba a sus bases tras el fiasco de Cádiz cuando el almirante sir Cloudesley Shovell, que había salido de Inglaterra con el fin de interceptar la flota, le envió un mensaje para que zarpara con rumbo a Vigo y sorprendiera a la flota del tesoro español. El 22 de octubre la flota anglo-holandesa anclaba en el puerto de Vigo. Sus comandantes no lo sabían, pero llegaban tarde. Un mes tarde. El plan era que las tropas asaltaran los fuertes situados a ambos lados de la ría en Redondela y después destruir la barrera de troncos y cadenas con unos cuantos barcos. Cuando lo hicieron y tomaron además las defensas de tierra, la flota franco-española se dio por perdida. Château-Renaud ordenó abandonar los barcos y quemarlos. Los aliados superaban en número y en artillería a los pocos buques de guerra franceses, y los buques mercantes españoles estaban indefensos. Más que una batalla, fue una ceremonia de destrucción, porque no hubo defensa. No podía haberla porque cuando la flota del tesoro salió de La Española, el almirante Manuel de Velasco, para embarcar el máximo de plata y oro, había aligerado imprudentemente los galeones reduciendo su capacidad de fuego a menos de la mitad.

Antes de que españoles y franceses pudieran quemar sus barcos, los aliados capturaron diez galeones, cinco los británicos y otros tantos los holandeses. Lograron apoderarse de otros once, pero después de saquearlos los hundieron porque estaban destrozados. No se salvó ni un solo navío de los veintitrés barcos de guerra franceses, pero apenas hubo bajas aunque cayeron prisioneros cuatrocientos hombres, entre ellos el vicealmirante Fernando Chacón. La noche del 23 de octubre, las tropas británicas ocuparon Redondela, arrasaron las defensas terrestres y amarraron a sus naves los barcos capturados. Con la misión cumplida, la flota agresora zarpó hacia Inglaterra. Llegó a Portsmouth a mediados de noviembre y una multitud la esperaba con regocijo. Creían que traían un tesoro colosal. Se equivocaban.

El diario de a bordo del almirante sir George Rooke contiene este apunte melancólico: «Toda la plata, unos tres millones de libras esterlinas, fue sacada y transportada hacia el interior, a una ciudad que distaba unas veinticinco leguas». La plata había sido descargada de los barcos bastante antes de que los ingleses y holandeses atacaran, y se hallaba a buen recaudo en el Alcázar de Segovia. Otras muchas mercancías —pimienta, cacao, pieles o cochinilla— se habían hundido y contando con su fecha de caducidad de poco le habrían servido al capitán Nemo.

Una vez llegados los galeones y su escolta francesa al albergue natural de Rande, y prácticamente metidos con calzador por las prisas para evitar un encuentro en mar abierto con las ágiles naves inglesas, dejaron a retaguardia la cobertura de las fragatas galas mientras más de tres mil hombres entre paisanos, marinos y soldados se afanaban en descargar a marchas forzadas la plata y el oro en un millar y medio de carretas de bueyes decomisadas a la población local a cambio de irrisorias indemnizaciones. Juan Larrea, un contador facultativo de la corte con potestad para fiscalizar la carga, llegó a toda prisa desde Valladolid para dar fe y levantar acta. El ochenta por ciento del tesoro de los barcos ya se había descargado antes de la debacle; quedaban algunas plantas para el nuevo jardín botánico del monarca, cueros y pieles, poca chicha. La leyenda del tesoro hundido, sin embargo, persistió.

Cuando los servicios aduaneros de Kent examinaron los barcos procedentes de Vigo, encontraron más mercancías que plata. En un barco de guerra inglés, por ejemplo, había veinticinco sacas de cacao, diez barriles de brandy y ciento treinta barras de hierro. Otro barco tenía tres odres de vino, aunque casi vacíos porque la tripulación se lo había trasegado casi todo durante el viaje. Según Henry Kamen, la mayor parte de los objetos de plata que expoliaron ingleses y holandeses eran cadenitas, cucharas y tenedores que los ingleses fundieron y convirtieron en moneda. En Londres, el encargado de la fábrica de la moneda, el famoso Isaac Newton, afirmó que el total del metal que se le entregó por aquellas fechas fue de cuatro mil quinientas libras de peso, con un valor total de alrededor de unas quince mil libras esterlinas. Poco tesoro para tanta batalla.

Los británicos revalidaron su hegemonía en el mar, pero el botín no solo era de chichinabo, sino que no compensaba las pérdidas porque una parte de la plata estaba consignada a nombre de comerciantes ingleses y holandeses. En febrero de 1703, después de consultar con una junta de teólogos, Felipe V promulgó un decreto exponiendo que, en vista del ataque a la flota, había decidido como represalia confiscar toda la plata de la flota cuyos destinatarios eran comerciantes ingleses y holandeses. De paso, el rey tomó prestada una parte del dinero destinado a los comerciantes del Consulado de Sevilla. Consiguió meter en el erario de la corona casi siete millones de pesos, era más de la mitad de la plata que venía en la flota y la mayor suma que un rey había obtenido jamás a lo largo de todos los años de comercio con América. El arqueólogo Yago Abilleira, autor de *Los galeones de Vigo*, después de quemarse las cejas en archivos y documentos oficiales, ha calculado que los ingleses se llevaron apenas dos toneladas de plata y los holandeses casi nada. Felipe V logró pillar cuatrocientas toneladas de plata, la mayoría de las bodegas de los barcos, y el resto en una inmersión realizada un año después del hundimiento. En total cinco mil millones de euros de hoy. Se los fundió en guerras de poco provecho.

EL REY BIPOLAR Y LA CONSPIRACIÓN DE CELLAMARE

Una primera perplejidad. Felipe V, el primer Borbón de España, fue entronizado oficialmente el 14 de abril de 1701; Alfonso XIII, el último Borbón que reinó en España hasta la reinstauración de la monarquía con Juan Carlos I, fue destronado el 14 de abril de 1931. Felipe V llegó al trono por una confabulación de conspiradores, amenazas, guerras y la pequeña ayuda de un complot de macarras. Los madrileños, como la mayoría de los españoles, no querían al pretendiente austriaco ni en pintura, tal vez por el recuerdo de Carlos II, y sí al Borbón, por lo que se esmeraron en hacer mil perrerías a los soldados del austriaco Carlos *Tercero*. Los propietarios de burdeles se complotaron para ofrecerles solo a las prostitutas enfermas. Algunos cálculos elevan a seis mil el número de bajas austracistas por el fuego amoroso de la sífilis; el fuego de la fusilería se cargó a muchos más y el pretendiente austriaco se la tuvo que envainar, la espada, digo.

Pero existía la inquietante posibilidad de que la cabeza de Felipe V no estuviera del todo en orden, aunque su llamada «melancolía» no era tal. Sufría, según Henry Kamen, una grave enfermedad neurobiológica, que debía de ser en parte hereditaria, puesto que el monarca traspasó el problema a sus hijos. Es probable que él lo heredara de su madre, María Ana Victoria de Baviera, en cuya familia, los Wittelsbach, el problema afloraba como un Guadiana de insania. La dolencia de su hijo Felipe V degeneró en un trastorno bipolar o una afección maniacodepresiva, un vaivén pendular de la euforia a la depresión en ataques episódicos: iban y venían, y a menudo no se repetían durante meses o incluso años. Había días en los que se encontraba normal y días en los que no estaba para nada y simplemente se iba a la cama. Durante las fases valle, el monarca experimentaba abulia, necesidad de aislamiento, dolores de cabeza, un sentimiento de postración, pensamientos suicidas y una anhedonia, o pérdida del sentido del placer y de interés por la vida. Cuando no se encontraba bien, se encerraba en su alcoba y se negaba a ver a nadie. Durante los ciclos eufóricos, por el contrario, experimentaba excitación e hiperactividad y se creía el increíble Hulk. Sus matrimonios, primero con Gabriela de Saboya y luego con Isabel Farnesio, fueron la tabla a la que se agarra un náufrago. Se aferró tanto a ellas que observadores de la corte aseguraban que el rey estaba más salido que el pico de una plancha. No tenían ni la más ligera idea de hasta qué punto sus esposas eran terapéuticas. Follaba por prescripción *fuckultativa*, como diría Manuel Jabois.

Antes de casarse con la parmesana Isabel Farnesio, Felipe V ya era una autoridad en asuntos de rijo y desenfreno, llegaba experimentado de su primer matrimonio con Gabriela de Saboya, a cuya muerte temprana contribuyó —según las maledicencias— el *carpe diem* de su marido en la cama. A Gabriela la desfloró cuando acababa de cumplir trece años y no era más que una niña asustada. El primer encuentro fue puro *gore:* gritos, llantos, golpes y forcejeos, al parecer debido al miedo de ella y a la ansiedad de él. Durante toda su vida tuvo adicción al orgasmo múltiple, que consideraba uno de los mejores paliativos al efímero tránsito por este valle de lágrimas. No solo impuso a sus sucesivas esposas la práctica del polvo nuestro de cada día, sino que como tenía mucho tiempo libre se entregaba a menudo al onanismo y después a la tortura moral. De hecho, le preguntó al confesor si podría ser perdonado por ello en caso de haberlo hecho con el pensamiento puesto en su esposa. La respuesta fue que por supuesto contaría con la comprensión de Dios.

Felipe V era un hombre atormentado y pendular, porque oscilaba sin solución de continuidad entre el éxtasis religioso y el sexual, entre el pecado y la culpa. El duque de Saint-Simon contó que en la noche de bodas con Isabel Farnesio en Guadalajara, «la real pareja permaneció encerrada a cal y canto veinticuatro horas ininterrumpidas». Pocos días después, nada más poner un pie por primera vez en el palacio del Buen Retiro, la residencia de la familia real, Isabel fue conducida directamente a la alcoba en la que había muerto su predecesora. La habitación, oscura y asfixiante, llevaba sin ventilarse los diez meses transcurridos desde la muerte de Gabriela. Felipe cumplió con el capricho morboso de yacer con su segunda esposa por primera vez en palacio en el mismo tálamo en el que había agonizado la primera. A la Farnesio le sorprendió el catálogo de posturas de su esposo, su afición y sus destrezas inesperadas. El tradicional «cara a cara», él arriba y ella abajo, al primer Borbón le resultaba de una ortodoxia ortopédica, menos mal que sus confesores le permitían dar rienda suelta a sus fantasías siempre y cuando acabara polucionando en lo que llamaban el «vaso natural» de la mujer, cuya finalidad era la procreación por más que en el trámite se condonara el vicio. Y la pareja real tenía más vicio que una garrota, eran adictos al Impávido, entretenida travesura con el que algunos anfitriones tentaban a sus invitados.

Consistía en sentar a los caballeros desnudos de cintura para abajo, alrededor de una mesa redonda con largos faldones hasta el suelo. La esposa del anfitrión se metía debajo de la mesa, elegía aleatoriamente a uno de los sedentes, metía la mano entre sus piernas y se llevaba el manubrio a la boca. La dama iba probando todos los bocados sin ser vista desde la parte superior de la mesa. La cosa era adivinar quién estaba siendo en cada momento objeto de las atenciones de la felatriz según el gesto de los participantes, que tenían que permanecer impávidos. A través de una doble mirilla oculta en la pared, Felipe V e Isabel Farnesio espiaban el juego.

El cardenal Alberoni decía que el rey lo que necesitaba era «un reclinatorio y una mujer». Entre que al meapilas semental nunca le faltaba la pólvora y que a la reina nunca le dolía la cabeza, la Farnesio supo que tenía una poderosa arma de *soft power*, lo tenía tan claro como Frank Underwood: «Todo es acerca del sexo. Excepto el sexo. El sexo es acerca del poder». Así que cuando leas que Felipe V decidió esto o aquello, sospecha de la Farnesio en la sombra que, aunque no era un gran talento político, disfrutó de mucho poder durante casi cincuenta años. Su trono fue la cama y sobre el colchón dictó la política española con la ayuda inestimable del cardenal italiano Giulio Alberoni, que ejerció como un primer ministro.

Felipe V intentó recuperar los territorios italianos que se habían perdido por el Tratado de Utretch y, en 1717, saltándose a la torera los tratados internacionales, una flota española invadió Cerdeña y Sicilia poniendo Europa patas arriba. Francia, Inglaterra, Holanda y el imperio —ese que estás pensando no, el Sacro— le declararon la guerra a España, hundieron su carísima flota, invadieron el país con un ejército al mando del duque de Berwick y, en resumen, le dieron una buena mano de zascas y la monarquía tuvo que pedir perdón y dar marcha atrás. Después de haber hecho el matón por Europa del sur, España se avino a rendirse en 1720 en La Haya y devolver lo ocupado.

¿Por qué la invasión de Cerdeña y Sicilia? Porque se empeñó la palurda de Isabel. El rey Federico II de Prusia la describía así: «La reina Isabel Farnesio habría querido gobernar el mundo entero; no podría vivir más que en el trono. El carácter de esta mujer singular estaba formado por la soberbia de un espartano, la tozudez de un inglés, la sutileza italiana y la vivacidad francesa. Caminaba audazmente hacia la realización de sus propósitos; nada la sorprendía, nada podía detenerla». Como al casar con el rey, Felipe V ya tenía dos infantes de su anterior matrimonio, la obsesión de esta pécora fue colocar a los retoños que iba teniendo en algún trono europeo, a poder ser en Italia. Por eso despilfarró los recursos de la nación a mayor gloria de su ambición de *mater amantissima*. Por su capricho, España había perdido insustituibles hombres, barcos y dinero a cambio de nada y había conseguido enemistarse con casi todo el mundo.

Para arreglar las cosas urdió una conspiración tan alta de vuelos como rastrera de ejecución. Tras la muerte de Luis XIV, el duque de Orleans consiguió que el parlamento anulase el testamento y le nombrase único regente con plenos poderes hasta la mayoría de edad de Luis XV, cuyo tío era precisamente Felipe V de España. Aunque en el Tratado de Utrecht, que puso fin a la Guerra de Sucesión española, Felipe V renunciaba a suceder a su abuelo Luis XIV en caso de fallecimiento de su sobrino Luis XV, se conchabaron las ambiciones de la Farnesio y del cardenal Alberoni, en España, y de la duquesa de Maine, en Francia, para urdir un complot que apartara a Felipe de Orleans de la regencia y la dejara en manos de Felipe V. La conjura tomó el nombre de Antonio del Giudice, príncipe de Cellamare, embajador en Francia de Felipe V.

Ana Luisa Benedicta, duquesa de Maine, era esposa de Luis Augusto de Borbón, bastardo legitimado de Luis XIV con madame de Montespan, e intrigó contra el regente por despecho, porque al anular el testamento del viejo rey, el duque de Orleans había apartado a su marido de toda influencia política, así que buscó el apoyo de otros resentidos como el cardenal de Polignac y el duque de Richelieu y se alió con el primer ministro de Felipe V, el cardenal Alberoni. Urdieron planes retorcidos y los ejecutaron de manera chapucera. Por medio de un oscuro copista, los conjurados hicieron transcribir documentos comprometedores que debían enviar a Alberoni, pero el copista, muerto de miedo, se los entregó a la policía. Alertado el secretario francés de Asuntos Exteriores, el abad Dubois, reveló el complot al regente. El 9 de diciembre de 1718, el príncipe de Cellamare tuvo que poner pies en polvorosa y salir de Francia con el rabo entre las piernas. A pesar de los desmentidos del gobierno español, parecía claro que todo se había hecho con el beneplácito del rey de España. De hecho, Cellamare siguió gozando del favor de Felipe V hasta su muerte en Sevilla en 1733.

El duque de Maine fue encerrado en la fortaleza de Doullens, la duquesa fue exiliada a Dijon y al duque de Richelieu lo metieron en La Bastilla. Todos obtuvieron el perdón pocos meses después y nadie fue enviado al cadalso; pero Francia declaró la guerra de España, como ya había hecho Inglaterra y el rey empezó a pensar que no era un chollo ser rey y a incubar deseos de dar la espantada. Europa se quedó estupefacta por el anuncio, en enero de 1724, de que renunciaba al trono. Aquello parecía confirmar la opinión general de que estaba como una regadera. Lisa y llanamente, el rey había desarrollado una obsesión religiosa patológica y solo le preocupaba estar bien con Dios. En realidad solo quería morirse. Su radical decisión de abdicar fue un suicidio profesional deliberado.

Cuando tuvo que volver a reinar, por la muerte prematura del heredero Luis I el Breve, se vio aquejado de nuevo por su dolencia, aunque esta vez con serios síntomas físicos. Hacían falta tres personas para ayudarlo a salir de la cama. Normalmente se pasaba horas tumbado a la bartola, mirando fijamente el techo y moviendo los labios sin decir ni mu. Dormía alrededor de una hora diaria, deambulaba por el Alcázar con la boca abierta y con la lengua colgando, tenía las piernas muy hinchadas y vivía asfixiado por sus «vapores» en los sesos, como decían los médicos para referirse a que estaba como una chota. Su desvarío psicótico le condujo a un apartamiento total de la realidad, una vez creyó que era una rana, y otra que estaba muerto. El embajador británico Benjamin Keene se refirió a Felipe V en 1738 como «trastornado» e informó que cuando «se retira a cenar, lanza espantosos alaridos». Uno de esos alaridos, a finales de julio, «duró desde las doce de la medianoche hasta las dos y media de la madrugada».

El más célebre de todos los *castrati* era Carlo Broschi, que paseaba por las cortes de Europa con el nombre de Farinelli. El divino eunuco abarcaba con su técnica tres octavas y media y era legendaria su capacidad para sostener una nota durante más de un minuto. Era un *rock star* cuando viajó a España en 1737 para paliar con su voz la depresión del Felipe V. Asombrados por los efectos terapéuticos de la música de Farinelli, el rey y la reina exigieron que cantara para ellos todos los días. A medianoche cantaba en la cámara del rey, acompañado por un trío de músicos de la capilla real; tenía que estar disponible a cualquier hora de la noche y solo se le permitía retirarse a dormir cuando el rey ya había cenado, a las cinco de la madrugada. En realidad, Farinelli se convirtió en el médico del rey. Todas las noches durante diez años Farinelli cantó las mismas cuatro arias al rey melancólico.

A la una y media de la noche del 9 de julio de 1746, Felipe le dijo a Isabel que le dolía la barriga y tenía ganas de vomitar. Empezó a tragar, se tragó la lengua y cayó de espaldas en la cama. Y se acabó.

LAS INTRIGAS DEL HOLANDÉS FANTASMA

El parásito holandés Johan Willem Ripperdá tenía hipertrofiada esa habilidad innata que tenemos los seres humanos para detectar la grieta en la voluntad del prójimo y meter la cuña en ella con el objetivo de conseguir lo que queremos. Por eso le fue de cine, aunque acabó de pena. Nacido en Groninga en una familia noble, rica y católica vinculada a los jesuitas, el joven barón de Ripperdá muy pronto comprendió que la virtud era un lastre para trepar y decidió prescindir de ella, así que nada más heredar cambió de religión para medrar en su oscura provincia: como decía lord Byron hay idiotas e impostores en todas las sectas. También pulió el arte de inventar todo tipo de patrañas y de masajear la oreja de su audiencia, método que le funcionó divinamente porque el fantasmón no tardó en ser nombrado embajador de Holanda en Madrid, una tierra de promisión para un pavo más listo que un ratón *colorao*.

Por lo mismo que ser católico en Holanda era mal negocio, también lo era ser luterano en Madrid, de modo que aprovechó su ventajoso matrimonio con una dama española para escenificar su nueva conversión al papismo. Se debió de leer los diez mandamientos y vio que era un número suficiente para permitir una selección inteligente de los que le convenía observar: se quedó con un par de ellos, el de santificar las fiestas y del otro no me acuerdo.

Ripperdá sabía moverse en ambientes cortesanos, tenía facilidad para los idiomas y era espléndido en sus fiestas y recepciones. Así se ganó el favor de la reina Farnesio, que le compró su proyecto de dañar a Inglaterra mediante el establecimiento de fábricas textiles locales. Ripperdá fue a Holanda, reclutó mano de obra especialista y levantó la Real Fábrica de Paños de Guadalajara, que subcontrató mientras se dedicaba a sus labores. Fue un fracaso apoteósico, pero no para él, que escaló al cargo de superintendente de todas las fábricas reales, atalaya que le permitió avistar nuevos horizontes. El pollo se postuló como secretario de Hacienda en 1720, pero Felipe V, antes de darle la llave de la caja, encargó unos informes a sus agentes en los Países Bajos y el barón no pasó la prueba. Parecía que había llegado a su máximo nivel de incompetencia, pero afirmar eso era no conocer a Ripperdá. Jugó en su favor la política internacional.

Después del fiasco de la invasión de Cerdeña y Sicilia, la reconstrucción de las relaciones diplomáticas pasó en primer lugar por recuperar la amistad con Francia, para lo cual se acordaron varias bodas reales: Luis XV, de once años, se casaría con la hija de Felipe V e Isabel Farnesio, Mariana Victoria, que tenía cuatro años, y el heredero local, Luis I el Breve, con Luisa Isabel, una princesa de la casa de Orleans, por entonces regentes.

Este movimiento parecía apuntalar las alianzas tradicionales, pero las relaciones hispanofrancesas siempre han sido una ducha escocesa y un vaivén, entre otras cosas por las particularidades de los Orleans. Felipe II de Orleans, el regente, era famoso por sus orgías familiares. En este sano ambiente de excesos sexuales, embarazos clandestinos, comida y alcohol hasta decir basta, y algunas muertes a consecuencia de tales costumbres, se crio el pequeño psicópata Luis XV. No es extraño que al llegar a España Luisa Isabel de Orleans los reyes la examinaran de arriba abajo hasta cerciorarse de que no tenía sífilis, por lo que Luis I tardó dieciocho meses en poder catar a su chiflada esposa.

En 1724, Luis de Borbón se convirtió en Luis I después de que su trastornado padre abdicara. La desvergonzada Luisa Isabel de Orleans, tenía catorce años cuando se convirtió en reina consorte del rey Luis I y también en la primera reina de España (la primera y la única, que se sepa) con pleno derecho a ser miembro del movimiento LGTB. Se encerraba en su alcoba con sus criadas y en pelota picada se lo pasaban de cine. De cine de adultos.

Durante el extraño episodio de la abdicación de Felipe V y los ocho meses de reinado de Luis I, la reina adolescente ofreció abundantes síntomas de lo que hoy se cree un trastorno límite de la personalidad: tenía ataques de bulimia, corría desnuda por las habitaciones de palacio, se encaramaba a los árboles y cortesanos y servidumbre veían atónitos cómo se desnudaba y se afanaba en limpiar con su vestido los cristales. Doscientos veintinueve días después de su llegada al trono, murió Luis, lo que convierte a su reinado en el segundo más efímero de la historia de España después del de Felipe el Hermoso *iure uxoris*. Luis I, murió de viruela, pero se acusó a su madrastra la Farnesio de haber echado una mano para precipitar su final.

En París, mientras tanto, los franceses consideraban deshacerse de la infanta-niña española y casar a Luis XV con otra candidata. Así que en plena desconfianza mutua, se desarrollaban con una lentitud desesperante las conversaciones de Cambrai para encontrar acomodo a los hijos de la Farnesio, Carlos y Felipe, a los que su madre buscaba desesperadamente un trono bien por la fuerza de las armas o bien por el socorrido recurso del matrimonio. Tres años se tiraron los diplomáticos a mesa puesta para debatir el asunto, por lo que la reina empezó a considerar (para alarma del embajador inglés Stanhope) cambiar radicalmente de política.

Cuando se canceló el bodorrio francés, hubo devolución de las princesas: la viuda Luisa Isabel volvió a Francia y la niña Mariana Victoria volvió de Francia. Las intercambiaron en la frontera. Ripperdá sacó el dedo, vio por dónde soplaba el viento, se colocó el *badget* de proaustriaco y le contó a la reina veleta todo lo que ella quería escuchar. Él iría a Viena a negociar con el emperador y conseguiría esposas regias para todos. Y dos huevos fritos, total lo prometido es duda: conseguiría también el imperio para Carlos, por qué no, a pesar del pequeño detalle de que España y el imperio llevaban veinticuatro años en guerra y sin relaciones diplomáticas. Así que en 1724 el fantasmón viajó a Viena en secreto. Aparentemente debía restablecer la antigua alianza entre Madrid y Viena concertando el matrimonio entre el infante Carlos y la princesa imperial María Teresa. Asimismo, intentaría conseguir el apoyo de Carlos VI para recuperar Gibraltar y Menorca, por entonces bajo dominio inglés. A esta aproximación a los Habsburgo le seguiría una ruptura total de las relaciones con Francia, que ya no tenía sustancia.

Nada más llegar a Austria, el logrero Ripperdá aireó su condición de enviado plenipotenciario y empezó a derrochar dinero a manos llenas. Aduló al emperador hasta la náusea mientras le llenaba la cartera con sobornos y promesas de más pagos, sin olvidar las imprescindibles fiestas. Con estos manejos, obtuvo un logro que ha pasado a los anales de la historia bufa junto al aeropuerto de Castellón: el tratado de Viena de 1725.

En esta alianza todas las ventajas eran para el emperador, que recibía subsidios a cambio de vagas promesas de una boda para el infante Carlos, y poco más. Ello a pesar de que Ripperdá sabía perfectamente que la princesa prometida iba a casarse con otro lechuguino de la casa de Lorena. Pero mantuvo la boca cerrada y volvió corriendo a España en triunfo apoteósico: la capacidad de autoengaño del ser humano no tiene límites y así el barón se trocó en duque, grande de España, secretario de Estado y primer ministro oficioso.

A los ojos de todas las cancillerías, España se volvió el centro del Eje del Mal, un país con más peligro que una caja de bombas. Los ingleses se hacían cruces y su pragmático *premier*, el conde de Stanhope, alucinaba en colores viendo cómo un tipo más desagradable que el escaparate de una ortopedia, un «impertinente e insolente», dirigía la diplomacia española. Pero al flamante duque se le empezó a ver el plumero y en cuanto Austria envió a Madrid su primer embajador en cinco lustros, el conde Lothar de Könnigsegg, empezó a reclamar el cumplimiento de los términos del tratado. Ripperdá quedó colgado de la brocha y más corrido que una mona.

Acusado de malversación y de espionaje para Inglaterra, y enemistado con la corte austríaca, el barón ya era un juguete roto. Sin apoyo de una abochornada Isabel Farnesio, sin títulos nobiliarios y con la huella de una patada en el culo, el fantasmón holandés, temeroso de un linchamiento público, optó torpemente por buscar refugio en la embajada inglesa agarrado a un par de botellas de vino para pasar el trago. Los ministros Grimaldo y Patiño consiguieron del rey una autorización para al cabo sacar a la fuerza al golfo. Lo enchiqueraron en el Alcázar de Segovia y la peña lo celebró con cohetería.

Pero el que tuvo, retuvo y al pavo le quedaban algunas plumas con las que sedujo a Josefa Ramos, una doncella de la alcaidesa. Así se fugó y llegó a Portugal y desde allí a Inglaterra, donde lo trataron bien. Felipe V, temeroso de que Ripperdá se fuera de la lengua porque conocía todos los secretos de Estado, forzó su salida del país. Volvió entonces a los Países Bajos, donde por segunda vez abrazó el calvinismo, y como allí no vio mucho que rascar, partió hacia Marruecos con ayuda de un almirante marroquí llamado Pérez que descendía de un renegado español y era embajador en La Haya.

En noviembre de 1731, llegó a Tánger con Josefa Ramos, se convirtió al Islam, que era entonces la mejor escalera para trepar al cielo, lio al sultán Abdallah II, le puso la cabeza loca a la madre del sultán y tras un intento de complot con el bey de Túnez y algunos otros enredos, a Ripperdá se le marchitó la flor del culo y acabó sus días en la miseria y olvidado. Por entonces aparecieron unas *Memorias* con su nombre llenas de fantasmadas. No es seguro que salieran de su mano.

SECRETÍSIMAS OPERACIONES DE «LIMPIEZA»

En España siempre ha sobrado gente incluso aunque faltara. De aquí no solo se expulsó al invasor, sino al nativo cuando era judío, morisco o gitano. Es un misterio cuándo y de dónde llegaron los gitanos. Al parecer cruzaron Gibraltar haciéndose pasar por peregrinos cristianos para ser acogidos por algún noble. Los primeros documentos donde se habla de ellos están firmados por el rey aragonés Alfonso V el Magnánimo en 1425. Siglo y medio después, durante el reinado de Felipe II, se produjo la primera gran redada cuando se decidió reponer a los remeros perdidos en Lepanto mediante la captura de los gitanos varones. Cuando los bancos de galeras se quedaban sin galeotes los reyes payos siempre podían recurrir a la leva forzosa de gitanos. La batida se perpetró en el invierno de 1571-1572, y a los gitanos que no estaban avecindados los convirtieron en forzados sin sueldo, esclavos, vaya; a los que ya estaban asentados les tocó la misma calamidad aunque como «buenas boyas», o sea remeros asalariados con un pequeño sueldo.

Como todas las guerras, la de Sucesión provocó un aumento alarmante de desarraigados, vagabundos, contrabandistas, desertores, buscavidas, forajidos y otras «gentes de mal vivir», entre las que siempre acababan incluidos los gitanos, que no tenían ni jefe de prensa ni presupuesto para campañas de concienciación. En 1717, una pragmática de Felipe V fijó la residencia forzosa de los gitanos en un número tasado de ciudades y pueblos para sedentarizarlos y asimilarlos. Para desnaturalizarlos, vaya.

Su hijo Fernando VI, so pretexto de asegurar el orden público, aceptó la sugerencia del obispo de Oviedo, Vázquez Tablada, de meterlos a todos en el talego y dispuso «operaciones secretísimas de limpieza». La Gran Redada, conocida como «Prisión General de Gitanos», se propuso arrestar a todos los calós del reino y se inició de manera sincronizada en todo el territorio el miércoles 30 de julio de 1749. ¿Para qué? Pues para acabar con ellos. Y punto. ¿Te suena? Pues también te sonará que la operación debía financiarse con los bienes de los detenidos, que serían confiscados y subastados para pagar la manutención durante el traslado, el alquiler de carretas y barcos para el viaje y cualquier otro gasto. Las instrucciones, muy puntillosas, establecían que, de no bastar ese dinero, el propio rey correría con los gastos. Que por dinero no quedara encontrar una solución. Final.

Había que capturar a todos sin distinción de sexo ni edad, y convertir a los hombres en forzados de las obras de los arsenales de Cádiz, Cartagena y El Ferrol, en fase de modernización tras la reciente abolición de las galeras. Las mujeres iban a ser recluidas en depósitos cuyos gastos se cubrirían con el rendimiento del trabajo de las presas, ellas tejerían y los niños trabajarían en las fábricas. La separación de las familias tenía el propósito de impedir nuevos nacimientos.

Pese al secreto que rodeó los planes operativos de la redada, algunos gitanos fueron alertados por autoridades locales caritativas. Un papel

«ciego» —es decir, anónimo— delató al alcalde y al escribano de Cogo-
lludo por servirse del albéitar para dar el soplo al cañí Pedro Bustamante,
que consiguió llegar a Tamajón y asilarse en el convento de San Francisco. Su mujer, Luisa Valmala, fue a la corte a interceder en favor del
marido y se metió en la boca del lobo, la apresaron en la posada de los
Caballeros de la calle Silva y su marido se echó al monte. Luisa Valmala
fue una más entre las mujeres, niños y hombres capturados el 12 de agosto de 1749. Entre ellos, estaban Pedro Gómez, un niño ciego de ocho
años, y una chica muda de la que no sabemos su nombre. José Fáez
alegó su condición de payo para ser liberado con su mujer gitana, Brígi-
da Salazar, y sus pequeños hijos mestizos, pero mantuvieron presa a la
mujer a pesar de que la regla era que la gitana casada con payo seguía el
fuero del marido. Recluyeron a muchos presos en castillos y alcazabas,
vaciaron y cercaron barrios para hacinar a otros deportados en condiciones terribles que incluían los grilletes. Las mujeres gitanas se resistieron
más que los hombres, en la Casa de Misericordia de Zaragoza rompieron
sus vestidos hasta quedarse desnudas y con la ropa taponaron los pozos
negros. Después destrozaron todo lo que pudieron y en la confusión se
escaparon muchas. La envergadura del plan de exterminio no contó con
que se necesitarían medios y recursos muy por encima de los asignados.
Los documentos arrojan la cifra de casi ocho mil gitanos capturados,
Campomanes habló de nueve mil, algunos autores elevan la cifra hasta
una docena de miles.

Dieciséis años después de la redada, Carlos III ordenó liberarlos a
todos. En el preámbulo de la nueva ley sobre los gitanos se mencionaba
la Gran Redada de 1749, pero Carlos III ordenó que retiraran la mención, hacía poco honor a la memoria de su hermano Fernando. La equi-
paración legal de los gitanos con los demás vasallos no llegó hasta 1783
con una pragmática que clausuraba la nutrida tradición de leyes que
desde 1499 los marcaba con el estigma de los facinerosos. Aunque recuperaron la libertad de vivir donde les diera la gana y trabajar en lo que
quisieran, la nueva norma establecía algunas cautelas; les prohibía, por
ejemplo, la vecindad en la corte y en los reales sitios.

El viajero romántico George Borrow cuenta que, aunque la convulsa historia española del XIX —guerras, motines, pronunciamientos y re-

vueltas— había proporcionado a los gitanos la ocasión para reanudar su errabundia ancestral, desde 1783 acabaron aceptando mayoritariamente el destino sedentario y se dedicaron a la chalanería. El predicador inglés los encontró precisamente en las inmediaciones de la calle madrileña de la Comadre y en el callejón de Lavapiés, donde se vendían las caballerías. También cuenta Borrow que en la cárcel del Saladero nunca faltaba una docena de gitanos emparedados.

LA CARTA ESCONDIDA

El cardenal Giulio Alberoni era muy hábil preparando macarrones al queso parmesano, el plato favorito de Isabel Farnesio. Había llegado a España en 1711 como secretario del general francés Louis-Joseph Vendôme, cuya muerte en Vinaroz, dicen que de un empacho de langostinos, dejó en el paro al prelado. Estúpida manera de morir. Entonces Alberoni solicitó el puesto de embajador de Parma ante la corte de Felipe V y aunque no cayó esa breva, se las apañó para ser embajador oficioso y agente secreto de los duques de Parma. En la corte española aumentó su influencia poco a poco gracias a la ayuda de la cortesana Marie-Anne de la Trémoille, más conocida como princesa de los Ursinos. La boda del rey con Isabel Farnesio es un claro indicio de la influencia sobre el rey que había alcanzado Alberoni. El favor de la nueva reina, que le debía en parte la corona, le permitió en apenas un par de años ascender aún más en su carrera meteórica y obtuvo sucesivamente el título de grande de España, el cargo de consejero del rey y el obispado de Málaga. Los reyes presionaron al papa Clemente XI para que nombrara cardenal a Alberoni y el pontífice tragó. El caso es que en los bulliciosos mentideros de la corte se murmuraba que Carlos III no era hijo de Felipe V sino de Alberoni.

Antes de ser rey de España, Carlos III fue rey de las Dos Sicilias, lo cual nos deja perplejos. Sabemos dónde se encuentra Sicilia, pero si hay dos Sicilias, ¿dónde se esconde la segunda? La busco en el mapa y no la encuentro por ninguna parte. ¿Un enigma geográfico? A lo mejor es solo una forma de hablar, los reyes de España lo fueron de las Españas y los zares de todas las Rusias. ¿Va por ahí la cosa? Pues no. En realidad, la segunda Sicilia no existe ni ha existido jamás salvo en los títulos reales. Se llama Dos Sicilias a la reunión del reino de Nápoles y del de Sicilia. Después de las Vísperas Sicilianas de 1282, la masacre que puso fin a la presencia francesa en Sicilia, los Anjou se refugiaron en Nápoles y siguieron titulándose «reyes de Sicilia» mientras que en la isla arraigaba la dinastía aragonesa. Así que había dos reyes de Sicilia, el aragonés de verdad y el napolitano de mentira, pero que invocaba ese título de dominio como la expresión elegante de una frustración y de una reivindicación. Tras más de dos siglos como virreinato español, de 1504 a 1708, y cinco lustros de dominio austriaco, Nápoles recuperó con sus Borbones la condición de reino independiente y Carlos III de España fue rey de Nápoles, como Carlos VII, y de Sicilia como Carlos V; o sea, de los dos reinos independientes de Nápoles y de Sicilia. O sea, de las Dos Sicilias. Enigma resuelto.

Carlos III tiene buena prensa, probablemente porque era un rey vocacional, no ornamental, que encarnó el despotismo ilustrado; o sea, que era un tecnócrata que promovió reales fábricas, canales y otras obras públicas, ató en corto a la Iglesia y a la Inquisición, limitó los exorbitantes privilegios de la Mesta, decretó el libre comercio con América, fundó un banco, creó escuelas de artes y oficios y organizó expediciones científicas. Asuntos todos ellos bastante extravagantes en una monarquía española que convirtió la nación en moribunda gastando los tesoros, talentos y sangre de los españoles por las continuas guerras. Carlos III mandó a Olavide a colonizar Sierra Morena y fundó la población de La Carolina, un polo de desarrollo con doce mil campesinos llegados de Europa a los que se adjudicaron lotes de tierra, material para construir sus viviendas y aperos de labranza. Creó también el cargo de síndico personero del común, que suena como defensor del pueblo. Incluso decretó que el trabajo manual no era deshonroso para ver si los rancios hidalgos y los más rancios nobles se espabilaban, pero de todas sus medidas la que más éxito tuvo fue la creación de la lotería nacional, lo cual en el fondo no deja de ser triste. En fin, que el hombre intentó sacar del secular sopor a una esclerotizada sociedad que se había dormido en los laureles de una memoria que ya no daba más de sí en su generosa elasticidad.

Enfrente tuvo a caciques, oligarcas y eclesiásticos, casi nada. Como siempre, la Iglesia en su secular injerencia negándose a respirar el aire del tiempo, los vientos del norte y las ideas disolventes de la Revolución Francesa promovidas por Rousseau, Voltaire y otros librepensadores comecuras, lo que hizo que a veces saltaran chispas entre el rey ilustrado y los apolillados prebostes. Pero Carlos les hizo una oferta que no pudieron rechazar: el rey se sometía a Dios y todo dios se sometía al rey. En uno de los asaltos de este cuerpo a cuerpo salieron los jesuitas centrifugados por mecer la cuna de un motín famoso.

Si algo hizo bien Carlos III fue rodearse de competentes muñidores de actuaciones cuasi revolucionarias en su apuesta por la renovación de un Estado con tantas telarañas como roña. Mientras con su infatigable carabina estragaba la cabaña nacional, hombres de la talla de Floridablanca, Olavide, Campomanes, José de Carvajal y el marqués de la Ensenada le resolvían los problemas de la tramoya burocrática de la cosa pública. El emprendedor marqués de la Ensenada ya había empezado a crear con Felipe V una flota solvente para combatir la piratería rampante de los anglos y con Carlos III en una década se botaron más de ciento veinticinco navíos y fragatas de impecable diseño. Lamentablemente, Carlos IV, su sucesor, abandonó la marina a su suerte y, años después, en Trafalgar, los ingleses se dedicaron al tiro al blanco con excelentes resultados.

Carlos III gastó toda la mina del lápiz en sus años mozos siendo rey de Nápoles. Por imperativo de su madre Isabel Farnesio se había prometido de mala gana con María Amalia de Sajonia, una rubicunda hija del rey de Polonia, aunque gracias a Dios cuando se conocieron hubo química y se convirtieron en tórtolos. María Amalia tenía trece años y no era núbil, el rey tenía veintidós y la chiquilla lo puso como el pico de una plancha. Como para parecer académicos los historiadores académicos intentan divorciar la historia del cotilleo, nos han escaqueado una auténtica joyita epistolar, que se conserva en el Archivo Histórico Nacional.* El texto está en francés y ocupa dieciocho cuartillas. En esa carta, Carlos rinde cuentas a sus padres de su noche de debutante: «Nos acostamos a las nueve y temblábamos los dos pero empezamos a besarnos y enseguida estuve listo y empecé y al cabo de un cuarto de hora la rompí, y en

---

* Sección Estado. Legajo 2760.

esta ocasión no pudimos corrernos ninguno de los dos; más tarde, a las tres de la mañana, volví a empezar y nos corrimos los dos al mismo tiempo y desde entonces hemos seguido así, dos veces por noche, excepto aquella noche en que debíamos venir aquí, que como tuvimos que levantarnos a las cuatro de la mañana solo pude hacerlo una vez y aseguro a VV. MM. que hubiese podido y podría hacerlo muchas más veces pero que me aguanto por las razones que VV. MM. me dieron y diré también a VV. MM. que siempre nos corremos al mismo tiempo porque el uno espera al otro».

Trece partos, una mala caída de caballo y su gran afición al tabaco contribuyeron a deteriorar la salud de una princesa que murió demasiado joven, ya reina de España, con treinta y cinco años. María Amalia no solo fue la primera reina que fumó, sino que echaba más humo que una chimenea y contaba a diario los habanos que le quedaban no fuera a quedarse sin material antes de la siguiente partida. Había alumbrado al imbécil infante Felipe al que rápidamente incapacitó su padre en beneficio de otro infante aparentemente más normal, aunque con una cabecita tan minúscula que desde pequeño le hicieron llevar peluca para disimularla. Y el cerebro, a lo que parece, era de misma talla. Lo cierto es que acabó siendo otro tarado que a su vez fue progenitor de otro más impresentable, Fernando VII. Al enviudar con cuarenta y cinco años, Carlos III pasó de las mujeres y sublimó la libido despoblando con su fusil los collados y montes madrileños de todo bicho que corriera o que volara. Era un tipo austero este rey, aborrecía el lujo y las alharacas y daba poca guerra a su sastre, al que al parecer tenía conservado en naftalina. En treinta años le confeccionaría no más allá de diez casacas que invariablemente tenían siempre las mismas medidas.

ENTRE FALDAS Y OTROS ENREDOS

Existía en Giacomo Casanova un hormiguillo al que llamaba su «locura vagabunda». El encadenamiento de los sucesos de su existencia —prisión, evasión, persecuciones de la justicia— no hizo más que reforzar su errabundia. Esa reputación de gran viajero le proporcionaba además una aureola de gloria que halagaba su vanidad. Al veneciano le gustaba el misterio que le confería su extravagancia. Su llegada no pasaba nunca inadvertida. Su buen aspecto, su vestimenta de gran señor, su hablar alto, eran sus mejores pasaportes. La belleza es portador de verdad. Lo bello nos parece cierto y verdadero y eso funciona casi en cualquier terreno. Los estudios concluyen que los guapos tienen más fácil el acceso a un crédito bancario, es el llamado «efecto halo».

Entraba en los salones con cartas de presentación a nombre de caballero de Seingalt y se explicaba sobre la utilidad de ese perifollo oficioso con franqueza impertinente: «Una orden de caballería, cualquiera que sea, pero sobre todo si es relumbrante, resulta muy ventajosa para quienes viajan mucho y tienen que presentarse casi todos los meses en ciudades diferentes. Es un ornamento, una marca de distinción respetable que se impone a los idiotas, de ahí su necesidad, porque el mundo está poblado de imbéciles siempre prestos a inclinarse ante una condecoración». Rechazó echar raíces tanto en un lugar como en una esposa: «La idea de establecerme de manera irrevocable en algún lugar era tan antipática, la necesidad de adoptar un sistema de cordura era tan contraria a mi naturaleza, que tuve la dicha de preferir mi locura vagabunda a todas las ventajas que me hubiera procurado nuestra unión».

Casanova era un gozador, un libertino incluso, digamos que poseía la inteligencia del placer porque había barruntado en alguna de las encrucijadas de su educación sentimental que el placer da lo que la sabiduría solo promete. En cuanto a ver en él el modelo del seductor, no es más que un tópico, un espejismo, un *idolla tribus* con poco fuste. El verdadero seductor tiene unos rasgos particulares, especialmente el de que le gustan las empresas difíciles, véase si no al Lovelace de Richardson o al Valmont de *Les liaisons dangereuses*. Donde Lovelace dice *I love opposition*, Casanova responde: «Yo detestaba a las coquetas». Más aún, tan pronto como podía, delegaba en el dinero el cuidado de seducir: «Le ofrecí seis francos». Difícil encontrar en el caballero de Seingalt las marchas y contramarchas tan queridas al seductor, ni la jactancia de vencer sin ayuda de nadie. No fue el fatuo y circense «más difícil todavía», fue el amor, el dulce amor tanta veces considerado un crimen, lo que llevó a este plebeyo al lecho de las marquesas, de las actrices y de pequeñas zorras de corazón tierno.

Ciertamente Casanova nos cuenta numerosas historias de mujeres, ciento veinte en total. Pero hay que señalar que desde la pérdida de su virginidad en brazos de dos amigas, Marton y Nanette, vírgenes también, hasta la aventura que cierra su autobiografía, «el tierno conocimiento de la hija de Irene la fullera», transcurren treinta y dos años de incesantes viajes. Ciento veinte mujeres en su lista es un total honorable, sin la menor duda, pero que no puede extrañar por parte de un soltero de su complexión, de un corredor de aventuras bien resuelto a no cargar jamás con una compañera, pero que no por ello acepta vivir solo cuando puede disfrutar de un alto en el camino. La libertad es algo maravilloso, pero no cuando hay que pagar por ella el precio de la soledad.

Tanto como las mujeres, le gustaban las intrigas, por eso fue alquimista, astrólogo, cabalista, espía y tahúr. El juego en todas sus formas, el bacarrá, el bisbís, el juego de los cientos, el sacanete, el cuatrillo, el hombre, el revesino, el treinta y cuarenta y, sobre todo, el faraón, le aportó a todo lo largo de su vida un complemento nada despreciable de recursos, a pesar de algunos fracasos aparatosos. Gran maestre de la Sociedad Secreta de los Tahúres, fundada por un tal Goudar, había prestado juramento de no hacer perder a un parisino más de quinientas libras porque «para desplumar a un pollo a conciencia, no se puede empezar por desollarlo».

También fue gourmet y trotamundos en berlina, en diligencia, en silla de posta, en coche cama, en landó, faetón, cabriolé, en trineo, en barco o en *vis-à-vis*. A veces andando. Turco en Turquía, ruso en Rusia y catalán «en la intimidad», probó tanto el *kawurma*, el picadillo de carne cocida de los orientales, como el *kwas*, la bebida rusa fermentada que algo recuerda a la cerveza. Ninguna propuesta gastronómica le hacía retroceder. Solo la cocina inglesa se le resistió, pero a quién no. En Marsella no hizo ascos a los *supions*, en Aviñón degustó como *connaisseur* el raro Hermitage blanco. En Grenoble, apreció un licor local, aguardiente de cerezas aromatizado con canela. En Génova hizo una cura de setas. En Madrid se aficionó a la olla podrida. ¿Por qué viajó tanto? El caballero de Seingalt no viajaba solo para descubrir hoteles, figones y posadas o para coleccionar amores por el camino. Perseguía también la fortuna. El dinero que la cábala, el juego o la estafa no le proporcionaban, intentaba conseguirlo sometiendo a reyes y príncipes proyectos arbitristas de los que poco entendía. En Petersburgo intentó interesar a la zarina en la armonización del calendario juliano, que continuaba en vigor en Rusia, con el gregoriano, ya impuesto en Europa.

De las casi cuatro mil páginas que comprende la *Historia de mi vida* de Giacomo Casanova en la edición de Mauro Armiño,[*] una quinta parte está dedicada a su estancia en España. Cruzó los Pirineos en un mulo, llegó a Pamplona y se adentró por Castilla la Vieja en dirección a Madrid: ahí empieza la intriga. Un país atrasado, un camino real casi impracticable, donde no hay posadas decentes sino infames tugurios de arrieros, en los pueblos tuvo que pasar la noche con orgullosos castellanos que no le hacían lumbre para que el forastero no pudiera decir que le habían servido. Poblachos que calificó de «prodigio de fealdad y de tristeza». En la primera posada se topó ya con una sorpresa: las habitaciones tenían el cerrojo por fuera, el forastero quedaba encerrado para facilitar los registros de la Inquisición, que velaba «continuamente por nuestra eterna salvación».

Con cartas de presentación para el conde de Aranda, todopoderoso sustituto de un Carlos III casi dedicado en exclusiva a la caza, Casanova no tardó en relacionarse con los círculos ilustrados, incubó esperanzas de medrar y consiguió mezclarse en un proyecto de importancia: la colonización de Sierra Morena. Campomanes y Olavide hablaron incluso de nombrarlo gobernador, pero no solo no obtuvo el cargo, sino que lo entalegaron dos veces: la primera en Madrid, delatado por su criado por tener armas. Enjaulado en el palacio del Buen Retiro, empleado entonces como cárcel y cuarteles, Casanova dejó constancia de algunas incomodidades: «Las pulgas, las chinches y los piojos son tres insectos tan comunes en España que han llegado a no molestar a nadie. Los miran como una especie de prójimo». Solo estuvo unos días, las arrogantes cartas que escribió a cuatro ministros hicieron su efecto y fue el propio conde de Aranda quien se plantó delante del Buen Retiro para que soltaran al pájaro.

---

[*] Editorial Atalanta.

¿Qué le debía el conde al caballero de Seingalt? No lo cuenta Casanova porque la discreción formaba parte de su oficio, pero se sabe que viajaba por cuenta de los francmasones, de ahí las protecciones de que disfrutó y su solvencia económica. Era preciso asegurar la cohesión de la internacional masónica, por ello agentes de enlace recorrían las logias de las distintas provincias, trasmitían las órdenes, escrutaban la opinión, organizaban la defensa, favorecían la propaganda. Especialista en el cifrado y en las tintas simpáticas, hombre de proyectos, quizá jesuita, fue agente secreto de los francmasones sin la menor duda, el enlace en España de las logias francesas e italianas.

Salió de Madrid, pasó por Zaragoza y llegó a Valencia, donde conoció a una bailarina italiana, Nina Bergonzi, amante de Ambrosio Funes de Villalpando, conde de Ricla, capitán general del principado de Cataluña. Cuando Nina volvió a Barcelona, Casanova la siguió; pero no tardó en ser advertido de cómo se las gastaba el conde con los amantes de su amante. Casanova pasó de la advertencia, y a las doce de la noche, al salir de casa de la Bergonzi, fue asaltado por dos facinerosos; logró escapar, pero a las siete de la mañana fue detenido y encerrado en la Ciudadela. Tras seis semanas de estancia en la ergástula, le dieron tres días para ahuecar el ala. Pasó los Pirineos, harto de este país. ¿Qué había venido a buscar aquí? ¿Lo encontró?

Es probable que algo sí, porque los jesuitas a los que servía se metieron en una muy gorda: según la Pesquisa Secreta sobre los motines contra Esquilache, todo había sido obra de una chusma de patanes manejada por una chusma de curas, los jesuitas instigaron las revueltas. El director de Correos, Fernández Angulo, intervino la correspondencia de la orden y la del nuncio Pallavicini y la Compañía de Jesús fue expulsada de todos los reinos de la monarquía. El rey se conformó con eso y se hizo el sueco con los grandes de España que, como el duque de Alba, habían mecido la cuna de las revueltas.

«LA TRINIDAD EN LA TIERRA»

Un hombre tiene que tener siempre el nivel de la
dignidad por encima del nivel del miedo.

EDUARDO GALEANO

LA TRAMA DETRÁS DE LA TRAMA

La historia no solo no se nos regala, sino que se nos vende muy cara; pero para Juan Picornell tenía la fascinación de ser un puerto al que se acaba llegando tras la tempestad. Como traductor, fue el primero en verter al castellano la *Declaración de los Derechos del Hombre y del Ciudadano*; como pedagogo, fue pionero del fomento de la educación pública en España. Como conspirador merece una calle con su estatua en el barrio madrileño de Lavapiés.

Se había educado en los libros de los enciclopedistas, cuya lengua le era tan familiar como la propia, y odiaba el poder absoluto. Por entonces, la resaca del Terror había hecho naufragar en Francia los sueños de los mejores revolucionarios, en España el conde de Floridablanca intentaba sellar los Pirineos para que no calaran las ideas del país vecino, porque las ideas mojan más que la lluvia. Pero las críticas al absolutismo y las teorías sobre la libertad cruzaron los Pirineos (sin descartar que ya hubiera un pequeño cultivo en España) como prueban las múltiples delaciones y pesquisas que se pueden encontrar en el Archivo Histórico Nacional. Un anónimo escrito contra la subida de impuestos del conde de Lerena, cuyo autor decía considerarse un fiel vasallo, amenazaba al rey con destronarlo si no rectificaba su política: «Por el Rey no se ha de perder España y si todos determinamos hacer lo que los franceses con su Rey, verá Vues-

tra Majestad cuán limitadas son sus fuerzas». La ejecución de Luis XVI
agitó los tronos y mostró a sus opositores —tanto liberales como reac-
cionarios— que el monarca era reemplazable, iniciando una era casi gótica, que incluyó el asesinato de Gustavo III de Suecia y Pablo I de
Rusia, y el destronamiento de Fernando IV de Nápoles o del propio
Carlos IV en España. A pesar del enroque absolutista, después de la restauración la legitimidad de los reyes nunca volvería a ser la misma.

Juan Picornell tenía treinta y cinco años, respiraba los aires ultrapi-
renaicos y estaba dispuesto a echar su cuarto a espadas. Que por él no
quedara. Era uno de esos tipos temerarios que creen que suele ser mejor
hacer algo arriesgado que no hacer nada. Creía también que las causas
perdidas son las únicas por las que merece la pena luchar. Para ser con-
secuente tuvo que ser intrigante en la sombra, un manipulador; pero no
por arribismo, sino por idealismo. Esa era su brújula para moverse por el
mundo. Por eso, en la España de Godoy —su contratipo— este personaje resulta desconcertante.

Madrid era entonces un bullebulle de logreros en busca de favores,
mamandurrias y enchufes reales. Pero el barrio de Lavapiés era otra historia, era el sótano de la ciudad y allí medrar era sinónimo de sobrevivir,
era el territorio de majos o manolos, una vocinglera turba de traperos,
chisperos, taberneros, zapateros, carniceros y demás plebeyos. Las mano-
las eran floristas, rabaneras o empleadas de las fábricas de tabacos y lucían
con desparpajo sus mantillas de tira, sus faldas campanudas y sus medias
refulgentes. Picornell no era uno de ellos, de hecho desconfiaba de ellos
visto lo visto en Francia. No era un populista cándido, era un liberal
radical que había tomado partido por la redención de aquella masa analfabeta y sumisa a la que, pese a todo, necesitaba porque con ellos tal vez
las cosas no salieran bien, pero sin ellos no había nada que hacer. La revolución o se hacía con la chusma, o no se hacía. Su pobreza tenía que
ser el detonante.

El primer paso debía ser conchabar a todos los descontentos del
despotismo, fuera cual fuese su condición social. ¿No era acaso el antaño
poderoso conde de Aranda, ahora desterrado, tan víctima del despotismo
de Godoy como los propios pobres? Pero la hoguera que debía purificar
el país debían encenderla los pies sucios de Lavapiés. Había que ir al

pueblo y hacer pedagogía de la libertad, la igualdad y la abundancia. Ese era su trabajo. Tenía la ética de Sísifo, la de la lucha y, como escribiría Camus, «el esfuerzo mismo para llegar a las cimas bastaba para llenar el corazón de este hombre».

En diciembre de 1794, Picornell tomó una habitación en la posada del número 22 de la calle de San Isidro, en el barrio de Las Vistillas. Se instaló bajo nombre falso de Juan Obispo y se camufló entre el gentío de una barriada espesa de una ciudad que tenía ciento sesenta mil almas. Hizo de su habitación el cuartel general de su célula clandestina, aunque también celebraron reuniones en el cuarto que su camarada José Lax ocupaba en la casa del conde de Tepa. Los tres mosqueteros que empezaron a organizar la trama eran Picornell, Lax y el abogado Manzanares, que por alguna discrepancia estratégica ahuecó el ala y se instaló en Cádiz.

Picornell sabía que las ideas nobles difícilmente prenden en espíritus embrutecidos por la lucha por la vida y que su proselitismo solo tendría éxito aplicando la conseja evangélica de que obras son amores, así que empezó a repartir generosas limosnas, un método que ya se había ensayado treinta años antes en el motín de Esquilache. Corrió por el barrio la voz de que un tal Juan Obispo era un buen samaritano y la popularidad del enigmático benefactor creció como la espuma. Pero no se limitaba a dar de comer al hambriento, sus propinas iban acompañadas de un sermón sobre las causas de la miseria y de críticas al gobierno por no evitarla. Cuanto más se multiplicaban sus solicitantes, más criticaba el despilfarro del rey, los lujos del favorito Godoy y la esclavitud de los vasallos como ellos, condenados a que un gobierno corrupto les chupara la sangre. Los beneficiados fueron centenares y ni siquiera el joven Manuel Cortés, que con los años se convertiría en un adelantado de la independencia de Venezuela, sabía de dónde sacaba el dinero Picornell. Los que lo sabían de sobra eran José Lax y el matemático Sebastián Andrés, que tras la deserción de Manzanares, se convirtieron junto con Picornell en el triunvirato del complot.

En los últimos días del mes de enero se reunieron en casa del conde de Tepa para redactar el *Manifiesto al Pueblo*. Tras mucho deliberar llegaron a un texto que convencía a todos: «Olvidado el gobierno del fin principal de su instituto, que es preservar la felicidad general, solamente se ocupa en destruir y aniquilar a toda prisa el reino, en imponer, aumentar y multiplicar contribuciones no para emplear estas incalculables sumas, esta sangre y sudor del pobre, en el mayor bien de los pueblos, sino para satisfacer sus propias pasiones, para engrandecer y mantener a Godoy con un lujo superior a las rentas del más rico potentado... Todos estos motivos obligan al pueblo a tomar firme resolución en recobrar sus derechos».

El *Manifiesto* se completaba con una *Instrucción de lo que debe ejecutar el pueblo de Madrid este día*, el meticuloso manual operativo para llevar a buen término la intentona revolucionaria. El día elegido para la sublevación un grito debía recorrer las calles de Madrid: «¡Viva la ley de Dios, viva el pueblo y muera el gobierno!». Después, quienes secundaran la llamada tenían que formar cuadrillas que elegirían a su propio jefe y se incautarían de las casas donde hubiera caudales públicos o utensilios de guerra. El militar que se opusiera a ello o intentara impedir que oficiales y soldados confraternizaran con el pueblo, sería considerado traidor a la patria. Los ciudadanos electos confeccionarían listas de todos los ciudadanos de sus respectivas calles en condiciones de tomar las armas. Los integrantes de aquel ejército popular elegirían entre sí sargentos y cabos, a razón de un sargento y dos cabos por cada veinte hombres. Mientras este embrión de ejército del pueblo se hacía con el control de la ciudad, los dos tercios de ciudadanos no armados se dedicarían a proveerse de armas. «Todos los armeros, espaderos, lonjistas y demás que tengan armas vendibles, así blancas como de fuego, las presentarán sin dilación alguna a los comandantes de cuadrillas o celadores de barrio Y todos los ciudadanos que tengan armas propias se presentarán armados», decía la *Instrucción*, que precisaba que las armas requisadas serían abonadas a los comerciantes, que todo ciudadano alistado recibiría una soldada de diez reales diarios y que se indemnizarían los estragos. Nunca se había visto una revolución con tan buenas maneras.

Faltaba fijar la fecha, el lugar y la hora para iniciar la alquimia de convertir a los súbditos en ciudadanos, a Godoy en proscrito y a los reyes en gente honrada. Había de ser un día de correo, para que la nueva del estallido revolucionario corriera como reguero de pólvora por todo el país. Y convenía que fuera a una hora en que los obreros de la fábrica de salitre hubieran salido ya del trabajo, de modo que se pudiera contar con su participación en las previas y siempre inciertas horas de la revolución. La fecha para la insurrección se acordó para San Blas, el 3 de febrero. El lugar: la plaza de Lavapiés.

Para asegurarse la participación de los artesanos del metal, Picornell puso empeño en adoctrinar al platero Manuel Hernández. Con él, como con muchos otros, recurrió a la lectura de obras del abate francés Gabriel de Mably, en las que el clérigo ilustrado trazaba su visión de un comunismo espartano, primitivo, y arremetía contra patronos, banqueros y cortesanos parásitos.

Picornell no solo había dejado de utilizar la pensión de la calle de San Isidro, sino que había cambiado también de nombre de guerra. Ahora se hacía llamar Juan Enrique, aunque por su prodigalidad de nuevo rico en Lavapiés lo llamaban «el Indiano» y se dejaba ver en las tabernas del barrio como El Sotanillo, donde se trasegaban vinos de Valdepeñas, se cantaban himnos franceses que exaltaban los ánimos y se despotricaba contra el taimado Godoy, que había sabido ganarse la confianza del rey y los favores de la reina para ponerse al país por montera, sin reparar en daño ni desbarajuste.

Las dos últimas noches de enero, mientras hacían imprimir en un taller de la calle de San Isidro las proclamas revolucionarias, Picornell se refugió en casa de un ebanista comprometido con la conjura, en la calle de Hortaleza. La noche del 1 de febrero la pasó en una taberna de la plazuela de Lavapiés y al día siguiente alquiló un cuarto en la cercana calle de Buenavista, en casa de la dueña de El Sotanillo. Toda precaución era poca y había que borrar sus propias huellas, o enmarañarlas al menos.

Llegó la madrugada de San Blas. La señal para la movida sería un fuego que se prendería al amanecer en Lavapiés. Picornell se instaló en el piso alto de la taberna de El Sotanillo velando sus armas a la espera del alba. A las tres de la madrugada llamó a la criada de la taberna para pedirle una taza de chocolate. Estupefacto vio que, tras la criada, entraron alguaciles que lo arrestaron sin darle ocasión de resistir con el sable y las dos pistolas cargadas sobre un baúl, a los pies de la cama. En la confusión, la criada abandonó el cuarto y se dirigió al sótano, forzó la cerradura de la puerta, sacó un cofre y a toda prisa se lo llevó a la mujer de Picornell, que creía que su marido estaba en Parla de viaje de negocios. A Picornell lo quitaron de la circulación encerrándole en la cárcel de la Villa. San Blas no trajo el grito de libertad, sino un calabozo y unos grilletes. ¿Qué había pasado para que se truncaran unos planes tan minuciosamente trazados? ¿Cuál había sido la mano negra del infortunio? ¿Por qué eslabón se había roto la cadena?

Tres días antes de San Blas, el platero Hernández se había presentado ante el párroco de la iglesia de San Miguel para contarle la peligrosa relación que le unía a un misterioso Juan Enrique que llevaba semanas repartiendo limosnas entre los necesitados y predicando la sedición. El fino olfato del cura olió que algo gordo se estaba cocinando en Lavapiés, y perdió el culo en alertar al obispo y al gobernador del Consejo de Castilla. El gobernador llamó urgentemente a su despacho al conde del Pinar, alcalde de casa y corte, y le ordenó ponerse al frente de las investigaciones. Las pesquisas del alcalde lo llevaron a la pensión de la calle de San Isidro, donde Hernández había dicho que se alojaba Picornell. La posadera recordó que un tal Juan Obispo se había quedado en su posada por unos días, pero que luego se mudó a otra fonda y que un fámulo había llevado su baúl hasta un garaje de la calle del Carmen, cerca de la Puerta del Sol.

El alcalde y los alguaciles se trasladaron al garaje y averiguaron que el baúl no había hecho allí sino una breve parada y luego un individuo había venido a llevárselo. Nadie sabía cómo se llamaba aquel hombre ni a dónde llevó el baúl, pero sí que había tirado por la calle del Olivo en dirección a la calle de Abada. Allí se perdía el rastro como si se hubiera contagiado del misterio que rodeaba al escurridizo Juan Obispo. Continuando las indagaciones, llegó a oídos del alcalde que en la calle de Abada había una posada muy celosa con la protección de datos de sus huéspedes. Al alcalde se le puso la mosca detrás de la oreja y allá que fueron la víspera de San Blas. Encontraron a Sebastián Andrés con los comprometedores papeles de la conspiración esparcidos sobre su baúl fatal.

Sebastián Andrés era un tipo duro y se negó a colaborar, pero la aplicación de los apremios le soltó la lengua. Juan Enrique y Juan Obispo eran en realidad Juan Picornell y se escondía en el piso alto de la taberna de El Sotanillo. Al mismo tiempo que al pedagogo, echaban el guante a José Lax. Luego cayeron en las redes taberneros, amigos, beneficiados e incluso a la pobre mujer de Picornell, que estaba en el limbo de las actividades de su marido. De la veintena de detenciones, la que más dolor produjo a Picornell fue la de su hijo de trece años, Juan Antonio.

El tribunal se esmeró con la tortura para soltarles a lengua y Picornell tuvo que soportar grillos cargados con una arroba de hierro que le hincharon tanto las piernas que estuvieron a punto de tener que amputárselas. El abogado Manzanares, que había desertado de la célula revolucionaria, intentó desertar de la vida y apartó de la comida un hueso largo, que afiló hasta convertirlo en punzón. Cuando a la mañana siguiente entró el carcelero en su celda, lo encontró más muerto que vivo; pero vivo aún, con cinco heridas profundas en el vientre por las que sangraba como un eccehomo.

Los jueces secundaron la propuesta del fiscal, que había pedido la horca y la confiscación de los bienes. A Picornell debían cortarle la lengua y la mano derecha en el mismo cadalso. ¿Final de partida y adiós Madrid? Pues no.

Contra todo pronóstico, el 26 de junio de 1796, un mes después de la sentencia, Picornell, Andrés, Lax y Cortés vieron conmutadas sus penas de muerte por las de prisión perpetua en las cárceles de América. Manuel Godoy había hecho llegar al rey, junto con el oficio de la sentencia, una nota en la que sugería la conveniencia de revisar las condenas: «Ahora no es tiempo oportuno para la resolución. Yo tengo suficientes luces en el negocio para comprender su magnitud». Cuando el rey recibió estas enigmáticas palabras concedió lo que le pedía su primer ministro. El tribunal procedió, pues, a destinar a Juan Picornell a la prisión de Panamá, José Lax y Sebastián Andrés irían a la de Puerto Cabello y Manuel Cortés a la de Portobelo. Todos ellos debían ser trasladados a La Coruña para el embarque.

¿Por qué aquel repentino cambio de criterio sobre la represalia a unos rebeldes que habían intentado destronar a Carlos IV? ¿Qué sabía Godoy de aquel negocio? ¿Qué oscura fuerza tenían los desventurados revolucionarios, aquellos pobres infelices, que pudiera amedrentar tanto al gobierno? ¿Las simpatías del pueblo llano? Era muy difícil de creer que los descontentos pero desorganizados artesanos de Lavapiés supusieran, por si solos, un auténtico peligro para Godoy. ¿A que temía entonces el gobierno para trocar el cadalso por una inesperada clemencia? Tras la trama de la revolución de Picornell tenía que esconderse otra trama, aún más secreta, que transformara la chapucera intentona de un puñado de amantes de la libertad en una conspiración de primer orden. Se llama conspiración a una acción secreta realizada por varios con ánimo de unirse contra un superior o soberano, de arrebatar el poder a otro grupo, o de hacer algo con intención de causar perjuicio o daño a alguien que está por encima. Lo que tiene en común con el misterio es la oscuridad, no hay conspiraciones con luz y taquígrafos. Y esta no solo no fue la excepción, sino que fue más oscura que noche sin luna.

El 7 de febrero de 1795, cuatro días después de la detención de Picornell y sus camaradas, Godoy había recibido una nota anónima que le informaba de algunos aspectos de la movida truncada. «Picornell tenía muchos millones para sufragar los gastos —decía el anónimo—. Están comprometidos en la conspiración hombres de todas las clases sociales y jerarquías; los componentes de la Junta Suprema organizadora pasan de ciento».

Las torturas a que fueron sometidos los encausados tenían por doble finalidad averiguar de dónde habían sacado el dinero que sufragaba la revolución y quiénes eran las personas que debían integrar la Junta Suprema tras el triunfo de la insurrección. Pero si en el asunto del dinero los jueces no encontraron más que evasivas e imprecisiones, en el de los nombres de los integrantes de la Junta Suprema se tropezaron con un muro de silencio. Ni las amenazas ni los tomentos lograron que Picornell confesara quiénes habrían de integrar la Junta. Fue Manuel Cortés, el eslabón más débil de la cadena, quien habló. Y el rosario de nombres que pronunció ante el sorprendido gobernador del Consejo de Castilla, le causó tal alarma que de inmediato escribió un informe a Godoy acompañado de la lista de los nombres. Pero cautamente manifestaba su incredulidad de que tales personajes pudieran estar realmente implicados en la conjura. En cualquier caso los nombres de aquella lista no llegaron a salir a relucir en el sumario del proceso. Tan solo un nombre aristocrático fue citado, pero con extremada prudencia: era el conde de Tepa, en cuya casa estaba la habitación de José Lax donde se habían reunido los conspiradores.

«En la conjura participaban personajes del más alto rango, incluso dentro de la Corte», informaba el embajador ruso en Madrid a la emperatriz Catalina II. Comenzaba a ser un secreto a voces que los conspiradores habían contado con el apoyo de magistrados, funcionarios del reino e incluso algunos grandes de España. Picornell lo negó durante el proceso, pero era evidente que tras la sentencia una poderosa mano había intercedido en su favor para arrancarlo de las garras de la muerte. Años después, embarcado en su aventura americana, el propio Picornell revelaría el alcance de su fallida conspiración y los nombres de los implicados, los mismos de la desaparecida lista confesada por Manuel Cortés, y que explicaban que Godoy hubiera temido por su suerte.

Meses antes de la conjura, en una tertulia organizada por la marquesa de Matallana, Picornell había logrado interesar en su proyecto al mismísimo conde de Aranda, antes de ser desterrado a Jaén tras su ataque contra Godoy del 14 de marzo de 1794 en el Consejo de Estado y en presencia del rey, cuando el valido anunció su decisión de continuar la guerra contra Francia. Una vez que el conde, comprometido con el reformismo y muy fan de los enciclopedistas, dio su visto bueno a Picornell, el duque de Almodóvar, el conde de Tepa y otras muchas personas principales del reino se sumaron al proyecto. La trama de ilustres conjurados fue creciendo como bola de nieve e incorporó a miembros del Consejo de Estado, ricos comerciantes, títulos de Castilla e incluso a destacados militares como el almirante Mazarredo y el conde de Colomera, general en jefe del ejército que se defendía a duras penas de las tropas francesas en los Pirineos occidentales.

Eran la *crème de la crème*, los instalados, los de arriba del todo, los inmunes encaramados desde la cuna a una posición inapelable, y dotaron a Picornell de cinco millones de reales destinados a alentar la propaganda limosnera y a sufragar los gastos de la sedición. Se acordó que el ejército de Vizcaya, al mando del conde de Colomera, se dirigiera a Madrid inmediatamente después de que estallara la revolución para apoyarla, cesando al mismo tiempo las hostilidades con Francia. El plan de paz revelaba que los conjurados tenían tratado de antemano con los franceses el fin de la guerra. El almirante Mazarredo recibiría el mando de la escuadra española y el duque de Almodóvar ocuparía la presidencia de la Junta Suprema. Movidos por intereses distintos pero convergentes, aristócratas reformadores y demócratas revolucionarios habían sellado un pacto para la instauración de la monarquía constitucional en España.

Godoy sacó una lección: frente a la pinza formada por los aristócratas descontentos y los plebeyos revolucionarios, solo le quedaba la salida de aliarse con burgueses reformistas como Jovellanos o Cabarrús, cuyo ideario político no comprometía la monarquía y cuya actitud liberal le ayudaría a afianzarse en el cargo y a recuperar el prestigio que la guerra, su carácter y sus errores le habían arrebatado. Godoy poseía una idiosincrática virtud española: sabía salir de paso.

Cuando, a las seis de la mañana del 24 de octubre de 1796, Juan Picornell salió del puerto de La Coruña rumbo a Panamá, a bordo del bergantín *La Golondrina*, dejaba atrás a sus compañeros que tardarían unos meses en ser deportados. Atrás quedaban también su infeliz esposa, Feliciana, que seguía en presidio, y su hijo Juan Antonio, recluido en el Hospicio Real. A su espalda quedaba el sueño roto de la revolución. Juan Picornell escapó de la prisión de La Guaira en Venezuela, el 3 de junio de 1797, y se enroló en los partidos de los criollos que flameaban las banderas de la independencia de las colonias de América.

LEYENDA NEGRA DE UNA REINA

De los diez reyes de la Edad Moderna española (Carlos I, Felipe II, Felipe III, Felipe IV, Carlos II, Felipe V, Luis I, Fernando VI, Carlos III y Carlos IV), los únicos que no murieron siendo reyes fueron el primero y el último, si bien sus abdicaciones se produjeron en circunstancias muy distintas. La de Carlos IV fue tan humillante como merecida.

El hispanista francés Desdevises du Dézert cuenta que Carlos IV adornaba su retrete como si fuera el tocador de una dama, dedicaba un cuarto de hora diario a gobernar la nación y pasaba horas enteras charlando con torneros, armeros o criados de cuadra, a quienes cuando estaba de buen humor desafiaba a la lucha leonesa. «Carlos IV —concluía

Desdevises— sería clasificado por los alienistas modernos en la clase de los semiimbéciles, capaces de recibir cierta instrucción, pero desprovistos de la más mínima dignidad y de la más mínima energía». Lo de «retramonguer» era un diagnóstico ampliamente compartido, Blanco White, que reconocía sus nobles ideales, creía que era «un divino tonto». Una de las secuelas de su tontería esdrújula fue la de dar en cornudo por apatía. Era un comodón de mirada apagada y bonachona, aspecto de simplón y con la boca siempre entreabierta. Mientras comentaba con su padre la preparación de su boda, Carlos III le recordó que ningún hombre está vacunado contra la infidelidad. Carlos IV replicó seguro de sí mismo: «Los reyes están libres de esas preocupaciones porque sus esposas no les pueden engañar con otros, ya que una reina no tiene otro rey cerca más que su esposo». «Carlos, Carlos, qué tonto eres, las princesas también pueden ser putas, hijo mío», le alertó el padre, que pudo también haberle dicho lo mismo que Ben Kingsley a Josh Hartnett en *El caso Slevin*: «Si alguien te llama caballo, pégale un puñetazo; cuando te lo diga por segunda vez, llámale imbécil; pero si la tercera vez alguien te vuelve a llamar caballo, quizá vaya siendo hora de que te compres la silla».

Además de jumento, era un meapilas que madrugaba, rezaba y asistía en sus aposentos a dos misas diarias. Desde las seis de la mañana leía obras piadosas, desayunaba copiosamente y daba cuerda y ponía en hora algunos de los cuatro mil relojes de su colección, comía a las doce y a eso de la una ya estaba cazando aunque cayeran chuzos de punta o se abrasaran los pájaros en el aire. Después de cazar, durante un cuarto de hora recibía a los ministros y luego jugaba a las cartas o escuchaba a algún violinista. A las once, en la cama. Mientras él hacía su vida, su mujer María Luisa de Parma buscaba espacios libres en la cabeza del monarca donde ponerle nuevos cuernos. («Carlos, Carlos, qué tonto eres, las princesas también pueden ser putas, hijo mío»).

La reina parmesana tuvo veinticuatro embarazos de los cuales catorce le dieron niños vivos, aunque solo siete llegaron a adultos. Tan copioso historial obstétrico tuvo su reflejo en su apariencia física, a los treinta años era ya vieja según el testimonio del embajador ruso Zinoviev: «Partos repetidos, indisposiciones, y, acaso, un germen de enfermedad hereditaria, la habían marchitado por completo: el tinte amarillo de la tez y la pérdida de los dientes fueron el golpe mortal para su belleza». Para aplacar el dolor de muelas y de hemorroides se chutaba opio.

Espronceda la creía un pendón desorejado de furores uterinos y con escaso romanticismo la llamó «impura prostituta». Un marbete poco original porque ya lo habían acuñado en Francia para la pobre María Antonieta. Hans Roger Madol asegura en su biografía de Godoy que la reina era una «chulapona desgarrada, maja bravía donde las hubiere, buscadora perpetua de las sensaciones viriles de los apuestos cortesanos que la rodeaban y de los más granados guardias de corps». En los archivos del Ministerio de Exteriores de París, se conserva cierto documento que abunda en lo mismo: «Es el vicio en toda su fealdad, es el escándalo más nauseabundo; ni urbanidad, ni delicadeza, ni pudor, privado o público; las costumbres están corrompidas, sin estar dulcificadas... Ningún miramiento, ningún velo esconde este horrible espectáculo a los ojos de la multitud, y tal vez en toda España no hay una sola persona que no sepa que, para alimentar la extraña sensibilidad de la reina, no es demasiado la asiduidad de un funcionario titular [el rey], las atenciones pasajeras del Príncipe de la Paz [Godoy] y el concurso frecuente de la flor y nata de los Guardias de Corps».

Tanta unanimidad en la injuria le lleva a uno al mosqueo. Las leyendas negras existen. Y la misoginia también. En un país descontento por las frustraciones políticas, los reveses militares, la hambruna y las epidemias, alguien tenía que hacer de chivo expiatorio, que es el mejor amigo del hombre —y no el perro— y no soy el único que tiene la impresión de que le tocó a ella porque jugó un papel decisivo en el desmantelamiento del grupo de poder de Floridablanca y en la marginación de la alta nobleza. El ejemplo francés extendió el uso de un arma letal contra la legitimidad del monarca: la aniquilación del honor de la reina haciendo de la moralidad un argumento político que dio lugar a una «era de las reinas libertinas». El ejemplo francés, lo que le hicieron a la pobre María Antonieta, encontró en España terreno abonado, porque tanto Isabel Farnesio, como Luisa Isabel de Orleans y Bárbara de Braganza sufrieron campañas orquestadas por las facciones desplazadas de la corte para vengarse de los reyes. La alta nobleza, gran damnificada al verse desplazada por favoritos e hidalgos de carrera, recurrió habitualmente a disparar sal gorda contra la primera pianista.

El gatuperio del vituperio real no era una novedad. Ya los últimos reyes godos afeitaban la cabeza a quienes ultrajaban al monarca, los cubrían con harapos y los llevaban descalzos en carretas para escarnio público. Pero ni por esas, muchos reyes tuvieron un mote a veces insultante: el Cruel, el Malo, el Gordo, el Impotente, el Hechizado, la Loca, el Felón o Pepe Botella. Cuando los monarcas tenían poder absoluto, salían caros los ultrajes, aunque no dejó de haber faltones temerarios, pero fue con los regímenes parlamentarios cuando se abrió la veda y los reyes se acostumbraron a desayunarse con un sapo. A veces, con un pozo lleno.

En España, históricamente, represión y manga ancha frente a chanzas, insultos y otros ultrajes, se alternan como las mareas. *El Conciso*, un periódico que se publicó durante las Cortes de Cádiz, sin veladura alguna atacó la monarquía y a la reina María Luisa de Parma la puso a caer de un burro. La llamó pérfida, intrigante, vulgar y sedienta de lujuria y atribuyó a Godoy la paternidad de sus dos últimos hijos. En 1793 un globo de Montgolfier se elevó frente al palacio, la familia real estaba en un balcón y de repente la multitud se desentendió del prodigio aerostático y empezó a insultar a la reina. Eran injurias más baratas que el papel de lija. Por sucesos como ese, los reyes empezaron a evitar exhibirse en los espacios abiertos de Madrid y los Reales Sitios.

No siempre había sido así, ni mucho menos. El 2 de octubre de 1786, Karl von Humburg —secretario de la legación imperial en la corte de Carlos III— trasladaba a Viena la relación de un paseo en carroza de los príncipes de Asturias por una avenida madrileña. La gran cantidad de gente que se reunió para vitorear a María Luisa, congratulándose por su restablecimiento de una reciente convalecencia, revelaba en opinión del diplomático «el sincero y bien merecido amor de la nación por la Princesa». Durante los tres años siguientes, los reportes del conde de Kageneck, sustituto de Humburg, fueron igualmente favorables a María Luisa, a menudo aludían tanto a su encanto personal como a la adoración que le profesaban los españoles. A pesar de que ya había sido víctima de los primeros rumores urdidos por nobles desplazados, no calaron en la población ni parecieron enturbiar el aura popular de la princesa. En sus primeros meses como consorte real, María Luisa siguió disfrutando del amor del pueblo. Kageneck testimonió los baños de multitud que la parmesana se daba durante sus paseos públicos diarios, en los que se podía escuchar a los madrileños dirigirle «las más alegres exclamaciones de ¡viva la reina!». En estos días dorados en los que María Luisa —primero como princesa y luego como reina— gustaba de mostrarse en público, el conde de Kageneck ya presagiaba oscuros nubarrones. Solo tres años después el panorama era tenebroso. La culpa fue de Godoy.

Desde luego, se colgó de Godoy como una perra ya antes de la muerte de Carlos III. Sus últimos cuatro hijos muy probablemente los engendró Godoy: la infanta María Isabel, que fue reina de las Dos Sicilias; María Teresa, que vivió tres años; Felipe María, que vivió dos, y Francisco de Paula, que fue duque de Cádiz. Pero también Fernando VII pudo haber sido hijo de Godoy.

Si fuera el caso que, como se decía en los mentideros de la corte, Carlos III no era hijo de Felipe V sino del clérigo Alberoni, la dinastía de los Borbones de España se habría extinguido el 10 de agosto de 1759, el día en que murió en Villaviciosa de Odón, Fernando VI, el de la Gran Redada. Pero si era realmente hijo de su real padre, la dinastía se extinguió el 20 de enero de 1819, el día en que murió en Roma, exiliado y destronado, Carlos IV el Cazador. Y su hijo, Fernando VII el Felón, lo sabía.

En octubre de 1807, seis meses antes del motín de Aranjuez, el entonces príncipe de Asturias escribió un documento secreto, descubierto por su padre el rey Carlos IV en el que ponía nota a Godoy: «No solo ha hecho con su autoridad, con su poder y con sus sobornos que se le haya prostituido la flor de las mujeres de España, desde las más altas a las más bajas, sino que su casa, con motivo de audiencias privadas, y la secretaría misma de Estado, mientras que la gobernó, fueron unas ferias públicas y abiertas de prostituciones, estupros y adulterios, a trueque de pensiones, empleos y dignidades, haciendo servir así la autoridad de V. M. [Carlos IV] para recompensar la vil condescendencia a su desenfrenada lascivia, a los torpes vicios de su corrompido corazón. Estos excesos, a poco que entró ese hombre sin vergüenza en el ministerio, llegaron a tal grado de notoriedad que supo todo el mundo que el camino único y seguro para acomodarse o para ascender era el de sacrificar a su insaciable y brutal lujuria el honor de la hija, de la hermana o de la mujer».

¿Sospechó Fernando VII que ese semental podría ser su propio padre? Además de Manuel Godoy y del hermano mayor de este, Luis, su madre María Luisa había tenido varios amantes. De hecho, Luis Godoy tuvo que salir precipitadamente de la corte por el escándalo de su romance con la reina, dejando el campo libre a su hermano Manuel, que desde entonces se convirtió en favorito, aunque la reina siguiese contando con sustitutos ocasionales. La extensa relación de amantes de María Luisa figura en un libelo de Chantreau,[*] que vinculaba a la reina española con la recién ejecutada francesa. «España presenta a la historia a una mujer que tal vez no será menos famosa, émula en todo a María Antonieta, tiene sus gustos y ha cometido los mismos errores. Ojalá pueda ser a España lo que María Antonieta es a Francia, es decir, ¡la última reina! ¡Qué fácil comparación se puede hacer entre Luis XVI y Carlos IV! Los dos ciegos sobre la conducta de su mujer, los dos engañados por ella, los dos arrastrados al abismo dan a la posteridad un ejemplo de apatía y dejarán en la mente de los pueblos una memoria odiada».

¿Quiénes eran, pues, los que, siquiera fuera esporádicamente, se beneficiaban a la reina de España? El más madrugador fue el conde de Teba, Eugenio Eulalio Portocarrero Palafox, primogénito de la condesa de Montijo, que fue *sponsor* de la fallida revolución de Picornell, uno de los promotores del motín de Aranjuez contra los reyes y contra Godoy e impulsor también de la sublevación de Riego contra el poder absoluto de Fernando VII. El marqués de Villa-Urrutia sospecha que lo hizo para vengarse «de la mujer olvidadiza y caprichosa que con él había compartido los divinos goces del amor primero». Al conde de Teba le sucedió el donjuán Agustín Lancaster, hijo del duque de Abrantes. Tras él llegó a la alcoba real un hombre singular, Juan Pignatelli, más tarde conde de Fuentes. Este pisaverde jugaba con dos barajas porque andaba también con la duquesa Cayetana de Alba, la reina no soportaba que Cayetana

---

[*] *Vie politique de la Reine Marie Louise de Parme, contenant ses intrigues amoureuses avec le duc d'Alcudia et autres amants, et sa jalousie contre la Duchese d'Albe, etc. etc.* Puede consultarse en línea en la Biblioteca Nacional de Francia.

fuera más culta y bella que ella y se las arregló para que a Pignatelli se le destinase a París en misión diplomática.

Es significativo el caso del guardia Manuel Mallo, un criollo venezolano que dio lugar a esta hablilla: «Estando asomados a uno de los balcones del palacio de San Ildefonso un día el rey y la reina y el príncipe de la Paz, atravesó Mallo la plaza en una vistosa berlina tirada de caballos ricamente enjaezados. "¿Quién va dentro de aquel coche tan brillante?", preguntó el rey. "Es Mallo", respondió el Príncipe de la Paz. "¿Y de dónde le ha venido de repente tanta ostentación?", volvió a preguntar el rey. "Parece, señor —replicó el príncipe de la Paz—, que corteja a una vieja rica y que esta le ha puesto en zancos"».

De esta historieta inverosímil se pueden sacar dos interesantes conclusiones. Primero, el hecho de que fuese recogida por tal variedad de personajes de la época (al menos por lady Holland, José García de León, Andrés Muriel y el embajador danés Schubart) demuestra que este tipo de chistes corrió de boca en boca, y que la honra de la reina estaba herida de muerte en 1798. En segundo lugar, el episodio en sí es un buen reflejo de la imagen que se quería transmitir de sus tres personajes principales: un valido cínico y dominante, una reina ridícula y subyugada, y un rey cándido y engañado por los otros dos.

Ninguno de los putos de la reina dio tanto que hablar como Godoy, dieciséis años más joven que ella. Su ascenso social y político fue fulgurante, a los veintiocho años estaba ya al frente del gobierno, mandaba sus tropas, gozaba de fincas e ingresos inmensos y entraría de costadillo en la familia real casándose en 1797 con la condesa de Chinchón, María Teresa de Borbón y Vallabriga, una pobre chica rica prima del rey. El infante Antonio Pascual lo llamaba «sabandija» en una carta dirigida a su sobrino, futuro Fernando VII. La misiva del hermano de Carlos IV, es una muestra curiosa de la intimidad de la corte presidida por el triángulo amoroso de los reyes y el favorito, «la Trinidad en la Tierra», y es también una basta impugnación moral de su cuñada la reina, que se dejaba humillar y maltratar por su amante plebeyo como se harta de repetir el marqués de Villa-Urrutia en su biografía de la reina. Algo molesto, muchos años después, Alfonso XIII llegó a decir: «Más valdría que Villa-Urrutia se ocupara de la puta de su mujer y dejara en paz a la puta de mi abuela».

EL HEREDERO INSIDIOSO

La peor y la más evitable de todas las guerras del XVIII fue la guerra contra la Convención. Godoy se había empeñado en reducir a los guillotinadores gabachos y hasta los contrabandistas de Sierra Morena formaron una compañía y fueron al lío con la Macarena al frente. Fue un desastre porque las tropas francesas entraron por los Pirineos y ocuparon las Provincias Vascongadas y el norte de Cataluña, además las arcas del Estado se llenaron de telarañas con lo que hubo que pedir árnica e ir a la Paz de Basilea de 1795, donde nos birlaron Santo Domingo.

Los últimos años de Carlos IV en el trono estuvieron marcados por la represión o el destierro de disidentes, no fuera a ser que también a él le rebanaran el pescuezo. Al exilio de los hombres que formaron el gabinete ilustrado (Jovellanos, Saavedra, Urquijo o Meléndez Valdés), le siguió el proceso de decenas de supuestos jansenistas en 1801 y después nuevas oleadas de destierros. El propio Godoy reconoció en sus memorias que por esas fechas empezó a joderse su Perú. Cuando la guillotina dejó de segar cabezas, los ministros españoles se alegraron de volver a reanudar las viejas alianzas con Francia. Hasta ese momento Carlos IV, más por suerte que por otra cosa, había evitado el contagio de la revolución y había conseguido conservar su real cabeza sobre los hombros. Pero Napoleón resultó ser más peligroso que Robespierre.

El colofón a las calamidades de la alianza con Napoleón fue el desastre de Trafalgar, que acabó con el proyecto napoleónico de invadir Gran Bretaña por mar. Estos acontecimientos los observaba el príncipe de Asturias, el futuro Fernando VII, más cabreado que el casero del Fugitivo. Despreciaba a Godoy no solo por los resultados de su política, sino sobre todo porque controlaba a su padre y emputecía a su madre. La guinda de los despropósitos la encontró Fernando cuando, según el tratado de Fontainebleau de 1807, España autorizaba la entrada de un ejército francés que se dirigía a Portugal. Además, en el mismo tratado se contemplaba el reparto de Portugal entre los franceses y Godoy, escandaloso atentado contra los derechos dinásticos, teniendo en cuenta que Godoy era un *parvenu*.

Fernando empezó a conspirar contra su padre en El Escorial, y como le salió el tiro por la culata, mintió, se humilló, delató y se bajó los pantalones para salvar el pellejo. Porque, y vamos al meollo del asunto, si el padre era más tonto que moto con cenicero el hijo era peor. Carlos IV podía ser un inepto y un calzonazos, pero no era tan mezquino, cobarde, egoísta, codicioso, hipócrita y miserable como su presunto hijo. Y sin embargo, al joven Fernando el pueblo lo quería. Lo quería del mismo modo que soportaba a su padre y que odiaba a Godoy, no se sabe bien por qué. Lo que yo creo es que las relaciones entre las naciones y sus gobernantes son más un asunto de la pasión que de la razón y así como a veces los amantes más perniciosos son los que dejan las nostalgias más duraderas, a menudo son los políticos más funestos los que mejor seducen a sus súbditos, aunque para ello tengan que recurrir a excusas admirables. El culto que los españoles profesaron a Fernando VII sería de otra manera inexplicable.

Me detengo un momento en la zafia conspiración de El Escorial. En medio de una crisis interna y externa, y de efervescencia del malestar contra el gobierno, el partido fernandino aglutinó en torno al príncipe de Asturias al nutrido grupo de descontentos y desplegó una campaña contra el honor de Carlos IV y María Luisa de Parma. Antes de destaparse la conspiración de El Escorial, los espías que Godoy había infiltrado en tertulias y cafés sorprendieron en Madrid a un criado del príncipe de Asturias pelando la hebra con un oficial de la secretaría de Gracia y Justicia, el primero decía estar contento de haber salido de El Escorial «porque no tengo que ver la cara de esa vieja de mierda, parece un demonio». Otro individuo había dicho el 21 de octubre de 1807 que Carlos IV y María Luisa eran unos «reyes de mierda, irrisión del universo». El propio Fernando habría costeado unas estampas que cargaban las tintas de la manera más guarra sobre los revolcones de la reina con Godoy.

A esas alturas de 1807, Carlos IV había perdido la batalla de la opinión pública, y de perdidos al río: reaccionó con un intento a la desesperada por hacerse respetar. En lugar de proceder a la manera del Antiguo Régimen, llevando los problemas de palacio con disimulo, el rey le echó coraje, arrestó al príncipe de Asturias y emitió un decreto en el que acusaba a su heredero de conspirar contra él. Después, publicó las cartas del príncipe pidiendo perdón a sus padres y así quiso dar por zanjado el asunto, pero después de años viviendo de espaldas al qué dirán, ya era tarde para todo eso, ya no había quien metiera la pasta dental en el tubo de dientes y el populacho puso la peana de mártir bajos los pies de Fernando, que siguió conspirando como si tal cosa. Y a la segunda fue la vencida: después del motín de Aranjuez logró que su padre abdicara. Pero, ¿para qué?, los franceses habían ocupado media España en un plisplás y Murat, el cuñado de Napoleón, estaba muy cerca de la capital.

La entrada de los franceses pronto reveló sus intenciones ocultas. Las tropas napoleónicas empezaron a ocupar plazas sin tener que disparar un garbanzo y en 1808 la situación era tan crítica que la familia real se retiró a Aranjuez con el propósito de llegar a Sevilla y embarcar rumbo a México. El 15 de marzo de 1808 se movilizaron las tropas de Madrid para escoltar a la comitiva regia y los partidarios de Fernando corrieron la voz de la huida de los reyes e instigaron las revueltas.

EL DESCONCIERTO DE ARANJUEZ

Algunos historiadores celebran la supuesta rebelión de la chusma contra la maquinaria de corrupción de un valido. ¿Seguro que fue el pueblo? Manuel Godoy tenía menos *sex-appeal* entre la peña que un *jeep* de segunda mano, era odiado por los artesanos por reducir los privilegios gremiales y por liberalizar los precios de las manufacturas, por los nobles por apoyar la ley agraria y por los clérigos por ser librepensador y desamortizador. En Aranjuez, sus espías le informaron de que los miembros de la camarilla del príncipe Fernando estaban haciéndole la cama. Al atardecer del 16 de marzo de 1808, Godoy se acercó a palacio para informar a los reyes de que se montaba una buena tangana. Envalentonado por creer que el descubrimiento del complot de El Escorial se había debido a la protección divina, y que Dios seguía amparándolo, Carlos IV contestó al valido acongojado: «Duerme en paz por esta noche, Manuel mío, yo soy tu escudo, y lo seré toda la vida». No se sabe si durmió en paz, pero sí que la pesadilla le pilló despierto. En la noche del 17 al 18, una turba de agitadores liderada por el conde de Teba —que empleaba el alias de «tío

Pedro» para identificarse entre sus secuaces— se agolpó frente al Palacio Real, asaltó el palacio de Godoy y quemó los enseres que no fueron saqueados. Eran empleados de los nobles llegados ex profeso, puesto que al ser Real Sitio y no villa, en Aranjuez apenas vivían cuatro gatos.

El supuesto «pueblo», no fueron los vecinos de Aranjuez, eran servidores y criados del príncipe Fernando y de los infantes, los funcionarios descontentos con tener que marcharse de Madrid, los cortesanos de compañía de los reyes y todos sus criados, los guardias y soldados, el ejército de sirvientes que acompañaban los desplazamientos del rey, y sobre todo, los *hooligans* que expresamente habían llevado los nobles del partido fernandino. También llegaron algunos soldados desde Madrid, pero para sumarse al golpe. Algunos testigos dijeron que habían visto «gente forastera de mal aire en su figura y peores modales» que circulaban en patrullas bastante organizadas hacia sitios precisos. El núcleo de los golpistas era la Guardia de Corps, que en todo momento dirigió el motín. La sublevación estaba pagada y preparada por unos pocos nobles y la señal del comienzo del motín había quedado en darla el príncipe Fernando, encendiendo y apagando la luz de su cuarto en palacio.

El motín buscaba la destitución del valido y la abdicación de Carlos IV en Fernando. El día 19 por la mañana encontraron a Godoy escondido en su palacio entre esteras, le zurraron bien la badana y lo arrastraron hasta el cuartel de Guardias de Corps. Fernando evitó que lo lincharan y consiguió que su padre abdicara ese mismo día. Las turbas se lanzaron sobre el coche vacío de Godoy y lo dejaron en modo siniestro total. Cuando llegó la chusma a palacio, despotricó contra «el choricero» [Godoy], «el borracho» [el rey] y «la puta» [la reina], eran maneras que no presagiaban nada bueno y a Carlos IV no le quedó otra que entregar a Godoy para salvar su pellejo. Una semana después, los franceses entraron en Madrid y Murat declaró nula la abdicación de Carlos IV. Era el trámite previo a los mangoneos de Napoleón que acabaron en las abdicaciones de abril en Bayona.

Jacques Godechot escribió que «una revolución no es un rayo que descarga en una plácida tarde de verano». La revolución, como la tormenta, se preanuncia en signos premonitorios, es algo que se ve venir de lejos, que es lo que parecía haber ocurrido en Aranjuez. Los contemporáneos vieron en la asonada una revolución, no una revolución a la francesa, claro, sino un levantamiento contra el mal gobierno, no contra el rey que hasta el momento de su abdicación seguía siendo vitoreado. Parecía evidente que el protagonista de los cambios era el pueblo que, inquieto ante la marcha de los reyes, asaltó la casa de Godoy, lo tumbó y provocó el ascenso de un príncipe idolatrado. Pero las cosas no eran como parecían.

Lo cierto es que no fue el pueblo el que espontáneamente se salió de madre, sino un complot entre el partido fernandino y la mano de Murat, que movía los hilos. Había además otros intereses: la Iglesia quería tumbar a Godoy como venganza por la desamortización y algunos aristócratas querían saldar viejos agravios contra los reyes, como el conde de Teba, Eugenio Eulalio Portocarrero Palafox, que se apuntó a la movida para vengarse de la reina olvidadiza y caprichosa que lo había expulsado de su lecho y de las mamandurrias derivadas del hecho.

El motín de Aranjuez expulsó a Godoy del poder y de España, a la que no volvería, porque no lo toleró el odio añejo del nuevo rey Fernando VII, la sanguijuela tenía sed y cuando percibió que se había levantado la veda contra alguien que había perdido la protección del poder se lanzó a su yugular como una hiena. La misma inquina mostró contra sus padres, exiliados en Roma, donde les acompañó Godoy como un perrito faldero que lame la mano que le da de comer. Fernando VII exigió al papa que expulsara de Roma a Manuel Godoy, cosa que hizo. Se exilió en Francia, se separó de su mujer y vivió en el destierro con Pepita Tudó.

¿Por qué odiaba el pueblo a Godoy? ¿Acaso era por ser amante de la reina? ¿O era por el Tratado de Fontainebleau de 1807, por creer que Napoleón iba a darle un trozo de Portugal para él solito? ¿Lo odiaban por el poder que había acumulado, por ser un reformista e iniciar la primera desamortización de la Iglesia? ¿Por sentar en la misma mesa, para escándalo de todo el mundo, a su mujer, la condesa de Chinchón, y a su amante, Pepita Tudó? Desde luego, era todo un elemento, pero al menos comprendió que no podía fiarse un pelo de Napoleón e intentó que la familia real embarcara hacia América. Era un plan coherente que tal vez hubiera frenado las guerras de independencia de las colonias americanas. Tal vez, pero nunca lo sabremos. Y nunca lo sabremos porque Fernando VII frustró el plan con el motín de Aranjuez. ¿Y todo para qué? Vuelvo a decir. ¿Todo para qué? ¿Para hacerse cargo con energía de los asuntos del gobierno cuando el país estaba desesperadamente necesitado de una dirección? Fernando VII no tenía en la cabeza otra idea que llegar a ser rey, pero ni sabía para qué servía reinar ni le importaba un pito saberlo. Una vez se libró de Godoy y se quedó con la corona de su padre, se sintió tan satisfecho que no hizo nada más. Con los franceses en Madrid, se limitó a esperar a que Napoleón le reconociera como legítimo rey de España. Pero Napoleón lo ignoró. Ni siquiera mandó a Murat a reunirse con él. El rey destronado se arrepintió de su abdicación y reclamó la corona porque es difícil ponerle una correa a un perro una vez que le has puesto una corona en la cabeza, pero Fernando VII siguió sin hacer nada y siguió esperando a Godot; o sea, a Napoleón.

El francés ya tenía sus propios planes. De pensar en quedarse con el norte de la Península había pasado a pensar en pillar todo el cacho. Y el rey cayó estúpidamente en su trampa. Lo que hizo Fernando VII fue ir a Bayona a ver al emperador. Allí se encontró con una sorpresa desagradable: su padre y su madre habían tenido la misma idea. Se pelearon entre ellos y Napoleón se divirtió un rato con el vodevil de una familia real realmente desestructurada. Napoleón se cansó y los largó a todos al exilio, cada cual a una parte de Francia, y le dio la corona de España a su hermano José. Y hasta ahí todo le fue de maravilla.

Hasta que el pueblo de Madrid decidió que si nadie hacía nada tendría que empezar a hacerlo él solo. Luego aparecieron las Juntas y la peña empezó a degollar a todo francés que pillaba desprevenido. Lo hacían en nombre de Fernando VII el Deseado, otro misterio porque el rey era un psicópata de libro, un patán antisocial que no tenía ningún reparo en mentir, manipular e incluso matar a aquel que se interpusiera entre él y sus bajos instintos. Hasta la maldad puede resultar honorable si es fría, corta y directa como la de Tywin Lannister, que en parecido trance dijo: «Esta será mi última guerra, gane o pierda, pero esta es por la cual voy a ser recordado». Y acertó. La maldad de Fernando VII era recalentada, premiosa y retorcida como el nudo de una soga de horca. Que el pueblo quisiera a Fernando VII ni lo puedo entender yo, ni hay dios que lo entienda. Además de abyecto, si no era más tonto era porque no entrenaba, la verdad. Un rey que huye no será rey por mucho tiempo, ¿en qué cabeza cabe ir a Bayona dejando una nación a merced de un enemigo que no es que estuviera a las puertas de la muralla, sino que ya estaba dentro? ¿Y el pueblo, mientras, le seguía queriendo? Pues por desgracia parece que sí. «Un pueblo que ha soportado a reyes como estos tiene alma de esclavo», cuentan que dijo una vez Napoleón refiriéndose a Carlos IV y su familia. Bien dicho, *sire*.

LOS LABIOS SELLADOS DEL FRAILE IMPERTINENTE

Cuenta José María Zavala que su amigo Juan Balansó, experto en casas reales, le habló de una reliquia documental que, de existir y conservarse aún, daría un giro copernicano a la convulsa historia de los Borbones españoles. A Zavala le picó el asunto y entre los papeles privados de fray Juan de Almaraz, confesor de la reina María Luisa, encontró el espeluznante documento en el registro del Ministerio de Justicia. Formaba parte del «Expediente del padre don Juan de Almaraz, confesor de la Reyna María Luisa», y estaba en un sobre lacrado con una inquietante palabra manuscrita: «Reservadísimo». Contenía una asombrosa revelación del fraile de la orden de los agustinos calzados: «Como confesor que he sido de la Reyna Madre de España (q. e. p. d.) Doña María Luisa de Borbón, juro *imberbum sacerdotis* cómo en su última confesión que hizo el 2 de enero de 1819 dijo que ninguno, ninguno de sus hijos y [sic] hijas, ninguno era del legítimo Matrimonio; y así que la Dinastía Borbón de España era concluida, lo que declaraba por cierto para descanso de su Alma, y que el Señor la perdonase. Lo que no manifiesto por tanto Amor que tengo a mi Rey el Señor don Fernando 7.º por quien tanto he padecido con su difunta Madre. Si muero sin confesión, se le entregará a mi Confesor cerrado como está, para descanso de mi Alma. Por todo lo dicho pongo de testigo a mi Redentor Jesús para que me perdone mi omisión. Roma, 8 de enero de 1819. Firmado Juan de Almaraz».

La revelación de la supuesta confesión de la reina María Luisa en su mismo lecho de muerte, le costó muy cara al fraile. Jugó mal sus bazas el incauto y Fernando VII le arruinó los años de vida que le quedaban por vivir. ¿Cómo descubrió Fernando VII el secreto de confesión de su madre, según el cual su verdadero padre era uno de los numerosos amantes de la reina? Pues por su tacañería.

A los sesenta y siete años, la reina María Luisa de Parma se rompió las dos piernas, enfermó de pulmonía y murió el 2 de enero de 1819. En sus últimos días la acompañaban Godoy y el fraile Almaraz. Carlos IV murió pocos días después. El testamento de María Luisa dejó como heredero de su fortuna al que fue su amante y valido, pero Fernando VII se pasó por el arco de triunfo el testamento en el que, además, la reina legaba cuatro mil duros a su confesor, pero por más que el fraile reclamó su legado durante siete años, no percibió un solo duro. Al clérigo, que andaba algo tieso, se le agotó la paciencia y en 1826 elevó una reclamación al tiñoso para que cumpliese la cláusula testamentaria de su madre. Fernando VII ni contestó. El fraile acudió entonces a los hermanos del rey para que intercedieran en su justa petición; pero no lograron que el muy bastardo diera el brazo a torcer y pagara al fraile, que pasó de las súplicas a las amenazas. Más terco que una mula manchega, el fraile escribió al mismísimo Fernando VII y le reveló el secreto de confesión de la reina que lo convertía en rey ilegítimo. Se atrevió a más todavía, conminó a Fernando VII a que reuniese al cuerpo diplomático para hacerle partícipe de aquel increíble secreto en descargo de su propia conciencia. Si el rey no lo hacía, entonces estaba dispuesto a hacerlo él mismo. Y ahí le dio al rey la soga para que lo ahorcara. Una obsesión se apoderó de Fernando VII: sellar para siempre los labios del fraile impertinente.

Pero Juan de Almaraz estaba en Roma, donde había acompañado en su exilio a Carlos IV y María Luisa. Fernando VII intentó que el papa extraditara a Almaraz a España como reo de alta traición y con la garantía de su «Real Clemencia». Por nada del mundo estaba dispuesto Fernando VII a que la escalofriante confidencia de su madre el mismo día de su muerte trascendiera si el confesor era procesado ante los tribunales ordinarios. Como Almaraz se escaqueó de la extradición, lo secuestraron mientras dormía en plena vía Condotti, lo embarcaron con grilletes en la fragata *Manzanares* anclada en Civitavecchia y llegó al puerto de Barcelona. Nada más desembarcar, José Pérez Navarro, oficial de la Secretaría de Marina, comunicó al rey que la pieza se hallaba a buen recaudo en la bodega del barco, aunque con más miedo que siete viejas. Fernando VII ordenó que encerraran al fraile en el castillo de Peñíscola.

El gobernador de la fortaleza, el coronel Luis Gerzábal, recibió la orden regia de incomunicar al prisionero de por vida. Que no hablara con nadie. La cantidad de veinte reales diarios para la manutención del prisionero no debía figurar en registro alguno, como si se lo hubiese tragado la tierra. De hecho, se lo había tragado la tierra en la solitaria oscuridad de una mazmorra. Pero como dijo el gran filósofo Tyrion Lannister: «Cuando le arrancas la lengua a un hombre no estás demostrando que sea un mentiroso, simplemente le estás diciendo al mundo que te da miedo lo que pueda decir».

Tres años después de que al fraile Almaraz lo condenaran a muerte en vida, el arzobispo Pedro José Fonte, al penetrar en la lóbrega celda, se topó con un fantasma arrodillado ante él implorando su indulgencia. El prelado había recibido el encargo real de arrancar al prisionero una retractación de lo que había escrito sobre la confesión de la reina María Luisa, y le prometió que si se desdecía de su «horrible calumnia» obtendría el perdón del rey y pelillos a la mar. El cautivo estampó su firma en un documento en el que enmendaba su testimonio de 1819, y pidió al obispo que transmitiera al monarca su arrepentimiento. Fernando VII debió de respirar aliviado, pero solo de momento porque no parecía tenerlas todas consigo. Pasó el tiempo y Almaraz seguía confinado en su celda bajo el mismo régimen. El arzobispo Fonte recurrió al ministro de Gracia y Justicia, Tadeo Calomarde, para que el monarca cumpliese su palabra, pero el ministro le previno del peligro de su insistencia en liberar al preso, y le dijo que «el rey había visto con el más alto desagrado su recuerdo, debiendo borrar completamente de su memoria aquel asunto, como si nunca hubiera tenido conocimiento de él. Que había cumplido bien la misión que se le había confiado; pero que, terminada esta, no debía volver a pensar en ella si no quería exponerse a recibir una muestra terrible del desagrado de Su Majestad».[*]

---

[*] José Muñoz Maldonado, *Causas célebres históricas españolas.*

El miedo atenazó la voluntad del arzobispo, que desde aquel día se desentendió de la suerte del cuitado Almaraz. Dos años después, la reina María Cristina, nombrada regente durante la grave enfermedad del rey, concedió una amnistía para los liberales exiliados. El 29 de octubre de 1832, en vida aún de Fernando VII, un nuevo gobernador de Peñíscola reparó en la reclusión de Almaraz y escribió una misiva «reservada» en la que invocaba la amnistía e imploraba clemencia para aquel desgraciado que llevaba cinco años incomunicado en la mazmorra. El gobernador de Peñíscola pecó de ingenuo: el mismo rey que había encarcelado al fraile para que no revelase el gran secreto de su auténtica filiación y la de sus hermanos, no iba a correr ahora el riesgo de que se fuera de la lengua.

Cuando, el 13 de febrero de 1834, otro nuevo gobernador tomó posesión de la plaza, Fernando VII llevaba cinco meses criando malvas. El funcionario quedó horrorizado al abrir la mazmorra y ver a un anciano de cabellos largos y enmarañados y barba blanca crecida hasta la cintura que se arrojó sollozando a sus pies. Aquel espectro, casi incapaz de articular palabra tras casi siete años de silencio y asilamiento, dijo ser el fraile Juan de Almaraz. El gobernador escribió una carta escalofriante a la reina regente María Cristina: «El gobernador de aquella Plaza [Peñíscola] dice que al tomar posesión del Gobierno de la misma ha encontrado en un encierro al sacerdote D. Juan de Almaraz, que fue conducido a ella a consecuencia de una Real Orden de que acompaña copia, expedida por este Ministerio en 21 de octubre de 1827, en la cual se califica de reo de alta traición al referido Almaraz y se encargaba fuese incomunicado vigorosamente y vigilado bajo la responsabilidad personal del gobernador, y como desde aquella fecha no haya podido alcanzar aquel desgraciado ningún alivio en su dura prisión, a pesar de los beneficiosos decretos dictados por el magnánimo corazón de V. M. en bien de todos los españoles, cree su deber hacer presente que la conducta observada en la prisión por este reo ha sido la correspondiente a su respetable carácter que su edad de sesenta y siete años, sus enfermedades dimanadas de su senectud y sus padecimientos de seis años y medio de encierro sin comunicación, le hacen inepto para el mal como para el bien. La felicidad de este respetable anciano es que V. M., tendiéndole su mano, beneficie para que no muera en su encierro, le permita volver a Extremadura, su patria, y acabar sus días en el seno de su familia».

María Cristina otorgó el perdón a fray Juan de Almaraz, que murió el 17 de noviembre de 1837 en Castellón.

LOS DÍAS OSCUROS Y LA DIVA FALSARIA

A Manuel Godoy y Álvarez de Faria la reina lo convirtió en uno de los hombres más ricos del país y logró que lo distinguieran con los títulos de duque de Sueca y de Alcudia con grandeza de España, caballero del Toisón de Oro, alteza serenísima y príncipe de la Paz, generalísimo, almirante, secretario de Estado, cargo equivalente al de primer ministro y otras muchas cosas. Él mismo se quejaba de que, a ojos de sus detractores, sus títulos parecían ser «adornos como se pueden poner a un mono». Durante su vida lo escoltaron los halagos, los tumultos y los litigios, que no se extinguieron con su muerte sino que duraron hasta entrado el siglo xx.

El sonoro título de príncipe de la Paz ha traído cola: primero fue cancelado y abolido, después se dispuso que en España no hubiera otro príncipe que el de Asturias. Pero en el vasto mundo surgieron otros aspirantes a usarlo, como un ministro del Madagascar libre, un tal Raine Andrea Manpandu, que en 1895 se resistía a la colonización francesa exhibiendo dicho título y lo pagó con la vida. También la emperatriz Zita de Austria, que durante su breve reinado se dejó adornar con este lauro, acaso porque previó que perdería su Imperio austrohúngaro y que menos da una piedra. La verdad es que, aparte de los esplendores iniciales, ese principado no dio muchas alegrías a su primer titular, cuyo ascenso vertiginoso inspiró el *Ruy Blas* de Victor Hugo, personaje que acaba suicidándose. Godoy no terminó tan mal, pero casi.

Cuando murió la reina María Luisa, Godoy se vio en el desamparo y Pepita Tudó cogió al hijo que habían tenido, Manuel, y fue a reunirse con su amante. Para legitimar al hijo, Godoy y la Tudó se casaron. Él ya había abandonado a su mujer, la condesa de Chinchón, que fue acogida en Toledo por su hermano, el arzobispo de aquella sede. Goya pintó la belleza lánguida de la condesa y tal vez captó en un chispazo de sus ojos la cólera con que se negaba a oír hablar de su marido trepa. Ese rechazo lo compartía la hija que había tenido con él, Carlota, pese a que su padre le había cedido los bienes que conservaba en Italia.

Valiéndose de su embajador en Roma y de sucias maniobras, Fernando VII no había dejado ni un minuto de perseguir a Godoy. Una de las obsesiones del rey era privarle del título de príncipe de la Paz y no paró de apremiar al papa para que le prohibiera su uso. La Santa Sede le dio satisfacción, aunque con su diplomática doblez habitual, hizo un trato con el exiliado para que renunciara al título a cambio de otorgarle el de príncipe de Bassano, una finca que Godoy acababa de comprar. Aburridos del acoso de los agentes españoles, en 1832 Godoy y la Tudó se fueron a vivir a París.

Allí pasó el expríncipe de la Paz los últimos veinte años de su vida, alojado al principio en un piso del bulevar Beaumarchais, número 59 bis. Pepita se propuso vivir en París a cuerpo de reina, pero el gran mundo la miraba por encima del hombro, así que tras una temporada de broncas con su marido, dio un portazo y se fue a vivir a Madrid, donde siguió derrochando un dineral. La ayudaron a endeudarse su hijo tarambana y su nieto, aún más cantamañanas. Pepita Tudó murió en la pobreza en 1869.

Solo en París, un Godoy cada vez más acorralado por la lampancia, cambió de casa y se alojó en otra más modesta del número 6 de la calle Neuve-des-Mathurins, y más tarde en un piso de la calle Michodiére, número 20. Vivía de una modesta pensión que le pasaba el gobierno de Francia a cargo de los fondos secretos, correspondiendo así a las atenciones, mucho más generosas, que en su día había tenido Godoy con personas e intereses franceses zarandeados por la revolución. Aspiró a que se le abonasen los atrasos de sus sueldos como servidor del Estado español que según él sumaban doscientos millones de reales. La esperanza de cobrarlos entretuvo su vejez. No le faltaban motivos para confiar en un arreglo porque en España ejercía como regente la reina María Cristina, hija de la infanta María Isabel, a la que se suponía hija adulterina de Godoy, como también se decía del infante Francisco de Paula, el niño de la guerrera roja en *La familia de Carlos IV* de Goya. No consta que ambos personajes distinguieran en absoluto a su discutido padre. La ingratitud se mantuvo cuando se casaron Isabel II, presunta nieta de Godoy, con

Francisco de Asís, también su presunto nieto, como hijo que era del infante Francisco de Paula. Aun así, el 31 de mayo de 1847 el gobierno de Madrid promulgó un decreto por el que se devolvían a Godoy el empleo de capitán general y el título de duque de la Alcudia, entre otros, pero no el de príncipe de la Paz, que se declaraba abolido. Se le autorizaba a volver al país y se le otorgaba la Gran Cruz de la Orden de San Hermenegildo, que premia la veteranía en el servicio. De los atrasos y alcances del Estado español Godoy nunca vio ni un ochavo.

Mientras tuvo salud y humor, Godoy se dedicó a escribir sus memorias, que se editaron en francés y en castellano y le proporcionaron algún provecho. El exiliado pasó su crepúsculo parisiense con grisura, acostumbraba a distraerse bajando a los jardines del Luxemburgo a ver jugar a los niños y se unía a los viejos que tomaban el sol y que nunca supieron quién había sido aquel otro anciano. Lo llamaban *monsieur* Manuel, sin acabar de decidir si era un poeta fracasado, un actor jubilado o un filósofo de buhardilla; pero todos creían adivinar que era un hombre *gavaudé*, echado a perder, vaya. A los ochenta y cinco años, el 4 de octubre de 1851, murió con la única compañía de un vecino. Le hicieron un miserable funeral en la parroquia de Saint-Roch y allí lo enterraron hasta que al año siguiente fue sepultado en la «isla de los españoles» del cementerio del Père-Lachaise. Tiene allí por vecinos a Leandro Fernández de Moratín, el músico Manuel García, padre de la cantante Malibrán, y Manuel Silvela y señora. No están lejos La Fontaine, Molière, Ingres, Daumier y Corot.

Años después se reunieron con el de Godoy los féretros de sus nietos María y Manuel Carlos Godoy de Bassano y de su nuera Mary Crowe. Manuel Carlos tuvo una esposa rutilante y conspiradora cuya biografía no es anodina. Las noticias que pudo acopiar Pedro Voltes en un folleto de 1933 firmado por un tal doctor G. Cany comienzan en la modesta portería de una casa del bulevar de Montparnasse, donde a los Nöel les nació en 1815 una niña a la que llamaron Victorine. Diez años más tarde, estaban claras sus buenas disposiciones para el canto y empezó a tomar clases en un colegio de monjas. Su educación musical duró otros diez años y en esa década se extendió la fama de su vigorosa y extensa voz. Uno de sus admiradores, Adolphe Lescuyer, director del teatro de la

Monnaie de Bruselas, la escuchó, la veneró y se la llevó a su país prometiéndole ser su padre; antes de llegar la noche ya no lo era. Les nació un hijo también llamado Adolphe y solo entonces la llevó a la vicaría. Este matrimonio no duraría mucho porque Victorine ya estaba en ese peligroso plano inclinado de las mujeres demasiado ambiciosas que se sienten decepcionadas por sus maridos.

En 1838 la Nöel se presentó en la Ópera de París y obtuvo un éxito deslumbrante en *La judía*, dijeron que poseía una voz pura con un fino timbre y una notable gama, sobre todo en las tesituras de contralto. Los nombres y las haciendas más esplendorosos de Europa se ponían a sus pies. Cantaba con el mismo virtuosismo todos los papeles del repertorio y pasaba triunfalmente de *La favorita* a *Don Sebastián* y *María Estuardo*. En su escalada a la gloria tomó dos medidas que auguraban una espiral de desvaríos: la primera fue cambiarse el nombre de Victorine Nöel, que acaso le recordaba demasiado la portería de sus padres, por el más artístico de Rosine Stoltz, y la segunda, más grave, fue divorciarse de *monsieur* Lescuyer, el cual no se dejó despedir sin cobrar una importante indemnización para cobrarse el mérito de haber descubierto aquel portento de mujer.

Según su biógrafo Gustave Bord, la afición de la Stoltz por adornarse con amistades y relaciones pomposas y la costumbre de ver en su camerino a príncipes y potentados, la animó a entrar en el gran mundo por la puerta grande. Roto ya el precinto de la prudencia, la cantante fue soltando mentiras cada vez más gordas acerca de su vida y milagros: inventó que se había casado con un tal duque Ernesto de Sajonia-Coburgo, que no existía, y le atribuyó la paternidad del hijo que había tenido en su matrimonio con *monsieur* Lescuyer. Después ornamentó al hijo con la baronía de Stoltzenau von Ketschendorff, amplificación de su apellido de Stoltz, y derivación del inexistente condado del mismo nombre que se reservó para ella.

Su apellido Stoltz (que había tomado de su madre) era premonitorio porque significa en alemán «arrogante», y esa condición nadie se la discutió a la diva, tanto, que se despidió estrepitosamente de la Ópera de París gritándole al público un sonoro *merde* después del escándalo que había protagonizado por su relación con Léon Pillet, director de la Ópera de París, con quien pudo haber concebido un hijo. A partir de entonces, la presunta condesa embelleció con oropeles de todo a cien algunas actuaciones ciertas que tuvo en el extranjero: durante años y años estuvo contando a quien la quisiera oír que cierto lord le había regalado un brazalete de cincuenta mil francos a cambio de un pañuelo suyo, que el emperador de Brasil había quitado del cuello de su esposa un collar de diamantes para ponérselo a ella, que después de cantar en la ópera carioca, el pueblo la había llevado hasta el puerto por calles alfombradas de flores y que un escuadrón de la armada brasileña había escoltado al barco que la traía a Europa, con el añadido de que cada semana volvía a Río una unidad naval para enterar al país de las novedades de la travesía de la Stoltz.

De estos viajes trajo algún dinerito con el que pudo seguir moviéndose en el París *chic*. En el año 1872, aburrida de la identidad que se había fabricado, anunció a la prensa que la viuda del duque de Sajonia-Coburgo había contraído nuevo matrimonio con el duque Carlo Raimondo de Lesignano di San Martino, ente tan abstracto como el anterior y cuya única virtualidad estribaba en dar pie a la Stoltz para exhibir el título de duquesa, con que se paseó por París una temporada. Cuando se cansó de su avatar virtual, insertó en los periódicos un anuncio que pregonaba: «Señora con aspecto de cuarenta años escasos, viuda, dotada de grandes títulos, desea marido que le dé un título de primera categoría».

Esa fue la conjunción astral que juntó un roto con un descosido, es decir el momento fundacional de la alianza entre la demencia nobiliaria de la Stoltz y la miseria y la desvergüenza del nieto de Godoy, que sobrevivía en París dando sablazos a cuenta de la esperanza de pillar algo de los doscientos millones que pretendía acreditar ante el gobierno de Madrid.

El *soi-disant* «príncipe de la Paz» leyó el anuncio de la Stoltz y se ofreció como candidato. Se juntaron el hambre y las ganas de comer y la cantante delirante se dio por satisfecha con el eufónico título y debió de valorar que, por vez primera, no había tenido que lucubrarlo ella. Total, que el novio solicitó cobrar cien mil francos contantes y sonantes y se prestó a casarse con la cantante en Pamplona, dentro de la mayor intimidad, sin duda para evitar revelaciones inconvenientes. Una vez celebrada la boda, se fue en el acto —no consta si «a la francesa»— a Madrid. Ya tenía motivos para saber que más vale pájaro en mano y se prestó a un interesante trato con el gobierno español: mediante el cobro de un millón al contado y en efectivo, renunciaba a los doscientos que venía reclamando como heredero de su abuelo.

8

PISTA, QUE VIENEN LOS ESPADONES

EL TIEMPO ENTRE CONJURAS

*Un trozo de planeta por el que cruza
errante la sombra de Caín.*

ANTONIO MACHADO

EL AGENTE SECRETO JAMES ROBERTSON

Franco envió a la División Azul a luchar contra la Unión Soviética junto a los nazis, pero no fueron los primeros soldados españoles en marchar sobre la estepa rusa. Ya lo habían hecho siglo y medio antes tres mil doscientos españoles encuadrados en el regimiento José Napoleón de la *Grande Armée* francesa, que invadió Rusia en 1812.

La aplastante victoria francesa sobre los prusianos en Jena había puesto fin a las veleidades de Godoy, quien tuvo que interrumpir sus escarceos con los ingleses y testimoniar su lealtad a Napoleón. El 5 de febrero de 1807, Godoy comunicaba al ministro francés Talleyrand que ponía a su disposición catorce mil hombres, incluidos los seis mil que guarnecían el reino de Etruria, el valido propuso para el mando de la división a los generales O'Farril o Castaños. Napoleón pasó de ambos e impuso al teniente general Pedro Caro y Sureda, marqués de La Romana. Tanto mejor para España, porque de haber aceptado a Castaños no hubiera podido participar en la batalla de Bailén.

El 22 de abril de 1807, la División del Norte, al mando de La Romana, comenzó su marcha en cinco columnas para unirse al cuerpo de ejército francés que mandaba el mariscal Brune. En los primeros días del mes de agosto la división acampó en las inmediaciones de Hamburgo y luego se asentaron en las islas de Langeland, Aröe y Thorseng. Cuando, al año siguiente, se enteraron de los sucesos del dos de mayo y de las proclamas de las Juntas de Asturias, Galicia y Andalucía, la mayor parte de aquellos españoles se propuso escapar y volver a España a luchar contra Napoleón. Pero necesitaban la ayuda de la armada británica.

Los ingleses buscaron a algún agente que pudiera llegar hasta La Romana sin levantar sospechas. Arthur Wellesley, duque de Wellington, se acordó de James Robertson, un cura católico escocés que hablaba alemán. Naturalmente era una misión arriesgada y el agente no podía llevar encima ningún documento comprometedor, lo cual creaba el problema de que La Romana no se fiara del mensajero. Seis años antes, el hispanista John Hookham Frere había sido destinado en Madrid, como embajador de Su Graciosa Majestad en la corte de Carlos IV, y se había hecho gran amigo de La Romana. El secretario de Estado para Asuntos Extranjeros, Canning, habló con Frere y el hispanista encontró una solución: el agente James Robertson debería llevar una tira de papel con un verso del *Cantar de mío Cid,* sobre el que Frere y La Romana habían debatido. El verso sería el santo y seña para que La Romana confiara en el emisario.

El 4 de junio de 1808, Robertson embarcó para Heligoland, una pequeña isla alemana situada en el borde sudeste del Mar del Norte. Lo acompañaba Mackenzie, agente británico que debería facilitarle el tránsito hasta llegar ante La Romana. Mackenzie supuso al general en Nyborg en Fionia, y allí se dirigieron. Se hospedaron en el mismo hotel que daba cobijo al marqués y a su Estado Mayor. Robertson, fingiéndose viajante de comercio, le escribió una misiva en francés solicitando una audiencia para mostrarle su catálogo de tabaco y chocolate. La Romana lo citó y en vez de catar cigarrillos y bombones escuchó un mensaje que lo dejó más perplejo que la respuesta de un oráculo: si eran capaces de concentrarse, la marina británica los repatriaría. ¿Y si el cura escocés fuera un agente francés que intentaba embaucarlo para medir el auténtico tamaño de su lealtad a Napoleón? El verso del *Cantar de mío Cid* disipó en parte sus dudas, que se desvanecieron del todo cuando pocos días después llegaron a Nyborg desde Madrid su ayudante Llano y el teniente coronel del Regimiento de Zamora, Martín de la Carrera, que habían sido testigos de los sucesos del dos de mayo.

Sin embargo, La Romana escribió a Napoleón para felicitarle por la exaltación al trono de España de su hermano José I y para ofrecerle homenaje y sumisión. Había que disimular para asegurar el retorno de sus tropas a España. El 16 de julio, el comisario general de policía de Amberes escribió al general Bernadotte haciéndole partícipe de la presencia de barcos ingleses en los puertos belgas y de su sospecha de que intentaran embarcar al contingente español. Bernadotte escribió a La Romana ordenándole que sus tropas prestaran el debido juramento al rey José I. La Romana intentó cumplir la orden, pero las tropas amenazaron con la insubordinación. Bernadotte respondió con amenazas, receló una deserción en masa y decretó la vigilancia de los españoles y la dispersión de las fuerzas entre las islas de Fionia, Langueland, Selandia y la península de Jutlandia. La Romana agilizó el embarque en los buques ingleses: la gran evasión. No todos lo consiguieron.

El más memorable de los que nunca llegaron a España fue Antonio Costa, que estaba al mando del Quinto Escuadrón del Regimiento de Caballería de Línea Algarbe. Cuando el mariscal Bernadotte, príncipe de Pontecorvo y futuro rey de Suecia, revistó sus tropas dijo: «Con este regimiento yo entraría en el infierno y echaría de él al diablo».

El diablo andaba entonces ocupado en trenzar el dilema que determinaría la suerte final del capitán Antonio Costa. El deshielo obligó al acantonamiento en Jutlandia y Fionia. Hasta allí llegaron las noticias de los sucesos del dos de mayo en Madrid. Hasta allí llegó también la orden de La Romana de que llegaran a Nyborg. Ante la vacilación de sus superiores, Antonio Costa decidió la evasión y tomó el mando de dos escuadrones. Solo ocho oficiales de entre los tres jefes y veintisiete oficiales del regimiento secundaron su golpe. El príncipe de Pontecorvo mandó una brigada para detenerlos. A los efectivos de Costa les hizo frente un escuadrón de cazadores a caballo, otro de dragones ligeros, algunas compañías de infantería francesas y danesas y una sección de artillería a caballo danesa al mando del mayor Ameil.

En las playas del pueblo de Lyngsodde, en Jutlandia, doscientos jinetes españoles quedaron rodeados por una columna francodanesa de caballería, infantería y artillería. El movimiento de persecución fue tan rápido que al alba del 11 de agosto de 1808 sorprendieron a la caballería española esperando en una playa los bateles ingleses en que habría de atravesar el Pequeño Belt hasta Nyborg. Ameil mandó a Costa que hiciese echar pie a tierra a su tropa y esperara las órdenes del príncipe de Pontecorvo, que no tardaría en llegar. El capitán de caballería Antonio Costa tomó su decisión. Antes de ejecutarla trató de negociar el regreso a España en términos de capitulación y asumió toda la responsabilidad: «Soy —dijo— el único culpable, mis soldados no han hecho más que obedecerme». Pero el mariscal Bernadotte llegó a tiempo de exigir la rendición sin condiciones añadiendo que fusilaría a los oficiales y diezmaría a la tropa. El capitán, consciente de la desigualdad de los ejércitos, avanzó a caballo hacia el mayor Ameil, pidió respeto para sus soldados, asió una pistola que colgaba del arzón de su montura, se volvió hacia sus soldados y pronunció sus últimas palabras: «Dad recuerdos a España de Antonio Costa». Se levantó la tapa de los sesos y se desplomó sobre la playa.

Para el mariscal Bernadotte, y para los soldados franceses que presenciaron su sacrificio, el de Costa no era sino un cadáver más entre los muchos miles con los que Napoleón sembró los campos de Europa. Pero el comandante de los daneses Carl Bardenfleth recogió su cuerpo, lo llevó hasta la cercana ciudad de Fredericia y allí, en el cementerio católico de la iglesia de San Knut, lo enterraron. Su tumba tiene una cruz y dos sables cruzados, sobre una lápida desafían a la intemperie sus últimas palabras: «Recuerdos a España».

Dos semanas después de la inmolación del capitán Antonio Costa, arribaban al puerto de Gotemburgo los buques británicos para repatriar a las unidades de La Romana, que hizo la travesía en el *Victory*, la última morada en la tierra del almirante Nelson tras Trafalgar. El 5 de septiembre, la mayoría del cuerpo expedicionario de La Romana, nueve mil soldados, embarcaron en treinta y siete buques británicos y zarparon con destino a La Coruña. Debido al mal tiempo, tardaron un mes en arribar a Santoña y Santander e incorporarse a la Guerra de la Independencia.

Además del capitán Antonio Costa quedaron en Dinamarca, desarmados y prisioneros, más de doscientos oficiales y cinco mil soldados con unos tres mil caballos. Todos ellos, junto con los soldados españoles capturados por los franceses en las batallas que se libraban en España, fueron los peculiares «voluntarios» del Regimiento José Napoleón creado en 1809.

Para animarlos a luchar a las órdenes de Napoleón les engañaron con el reclamo de que el nuevo regimiento sería destinado a España, se le dio la apariencia de pertenecer al ejército de la nueva dinastía que reinaba en Madrid, e incluso las insignias y banderas eran españolas. Los prisioneros querían volver a su país como fuese, desertar y pasarse al bando patriótico, por lo que hubo un alistamiento masivo, pero todo era un arenque rojo. Los cazadores conocen el truco del arenque rojo y saben que huele muy mal. Se arrastra una sardina podrida y se deja a los perros un rastro con un pestazo intenso que los desvía de su auténtico objetivo. A los oficiales y soldados del Regimiento José Napoleón les dieron el timo de la sardina podrida: jamás fueron destinados a España, incluso se les mantuvo lo más lejos posible para evitar las deserciones. Su destino era Rusia.

Se nombró al general Juan Kindelán jefe del regimiento. Un hijo suyo, el comandante José Kindelán, y contados oficiales españoles formaban la exigua minoría de afrancesados dispuesta a servir a Napoleón, pero el resto eran enemigos potenciales, y el emperador lo sabía. Cuando, en junio de 1812, la *Grande Armée* invadió Rusia, Napoleón tuvo la precaución de dividir el regimiento de cuatro batallones, en dos cuerpos distintos al mando de oficiales franceses. Los temores del emperador estaban justificados. A los pocos días de la invasión, un grupo de más de cien españoles, en una columna de rezagados, disparó contra los oficiales franceses y desertó. Lograron capturarlos y fusilaron a la mitad.

Los españoles entraron en combate en Vitebsk, Smolensko y Borodino. En esta batalla los dos batallones españoles del cuerpo de Davout sufrieron graves pérdidas, pero cuando se vieron en primera línea encontraron la ocasión de pasarse a los rusos y se lanzaron hacia adelante, llevando con ellos a los heridos que les hacía el fuego ruso. Napoleón creyó que el avance español para pasarse al enemigo era un valeroso ataque y mandó la caballería en su apoyo. Los españoles terminaron por tomar sin querer la principal posición rusa. La ocasión se frustró, pero los españoles iban a tener pronto oportunidad de cambiar de campo.

Tras su victoria en Borodino, Napoleón entró en Moscú, pero el zar no quiso firmar la paz y cuando se echó encima el frío, no tuvo más remedio que abandonar la capital y emprender una retirada que se convertiría en catástrofe. Muy pronto se produjo una riada de bajas, soldados que se separaban de sus unidades para buscar algo de comer, se rezagaban, se perdían, morían de frío y hambre o eran presa fácil para los guerrilleros que los hostigaban. Tras verlo avanzar en Borodino, Napoleón había cambiado de opinión sobre el Regimiento José Napoleón y cuando comenzó su propia retirada lo puso en la retaguardia, el lugar de mayor riesgo. Cuando la *Grande Armée* logró salir de Rusia, de los trescientos cincuenta mil hombres que habían comenzado la invasión no quedaban más de veinte mil, de los tres mil doscientos españoles no quedaban más que ciento sesenta. Sin embargo, su suerte había sido muy distinta al resto de la *Grande Armée*. Los españoles se habían ido en grupos, buscando las fuerzas rusas.

Unos dos mil españoles se presentaron ante el general ruso Saint-Priest, que estaba a cargo de los prisioneros, y recibieron un trato de aliados. El zar ordenó formar con ellos un regimiento del ejército ruso. El dos de mayo de 1813, celebración del levantamiento de 1808, se creó el Regimiento Imperial Alejandro y el 19 de julio, aniversario de la victoria española de Bailén, el regimiento español, impecablemente vestido con el uniforme del ejército del zar, recibió sus banderas en presencia del embajador de España. Un año después, el regimiento español dejó Rusia, embarcó en la base naval de Kronstadt y regresó a España, donde se integró en el ejército regular con el sobrenombre del Moscovita.

BAJO EL PALIO DE UNA LUZ CREPUSCULAR

Cuando el Estado corre peligro de descomposición, recomienda Maquiavelo volver a sus principios fundacionales para encontrar en ellos la legitimidad que tuvo. Es algo que puede lograrse a través de una intervención exterior, de la reforma de algunas leyes o de la acción de un «hombre virtuoso». En el siglo XIX en España los hubo a carretadas, empezaban como conspiradores y no era raro que terminaran como mártires; de hecho la diferencia conceptual entre esas dos cosas acaba por ser leve y sutil como la brisa de la mañana.

La insípida monotonía de una vida social sin prensa (solo se permitía la publicación de dos periódicos gubernamentales), sin asociaciones, sin cafés como Dios manda, solo quedaba aliviada por los saraos religiosos y cortesanos. Un ambiente de molicie grisácea en el que si algo había que sobrara era tiempo libre. Como remedio del tedio se tejían lentamente conspiraciones al amparo de las logias bajo el palio de una luz crepuscular, que con su secretismo daban sombra a los desafectos al régimen, que crecían día a día, se volvían conspiradores y se conchababan con los militares para practicar el deporte nacional de los pronunciamientos. Más cornadas daba la desesperación.

Cuenta Mesonero Romanos que Fernando VII le llamó la atención al general Castaños por llegar a una audiencia en palacio en pleno invierno vistiendo pantalón blanco de hilo: «Señor —replicó el general— acabo de cobrar la mesada de julio y por tanto continúo vistiendo como en verano». Tras la Guerra de Independencia, el ejército en todo el escalafón era pobre de pedir, como ilustra cierta carta del coronel Alejandro O'Donnell al ministro de la Guerra: «Los oficiales a mi cargo están reducidos al último estado de indigencia por la indiferencia con que son considerados por las autoridades de quienes depende su sustento. Agotados cuantos recursos han podido adquirir de sus casas o por otros medios decentes, la mayor parte se han visto en la dura necesidad de vender su ropa para comer; todos tienen que sufrir las reclamaciones de los dueños de sus casas cuyos arrendamientos no pueden satisfacer y algunos hay que no pueden hacer su servicio por desnudez y desfallecimiento de fuerzas».

Hubo oficiales que murieron de hambre y era habitual que no pudieran salir a la calle por falta de ropa. En un oficio del capitán general de El Ferrol, de abril de 1816, se lee: «En la mañana del 7 falleció el teniente de navío D. José Lavadores, de extenuación, en virtud de continuada escasez y hambre. Al mismo origen se debió la muerte del capitán de fragata Pedro Quevedo; anteayer murió desnudo y hambriento un oficial del ministerio y se hallan próximos a lo mismo, muchos de las demás clases». En la instrucción que se practicó por la muerte del teniente Lavadores, el general que acudió a su domicilio decía: «No tiene camisa, ninguna prenda de uniforme ni cosa de valor conocido, hallándose envuelto en una manta vieja, por lo que he dispuesto se amortaje con el hábito de San Francisco. Este pobre oficial estuvo haciendo su servicio cubierto con una levita andrajosa hasta dos días antes de su fallecimiento». Mientras en las proximidades de Cádiz se organizaba la nueva expedición para América, tanta era la penuria que solo se podía obtener dinero chantajeando a los municipios, y cuando eso no daba resultado los soldados mendigaban, pasaban hambre o aceptaban sobornos de bandidos o contrabandistas.

Como para no meterse en conjuras y contubernios. El descontento militar cursó en hartura y resentimiento. Si a eso se sumaba la implacable persecución y vigilancia de los militares liberales, el resultado dio en hacer cola para afiliarse a sociedades secretas y logias que menudeaban en todos los regimientos. Un Fernando VII que no perdonaba ningún charco, era la mejor estampa de un país putrefacto en el que la falta de ejemplaridad de la monarquía era una invitación a la revuelta. Nada más regresar a España Fernando VII, se vio claro que no tenía ninguna gana de despedirse del absolutismo. Los políticos sabían que no había nada que hacer si no contaban con la fuerza de las armas y en los despachos y cuartos de banderas de los regimientos encontraron hombres dispuestos. El pronunciamiento, un golpe militar contra el rey para introducir reformas y acabar con la corrupción, era la única salida. O golpe o miseria. Incluso había manuales de instrucciones para ponerlo en práctica como uno titulado *El arte de entusiasmar a las tropas*. Como método de conspiración, el pronunciamiento tenía un talón de Aquiles: el temor a ser descubiertos empujaba en ocasiones a los compromisarios a la revuelta antes de que los compromisos estuvieran bien atados, por eso la gran mayoría de los pronunciamientos quedaban en fuego de bengalas y sus románticos instigadores, Bonapartes de guardarropía, acabaron engrosando el martirologio liberal. Tenemos casi un pronunciamiento por año, todos con el mismo resultado: fracaso rotundo. Mina, Porlier, Lacy, Richart, Van Halen, Vidal, uno tras otro fueron condenados a muerte o tuvieron que salir por pies del país.

Enfrentados a un porvenir más negro que la boca de un túnel por el exceso de oficiales que taponaba los escalafones, humillados y ofendidos por un gobierno y un rey que les debía todo, reducidos a comer entresijos y altramuces, ganados por una ideología adquirida en la guerra y cimentada en la desesperación y en las logias, y con el espíritu mesiánico que produce toda guerra victoriosa, los últimos militares españoles de la generación de la primera posguerra del siglo XIX se convirtieron en sublevados en potencia. Otro mundo era posible, aunque tuviera que concebirse en la oscuridad de los conventículos y nacer del humo de los fusiles.

La masonería del Siglo de las Luces empezó promoviendo celestiales principios filosóficos y derivó a pisar los charcos de la política, un terreno resbaladizo pero inevitable para la desesperación de los conspiradores liberales. El carácter secreto ofrecía una garantía y conspiración y masonería acabaron por fundirse y cebar los pronunciamientos. Francia representaba el progreso, y con Napoleón no solo entraron en los países invadidos los soldados gabachos, sino también lo que llevaban en sus mochilas: el bagaje ideológico del nuevo orden burgués, racional y modernizante que ventiló el aire mefítico del absolutismo ancestral.

Ya en 1814, el peligro común y el fanatismo sectario congregaron a los liberales en las logias del rito escocés que fueron una factoría de tentativas para derrocar el gobierno de Fernando VII. Entre 1814 y 1820 la movida seguía tres cauces: una francmasonería conservadora difundida por los franceses entre las castas vinculadas al régimen en tiempos de la ocupación; un grupo nacionalista-liberal, que tal vez acusaba influencias de la masonería inglesa y que empezó por hacerse fuerte en Cádiz, y una masonería puramente militar de jóvenes oficiales activistas. Como las conspiraciones civiles fracasaban una y otra vez, acabaron dejando la iniciativa en manos de la masonería militar.

LOS TRIÁNGULOS PERFECTIBILISTAS

Una obra de Goya, *Duelo a garrotazos*, muestra cómo dos personajes, enterrados en un yermo hasta las rodillas y armados con trancas, no pueden escapar del suelo que pisan y parecen condenados a sacudirse hasta matarse porque es algo que llevan muy adentro. Esa imagen ha servido para engordar el tópico de un guerracivilismo genético. Pero lo peor de algunos tópicos es que son verdad. Es un lugar común pero más cierto que pagar impuestos que España es un país cainita con una interminable sucesión de contiendas civiles desde el regreso de Fernando VII, cuyo empeño principal fue asesinar a miles de liberales que habían contribuido con su lucha contra los franceses a restaurar su reinado. Esa recurrencia del siglo XIX se prolongó en las primeras décadas del XX y la última Guerra Civil fue la inevitable consecuencia del odio cainita entre los hunos y los otros. Los enfrentamientos civiles han sido mucho más frecuentes en España que en ningún otro país del occidente europeo, por eso pudo decir Otto von Bismarck: «Estoy firmemente convencido de que España es el país más fuerte del mundo. Lleva siglos queriendo destruirse a sí mismo y todavía no lo ha conseguido. El día que deje de intentarlo, volverá a ser la vanguardia del mundo».

El primer pronunciamiento liberal que tuvo éxito dio lugar a una guerra a pequeña escala en 1822-1823, cuyo resultado decidió la intervención militar francesa; una década más tarde, la plena transición hacia el liberalismo desembocó en la primera guerra carlista de 1833-1840, a la que siguió otra más breve en 1873-1876. Pero hubo conflictos por un tubo. ¿Por qué los españoles fueron tan dados a echarse al monte contra ellos mismos durante el XIX? El motivo principal fue que el Antiguo Régimen arraigaba en España con más profundidad que en ningún sitio, incluso más que en Portugal, que era un país todavía menos desarrollado. Pero los liberales ni se resignaron ni tuvieron bastante fuerza para acabar con la roña de una vez por todas.

Los «pronunciados» eran casi siempre oficiales jóvenes, los «burgueses de la milicia», que pertenecían a la nueva generación militar improvisada en la guerra. Su juventud contrastaba con su alta graduación. Porlier tenía veintiséis años cuando se pronunció y ya era mariscal de campo; Lacy, teniente general, inició su levantamiento a los cuarenta y dos; Torrijos, brigadier, fue descubierto en Murcia a los veintiséis años; Riego tenía treinta y seis cuando se sublevó en Cabezas de San Juan, aunque era solo comandante porque su caída en manos de los franceses cortó en flor su meteórico ascenso. Mina tenía también treinta y seis años y era general. Parecían destinados a cambiar las cosas porque los grandes cambios de la historia nunca llegaron de los pobres de solemnidad, sino de la frustración de gentes con grandes expectativas que se truncaron.

Tras el fracaso de los pronunciamientos de Francisco Espoz y Mina primero, y de Juan Díaz Porlier después, en febrero de 1816 se descubrió una conspiración mucho más misteriosa, cuyos más altos responsables quedaron para siempre en el secreto. La intentona la protagonizó una sociedad masónica dirigida por el general valenciano Ramón Vicente Richart y se conoce como la Conspiración del Triángulo. Tenía como objetivo dar matarile a Fernando VII. Muchas noches salía el rey de palacio, disfrazado y sin más compañía que Chamorro y el duque de Alagón, y se encaminaba a la casa de una andaluza llamada Pepa la Malagueña. Allí, cerca de la Puerta de Alcalá, iban a dar el golpe y después proclamar la Constitución. La conjura estaba organizada y coordinada con criterios de máxima seguridad, cada uno de los conspiradores tenía que buscar el apoyo de otros dos, a los que solo él conocía y así sucesivamente, de modo que si los pillaba la pasma no pudiesen delatar más que a dos personas. Solo los jefes principales estaban el ajo, aunque se supone que detrás de ellos había fuertes y numerosos brazos. El procedimiento «triangular» parecía eficaz, aunque no era original, lo inventó Adam Weissaupth, fundador de la orden de los Perfectibilistas, rama de la francmasonería mejor conocida como los Illuminati, muchos de cuyos designios compartía Richart. Los dos iniciados del eslabón de Richart, dos sargentos de marina, lo delataron y lo entregaron al capitán Rafael Morales. Ignoramos el nombre de los delatores, que no solo salvaron la cabeza del rey sino que llevaron a la horca y posterior decapitación en la Plaza de la Cebada de Madrid al general Richart, al barbero Baltasar Gutiérrez y a otros cincuenta sospechosos.

La trama conspiratoria para entonces ya estaba instalada en Murcia, donde la impulsaba un tipo novelesco, Juan Van Halen. Este oficial aventurero extendió la secta por Alicante, Cartagena, Málaga y Granada y juramentados como Ignacio López Pintos, Juan Romero Alpuente y José María Torrijos iban y venían entre esas ciudades para engrasar la conjura. Pero ciertos papeles comprometedores, aunque de difícil interpretación, cayeron en manos del obispo de Granada. Había material bastante para provocar el arresto de Van Halen y algunos de sus mariachis, que acabaron en los calabozos de la Inquisición de Murcia. De los setenta y seis detenidos, cuarenta y dos eran militares, y en otras listas aparecían el conde de Montijo, el conde de la Puebla y el marqués de Campo Verde: se ve que la aristocracia también le tenía ganas al rey Fernando. Las demás detenciones —Torrijos, Romero Alpuente, el coronel Moñino, el teniente coronel López Pinto— rompieron por el momento los lazos entre las distintas reuniones patrióticas y logias masónicas del país.

La orden de detención, firmada por el general Elío, estaba fechada el 21 de septiembre de 1817, pero al día siguiente emitió otra por la que se trasladaba a Van Halen a la prisión de Madrid. Un enrevesado conflicto de jurisdicciones entre la secretaría de Guerra y el Santo Oficio fue dilatando el procedimiento y antes de recuperar la libertad parece que fue recibido por el mismísimo Fernando VII. Pío Baroja nos deja en su biografía de Van Halen con las ganas de saber de qué hablaron el rey y el conspirador que quería tumbarlo, Alcalá Galiano dice que «súbdito y rey habían tenido una larga conferencia, cuyos particulares eran referidos de muy diversos modos, corriendo versiones, sin duda injustas, en que se acusaba a Van Halen de haber hecho revelaciones, cuando menos, impropias; y sosteniendo otros que había tratado de persuadir a Fernando VII a que capitanease la sociedad que le inspiraba odio y miedo, hasta convertirla, de enemiga que le era, en su firme apoyo». Desde esa entrevista a Van Halen lo visitaron en la cárcel importantes personalidades y se ve que le dieron cuerda a la cometa y el pájaro voló y a finales de julio de 1818 desembarcó en Inglaterra. Según la comunicación oficial se fugó del calabozo dejando encerrado al alcaide. Alcalá Galiano dice que no faltó aquellos días quien «supiese haber sido la fuga de Van Halen protegida por poder muy superior».

La complicidad de los conspiradores con algunos gobernantes resulta evidente, pero más todavía la extensión de los hilos de la masonería en los círculos próximos a la corte. El desmantelamiento de la trama madrileña de la sociedad secreta motivó que el golpe quedara aparcado durante mucho tiempo, «fugitivos unos de los principales socios, y otros siempre recelando, y por lo mismo no dando nuevos motivos que los sujetase a persecución» —escribe Alcalá Galiano—. Así es que en aquel año de 1818 «estaba como rota la red que un año antes envolvía la mayor parte de España». Pero Penélope seguía tejiendo y un ejército de oscuras arañas tendía una tela invisible en los rincones. Las represalias no servían de escarmiento, la conspiración era una hidra de mil cabezas.

En 1818, un borracho reveló al general Elío un complot revolucionario con cabeza en Madrid y organizado también mediante el sistema de triángulo. Aunque el núcleo más entusiasta estaba en Valencia, lo financiaba el banquero Bertrán de Lis y lo dirigía el coronel Vidal, sus románticos activistas eran tan cándidos que en un principio pretendieron restablecer como rey constitucional a Carlos IV, exiliado en Roma. El viejo exmonarca se dejó querer y aceptó volver a condición de viajar en un buque de guerra español y como no fue fácil darle gusto y conseguir el barco, los conspiradores pasaron al plan B y se decantaron por la república federal. Al final no fue ni una cosa ni otra porque la conspiración valenciana, una y mil veces retrasada, fue denunciada y descabellada a punto de estallar. Vidal había planeado aprovechar la función teatral programada durante las fiestas valencianas de fin de año para apoderarse del capitán general al grito de «Libertad y Constitución», pero el luto oficial por la muerte de la reina Isabel de Braganza obligó a suspender los festejos y los conjurados quedaron colgados de la brocha. En la noche del 1 al 2 de enero de 1819, se reunieron en la ermita de San Jaime para diseñar un nuevo plan y fueron sorprendidos por el propio Elío, que en una violenta escena hirió a Vidal mientras otro de los conspiradores, el capitán Solá, se levantaba la tapa de los sesos. El precio del fracaso penduleó sobre trece patíbulos de los que colgaron a otros tantos conjurados.

EL DOBLE JUEGO DEL CONDE

Con el Estado arruinado, el ejército en crisis y sin capacidad para contener las sublevaciones múltiples al otro lado del charco, en febrero de 1815 se había enviado a América la expedición de Morillo, con apenas ocho mil soldados, para reprimir insurrecciones en más de veinte millones de kilómetros cuadrados, una superficie cuarenta veces mayor que la España peninsular.

El problema de enviar un ejército suficiente para restablecer la autoridad del rey no se solucionó en el Congreso de Viena porque Gran

Bretaña se oponía al monopolio comercial que España había impuesto hacía siglos. Total, que España se quedó más sola que la una frente al desafío de los insurrectos americanos. Los virreinatos habían empezado sus primeros escarceos independentistas y algunos parecían imparables cuando Fernando VII fue restituido al trono en 1814. La orden de mayo de 1815 mandando reunir un ejército de veinte mil infantes y mil quinientos jinetes para su traslado a América se quedó en papel mojado: ni se encontraron soldados voluntarios, ni barcos para llevarlos, ni se podía obligar a los que ya habían cumplido en la Guerra de la Independencia y habían sido licenciados. Los problemas se multiplicaron con la independencia de Caracas, seguida por la de Buenos Aires, por la guerra de la Banda Oriental declarada por Portugal-Brasil a partir de 1816 y por la invasión norteamericana de Florida en 1818. Todo se estaba yendo de las manos, o se actuaba militarmente, o adiós a la gallina de los huevos de oro.

Visto el éxito de la modesta expedición de Morillo, que había derrotado en el área caribeña a Bolívar, se pensó que un ejército bien equipado y entrenado podría doblegar fácilmente a los insurgentes. Esa fue la génesis del ejército expedicionario que desde 1818 se comenzó a organizar en la baja Andalucía. En junio de 1819 se había reclutado con procedimientos irregulares o excepcionales a unos catorce mil hombres de todas las armas y aunque la leva parecía haberse hecho por sorteo, nadie dudaba de que había tenido en ella más parte el mangoneo y la amenaza que el azar.

Los trámites para el envío de la nueva expedición fueron tan lentos que permitieron una frecuente y larga comunicación entre las unidades concentradas en las provincias andaluzas. Durante esos meses, un intenso trabajo de propaganda incitaba a la tropa a eludir su destino so pretexto de la inseguridad de los buques. Los oficiales al mando eran, por lo general, hombres jóvenes formados en la guerra, muchos de ellos exprisioneros en Francia y masonazos perdidos. A los guripas y a los oficiales poco instruidos les reventaba tener que atravesar el mar para ir a parar a tierra hostil, donde había poca gloria que ganar y muchas calamidades que temer.

Los militares que volvían de América heridos o enfermos contaban que habían pasado las de Caín y encendían los ánimos de los soldados concentrados en la baja Andalucía. Además, Cádiz tenía un sabor especial, desde 1808 habían llegado cincuenta y cinco mil refugiados que duplicaron la población, aquella avalancha humana no era una muchedumbre de parias: la mayor parte eran funcionarios, militares, profesionales, abogados y escritores de ideas liberales y masónicas a machamartillo. Fueron ellos los promotores de una insurrección en la sombra y los que disuadieron a los soldados de eludir el paso del charco con un levantamiento contra el régimen. Ni la Inquisición ni la policía dieron con los caudillos masónicos, solo con algunos adeptos de medio pelo o con antiguos afrancesados que se acogieron a indulto o misericordia. Y eso que, según Menéndez Pelayo, eran «públicas sus inteligencias con el conde de La Bisbal, Enrique O'Donnell, jefe de las fuerzas expedicionarias y masón a quien con insigne locura o, cuanto menos, evidente riesgo proseguía manteniendo el gobierno al frente de las tropas acantonadas en la isla, y ello a pesar de tener ya inequívocas muestras de su proceder doloso y carácter movedizo».

La conspiración se fraguaba en la tertulia que se reunía en casa del rico comerciante Francisco Javier Istúriz. La célula que se formó para los trabajos preparatorios —el Soberano Capítulo— la integraban personas de posición elevada, ilustrados benéficos y tolerantes que aspiraban a una «una monarquía moderada». Pero había en la trama elementos más radicales que fueron transferidos a una logia filial en la que se hablaba de revolución, de sangre y de generoso heroísmo. Javier Istúriz, gran maestre de la masonería gaditana, fue motor y enlace de los conspiradores, lo revela Antonio Alcalá Galiano, masón también, y uno de los más destacados protagonistas de la conspiración del Soberano Capítulo, que muy pronto comenzó a ejercer influjo sobre otros conventículos civiles y militares de categoría inferior. Pero el Soberano Capítulo, por su prosopopeya aparatosa y por su excesiva ilustración, no era el núcleo más adecuado para orquestar una conjura, por eso nació, como hijuela suya, el Taller Sublime, en donde encontraron acomodo los más inquietos y decididos a la acción —con Alcalá Galiano a la cabeza— que fueron quienes, de acuerdo con los militares del ejército expedicionario y con algunos elementos civiles de Cádiz, elaboraron el proyecto de revolución política.

Quedó establecido un sistema de triple jerarquía: Primero, Soberano Capítulo; segundo, Taller Sublime; tercero, las logias regimentales. El Soberano Capítulo era la cabeza, más preconizadora que directora; el Taller Sublime, el organizador central; las logias regimentales, los tentáculos encargados de la ejecución.

En aquellos meses de expectante espera, la logia de Cádiz, según Alcalá Galiano «poderosamente secundada con el oro de los insurrectos americanos, y también de los ingleses y de los judíos gibraltareños», se infiltró en las estructuras castrenses y los brazos del pulpo llegaron a cada regimiento mientras la disciplina del ejército destinado a América quedaba hecha fosfatina. Los agentes americanos, rioplatenses e ingleses, fomentaban el descontento de los militares porque temían el desembarco en América de unas tropas valerosas y bien pertrechadas que abortaran la sedición en las entonces llamadas «provincias Unidas del Río de la Plata». Además de repartir clandestinamente las proclamas subversivas, soltaban manguerazos de dinero, que se sumaba al apoquinado por miembros de la gran burguesía mercantil gaditana.

La idea era transformar el ejército expedicionario en fuerza de choque de una revolución española. La expedición, confiada a Enrique O'Donnell, conde de La Bisbal, debía salir el primero de enero de 1820. La Bisbal, que simpatizaba con los masones, toleraba las reuniones de militares sediciosos y procuró retrasar los preparativos el tiempo que pudo. Pero el conde tenía más dobleces que una pajarita de papiroflexia. Al volver a España Fernando VII, le envió un oficial de su Estado Mayor con dos cartas. Como el general no sabía por dónde respiraba el rey, había tenido la cautela de hacer en la primera un pomposo elogio de la Constitución de 1812 para el caso de que el rey se propusiera jurarla; en la otra, por el contrario, abominaba del sistema constitucional identificándolo con la anarquía, felicitaba al monarca por aniquilarlo y ofrecía sus tropas para meter en cintura a los rebeldes enemigos del trono y el altar y otras caspas. El oficial entregó la segunda carta y el rey quedó tan contento. Cuando nombraron a La Bisbal capitán general del ejército de Andalucía, los liberales gaditanos no se fiaron ni un pelo, pero les fue engatusando y terminó convirtiéndose en el jefe de la conspiración.

El estallido dispuesto para el mes de julio se aplazó *sine die* por una epidemia de fiebre amarilla en Cádiz y el silencio de los conjurados acabó por romperse. No sabemos si el delator fue el propio conde de La Bisbal, pero lo cierto es que el generalísimo del ejército expedicionario supo que había llegado el temido momento en que le sería imposible seguir con su doble juego y se vio obligado a apostar por alguno de los dos bandos. La Bisbal optó por el del orden establecido.

En junio de 1819 se designó como adjunto al mando de La Bisbal a Pedro Sarsfield, con la condición de segundo en el mando del cuerpo expedicionario y, por instigación del propio La Bisbal, las logias masónicas militares no tardaron en contactarlo, esperaban que fuera el jefe de la rebelión y sustituyera a un La Bisbal irresoluto. Sarsfield se enteró de los planes de los conspiradores y de que el comandante general lo sabía todo y no había hecho nada, también supo que la sublevación sería en la noche del 7 al 8 de julio de 1819. Denunció la conspiración, formó su propio grupo de leales al absolutismo y La Bisbal se sintió atrapado, de manera que fiel a sí mismo y extorsionado por su segundo, traicionó a sus hermanos masones y ayudó a Sarsfield a infiltrarse entre los conspiradores simulando ser uno de ellos. Así se convirtió Sarsfield en agente doble: los conjurados confiaban en él y La Bisbal también.

El 7 de julio por la noche, La Bisbal emprendió la marcha al Palmar del Puerto de Santa María, en movimiento combinado con el que desde Jerez hacía Sarsfield con parte de la caballería. Detuvieron a los cabecillas de la conjura, quince oficiales que fueron trasladados a castillos y cárceles militares. Pero La Bisbal seguía jugando con dos barajas, porque el conde tranquilizó con señas a los arrestados, incluso les dio dinero de su bolsillo para facilitar las fugas. Como era su costumbre, el conde de La Bisbal seguía nadando y guardando la ropa.

Aunque desarticulado el complot, no habían cambiado las circunstancias y el ejército expedicionario seguía siendo una espada de Damodes para el régimen, porque transcurrían los meses en la espera de ser embarcados y se mantenía aquella peligrosa concentración de tropas. Era cuestión de tiempo que la trama renaciera de sus cenizas.

Separado del mando del ejército expedicionario, La Bisbal fue llamado a Madrid, no tenía la menor idea de si lo convocaban para ser purgado por conspirador o recompensado por haber abortado la trama. La verdad es que el prestidigitador merecía las dos cosas. Una medalla y un pelotón de fusilamiento no tienen por qué ser incompatibles. De hecho algo parecido a eso fue lo que pasó: el gobierno le agradeció los servicios prestados con la Gran Cruz de Carlos III, pero le relevó del mando. Despechado, no volvió a poner dificultades a la conjura desde su nuevo puesto en la capitanía general sevillana.

Una semana después, los pocos supervivientes a la traición del Palmar volvieron a la faena de reconstruir la tela de araña de la conspiración. La Bisbal volvía a estar en el ajo y todavía protagonizó la Conspiración Respetable, una tentativa de emplear su cuerpo de ejército para imponer una Constitución. Ya te puedes imaginar que volvió a vacilar en el último momento, pinchó el globo y acabó arrestando a los conspiradores que él mismo había reclutado. Tras el nuevo *bluff*, la conspiración cayó en manos de jóvenes oficiales y de masones que se valieron de los misteriosos protocolos de la secta para «fabricar» su propio general. Fue Mendizábal el que tuvo la idea: «Pues tanta necesidad hay de un general, ¿por qué no ha de hacerse uno a gusto?». Fue el coronel Quiroga, que luego sería eclipsado por Riego.

El enigma aún no resuelto es si La Bisbal era un traidor, un cobarde o un giroscopio. Según Alcalá Galiano, «era ligero como pocos hombres. Una hora después de haber pensado una cosa pensaba la contraria. Así obraba con sinceridad en sus mudanzas violentas». Pues vale, pero ya le vale.

«SOLDADOS, LA PATRIA NOS LLAMA A LA LID»

*Cada cosa que es, en el caso de no ser,
habría sido enormemente improbable.*

PAUL VALÉRY

ESPÍA ENVENENADO CON RUIBARBO

Entre los viajeros y exploradores españoles posteriores a la conquista y colonización americana, Domingo Badía y Lebich fue el más grande. Tantas veces se jugó la vida que acabó oliendo a barajas usadas. Fue espía, desde luego, y tuvo una misión política, pero fue la única manera de poder hacer su periplo y sacar adelante su misión científica. Hizo dos viajes a Oriente. El primero, entre 1803 y 1807, comisionado por Godoy. El segundo, a sueldo del rey francés Luis XVIII. Poseído por la locura de la aventura romántica y por el hechizo de Oriente, su hazaña cobra su verdadera dimensión si se piensa que se adelantó en medio siglo al periplo del gran Richard Burton. Nadie cuestiona esa gesta, pero algunos critican su personalidad ambigua de científico concienzudo y de loco arribista dado a la fantasía megalómana y a la impostura adolescente. Por eso su empeño por localizar los restos de la Atlántida, uno de cuyos extremos, pensaba, debería haber ocupado parte del África septentrional, junto a un mar interior al sur del desierto del Sahara.

Nacido en Barcelona en 1767, estudió de manera autodidacta geografía, matemáticas, astronomía, dibujo y física. Mientras se ultimaban los preparativos para su expedición, viajó a París y a Londres para adquirir instrumentos científicos. Posiblemente en estas ciudades se iniciara en la masonería, en la capital británica se hizo circuncidar. Aprendió árabe, botánica y meteorología siempre con la vista puesta en viajes ensoñadores al corazón de África. Llegó a aprender mandingo en Fez, e impostó la identidad del príncipe sirio Alí Bey el-Abbasí, un supuesto príncipe de la familia de los abasidas. Conocemos su periplo por las escalas de Levante desde Marruecos a Egipto, porque él mismo lo escribió. Su disfraz de gran príncipe descendiente del Profeta no solo resultaba convincente, sino que le salvó la vida en el desierto y en los azares del bandidaje. También sobrevivió a más de un naufragio. Su erudición impresionaba a sus interlocutores. Tras predecir un eclipse gracias a sus conocimientos astronómicos, la multitud se agolpó ante su casa para pedirle protección, lo consideraban un santo y tuvo que repartir trozos de su vestimenta como si fueran reliquias. El sultán le colmó de agasajos y le dio dos mujeres, una blanca y otra negra. Alí Bey no rechazó el obsequio, aunque se ganó aún más la admiración del sultán cuando le dijo que no yacería con mujer hasta que no visitase la ciudad santa de La Meca.

Su proyecto científico se trenzó en una misión política: Godoy pensaba aprovechar la inestable situación del reino de Marruecos para poner el país bajo control español, Badía elaboró un plan de conquista y pidió el envío de material bélico para apoyar una rebelión en beneficio de la corona de España. Carlos IV se opuso. Fue detenido por espía y huyó por el desierto. Ni un árbol, ni una roca: nada encontró que pudiera paliar la inclemencia del sol. Más muerto que vivo salvó el pellejo gracias a una caravana que derramó agua sobre su cuerpo exhausto y lo salvó *in extremis*. Llegó a Alejandría y allí se entrevistó con Chateaubriand. Lo vemos luego entrando en La Meca, ciudad prohibida para los infieles. Antes que él solo lo habían conseguido dos extranjeros: Ludovico Vartema en 1503 y el cautivo inglés Joseph Pitts en 1680.

En La Meca, Alí Bey fue célebre con el mismo orgullo que si hubiera sido un obelisco o una catedral gótica. A su vuelta fue nombrado gobernador de Segovia. Tras la derrota de Napoleón en España se exilió en París, se nacionalizó francés y lo nombraron mariscal. En 1818 empezó su segundo viaje embozado en la identidad de Alí Othman. Murió camino de la India en misión secreta para el gobierno francés. El muftí de Damasco estaba pagado por los ingleses para dar buena cuenta de todo aquel extranjero que mostrara interés por la India, el muftí lo invitó a comer y le sirvió un té. Aquella infusión envenenada con ruibarbo fue lo último que el espía y científico se llevó a la boca. Según otra versión, los asesinos habrían sido agentes ingleses, porque la corona británica temía la creciente influencia francesa sobre el Próximo Oriente. A Domingo Badía le quitaron la vida, pero a Alí Bey no pudieron quitarle la inmortalidad.

La precisión científica de Badía en sus descripciones resultaba obsesiva, pero había un par de asuntos acerca de los cuales no podía contar la verdad. El primero de ellos era la misión política encomendada por Godoy, un secreto de Estado; el segundo, sus mil y una noches con diferentes mujeres. Era un hombre casado. Con la muerte del personaje no acabó su leyenda, porque entre sus pertenencias se encontraron al parecer pictogramas que alentaron la idea de que describían la ubicación de tesoros ocultos.

TIEMPO DE RIEGO

Después de los sucesos del Palmar, reanudar los cabos rotos de la trama fue más difícil que recuperar un billete de quinientos prestado a Juan Tamariz. Alcalá Galiano, el más cipotudo de los *enragés*, pasó a Gibraltar, donde se había refugiado un centón de los conjurados, y allí encontró todo tipo de alientos y alabanzas, pero no el apoyo que buscaba. Tampoco podía contarse ya con sus venerables ancianos del Soberano Capítulo. Los decididos tenían que abordar la empresa por su cuenta o abandonarla definitivamente. Saltaba a la escena una nueva hornada liberal, la generación de los románticos, progresistas candorosos que creían en el porvenir del género humano y en que valía la pena jugársela para acelerarlo. Así eran Quiroga, Riego o Torrijos. Segundones a los que les había llegado su momento.

De julio a diciembre de 1819, los comprometidos con la nueva intentona antiabsolutista prosiguieron sigilosamente con sus trabajos. Fijaron varios días «D» para su asonada, pero uno a uno fueron aplazados por las circunstancias. Nuevamente la fiebre amarilla les trastocó los planes, aunque la cuarentena no impedía la difusión de la fiebre revolucionaria, que creció por las desastrosas noticias que iban llegando de ultramar. De los dos mil soldados enviados a Perú en 1818 solo habían vuelto vivos unos doscientos, el vómito negro había diezmado a los tres mil reclutas que habían desembarcado en Cuba en la primavera de 1819, y a finales de septiembre se supo además que Bolívar había aniquilado en Boyaca a las tropas de Morillo. La cosa pintaba mal y no era cuestión de quedarse parados.

La fiebre amarilla se convirtió en factor determinante en el pronunciamiento de 1820. Si por un lado hizo que el miedo al contagio retrajera a algunos de los que parecían más dispuestos; por otro, contribuyó a la extensión de la conjura al prolongar la estancia en la Península del cuerpo expedicionario. La epidemia, más eficaz que el gobierno, acabó con la vida de algunos conspiradores, pero en cuanto se disipara los soldados serían embarcados y en los buques se irían las esperanzas de traer nuevamente el liberalismo a Cádiz. Había que ponerse manos a la obra. El tiempo de la inacción se había terminado. Alcalá Galiano fue designado para volver a la carga. Ya tenía callo el hombre.

Se había casado con María Dolores Aguilar, de la que tuvo un hijo, y se separó porque su mujer lo convirtió en cornudo. Por entonces tenía fama de libertino y borracho. También de feo. Orador tumultuoso y hombre apasionado, conseguía con sus arengas estremecer a los románticos. Comisionado por sus hermanos masones, abandonó Cádiz y en la prisión de Alcalá de los Gazules se entrevistó con Quiroga, el oficial de mayor graduación de los comprometidos en el Palmar. Estaba custodiado por un batallón expedicionario, pero su régimen penitenciario tenía tan poco rigor que jugaba al billar con oficiales amigos, paseaba por la calle bajo palabra de honor y se le permitía comunicarse con todo el mundo. Incluso permitieron que Alcalá Galiano pasara la noche en su celda. Quiroga se declaró dispuesto a asumir el mando militar de la empresa, lo que resolvía la falta de un general para encabezar el movimiento.

El asturiano Rafael del Riego todavía no había entrado en la conspiración. En 1808 había caído prisionero y lo deportaron a Francia, donde pasó cinco años de cautiverio, conoció las ideas más radicales y muy probablemente entró en contacto con la masonería, hasta que pudo evadirse, a finales de 1813, del depósito de Chalon-sur-Saône. Pudo llegar a Londres y el gobierno le confió el mando de los españoles refugiados allí, con los que organizó un pequeño cuerpo de ejército y consiguió desembarcarlo en La Coruña. Su batallón fue uno de los escogidos para embarcarse rumbo a América. Nunca cruzaría el charco. Su destino era otro.

Cuando le contactaron Alcalá Galiano y Mendizábal, Riego mandaba el Regimiento de Cabezas de San Juan. La noche del 27 al 28 de diciembre de 1819 se fijó el plan de operaciones que elaboró Riego. Primero había que apoderarse del cuartel general de Arcos de la Frontera y luego tomar Cádiz. Riego todavía no era más que un eslabón en la trama liderada militarmente por el coronel Quiroga. Aquella movida todavía no tenía un programa político y cada uno escribió su propio manifiesto deprisa y corriendo. La proclama de Riego insistía en los peligros del embarque y en la necesidad de instaurar un gobierno moderado y una Constitución.

El proyecto de operaciones fue una chapuza de libro. Quiroga, que debía tomar Cádiz, no pasó de San Fernando porque se retrasó en su acción ofensiva un tiempo precioso durante el cual las autoridades gaditanas habían tomado ciertas providencias que bastaron para garantizar su defensa. Mal empezaba el asunto. Aun así, el 1 de enero de 1820, en Las Cabezas de San Juan, Riego pronunció la palabra «pronunciamiento», perdón por la paronomasia. Su proclama contenía por vez primera esa palabra —y el verbo correspondiente— que tanto juego iba a dar en la historia de España y que los vocabularios extranjeros importaron del argot cuartelero de nuestro siglo XIX. El «gran golpe» estaba dado y ya no había vuelta atrás. Pero ni Riego ni Quiroga tenían capacidad de acaudillar un proceso que les venía grande. El general alemán Kurt Freiherr von Hammerstein-Equord dividía a sus oficiales en cuatro grupos. Los inteligentes, los trabajadores, los estúpidos y los perezosos. Normalmente dos características se combinan. La mayoría son estúpidos y vagos: significan el noventa por cien de todos los ejércitos y son adecuados para los trabajos rutinarios. Uno debe tener cuidado con los estúpidos y trabajadores: no se les debe confiar ninguna responsabilidad porque solo causarán problemas. Cualquiera que sea a la vez inteligente y vago está cualificado para las tareas más elevadas de liderazgo, porque posee a la vez la claridad intelectual y la compostura necesarias para las decisiones difíciles. Algunos son inteligentes y trabajadores: su lugar es el mando subalterno. Quiroga y Riego eran de esta categoría; o sea, que bien para el mando, pero no para las tareas más elevadas de liderazgo.

Como Quiroga seguía empantanado en las afueras de Cádiz, pasaban los días y la esperanza de apoderarse de la ciudad se iba con ellos, Riego ideó un plan para salir del *cul de sac*: mientras proseguía el sitio de Cádiz, una columna extendería el movimiento por Andalucía. Dicho y hecho, el 27 de enero Riego salió con mil quinientos hombres a levantar los pueblos de Andalucía. Los pueblos saludaban silenciosos a los pronunciados y únicamente en Vejer tuvieron un recibimiento algo más caluroso. Acosados por las tropas realistas, las constantes escaramuzas iban desangrando lentamente la columna. Ningún nuevo cuerpo había unido sus banderas a las de los pronunciados y ningún pueblo se había pronunciado por la Constitución. Convencido de que no podrían contar con más terreno que el que pisaban, ni con más patria que ellos mismos, Riego decidió volver sobre sus pasos y regresar a su base para buscar refugio en San Fernando. Su tropa estaba agotada, descalza, descamisada y con más hambre que el perro de los Chocapicks. Su andrajosa columna móvil parecía una comitiva desesperada de fantasmas cada vez más diezmada por el enemigo y las deserciones. Cuando llegaron a Azuaga por caminos fragosos y embarrados, ya eran apenas medio centenar de hombres y catorce oficiales, y más que soldados parecían una banda de forajidos. Acordaron disolverse esa misma tarde y se dividieron en dos grupos para huir por los montes hasta la frontera de Portugal. La aventura había terminado. Riego quedó solo, triste y vencido. Era el fin. Pero entonces ocurrió el milagro. Él no lo sabía por su total aislamiento, pero su victoria se había consumado finalmente con los sucesos ocurridos en Ocaña y en Madrid: el restablecimiento de la Constitución en toda la nación ya era un hecho y multitudes enardecidas aclamaban su nombre por toda España. Todavía no lo sabía, pero se había convertido en un héroe. La suerte de Riego había empezado a cambiar en La Coruña.

Dijo Ralph Waldo Emerson que «patinando sobre hielo fino, la seguridad está en la velocidad» y los conspiradores gallegos habían aprendido de sus fracasos a darse prisa. El 21 de enero de 1820, en el momento en que el nuevo capitán general de La Coruña entró en la sala de banderas, unos doscientos oficiales del Segundo Regimiento y del Segundo Ligero de Voluntarios de Aragón desenvainaron las espadas y gritaron «¡Viva la Nación!». La noticia de los sucesos de La Coruña extendió la revolución a toda Galicia. El 7 de marzo de 1820, el ejército proclamó en Ocaña la Constitución de 1812 y al día siguiente, con aguacero, A Fernando VII no le quedó otra que jurar la Constitución en Madrid. Habían pasado dos largos meses desde el pronunciamiento de Riego, pero había valido la pena porque bien está lo que bien acaba.

Hubo grandes fiestas en toda España, discursos en los balcones municipales, bailes en las plazas, que fueron redenominadas en placas de mármol con el nombre «de la Constitución», cenas multitudinarias y gratuitas, emblemas, escarapelas verdes para los sombreros, boinas rojas, retratos de los héroes, coronas de laurel, cintas de colores y cantares como el *Himno de Riego*, el *Trágala*, el *Tintín* y el *Lairón*. La única violencia fue el saqueo e incendio del edificio de la Inquisición de Madrid con todos sus archivos. Liberaron a los presos, que no eran muchos, políticos solo había tres: el conde de Montijo, el conde de Almodóvar y el cómico Pinto.

A falta de un líder incuestionable, se alimentaron los mitos populistas y el principal era Riego, que ni había sido el organizador del golpe ni había decidido los hechos, pero venía bien para personalizar el momento en un solo hombre. Pero Riego no era un hombre políticamente capaz ni siquiera demasiado inteligente, era un idealista, no un hombre de gobierno. Ni a él ni a sus amigos se les pasó por su masónica cabeza tomar el poder, creían que las cosas evolucionarían por sí mismas. Y acertaron para mal, porque los absolutistas de toda Europa y su Santa Alianza temían que lo de Riego fuera el primer aviso de una conjura masónica internacional y Alejandro de Rusia anunció que la revolución española era un peligro. Total, que las potencias europeas, con más miedo que vergüenza, acordaron reunirse en Troppau.

EL REY FELÓN VUELVE A LA CONSPIRACIÓN

El verano de 1822 se había presentado relativamente tranquilo. La familia real se encontraba en Aranjuez, donde iba a dar a luz la mujer de

Francisco de Paula, hermano del rey. A finales de junio, Fernando VII regresó a Madrid para clausurar las Cortes, unos lo vitorearon y otros lo abuchearon. Tablas. De los gritos se pasó a los hechos y los guardias terminaron por cargar contra el gentío. El teniente Mamerto Landáburu, liberal reconocido, trató de contener a sus hombres, pero fue desobedecido y perseguido hasta el interior del palacio, allí lo remataron soldados de su mando. Era domingo y la noticia de la muerte cundió por Madrid a una hora en que mucha gente paseaba por el Prado. Viendo que pintaban bastos, el monarca intentó escapar a El Pardo a uña de caballo, pero le cortaron la retirada.

Se dispuso que la Milicia Nacional, el Regimiento de Infantería Infante don Carlos y un escuadrón de caballería de Almansa restablecieran el orden público. «Cerró la noche —dice Alcalá Galiano— convertido Madrid en campamento de ejércitos contrarios». Las riñas entre la guardia y la milicia eran cosa de días alternos y al día siguiente se produjo un nuevo incidente al negarse una de las guardias salientes a marchar al son del *Himno de Riego*, declarado pocos días antes marcha de ordenanza. Por la tarde tuvieron que salir de los cuarteles los guardias que eran tenidos por constitucionales, los realistas seguían insubordinados y el pueblo exaltado se reunía en el cuartel de San Gil para planear la resistencia frente al asalto que se esperaba por parte de los guardias en rebeldía.

El gobierno presionó al rey para que metiera en vereda a la guardia, pero como quien oye llover. En la noche del 1 al 2 de julio, cuatro batallones marcharon de Madrid a El Pardo, otros dos reforzaron la protección del Palacio Real, que quedó incomunicado con la ciudad. Los batallones rebeldes eran una fuerza muy superior al resto de las tropas que guarnecían la capital y había un vacío de poder porque el gobierno estaba retenido e incomunicado en un salón de palacio y el capitán general dejaba hacer. El rey, lo sabía hasta el tato, era el alma y el motor de la insurrección de los guardias, pero los ministros tenían que hacerse los suecos.

Hoy en día existen pocas dudas sobre quién fue al agente del rey para urdir la conspiración: Luis Fernández de Córdoba, el impulsivo oficial de veintitrés años que, dos años antes, al sublevarse Riego, había ocupado la Cortadura de Cádiz e impedido que el ejército expedicionario al mando de Quiroga se apoderase de la ciudad. Fernández de Córdoba se había conchabado con el embajador francés, cuya activa participación en los sucesos no era a título particular, sino por instigación de su gobierno. Francia tenía interés en imponer en España un régimen de «carta otorgada». Y lo mismo quería el zar de Rusia.

Madrid empezaba a organizar la resistencia, la milicia tomaba posiciones y Evaristo San Miguel organizó su propia fuerza armada con los constitucionales más exaltados, integrados en el Batallón Sagrado que mandaba Riego. La situación entró en *impasse*: los de El Pardo, en su campamento; los de la plaza del palacio, en su puesto; los constitucionales, ocupando el centro de la capital; el gobierno, al lado del rey. El capitán general Morillo estaba en tierra de nadie porque por un lado era comandante de la Guardia Real y por otro capitán general de Madrid. Era, pues, a un tiempo rebelde y leal, un trance apurado como bien sabía el conde de La Bisbal.

Fernando VII seguía en palacio custodiado por dos batallones sublevados y el gobierno estaba atado de pies y manos en la primera planta. Corrieron voces de que el rey tenía dispuesto salir de Madrid de noche por la mina que había construido José Bonaparte desde el palacio hasta la Casa de Campo. El rey tramaba el modo de trasladarse a El Pardo con su familia para encabezar abiertamente la rebelión de su guardia, pero siguió el consejo del general Girón, que se opuso a que el monarca abandonase palacio. Como desconfiaba de todos, Fernando VII no fue a reunirse con los batallones sublevados ni puso en libertad al gobierno incomunicado ni dio instrucciones al capitán general, ni hizo nada de nada mientras pasaban los días.

Era una fuerza irresistible contra una fuerza inamovible: los seis batallones de la guardia frente a los cuatro batallones de milicias, y en medio, a la expectativa, los batallones de Almansa, del Príncipe y del Infante don Carlos, que dependían del capitán general. Rancho aparte hacía el general Riego con el Batallón Sagrado, una unidad más teatral que operativa.

La extraña tensión duró hasta el 7 de julio, cuando los batallones rebeldes intentaron de madrugada el asalto a la capital. Con las primeras luces del día, los batallones de El Pardo se presentaron en Madrid con el

ENIGMAS Y CONSPIRACIONES

propósito de tomar la Plaza Mayor y reducir a los milicianos. Fernández de Córdoba propuso a Fernando VII que saliera de Madrid y otorgara una Constitución conservadora, pero el rey no estaba por la labor. Los rebeldes se dividieron en tres columnas, que se dirigieron al Parque de Artillería, la Puerta del Sol y la Plaza Mayor. La primera se dispersó al ser atacada en la calle Silva por un destacamento del Batallón Sagrado. No tuvieron más suerte las otras columnas. La Plaza de la Constitución estaba defendida por la Milicia Nacional, mandada por el guerrillero Juan Pelarea, que sembró el pánico entre las filas de los guardias y tuvieron que retirarse en desbandada en dirección al Palacio Real. Allí sacaron al patio caballos enjaezados para que el rey y los infantes salieran a recorrer las calles de la capital y excitaran el furor del populacho contra la Constitución y sus partidarios; pero ya era demasiado tarde, los guardias reconocieron que el golpe había fallado, aunque rendirse les resultaba vergonzoso.

Fernando VII, acongojado por el desastre, estaba en situación parecida a aquella que llevó a rezar a Homer Simpson: «Normalmente no rezo, pero si estás ahí, por favor, ¡sálvame Superman!». Con más miedo que un misionero entre jíbaros, temía que se repitiese la invasión de las Tullerías y su testa coronada corriera la misma suerte que la de su pariente Luis XVI. Había encendido la mecha y ahora intentaba apagarla porque estaba muerto de miedo, así que mandó un emisario a los suyos con la orden de alto el fuego, pero temerosos de que una vez desarmados les dieran matarile, bajaron tumultuosamente por el Campo del Moro. Fernando VII tuvo el morrazo de salir a uno de los balcones y jalear a los milicianos para que los mataran. Luego, al pasar al interior, dijo a los presentes: «¡Que se fastidien, por tontos! ¡Menos mal que yo soy inviolable!». A muchos guardias reales los acuchillaron en el camino de Alcorcón, los pocos que pudieron escapar se perdieron camino de El Escorial.

La conspiración contrarrevolucionaria del rey resultó un fiasco *king size*. Desde aquel día ya nada volvió a ser igual. Fernando VII quedaba prisionero de los exaltados y su vida estaba en peligro. En agosto de 1822 tomaba posesión un nuevo gobierno que encarnaba el más puro liberalismo, lejos de la templanza de Francisco Martínez de la Rosa, a quien el periódico *El Zurriago* llamaba *Rosita la pastelera*. El proceso de depuración alcanzó primero a los párrocos y ya a la desesperada a todo lo que oliera a absolutismo. Demasiado para el rey felón, que no tardó en volver a liarla con otra conspiración que provocó la intervención extranjera y, como consecuencia, la primera guerra civil española. Los Cien Mil Hijos de San Luis estaban dispuestos a marchar sobre España para salvarle el culo a Fernando VII.

ROMÁNTICO, UTÓPICO Y MÁRTIR

En la iconografía de los liberales utópicos, José María de Torrijos forma, junto con Mariana Pineda y Riego, la santísima trinidad de una época abominable. Como en el poema de Gil de Biedma, su historia fue la más triste, porque terminó mal. La muerte en la playa de Torrijos y sus compañeros ha quedado inmortalizada en un cuadro de Gisbert, pero lo cierto es que pese a esa pátina romántica, su conspiración no tenía ni pies ni cabeza y solo se explica por el desconocimiento que los liberales exiliados tenían de la realidad del país. Eran unos cándidos. Decían los estoicos que el ser humano es como un perro que va atado al carro del mundo y que tiene que elegir entre ir a contracorriente y sufrir los tirones de la cuerda, o adaptarse a su ritmo y trotar alegremente evitando que la soga se tense y le apriete el cuello. Torrijos creyó que era él el que tiraba del carro y acabó asfixiado. Creyó que podía llevar la historia a donde la historia no quería ir y la historia lo arrolló.

Nacido en la nobleza, admiró a Napoleón por lo que tuvo de mosca cojonera del absolutismo, aunque no le perdonó haber privado a los pueblos de su independencia. Como su padre era edecán de Carlos IV, el niño Torrijos fue paje en la corte a los diez años y a los trece ya era capitán. Corrió a ayudar a Daoíz y Velarde en la refriega del dos de mayo y Velarde lo mandó a negociar con los franceses, que lo detuvieron y a punto estuvieron de ejecutarlo. Cuando se casó con Luisa Carlota Sáenz de Viniegra tenía veintidós años, era un jovencísimo general inteligente y culto y un tipo apuesto de modales exquisitos. Tras la restauración del absolutismo en 1814, participó en el pronunciamiento de Juan Van Halen de 1817 y pagó le peaje de dos años en prisión hasta que fue liberado tras el triunfo de Riego. Volvió a combatir a los franceses cuando los Cien Mil Hijos de Su Madre vinieron a salvar el culo absolutista de Fernando VII. Entonces tuvo que exiliarse en Inglaterra, como tantos.

Luisa Carlota y Torrijos tuvieron una única hija que murió al poco de nacer. Esta desgracia parecía presagiar el destino de la pareja y su azarosa existencia. En Inglaterra vivían de la exigua asignación que les pasaba Wellington por haber luchado a su lado en la Guerra de la Independencia: cinco libras mensuales por su grado militar y dos más por estar casado. Para completar la soldada se hizo traductor *freelance*. Era más que un militar de carrera, era un soñador alicatado hasta el techo de ideales filantrópicos que solo podrían pasar de las musas al teatro si se acababa con la tiranía de Fernando VII. Su activismo político en Londres motivó las protestas de Madrid ante Wellington, que tuvo que quitarle las siete libras de pensión. Por esas fechas Torrijos trabó amistad con John Sterling y se integró en los Apóstoles de Cambridge de Alfred Tennyson, John Kemble y otros tipos mitad idealistas mitad poetas. Thomas Carlyle elogiaba las maneras aristocráticas del militar español y su atractivo físico. Hablaba bien el francés y el inglés y tenía la aureola del héroe romántico, un hombre firme frente al destino adverso y entregado en cuerpo y alma a una causa noble, virtudes todas ellas que despertaron en aquella peña inglesa una rara admiración. Para Sterling y sus amigos, nadie como Torrijos encarnaba el ansia de libertad, lo veían como a un nuevo Byron. Además de las relaciones con aquellos ingleses radicales, Torrijos estrechó contactos con portugueses, italianos, hispanoamericanos y con su viejo amigo Lafayette, cuya ayuda iba a resultar decisiva para la organización de su pronunciamiento.

El 9 de septiembre de 1830, llegó clandestinamente a Gibraltar para ponerse al frente de una nueva Junta y vivió oculto ante la estrecha vigilancia de las autoridades inglesas y de los espías españoles. Durante catorce meses se le fueron uniendo otros exiliados procedentes de Inglaterra y Francia, entre ellos el coronel Epifanio Mancha, padre de la enigmática Teresa que inspiró los mejores versos de Espronceda.

La presencia de Torrijos en Gibraltar resultaba molesta para el gobierno, porque su figura era un referente para los liberales que conspiraban en todas partes. Había que atraparlo vivo muerto. En el verano de

1831 Torrijos empezó a recibir comunicaciones secretas de un falso viejo amigo que aseguraba contar con elementos dispuestos a seguirle apenas desembarcara en Málaga. Las misivas estaban firmadas por un enigmático Viriato.

No se ha descubierto su verdadera identidad, pero debía de ser alguien muy cercano a Torrijos, la prueba es que cuando los mensajeros de Viriato hicieron sospechar a los emigrados de Gibraltar, Torrijos aseguró que tras ese nombre de guerra se camuflaba «otro yo de quien no cabía desconfiar». Viriato le aseguró que además de fuerzas considerables en la costa, contaría con la adhesión del general Vicente González Moreno, gobernador de Málaga, y con buena parte de la guarnición de esa ciudad y con las fuerzas marítimas necesarias para proteger el transporte de su contingente desde Gibraltar.

El 30 de noviembre de 1831 partieron de Gibraltar dos embarcaciones con sesenta hombres, suficientes por el momento porque no era un desembarco militar, sino una avanzadilla para el «rompimiento» que desencadenaría el levantamiento liberal. Llevaban un *Manifiesto a la Nación* y otras proclamas. Tras cuarenta horas de travesía, la mañana del 2 de diciembre, cuando ya divisaban tierras malagueñas, el buque *Neptuno* abrió fuego contra ellos, tuvieron que refugiarse en tierra e iniciaron el ascenso hacia Mijas convencidos de que la población les prestaría ayuda. Pero en todas partes les acechaban los realistas. Se refugiaron en una alquería de Alhaurín de la Torre, se asearon y se curaron las heridas. Fuera, el enemigo iba tomando posiciones. El plan había nacido envenenado por una traición.

Para salvar la vida de sus hombres, Torrijos negoció con el gobernador de Málaga, a quien todavía creía de los suyos. Luego mandó izar una bandera blanca en el balcón de la alquería. Los obligaron a una marcha forzada hasta la cárcel y solo entonces Torrijos descubrió el engaño. El 11 de diciembre, a las once y media de la mañana, los fusilaron en el barrio malagueño de El Bulto. La víspera de su muerte tuvo tiempo de escribir su última carta a Luisa Carlota, que para intentar salvarlo había ido a París a pedir ayuda a la reina de Francia. José de Espronceda, que un año antes le había augurado el triunfo, lloró la derrota de su amigo en una causa que, sin embargo, era invencible.

UN PODER INVISIBLE Y MALÉFICO

El director de *El gorro frigio*, que firmaba con el seudónimo de *Clara Rosa*, publicó esta semblanza de Fernando VII: «Es el rey un hombre bárbaro, atroz, con maneras de mulo y un poco sanguinario por malicia natural». Por injurias como esa las Cortes tuvieron que aprobar una ley adicional sobre libertad de imprenta que disponía: «Son subversivos los escritos en que se injuria la sagrada e inviolable persona del rey». Aun así, el periódico *El Guirigay*, de quien con el tiempo sería jefe de gobierno, Luis González Bravo, embozado entonces tras el seudónimo de *Ibrahim Clarete*, dio la noticia del matrimonio secreto y morganático de la viuda de Fernando VII, la reina gobernadora María Cristina de Borbón, con el alabardero Fernando Muñoz y la injuriaba con dicterios del calibre de «prostituta regia».

Tuvieron la reina y el alabardero un montón de hijos, pero la asilvestrada prensa de la época consideró despreciable ese matrimonio y la pareja y su prole tuvieron que beber la burla en vaso largo. El 3 de mayo de 1844 salió a la calle *El Clamor Público*, lo fundó el diputado progresista Fernando Corradi y disparaba contra la monarquía dardos mojados en curare. Refiriéndose enigmáticamente a María Cristina, decía: «Hay un poder invisible y maléfico, una autoridad irresponsable y oculta».

Todo empezó en 1833 cuando, torturado por la gota, moría Fernando VII. La última de sus cuatro esposas, María Cristina de Nápoles, tenía veintisiete años cuando tomó las riendas de la regencia de su hija mayor, la reina Isabel II. Un día la regente empezó a sangrar por la nariz y aceptó el pañuelo de un guardia de corps, Agustín Fernando Muñoz Sánchez. Fue un flechazo. Tan solo tres meses después de la muerte del rey felón, María Cristina y su alabardero se casaron en secreto en el Palacio Real. Esos amores dieron que hablar y en los corrillos se decía: «La regente es una dama casada en secreto y embarazada en público», se referían a que los embarazos fueron sucediéndose año tras año hasta dar a luz a nueve vástagos, que inspiraron esta coplilla:

> *Clamaban los liberales*
> *que la reina no paría*

y ha parido más Muñoces
que liberales había.

Las modas de la época —miriñaque, ropas abultadas, abundancia de adornos— permitían disimular la preñez de la reina. Pero no fueron ni los partos ni los chismes los que le costaron el exilio, sino los negocios del avispado padre de su prole, que fue ennoblecido con los títulos de duque de Riansares y marqués de San Agustín con grandeza de España. Aunque su única experiencia en los negocios había sido el estanco que su familia tenía en Tarancón, acreditó un extraordinario olfato para los pelotazos parasitarios, como socio o comisionista participaba en operaciones de especulación con la sal, los ferrocarriles y la trata ilegal de esclavos. El guardia de corps venido a más hizo de su estatus su negocio, de la rapiña su ocio y de la corrupción un sacerdocio.

Fue por aquellos años cuando se acuñó el término «camarilla» para referirse a los círculos de influencia que abrevaban en las aguas turbias de la corona. Los escándalos más atronadores de la camarilla de Muñoz fueron el contrato de abastecimiento de carbón para Filipinas y la subasta del ferrocarril de Almansa, que José de Salamanca —cuyas relaciones con Muñoz eran bien conocidas— remató en una cantidad que era exactamente la mitad de los cinco millones de reales que habían aconsejado los expertos europeos, sin embargo el gobierno cerró el trato a espaldas de las Cortes. Muñoz recibió también dos millones de reales de los Rothschild por la adjudicación de las minas de mercurio de Almadén.

Dirigiendo un cotarro de especuladores y oportunistas con acceso privilegiado a la información, el duque permitió a estos logreros adjudicarse el ferrocarril de Langreo, las obras del puerto de Barcelona, las de canalización del Ebro o la construcción del puerto de Valencia. El embajador francés lo resumió como un telegrafista: «No existe en España un solo negocio industrial en el que no tome parte el duque de Riansares». Su fortuna, trenzada en una estructura de sociedades fiduciarias en las que aparecían sus hermanos como hombres de paja, se estimaba en trescientos millones de reales. El bandolero Luis Candelas salivaba cada vez que pensaba en dar un mordisco a esa tarta.

«Debajo de la capa de Luis Candelas mi corazón amante vuela que vuela», cantaba Conchita Piquer. Para nada hubiera aplaudido la reina regente María Cristina. El 12 de febrero de 1837, el bandolero tuvo la audacia de allanar y robar la casa de la modista de la reina, que vivía cerca de la Puerta del Sol, no lejos del palacio de la calle de las Rejas donde residía la soberana con Agustín Fernando Muñoz. El palacio de la calle de las Rejas, enfrente del Senado, era un centro descarado de compraventa de favores oficiales y la cercana casa de la modista servía de antesala y apeadero del palacio de los Muñoces, lo cual explica que cuando la asaltó Luis Candelas pudiera llevarse más de setecientos mil reales, un dineral. Nadie tuvo lástima de la modista de la reina y muchos se carcajearon a gusto. Pero la reina y sus íntimos no se resignaron a este desacato tan lesivo y ordenaron redoblar los esfuerzos por detener al bandido, que ya había sido aprehendido once veces y otras tantas veces se había fugado.

En la última no tuvo tanta suerte, lo sorprendieron en una posada de mala muerte en el camino real de Valladolid a Toledo y lo metieron en la cárcel de la Villa de Madrid, allí estuvo en buena compañía porque coincidió con el poeta Espronceda y el conspirador Eugenio de Aviraneta. Le quitaron del tabaco a garrote vil porque María Cristina le negó la clemencia.

A ella se la negó el pueblo de Madrid, porque cuando todo el mundo se hizo eco de sus chanchullos, María Cristina tuvo que salir por pies para salvar su cabeza y el trono de su hija. Ni ella ni su marido salieron con lo puesto. En carta al barón de Rothschild, el agente Daniel Weisweiller acusaba a la pareja de expatriar sumas ingentes del patrimonio real para invertirlas en deuda extranjera. Se instalaron en París y no les faltó de nada porque el financiero Charles Scharfenberg trasladaba el dinero a la cuenta que la pareja tenía en la banca Rothschild de París. Isabel II iba otorgando títulos a sus medio hermanos como quien reparte cromos, hasta que en 1848 los Muñoces volvieron a su palacio de las Rejas, cuyas paredes rebosaban de obras de Velázquez, Murillo, Zurbarán, Tiépolo, Tintoretto y Goya.

Muñoz retomó sus mangoneos asociado al marqués de Salamanca, Narváez, el ministro de Fomento Esteban Collantes y Pedro Egaña, director de *La España*, propiedad de Muñoz, que fichó para su camarilla al tesorero de la casa real Manuel Gaviria. La niebla contable que rodeaba el bolsillo secreto de María Cristina y su marido nunca llegó a disiparse. Se hablaba de desfalco, canonjías, malversación y saqueo en una España que libelos como *El Guirigay* llamaban «Puerto de Arrebatacapas». A la altura de 1850 era un secreto a voces que la familia Muñoz tenía importantes negocios en ultramar, a la propia María Cristina distintos documentos notariales la identificaban como cabeza de una millonaria sociedad negrera con base en Madrid y con agentes en Cuba. Aunque España había firmado en el Congreso de Viena la abolición de la esclavitud y cobrado de Inglaterra una interesante indemnización por ello, la esclavitud seguía subsistiendo de hecho en Cuba y Puerto Rico. Era una institución tan tolerada que las entidades y personas de la Iglesia tenían esclavos como cualquier otro amo.

La codicia de los Muñoces soliviantó al personal, el palacio de las Rejas fue asaltado por la muchedumbre y sus egregios inquilinos expulsados de España. Agustín Fernando Muñoz Sánchez murió en 1873 en su villa Mon Désir, en Le Havre. No era su único reposo, dejó a sus herederos fincas, molinos, grandes explotaciones agropecuarias y dieciséis palacios. Lo enterraron en Tarancón y fue el más rico del cementerio.

9

SECRETOS DE ALCOBA Y DE ESTADO

SERRALLO, PIRAÑAS Y NEGREROS

> *Todos los que con la espada, con la pluma,*
> *con la palabra, agravan los males*
> *de la nación son españoles.*
>
> AMADEO I

RECÓNDITAS PATERNIDADES

Un misterio borbónico: los reyes del XVIII, Felipe V, Luis I, Fernando VI, Carlos III y Carlos IV fueron monógamos y fieles a sus reinas. Los del XIX y XX, Fernando VII, Isabel II, Alfonso XII y Alfonso XIII fueron infieles como chimpancés pigmeos. ¿Existió alguna vez el matrimonio por amor entre los Borbones españoles? Generalmente no. Para los más afortunados, el amor llegó con el tiempo, tras apreciar las cualidades del cónyuge. Para otros no llegó jamás. Desde María Luisa Gabriela de Saboya, la primera esposa de Felipe V, hasta Letizia Ortiz, dieciséis mujeres y un hombre han ocupado el trono español como consortes, no siempre con igual tino. Una más, María Antonia de Nápoles, se quedó en el banquillo, al morir dos años antes de la proclamación como rey de su marido, Fernando VII. Solo tres fueron españoles: Francisco de Asís Borbón, casado con Isabel II, María de las Mercedes de Orleans, la primera mujer de Alfonso XII, y doña Letizia. Hubo además cinco italianas, tres alemanas, dos portuguesas, dos francesas, una inglesa y una griega. Francisco de Asís fue príncipe desde la cuna y todas fueron princesas de nacimiento salvo Julia Clary, María Victoria Dal Pozzo y Letizia Ortiz, que es la única plebeya de la dinastía borbónica porque tanto Julia Clary como María Victoria Dal Pozzo, pese a haber nacido sin él, ya tenía título de alteza antes de sentarse en el trono.

En cuanto al amor, doce consortes se casaron por estrictas razones de Estado y otras dos fueron elegidas por sus caudales (la Dal Pozzo y la Clary). Solo de otras tres puede decirse que llegaron a reinar por amor: María de las Mercedes de Orleans, la primera mujer de Alfonso XII, Letizia Ortiz y Victoria Eugenia de Battenberg, la infeliz esposa de Alfonso XIII. Y ahora, sí, acompáñame. Te prometo todo tipo de emociones. Y, sobre todo, mucho sexo.

Decía Sartre que cada función social es una ficción social, la afirmación es matemáticamente exacta referida a la monarquía borbónica. Algo barruntó la infanta Eulalia, tía de Alfonso XIII, cuando adujo que su estirpe no podía presumir de sangre cristalina, de sobra sabía que ella misma no era hija de su padre oficial, el rey consorte Francisco de Asís, a quien apodaban «Paquita», sino de uno de los muchos amantes de su madre Isabel II.

Cuando Isabel II tenía dieciséis años, el gobierno arregló un matrimonio con su primo hermano Francisco de Asís, un bisexual escorado a sacrificar en los altares griegos, del que dijo Baroja que tanto le iba «el conejo como la trucha». Cuando la reina se enteró de quién iba a ser su marido rabió: «¡No, con Paquita no!». Muchos años después, en su largo exilio parisino, Isabel II confesó al embajador Fernando León y Castillo: «¿Qué puedo decir de un hombre que en nuestra noche de bodas llevaba más encajes que yo?».

Aunque más a lo ancho que a lo alto, creció Isabel y se convirtió en una reinona agarbanzada y castiza, gozadora y fecunda, que trasegaba fuentes de arroz con leche y era fogosa con sus amantes que, como sus gobiernos, eran de quita y pon. Los hermanos Bécquer, Gustavo Adolfo y Valeriano, prudentemente escondidos tras un seudónimo, caricaturizaron sin pudor los impudores de la reina en dibujos de porno duro. En la Biblioteca Nacional se custodia esa colección de acuarelas y dibujos que, con el título de *Los Borbones en pelota*, publicó en 1991 (más de ciento veinte años después) la editorial El Museo Universal. Entre 1868 y 1869, los Bécquer perpetraron ciento treinta y una acuarelas satíricas que se publicaron con el seudónimo *Sem* en revistas y panfletos como *El Contemporáneo*, *El Bazar*, *Gil Blas* o *La Píldora*. Se han salvado ochenta y nueve. Valeriano pintaba las viñetas y Gustavo Adolfo componía los pies satíricos. Los títulos de las estampas son tan expresivos como su contenido: «El rey consorte, primer pajillero de la corte» o «Por probar de todo, de tirarme a un pollino encontré modo». La obra recuerda por su procacidad, por la ancestral misoginia de sus alusiones políticas y por su terrorismo visual, a los folletos y viñetas que circularon en la Francia prerrevolucionaria sobre María Antonieta.

El reinado de Isabel II no solo fue un rigodón de guerras y ministros, sino también de leyes de imprenta que se promulgaban un día y se derogaban otro. Primero, la represión contra los extravíos; después, otra vez el desmadre de una prensa envenenada contra la reina, que más impotente que resignada soportaba el redoble de la grosería. Para que luego se nos llene ahora la boca hablando de la era de la información, todas las eras lo fueron, incluidas las eras de la trilla. Un ministro de la Gobernación, Patricio de la Escosura, dictó un decreto para meter en cintura a los libelistas; dio igual, un exministro sacaba un periódico con mayores insultos. Detrás de la saña de *El Murciélago,* «periódico nocturno», estaban las plumas de González Bravo y Antonio Cánovas, gente de orden. El 18 de julio de 1854, *La Iberia* publicaba este suelto: «Madrileños, españoles todos: contra la inmunda corrupción de la más asquerosa tiranía». Se referían a la reina y a su gobierno. *El Látigo*, de Pedro Antonio de Alarcón, hacía honor a su lema «Justicia a secas, moralidad a latigazos, vapuleo continuo» y el 25 de enero de 1855 ponía negro sobre blanco: «Nada hay en España que no merezca nuestra rechifla, ¿La monarquía?... Ja, ja, ja». Tanto insultó Alarcón a la reina que el guardia real Heriberto García de Quevedo lo desafió en duelo a muerte. Alarcón erró el tiro y se daba por muerto cuando García de Quevedo le perdonó la vida. Dejó de escribir de política para dedicarse a la crítica literaria.

Como su abuela María Luisa y como su madre María Cristina, Isabel II bebió los vientos por los hombres uniformados. El exministro García Ruiz habló de Isabel II como «una nueva Mesalina nunca harta de torpes y libidinosos placeres». El primer amante oficial fue el general Serrano a quien Isabel II llamaba «general Bonito» y a quien perseguía por todos los cuarteles de Madrid. Cuando, camino de las habitaciones de la reina, Serrano se cruzaba con Francisco de Asís le susurraba: «Cabrón, cabrón» y Asís suplicaba a la reina: «Mujer vale que se acueste contigo, pero dile que no me insulte delante de los lacayos». Monseñor Brunelli, nuncio de Pío IX en España, fue el primero en denunciar al papa las bajas pasiones de «Isabelona, fondona y golfona». No debió de escandalizarse mucho el pontífice porque la condecoró con la Rosa de Oro vaticana. *«Santo Padre, ie una puttana!»*, objetó el monseñor. *«Puttana, ma pia»*, replicó el muy político Pío Nono.

Los despachos de Brunelli al Vaticano son una mina de cotilleos sobre la vida «extremadamente desordenada» de Isabel II. En 1854, cuando una combinación de revuelta popular, intriga cortesana y contubernio político-militar puso en entredicho su derecho a seguir reinando, el embajador británico en Madrid, describía así a Isabel II: «Es un hecho melancólico, pero incuestionablemente cierto que el mal tiene sus orígenes en la Persona que ahora ocupa el más alto puesto de la Dignidad Real, a quien la naturaleza no ha dotado con las cualidades necesarias para subsanar una educación vergonzosamente descuidada, depravada por el vicio y la adulación de sus Cortesanos, de Sus Ministros y, me aflige decirlo, de Su propia Madre. Todos y cada uno de ellos, con el objeto de guiarla e influirla de acuerdo con sus propios intereses individuales, han planeado y animado en Ella inclinaciones perversas, y el resultado ha sido la formación de un carácter tan peculiar que es casi imposible de definir y que tan solo puede ser comprendido imaginando un compuesto simultáneo de extravagancia y locura, de fantasías caprichosas, de intenciones perversas y de inclinaciones generalmente malas». * O sea, que cruel y generosa, ignorante y astuta, perversa e ingenua, pendón y meapilas, incapaz de apreciar los sacrificios que el pueblo liberal había hecho durante las guerras carlistas a favor del trono de la «inocente Isabel», la reina era la encarnación grotesca de una monarquía constitucional caricaturesca.

Otros amantes reconocidos fueron el general O'Donnell, que había llegado al poder con la Vicalvarada, el cantante José Mirall, el compositor Emiliano Arrieta, el coronel Gándara, el marqués de Bedmar, el cantante Tirso Obregón o el marqués de Linares, sin agotar el inventario. Ofi-

---

* Public Record Office. Foreign Office, 72/844, n.º 48. Otway a Clarendon, 16 de julio de 1854.

cialmente tuvo doce embarazos de los que sobrevivieron cinco hijos. José María Zavala aporta pruebas de que ninguno de ellos era de su marido. En la corte se rumoreaba que la primogénita de la reina, La Chata Isabel, era hija del comandante José Ruiz de Arana y Saavedra. Los rumores se convirtieron en evidencia porque su napia insignificante, impropia de su casta, era un claro indicio de paternidad. La Chata añadió otro mote a su nombre: La Araneja. «El pollo Arana», como llamaban sus detractores al presunto progenitor de la infanta Isabel, hizo enseguida buenos negocios valiéndose de su privilegiada posición y fue distinguido por la reina con varias condecoraciones y el ducado de Baena. El exministro García Ruiz contó que en 1853, mientras Isabel II estaba en La Granja con su marido, Ruiz de Arana dormía con la reina con pasmosa naturalidad. Cuando a la reina se le apagó el fuego, hizo que lo nombraran senador real y embajador ante la Santa Sede. Ya en el exilio de Isabel II, Arana pidió permiso a la reina para revelar a La Chata que él era su verdadero padre. La reina no se opuso y el padre reveló a la hija lo que ella ya sabía. Por entonces también él vivía en París, en la avenida de Friedland, cerca del palacio de Castilla de Isabel II.

El nuncio Brunelli responsabilizaba al embajador británico, Edward George Bulwer-Lytton, de la deplorable conducta de la reina, a quien «rodeaba de personas desacreditadas y depravadas que la pervierten». Cómplice de Bulwer-Lytton fue Enrique Mislei, un intrigante italiano que hizo llegar a la reina libros libertinos. No fue el único de los que la llevaron por el camino del cachondeo, lo mismo hicieron su propio tío Francisco de Paula y su primo el infante Enrique, viciosos y endeudados hasta las cejas.

La Chata compartía su bastardía con el rey Alfonso XII, hijo de Enrique Puigmoltó, capitán de ingenieros valenciano. Documentos de los archivos vaticanos revelan detalles del idilio regio. En un despacho reservado del 15 de septiembre de 1857, monseñor Simeoni, encargado de negocios de la Santa Sede en España, ponía en antecedentes al cardenal Giacomo Antonelli sobre el romance de la reina: «Hace algunos días que ha comenzado a cundir entre la clase alta, aunque hasta ahora había podido conservarse en relativo secreto, el trato que S. M. tiene, desde hace meses, con un oficial del cuerpo de ingenieros. Llega este a las habitaciones de la Reina después de medianoche, permaneciendo en ellas hasta el amanecer. El presidente del Consejo de Ministros y el ministro de Estado han hablado fuertemente a S. M. con la amenaza de presentar la dimisión, y le han expuesto la necesidad de alejar del Real Palacio a tal sujeto; el duque de Valencia ya le habría enviado, sin más, a servir en el Ejército de Cuba o de Filipinas, si no le hubiera contenido el temor de producir, con el disgusto, alguna desgracia en el próximo parto de Su Majestad. Y quiera Dios que, dando a luz un varón, no se abran campo las dudas sobre la legitimidad del mismo. El mismo monseñor Claret [confesor de la reina] me ha dicho haberle asegurado la Reina que el padre de la prole que espera es su augusto esposo; pero que en una carta amatoria al oficial de referencia ha escrito de su puño y letra que dicha prole debe atribuirse a ese oficial, en cuyas manos está la carta».

O sea, que era la propia reina la que atestiguaba que ese pisaverde algo bravucón era el verdadero padre del hijo que entonces esperaba. A punto de dar a luz al futuro Alfonso XII, la reina preguntó al médico que la atendía, Tomás Eustaquio del Corral, si la criatura sería varón o hembra. Le contestó que varón y después del parto la reina lo nombró marqués del Real Acierto. Buscando en los archivos vaticanos, el cura Vicente Cárcel Ortí, historiador de la Iglesia española, exhumó documentos que confirman que el romance de la reina y el oficial de ingenieros fue piedra de escándalo y obligó a intervenir al pontífice. El 13 de marzo de 1858, el cardenal Antonelli hizo llegar al nuncio Barili un despacho acompañado de dos cartas personales de Pío IX para Isabel II y Francisco de Asís, cuya entrega confió el papa a la propia discreción de su representante en España. Eran «paternales avisos y solícitas insinuaciones», o sea, una bronca. ¿Leyó finalmente Isabel II la carta de Pío Nono? No se sabe, pero no hizo falta que el nuncio entregara las cartas a la reina porque, presionada por su confesor, regresó al redil y ordenó el traslado definitivo del hombre que le dio un heredero, aunque ilegítimo.

Carmen Llorca rescató esa carta del papa del archivo de la Academia de la Historia: «Parece que una persona muy influyente en el presente estado de cosas en España, trata de introducir en la Corte a alguien cuya proximidad daría pretexto a los enemigos del trono y a los agitadores políticos para hablar contra V. M., buscando disminuya el respeto que se le debe. Por lo demás, cualquiera que sea la importancia que se deba dar a estos rumores, cierto es que en el actual estado de cosas todos debemos levantar los ojos al Cielo». ¿Quién era el conspirador anónimo que intentaba, según el papa, introducir a Enrique Puigmoltó en la corte para desprestigiar a la reina? No se sabe, a menos que fuera una paranoia de Pío Nono.

Lo que sí se sabe es que el rey consorte, que aunque vivía separado de la reina desde tres meses después de la boda, mantuvo las apariencias, le estaba moviendo el trono a la reina, pero de forma tan chapucera que toda Europa supo por su boca, y por la de su entorno, de «las locuras de Isabel». Cuando la reina esperaba el nacimiento de Alfonso XII, un diplomático francés informaba a su ministerio: «No vacilo en colocar en la primera fila de los que quieren derribar a la Reina al rey Francisco de Asís, su marido. El resentimiento por las injurias cuyo precio ha aceptado y la falta de valor para vengarse predomina en este príncipe. Quiere pues destruir lo que es, en la quimérica esperanza de que obtendrá de los príncipes carlistas restaurados una regencia de hecho, y de nombre, y la aplastante humillación de su mujer».

Los constantes chantajes a los que la sometió durante todo el reinado convirtieron a Francisco de Asís en un agente de desestabilización y el presidente Narváez tuvo que amenazarlo en más de una ocasión con encerrarlo en el castillo de Segovia si no dejaba de conspirar ayudado por un tal fray Fulgencio, por una monja adicta a las llagas, sor Patrocinio, y por el poder que le otorgaba el círculo vicioso de pecado, culpa, arrepentimiento, gula y sobresaltos varios, en que estaba empantanada Isabel II.

Total, que ni La Chata ni Alfonso eran hijos del marido de la reina. Tampoco lo era la infanta Pilar. Cuenta José María Zavala que en cierta ocasión, para tranquilizar a la emperatriz Eugenia de Montijo sobre la salud de la infanta Pilar, barajada como futura esposa de su hijo Luis Napoleón, Isabel II aseguró a la emperatriz de los franceses que el padre de la infanta «había sido un real mozo, sano y fuerte». El príncipe imperial Luis Napoleón murió mientras combatía contra los zulúes en África enrolado en el ejército británico. Al enterarse de su muerte, la infanta Pilar languideció y murió solo dos meses después que su prometido. Si Francisco de Asís no fue el padre de la infanta Pilar, ¿quién fue? La verdad es que no es descartable que ni su propia madre lo supiera, por la sencilla razón de que «Isabel II solía embrollarse con las matemáticas», como escribió Juan Balansó. Aunque hay una pista en cierto nombramiento de la reina, que solía corresponder a los orgasmos con generosos entusiasmos.

El 20 de abril de 1859 la reina dictó esta Real Orden: «En atención a las buenas circunstancias que concurren en D. Miguel Tenorio y Castilla, vengo en nombrarle mi secretario particular». Al parecer entre esas «buenas circunstancias» estaban las buenas prestaciones. La reina lo sedujo jugando al rehilete, un juego metafórico, porque consistía en lanzar un dardo a un blanco. Entre junio de 1861 y febrero de 1864, la reina alumbró a tres infantas: Pilar, Paz y Eulalia. Una sorprendente biografía escrita por el doctor Manuel Martínez González permite sospechar que el verdadero padre de las tres infantas fue Tenorio. Cuenta Miquel Ballester, biógrafo de Paz, que en cierta ocasión la propia infanta, al ver abatido al antiguo secretario de su madre durante un ágape en el palacio de Nynphenburg, le asió del brazo y anunció solemnemente a sus invitados: «Les presento a mi padre, Miguel Tenorio».

Miguel Tenorio murió a las cuatro y media de la madrugada del 11 de diciembre de 1916 en el palacio muniqués de Nynphenburg, en donde vivió nada menos que veintiséis años por deferencia de la infanta Paz, casada con el príncipe Luis Fernando de Baviera. Redactado de su puño y letra dieciséis años antes de su muerte, el testamento de Tenorio designa a la infanta Paz heredera universal de todos sus bienes.

Poco antes de ser derrocada, Isabel II se echó en los brazos del nuevo favorito Carlos Marfori y Calleja, que no tardó en convertirse en ministro de Ultramar, intendente de palacio y marqués de Loja, título al que Valle-Inclán dedicó esta coplilla: «Porque nunca se te afloja, te nombro marqués de Loja». En 1868 acompañó a la reina al destierro y se instaló con ella en el hotel Basilewski de París, bautizado como palacio de Castilla. En mayo de 1870, mientras Marfori gozaba aún de sus favores, la reina escribió una carta a un albanés llamado Jorge, de la que se deduce que era más cursi que un especial de *La casa de la pradera* y que había temita: «Mi Jorge de mi vida, alma del alma mía: Yo te adoro a cada instante más y más. Siento mi vida toda dentro de tu vida bendita mía. Sí, yo te enseñaré el castellano; tú ya lo sabes, mi vida. Yo también de seguro entiendo el albanés, porque te adoro y el amor verdadero, el amor del alma, hace que se hablen todos los idiomas del mundo, porque el lenguaje del amor es superior a todos. Sí alma mía, sí mi vida, sí mi Jorge adorado, tú me enseñarás el albanés y el inglés y todos los idiomas, y yo te enseñaré a ti el lenguaje de mi alma, que es la tuya misma y que te adora infinito, infinito… Quiero que tú reposes de tus fatigas en mi pecho, que se abrasa de amor por ti». Cuando una española sale cursi no hay quien la aguante. Lo que parece que quería decir es que vivir así es morir de amor y que lo quería mazo y que le gustaría jugar a la aduana con él para revisarle el bulto. Si le pones música y la titulas *El amante albanés*, a Eurovisión.

UNA CHARCA DE PIRAÑAS

Desde su reinado efectivo en 1843 hasta su caída y exilio, Isabel II tuvo ciento veintitrés gobiernos o ajustes ministeriales en veinticinco años. Una pena que aún no existiera *El libro Guinness de los récords*.

Las conspiraciones no habían puesto en duda la legitimidad de Isabel II, se limitaron a pedir una política más liberal, otra regencia o un cambio de gobierno, pero en junio de 1866 los sargentos del cuartel de San Gil se sublevaron para acabar con la reina. La mano que mecía la cuna desde el exilio era el general Juan Prim, huido y condenado a muerte desde el fracasado pronunciamiento de Villarejo de Salvanés. Prim debía entrar por la frontera francesa para hacer una proclama en Guipúzcoa y la primera unidad en sublevarse ese día debía ser el cuartel de artillería de San Gil —donde hoy se encuentra la plaza de España— que al parecer debía tomar el Palacio Real. La sublevación fracasó y el jefe de gobierno Leopoldo O'Donnell activó la picadora de carne y fusiló a sesenta y seis implicados. A la reina le parecieron pocos y presionó a O'Donnell para que fueran fusilados inmediatamente todos los detenidos, alrededor de unos mil. El jefe de gobierno alegó que si se fusilara a todos, la sangre llegaría hasta la alcoba de la reina y se ahogaría en ella. Así que Isabel II destituyó a O'Donnell y llamó a Narváez. En el mes de agosto, Juan Prim convocó en Ostende a progresistas y demócratas, que se conjuraron para derribar la monarquía. La tumbaron dos años después. Serrano asumió la regencia y Prim la presidencia del Gobierno.

Tras el éxito de la Gloriosa, que había expulsado de España a Isabel II, se necesitaba una Constitución, por lo que se convocaron las Cortes constituyentes. Gracias a las concesiones hechas a los republicanos a cambio de acatarla, la Constitución de 1869 acabó siendo de un progre que no veas: una monarquía parlamentaria con derecho de asociación y reunión pacífica, libertad de prensa y sufragio universal masculino. El rey ya no podía poner o quitar gobiernos y tenía escaso margen para el mangoneo propio de la época isabelina. O sea, por primera vez en la historia de España, un rey democrático, constitucionalista y simbólico. Claro que faltaba elegirlo. Peliagudo asunto, lo de poner de acuerdo a aquella jaula de grillos. Los carlistas proclamaron al pretendiente Carlos VII por las bravas y añadieron otra guerra a la que por entonces se estaba librando en Cuba contra los independentistas. La beata aristocracia española conspiraba ya para traer al hijo de Isabel, el futuro Alfonso XII, porque muchos alfonsinos vivían en la opulencia como negreros, como el propio regente, el intrigante Serrano, chaquetero y traficante de esclavos en Cuba. Unionistas y progresistas no querían Borbones, Prim era jefe de Gobierno y no concebía otra monarquía borbónica ni en pintura («¡jamás, jamás, jamás!»). Pero no tenían claro a quién colocar en el trono.

El quinceañero duque de Génova, de la dinastía de Saboya, había declinado a través de su mamá. Prim preguntó al general Espartero si aceptaría y el general esquivó la patata caliente y se borró de la carrera. Así que la facción progresista-demócrata buscó a alguien más modernillo por las casas europeas. La misión era como la cópula del erizo, había que hacerlo con mucho cuidado. Había que alcanzar cierto consenso interno y no alterar el frágil equilibrio europeo. La primera localización exterior a la que se trasladó el equipo de *Un rey para mi patria* fue Portugal: el contactado, Fernando de Coburgo, viudo de la reina María II da Gloria.

A diferencia de la confusión y las miserias que caracterizaban España, Portugal estaba viviendo una época brillante y próspera. Más o menos simultáneo con el reinado de nuestra Isabel II había sido el de María da Gloria en Lisboa. Era hija del rey Pedro IV y se había casado dos veces:

la primera con Augusto de Beauharnais, y la segunda, con el príncipe Fernando de Sajonia-Coburgo-Gotha, vástago de aquella familia proveedora de reyes para media Europa, y que eran además excelentes consortes, como el príncipe Alberto, esposo de la reina Victoria de Inglaterra. El príncipe Fernando, hijo del soberano de aquel país germánico y sobrino del rey de Bélgica, fue reconocido como rey consorte en Lisboa y lució tanta prudencia, civismo y aplicación que el país lo aceptó como regente cuando murió la reina en 1853, y nuevamente en 1861, cuando el hijo y heredero de ambos, Pedro V, siguió los pasos de su madre.

Además de caer bien, era un tipo sensible y nada huraño ni en los salones ni en los *boudoirs*. Con el mismo decoro y escrúpulo que usaba en la política, dio curso este santo varón a los sentimientos fervorosos que le había inspirado la soprano Elisa Hausler en una memorable representación de la ópera de Lisboa. Las grandes cantantes de ópera eran como los *rock stars* de hoy porque suscitaban el frenesí de la peña, tenían su ejército de *groupies* y a menudo un interesante patrimonio. La Hausler había nacido en Suiza y recorría triunfalmente los grandes teatros de Europa hasta que después de una brillante velada en Lisboa cantando a Verdi, el príncipe Fernando quedó fascinado por la *primadonna*. Para abreviar, el príncipe se casó con ella morganáticamente y Elisa se mantuvo apartada de toda ostentación.

Fernando de Portugal les parecía un candidato estupendo a los progresistas y a muchos demócratas españoles. Los iberistas, como el republicano Nicolás Salmerón, veían la ocasión de consumar su sueño de volver a unir los dos pueblos de la Península. Cuando parecía que íbamos a tener a un alemán rey de Portugal en el trono de España vino una suiza a descomponer las piezas del tablero. Elisa Hausler se negó en redondo, «España o yo», debió de decir, y don Fernando dijo «tú».

El buen sentido de Elisa previó seguramente los mil disgustos y desaires que hubiera recibido en la corte, como le ocurrió, poco después, a Amadeo de Saboya y a su mujer en el cáustico Madrid, y les había sucedido antes a José Bonaparte y a la suya. Su rechazo a ser reina le debió de proporcionar una vida sana y tranquila para el resto de sus días, porque vivió hasta noventa y tres años y murió en la Lisboa republicana rodeada de unánime respeto.

La corte alemana era un buen semillero de reyes de recibo y Leopoldo Hohenzollern-Sigmaringen, conocido como Leopoldo *Ole Ole Si
Me Eligen*, cumplía todos los requisitos. El inconveniente era que Napoleón III, que consideraba España su protectorado, se negaba en redondo,
previendo una pinza entre el bigotón prusiano de Bismarck y sus vecinos
del piso de abajo. Francia se sintió encerrada entre el Rin y los Pirineos,
atenazada por alemanes ávidos de cortarle la cresta al gallo. Prim maniobró presentando en secreto la candidatura a las Cortes, pero la prensa lo
filtró. El príncipe Hohenzollern estaba dispuesto a renunciar a su trono
lejano y Napoleón III exigió al rey de Prusia una confirmación del de-
sistimiento y encargó a su embajador Benedetti que insistiera ante Guillermo I. El rey de Prusia descansaba en Ems y Benedetti sabía que tenía
la costumbre de dar largos paseos por los jardines, de manera que no le
costó hacerse el encontradizo. Guillermo le escuchó con cortesía: «Vuestra Majestad seguramente querrá dirigir una carta a Napoleón III para
expresarle cuánto lamenta las molestias que los primos de Su Majestad
han causado a Francia y que de ningún modo tolerará que se repitan. Así
probará, como me consta, que Su Majestad siente la más respetuosa devoción hacia mi soberano», dijo esbozando la más untuosa de sus sonrisas
y sin llegar a sospechar la reacción de un Guillermo petrificado, aturdido
y, finalmente, ofendido. «Yo jamás haría una promesa como esa. Que
tenga usted muy buenos días», replicó alzando ligeramente su sombrero
a modo de saludo. Y continuó su paseo. El asunto fue utilizado descara-
damente por Bismarck para elevar la tensión diplomática. El canciller
recibió un despacho en el que se le informaba de la impertinencia del
embajador Benedetti, con unos cuantos trazos resumió la nota y la mandó a la prensa. El resultado fue inmediato, simple e impactante: Prusia
había recibido una ofensa. Francia, humillada, declaró la guerra que le
costaría el trono a Napoleón III. O sea, que los españoles tenían estari-
beles para exportar.

Prim se hizo prudentemente el muerto unos meses, mirando para
otro lado y sin poder mover ficha. Para los que desconocen el arte del
ajedrez explicaré que se llama *zugzwang* a una posición en la que el ju-
gador al que toca mover se enfrenta a un dilema endemoniado: tiene que
mover, pero haga lo que haga pierde. En esas andaba Prim cuando sus

ojos se posaron sobre Amadeo de Saboya, el hijo del rey de Italia y de María Adelaida de Austria, bisnieta de Carlos III. Pero a veces parece que la historia de España la escribiera George R. R. Martin y cuando el episodio parecía que se iba encarrilando, emboscaron a Prim y lo pasaportaron. Su último suspiro coincidió con el desembarco de Amadeo en Cartagena. Así que el rey transalpino se quedó solo y abandonado en mitad de una charca llena de pirañas.

MAGNICIDAS SIN ROSTRO

Prim, viejo militar curtido en mil batallas, tenía muchos enemigos: unionistas, alfonsinos, seguidores del duque de Montpensier o los republicanos de Pi i Margall. Pero, contra todo pronóstico, el hombre encontró un rey para España. Antes de que pudiera saludarlo en Madrid, el general ya estaba muerto porque alguien, no se sabe bien quién (o sí se sabe, pero no se quiere saber), mandó que le pegaran unos cuantos tiros. Vale, se acabó Prim; pero no los arcanos sobre su asesinato.

¿Murió en la calle del Turco o rematado en su palacio de Buenavista? ¿Quién urdió el asesinato? ¿Por qué? ¿Habría salvado la vida de haber hecho caso a las advertencias de sus amigos? Su muerte está repleta de versiones, conjeturas, ruido y dudas. Un magnicidio sin nombre ni rostro de los conspiradores, una conjura tenebrosa con múltiples preguntas que hasta ahora seguían sin respuesta.

A sus cincuenta y seis años, Prim confiaba en su capacidad de liderazgo y creía que se encontraba atornillado al poder, a pesar de que estaba rodeado: por un lado, el regente con tratamiento de alteza, el general Serrano; por otro, el almirante Topete, defensor de las aspiraciones del duque de Montpensier. Pero Prim se creía a salvo, no fue capaz de percatarse de que muchos lo querían muerto. Estaba sentenciado, incluso un sector de sus hermanos masones le había preparado una trampa.

Día 27 de diciembre de 1870. Prim fue al Congreso para votar la aprobación del presupuesto de la casa real. Tenía que dejar todo cerrado ante la llegada del nuevo monarca, Amadeo I de Saboya, que iba a desembarcar en Cartagena tres días después. Estaba previsto que él fuera a recibirle. «Mi general, a cada cerdo le llega su San Martín», le espetó un diputado en los pasillos del Congreso.

Nevaba, era lo suyo en Navidad. Las calles eran un desierto desangelado y triste. Los pocos transeúntes tardíos doblaban apresurados las esquinas, como empujados por un frío que helaba el alma. Incluso la calle de Alcalá, normalmente tan animada hasta la noche, estaba desierta; las farolas observaban el inusual vacío con su mirada encendida pero indiferente. Oscuros nubarrones se desplegaban como palios sobre los tejados y los árboles temblaban como espectros iluminados por la rúbrica de un relámpago. La jornada tuvo un final macabro. Alrededor de las siete de la tarde Prim salió del edificio. Ese día la policía que debía velar por la seguridad del presidente fue enviada a vigilar a los cómicos que representaban en los teatros de la ciudad la sátira *Macarronini I*, que ridiculizaba al rey Amadeo I. En la calle de Floridablanca le esperaba su berlina verde para llevarle a la residencia oficial, el palacio de Buenavista (hoy Cuartel General del Ejército). El trayecto era corto. De la calle del Turco, (hoy Marqués de Cubas) al palacio de Buenavista había unos setecientos metros. Cinco minutos en automóvil. Antes de subirse al carruaje, el presidente del gobierno recibió a los diputados Sagasta y Herreros de Tejada. Ambos subieron con el general pero bajaron enseguida.

Sus dos hombres de confianza, el ayudante González Nandín y el general Moya, subieron a la berlina para acompañar a Prim. Nandín se ubicó en el asiento de la derecha y el general Moya enfrente. Cuando el carruaje inició su ruta todo parecía en orden, pero algo se torció en el cruce de la calle del Turco con Alcalá. El coche frenó bruscamente porque otros dos le cortaron el paso, un tercer coche se cruzó detrás. Se oyó un silbido, parecía una señal y lo era, una mala señal. El general Moya se asomó por la ventana y vio que desde los carros y de una de las tabernas se acercaban varios hombres armados con trabucos. «¡Mi general, agáchese, que nos hacen fuego!», le gritó Moya a Prim, que recibió nueve impactos, ninguno de ellos mortal según el informe oficial. También a Nandín le alcanzaron los tiros cuando interpuso su mano derecha para proteger al general. El único que salió ileso fue Moya.

Sostuvo el sumario que tras el ataque, el cochero lanzó varios latigazos para escapar, subió por la acera para esquivar el bloqueo y entró por la calle Barquillo hasta el ministerio de Guerra. Al llegar a la residencia, Moya ayudó a bajar al general y a su ayudante. El relato tradicional cuenta que Prim apoyó su mano malherida en la barandilla de la escalera y subió por su propio pie a sus aposentos. Sostuvo el sumario que una vez estabilizado, los médicos le practicaron las primeras curas, que se alargaron toda la noche. Tuvieron que amputarle la primera falange del anular y lograron extraerle siete balas. Murió tres días después a causa de una septicemia. Eso sostuvo el sumario.

Según la *Gaceta de Madrid*, el diario oficial del Estado, el día del atentado Serrano comunicó que el presidente del Consejo de Ministros solo había resultado «ligeramente herido y se le ha extraído el proyectil [*sic*] sin accidente alguno ni complicación». Resulta extraño el singular, porque le sacaron siete balas. El día 29 fuentes oficiales afirmaron que el día anterior «se levantó el apósito que se había aplicado al presidente sin haber tenido lugar los accidentes que suelen presentarse en esta clase de heridas tan sujetas a complicaciones. El estado del enfermo no puede ser más halagüeño». Murió al día siguiente, poco antes del desembarco de Amadeo de Saboya en Cartagena, donde fue recibido por el almirante Topete. La muerte se atribuyó a una fiebre producida por los «grandes destrozos causados por las balas en codo, muñeca y hombro del lado izquierdo» que cursaron en una «intensa congestión cerebral que le produjo la muerte a las ocho y cuarenta y cinco minutos».

Ciento cuarenta y cuatro años después, en 2014, coincidiendo con el bicentenario del nacimiento de Prim, una comisión de juristas, criminólogos y forenses hizo, en el hospital Sant Joan de Reus, un minucioso examen de la momia con tecnología superferolítica. El retrodiagnóstico criminológico revela dos cosas: que cualquier crimen, por misterioso que sea, puede ser resuelto y que la poderosa luz de la ciencia del siglo XXI ha desvanecido las oscuridades y penumbras de los cendales masónicos, el ocultismo de la conspiración y la desidia histórica. Los restos cadavéricos hablan más alto y más claro que los vivos y revelan más verdades que los testigos que contaron la historia coaccionados por el miedo o subordinados a la paga. En *Matar a Prim*, Francisco Pérez Abellán reconstruye la investigación y demuestra que fue un crimen de Estado.

El cuerpo de Prim se quedó prácticamente sin sangre, lo que facilitó que se momificara de forma natural, adquiriera la consistencia del cuero y conservara todos sus órganos. Protegido en el interior de sus tres ataúdes, el cadáver guardaba el secreto de su asesinato. El análisis de la momia permitió descubrir una herida en la espalda de la que apenas se sabía nada, parecía un orificio de salida de un balazo en el hombro; pero la ropa que llevaba el general no tenía sangre tras el atentado, por lo tanto los forenses dedujeron que era una lesión que se tuvo que producir posteriormente, es decir, en su casa y por arma blanca. La momia no presentaba signos de que se hubiera tratado de curar las heridas: en el gran agujero que se abría en el hombro izquierdo, donde había una herida de seis centímetros de diámetro, así como en el codo, los doctores metieron emplasto e hilas en un intento de parar la sangre, pero la intención era meramente ornamental: sencillamente, no resultaba estético que sangrara como un cerdo. El dedo anular de la mano derecha, que le fue amputado, no presentaba ningún tipo de cauterización o tratamiento posterior. La mano derecha estaba también atravesada por un agujero en el centro de la palma. Prim no fue curado de sus heridas.

No avisaron a otros médicos, ni convocaron un gabinete de sabios para entablar consulta. Se limitaron a permitir que doctores sumisos revisaran por encima las lesiones y dejaran que la naturaleza siguiera su curso. ¿Por qué?, porque cuando Prim llegó a su residencia muriéndose a chorros siguió en manos de los conspiradores, que se hicieron con el control de todas las decisiones y determinaron quién podía entrar o no en la habitación en la que yacía moribundo. No permitieron que el juez instructor entrara a verlo.

En el estudio del cuerpo los forenses encontraron algo que no esperaban, unas marcas en el cuello muy bien definidas de uno y cinco centímetros. Descartaron que se hubiesen producido por la ropa, porque la camisa con la que fue inhumado el general era de cuello flexible y el único elemento rígido era una costura de un centímetro. Las marcas que aparecen en el cuello eran compatibles con un estrangulamiento a lazo. En el informe oficial de la autopsia se señalaba que se había recurrido a la necroscopia para observar lesiones internas tanto óseas como musculares, pero los forenses de la comisión de expertos de 2014 comprobaron que el cuerpo no había sido autopsiado.

Prim fue abandonado en manos de sus asesinos, quienes disfrazaron el crimen con la complicidad de las fuerzas políticas implicadas en el secreto del atentado. Lo estrangularon en su casa, tendido en su lecho de muerte bajo la fingida protección de Serrano.

El gobernador de Madrid, Rojo Arias, informó al juez Francisco García Franco que fueron cuatro los presuntos asesinos, sin embargo, la instrucción del caso recoge hasta doce nombres de conjurados. Durante el sumario detuvieron a la mayoría, los interrogaron y luego los soltaron. Ninguno de ellos fue juzgado. El sumario, custodiado en sede judicial, fue asaltado, manipulado y mutilado. En el libro de Pedrol Ríus, que estudió concienzudamente ese sumario demediado, se vislumbra que José Paúl y Angulo fue el jefe de la conspiración y del operativo.

Revolucionario de salón, señorito tronera de veintiocho años y habitual de callejón y taberna, parece que conoció a Prim en uno de sus exilios en Londres, donde Paúl y Angulo se encontraba por asuntos de trabajo. Estuvo entre los promotores de la revolución que expulsaría a la reina Isabel II y acompañaba a Prim en su regreso. Sin embargo, una vez de vuelta en España, discrepancias relativas al curso de la revolución, y sobre todo la deriva de Prim hacia una nueva monarquía, provocaron el enfrentamiento entre los dos hombres. Paúl y Angulo acusaba a Prim de traidor y de no cumplir ciertas promesas que el general le había hecho, entre ellas la asignación de un cargo de embajador. Acabó convirtiéndose en feroz contrincante ideológico y su periódico *El Combate* fue el gran azote de Prim hasta el final de sus días. Desapareció de su domicilio horas antes del atentado, y al parecer se tiñó el pelo antes de salir pitando a Francia, desde donde embarcó a América. Vivió durante un tiempo en Argentina, desde donde volvería a París sin atreverse a regresar a España, ni siquiera una vez declarada la Primera República. Murió en París en 1892 rodeado de misterio.

Pero era poco pollo para tanto arroz, había alguien detrás de Paúl, alguien que quería reinar y gastaba la hijuela en sus conjuras. El duque de Montpensier tenía el apoyo de la Unión Liberal que quería poner en el trono de Isabel II a su hermana Luisa Fernanda, casada con el duque. Pero ni el pueblo ni Prim ni Napoleón III la veían con buenos ojos, el francés porque su marido era un Orleans que, además, tenía un perfil algo cimarrón y se había cargado en un duelo a un primo suyo, Enrique de Borbón. Montpensier tenía motivos para estar resentido con Prim y había indicios que lo señalaban entre los autores intelectuales del atentado; de hecho, su secretario, Felipe Solís, fue inculpado. Ángel Ossorio y Gallardo dice en sus memorias: «Se dice que el asesinato de Prim fue inspirado por el duque de Montpensier, casado con una hermana de la reina Isabel, que aspiraba a sucederla en el trono. Se dice que promovió el asesinato Serrano, quien pretendía ejercer un setenado de regencia sobre el príncipe Alfonso, único hijo varón de la reina Isabel». En el esperpéntico proceso judicial salieron a colación los hacendados cubanos. Prim negociaba con Estados Unidos una autonomía de la isla mientras Serrano se llevaba bien con los negreros.

Regente con tratamiento de alteza y privilegios de príncipe de Asturias, Serrano se hizo cargo del ejecutivo una vez herido de muerte Prim. Se le tildaba de Judas de Arjonilla, una de sus propiedades, porque fue capaz de expulsar del país a la reina que había sido su amante. En el proceso salió a la luz que José María Pastor, jefe de escoltas de Serrano, escondió en su casa a algunos de los asesinos. Imputado en el sumario como el contratista de los sicarios, él mismo pudo estrangular a Prim o procurar quien lo hiciera. Serrano, que apostaba por sí mismo como monarca, fue señalado por el espectro de Prim en la revista satírica *La Flaca* como uno de los culpables de su muerte. También el sumario lo señalaba por declaraciones que aseguraban haber visto a los asesinos, y no solo a su hombre de confianza José María Pastor, refugiándose en su palacio tras disparar en la calle del Turco.

En noviembre de 1885, mientras Serrano agonizaba, Paúl y Angulo puso punto final a la redacción de un opúsculo, titulado *Los asesinos del general Prim y la política en España,* donde señalaba al regente como uno de los autores intelectuales del magnicidio. Romanones estaba de acuerdo, pero era viejo zorro y no encontró una forma menos enrevesada de decir lo que quería: «[Serrano] no ignoraba que su carrera política quedaría terminada en el momento en el que pusiera pie en España don Amadeo [...]. Ni rechazamos ni recogemos los comentarios que se hicieron sobre Serrano en relación con el asesinato de Prim [...]. Las pasiones humanas, sobre todo en política, llevan a las más extremas resoluciones». En el sepelio de su mentor, el rey Amadeo prometió encontrar a los responsables, a lo que la viuda de Prim, con Serrano delante, contestó: «No tendrá usted que buscar muy lejos, Majestad».

Todo el mundo sospechaba que Montpensier puso el dinero y que Serrano fue el estratega, pero los espadones disfrazaron las circunstancias y permitieron que la carrera política de Serrano continuara durante muchos años. Muerto Prim, sus enemigos se encargaron de abortar la monarquía democrática de Amadeo de Saboya; sin embargo, ni Montpensier se sentó en el trono, ni su hija casada con Alfonso XII le dio un heredero.

LA REBELIÓN DE LAS MANTILLAS Y LA MAQUINACIÓN DE LOS NEGREROS

El 16 de noviembre de 1870 se votó la candidatura: Amadeo I, «el de los Ciento Noventa y Uno» (votos a favor), fue proclamado rey de España. Para empezar, partía de la paradoja de ser un rey sostenido por progresistas y demócratas, que tradicionalmente habían estado al otro lado de la barricada. Era un éxito del general Prim, que había trabajado muy duro en condiciones muy adversas para sostener la coalición revolucionaria, mantener a raya a republicanos y carlistas, seguir negociando el espinoso asunto cubano y conseguir un monarca que se ajustaba como un guante a la Constitución. Filigrana de encaje. Y de luto.

La historia del efímero reinado español de Amadeo I —dos años, dos meses y siete días— fue un rosario no solo de desprecios y deslealtades, sino también de conjuras y traiciones. Desde el principio le echaron mal de ojo, nada más jurar la Constitución el líder republicano Emilio Castelar le dijo: «Visto el estado de la opinión, Vuestra Majestad debe irse, no sea que tenga un fin parecido al de Maximiliano I». A ese monarca austriaco colocado por Napoleón III en México lo habían fusilado sus propios súbditos tres años antes.

Amadeo I, masón de grado 33, apoyaba la desamortización y su padre clausuró los Estados Pontificios, razón por la que se encontró la hostilidad de la aristocracia madrileña, dedicada al deporte de difundir rumores sobre a qué dedicaba el tiempo libre. Los generales, afectos a Serrano, también pasaron de él. Del clero, carlista a machamartillo, no se podía esperar tampoco gran cosa si tenemos en cuenta que el papa Pío IX era enemigo feroz de la casa de Saboya y había excomulgado a su señor padre Víctor Manuel II por haber fundado la cosa esa llamada Italia. Así pues, visitar la corte de Amadeo era como un domingo por la tarde escuchando en bucle al Príncipe Gitano cantando el *In the ghetto*. Deprimente.

La única solución que Amadeo vislumbró para poner un poco de orden en aquel saco de gatos fue favorecer un turnismo bipartidista reseteando los partidos unionista, progresista y demócrata. Pero eso era pedirle peras al olmo; los progresistas «de derechas» se arremolinaron alrededor de Mateo Sagasta, hábil manipulador electoral, en lo que se llamó el partido constitucionalista. Al otro lado quedaron Ruiz Zorrilla y el Partido Radical Democrático, que postulaba reformas muy necesarias como la agraria, la impositiva, supresión de quintas y abolición de la esclavitud antillana. Las zancadillas no se hicieron esperar y el rey contempló perplejo desde la estricta legalidad la sucesión de encontronazos que empezó con el debate sobre la ilegalización de la incipiente Internacional Obrera. *Questa cagata pazzesca* se llevó por delante cualquier posibilidad de afianzar una monarquía parlamentaria.

Amadeo y su mujer hicieron lo que pudieron, María Victoria guardó los modales en las infidelidades del rey con Adela Larra Wetoret, la «dama de las patillas» (la niña que con solo seis años descubrió el cadáver de su padre, Mariano José de Larra, *Fígaro*), y la «dama inglesa», esposa del corresponsal del *Times* en España.

Las damas madrileñas miraban a la pareja real por encima de hombro como a extranjeros advenedizos, ajenos a los rancios valores de la raza hispana que paradójicamente reivindicaba la princesa rusa Sofía Trubetzkoy. Presumía de ser hija del zar de Rusia y seguramente era cierto pues era conocida la admiración de Nicolás I de Rusia por su madre. Oficialmente fue hija del príncipe Serguei Vassilievitch Trubetzkoy y de Ekaterina Petrovna Moussine-Pushkin. Huérfana desde niña, se hicieron cargo de ella la zarina viuda Carlota de Prusia y el nuevo emperador, Alejandro II de Rusia. Era un indicio más de que su padre biológico había sido el zar Nicolás I. La educaron en la corte y allí conoció a quien sería su primer marido, el embajador de Francia, Carlos Augusto de Morny, primer duque de Morny y hermano uterino de Napoleón III.

Tanto en San Petersburgo, como en París, Sofía llevó una vida cosmopolita y de esplendor. Las damas del gran mundo eran sus *cheerleaders* porque envidiaban su belleza y su condición de *fashion victim* y porque la había retratado el pintor de moda, el alemán Franz Xaver Winterhalter. Vamos que la rusa era una *influencer*. Tenía gustos extravagantes, afición por los pájaros exóticos, por los monos y por los Akita y demás perros japoneses. Su vida feliz se vio truncada cuando su marido murió de repente. Un día, buscando unos documentos, halló la correspondencia que el difunto había tenido con una amante. Estremecida y desengañada, abandonó el luto y volvió a la vida de bullicio y voluptuosidad.

Entonces conoció a Pepe Osorio «el gran duque de Sesto», cuatro veces grande de España y con una fortuna grande como su abolengo. El duque estaba en Deauville en el exilio y era el sostén económico de la familia real española exiliada desde 1868. Sofía Trubetzkoy y el duque de Sesto se casaron y se instalaron en Madrid, en su palacio de Alcañices, que estaba donde se levanta ahora el Banco de España. En su primer invierno en Madrid, Sofía instaló en ese palacio un árbol de Navidad y su ejemplo lo siguió toda la aristocracia. Sofía Trubetzkoy fue gran enemiga de Amadeo de Saboya y sobre todo de su mujer, María Victoria del Pozzo. Ella fue la instigadora de la muy ceporra Rebelión de las Mantillas, las manifestaciones que durante los días 20, 21 y 22 de marzo de 1871 protagonizaron las innobles nobles madrileñas ataviadas con mantilla española. El tosco *mobbing* regio lo cuenta Sainz de Robles: «Las damas de la aristocracia, borbónicas fanáticas, brillaron por su ausencia en todas las recepciones organizadas por la Reina y aún quisieron ofenderla cierta tarde, en el Paseo de la Fuente de la Castellana, paseando, en landós de lujo, tocadas con la clásica mantilla española como dando a entender que no abdicaban de su casticismo y que repudiaban los nuevos métodos palatinos». El desaire de pésimo gusto a la soberana tuvo una réplica por parte del empresario teatral Felipe Ducazcal, quien, y sigue contando Sainz de Robles, «en otro landó despampanante, llevando a uno y otro lado suyo a dos furcias de mucho postín, se estuvo paseando igualmente, como dando a entender a las ridículas aristócratas que tanto o más que ellas valían aquellas "horizontales" tan elegantemente vestidas, ensombreradas y alhajadas».

Las damas madrileñas ya se pasaron del todo de frenada cuando María Victoria dio a luz a su tercer hijo, el infante Luis Amadeo, el 29 de enero de 1873. El día del bautizo del príncipe, las aristócratas se conchabaron para que ninguna aceptara llevar a la pila al recién nacido como era costumbre. En el convite de palacio se había dispuesto una mesa para cincuenta comensales y faltaron la mitad con diversas excusas. Fue un acontecimiento con más lágrimas que júbilo.

Pero quien hizo saltar todo por los aires y caer la monarquía fue una poderosa facción sobre la que se suele pasar de puntillas: el *lobby* negrero llamado Círculo Hispano-Ultramarino. Fundado por los Manzanedo, Sotolongo, Zulueta, Güell, Antonio López, Manuel Girona y compañía, inició una campaña brutal para terminar con el gobierno alegando una posible «rotura de España» si se cedía en Cuba. Eran los reyes del mambo, los hacendados criollos, los dueños del ochenta por ciento de las tierras de Cuba, grandes comerciantes peninsulares afincados en La Habana, altos funcionarios y jefes militares casados con ricas criollas. Una casta reducida y endogámica que con sus plantaciones, sus esclavos y la exportación de azúcar se lo llevaban crudo con el transporte de negros y sus aranceles hiperproteccionistas, que eran otra forma de racismo, el racismo de las mercancías.

El segundo gobierno de Ruiz Zorrilla se disponía a plantear en las Cortes la ley Moret, que abolía la esclavitud, y la ley de Ayuntamientos, que propiciaba cierta autonomía cubana. Los dueños de plantaciones, negreros, concesionarios de transporte naval y todos los que engordaban sus cuentas a base de vender sus productos en Cuba en régimen proteccionista se confabularon en una campaña nunca vista. El Círculo Hispano-Ultramarino puso su enorme fortuna al servicio de la desestabilización: esas leyes eran un ataque a España. Intolerables. Inaceptables. Una innovación perniciosa. Como se les hundía el mundo, decían que se rompía España. Había que reaccionar. Formaron el Partido Español y se dedicaron a reclutar los llamados «Voluntarios del Orden» por dieciséis reales cada uno (más del doble de lo que cobraba un peón albañil en España). Estos batallones se dedicaron a combatir a los independentistas, incendiar y saquear sus casas y haciendas y a cometer todo tipo de tropelías contra los civiles sospechosos.

Cánovas y Romero Robledo se emplearon a fondo en las Cortes para que la ley no tocara un pelo a los suyos. El brutal acoso al ejecutivo se cobró sus frutos, en un momento en que había que lidiar también con un alzamiento carlista y el descontento de los federales republicanos: la reina Maria Victoria dal Pozzo della Cisterna no pudo más, el rey también se vino abajo ante la presión negrera. La gota que colmó el vaso fue una reunión del gobierno a propósito de un conflicto de competencias planteado por un grupo de artilleros. Amadeo I de Saboya mantuvo una tensa reunión con el presidente del Gobierno Manuel Ruiz Zorrilla a la que asistió la reina consorte, María Victoria, aunque solo para solventar los problemas de comprensión de Amadeo, que no había conseguido dominar el español. Fue tan grosera la actitud del presidente que la reina, en la única intervención política que se le conoce a lo largo de su corta estancia en España, le espetó a Ruiz Zorrilla: «No se confunda usted; esto que hay aquí no es democracia, esto es chusma». El presidente del gobierno dio un puñetazo en la mesa y gritó un «¡Viva la República!». Era una invitación a la abdicación. Y fue atendida.

El rey llamó al marqués de Dragonetti, su ayudante, secretario y amigo y le dio instrucciones de ir recogiendo. Ahuecó el ala y se largó de este país de pesadilla. *Ah, per Bacco, io non capisco niente. Siamo una gabbria di Pazzi,*[*] debió de mascullar Amadeo de Saboya, que estaba de los españoles hasta lo que rima con su apellido. Qué lista fue la soprano Elisa Hausler, ¿reina de España yo?, mejor los gorgoritos.

El 11 de febrero de 1873, el Congreso proclamaba la República, lo único que quedaba por probar. Seguramente con Prim esta peli hubiera tenido otro argumento y mejor final, pero nunca lo sabremos. Lo que sí sabemos es que la siguiente monarquía parlamentaria tuvo que esperar más de un siglo.

---

[*] «Ah, por Baco, no entiendo nada, esto es una jaula de locos».

¿Los empresarios del *lobby* negrero? Pues después de liarla parda, de forzar una abdicación, de estar detrás de nada menos que cuatro conflictos y posiblemente un par de magnicidios, cerraron el negocio de la trata y siguieron con sus otras actividades empresariales como si nada. A otra cosa mariposa.

Ha quedado eso de que Pavía entró en el Congreso a lomos de su caballo, una pamema. Hizo falta otro pronunciamiento, solo que ya no era liberal, ni progresista, ni republicano, el pronunciamiento del general Martínez Campos en Sagunto, para que volvieran los Borbones. ¿Por fin tiempos tranquilos?, solo en apariencia.

NI AMO NI REY

LA VERDAD SOBRE EL CASO DE LA MANO NEGRA

La primera revolución de izquierdas en España fue la Gloriosa de 1868 y alumbró una Constitución que era una ínsula Barataria de elevados propósitos, pero la reacción conservadora envenenó los sueños de quienes creían que la utopía se podía alcanzar a precio de saldo. Solo los anarquistas sobrevivieron en la clandestinidad y por la minúscula composición de sus células, que los hacía poco vulnerables a la policía.

A finales de 1868, los camaradas franceses Aristide Émile Jules Rey y Élie Reclus llegaron a Barcelona comisionados por Bakunin para predicar el Evangelio libertario de la Asociación Internacional de Trabajadores. En Cataluña les hicieron la ola y en Andalucía sus ideas cayeron como agua de mayo en tierra seca. La nueva y radical idea de que la tierra era para quien la trabajara se extendió por los latifundios andaluces y de los cerca de cincuenta mil obreros que se afiliaron a la Federación de Trabajadores de la Región Española (FTRE), Andalucía aportaba más de la mitad.

El final del sueño republicano tras la entrada de Pavía en el Congreso provocó una persecución feroz y el nuevo régimen restaurador dirigió toda su saña contra los grupúsculos ácratas, que se radicalizaron más. La única salida que encontraron fue la acción directa, una forma de terrorismo reactivo. Derrotado el carlismo, solo quedaba embridar el movimiento obrero para que todo volviera a ser como en los viejos tiempos. En la Cataluña obrera y en la Andalucía jornalera los trabajadores mantenían células de resistencia al amparo de un imaginario libertario. Para escarmentar al campesinado andaluz, que andaba algo revuelto, el *establishment* se decidió a pasar al lado oscuro y fraguó una conspiración en la que se implicaron las cloacas gubernativas, policiales y judiciales mientras la prensa intoxicaba convenientemente al personal. El plan era sacarse de la manga una supuesta organización subversiva que sirviera como pretexto para la rabia represora. Así nació la Mano Negra: una operación de bandera falsa, un invento del gobierno de Sagasta para reprimir las revueltas en los campos del sur.

Las dos revoluciones industriales del siglo xix habían pasado de largo en Andalucía, que siguió en los arrabales de la historia. Aquel pozo de miseria era terreno de mantillo para la subversión. Mientras el anarquismo catalán ponía los cimientos para una confederación del trabajo (que nacería en la segunda década del siglo xx), el anarquismo andaluz se abismó en sociedades secretas entre juramentados que recurrían a la propaganda por el hecho: atentados y secuestros de terratenientes. Andalucía era una hoguera: se quemaban los cortijos y los olivares, se mataba el ganado, se arrancaban los viñedos. Según la Guardia Civil, la FTRE amonestó a sus afiliados con un comunicado secreto que decía: «Hacéis poco. Tenéis el deber de hacer más. Cuanto encierran los graneros es vuestro. Es el sudor de vuestra frente. Y como es vuestro no debéis pedirlo, debéis tomarlo. El deber de todo revolucionario es levantarse en contra de la injusticia y luchar por la revolución social, individual o colectivamente. Guerra, guerra siempre hasta que abran los ojos a la luz o hallamos triunfado. ¡El que quiera comer que trabaje! ¡Los que no trabajan roban a los trabajadores! ¡Son ellos los ladrones! ¡Mueran los zánganos!».

Cuando el panfleto llegó a las autoridades, reaccionaron como si les hubieran dado una patada en el trigémino y sometieron a intensiva vigilancia a los sospechosos habituales. La Guardia Civil y la Rural arrestaban a destajo, bastaba con que cualquier terrateniente, o párroco, señalara con el dedo a alguien como afiliado a la FRTE o como lector de la *Revista Social,* el periódico de la Federación. La sequía y malas cosechas de 1881 y 1882 trajeron el hambre y los asaltos a las tiendas, robos e incendios. Los campesinos solo tenían cuatro salidas: pedir, robar, luchar o morir. Y de todo hubo. Se ocuparon fincas y hubo motines por la falta de trabajo y por la subida de precios, se asaltaron las tahonas y cortijos para pillar sacos de harina, huevos y gallinas que desaparecían por arte de magia expropiados por la famélica legión. Andalucía era un bidón de gasolina y allí llevaba chisquero hasta los que no fumaban. La alarma cundía entre los propietarios y el gobierno de Sagasta vivía en un sinvivir.

El 3 de noviembre de 1882, los propietarios de Jerez de la Frontera se acoquinaron y tuvieron que intervenir la Guardia Civil y el ejército. En pocas semanas había más de tres mil jornaleros encarcelados. Todo el peso de la ley de los fuertes cayó sobre quienes no habían podido escapar de una sentencia en la cuna: la de la pobreza. En una serie de veintiún artículos publicados en el periódico madrileño *El Día*, titulada genéricamente *El hambre en Andalucía*, Leopoldo Alas *Clarín* denunciaba las palizas y torturas infligidas indiscriminadamente a los campesinos como aviso para navegantes. Y, para rematar al herido, que parece que aún se mueve, estaban los humillantes paseos de las cuerdas de presos por las calles de Jerez. El invierno llenó las calles de familias mendicantes y de campesinos parias que eran percibidos como terroristas. Las cárceles de Cádiz, Jerez y Sevilla se llenaron de imputados de pertenecer a una misteriosa organización clandestina llamada la Mano Negra.

Todas las pruebas contra los «conjurados» se reducían a un manuscrito que jamás se aportó a los juzgados: el «sensacional» descubrimiento entre los escombros de una casa abandonada de unos estatutos de la Mano Negra titulados *Reglamento de la Sociedad de Pobres contra sus ladrones y verdugos*. La FTRE protestó que no tenía ninguna relación con esa presunta sociedad secreta y advirtió a sus afiliados que se alejaran «del robo, el secuestro y el asesinato».

Nunca se llegó a probar actividad alguna atribuible a la misteriosa Mano Negra, ominoso nombre que sugería un temor difuso y tenía gancho periodístico. La prensa no solo no puso en duda la existencia de la «abominable asociación», sino que sembró el miedo a ese «aborto de la demencia y el crimen». *El Cronista de Jerez* llegó a publicar que sus miembros estaban obligados a matar a la persona que se les designaba y que si no lo hacían les pegaban dos tiros. La siembra estaba hecha y no tardó en llegar la cosecha de sangre. Después de una farsa de juicio con pruebas prefabricadas, con los primeros resplandores del amanecer del 14 de junio de 1884, en Jerez de la Frontera fueron ejecutados a garrote vil siete braceros acusados de graves crímenes a cuenta de la Mano Negra. Uno de los encausados, José León Ortega, se libró del garrote porque se había vuelto loco por las palizas que le propinaron en la cárcel. Más de quinientos jornaleros fueron deportados a Filipinas, hubo madres que ahogaron a sus hijos en las marismas para evitarles este valle de lágrimas. Veinte años después, todos los condenados en el proceso de la Mano Negra fueron rehabilitados. A los ejecutados les dio igual.

Dice Manuel Tuñón de Lara que «todo parecía exhalar el tufo de un documento fabricado». Este historiador, que no creía que existiera la Mano Negra, sugiere que tal vez hubiera pequeñas *maffias* influidas por el anarcocomunismo y en las fronteras entre la rebeldía y la delincuencia. Josep Termes llegó a la misma conclusión: el reglamento «descubierto» por la Guardia Civil «al parecer solo era la manipulación policial de un reglamento del Núcleo Popular, que las autoridades tenían en su poder desde hacía tiempo, y que tal vez fuera obra de un desequilibrado». Según Avilés Farré, «lo más probable es que el reglamento no fuera una falsificación, sino que alguien lo redactara como acta de constitución de un grupo clandestino orientado hacia la guerra de clases, pero ello no prueba que el grupo llegara a constituirse ni que cometiera delito alguno. Si de verdad existió, no dejó huella alguna de su actividad».

AMERICAN CONNECTION

En la última década del XIX, Barcelona sufrió una oleada de atentados anarquistas. En el más salvaje murieron doce personas, fue el de la procesión del Corpus del 7 de junio de 1896 a su paso por la calle Canvis Nous. No se dio con los terroristas, pero había que descabezar a cualquier precio la efervescencia libertaria, casi cuatrocientos sospechosos fueron encarcelados en el castillo de Montjuic y para soltarles la lengua les arrancaron las uñas, les aplastaron los pies con máquinas prensoras, les pusieron cascos eléctricos o les apagaron habanos en la piel. Algunos murieron, la mayoría quedaron lisiados o locos de remate. Cánovas, presidente del Consejo de Ministros, lo sabía todo. Los consejos de guerra echaron humo y condenaron a muerte a veintiocho personas, cinco fueron ejecutadas, a otras les conmutaron la pena por la cadena perpetua, sesenta y tres fueron deportadas a Río de Oro. La prensa europea se escandalizó.

Cánovas no era un político cualquiera, era un animal político, literalmente: político y animal. Tanto como para firmar un documento que permitiera carta blanca para torturar insurrectos en Barcelona e irse luego tan tranquilamente a pasear por la Gran Vía madrileña sin escolta. Podía suspender la libertad de cátedra si atentaba contra dogmas de fe al tiempo que donaba a una menesterosa viuda de guerra dos mil pesetas para el sustento de su prole. Monárquico genético, entronizó con calzador en 1875 a Alfonso XII, a pesar del rechazo de gran parte del país por los desmadres de su madre. Su caballo de batalla era acabar con la violencia política y con la arraigada afición a los pronunciamientos militares. Para ello había que garantizar la alternancia pacífica en el poder, por lo que diseñó un modelo bipartidista al estilo británico con el que se turnarían rivales prefabricados, en un amañado dueto que olía a tongo desde lejos. En el régimen canovista las elecciones eran un simulacro urdido por caciques de palo y tentetieso, mientras que el parlamento y el gobierno se mangoneaban en pactos entre los líderes de los dos partidos supuestamente en liza. Nada nuevo bajo el sol.

En su haber hay que anotar que puso fin a la sublevación cantonal y a la tercera guerra carlista al tiempo que conseguía firmar unas tablas momentáneas en la guerra de los Diez Años en Cuba. Fue el único con dotes para haber liquidado el problema cubano sin que acabara en guerra con Estados Unidos, un coloso con el que había que andarse con el cuidado de quien pasea por un campo de minas, habilidad que solo Cánovas podía acreditar.

En agosto de 1897, Cánovas llegó al balneario vasco de Santa Águeda. Inmerso en las preocupaciones de la insurrección de Cuba, un polvorín que amagaba con estallar en guerra con los Estados Unidos, necesitaba las aguas más que nunca. En aquellos tranquilos baños se alojaba desde hacía varios días un italiano de modales educados que hablaba español. Se había registrado bajo el nombre de Emilio Rinaldini y decía ser corresponsal del periódico *Il Poppolo*. Era algo esquivo y no tenía trato con ningún otro bañista. Tenía melena, barba larga y sedosa; su vestimenta era correcta, aunque le faltaba poco para parecer pobre. Había solicitado una habitación de segunda, pero la dueña le dio alojamiento de primera por ser periodista. Es el sobresueldo habitual de los plumillas, que tienen que hartarse de comer langostinos para poder llevar un plato de sopa a casa. Rinaldini decía seguir un tratamiento de baños para curarse una faringitis. Al marqués de Lema, director general de Comunicaciones, que acompañaba al presidente del Consejo, le chocó su facha, pero el hecho de que aquel italiano fuese la única persona desconocida de todo el establecimiento no pareció levantar sospechas entre los nueve miembros de la policía encargados de la protección del jefe del Gobierno.

La tarde del 6 de agosto, Cánovas se desplazaba en coche en dirección a Vergara, un pueblo arrebujado entre pastos verdes y caseríos dispersos. Rinaldini le esperaba en la cuesta de Garagarza, pero tal vez canceló su propósito por el temor a causar una masacre entre sus acompañantes. Al día siguiente, el presidente fue en coche a la ermita de la Esperanza, a la entrada de Mondragón, se detuvo en el atrio de la ermita esperando a su mujer, que venía paseando, pero de nuevo Rinaldini al ver que se le acercaban varias mujeres para saludarle, desistió de su plan.

El día 8, tras oír misa, Cánovas subió a su habitación. El sofocante calor le animó a bajar a la galería, en donde había varios bancos. Se sentó en el más próximo a las escaleras, desplegó el periódico *La Época* y se puso a leerlo entre el suave murmullo de las aguas. Rinaldini, que lo estaba espiando, aprovechó la circunstancia para acercarse. Sacó un revólver de culata negra muy viejo, el cañón parecía medio oxidado. Se oyeron detonaciones.

La primera bala le atravesó el periódico, que quedó agujereado, entró por el lado derecho del pecho de Cánovas y salió por la parte posterior, junto a la columna vertebral. La herida, aunque era mortal de necesidad, no impidió al presidente ponerse en pie con un movimiento inconsciente. Giró la cabeza hacia el lado derecho, ofreciendo así la región de la oreja izquierda al agresor, que hizo otros dos disparos: el primero penetró por la región auricular, atravesó la masa encefálica y salió por la frente; el segundo entró por encima de la clavícula. El criminal descargó su arma una vez más y el proyectil quedó incrustado en el techo, seguramente disparó al aire para intimidar a quienes trataban de detenerlo.

Pasadas las tres de la tarde, se certificó la muerte de Cánovas. Se había cumplido así la profecía que, según había contado él mismo, le hizo una gitana que le leyó la mano en su Málaga natal, le aventuró que tendría mucho poder, pero que moriría de mala manera. Esa misma tarde cayó una lluvia torrencial. El editorial del *Heraldo de Madrid* decía que «por misteriosas analogías, que los hombres no sabrán explicar, muere el señor Cánovas, en quien estaba personificada la Restauración, como murió el general Prim, representante de la Revolución de Septiembre».

El asesino no era quien decía ser, sino Michele Angiolillo, un anarquista. En el momento de su detención declaró que había matado al presidente en venganza por las muertes de los anarquistas detenidos en Barcelona tras del atentado contra la procesión del Corpus. Así pues, lo que estaba detrás era un desquite. Angiolillo era un libertario de manual que promovía un diario de contenidos incendiarios. Huyó de su país para eludir la larga mano de la policía en una Italia donde los pobres eran muchos y muy pobres. Es probable que estuviera en Barcelona cuando se produjo el atentado de la procesión del Corpus. Instalado en Londres, conoció los relatos de los torturados en el proceso de Montjuic, se le inflamó la vena justiciera y compró una pistola. Se dirigió a París y se entrevistó con Henri Rochefort, director del periódico anarquista *L'Intransigeant*, que había sido uno de los que más había destacado en la campaña internacional de denuncia de las torturas de Montjuic y que apoyaba la causa independentista cubana. Se entrevistó también con el delegado de los insurrectos cubanos, el médico y escritor portorriqueño Ramón Emeterio Betances, que vivía exiliado en París desde el fracaso del movimiento independentista conocido como Grito de Lares. A Betances se le suponía un agente estadounidense.

La reconstrucción de los pasos previos al magnicidio tiene lagunas. Los norteamericanos quisieron comprar Cuba, España no quería venderla, de modo que Estados Unidos decidió quedarse la isla gratis total, así que parece que utilizaron a Betances para que contactara en París con

Angiolillo y le diera quinientas pesetas y un revólver para cargarse a Cánovas. ¿Cuál de los dos revólveres quitó de en medio a aquel hombre
confiado en un balneario vasco? ¿Disparó Angiolillo con el que compró
o con el que le dio Betances? Según un amigo de Emeterio Betances, el
periodista español Luis Bonafoux, la primera intención del anarquista era
atentar contra la reina regente María Cristina, fue Betances quien le per-
suadió y financió para cambiar su objetivo por Cánovas, un obstáculo
para las aspiraciones independentistas. En la biografía de Betances escrita
por Bonafoux se asegura que el círculo de amigos del portorriqueño
incluía varios anarquistas italianos exiliados en París. Uno de ellos era
Domenico Tosti, que convocaba reuniones periódicas, en una de ellas se
conocieron Angiolillo y Betances. Impresionado por las credenciales del
caribeño, Angiolillo le abordó y discutió sus planes con él. Betances le
dijo que «en España solo hay un verdadero líder retrógrado y reaccionario, y es precisamente el que confronta a Cuba con una política de gastar
en una guerra hasta el último hombre y la última peseta, el que trata de
sofocar todos los esfuerzos que sus patriotas han hecho para liberarla, y
ese hombre es Antonio Cánovas del Castillo». Hay pruebas de que Betances financió el viaje de Angiolillo a España y usó sus contactos para
hacer que el anarquista pudiera entrar en territorio español con la identidad falsa de Emilio Rinaldini. Cuando fue interrogado por su relación
con el magnicidio, Betances dijo: «No aplaudimos pero tampoco llora-
mos. Los revolucionarios verdaderos hacen lo que deben hacer». Esa
ambigüedad desdibuja el verdadero papel que jugó. Y al servicio de
quién. Murió un año después y los agentes de inteligencia españoles en
París intentaron apoderarse de sus archivos.

La Justicia española no fue más allá de la autoría material del crimen.
No quiso entrar en las peligrosas anfractuosidades internacionales que
habían financiado al italiano. La reunión con Emeterio Betances fue
descubierta años después, cuando el país centraba todos sus esfuerzos en
digerir el Desastre del 98. Pocos se pararon a pensar a esas alturas en el
papel de Betances, que había vivido en Estados Unidos y mantenía relaciones con representantes del gobierno norteamericano. ¿Había habido
alguna pérfida mano meciendo la cuna desde el otro lado del Atlántico?
Sea cierto o no que hubo dinero estadounidense respaldando al anarquis-

ta, el mismo presidente que metió a su país en la guerra de Cuba, William McKinley, fue asesinado por otro anarquista en 1901.

A las once de la mañana del 19 de agosto de 1897, a los once días del magnicidio, a Angiolillo le dieron garrote vil, antes dijo al tribunal que lo juzgó que había actuado solo, pero no existen dudas de que había comentado sus planes con varias personas además de con Betances. Cada generación tiene que convivir con relatos que se presentan como verdades irrefutables y que esconden razones de Estado cuyo desvelamiento violaría la prudente virtud política que aconseja mantener oculto aquello que no puede ser dicho.

Todos los periódicos del mundo condenaron el magnicidio de Cánovas, excepto los americanos, que con su muerte vieron el campo libre para apropiarse Cuba, Puerto Rico y Filipinas. El periódico *Nation* de Nueva York predijo que aquella muerte iba a ser un desastre para España. Acertó, pero en realidad era una profecía de autocumplimiento. Muerto Cánovas, los liberales llegaron al poder y se dejaron intimidar por el clamor que en los Estados Unidos había instigado Randolph Hearst contra la enérgica actuación del general español Weyler en Cuba. Weyler fue relevado cuando estaba a punto de restaurar el orden, la insurrección cubana estalló de nuevo y Estados Unidos la usó de excusa para provocar la guerra más artificial del siglo. De haber vivido Cánovas, ese pretexto no les hubiera servido. Según la historiadora Barbara Tuchman, Cuba se perdió en Santa Águeda. La historia se mueve por el efecto mariposa.

¿LOS PAÑOLES O LOS ESPAÑOLES?

Después de tantos años sigue sin saberse a ciencia cierta por qué se hundió el *Maine* en el puerto de La Habana. ¿Una coincidencia, un desgraciado accidente, la negligencia de la tripulación o una conspiración? Dos comisiones norteamericanas y una comisión española no se pusieron de acuerdo en las causas.

La doctrina Monroe, proclamada en 1823 por John Quincy Adams y atribuida al presidente James Monroe en respuesta al intervencionismo europeo en México, parió la idea de que América Central y del Sur era el patio trasero norteamericano. Un patio particular. «América para los americanos» era simple retórica pringosa de un estado sin recursos militares para sostenerla, por eso no se invocó durante años, pero desde 1880 se impuso la idea de que el Caribe y Centroamérica formaban parte de la «esfera de influencia exclusiva» de Estados Unidos. Cuba era la última joya del Imperio español. Su valor comercial, agrícola y estratégico había provocado numerosas ofertas de compra por parte de varios presidentes estadounidenses. Jefferson Davis, futuro presidente sureño, lo dijo sin tapujos en un discurso en el Senado: «Cuba tiene que ser nuestra». Hubo intentos de anexionarse la isla secundados por supuestos nacionalistas cubanos al servicio de Estados Unidos, como el protagonizado por el venezolano Narciso López, el creador de la bandera de Cuba inspirada en la de Estados Unidos y militar apoyado por el Club de La Habana, que en 1848 propuso un desembarco, pero Estados Unidos prefirió agotar la vía diplomática y ofreció a España cien millones de dólares. Como España no tragó, en 1850 Narciso López desembarcó en Cuba con unos seiscientos voluntarios estadounidenses que fueron neutralizados por los soldados españoles.

Tras la muerte de López, los norteamericanos perseveraron en su empeño y, de la mano del gobernador de Mississippi, John A. Quitman, subieron la puja y ofrecieron ciento veinte millones de dólares. Los presidentes John Quincy Adams, James Polk, James Buchanan y Ulysses S. Grant intentaron llegar a un acuerdo con el gobierno español, muy debilitado por su situación interna, la guerra civil con los carlistas y la rebelión de los cubanos, pero dijo Prim que «Cuba es parte de la patria, no se vende, en todo caso nos la pueden quitar». «Pues vale, por nosotros no hay problema», debieron de pensar los americanos, que le compraron la idea. ¿Por qué querían Cuba? ¿Por qué estaban tan empeñados en comprarla? Aquí entra en juego la economía, *what else?*, que diría George Clooney. Cuando el presidente McKinley declaró la guerra a España, algunos de sus ciudadanos no lo entendieron. Pero pronto lo entenderían: el botín era fabuloso y encima les resultó una guerra chupada de ganar. Tan fácil como montar un *casus belli*.

El 31 de octubre de 1873, el barco contrabandista *Virginius* fue capturado en Jamaica por la corbeta española *Tornado* y escoltado a San-

tiago de Cuba. Transportaba ciento cincuenta y cinco pasajeros cubanos, estadounidenses y británicos. Una corte marcial condenó a muerte
a cincuenta y tres pasajeros acusados de piratería y fueron ejecutados.
Las autoridades españolas devolvieron el barco y los supervivientes a
Estados Unidos; pero el *Virginius* naufragó cerca del cabo Hatteras
mientras era remolcado. La reacción de la opinión pública no se hizo
esperar. Entraba en escena uno de los actores determinantes en la crisis
del *Maine*: el pueblo de Estados Unidos. La leyenda negra cubana, basada en la actuación inhumana de los españoles, se nutrió con nuevos
episodios como el de Evangelina Cisneros, una adolescente muerta en
las cárceles de La Habana, donde estaba detenida por ayudar a su padre
a fugarse. Se barruntaba la guerra. Solo era cosa de esperar el momento.
La situación en Cuba era tan alarmante que el gobierno de Cánovas
decidió el 7 de enero de 1896 la sustitución del general Arsenio Martínez Campos por Valeriano Weyler. Su llegada a la isla fue determinante para frenar la insurrección, pero su política represiva y la creación de
las «concentraciones», antecedente de los campos de concentración,
produjo un efecto bumerán y acrecentó el odio entre peninsulares e
insulares. Weyler aplastó a los insurrectos, mató a Maceo, uno de los
principales líderes independentistas, y acorraló al general Máximo Gómez en el oriente de la isla.

El asesinato de Cánovas propició la salida de Weyler de Cuba y la
concesión de la autonomía para la isla, pero ya era demasiado tarde. El
presidente McKinley ofreció trescientos millones de dólares por la isla y
como la oferta volvió a ser rechazada, los estadounidenses empezaron a
pensar en anexionársela por las malas. En enero de 1898 el periódico
cubano *El Reconcentrado* publicó un artículo titulado «Fuga de pícaros» en
el que se hacía referencia a la salida de la isla de varios colaboradores del
general Weyler. Un grupo de oficiales españoles destrozó sus instalacio-
nes y el embajador norteamericano en La Habana, Fitzhugh Lee, solicitó
la presencia de un buque de guerra para defender los intereses norteamericanos. El acorazado de segunda clase *Maine* tomó rumbo a Cuba para
una «visita amistosa».

El *Maine*, un barco moderno, tenía un aspecto imponente con sus
dos chimeneas y dos mástiles con cofas de combate. Sus noventa metros

de eslora, una manga de dieciséis, un desplazamiento de más de seis mil quinientas toneladas y una velocidad de régimen de diecisiete nudos, lo convertían en una de las joyas de la armada de Estados Unidos. Daba miedo. Su capitán, Charles Sigsbee, era un marinero experimentado que había luchado en el bando federal durante la Guerra de Secesión, aunque tenía algunos puntos negros en su expediente, como un accidente en el puerto de Nueva York y algunas reprimendas por descuidar la seguridad y la higiene en los barcos que gobernaba. Era un tipo decente. Algo guarro, pero decente.

El 25 de enero de 1898, el *Maine* entró en La Habana sin avisar, algo contrario a las prácticas diplomáticas. En justa correspondencia, el gobierno español envió el crucero *Vizcaya* al puerto de Nueva York. El 9 de febrero, la publicación de una carta del embajador español en Washington, Enrique Dupoy Lôme, en la que criticaba al presidente McKinley, agravó la tensión. Solo faltaban dos días para que el *Maine* regresara a su base de Cayo Hueso, Florida, cuando el 15 de febrero de 1898, a las 21.40, saltó por los aires. Murieron doscientos cincuenta y cuatro marinos y dos oficiales, el resto de la oficialidad disfrutaba a esas horas de un baile ofrecido en su honor por las autoridades españolas.

Sin esperar el resultado de la investigación, la prensa sensacionalista de William Randolph Hearst titulaba al día siguiente: «El barco de guerra Maine partido por la mitad por un artefacto infernal secreto del enemigo». Otro reportero del diario *The World* en La Habana, Silvestre Scovell, trató de enviar el siguiente cable: «Un individuo desde un bote arrojó una bomba sobre el acorazado *Maine* que produjo la explosión». El censor le observó que eso era falso. «Sí, pero es sensacional», replicó el periodista, que envió su crónica clandestinamente por barco a Cayo Hueso y de allí la transmitieron al *World*, que la publicó en portada con un dibujo de la explosión.

Como Estados Unidos rechazó la creación de una comisión de investigación conjunta, se crearon dos, la estadounidense sostuvo desde el primer momento que la explosión había sido provocada y externa. Los españoles argumentaron que no podía ser una mina como pretendían los estadounidenses, pues no se vio ninguna columna de agua y, además, si la causa de la explosión hubiera sido una mina, no tendrían que haber estallado los pañoles de munición y habría peces muertos en el puerto. Tenía que haber sido una explosión interna.

Dio igual, los periódicos de Hearst convencieron a la mayoría de los norteamericanos de la culpabilidad de España, Washington acusó a Madrid del hundimiento y dio un ultimátum en el que se le exigía la retirada de Cuba, además empezó a movilizar voluntarios antes de recibir respuesta. El gobierno español rechazó la intimación. Cuba ya estaba bloqueada por la flota estadounidense.

El informe de los buzos proyectó alguna luz sobre la misteriosa explosión. A pesar de la mala visibilidad del agua del puerto por la acumulación de lodo, la habilidad del alférez Wilfred van Powelson permitió describir con bastante fiabilidad el efecto de la explosión en el barco. La deflagración había destrozado la proa del barco por delante de la segunda chimenea. ¿Alguien había colocado una mina a la altura de los pañoles de municiones, con el fin de multiplicar la fuerza de la explosión o habían estallado espontáneamente? Los buques estadounidenses de la generación del *Maine* tenían mamparos comunes para separar las carboneras de los almacenes de munición, por lo que lo más probable era que la explosión se debiera a una ignición del carbón bituminoso de la santabárbara. De hecho, se había informado de incendios en las carboneras de buques de la armada antes del hundimiento del *Maine*, varios de los cuales estuvieron a punto de provocar explosiones. Parecía un desgraciado accidente. Sigsbee, el capitán del *Maine*, fue uno de los primeros en argumentar esta posibilidad. Ya dije que era un tipo decente.

El 18 de febrero, Philp Alger, el principal experto de artillería de la marina, realizó unas declaraciones que molestaron mucho en la Secretaría de Marina, en un artículo publicado por el *Washington Evening Star* decía: «En cuanto a la cuestión de la causa de la explosión del *Maine*, sabemos que ningún torpedo conocido puede por sí solo causar una explosión del carácter de la que se ha producido a bordo. Esa explosión exterior simplemente habría hecho un gran agujero en un lado o en el fondo del barco, a través del cual habría entrado el agua y como consecuencia, se habría hundido el barco. Las explosiones de los pañoles, por el contrario, producen efectos muy similares a los causados por la explosión a bordo del *Maine*. La causa más común es un incendio en las carboneras». Las declaraciones de Alger indignaron a Roosevelt, subsecretario de Marina, que había apostado desde el principio por una causa externa provocada por los españoles.

Algunos norteamericanos apuntaban a la actuación de elementos radicales del ejército español que deseaban la guerra con Estados Unidos, pero la vigilancia del barco, que se encontraba en alerta máxima, dificultaba el sabotaje durante su amarre en el puerto. El embajador Lee defendió la posibilidad de que unos nadadores hubieran acercado un tonel cargado de cien kilos de algodón pólvora. Esos individuos bien podían haber sido revolucionarios cubanos que querían provocar la guerra entre España y los Estados Unidos.

Los revolucionarios cubanos estaban muy divididos, aunque supuestamente todos estaban bajo la autoridad del general Máximo Gómez. Un primer grupo estaba en el exilio, disperso por varios países de América y Europa, uno de sus núcleos era la Junta Revolucionaria Cubana de Nueva York. Los exiliados se encargaban de recaudar fondos y armas y de enviar contingentes de voluntarios para continuar la lucha armada en la isla. Otro grupo clandestino actuaba dentro de los territorios dominados por el ejército español y, un tercer grupo combatía en las sierras, acosados por los soldados peninsulares. El ejército revolucionario cubano se encontraba muy debilitado en el momento de la explosión del *Maine*; por otro lado, sortear la vigilancia del puerto y del propio buque, incluso en plena noche, habría sido muy difícil hasta para James Bond. Sin embargo, no faltan defensores de la teoría de una mina cubana-peruana diseñada por Federico Blume, un ingeniero de origen alemán. Blume había trabajado para el gobierno peruano en los ferrocarriles y durante la guerra entre España y Perú de 1866 había creado un prototipo de submarino para atacar los barcos españoles. Al final, el submarino no se construyó, pero en la guerra de Perú contra Chile de 1879 se rescató el proyecto y se creó un prototipo. Blume diseñó también una mina hidrostática para su submarino, que se adhería al casco del barco y mediante cables eléctricos detonaban su carga de dinamita.

¿Dónde estaba la conexión entre el submarino de Blume y su mina y los revolucionarios cubanos? Tal vez en los diferentes clubes procubanos en Perú y en el revolucionario Manuel Portuondo, que llevaba varios años en Lima defendiendo la causa revolucionaria. En 1887, el general Máximo Gómez viajó al Perú y conoció al ingeniero Blume, que posiblemente le habló de su proyecto de submarino, pero no entregó los planos a los cubanos hasta la llegada de Arístides Agüero. Junto a nueve activistas adiestrados por anarquistas, Agüero habría viajado hasta La Habana y explosionado el *Maine*. Pero ni se encontraron nunca los restos de ninguna mina ni se probó la existencia de un submarino prototipo fabricado a partir del proyecto del ingeniero Blume.

Pero si no fueron ni los españoles ni los cubanos, ¿quién pudo poner la bomba en el muy improbable caso de que la hubiera? La teoría de la intervención de los norteamericanos en el hundimiento de un buque de su propia armada parece descabellada, pero hay algunos indicios inquietantes. El presidente McKinley no estaba en principio dispuesto a propiciar una guerra con España bajo su presidencia y a pesar de las presiones de buena parte del Congreso, de los periódicos, de miembros de su propio gobierno y de la Secretaría de Marina, el presidente buscó una salida pacífica. Con esa intención envió a Madrid al general Woodford, que en varias ocasiones estuvo a punto de conseguir la venta de las islas. Descartado McKinley, no queda descartada la teoría de la conspiración para provocar una guerra. El periodista Ferdinand Lundberg argumentó que algunos sectores de la economía y de la política temían que la autonomía recién estrenada en Cuba terminara con las revueltas y adiós al pretexto para una anexión norteamericana. Por ello, Hearst, algunos políticos y los magnates del azúcar habrían orquestado un plan para hundir el *Maine*. De hecho, el yate *Bucanero* propiedad de Hearst había atracado en La Habana durante la estancia del buque de guerra en la ciudad. Fue obligado a abandonar el puerto unos días más tarde y entre sus tripulantes había varios norteamericanos de origen cubano. La conspiración habría tenido la intención de hundir el *Maine* sin provocar una explosión, que mataría a muchos marineros, pero un fallo de cálculo habría hecho explotar los pañoles de municiones. Sorprende que solo murieran dos oficiales en la explosión y que la mayor parte ni siquiera estuviera a bordo aquella noche.

Las investigaciones del almirante de la marina de Estados Unidos Hyman Rickover en los años sesenta del siglo XX, determinaron que la explosión fue interna y posiblemente accidental. La armada norteamericana había comenzado a utilizar carbón bituminoso, que arde a una mayor temperatura y permite alcanzar más velocidad, pero mientras que la antracita no está expuesta a la autocombustión, el carbón bituminoso es considerablemente más volátil.

Con la perspectiva de más cien años, se disuelve la niebla el misterio: hubo una conspiración para acusar a España de la explosión y la armada de Estados Unidos cerró rápidamente la investigación para echar tierra al asunto. El propio embajador en Madrid, el general Steward Lyndon Woodford, escribió a McKinley sobre sus dudas acerca de la justicia de su causa: «¿Podrá darle [a la guerra] su aprobación el sano juicio de nuestro pueblo y el juicio definitivo de la historia? Esta preocupación me oprime enormemente».

AGENTES Y EXPEDIENTES

En mi principio está mi fin.
LEMA DE MARÍA ESTUARDO

MATAR AL PRESIDENTE CARBONARIO

Hay una idea de Canalejas que estremece por lo que tiene de profética. Escribió que «los rabinos y los árabes, y después Raimundo Lulio, nos separaron del estudio de Platón y de Aristóteles… Quizás sea esta una de las causas que nos han tenido alejados del gran movimiento cartesiano, que para nosotros no tenía razón de ser, porque en nuestro suelo no se habían desarrollado las doctrinas platónicas y aristotélicas… De las dos grandes escuelas árabes, la mística y la propiamente aristotélica, la que en España se arraiga con más fuerza es la mística». Ahí está la clave del arraigo del anarquismo en España. Y ahí está la clave de la muerte de Canalejas.

Le había tentado la idea de ser amigo personal del rey, en sus reuniones con el monarca la conversación a menudo derivaba de asuntos de gobierno a cuestiones familiares, llevaba caramelos a los infantes y se ponía a cuatro patas maullando como un gato para entretenerlos. Había buscado poner a la corona al día con las aspiraciones del pueblo y volverla más atractiva ante las fuerzas republicanas, por eso decretó una amnistía para los condenados por los sucesos de la Semana Trágica. Pero la sangre que llega al río nunca vuelve y las penas que inflige la historia se transmutan en resentimiento, que tantas veces ha sido la energía para sacar al mundo de su quicio.

Fue Romanones, confidente mayor de palacio, quien lubricó la llegada de Canalejas al poder, porque a Alfonso XIII aquel tipo no le gustaba demasiado, le resultaba muy progre. Sobre todo, por anticlerical. El día de la jura de Canalejas, la reina madre María Cristina le dijo a Romanones: «Por Dios, en usted confiamos». Por decirlo suavemente, en palacio estaban acongojados con la que les podría montar aquel carbonario ferrolano.

Tenemos, pues, a un presidente del Gobierno que frisa los cincuenta años, de convicciones más demócratas que liberales (o sea, a la izquierda de la izquierda, aunque sin dejar de ser burgués) y, por todo ello, candidato a entenderse más con la izquierda de su espectro político que con la derecha. Pero no fue así porque, como todo el mundo sabe, una cosa es el programa y otra gobernar; además, la política hace extraños compañeros de cama, que dijo Churchill. El problema de Canalejas no era la oposición, o sea el Partido Conservador, el problema de Canalejas era su propio partido, en el que había, por lo menos, dos o tres patricios que se sentían con tanto derecho y capacidad para liderar la formación como el propio Canalejas. Antes de que lo dijera Giulio Andreotti, ya sabía este hombre que «hay amigos íntimos, amigos, conocidos, adversarios, enemigos, enemigos mortales y… compañeros de partido».

Nada más celebrarse las elecciones del 8 de mayo de 1910 (que ganó, claro, porque en aquel entonces las elecciones siempre las ganaba quien tenía que ganarlas) lanzó un discurso en el que aseguró al Partido Conservador que su ministerio se regiría por el riguroso respeto a la ley, afirmación que puede parecer inocente, pero que tenía mucha miga ante unos políticos que habían sido apeados del poder por haber, en su opinión, defendido la ley y el orden durante la Semana Trágica.

Ante un parlamento mayoritariamente liberal, con elementos republicanos e incluso socialistas, Canalejas se vino arriba y dijo cosas propias del Partido Conservador, al que teóricamente combatía: «Yo, que no he perdido la serenidad de juicio, hablo desde aquí a todos los obreros españoles y les digo: os engañan conscientemente los que dicen que estamos preparando una campaña, una guerra. Estamos, sí, haciendo ejército, robusteciendo instituciones militares, con el apoyo y la fuerza de las cámaras, para que España no sea débil». Esas palabras sonaban como si hablara el adversario. Canalejas tendió una mano al Partido Conservador y Antonio Maura aplaudió con las orejas: «Nosotros no somos de aquellos que cuando les toca no gobernar impiden que los demás gobiernen».

Canalejas, sin embargo, no renunció a su política liberal, primero dictó una real orden sobre libertad de cultos que escandalizó a las fuerzas católicas; luego continuó con la llamada ley «del candado», por la que limitaba el crecimiento de las órdenes religiosas, y que provocó la ira del Vaticano a pesar de que era una propuesta razonable porque en aquella España dabas una patada en el suelo y salían veinte órdenes religiosas distintas. En el fondo de la cuestión estaba la voluntad de Canalejas de renegociar el concordato, y ya se sabe que en cuanto le quieren tocar los concordatos, el Vaticano se pone muy nervioso. La ley fue aprobada en una maratoniana sesión de dieciocho horas, porque los carlistas recurrieron al filibusterismo.

Pero bueno, al fin y al cabo, Canalejas tampoco era un comecuras, su entorno privado era bastante meapilas y no fueron pocas las iniciativas que tomó para amigarse con el Vaticano. Además, la prueba de que no era un revanchista, como tantos anticlericales, es que tras aprobarse la «ley del candado» se negó a secundar la iniciativa de Moret para que se secularizaran los cementerios y la educación. De hecho, dijo que no concebía el Estado sin religión, lo cual lo acercaba al Cánovas que postulaba que el catolicismo formaba parte de la «Constitución Natural de España». Así, con mayúsculas. Canalejas solo quería la separación clara entre Iglesia y Estado, por eso fue suya la primera norma que estableció la potestad de jurar o prometer en público (a excepción de los militares, que siguieron jurando sí o sí). Una de sus frases preferidas era: «Todo lo que sea forzar la evolución, es destruirla». Quería cambiar España, pero no era un adanista que pretendiera hacer tabla rasa.

A pesar de enfrentarse con la bestia negra del progresismo español, o sea el Vaticano, a Canalejas le crecían los enanos a su izquierda, y en su propio partido Segismundo Moret no paraba de ponerle palos en las ruedas. Cuando estaba en componendas con Moret para que dejara de tocarle las narices, otro prohombre liberal, Montero Ríos, la emprendió contra él por su decisión de facilitar la aprobación de la Mancomunidad Catalana, reivindicada por los nacionalistas. El asunto catalán fue otra de las patatas calientes que le tocaron en suerte, además de la «ley del candado» y el problema de Marruecos, que se trenzaba con la creciente movilización proletaria porque los soldados eran obreros. Los intentos de Canalejas por resolver la cuestión catalana fueron sinceros y hasta valientes. Prat de la Riba cuando llegó a Madrid para entregarle el proyecto de Mancomunidad, se lo dijo bien claro: «Por la moderación de esta fórmula, por su gubernamentalismo, por su concordia con la opinión general de España, Cataluña ha concebido grandes esperanzas. Que no se conviertan en desengaños».

En el debate parlamentario, la oposición al proyecto fue orquestada desde la presidencia del Congreso por su propio compañero de partido Romanones. Los conspiradores liberales acordaron que si Canalejas flaqueaba, Romanones, que presidía la sesión, se rascaría el sobaco, entonces otro liberal, el diputado Burell, pediría la palabra, que el presidente le otorgaría, y entraría a degüello al presidente y a su proyecto de Mancomunidad. La intervención de Canalejas fue tan rotunda que Romanones, previendo la posibilidad de una derrota, se aguantó el picor de la axila sin rascarse. Probablemente, también ayudaron dos emisarios que el presidente del Gobierno envió a la tribuna presidencial a decirle un par de cositas al oído al conde maniobrero.

Ya dije que paroxismo significa lo que precede al fin. El paroxismo anticanalejista llegó a tal punto que, en esa misma sesión, un diputado liberal demócrata (o sea, la izquierda de la izquierda burguesa) pronunció un vibrante discurso en el que invocó a los Reyes Católicos, artífices, dijo, de la unidad de España que la Ley de Mancomunidades iba a poner en peligro. Pon Estatuto donde dice Ley de Mancomunidades y seguro que te suena. ¿Que qué diputado era? Pues era Niceto Alcalá-Zamora, el futuro presidente de la República.

Los socialistas y los llamados demócratas, germen de los futuros republicanos, reprochaban a Canalejas que se entendiese con los conservadores porque la Semana Trágica había provocado un movimiento de aislamiento del conservadurismo, el famoso «¡Maura, no!». Nada nuevo bajo nuestro sol, como sabe Pedro Sánchez. La actitud de las izquierdas fue violenta, se convocaron tres huelgas generales (en Bilbao, Sevilla y Valencia) y se creó un clima de agitación social hasta que, el 18 de septiembre de 1911, la declaración por la UGT de la huelga general en toda España provocó la suspensión de las garantías constitucionales.

Un mes antes, el guardacostas *Numancia* se había amotinado en Tánger y condenaron a pena de muerte al fogonero Antonio Sánchez Moya. El fusilamiento causó gran daño a Canalejas, porque como el juicio coincidió con la participación de Alfonso XIII en las regatas de Cowes fue imposible conseguir el indulto. *El Mundo* escribió: «Es una pena que el rey se esté divirtiendo cuando súbditos suyos entran en capilla. Hay que guardar las formas». En las manifestaciones se oyeron gritos de «muera el rey»; pero Canalejas se comió el marrón porque en ausencia del rey toda la responsabilidad recayó sobre él. A ello se unió la condena a muerte de Juan Jover, «el Chato de Cuqueta», cabecilla de una insurrección en Cullera. A finales de año, Canalejas sabía que era la piñata de las izquierdas y le dijo a Romanones: «No puedo continuar como un muñeco de pim-pam-pum». Y añadió algo inquietante: «Los que inducen a mi asesinato, que lo hagan dando la cara, sería más digno». El problema de Marruecos estaba al rojo vivo y el presidente del Gobierno necesitaba apoyo interno para infundir respeto externo. Pero no solo no lo tenía, sino que a Canalejas le olía la cabeza a pólvora. Metafóricamente, todavía.

El 22 de enero de 1912 el rey recibió a Maura y Canalejas se quedó más chafado que el novio de la Marieta cuando se enteró por los periodistas mientras almorzaba en el Ritz. Estaba cansado y harto, pero no tiró la toalla. Pasaron los meses. A las nueve de la mañana del 12 de noviembre de 1912, José Canalejas estaba en su casa, lo estaban afeitando mientras despachaba con algunos colaboradores los asuntos del día. A las diez y media se dirigió al Ministerio de la Gobernación para presidir el Consejo de Ministros. Eran otros tiempos, fue a pie con una exigua escolta siguiéndolo a prudente distancia. Remontó Huertas hasta la plaza del Ángel, luego la calle de Espoz y Mina hasta la Puerta del Sol y, bibliófilo empedernido, se paró a ojear el escaparate de la librería San Martín.

En la Puerta del Sol estaba Manuel Pardinas, que unos años antes había dejado España para instalarse en Florida. Había trabajado en una fábrica de cigarros de Tampa e intentado recaudar fondos para matar al rey. El 12 de noviembre de 1912, Pardinas esperaba el paso del carruaje real, porque estaba previsto que Alfonso XIII inaugurara una exposición de crisantemos en el parque del Retiro apenas una hora más tarde, pero reconoció al presidente en el escaparate de la librería y como la ocasión la pintan calva, el anarquista le disparó en la sien, a quemarropa, inició una corta huida y tras dar unos pasos se levantó la tapa de los sesos.

Hasta aquí los hechos. Quedan las dudas, y las teorías. La versión más o menos oficial hablaba de una reunión en Tampa, Florida, en la que elementos anarquistas debatieron la posibilidad de matar al rey Alfonso XIII. Decidieron que el regicidio no serviría de nada porque habría regencia, era mejor ir a por algún mandamás de envergadura y eligieron a Canalejas. ¿Era normal que un terrorista se inmolase en el lugar del crimen? Bueno, lo cierto es que Pardinas disparó contra sí mismo cuando un transeúnte (Víctor Galán, conserje de la Filarmónica) se le echó encima y un policía le iba a dar caza. Quizás se mató para evitar un linchamiento.

Pero ¿por qué había hablado Canalejas de las personas que querían su asesinato y les había conminado a que diesen la cara? Desde luego, no se refería a los anarquistas. La investigación del crimen destapó cosas inquietantes. Algunos días antes de su muerte, el presidente confesó a su mujer que estaba preocupado y cabreado porque la policía había perdido la pista de Pardinas. Mientras teóricamente la policía española lo buscaba, el anarquista pudo colocarse sin problemas como pintor en las obras del hotel Palace e incluso, según confesó a su casero Emilio Corona, unos días antes había estado en el Congreso. ¿Quién le había franqueado el paso? La víspera del atentado, a las dos de la tarde, vieron a Pardinas vigilando la puerta del chalet del escultor Mariano Benlliure en la calle Abascal, aquel mediodía los Canalejas visitaron al artista. ¿Cómo llegó a Pardinas, un anarquista sin oficio ni beneficio, perseguido por la policía, una información tan precisa?

El magnicida había llegado a España tras un costoso periplo por Europa y América, cuya financiación nunca quedó clara. Hubo indicios de que la víspera del atentado había recibido algún dinero porque, a pesar de no ser fumador ni bebedor ni amigo de ningún vicio, sino austero como un cartujo, la noche antes del asesinato se presentó en el café Mercantil, en la calle Ancha de San Bernardo, y trasegó un vermú francés Susinis carísimo y varias copas de coñac, y además amagó con invitar a los veintidós músicos de la banda. Otra pregunta sin respuesta: ¿quién era la misteriosa mujer con la que estuvo en el bar Sol, minutos antes de que se perpetrara el crimen? Nunca se supo. Tal vez nunca se quiso saber.

NIDO DE ESPÍAS

Cuando en 1914 estallaron los cañones de agosto, Alfonso XIII se encargó de garantizar a los franceses que su frontera iba a estar tranquila y que les daría todo lo que pidieran. Eduardo Dato le dijo a un embajador: «Nosotros matizamos políticamente nuestra neutralidad». Es decir: oficialmente lo somos, pero políticamente no. A pesar de ello, Francia le dio a España un aviso cuando el conde de Romanones viajó a París en enero de 1919: «Se ha acabado de hablar de protectorado español de Marruecos porque solo existe un protectorado allí y es el francés. Como mucho, sois zona de influencia».

Aquella fue una guerra de plomo: de balas, obuses y torpedos, y los aliados admitieron que España les había surtido de buena parte de sus necesidades. En un informe para el Estado Mayor, el general Joseph Devignes advertía: «Cuidado con presionar España, porque si cortara este suministro la guerra podría pararse en muy pocos días». Aunque España no entró en la Gran Guerra, la Gran Guerra entró en España, que exportó enormes cantidades de pistolas y fusiles, principalmente para los aliados. De hecho, la pistola semiautomática Ruby fue producida por la firma eibarresa Gabilondo y Urresti y adoptada como reglamentaria por el ejército francés. Gabilondo, asociada a otras cuatro compañías vascas, produjo cincuenta mil pistolas al mes.

El aumento de la demanda mundial y las dificultades provocadas por el bloqueo submarino alemán fueron un espléndido nicho de negocio para las navieras españolas, a pesar de que los submarinos alemanes les hundieron setenta y cinco buques, el veinte por ciento de la flota mercante española. Tras el final de la contienda, la República de Weimar entregó a España unos cuantos barcos en compensación por los hundidos; uno de ellos, inicialmente bautizado como *España n.º 6*, sería el futuro *Dédalo*, el primer portaaeronaves de la armada española.

La guerra submarina convirtió España en un nido de espías alemanes, británicos y franceses, que no solo se alimentó de residentes y personal militarizado de esas nacionalidades, sino también de colaboradores españoles en las costas que daban información o facilitaban la logística. Cuando Adolfo Guerrero llegó a Londres, al Intelligence Service le resultó sospechoso y lo interrogó. Guerrero aseguró ser periodista enviado por diario madrileño *El Ideal*. Pocos días después llegó a Londres la bailarina Raimunda Amarandain, conocida en el mundillo de las variedades como Aurora de Bilbao o La Sultana. Como no tenía permiso para trabajar como artista, Adolfo Guerrero la empleó en el despacho de un comerciante español en Fenchurch Street. El supuesto periodista solo envió dos crónicas en el plazo de tres semanas y la policía británica dedujo que no era trabajo suficiente para sostener el lujo de La Sultana. Acusado de espionaje a favor del enemigo, Scotland Yard lo detuvo el 18 de febrero de 1916. Fue condenado a muerte por contrabandear informaciones de las defensas aéreas contra los zepelines. Las presiones del marqués de Merry del Val, embajador de España en Londres, lograron la conmutación de la pena capital por la de trabajos forzados a perpetuidad. La Sultana fue expulsada de Inglaterra.

Pilar Millán Astray, hermana del legionario demediado, trabajó también para los alemanes. Novelista y dramaturga, al estallar la Gran Guerra estaba a punto de cumplir los treinta y cinco y atravesaba una mala racha, aún no había obtenido el éxito que la convertirían en escritora famosa, sobre todo con *La tonta del bote*. Tanto sus ideas como sus estrecheces de mujer sola la llevaron a ofrecerse a los alemanes como espía, a mil pesetas el informe. Todos los comisarios de policía la conocían y protegían en caso de necesidad, nadie podía detenerla aquí porque era española y este era un país neutral. El embajador del Reino Unido en España, sir Arthur Henry Hardinge, durante una de sus estancias en Barcelona se alojó en el hotel Colón, donde «casualmente» lo conoció Pilar, que pudo entrar en su habitación y copiar los documentos secretos que encontró en su portafolios. Otras mujeres se jugaron el cuello. Por ejemplo, Mercedes Serra, de la que apenas se puede conseguir algún dato y quien sí cruzó la frontera. Y eso era muy peligroso, porque en Francia una sospecha de espionaje se solventaba con un fusilamiento casi seguro.

El catalán Jaime Mir, residente en Bélgica desde los años anteriores a la contienda, espió para los aliados hasta su detención en Lieja. Los alemanes lo condenaron a muerte, aunque fue indultado por gestiones del rey Alfonso XIII. Hasta la firma del armisticio, estuvo en la cárcel de Rheinbach fabricando cestas y zapatillas.

Todos esos espías han quedado eclipsados por una holandesa llamada Margaretha Geertruida Zelle, *aka* Mata Hari. Bailarina, cortesana y espía, exhibía en su palmarés de caza a diplomáticos, oficiales, generales y un ministro de Guerra. Hija de un sombrero, había nacido en Leeuwarden, Holanda, en 1876. Su destino empezó escribirse cuando respondió a un anuncio de la sección «Corazones Solitarios» de un diario de Ámsterdam y se convirtió en la esposa de un oficial del ejército holandés, destinado en Indonesia y que le doblaba en edad. Con él se marchó a Java y Sumatra. Tuvo dos hijos y uno de ellos murió envenenado por su niñera. Ya divorciada, desde 1905 hasta 1913 se había convertido en el ídolo del todo París y de varias otras capitales. Triunfó bailando semidesnuda pretendidas danzas sagradas de la diosa Shiva. Era la espiritualidad al servicio de la sicalipsis.

Al sudoeste de Londres, en los Jardines Botánicos de Kew, están los Archivos Nacionales del Reino Unido (TNA), donde se custodia el rastro documental del intenso peregrinaje por España de Mata Hari. Son notas del contraespionaje y de la policía, y las transcripciones de los interrogatorios a los que sometieron a la presunta espía los agentes del Directorate of Military Operations, section 5 (MO5), antecedente de la agencia de inteligencia interna conocida como MI5.

La bailarina Mata Hari había sido captada por el servicio secreto alemán en 1915 y figuraba en el *staff* con la clave H-12. En febrero de 1916, el Bureau S, oficina francesa encargada del seguimiento de sospechosos, la fichó como posible agente enemigo a punto de llegar a España. En mayo viajó a Barcelona, se alojó en el Quatre Saisons y sedujo al senador Emilio Junoy y al diplomático francés Jules Cambon. El 24 del mismo mes embarcó rumbo a Vigo y llegó a Madrid a finales de mes. Se hospedó durante dos semanas en el hotel Ritz mientras presentaba su sugerente espectáculo de danzas javanesas en el Kursaal (en la plaza del Carmen).

El 9 de noviembre de 1916 visó su pasaporte en Vigo antes de embarcar hacia Holanda vía Inglaterra. El 14 de noviembre la policía metropolitana inglesa la arrestó en el puerto de Falmouth por su parecido físico con la agente alemana Clara Benedix. Tras tres días de interrogatorios (transcritos en el archivo 97470/4) la confinaron en el hotel Savoy a la espera de devolverla a España en el primer barco. De vuelta a Madrid, el 9 de diciembre se alojó en el Ritz bajo estrecha vigilancia de agentes franceses y británicos, que reportaron una visita al agregado militar alemán Von Kalle. El 18 de diciembre, un memorándum de la embajada británica en Madrid al Ministerio de Guerra en Whitehall (Londres) alertaba de que Margaretha Zelle mantenía correspondencia regular con su amante, un oficial ruso en el frente francés, y estaba siendo vigilada por agentes ingleses. «Los franceses —concluye la nota— tienen pruebas de sus actividades para el enemigo».

En el extracto de «Movimientos de sospechosos» del 23 de enero de 1917, la embajada en Madrid reportaba a Londres que «Miss Zelle, alias McLeod [su apellido de casada], ha abandonado Madrid camino de París». La información que pudo pasar al enemigo eran secretos de polichinela, calderilla de poca monta, pero en consejo de guerra los franceses la acusaron de haber revelado a Von Kalle la inminencia de una ofensiva aliada y haber sido la causa de la muerte de miles de soldados. La noticia de la detención de la bailarina y espía tuvo cierto eco en España. En los cafés corrió el rumor, totalmente infundado, de que fue la cupletista Raquel Meller quien la había denunciado, celosa por la aventura que había tenido con su marido, el escritor Enrique Gómez Carillo, que dejó escrito un poco fiable recuerdo de la espía. Quien realmente se interesó por su suerte fue el senador Junoy, según consta en un telegrama que transmitió el ministro de Estado Quiñones de León el 3 de septiembre.

Fue fusilada en el foso de Vincennes, en París, el 15 de Octubre de 1917. Aquel amanecer, Mata-Hari, que en malayo significa «amanecer», se quejó de la manía francesa de fusilar a la gente al alba. Desde luego, no era la mejor manera de empezar el día. Antes de ordenar fuego al pelotón de fusilamiento dijo, no sin coquetería, que «hubiera preferido ir a Vincennes a media tarde, después de una buena comida». Saludó agitando su pañuelo blanco y cayó abatida por un solo disparo el corazón.

Entre una docena de expertos tiradores solo uno fue inmune a su magnetismo. Ese dato nutrió una leyenda sinuosa que aún perdura, trenzada en la seducción y en el misterio.

UN DETECTIVE LLAMADO PICASSO

La guerra continuaba en Marruecos, pero a los obreros les preocupaba más el precio del pan que las glorias coloniales y los socialistas veían en ella una empresa imperialista para el beneficio de los intereses mineros. La escalada de las hostilidades se llevó a cabo con un presupuesto militar raquítico: de los seis millones de pesetas que el alto comisario Berenguer había pedido para las campañas de 1920-1921, solo se le concedieron tres. Pero tanto él como el cipotudo general Silvestre siguieron adelante con las operaciones en vez de reducir su escala de acuerdo con los recursos disponibles, se ve que el pensamiento mágico ya tenía entonces excelente salud. Alfonso XIII, sus ministros y Berenguer eran culpables de haberse embarcado en acciones que el Estado no podía costear: lo que ocurrió en Annual fue responsabilidad del rey, a quien Blasco Ibáñez, en su panfleto *Alfonso XIII desenmascarado*, no solo lo acusó de corrupto por sus conexiones con el hotelero Marquet, sino también de ser el único responsable de los ocho mil muertos del desastre de Annual.

Indalecio Prieto, a su regreso de Melilla, en donde había estado acompañando a las viudas y madres que recorrieron la carretera del desastre, abrió un frente simultáneo contra un ejército al que acusó, aproximadamente, de ser el coño la Bernarda con ínfulas, y contra el rey al que llamó putrefacto, también aproximadamente. Unamuno fue procesado por su artículo *Ante el diluvio*, que contenía injurias al rey; después, durante la dictadura de Primo, exacerbó sus ataques contra Alfonso XIII y lo pagó con el destierro en Fuerteventura. Pero voy con los hechos y las lagunas de los hechos. Adelanto que por entonces un día cualquiera en España, resultaba imposible distinguir si no había gobierno o si gobernaba la estupidez.

En 1921, el comandante general de Melilla, Manuel Fernández Silvestre y Pantiga, era Silvestre a secas. Tenía fama de militar resolutivo y la tenía bien ganada porque se le creía capaz de superar las situaciones más difíciles y también de complicarlas como nadie. A Silvestre se le temía. Era hombre de pelea, le gustaba ver volar las hostias como panes y aceptaba cualquier envite sin vacilar. Por eso en la milicia se admiraba a Silvestre, pero no se le quería. Su carácter espontáneo, contrario a la doblez, repelía a sus compañeros, aunque no a sus fieles. En el ejército y en sociedad se le tenía por un conquistador, en todos los sentidos, pero el general estaba viudo desde 1907. En Melilla era el rey del mambo, pero estaba aislado de la España política, confiado en su ejército cuando ni lo tenía ni reconocía que no lo tenía. Él mismo se engañaba creyendo sus propias quimeras. Silvestre sostenía una guerra ya perdida contra el cinismo institucional y la abulia del corporativismo militar; y otra que esperaba ganar contra un enemigo desunido y sin guía. Este segundo adversario era una excepcional comunidad de milicias, un pueblo-ejército, que no tenía cañones ni ametralladoras ni aviones ni acorazados, pero tenía testosterona para exportar. Cuando eligió como líder de la insurgencia a Abd el-Krim, antiguo funcionario de la Administración española en Melilla, se convirtió en un ejército temible porque la hambruna mataba a los pueblos del Rif. Silvestre, por el contrario, estaba sin ejército y sin ideas. El final del invierno de 1921 encontró a Silvestre aislado ante varias crisis: la de las comunicaciones, la de la dudosa sumisión de las cabilas y la de su crónica escasez de fondos y efectivos.

Con la idea de llegar hasta la bahía de Alhucemas, centro de operaciones de tribus rifeñas belicosas, en enero de 1921 Silvestre empezó el avance para acabar con una escasa resistencia. La empresa era arriesgada, ya que los soldados españoles, en su mayoría procedentes de reclutas forzosas, estaban poco entrenados, mal pagados y alimentados, pésimamente armados (con fusiles y artillería pesados y anticuados) y peor calzados (abarcas y alpargatas), estaban desmoralizados y temían a los moros más que a un nublado. Había también serios problemas de corrupción tanto en la oficialidad como en la tropa, que vendía sus propios fusiles y municiones a los rifeños.

Sin embargo, entre mayo de 1920 y junio de 1921, Silvestre protagonizó un progreso espectacular: avanzó ciento treinta kilómetros sobre el Rif en veinticuatro operaciones, estableció cuarenta y seis nuevas posiciones sin apenas sufrir bajas, ocupó Tafersit, adelantó el frente hasta el río Amekrán, obtuvo la sumisión de las cabilas de Beni Ulixek, Beni Said y Temsaman y llegó a acuerdos con sus cabecillas ofreciéndoles dinero a cambio de amistad. El rey mandó un telegrama a Silvestre que decía: «¡Vivan tus cojones!».

Todos en España creían que por fin se alcanzaría la bahía de Alhucemas y finalizaría la sangría de Marruecos. Pero era una ilusión que se desvaneció como un espejismo. Silvestre había cometido el error de no desarmar a las tribus rifeñas, cuya lealtad había comprado, y extendió mucho más de lo prudente sus líneas de abastecimiento. Las fuerzas de la Comandancia de Melilla se distribuyeron entre nada menos que ciento cuarenta y cuatro puestos y pequeños fuertes o blocaos, a lo largo de ciento treinta kilómetros de zona ocupada. Con fuerzas tan repartidas, no era posible hacer frente a un ataque del enemigo. Las condiciones de los soldados eran pésimas en los blocaos, los suministros escaseaban, durante el día hacía mucho calor y por la noche mucho frío, además las ratas y los piojos eran habituales en fortificaciones y campamentos. Los blocaos se situaban aprovechando los lugares altos, pero aunque se podían dominar amplias zonas, normalmente no había agua, lo que obligaba a hacer aguadas casi diarias con reatas de mulas.

Así las cosas, en mayo de 1921 el grueso del ejército español estaba en el campamento base instalado en Annual. Desde allí Silvestre esperaba realizar el avance final sobre Alhucemas. Entre Melilla y este campamento había tres plazas fuertes separadas unos treinta kilómetros entre sí, y en torno a él un anillo formado por otros pequeños fortines, cada uno con una guarnición, que variaba entre cien y doscientos soldados. En la costa se habían ocupado las dos posiciones de Sidi Dris y Afrau.

El 17 de julio Abd el-Krim, al mando de la cabila de los Beniurriagel y con el apoyo de tribus cabileñas presuntamente aliadas de España, lanzó un ataque sobre todas las líneas españolas. Igueriben, guarnecida por trescientos cincuenta hombres, no tardó en quedar sitiada por fuerzas tan poderosas que una columna de socorro de cuatro mil hombres ni siquiera pudo cruzar sus líneas. Durante cinco días, y a pesar del esfuerzo homérico de tres columnas de refuerzo, los españoles habían sido incapaces de auxiliar la posición de Igueriben, que cayó. El fracaso hizo cundir la desmoralización entre las tropas de Annual, que el 22 de julio acogía a unos cinco mil hombres (tres mil españoles y dos mil indígenas), con una fuerza de combate de tres batallones y dieciocho compañías de infantería, tres escuadrones de caballería y cinco baterías de artillería. Sobre ellos iban a lanzarse unos dieciocho mil rifeños armados con fusiles y espingardas. La retirada comenzó a las once de la mañana, había dos convoyes, uno para retirar los mulos con la impedimenta y otro para el grueso de la tropa, los heridos y el armamento pesado. Pero para entonces, los blocaos que dominaban los caminos de huida ya habían sido tomados por los rifeños, la gran mayoría de los policías indígenas que las defendían se pasaron al enemigo y mataron a sus oficiales españoles. De modo que cuando las tropas españolas abandonaron el campamento, comenzaron a recibir disparos y se impuso el caos. Los dos convoyes de evacuación se mezclaron sin ningún tipo de orden de hombres, mulos y material; en medio del desconcierto los oficiales perdieron el control de la situación, sin nadie que cubriera su retirada, los hombres trataron de ponerse a cubierto corriendo a la desesperada y abandonando los carros, el material y a los heridos. Era un sálvese quien pueda bajo una lluvia de plomo. Murieron entre ocho mil y catorce mil hombres y Silvestre estaba entre ellos.

El desastre tuvo un efecto similar al de la derrota de 1898, la política adquirió un cariz irascible. Se volvió cada vez más difícil defender al rey y la sangre de África prendió como yesca en bosque seco. Algunos obreros, jornaleros y agricultores se sindicalizaron, se instruyeron en los ateneos libertarios, se apuntaron a los partidos socialistas, se hicieron anarquistas o incluso se atrevieron a protestar contra el sistema de quintas y a pedir que a la guerra no fueran solo los pobres. Al mismo tiempo, los intelectuales avanzaban en tropel para incorporarse a la contestación. Unamuno encabezó el disenso. Publicó artículos denunciando que la política de España en la guerra estaba en manos del rey y de su madre y fue acusado de delitos de lesa majestad por los que lo condenaron a dieciséis años de prisión. Aunque las sentencias se dictaban sabiendo que el profesor sería indultado a su debido tiempo, las muestras de apoyo llegaron de todo el mundo. En *La Nación* de Buenos Aires, Unamuno acusó a la reina madre de haber inspirado el veredicto: «La sentencia ha sido fruto de una venganza mujeril». Un Unamuno sañudo se convirtió en quijote cuya adarga estuvo siempre en ristre para alancear a la monarquía.

Otros escritores seguirían su ejemplo, la corona se convirtió en coto abierto para cierto tipo de excursiones literarias que le daban al rey hasta en el carné de identidad y Blasco Ibáñez utilizó las conexiones del monarca con el hotelero Marquet y el promotor de casinos Cornuché para reavivar las acusaciones de especulación regia. Sí, algunas cosas empezaron a cambiar, pero aún tuvieron que morir muchos más para que Primo de Rivera se atreviera a decir, aunque no muy alto, que Marruecos era una carnicería inútil.

Tras el derrumbe militar, el alto comisario Dámaso Berenguer solicitó al ministro de la Guerra que un general investigase los hechos y depurase las responsabilidades. El ministro de la Guerra nombró al general Juan Picasso, que comenzó sus investigaciones enviando al general Berenguer un escrito solicitando los planes de operaciones del general Silvestre. Berenguer, preocupado porque la investigación lo dejase con el culo al aire, contestó que esa información era materia reservada. El ministro lo avaló y aclaró a Picasso que los planes del alto comisario quedaban fuera de sus investigaciones y que debía limitarse a los hechos realizados por los jefes, oficiales y tropa. Picasso manifestó su desacuerdo, decía que se debía investigar sin exceptuar a nadie, incluidas las más altas instancias del mando, ya que los sucesos incidentales eran consecuencia natural de los errores del mando.

Picasso tomó declaración a setenta y nueve personas y en enero de 1922, tras nueve meses de trabajo, regresó a la Península con un abultado expediente de casi dos mil quinientos folios que entregó al Congreso. Se formó una comisión parlamentaria llamada de los Diecinueve y hubo exaltados debates en el Congreso, que barajaba la cifra de catorce mil muertos. En julio de 1923 se constituyó la segunda comisión de responsabilidades, formada por veintiún diputados que debía emitir una resolución en veintiún días. La presidía Bernardo Mateo Sagasta. El pleno nunca llegó a reunirse porque el 13 de septiembre el capitán general de Cataluña, Miguel Primo de Rivera, se pronunció, disolvió las cámaras y proclamó la dictadura con el visto bueno del rey, que de momento se fue de rositas. El 4 de julio de 1924, Alfonso XIII decretó la amnistía para salvar las cabezas de los militares implicados en procedimientos sumariales. Y acaso la suya propia.

Aquel 13 de septiembre de 1923, Bernardo Mateo Sagasta estaba en Madrid y nada más enterarse de que Primo de Rivera venía a la capital en tren tuvo un presentimiento: vendrán a por el Expediente Picasso y lo destruirán. Sagasta fue al Congreso, hizo allí valer sus derechos como presidente de la comisión y rescató el Expediente. El historiador Juan Pando Despierto encontró una parte en el archivo del Congreso, en uno de los legajos leyó una advertencia escrita en lápiz rojo y con trazo enérgico: «Se los llevó el señor Sagasta». Sagasta puso los documentos a buen recaudo en la Escuela Especial de Ingenieros Agrónomos, de la que era director. Para reforzar la seguridad del comprometedor Expediente confió su custodia a otro profesor en la Escuela, Enrique Jiménez Girón. Cuando llegó Primo de Rivera a Madrid, una de las primeras cosas que hizo fue pedir el Expediente. El profesor Jiménez Girón dijo que no sabía nada. Años más tarde, Primo tomó represalias: la Escuela de Agrónomos había solicitado a la Junta de la Ciudad Universitaria terrenos para llevar su labor docente en una extensión de setecientas hectáreas y el dictador las dejó reducidas a veintiuna.

Cuando Primo de Rivera marchó al exilio parisino en el Hotel Meurice, Sagasta no quedó tranquilo, faltaba el tránsito de los gobiernos de Berenguer y del almirante Aznar. Solo cuando cayó Alfonso XIII, Sagasta rescató el Expediente y lo depositó en el Congreso. Pero el Expediente Picasso ya estaba en el Congreso cuando lo restituyó Sagasta. Al menos, una parte sustancial. Lo había devuelto en 1927 su enemigo: el presidente del Directorio, Primo de Rivera. ¿Por qué?

Pues porque creía que Marruecos era una enfermedad que alentaba la revolución en España. De hecho, ordenó la exhumación documental sobre Marruecos y requirió a la Asamblea Nacional para que procediera al examen de aquellos sucesos «por etapas sucesivas», al término de los cuales demandaba que se «eleve al Gobierno su labor depuradora». Asombroso pero cierto. Antes había acabado con el disparate de aquellos ejércitos —unos ciento ochenta mil hombres, repartidos en unas quinientas posiciones— ordenando la retirada general de 1924 (Xauen) y contraatacando y venciendo en 1925 (Alhucemas). Si se hubiera retirado

ENIGMAS Y CONSPIRACIONES

de la política tras la paz conseguida el 10 de julio de 1927 en Bab Taza, Primo de Rivera tendría hoy mejor prensa.

La comisión instada por Primo fracasó porque al ser «papeles reservados», la inmensa mayoría habían sido retirados por los ministros y apenas apareció documentación en los ministerios. La comisión fue languideciendo hasta disolverse en 1929 junto con la misma Asamblea Nacional. Llegó la República y el rey fue procesado y condenado *in absentia* en las Cortes por sus responsabilidades en Annual. El nuevo régimen no hizo nada por Picasso, que quedó en el olvido. Llevaba encima una enfermedad que socavó su aguante, por una esquela del *ABC*, sabemos que murió en Madrid de cáncer de garganta el viernes 5 de abril de 1935.

A falta de una búsqueda exhaustiva en los archivos del Congreso, solo se conserva la redacción de Picasso entre los folios 2.172 al 2.417, cincuenta declaraciones, más el cuerpo argumental de la fiscalía.

10

EL GRAN COLAPSO

PA POCA SALUD, NINGUNA

Negras tormentas agitan los aires,
nubes oscuras nos impiden ver.

VALERIANO OROBÓN

PRIMEROS COMPASES DE LA GRAN CONJURA

Álvaro de Figueroa, conde de Romanones, había sido tres veces presidente del Consejo y de ambas cámaras. Era cacique, oligarca y hombre emblemático del reinado de Alfonso XIII por su afición a las travesuras, las intrigas y la política del menudeo. El 12 de abril de 1931 cayó en domingo y salió de casa para votar temprano. Como era su costumbre, se fue al campo en donde se apoderó de su espíritu el decaimiento, como si escuchara el aleteo de un gran infortunio. Cuando al atardecer volvió a Madrid oyó: «Guadalajara, catorce de la coalición republicano-socialista, seis monárquicos». Se quedó más pasmado que si hubiera visto llover ranas. Ese resbalón en su feudo alcarreño no solo daba al traste con cincuenta años de vida política, sino que presagiaba que todo un sistema de poder apestaba a muerto. Las candidaturas monárquicas solo mantuvieron siete de las cincuenta y dos capitales de provincia.

Esa misma tarde el general Sanjurjo, director general de la Guardia Civil, le confirmó que la fidelidad del cuerpo a la corona no estaba garantizada. A Romanones le dio igual porque era un viejo zorro y sabía que el máuser era un arma inadecuada contra el voto. Se le impuso con la fuerza de una pesadilla el recuerdo de lo que le había pasado en Rusia al zar y a su familia y lo único que le preocupó fue asegurar la vida de la familia real. Cuando en la mañana del 15 de abril Álvaro de Figueroa marchó a El Escorial para despedir a la reina, un fotógrafo lo retrató sentado en un banco de la estación, viejo y abatido, era una imagen de *Lo que el viento se llevó*. Se apagaban las luces, se había acabado el baile y tocaba pagar la cuenta. Paul Preston dice que existen tres constantes históricas en España: la corrupción, la ineficiencia de su clase política y la violencia social como protesta de las dos anteriores. Ese cóctel tumbó la monarquía.

En la misma mañana del 14 de abril, apenas había montado Alfonso XIII en el coche que lo trasladaría desde palacio hacia Cartagena, donde le esperaba el barco *Príncipe Alfonso* que lo llevaría hasta Marsella, el conde de Aybar, intendente de la Real Casa y Patrimonio, había retirado del Banco de España un pastón en valores y dinero, en torno a los setenta millones de la época (unos ciento cuarenta y cinco millones de euros actuales). Dieron para diez años de juergas y borracheras en los mejores clubs de Cannes, en la ruleta del casino de Montecarlo, en cacerías y safaris por el mundo, siempre en la estupenda compañía de señoritas que te hablaban de tú y echaban humo por la nariz.

Desde la cuna hasta la tumba, salvo en las horas de sueño, el rey de España nunca estaba solo. Pero en París, pocos días después de su caída, en un rincón del *hall vitré* del hotel Meurice, junto a una mesa, estaba Alfonso solo. Sin un libro, un periódico o una copa. Así lo veía el que había sido su ministro en dos ocasiones Francesc Cambó cuando a media tarde iba a visitar a una familia amiga. Al salir, hora y media después, Cambó podía ver idéntica escena: el rey destronado solo, sin un amigo, un libro, un diario o una copa. La melancolía de Alfonso se nutría de su fiasco histórico, que le costó la corona de un país del que había sido rey desde el mismo día de su nacimiento, porque cuando compareció en el mundo su padre llevaba seis meses enterrado en la cripta de El Escorial.

En el *hall vitré* del Meurice, Alfonso XIII pensaba que había estado siempre en la posición de un capitán de barco viajando por mares tempestuosos, sin costa y con escollos por todas partes. Marino desde niño, había creído saber capear las tempestades con éxito. Y tal vez hubiera sabido si el mar que le tocó en suerte hubiera sido más complaciente y no ese de pesadilla, escolleras y arrecifes. Reinar es como navegar, pensaba. Había cumplido siempre con su deber de capitán y en medio de las aguas procelosas lo primero es lo primero aun a costa de vulnerar las leyes del mar. ¿Cómo podían llamarle perjuro por eso? Alfonso estaba solo por primera vez en su vida y no estaba seguro de si las conspiraciones que había sufrido pesaban tanto en su destino como las que había urdido él mismo con su borboneo. Conservaba la esperanza de volver porque los suyos ya se movían en la oscuridad como rabos de lagartija.

Las grandes expectativas son la incubadora de las grandes frustraciones, la República empezó como una aurora de esperanza y terminó como el rosario de la aurora. Estaba rodeada de conspiradores desde el primer momento. En la misma tarde del 14 de abril de 1931 se reunieron en casa del conde de Guadalhorce, jefe de la Unión Monárquica, un puñado de aristócratas, financieros, militares y políticos del antiguo régimen como el marqués de Quintanar, Ramiro de Maeztu, Calvo Sotelo, José Antonio Primo de Rivera, Yanguas Messía o Vegas Latapié. Empezaban a echarse al monte y se les unieron los exiguos grupos fascistas que ya existían y editaban *La conquista del Estado*, Albiñana y sus legionarios. También la jerarquía eclesiástica, que empezaba a asomar la patita como quedó demostrado con la incendiaria carta del cardenal Segura, una auténtica declaración de guerra contra la República.

Habían transcurrido solo cuarenta y ocho horas desde la proclamación de la República cuando en la casa de ejercicios espirituales de Chamartín de la Rosa, Herrera Oria presidía una reunión de la Asociación Católica Nacional de Propagandistas donde surgió la idea de crear un organismo para la «salvación político-social de España». El 29 de abril nació Acción Nacional bajo el lema de «Religión, Familia, Orden, Trabajo y Propiedad». O sea, el búnker.

El dinero y el púlpito obraron milagros: el primero financió, entre otras cosas, una influyente red de prensa local, el clero se encargó de confundir la religión con la propiedad, tenía experiencia en esos triles. Poderosos terratenientes como Lamamié de Clairac o Francisco Estévanez, so pretexto de poner una vela a Dios defendieron en las Cortes constituyentes los intereses cerealistas de Castilla. El esfuerzo realizado en 1931 por Ramiro Ledesma Ramos para crear un movimiento de corte fascista, las Juntas de Ofensiva Nacional-Sindicalista (JONS), fue un fracaso y solo logró atraer a un puñado de exaltados. El siguiente intento, protagonizado por José Antonio Primo de Rivera con la fundación de Falange Española en octubre de 1933 pretendía ser una versión española del fascismo italiano y apenas tuvo más éxito. El fascismo, nacido para arder en las entrañas del pueblo, no coló en el pueblo por más que sus falanges empanaran su retórica grasienta con tópicos cipotudos contra las élites. La Falange no despertó el lamento desesperado de los empobrecidos sino el virus de la rabia arrogante de los ofendidos. De manera que los de Ledesma y los de Primo de Rivera se fusionaron en febrero de 1934, pero todavía no estaban en condiciones de tumbar la República con la violencia. En España, el «fascismo genérico», el similar a las formas italiana y alemana, era poca cosa. En las elecciones de 1936 Falange solo obtuvo el 0,7 por ciento del voto popular, el resultado más pobre obtenido por cualquiera de los principales partidos fascistas en Europa. Se ve que la reciente experiencia de la dictadura de Primo de Rivera había vacunado a gran parte del país contra cualquier nueva forma de autoritarismo derechista. Los trabajadores eran de izquierdas y la pequeña burguesía industrial parecía orientarse hacia el único gran partido de derechas, la CEDA.

Dominada por grandes terratenientes y profesionales urbanos, la Confederación Española de Derechas Autónomas (CEDA), creada a comienzos de 1933, era el primer partido de masas de la historia de la derecha española y se propuso defender la «civilización cristiana», combatir la legislación «sectaria» de la República y «revisar» la Constitución. Cuando esa «revisión» de la República sobre bases corporativas no fue posible a través de la conquista del poder por medios parlamentarios, sus dirigentes, afiliados y votantes comenzaron a pensar en métodos más expeditivos, de momento no hizo falta porque ganaron las elecciones de 1933. (Después de esa victoria, Alfonso XIII envió un telegrama desde el exilio a Alcalá-Zamora, presidente de la República: «Ante la CEDA cede. Te cito en Biarritz. Alfonso». El presidente contestó con otro, tan irreal como el primero, pero más gracioso: «Ni CEDA, ni cedo, ni cita. Niceto»).

Durante los cinco años y medio que duró la experiencia republicana la derecha intentó dos episodios de asalto insurreccional al régimen: el movimiento monárquico-aristocrático-militar de agosto de 1932 y el golpe del 18 de julio de 1936. Y luego estaba la persistente insurrección anarquista. Los más fanáticos del anarquismo hispano, tan enemigos de la República como los propios monárquicos o la Iglesia, gustaron de practicar la «gimnasia revolucionaria» bajo la consideración de que todos los situados a su derecha eran «fascistas», una palabra maleta en la que meter a todos los que no fueran ellos mismos. España pasó a ser la nueva tierra de las insurrecciones izquierdistas, cinco en menos de cuatro años (el pronunciamiento militar republicano de diciembre de 1930, las tres insurrecciones anarquistas de 1932-1933 y el intento socialista de octubre de 1934). El gusto por la conspiración a diestro y siniestro provocó que hubiera trece gobiernos en un lustro. La situación política era tan inestable como la nitroglicerina y la tragedia se mascaba en el aire, había conflictividad social, pistolerismo, asesinatos, amenazas y violencia verbal en el Congreso.

Poco después de las elecciones de febrero de 1936 el jefe del carlismo, Fal Conde, había organizado una Junta de Guerra cuyos primeros propósitos consistieron en tratar de preparar una sublevación limitada, basada en actividades guerrilleras, parecidas a las de las guerras carlistas. En los montes navarros había varios miles de requetés que, nostálgicos de un pasado levítico y feudal, se entrenaban sin problemas para la lucha. Allí, además, estuvo el centro inspirador de la conspiración dirigida por Mola. Más tarde, en torno a mayo de 1936, el tradicionalismo consiguió aumentar sus posibilidades mediante la incorporación a sus filas del general Sanjurjo, cuyo pasado militar y previa actividad conspiradora le otorgaban preeminencia entre los militares.

La conspiración militar fue bastante tardía y un tanto confusa; por un lado, se conspiraba mucho, pero sin orden ni concierto; por otro, los propósitos de los conspiradores no estaban muy claros. A finales de 1933 se montó un tinglado militar cuasi secreto, la Unión Militar Española (UME). Nutrida de capitanes y comandantes con influencia en el Estado Mayor, difundió en los cuarteles la actitud subversiva contra la República durante los últimos meses del régimen republicano. A finales de abril de 1936, los jefes de varias de las secciones de la UME reconocieron a Mola, gobernador militar de Pamplona, como su líder; desde entonces fue «el Director», la *primadonna* de la conjura, y asumió la planificación en un documento en el que se definía la «dictadura militar» como el objetivo del levantamiento, al que contribuirían «grupos políticos», «sociedades e individuos aislados» y «milicias». Entre las principales figuras de la conspiración hubo personalidades militares inesperadas. El propio Mola sentía una limitadísima simpatía por la monarquía, Goded había conspirado contra ella en la época del gobierno Berenguer y colaboró con Azaña hasta 1932, Aranda era monárquico los días pares y socialista los nones, Queipo de Llano estaba emparentado con Alcalá-Zamora, fue también conspirador antimonárquico y alto cargo militar en la etapa republicana. Se llegó a asegurar que la presencia de Cabanellas entre los sublevados solo se entendía porque le obligaron a punta de pistola.

A Franco nadie podía definirlo de una forma precisa: era gallego profesional. Cuando en el mes de marzo de 1936 sonaron los primeros compases de la conspiración, los bailó en segundo plano. Cuando lo destinaron a Canarias, se mantuvo alejado de la conjura. El 23 de junio dirigió una carta a Casares Quiroga que expresaba inquietud pero podía ser interpretada lo mismo como amenaza que como testimonio de fidelidad. Pocos días después escribió a Mola negándose a participar en el complot. Esos titubeos no solo se debían al carácter de Franco, sino también a que el gobierno sancionó y dispersó a parte de los conspiradores porque tenía indicios de la conjura. La verdad es que la conspiración era un secreto a voces, pero Mola había encontrado importantes obstáculos: la mayoría de los oficiales no estaba por la labor, las relaciones con los falangistas eran muy tensas y los carlistas se negaron a cooperar en las condiciones propuestas por «el Director». El error del gobierno no fue pecar de pasividad sino de exceso de confianza. Todo induce a pensar que esperaba la repetición de lo sucedido con la *Sanjurjada* en 1932. Azaña creía que las conspiraciones militares solían acabar en «charlas de café» y el gobierno republicano no pensaba evitar una rebelión, sino que prefería provocarla porque tenía plena confianza en su propio poder. Estimaba que el ejército español era un tigre de papel, calculaba que cualquier rebelión sería muy débil y que sería fácil aplastarla y dejar el gobierno en una situación mucho más fuerte. Ese planteamiento resultó suicida.

LOS AMIGOS BRITÁNICOS DE «MISS ISLAS CANARIAS»

La proclamación de la República en España puso al Foreign Office [Ministerio de Asuntos Exteriores] de los nervios, en los medios oficiales británicos se impuso la tesis de la «fase transitoria tipo Kerenski», o sea, un gabinete de izquierdas incapaz de controlar a las mismas masas que lo habían aupado, mientras se cebaba la bicha de la revolución. Gil-Robles, líder de la CEDA, había advertido al embajador británico de que la victoria electoral de la izquierda supondría una revolución social que envidiaría Lenin; cuando el Frente Popular ganó las elecciones de febrero de 1936 el Foreign Office vio peligrar el orden, la tradición, la normalidad y tantas otras cosas que tan agradable suelen hacernos la vida, y frunció el ceño con tanta fuerza como para cascar nueces con el entrecejo, sobre todo cuando los anarquistas volvieron a la insurrección, regresó el anticlericalismo violento y el socialismo pareció decantarse por Largo Caballero, el «Lenin español».

Henry Chilton, embajador británico en Madrid, informaba de que existía la pretensión de «instalar un régimen soviético en España» y que para prevenirlo se estaba preparando un golpe militar. Cuando se inició el golpe, el 17 de julio de 1936, el Foreign Office lo interpretó como un movimiento contrarrevolucionario contra la bolchevización, que iba a originar una guerra con peligro de extenderse por Europa y que, por tanto, debía ser aislada. El gobierno británico presionó a Francia y consiguió la firma de un acuerdo de no beligerancia que aunque incluía a Alemania e Italia, se pasaron el tratado por el arco de triunfo.

Los informes del MI6, servicio secreto británico, ante el conflicto español, decantaron las decisiones del gobierno británico, que decidió dejar de rascarse las gónadas a dos manos y soltó a los perros. Eran los «amigos» de Franco,[*] que era como se llamaba a los que servían oficiosamente al Foreign Office sin ser reconocidos como tales. Todos ellos, entre los que había españoles, formaron un entramado de intereses eco-

---

[*] Peter Day, *Los amigos de Franco. Los servicios secretos británicos y el triunfo del franquismo*.

nómicos, ideológicos y geoestratégicos cuya actividad engrasó la maquinaria del golpe y, después, consolidó la dictadura franquista. Los conspiradores tenían fácil acceso a las casas reales de Gran Bretaña y España y se movían como pez en el agua por los oscuros pasadizos de la inteligencia británica, por eso más que cerrar los ojos, el MI6 los apartó pudorosamente y dejó hacer a los amigos británicos de Franco, gente cuya verdadera identidad nunca era reconocida, así el Foreign Office podía desentenderse de sus malas artes.

El subdirector del MI6 estaba en contacto con los conspiradores y dos de los actores principales del drama, Hugh Pollard y Arthur Loveday, actuaban como agentes. Pollard había estado involucrado en contrarrevoluciones en tres continentes, en la represión violenta de la campaña del IRA a favor de la independencia de Irlanda y en algunas de las campañas de propaganda negra más sucias de la Primera Guerra Mundial. Loveday, por su parte, se jactaba de haber estado detrás del desenmascaramiento de un complot comunista que justificó el «golpe preventivo» de Franco. Es casi seguro que las pruebas que reveló eran falsas, el equivalente español de la «carta de Zinoviev», el controvertido documento publicado por la prensa británica cuatro días antes de las elecciones generales de 1924 en el Reino Unido que aparentaba ser una directiva de la Internacional Comunista para la radicalización de la clase obrera británica, y que era más falsa que la viagra de Internet.

Uno de los españoles más entusiastas de la trama británica era Luis Antonio Bolín, un hombre de mundo que como el almendro daba bellas flores pero frutos amargos, porque bajo un encanto superficial ocultaba una vena de maldad peor que la de JR en *Dallas*. Galán de ojos negros y pelo entrecano, era algo teatral y parecía un personaje más que una persona real. Era nieto de un diplomático británico, Charles Toll Bidwell, que había servido en Panamá y en las islas Baleares antes de ocupar el puesto de cónsul británico en Málaga en 1881. Bolín había sido corresponsal de prensa en Francia durante la Gran Guerra y agregado de prensa de la embajada española en Londres. Había estudiado Derecho en el Middle Temple y desde hacía veinte años vivía muy a gusto en Gran Bretaña con su mujer, Mercedes, su hijo de cinco años, Fernando, y su hija recién nacida, Marisol. Tenía casa en Hornton Sreet, Kensington, y era parte del mundillo social angloespañol como corresponsal en Londres del periódico monárquico *ABC* y de la revista *Blanco y Negro*, cuyo propietario y director, el marqués de Luca de Tena, le daba órdenes no solo para el trabajo, sino para la conspiración.

Por indicación de Luca de Tena, Bolín organizó un almuerzo en Simpson's, en el Strand londinense, que se celebró con un secretismo tan aparatoso que todos los presentes en el restaurante se coscaron de que se estaba maquinando algo gordo. Tanto como que los tres hombres sentados a la mesa tramaban un golpe militar que depondría al gobierno español elegido legítimamente y que contaba a Gran Bretaña entre sus aliados. Los invitados de Bolín tenían conexiones en los más altos niveles de la política, el comercio y la aristocracia británicos. Es imposible que el MI6 no estuviera al tanto del almuerzo, que tenía lugar a menos de cuatrocientos metros de la residencia del primer ministro en Downing Street. De hecho, el invitado principal era uno de sus agentes. Se trataba de Douglas Jerrold, un pavo enigmático y puntillosamente inglés, héroe de guerra, católico devoto y vínculo fundamental entre la causa de los nacionales españoles y el *establishment* británico. Estaba relacionado con la Anglo-German Fellowship [Sociedad Anglo-alemana] y con The Link [El Vínculo], dos organizaciones con inclinaciones favorables a Hitler antes del estallido de la Segunda Guerra Mundial; pero Jerrold no era nazi, ni mucho menos antisemita, sino un reaccionario de libro, un nostálgico de una era eduardiana supuestamente dorada y supuestamente perdida por la desaparición del *music hall* y el desmoronamiento del orden social en una era de sinvergüenzas ennoblecidos y truhanes millonarios. Para él, el mundo había pasado del paraíso de la *Belle Époque* a un infierno de necios cuyos cimientos abominables se habían forjado en 1920 y cuya textura moral le parecía una soberana soplapollez.

En Londres había fundado el Spanish Committee [Comité Español], entre cuyos miembros ingleses se encontraba el diputado tory sir Victor Raikes, que mantenía vínculos con el subdirector del MI6 Stewart Menzies. El Spanish Committee contaba con el apoyo del rey Alfonso XIII y del duque de Alba, cuyo título británico, el de duque de Berwick, era fruto de su condición de descendiente directo del rey Jacobo II de Inglaterra y su amante, Arabella Churchill. Este grupo fue el núcleo germinal de otro llamado Friends of Nationalist Spain [Amigos de la España Nacional]. El interés de Jerrold por España se había adensado tras su encuentro con el rey Alfonso XIII y su certeza de que el pueblo español, al igual que el británico, no permitiría que le «obligasen» a abrazar el comunismo. Se horrorizó al ver las estadísticas sobre la quema de iglesias, los atentados con bombas y los asesinatos de los primeros meses de 1936. Durante aquel periodo, según dijo en unas memorias tituladas *Georgian Adventure*, había cenado en tres ocasiones con mujeres españolas que habían enviudado a causa de la furia izquierdista. Las viudas conmovieron tanto su blando corazón de melón que decidió comerciar con armas desde su editorial de Fetter Lane, a poca distancia de Fleet Street, la médula de la prensa londinense. Recibió la visita de un español misterioso que dijo que su amigo Luis Bolín le había recomendado a Jerrold porque era el único hombre en Londres que podía ayudarle a encontrar cincuenta ametralladoras Hotchkiss y medio millón de balas. Sin darle importancia, Jerrold contestó que tal vez podría proporcionarle lo que necesitaba, fijó el precio y antes de que transcurriesen veinticuatro horas dijo a Bolín que probablemente la transacción seguiría adelante. El debut de Jerrold en el turbio mundo del tráfico de armas impresionó a Bolín y dos semanas después, con solo unas horas de antelación, citó a Jerrold para almorzar en Simpson's.

El otro comensal que compartía la pierna de cordero a cuatro chelines por barba y el vino clarete era el inventor Juan de la Cierva, cuyos autogiros fueron los precursores del helicóptero. Su padre, que también se llamaba Juan, había sido líder del Partido Conservador español y ministro de la Guerra. Fue él quien, entre otros militares, mandó a Franco para vengar la espantosa serie de derrotas que el ejército español había sufrido a manos del líder tribal Abd el-Krim. Desde que era un niño, su hijo Juan de la Cierva había construido aeroplanos. Ya crecidito, se trasladó a Londres y en 1925 hizo una demostración de su autogiro en Farnborough, sede de la Fábrica de Globos de Su Majestad y cuna de la investigación aeronáutica británica. El ministro del Aire, sir Samuel Hoare, quedó tan impresionado que encargó cuatro inmediatamente. De la Cierva tenía contactos en los más altos círculos del poder político y financiero, su socio en los negocios era el general de brigada de las Fuerzas Aéreas James Weir, gobernador del Banco de Inglaterra. Según Bolín, De la Cierva se encontraba cenando en el domicilio de Weir la noche en que llegaron las órdenes de poner en marcha el plan y Bolín le telefoneó allí para hablar de ello. De la Cierva se fue corriendo a casa de Bolín para ultimar los detalles mientras despachaban unos vasos de whisky. El hermano mayor de James Weir, lord Weir, también tenía acciones en la compañía de Juan de la Cierva, era asesor personal del ministro del Aire, encargado de incrementar la producción de cazas Spitfire y Hurricane, y gozaba de la confianza de Winston Churchill porque ambos eran socios del Reform Club. Durante el verano de 1936 los dos hermanos Weir empezaron a moverse para ayudar a los Mola, Millán Astray, Varela y demás militares africanistas que urdían el golpe.

Veinte años antes de que el ejército se sublevara, el capitán Franco fue herido en Biutz, en el protectorado de Marruecos. Una fea herida en el vientre que le curó la espía Margarita Ruiz de Lihory, que era también enfermera. Esas y otras cicatrices durante las campañas del Rif entre 1912 y 1922 facilitaron el ascenso meteórico del teniente Franquito, el capitán Varelita —como se llamaban entre ellos— o de Millán Astray. Los tenientes recién salidos de la academia eran destinados a Marruecos, pero solo unos pocos se quedaban. Además del exotismo, la razón fundamental era que las harcas rifeñas eran un trampolín para ascender como un cohete. De hecho, Franco fue el general más joven de Europa. La estancia prolongada en Marruecos estrechó los lazos de camaradería entre ellos y formó un grupo cerrado con afán de protagonismo que copaba acciones heroicas, medallas, crónicas e incluso fotos en algunos diarios. Sus compañeros de la Península consideraban desproporcionados los meteóricos ascensos de los oficiales de Marruecos y esas suspicacias ahondaban entre los africanistas el malestar de no ser reconocidos a pesar de jugarse el pellejo. Además, les dolía España, pesaba en ellos la decepción del desastre del 98 y la decadencia de su ejército. Pensaban que los imperios son como los amores: cuando desaparece la idea sobre la cual han sido construidos, perecen ellos también. El protectorado de Marruecos apareció en el horizonte como la oportunidad de salvar España con arengas, misas y orden.

La proclamación de la Segunda República no suscitó el rechazo de los africanistas, que eran conservadores aunque no necesariamente monárquicos. Fue la reforma de Azaña que anulaba la antigüedad adquirida en los ascensos por méritos de guerra lo que reabrió las tensiones entre los africanistas y el gobierno. A Franco, por ejemplo, la anulación lo llevaba al fondo del escalafón. Además, la supresión de la misa en los cuarteles y el cierre de la Academia de Zaragoza —donde Franco inculcaba los valores africanistas—, sentaron las bases del descontento que les predispuso contra el gobierno y los convirtió en conspiradores. En último término la guerra estalló porque se conchabaron militares que tenían en común haber luchado en África. Franco, Varela, Mola, Goded, Queipo de Llano, Yagüe, Alonso Vega… una lista que coincide casi milimétricamente con la de los conspiradores del 18 de julio. La excepción más notable era Sanjurjo.

Antes de partir a Canarias como comandante general, Franco se reunió con Mola, Varela, Fanjul, Orgaz y otros oficiales disidentes. Acordaron que un golpe era necesario, que el general Sanjurjo debía encabezarlo y que los preparativos de la conspiración los dirigiese Mola, pero Franco no asumió ningún compromiso concreto, era alérgico a mojarse y menos si no veía agua en la piscina; a Luis Orgaz le comentó que el levantamiento sería «sumamente difícil y muy sangriento». Seguía teniendo muy presente el fracaso de la Sanjurjada de 1932, pero su cautela acababa con la paciencia de sus colegas africanistas. El 30 de mayo, Goded envió un mensajero a Canarias para comunicarle que había llegado el momento de dejar de marear la perdiz. El coronel Yagüe comentó que le resultaba desesperante la mezquina prudencia de Franco y su negativa a asumir riesgos. Sanjurjo sentenció: «Franco no hará nada que le comprometa; estará siempre en la sombra porque es un cuco». A comienzos del verano de 1936, Franco seguía deshojando la margarita. Calvo Sotelo abordó a Serrano Suñer en los pasillos de las Cortes para preguntarle: «¿Qué le pasa a tu cuñado? ¿Qué hace? ¿No se da cuenta de lo que se está tramando?». Los decepcionados camaradas de Franco le apodaron «Miss Islas Canarias 1936».

Yagüe y Francisco Herrera, enlace entre los conspiradores de España y los de Marruecos, decidieron presentar a Franco un *fait accompli* y mandarle un avión para trasladarle a Marruecos. Herrera fue a Biarritz el 4 de julio, se entrevistó con Juan March y le sacó el dinero necesario. Por recomendación de Juan de la Cierva, que conocía bien a los altos mandos de la Fuerza Aérea británica, Bolín llamó a Hugh Pollard y en voz muy baja le dijo que necesitaba un aeroplano, un hombre de confianza y dos rubias platino para desviar la atención de su verdadero propósito. «¿Puedes volar a África mañana con dos chicas?», fue la pregunta que hizo a Pollard. «Depende de las chicas», fue la respuesta. «Puedes elegir».

A la hora del té, Hugh Pollard ya se encontraba cerrando un trato con un apretón de manos en la campiña de Sussex, a punto de emprender una aventura que cambiaría el rumbo de la historia. El bimotor *Havilland Dragon Rapide* de la Olley Air Services de Croydon que llevó al general Francisco Franco a reunirse con sus tropas en Marruecos era propiedad del más importante magnate del tabaco en Gran Bretaña, que era también uno de los pilares de la banca y tenía extensos intereses en el mundo de las finanzas.

El avión despegó a primera hora de la mañana del día 11 de julio y llegó a Casablanca al día siguiente. Franco todavía dudaba. El mismo día en que *el Dragon Rapide* llegó a Casablanca, Franco envió un mensaje en clave a Kindelán en Madrid para que lo transmitiese a Mola. Decía «Geografía poco extensa» y significaba que seguía sin verlo claro. Seguía aferrado a su pasividad creativa, principio taoísta que consiste en dejar que los acontecimientos se produzcan por sí mismos. El asesinato de Calvo Sotelo el 13 de julio le hizo cambiar de postura.

A última hora de la tarde, Franco hizo gestiones para mandar a su mujer y a su hija a Francia. El *Dragon Rapide* estaba de camino, se acabó Hamlet, llegó Terminator. Sus amigos británicos habían empezado bien. Aún les quedaba cobrarse los servicios prestados y acabaron interpretando un papel en una de las mayores operaciones secretas de la Segunda Guerra Mundial. Pero todo a su tiempo como pide el *Eclesiastés*. Aún estamos en otra guerra.

EL SÉPTIMO CAMIÓN

El avance de las tropas sublevadas y el recrudecimiento de los bombardeos sobre Madrid metieron el miedo en el cuerpo al gobierno de Largo

Caballero y el 6 de noviembre de 1936 el gobierno evacuó la capital hacia Valencia. Se dijo algo así como que era solo un repliegue táctico sobre la retaguardia, pero todo el mundo sabía que los barandas republicanos habían visto las orejas al lobo.

La víspera de la mudanza, el ministro de Hacienda, Juan Negrín, ordenó el traslado de reservas de oro del Banco de España y algunas obras de arte del Museo del Prado para evitar que cayeran en manos enemigas. El director general de Bellas Artes, Josep Renau, comunicó la orden al subdirector del museo Francisco Javier Sánchez Cantón: cuarenta y dos obras debían ser embaladas para el viaje. Finalmente el número se disparó.

Sánchez Cantón vio mayor riesgo para la integridad de las obras en el viaje que en su permanencia en Madrid, pero la determinación de las autoridades no solo consideraba los motivos de seguridad, sino también una razón política: el gobierno quería mantener el control del tesoro artístico. La operación de evacuación se llevó a cabo de manera precaria, había poco personal técnico y los materiales de acondicionamiento y medios de transporte eran escasos, a pesar de lo cual fueron trasladados más de dos mil cuadros, la casi totalidad de la colección real de tapices y miles de libros, documentos y objetos histórico-artísticos. Además se decidió enviar a la nueva sede del gobierno una buena parte de las confiscaciones de la Caja General de Reparaciones del Ministerio de Hacienda, que eran incautadas día tras día por el Tribunal Popular de Responsabilidades Civiles para que los costes y daños de la sublevación fueran financiados por los que hubieran tenido alguna complicidad con los rebeldes.

Viendo el desenlace que iba tomando la guerra, el ya presidente del gobierno Negrín decidió trasladar el tesoro a un lugar cercano a la frontera francesa. El director de la revista *Actualités de l'Histoire*, Philippe Valode, en *Los dossieres secretos de la Segunda Guerra Mundial*, dice que las riquezas en posesión del gobierno fueron llevadas hasta un último enclave en la que poder defenderlas. ¿Qué enclave? Valode sugiere que sería Figueras, allí había un castillo que hacía las veces de «almacén central» a donde se mandaban las requisas desde las administraciones provinciales antes de su envío a Francia. El traslado fue una chapuza improvisada a la carrera, Azaña lo sabía y temió que cualquiera pudiera coger «brillantes a puñados».

Pero una parte del botín de la Caja General de Reparaciones fue ocultada en La Vajol, un pueblecito a unos veinte kilómetros de Figueras, en una mina acondicionada como búnker, la llamaban la «Mina de Negrín» porque había sido incautada por su gobierno. Según Cristóbal García Manteca, en *Patrimonio geológico y minero y desarrollo regional*, en el interior de una de las galerías se construyó una cámara acorazada con hormigón armado, protegida permanentemente por centinelas,

El 26 enero de 1939 cayó Barcelona y el 5 de febrero Girona y tanto el gobierno como miles de civiles y combatientes huyeron a Francia. Algunos refugiados tomaron la ruta costera, pero la mayor parte cruzó la frontera en Le Perthus, lo que provocó colas de varias decenas de kilómetros. Otros, para intentar evitar las multitudes, se alejaron de las carreteras, fueron por senderos de montaña y acabaron en valles y puertos impracticables en aquel invierno. El Comité Internacional para el Salvamento de los Tesoros de Arte Españoles (un organismo recién creado) aconsejó firmar un acuerdo con la Sociedad de Naciones para que los cuadros del Museo del Prado se mandaran a Ginebra hasta que terminara la guerra. El acuerdo se firmó por la noche y a la luz de los faros de un coche. Todo eran prisas.

Entre el 4 y el 9 de febrero cruzaron los Pirineos setenta y un camiones cargados con los lienzos del museo del Prado y parte del botín de la Caja General de Reparaciones. Ya en Francia, la carga se traspasó a vagones de tren que partieron de Perpiñán hacia Suiza el 12 de febrero. Cinco días después, la preciada carga llegó a la sede de la Sociedad de Naciones en Ginebra.

Todo esto es historia mil veces contada. El resto es una amalgama de verdad y de leyenda. Numerosas fuentes coinciden en señalar que hubo una pequeña escisión del convoy, que siete de los últimos camiones que partieron no siguieron la ruta general sino que se desviaron a través del Coll de Li en dirección hacia el pueblo de Maureillas-las-Illas, pero de los siete camiones, uno nunca llegó a su destino. Se perdió misteriosamente con una carga de entre diez y doce toneladas de oro y obras de arte como el cáliz del papa Luna y varios documentos de la catedral de Tortosa. ¿Qué pasó con él? Una primera conjetura supone que se desvió hasta la costa, llegó a un puerto, se cargó en un barco y enrumbó a México. Allí se pierde la pista.

Pero el cazatesoros Robert Charroux cuenta otra historia muy distinta.[*] Asegura que pudo localizar y entrevistar a Vicente, uno de los soldados de escolta del camión y único superviviente tras la Segunda Guerra Mundial, y reconstruir lo que pasó: «En marzo de 1939, un camión cargado con entre nueve y doce toneladas de oro metido en cajas cerradas consiguió cruzar la frontera por Cerbère. A bordo, iban un oficial y dos soldados que consiguieron llevar el vehículo a Perpiñán por la carretera de Argelès. En Elne, cogieron la D40, cruzaron por Latour-Bas-Elne; después, en Saint-Cyprien, tomaron la D22 y volvieron hacia el sur inadvertidamente, llegaron a un difícil camino de tierra que llevaba a la costa, a una zona pantanosa. Como no pudieron avanzar, pararon a unos ochocientos metros de la orilla del mar. La noche había caído y no tenían ni idea de dónde estaban, excepto que se encontraban en territorio francés. Allí decidieron enterrar su botín y marcaron la zona. Pasaron gran parte de la noche transportando las cajas y cavando una zanja. Cada caja contenía tres lingotes de veinticuatro kilos. Una vez que acabaron el trabajo, los tres soldados llevaron el camión lejos, lo abandonaron y a primera hora de la mañana se presentaron a las autoridades, que los metieron en un depósito cerca del escondite». Tenían intención de recuperar el tesoro cuando llegaran mejores tiempos.

En 1957, Vicente acompañó a Charroux y su equipo de buscadores a localizar el oro, pero habían pasado casi veinte años, la vegetación era irreconocible, las referencias que había memorizado habían desaparecido y no hubo manera de dar con el tesoro. Tal vez Charroux pecó de candidez, porque ya decía Voltaire que «el que revela el secreto de otros pasa por traidor; el que revela el propio secreto pasa por imbécil». Tal vez Vicente era volteriano.

---

[*] *Treasures of the World.*

La investigadora Assumpta Montella* cuenta una versión del todo diferente, cree que el último camión estaba conducido por un teniente apellidado Blasi y que se vio obligado a regresar a la mina porque el puente de Agullana por el que debía cruzar había sido volado por los hombres de Líster. En 1997, Stephane Cosme y Philippe Valode investigaron el enigma y un presunto testigo del traslado del oro de La Vajol a Figueras les dijo que nunca hubo un séptimo camión, que todo era una leyenda. Sin embargo, Cosme y Valode comprobaron en las hemerotecas que en marzo de 1939 la prensa francesa había dado cuenta de que setenta y seis oficiales y dos soldados republicanos de la brigada Líster habían sido arrestados en la frontera unos días antes de la caída de Barcelona y que llevaban barras de oro y plata, joyas y piedras preciosas. Los detenidos explicaron que cumplían órdenes de sus superiores. En primera instancia fueron condenados por robo a dos años de prisión, pero el tribunal de apelación de Montpellier los exoneró.

¿Existió aquel séptimo camión? ¿Se quedaron parte del tesoro algunos republicanos? ¿Seguirá oculto el oro en alguna parte de Francia?

BROZA DE SOSPECHAS

Hay enigmas y conspiraciones por tierra, por mar y por aire. Sanjurjo murió en un accidente aéreo dos días después de la sublevación. El 3 de junio de 1937, Mola moría en circunstancias parecidas. Con ello Franco se libraba de los generales de más prestigio dentro del bando nacional. ¿Casualidad o sabotaje?

Sanjurjo, marqués del Rif por voluntad de Alfonso XIII y director general de la Guardia Civil en 1931, se arrepintió pronto de haber apoyado la caída del rey y en agosto de 1932 se sublevó contra el gobierno de Azaña, lo que le costó el exilio en Portugal. Era el militar rebelde de mayor rango, pero carecía de la capacidad para organizar una conspiración de éxito. Por ello, a finales de mayo del 36, pasó su autoridad a

---

* *El setè camió. El tresor perdut de la República.*

Mola, que aspiraba a colocar a Sanjurjo como jefe de una junta militar una vez que la conjura se hubiese consumado. Total que era Sanjurjo el que llevaba el bastón de mariscal en su mochila, pero cuando volvía de Portugal para encabezar la insurrección su avioneta se estrelló. En ese *crash* todavía tiembla el misterio.

Enrique Sacanell, sobrino nieto del general, publicó una biografía con documentos inéditos que rescataban algunos aspectos nebulosos. La muerte de su mujer, Esperanza, dejó a Sanjurjo desconsolado, sus dos hijos se criaron con su abuela Carlota y cuando murió uno de ellos, el general cayó en un profundo abatimiento, acrecentado por la ruina económica, la sífilis y un hijo nacido fuera del matrimonio. El 20 de julio, el aviador Juan Antonio Ansaldo fue a Estoril a recogerlo con su avioneta para trasladarlo a Burgos, donde asumiría el mando. La embajada del gobierno republicano lo vigilaba, y también a otros exiliados que no se caracterizaban por su discreción. Las presiones del gobierno español ante el primer ministro portugués Oliveira Salazar no puso las cosas fáciles a Ansaldo, que tuvo que despegar de un pequeño aeródromo en la pedanía de Areia (Cascais). Los ayudantes del general se empeñaron en embarcar lo que Ansaldo en sus memorias describió como «una inmensa y pesadísima maleta» llena de uniformes, pero como dijo uno de los ayudantes «no va a llegar a Burgos sin nada que ponerse en vísperas de su entrada triunfal en Madrid». El aparato no llegó muy alto, se estrelló al poco del despegue, impactó contra una valla de piedra y terminó envuelto en llamas. Sanjurjo murió en el choque, Ansaldo se salvó gracias a que un pastor lo sacó de la cabina cuando ya le alcanzaba el fuego. Además de al sobrepeso de la carga, el piloto atribuyó el accidente a dos posibles motivos: o bien el tren de aterrizaje hizo saltar una piedra que rajó la madera de la hélice, o bien con el esfuerzo de mantener el aparato en línea de vuelo la hélice rozó con el suelo.

Mientras Sanjurjo moría en Portugal, Franco había tomado el mando de las tropas en el Protectorado. Su mayor preocupación era la falta de barcos para cruzar a la Península, ya que la marinería se había amotinado y matado a los oficiales. Ante la muerte de Sanjurjo y la captura de otros dos generales conjurados —Manuel Goded en Barcelona y José Fanjul en Madrid— Mola propuso al general más antiguo, Miguel Cabanellas, la presidencia de la Junta Nacional de Defensa, que se formó en Burgos el 24 de julio.

En 1927, con cuarenta años, Emilio Mola había ascendido a general de brigada y tres años después el gobierno del general Berenguer lo nombró director general de Seguridad, su misión principal era vigilar a la oposición, que es lo que hacen estupendamente los servicios policiales españoles. Desarrolló tan bien su labor que los republicanos lo marcaron con cruces negras y cuando cayó la monarquía el nuevo régimen lo destituyó y lo metió en el talego. Un tribunal lo absolvió, pero se le consideró preso gubernativo y otra vez al trullo. Lo expulsaron del ejército y se buscó la vida escribiendo libros. *Memorias de mi paso por la Dirección General de Seguridad* y *Lo que yo supe* son dos textos entretenidísimos, estupendos tutoriales para montar servicios de espionaje. La ley de amnistía, aprobada por las Cortes dominadas por la CEDA, permitió su reingreso en la milicia y en 1935 el ministro de la Guerra, el catalán de la Lliga Pedro Rahola, lo nombró jefe de la Circunscripción Oriental del Protectorado.

Como el gobierno del Frente Popular le temía más que a un nublado, lo trasladó a Pamplona como gobernador militar. Fue peor el remedio que la enfermedad, porque allí Mola estableció lazos con los carlistas, que se habían echado al monte al proclamarse la República, y preparó su conspiración. Ya firmaba sus circulares como «el Director», pero todo eran problemas, Franco y otros generales remoloneaban en su incorporación al movimiento y los falangistas y carlistas solo aceptaban participar en el golpe si se les daban garantías de que su programa iba a misa. Mola estuvo a punto de tirar la toalla cuando el jefe carlista Fal Conde le exigió que desde la primera hora se restableciese la rojigualda y se prohibiesen los partidos. Lo que Mola quería entonces era una dictadura republicana. De la monarquía, ni hablar del peluquín.

Mola tenía previsto un golpe contundente y de desenlace fulminante. Podemos hacernos una idea leyendo la Instrucción reservada n.º 1, redactada por él mismo: «La acción ha de ser en extremo violenta para reducir lo antes posible al enemigo, que es fuerte y bien organizado. Desde luego, serán encarcelados todos los directivos de los partidos políticos, sociedades o movimientos no afectos al movimiento aplicándoles castigos ejemplares para estrangular los movimientos de rebeldía o huelgas». Pero el golpe fracasó y comenzaron la Guerra Civil y las disensiones entre Mola y Franco. Félix Maíz, ayudante de Mola, escribió un libro que no se publicó hasta la muerte del Caudillo[*] y que relaciona los desencuentros entre ambos desde el mismo día del golpe. Mola responsabilizaba a la tibieza de Franco del fracaso del golpe. «Esas treinta y ocho horas de retraso en la toma del mando del general Franco en Marruecos se van a convertir en muchos meses de guerra. Si llego a estar en el otro lado, esto se había concluido», dijo el Director a su secretario.

El 21 de septiembre de 1936, la Junta de Defensa celebró su primera reunión en una finca del ganadero Antonio Pérez Tabernero en Muñodono, a unos treinta kilómetros de Salamanca, junto a un aeródromo militar. Asistieron los generales Cabanellas, Dávila, Mola, Saliquet, Valdés Cavanilles, Gil Yuste, Franco, Orgaz, Queipo de Llano y Kindelán, y los coroneles Montaner y Moreno Calderón. Votaron y todos menos Cabanellas aceptaron la necesidad del mando único. Entonces Kindelán, con el apoyo de Mola y de Orgaz, propuso a Franco. Aceptaron todos menos Cabanellas, que se abstuvo.

Franco dirigía en el frente de Toledo las operaciones para la liberación del Alcázar, que se consumó al anochecer del 27 de septiembre. En Cáceres se reunió un gentío frente al Palacio de los Golfines de Arriba y Franco salió al balcón, allí Millán Astray y Yagüe lo proclamaron generalísimo y anunciaron que al día siguiente sería elegido para la jefatura suprema. El día 28, con la euforia por la liberación del Alcázar, se celebró la segunda reunión en el campo de Salamanca. El coronel Yagüe había dispuesto una nutrida escolta de falangistas salmantinos que daban guardia en el exterior del barracón donde se iba a debatir el tema del mando único. Los otros dos posibles aspirantes, Cabanellas y Queipo de Llano, cedieron a favor de Franco gracias a la mediación de Mola, que fue el verdadero *kingmaker*, pero nunca se cobró el favor.

En la tarde del 1 de octubre de 1936, Franco firmó el Decreto Número 1, que organizaba el ejército nacional en dos grandes regiones: la

---

[*] *Mola frente a Franco.*

del norte, al mando de Mola; la del sur, a las órdenes de Queipo de Llano. Franco ordenó a Mola el avance sobre Madrid. Nunca llegaría a la capital. Pese a haber apoyado la elección de Franco, comenzó a no ver con buenos ojos la concentración de poder en el Caudillo y tampoco la forma en que se estaba llevando la guerra; se opuso, por ejemplo, al bombardeo de Guernica y comunicó a Franco su intención de abrir una investigación sobre las alegrías de la Legión Cóndor. Franco temió que esa investigación afrentara a Hitler, con quien tenía buenas relaciones. Mola tampoco compartía la idea de una guerra de desgaste y la obsesión de Franco por tomar Madrid. Había que tomar el norte y Madrid caería por su propio peso. Además quería que se respetasen el régimen republicano y la bandera tricolor. Las discrepancias hacían saltar chispas y a Franco le ponían malo las alocuciones de Mola en Radio Burgos; cuando estaba a punto de leer una de ellas, Franco le espetó un «tú te callas». A esas alturas, muerto Sanjurjo, fusilado Goded y recluido Queipo en su feudo sevillano, el único desafío a la autoridad de Franco era Mola. Eran dos gallos en el mismo corral. Mola le sugirió que le dejara a él el gobierno, Franco se hacía el sueco, callaba molesto y luego se desquitaba con su cuñado Salgado Araujo: «Este Mola es un majadero. Claro, como es socialista, ya se sabe».

Como ya en plena Guerra Civil algunos empezaban a estirar el cuello, en los últimos días de su vida Mola pensaba en el reparto de dividendos. Pensaba que Franco tenía ya bastante con la jefatura del ejército y del partido, pero que había que repartir juego y el gobierno le quedaba grande a Franquito. A finales de mayo de 1937 tuvieron una nueva agarrada cuando Mola volvió a darle la brasa con que le dejara a él la jefatura del Gobierno. Franco replicó diciendo que era fundamental un mando único, que nunca sería una reina madre y que si salía lo haría en un féretro, es decir, «yo o el caos». Mola no se resignó. No volvieron a verse.

La noche anterior a su muerte, Mola sostuvo la última conversación con Franco, en la que se le escuchó decir: «No lo comprendo. Repito. Yo no paso por eso» y colgó violentamente el teléfono. A la mañana siguiente, jueves 3 de junio de 1937, embarcó en su avión *Airspeed AS-6 Envoy*. El aparato había pertenecido al ejército republicano hasta que el piloto Fernando Rein desertó y aterrizó con él en Pamplona. Desde ese momento fue el avión de Mola y su piloto fue el capitán Chamorro, un hombre con pasado.

A las diez y cuarto de la mañana, Mola subió al avión en Vitoria, iba Burgos para exigirle a Franco la jefatura del Gobierno. Además del piloto Chamorro, viajaban un mecánico, un teniente coronel y un comandante de Estado Mayor. A la altura del puerto de La Brújula, entre Castil de Peones y Alcocero, una espesa niebla embozó al aparato, que volaba bajo. Se oyó una gran explosión. La niebla explicaría el siniestro si no hubiera otras nieblas.

El avión conservaba su matriculación original del ejército republicano, la misma con la que salió del Reino Unido, donde fue adquirido. No sería raro que alguna batería antiaérea franquista hubiera hecho fuego contra el aparato creyéndolo enemigo. El impacto contra un cerro fue tan violento que sugería la posibilidad de que el motor se averiara con los disparos y el piloto se viera obligado a realizar la única maniobra evasiva posible, picar hacia el suelo y escapar envuelto en la niebla, pero se interpuso el cerro. Serrano Suñer no descartó que lo abatiera un caza nacional y el piloto militar José González Feo contó al periodista Vicente Talón que aquel día había disparado contra un bimotor en la zona de Orduña, dijo que era un avión muy parecido al de Mola.

No solo algunos sectores del bando republicano, sino también algunos monárquicos vieron en el accidente una conspiración de Franco para quitarse de encima a un rival. El *ABC* de Madrid publicó que Mola iba a presidir el primer gobierno que se formase después de la toma inminente de Bilbao y el semanario *Política* aseguró que el Director contaba con el respaldo alemán para desplazar a Franco, Hitler lo había elogiado porque sabía que tenía una idea muy clara de que las estructuras sociales y económicas de España estaban atrasadas y necesitaban un buen repaso de chapa y pintura. Se decía que Mola no pasaría por según qué cosas, que era socialista de instinto, que metería en cintura a los curas y se olvidaría de la monarquía.

Muchos años después, Dionisio Chamorro, primo del capitán que pilotaba el aparato, sugirió un sabotaje del propio aviador. La hipótesis no es descabellada si se tiene en cuenta el pasado del capitán Chamorro. Había sido anarquista, se había jugado la vida muchas veces y no es descartable que subiera al avión sabiendo que no volvería. Francisco Chamorro había sido activista en las huelgas de los muelles de Melilla, lo desterraron a la Península y trabajó en las minas de Riotinto, pero encabezó otra huelga y lo metieron preso. Al salir de la cárcel volvió a Melilla, dejó atrás su militancia obrera y se incorporó al Tercio, consiguió hacerse piloto y con el tiempo Mola dejó su destino en manos de un infiltrado.

Nadie se atrevía a dar la noticia a Franco, le tocó al militar de más edad, el almirante Cervera, que entró en su despacho y entre circunloquios y lamentos se lo dijo. «Ah, es eso, creí que iba usted a decirme que habían hundido el *Canarias*», le tranquilizó Franco. No era una pérdida, sino un alivio, de hecho a Vegas Latapié le dijo más tarde: «No es para tanto, al fin y al cabo un general que muere en el frente, bueno, pues es casi normal». Pero Mola no era un general cualquiera, sino «el Director» que quería compartir con Franco el poder y la gloria. El embajador alemán Von Faupel anotó en su diario: «El Generalísimo, sin duda, se siente aliviado por la muerte de Mola».

Conspiración o azar, con las muertes de Sanjurjo y de Mola, a Franco se le despejó un horizonte de sombras. Siempre tuvo suerte. ¿Otro ejemplo más de su *baraka*? Pudiera ser.

CORRESPONSALES Y EL ORIGEN DEL *GUERNICA*

Si repaso con los ojos tu ayer,
salta la sangre fratricida.

BLAS DE OTERO

EL RASTRO DE UN DESAPARECIDO

En 1937, una década después de haber dejado de ser muy pobre y muy feliz, Hemingway se había convertido en el imitador de sí mismo, era una *celebrity* internacional sin una novela publicada en siete años y con una mala (*Tener y no tener*) en manuscrito. Se había aburrido con su segundo matrimonio, con la rica y superficial Pauline, retratada despiadadamente en una de sus últimas grandes historias, *Las nieves del Kilimanjaro*, como la esposa desesperadamente alegre de un escritor muriendo de gangrena y pudrición del alma en una reserva de caza del África Oriental. A sus treinta y siete años, Hemingway buscó dos vías de escape familiares: la violencia y el sexo. Las encontró en una España efervescente y desgarrada.

No solo Hemingway vino a España, también lo hizo su amigo John Dos Passos. Compartían el buen sabor de boca de sus días felices en París. Muchos años después, cerca del final de su vida, Hemingway retrató a Dos Passos en las desagradables últimas páginas de *París era una fiesta* como un traicionero «pez piloto» que en los años veinte había inoculado el veneno de la molicie decadente en la juventud de Hemingway y lo indujo a romper su primer matrimonio. Cuando volvieron a verse en Madrid, la amistad de Hemingway con Dos Passos ya estaba algo averiada por la publicación en 1936 de *El gran dinero*, la tercera novela de la

Trilogía USA de Dos Passos. En ese momento, Dos Passos era tan grande como el gran hombre de las letras americanas. Es difícil creer ahora que hace varias generaciones el trío de grandes novelistas nacidos alrededor del cambio de siglo —Hemingway, Fitzgerald, Faulkner— era un cuarteto, con la cuarta silla ocupada por Dos Passos, en el fondo un escritor político cuyo compromiso emergió la noche de verano de 1927 en que electrocutaron a Sacco y Vanzetti.

Dos Passos fue a España para trabajar en un documental sobre la guerra, *Tierra española*, que iba a dirigir un brillante joven cineasta holandés llamado Joris Ivens, bajo los auspicios de un grupo de escritores neoyorquinos encabezados por Archibald MacLeish. El objetivo del proyecto era galvanizar el apoyo estadounidense al asediado gobierno español y alentar al presidente Roosevelt a levantar el embargo de armas. Dos Passos, que ya estaba desilusionado con la izquierda americana, llevaba lleno el equipaje de ideales políticos, a diferencia de Hemingway, indiferente a la política de izquierda hasta que conoció a Martha Gellhorn. Pero había algo que no sabía Dos Passos: Ivens era un mercenario de la Komintern. Todo el proyecto era propaganda controlada por Moscú y Dos Passos, un radical independiente, se había declarado oficialmente en desacuerdo con el Partido Comunista y había sido denunciado en el Congreso de Escritores Soviéticos de 1934, donde la línea del partido sobre el arte se agarbanzó en el tosco realismo socialista. Moscú pretendía utilizar a Dos Passos para atraer al pez más grande de todos para prestar su nombre a la película.

En abril de 1937 la Generación Perdida del París de los años veinte se reunió en Madrid. La Guerra Civil estaba ya en su noveno mes, pero el bombardeo regular del hotel Florida y otras privaciones del asedio franquista no impidieron que Ernest Hemingway, John Dos Passos, Josephine Herbst y la última distracción de Hemingway, Martha Gellhorn, vivieran bien. Nave nodriza de los escritores y corresponsales extranjeros durante la Guerra Civil, el hotel Florida de la plaza de Callao no era como para llamar a casa, pero Hemingway consiguió, gracias en parte a conexiones con el gobierno español y el personal general ruso, la mejor comida y un brandy potable. Todas las mañanas, los otros huéspedes se despertaban con el olor a huevos, tocino y café preparado por un Hemingway lacayo en la habitación 108, cortesía de la Internacional Comunista.

Lo que sucedió entre Hemingway y Dos Passos en España tuvo que ver con la desgracia de José Robles, amigo íntimo de Dos Passos a quien había conocido veinte años antes en una estancia previa en España. José Robles era un aristócrata de izquierda, un exiliado político y un profesor en Johns Hopkins que estaba de vacaciones en España en el momento de la rebelión de Franco. Dos Passos contaba con Robles como su principal contacto español en la película, pero cuando los dos novelistas norteamericanos llegaron a Madrid por separado, Robles había desaparecido. Fue Hemingway quien lo supo primero, se lo había dicho la periodista Josephine Herbst, que había estado en una gira por la zona de guerra muy probablemente patrocinada por el Komintern. Herbst reveló a Hemingway algo más: Robles había sido arrestado y fusilado como espía fascista. Hasta el día de hoy, la forma y la causa de la muerte de Robles siguen siendo un misterio.

Dos Passos, preocupado por la esposa y los hijos de su amigo, hizo las rondas de los funcionarios españoles solo para encontrarse con una sarta de menosprecios y de untuosas mentiras burocráticas. Ahora que tenían a Hemingway ni siquiera tenían que ser corteses con él. Su reacción a la desaparición de su amigo reflejaba su amarga convicción de que la política progresista sin decencia es una farsa. Hemingway describió estos escrúpulos como «la ingenuidad de una típica actitud liberal americana». Dos Passos era el tipo de hombre que despertaba el apetito sádico de Hemingway, que parecía necesitar destruir una amistad o un matrimonio cada pocos años para seguir funcionando. En Madrid hizo ambas cosas.

Él y Gellhorn recibieron a Dos Passos con frialdad cuando llegó con las manos vacías a su bien provista suite. Estaban avergonzados por las preguntas que iba haciendo por todo Madrid. «Si estás preocupado por la desaparición de tu profesor, no pienses en ello, la gente desaparece todos los días», se burlaba Hemingway. Aquello era una guerra y en la guerra vale todo, las guerras se ganan o se pierden, punto, solo había una manera de comportarse durante una guerra y Dos Passos estaba violando el código. Dos Pasos le dijo a Hemingway: «La pregunta que me hago a mí mismo es ¿para qué sirve luchar por la libertad si destruyes la libertad en el proceso?». Hemingway contestó con otra pregunta: «¿Estás con nosotros o contra nosotros?». Estaba difundiendo noticias, en persona y en papel, de que Dos Passos era un cobarde que no tenía huevos y un traidor a la causa. Hemingway nunca abrazó el dogma ideológico de los comunistas, aunque admiraba su determinación y consideraba el fervor revolucionario de los anarquistas como una broma. Si el azar le hubiera colocado en el bando franquista, se habría sentido atraído por el nervio de los tenientes de Franco. Las razones del partidismo de Hemingway eran enteramente personales y literarias y en 1937 se dejó convertir en una herramienta de la policía secreta de Stalin. El escritor, siempre en busca de una frase llena de verdad, terminó aceptando una sarta de mentiras. Era una especie algo áspera de *radical chic*: el corresponsal de guerra como *habitué* de un club exclusivo que bajo un bombardeo sabe cómo actuar y cómo no, dónde obtener el mejor whisky y qué tono usar bebiendo con asesinos. Abducido por la violencia y la erótica del poder, la guerra simplemente le proporcionaba el escenario para su propia exhibición de macho alfa.

En cuanto a Dos Passos, España parecía haber matado algo en él. Había ido a ver lo que había dejado de ver en Estados Unidos, obreros y campesinos que luchaban por crear una sociedad más justa, no para beber anís con comisarios rusos. Las traiciones que experimentó en España, tanto personales como políticas, fueron tan devastadoras que no pudo redactar un relato de lo que le sucedió a su amigo asesinado José Robles. Muchos años después, lo hizo en su lugar Ignacio Martínez de Pisón, que escribió un libro, *Enterrar a los muertos*, que recompone el rompecabezas. Pero la muerte de José Robles continúa envuelta en un centón de enigmas. No se sabe quién lo mató. No se sabe por qué. No se sabe adónde fue a parar su cuerpo. Fue casi con toda seguridad una víctima de las purgas estalinistas, ejecutado por los servicios secretos rusos, pero no sabemos cuál fue el detonante.

De origen gallego aunque criado en Madrid, desde *La Gaceta Literaria* Robles fue pionero en difundir la literatura norteamericana en España. Era un habitual de los ambientes intelectuales de la época, donde ejercía de contertulio de Valle-Inclán o Ramón J. Sender. Al estallar la

Guerra Civil, se puso al servicio del gobierno republicano y como además del inglés y del francés dominaba el ruso, le dieron el puesto de intérprete de Vladimir Gorev, asistente en Madrid del embajador soviético y responsable del servicio de inteligencia militar (GRU). No tardó en ser nombrado jefe de prensa extranjera del Ministerio de Guerra con rango de teniente coronel. No mucho después, en noviembre de 1936, lo trasladaron a Valencia con el resto del gobierno.

Pero sus servicios a la República tenían dos zonas de sombra, por un lado mantenía suficiente independencia de criterio para despertar la alarma entre las autoridades procomunistas y los agentes de inteligencia soviéticos que a principios de 1937 estaban poniendo al gobierno cada vez más bajo el control de Stalin. Por otro lado, estaba su hermano Ramón. El capitán Ramón Robles Pazos, un oficial africanista reaccionario, al comienzo de la guerra era instructor de Estado Mayor en la Academia de Infantería del Alcázar de Toledo. Estaba en Madrid cuando sus compañeros insurrectos se hicieron fuertes en el Alcázar y el 21 de julio, de camino a Toledo para unirse a ellos, fue arrestado en Getafe y retenido en una checa. Juró que era leal a la República y lo soltaron con la orden de presentarse en el Ministerio de la Guerra para incorporarse al frente. Pero no lo hizo y en noviembre de 1936 fue encerrado en la cárcel de Las Ventas hasta que en enero de 1937 lo juzgaron por deslealtad. Volvió a jurar que era más republicano que la fogosa Marianne y lo dejaron en libertad provisional, a condición de que se personase los días 15 y el 30 de cada mes. Volvió a escaquearse y cuando lo llamaron de nuevo a juicio mandó una obsequiosa carta al presidente del Tribunal de Urgencia, en la que decía que no le era posible acudir a su cita con la justicia porque había recibido órdenes de unirse a las fuerzas republicanas del frente de Teruel. El tribunal lo absolvió.

Pero ni estaba en el frente, ni ganas. Dos días después de su primer juicio, Ramón se había refugiado en la embajada de Chile y luego en la de Francia, desde donde escribió la carta en la que aseguraba que partía a Teruel a luchar por la República. En enero de 1938 fue evacuado a Francia, desde donde pasó a la zona rebelde. Su hermano José había sido detenido un mes antes. Es posible que Ramón temiera que en un interrogatorio José revelara sus contactos. Los servicios de seguridad republicanos sospechaban que José pasaba a su hermano información de la embajada soviética para la Quinta Columna. ¿Paranoia o realidad? Paul Preston cree que los éxitos posteriores de su carrera apuntan a que los vínculos de Ramón con su hermano José perjudicaron a la República. El caso es que una noche en que estaba leyendo un relato de Poe, llamaron a su puerta. Desapareció para siempre.

Dos Passos llegó a descubrir que había pasado por la cárcel para extranjeros de Valencia y fue informado en la embajada de Estados Unidos de que su viejo amigo había sido visto con vida en un campo de prisioneros el 26 de marzo por el agregado militar norteamericano, el coronel Stephen Fuqua. Por orden de los soviéticos, Robles debió de ser ejecutado en una fecha sin determinar entre ese día y el 22 de abril de 1938. Tal vez fue acusado de agente doble, aunque en el fondo se ocultaría el miedo del gobierno ruso a que desvelara los desmanes del estalinismo, que conocía de primera mano gracias a su labor de intérprete de Gorev. En las tertulias de café de Valencia se comentaba que en un descuido había revelado información militar obtenida tal vez de telegramas en clave. Paul Preston no lo cree y apunta que lo que debió de costarle la vida fue algo más que un descuido, tal vez los contactos con su hermano.

LA LISTA 208 Y EL ORIGEN DEL *GUERNICA*

En la Guerra Civil se dieron cita los mejores escritores y periodistas de una época, por eso Hugh Thomas la calificó como la «edad de oro» de los corresponsales en el extranjero. Louis Delaprée fue uno de ellos. Cuando abatieron a este periodista francés, Geoffrey Cox, su colega del periódico británico *News Chronicle*, escribió que «era uno de esos tipos excepcionales que caen bien tanto a los hombres como a las mujeres. Un periodista de primer rango, con una pluma estupenda. Sus descripciones de los ataques aéreos sobre Madrid son un clásico en su género. Muchos hombres abnegados han muerto en la guerra española. El que Louis Delaprée sea uno de ellos no es una de las tragedias menos importantes de esta lucha».

Aunque había ido a España a cubrir la zona rebelde como enviado especial del periódico derechista *Paris-Soir*, al poco de llegar a Burgos, le habían expulsado por visitar el frente sin escolta. Algunos de los primeros reportajes que envió seguían la tónica del estilo ameno y desenfadado que tanto gustaba a sus jefes. El 1 de agosto de 1936 publicó la sensacional historia del as de la aviación inglesa Campbell Black, que llegó a territorio sublevado asegurando que con un buen avión era capaz de limpiar él solo el Guadarrama de rojos. Pero pronto Delaprée se conmocionó ante la verdadera dimensión del conflicto y envió una crónica denunciando las atrocidades de ambos bandos y la terrible represión de los nacionales en una cárcel de Burgos. *Paris-Soir* no tenía intención de estropear su línea amable y no la publicó, les parecía filocomunista. El reportaje del día siguiente se publicó relegado a la oscuridad de la página siete con frases enteras cortadas, en especial las referencias a la sangre, así como la parte final, que incluía una exclamación que habría de resultar premonitoria: «¡Ay, vieja Europa!, siempre ocupada en tus pequeños juegos y tus grandes intrigas. Dios quiera que toda esta sangre no te ahogue». A finales de noviembre, Delaprée estaba al otro lado del espejo. Ya no era un periodista, escribía para sí mismo en un Madrid que era una isla asediada: «Espero que nadie se lo tome a mal si digo "nosotros". Estar con la gente bajo un bombardeo te hace sentir muy cerca de ellos». Otros corresponsales, más pragmáticos, trabajaban con alegres y coloridos detalles —los combates aéreos, el rescate de tesoros de arte— para hacer la carnicería más digerible a un público masivo. No hay nada de esto en Delaprée.

En las dos crónicas posteriores eran ya párrafos enteros los que faltaban del original en *Paris-Soir* y el rebote del corresponsal iba en aumento. Su siguiente artículo, *Bombas sobre Madrid*, una durísima denuncia de los bombardeos, lo envió desengañado al diario prorrepublicano *Marianne* y lo firmó con pseudónimo. Pero ni así fue capaz de evitar la tijera del censor, que cortó la última frase, en la que Delaprée se permitía dar su opinión: «Cristo dijo: "Perdonadles, porque no saben lo que hacen". Me parece que tras la matanza de inocentes en Madrid, habría que decir: No les perdonéis, porque sí saben lo que hacen».

Confrontado al salvajismo que reinaba al sur de los Pirineos, su estilo se había vuelto directo, lírico, apocalíptico, y en *Paris-Soir* no sabían qué hacer con un reportero al que el redactor jefe, Pierre Lazareff, había

felicitado solo unos meses antes por su impecable cobertura. Por entonces Delaprée recibió una oferta laboral: había sido elegido para dirigir el
lanzamiento de la nueva revista femenina del grupo, *Marie Claire*. Enfu-
recido, rechazó el ofrecimiento y dijo a su mujer por teléfono que les
diría lo que pensaba a la vuelta. No esperó tanto, mandó un cable a su
director anunciando que se despedía.

La víspera de volver a Francia, Geoffrey Cox lo vio de noche en el
bar Miami de Madrid, en su libro *La defensa de Madrid* lo recordó «vestido con una gabardina, una bufanda roja y un gorro de fieltro gris, y ex-
plicando con paciencia a un madrileño desconfiado que no era fascista y
que, de hecho, los fascistas le habían expulsado de Burgos». Esa misma
noche, Delaprée se había sentado en el camastro de Arturo Barea, jefe de
prensa de la Junta de Defensa de Madrid, y le había dicho que cuando
llegase a París pensaba protestar por las actividades del consulado francés
a favor de los franquistas.

La Cruz Roja Internacional había enviado a Madrid al doctor
Georges Henny para redactar un informe acerca de las condiciones hu-
manitarias. El médico planeaba regresar a Francia con un extenso dosier
de datos y fotografías. Sus contactos con la embajada francesa en Madrid
le permitieron a Delaprée un sitio en el avión de la Cruz Roja. El 7 de
diciembre de 1936, el avión que tenía que trasladar al delegado de la
Cruz Roja, a dos niñas y a los periodistas franceses Louis Delaprée y
André Chateu desde Madrid hasta Toulouse, iba a despegar cuando una
supuesta avería en uno de los motores retrasó el despegue veinticuatro
horas. Arturo Barea contó en su trilogía autobiográfica la despedida del
corresponsal francés: «Me dijo que iba a tener unas palabras serias con
sus amigos del Ministerio de Asuntos Exteriores de Francia sobre la
conducta claramente fascista del consulado francés en esta guerra. Me
dijo que odiaba la política, que era un hombre liberal y humanista. Así
se marchó».

El aparato militar, un Potez 54 propiedad del gobierno francés que
operaba semanalmente como correo entre Madrid y Toulouse, había
sido reformado por Air France y volaba con el número 228 del catálogo
castrense y la matrícula F-A000. El avión despegó finalmente a las seis de
la tarde del 8 de diciembre de 1936. Diez minutos después fue abatido.

El aeroplano era perfectamente reconocible para cualquiera, además de llevar la bandera francesa en el timón de cola, en el fuselaje también se podía leer perfectamente una inscripción que decía *Ambassade de France*. El diplomático noruego Felix Schlayer investigó el derribo y en su libro *Diplomático en el Madrid rojo* escribió: «A la altura de Guadalajara, es decir, a pocos kilómetros de Madrid, se cruzó de frente con otro avión que al principio le pasó a bastante distancia. Llevaba los distintivos del gobierno rojo. El francés lo saludó como es habitual haciendo señas con las alas, es decir, moviéndolas dos veces arriba y abajo para ser reconocido a pesar de que tenía grandes distintivos franceses. El avión rojo pasó de largo, se alejó, giró, volvió y se colocó bajo el francés. Después le disparó desde abajo con su ametralladora. Luego escapó con rapidez. La metralla impactó en la pierna del doctor Henny y en el cuerpo de Delaprée». El fuego de ametralladora dañó un ala y el fuselaje del aparato, pero el piloto logró hacerse con el control y consiguió un aterrizaje de emergencia en un campo de cereales de Pastrana, pero al tocar tierra dio varias vueltas. El hospital más cercano, en Guadalajara, no tenía el equipo necesario para ocuparse de sus heridas y se perdió otro día llevando a Delaprée en ambulancia hasta un hospital mejor equipado de Madrid.

El periodista Felipe Ezquerro consiguió hablar con el doctor Cortijo, el médico de Pastrana que atendió a los heridos: «El aparato estaba panza arriba con las ruedas al aire. Tenía unos treinta impactos de bala en dos filas que agujereaban la cabina a ambos lados de la parte central. En cuanto a los pasajeros, estaban semitumbados, abrigados y reflejándose en el rostro el miedo y el terror pasado en el aire, recelando también de las personas que llegaban. Los heridos de bala eran tres hombres jóvenes y dos niñas con lesiones pequeñas. Los dos pilotos estaban ilesos y atendían y animaban a todos los heridos». El doctor Cortijo contó también que para soportar el frío los heridos habían hecho una fogata con un maletín de cuero y varios papeles. Probablemente los papeles que quemaron fueran las pruebas de los fusilamientos en masa de Paracuellos.

La noche del 8 de diciembre se presentaron en Pastrana unos cincuenta responsables políticos y militares del Frente Popular. Querían saber qué había pasado con el Potez 54. Uno de los visitantes era Mihail Koltsov, el Karkov de *Por quién doblan las campanas*, miembro del NKVD, la inteligencia soviética, que trabajaba en Madrid de forma encubierta como periodista del *Pravda*. El 9 de diciembre, el espía Koltsov, en compañía del periodista francés Georges Soria, acudió a los hospitales militares para ver a los heridos del avión derribado. En su libro *Diario de la guerra de España* escribió: «Los periodistas heridos yacen en una habitación en dos camas contiguas. Su estado es grave. A Chateu, una bala explosiva le ha deshecho la tibia. Ayer se habló de amputarle la pierna, hoy parece que su estado ha mejorado. A Delaprée la bala le penetró por la ingle y le salió por detrás después de haberle roto los órganos internos. El dolor le deforma el pálido y hermoso rostro. Me ha dicho que posiblemente, de esta no me levanto. Ha agradecido la visita y el haber llamado a su mujer en París».

Al parecer, Delaprée relató con todo lujo de detalles a Koltsov cómo vivió el derribo por parte de aquel enigmático caza. Según el ruso, estas fueron las palabras del francés: «No llevábamos en el aire más de diez minutos. De repente, sobre nosotros apareció por un lado un caza. Dio una vuelta, por lo visto nos estuvo contemplando a su gusto. Es imposible que no viera las señales distintivas. Desapareció por unos minutos y luego de golpe, por abajo, a través del piso de la cabina, empezaron a penetrar las balas. Caímos heridos por los primeros disparos. El piloto quedó ileso. Se dirigió bruscamente al aterrizaje. El avión dio un golpe muy fuerte contra el suelo, se puso vertical sobre la proa. Gravemente heridos, desangrándonos, caímos uno encima de otro. Me parece que se inició un incendio, ya no comprendía nada. Unos minutos después aparecieron unos campesinos, rompieron la portezuela y nos sacaron con todo cuidado».

El periodista del *Daily Express* Sefton Delmer afirmaría más tarde que Delaprée le había dicho en su lecho de muerte que los republicanos, «dos cazas rojos», habían atacado su avión por equivocación. Aunque Delaprée no podía entender por qué, Delmer estaba convencido de que el servicio secreto había ordenado el ataque para evitar que el doctor Georges Henny llevase a Ginebra informes sobre atrocidades, pero parece que era el único que pensaba así. La tesis de Delmer era que los servicios secretos soviéticos no podían permitirse que las fotos de Paracuellos llegaran a Ginebra, donde Álvarez del Vayo se disponía, el 11 de diciembre, a defender la legalidad republicana ante la Sociedad de Naciones y a denunciar a Alemania e Italia de intervenir en España y causar la muerte a miles de mujeres y niños con bombardeos indiscriminados. Ya en los años sesenta, Delmer aseguró que Alexander Orlov (jefe de los espías rusos en España, NKVD) había ordenado el derribo para evitar que el doctor Henny diera a conocer al mundo los asesinatos de Paracuellos.

A los tres días del *crash,* Delaprée había perdido mucha sangre y murió el 11 de diciembre. Así lo recordaba Arturo Barea: «Murió en un hospital de Madrid. Fue una muerte lenta y dolorosa. Corrían rumores de que el atacante era un avión republicano, pero el mismo Delaprée negó en sus horas finales esa posibilidad. Yo tampoco podía creerlo». El suceso conmocionó a Francia y se escribieron elogiosas necrológicas recordando la misión del doctor Henny y la heroica labor de Delaprée en España. Pero el siniestro fue prácticamente silenciado en España. Solo algún suelto en la prensa republicana dio la noticia como «una nueva salvajada de la aviación franquista». La propaganda republicana hizo creer que los cazas de Franco habían abatido un avión civil francés de manera premeditada. El escritor fascista Robert Brasillach lanzó la acusación extravagante de que el escritor André Malraux era responsable de la muerte de Delaprée.

El doctor Georges Henny se había relacionado durante su estancia en Madrid con Edgardo Pérez Quesada, encargado de negocios de la embajada argentina en Madrid y con Félix Schlayer, cónsul de la legación noruega. Los tres habían recabado gran cantidad de datos sobre los fusilamientos de Paracuellos y se habían reunido con el general Miaja y Carrillo para expresarles su inquietud por los presos derechistas encerrados en las cárceles de Madrid y el gran número de asesinatos que se perpetraban en la capital.

Delaprée fue enterrado en París con gran ceremonial. Inesperadamente, el diario comunista *L'Humanité* publicó en portada el 31 de diciembre el último mensaje manuscrito del corresponsal de *Paris-Soir* a su periódico, que fue enviado un día antes de que dejase Madrid. Lo pudieron hacer público porque una copia a carbón estaba en la oficina de Arturo Barea, con el sello de la censura republicana. *L'Humanité* lo publicó bajo el titular: «Los crímenes del dinero contra el espíritu. Cómo Paris-Soir ha tenido su muerto». Lo que decía Delaprée era lo siguiente: «No habéis publicado la mitad de mis artículos. Estáis en vuestro derecho. Pero confiaba en que vuestra amistad me evitaría trabajar inútilmente. Durante tres semanas me he estado levantando a las cinco de la mañana para daros noticias que entrasen en la primera edición. Me habéis hecho trabajar para la cesta del papel usado. Gracias. El domingo cojo un avión, a no ser que acabe como Guy de Traversay [un periodista de *L'Intransigeant*, publicación rival del *Paris-Soir*, asesinado por los rebeldes en Mallorca], lo que estaría muy bien para vosotros, ¿a que sí? De esa forma tendríais vuestro propio mártir. Entretanto, no voy a enviar nada más. No merece la pena. La matanza de cientos de niños españoles es menos interesante que un suspiro de la señora Simpson [la amante del rey Eduardo VIII de Inglaterra], la puta del rey».

André Chateu, sufrió la amputación de su pierna, el doctor Henny se recuperó y a los pocos días abandonó España a través de Barcelona en otra expedición de la Cruz Roja. La prensa republicana denunció el ataque como un atentado franquista contra la Cruz Roja Internacional y contra el gobierno de Francia. Muchos años después, Andrés García Lacalle, jefe del Primer Escuadrón, y más tarde comandante de los cazas republicanos, reconoció en su biografía *Mitos y verdades: la aviación de caza en la guerra civil española* que los pilotos que habían derribado el avión francés eran los soviéticos Gueorgui Zajarov y Nikolai Shimelkov.

Tras la desclasificación de los archivos de la Cruz Roja Internacional sobre la Guerra Civil, se pudo acceder a un documento manuscrito de Georges Henny titulado *Lista 208*. Era la denuncia de que novecientos setenta y tres prisioneros fueron sacados de la cárcel Modelo de Madrid en noviembre de 1936 y llevados a Paracuellos. La *Lista 208* fue la única que no quemaron los supervivientes del Potez y relacionaba los nombres de los asesinados durante los días 6, 7 y 8 de noviembre. En varios folios con el membrete del CICR, el doctor Henny escribió a mano: «Los días 6, 7 y 8 de noviembre estos 973 hombres fueron sacados de la cárcel Modelo y sus cuerpos encontrados unos días más tarde en los alrededores de Madrid».

Virginia Woolf reconoció la influencia en su obra de las crónicas de Delaprée y tenía una copia de *El martirio de Madrid* entre sus recortes de prensa mientras escribía *Tres Guineas*. El espíritu de Delaprée se inmiscuyó también la novela de André Malraux *L'Espoir*, incluso con algunos pasajes de Delaprée insertados textualmente.

En un artículo de la revista *The Volunteer*,[*] asegura Martin Minchom que la lectura del conmovedor relato de Delaprée sobre los bombardeos de Madrid de noviembre de 1936 fue el detonante que movió a Picasso a concebir un grabado de dos partes titulado *Sueño y mentira de Franco*, que, con el concurso de nuevas atrocidades, terminó fraguando en el *Guernica*. Dada la conocida antipatía de Picasso por el *agitprop*, las crónicas de un periodista de centro-derecha le ayudaron a redefinir los bombardeos en términos humanos, apolíticos. No es difícil imaginar el efecto que produjeron en Picasso las crónicas de Delaprée cuando se publicaron recopiladas el 8 de enero de 1937. No había leído nada tan dramático sobre la guerra de España. Picasso empezó *Sueño y mentira de Franco* el mismo día.

Se trataba de un conjunto de dieciocho pequeñas imágenes que grabó en dos planchas, entre enero y junio de 1937; era la primera obra de Picasso con contenido claramente político, como denuncia contra la Guerra Civil española y contra Franco. Era también un prólogo del *Guernica*. Se supone que este trabajo estaba inspirado en *El sueño de la razón produce monstruos* de Goya, pero después de leer a Delaprée, el grabado de Goya se convirtió en la premonición de un bombardeo aéreo nocturno, en una noche de monstruos alados, búhos y murciélagos atacando desde el cielo una figura trémula. La crónica de Delaprée «Bombas sobre Madrid», después de su publicación en el folleto del 8 de enero de 1937, fue reimpreso al día siguiente en *L'Humanité*, por lo que Picasso la vio al menos dos veces. Los eruditos han invocado la posible influencia de los autos sacramentales de Calderón de la Barca en el Picasso de *Sueño y mentira*. Tal vez, pero en los días 8 y 9 de enero, cuando empezó a pintar, los temas enlazados de las mentiras de los rebeldes y de un Franco asesino los tuvo mucho más a mano en un folleto recién impreso y en la primera página del diario de cabecera de Picasso.

La imagen más llamativa de «Bombas sobre Madrid», y probablemente de todas las crónicas de Delaprée, era una linterna eléctrica sobre una

---

[*] Martin Minchom, «The truth about Guernica: Picasso and the lying press», *The Volunteer*, 23 de noviembre de 2010.

mujer y un niño muerto, que también es una imagen central en el *Guernica*. Cronológicamente, la reimpresión del artículo en *L'Humanité* el 9 de enero coincidió con *Sueño y mentira*. Picasso representó ese día a una mujer postrada, solo introdujo el adorno de la mujer con el niño en una etapa posterior. Visualmente, en cualquier caso, la *Mater dolorosa* de Delaprée está en el *Guernica*, con la atmósfera nocturna que era el estado de ánimo de la escritura de Delaprée. Además hay una alusión más explícita al texto de Delaprée, la que muestra a una mujer con un pecho rebanado y un triángulo de luz iluminando al bebé.

El 25 de noviembre de 2010, se proyectó nueva luz sobre la influencia de Delaprée en Picasso con la publicación en el *The New York Review of Books* de un artículo de John Richardson en el que se revelaba la existencia de una pintura desconocida de 1936, *Naturaleza muerta con lámpara*, que representaba la primera referencia de Picasso a la Guerra Civil española. Muestra una mesa moderna en el centro de una habitación aparentemente antigua, como de mármol. Richardson explica que, según las imágenes antropomorfas de Picasso, una jarra sobre la mesa representa a Picasso, mientras que un tazón de fruta es su amante Marie-Thérèse. Hay un brazo cortado entre ellos, esa imagen volverá a aparecer en el *Guernica,* y un cartel en la pared con fecha 29 de diciembre. Ese cartel de *Naturaleza muerta con lámpara* demuestra que Picasso estaba en el asunto de Delaprée desde el principio. El 29 de diciembre círculos vinculados a *L'Humanité* estaban ocupados distribuyendo el cartel que anunciaba la publicación de las crónicas de Delaprée, por lo que solo los iniciados conocían el asunto en ese momento. Pablo Picasso debió de ser uno de ellos. ¿No es un brazo cercenado la metáfora visual perfecta para el silenciamiento de un periodista y la mutilación de su obra? Cuando la imagen del brazo cortado vuelve a aparecer en el *Guernica,* es justo debajo de líneas rayadas que representan el papel prensa.

La crónica de Delaprée «Bombas sobre Madrid» estaba en el corazón de la respuesta de Picasso a la Guerra Civil española. Las imágenes de Delaprée habían entrado en el paisaje creativo de Picasso, que si reaccionó tan furiosamente a la destrucción de Guernica en abril de 1937 fue seguramente porque sentía: *lo han vuelto a hacer.*

PAISAJE DESPUÉS DE LA BATALLA

Nosotros somos quien somos.
¡Basta de Historia y de cuentos!

GABRIEL CELAYA

OBJETOS EXTRAÑOS EN LA LAGUNA DEL SOL

En enero de 1941, el diario mexicano *El Universal* publicaba la noticia de que en las lagunas del Nevado de Toluca, dos charcos de agua helada a ciento nueve kilómetros de la capital mexicana, unos excursionistas habían encontrado piezas de máquinas de reloj y joyas, brillantes, rubíes, esmeraldas y más de treinta cajas de hojalata, en alguna se leía la inscripción «Monte de Piedad. Madrid». La extraña aparición de piezas de un tesoro en una laguna de agua helada, en lo alto de un volcán adormilado a cien kilómetros de la Ciudad de México era algo enigmático.

Lo que había detrás del misterio se remontaba a principios de 1939. Antes del final de la Guerra Civil española, se procedió por orden del Ministerio de Hacienda a la apertura de las cajas de particulares en bancos privados y de los depósitos del Monte de Piedad. Al mismo tiempo se constituyeron la Junta Nacional del Tesoro Artístico y la Caja General de Reparaciones con objeto de hacer acopio de bienes incautados por partidos y sindicatos. La idea era enviar el cargamento a México, cuyo presidente, Lázaro Cárdenas, era un cuate leal. Funcionarios del Banco de España, socialistas de confianza, compraron con gran sigilo más de cien grandes maletas en París, las llenaron y las enviaron a Francia. Mientras tanto, un agente del gobierno vasco de Aguirre adquiría un barco en Londres, el *Vita*.

El barco, un yate de lujo, había pertenecido a Alfonso XIII con el nombre de *Giralda*. Lo adquirió Marino Gamboa con dinero del gobierno republicano. Este marino era agente del gobierno vasco, había nacido en Filipinas, pero era ciudadano estadounidense de raíces vascas, un tipo rico que pudo simular que la adquisición del yate era para su recreo personal. Gamboa aprovechó la generosidad gubernamental para disfrutar de un crucero de recreo por el norte de Europa a bordo del *Vita*, pero cuando se encontraba en la costa holandesa recibió la orden de dirigirse al puerto británico de Southampton para formalizar la carta de fletamento del yate. De allí se dirigió al puerto de Le Havre. El capitán del *Vita* era José Luis Antorica Ruiz de Azúa, el responsable de la documentación y depósito de la carga era José María Sabater, delegado del Ministerio de Hacienda. El triángulo de mando se completaba con un encargado de la vigilancia, Enrique Puente, que había dirigido los servicios secretos del Ministerio de Hacienda y los servicios especiales de protección y contra-vigilancia de Indalecio Prieto.

El 28 de febrero de 1939 el *Vita* embarcó ciento veinte maletas que le había preparado un grupo de carabineros encargados de su custodia bajo la supervisión de José María Sabater. Al día siguiente, con Cataluña en manos del ejército de Franco, el gobierno francés hizo público el reconocimiento del gobierno franquista y la tripulación del *Vita* se dio prisa en zarpar a pesar de que las condiciones climatológicas no eran buenas. A las pocas horas arreció el temporal y tuvieron que refugiarse en Southampton. El 4 de marzo, y ante el riesgo de que las autoridades aduaneras británicas se interesaran por el contenido del *Vita*, se hizo nuevamente a la mar a pesar de que el temporal no había amainado. Después de una travesía nada plácida, el día 17 de marzo hicieron escala en la isla caribeña de Saint Thomas, desde donde Enrique Puente telegrafió al ministro de Hacienda solicitando instrucciones sobre el destinatario del cargamento porque el gobierno de Negrín, tal vez por cautela o quizás debido a la precipitación al zarpar, no le había hecho saber a quién debía entregar la mercancía.

La intención de Negrín era repartir el dinero de la venta entre los republicanos exiliados en Francia y México para aliviar su situación. Temerosos de que Franco reclamara el tesoro, los republicanos nunca hicieron un inventario de la carga, aunque sobran indicios para creer que se componía de entre ciento diez y ciento setenta y cuatro bultos. Amaro del Rosal, director general de la Caja de Compensaciones del gobierno republicano, hizo en 1971 el único recuento fiable, aunque algo vago y asumió la existencia de ciento diez maletas con fondos de republicanos, joyas incautadas a simpatizantes franquistas, piezas arqueológicas, depósitos privados del Banco de España y del Monte de Piedad de Madrid, oro amonedado, objetos históricos de la Catedral de Tortosa, el tesoro mayor y relicario mayor de Santa Cinta, ropajes y objetos procedentes de la Catedral de Toledo, entre ellos el famoso manto de las cincuenta mil perlas, colecciones de monedas de alto valor numismático con ejemplares únicos y objetos de culto de la Capilla Real de Madrid, entre ellos, el joyero y el clavo de Cristo. Había incluso una edición del *Quijote* editado en hojas de corcho. O sea, un variopinto tesoro que lo mismo podía ser de Alí Babá que de Luis Candelas.

Todo fue muy extraño aquel día de marzo de 1939. A la vista de la ciudad mexicana de Veracruz, una tripulación fantasma a bordo de un barco fletado por un gobierno fantasma, y en sus entrañas un tesoro fantástico del que nadie, al día de hoy, conoce ni su valor ni el destino que se le dio. Enrique Puente, que no había recibido respuesta al telegrama enviado desde Saint Thomas, telefoneó a Indalecio Prieto, que se encontraba en México desde meses antes, para preguntarle si tenía instrucciones que transmitirle. Aquella llamada fue el principio del fin de la camaradería y amistad entre Negrín y Prieto. Este último, que no tenía noticias del envío, vio la oportunidad de «gestionar» el cargamento del *Vita*. Indalecio Prieto se encontraba fuera de España desde finales de 1938, bajo el pretexto de asistir a la toma de posesión del nuevo presidente de Chile el 24 de diciembre. Después de un efusivo abrazo de despedida a Negrín, presidente del Gobierno, Prieto embarcó en un trasatlántico rumbo a Nueva York y de allí a su destino final, Santiago de Chile. Una vez cumplida su misión, Prieto en lugar de volver a España decidió por su cuenta y riesgo iniciar una gira propagandística por América que le llevó a Argentina, Uruguay, Brasil, Estados Unidos y finalmente México, para exponer su idea de un cese de hostilidades y la firma de un armisticio. Prieto demoró su regreso a España a la espera de la evolución del frente de Cataluña. Sus hijos se encontraban ya en México.

El *Vita*, una vez atracado en Veracruz se encontraba sin destinatario identificado y comenzaron a maniobrar grupos de refugiados, por un lado, y agentes del Servicio de Evacuación de Refugiados Españoles (SERE), por otro. José Puche Álvarez, exrector de la Universidad de Valencia y agente del SERE en México, alegó ser el único consignatario, pero tanto el PNV, que había comprado el *Vita*, como Prieto intentaron apoderarse del botín. En vista de la confusión, el cónsul de España en aquella ciudad, que no tenía instrucciones sobre la llegada del *Vita*, se inhibió, por eso el encargado de negocios de la República española, José María Argüelles, pidió al presidente Lázaro Cárdenas que le suministrara personal para la custodia del barco. Enrique Puente seguía sin obtener respuesta de España a pesar de haber reiterado sus telegramas pidiendo instrucciones, de manera que solicitó la mediación de Prieto, que decidió que el barco debía trasladarse a otro puerto donde se encontrarían máximas facilidades para la descarga.

El 30 de marzo de 1939, el *Vita* llegó al pequeño puerto petrolero de Tampico. Allí, en la desembocadura del río Panuco, se descargó el yate con gran discreción, el general Manuel Núñez, del *staff* de Lázaro Cárdenas, se encargó de que el tesoro fuera llevado al día siguiente por ferrocarril a México capital. En la estación de Buenavista hubo ya un intento de asalto al tren, se reclamó mayor vigilancia al jefe de policía y con todo sigilo fue cargado el primer camión con oro y joyas. Se dirigió a la casa de Argüelles, en la avenida de las Palmas del barrio San Ángel, donde quedó depositada aquella primera partida. Argüelles actuaba con una autoridad que no le correspondía, pero el embajador acreditado en México, Félix Gordón Ordás, no quiso saber nada de aquel tesoro ni intervenir personalmente en el asunto y no tardó en dimitir.

No solo había un sordo forcejeo entre Prieto y Negrín por personas interpuestas, sino que intervinieron también Julio Álvarez del Vayo y Largo Caballero. Prieto pidió al presidente Cárdenas la entrega del tesoro, pero el presidente le dijo que no le reconocía autoridad para tal reclamación y que teniendo la República un presidente, que era Negrín, con él debía tratar el asunto, o en último caso con las Cortes republicanas. En aquella sokatira, Negrín aceptó finalmente la sugerencia del presidente Cárdenas de que fuesen las Cortes españolas las que dirimieran el litigio. Se reunieron en Francia, los diputados constituyeron la JARE (Junta de Auxilio a los Refugiados Españoles), nombraron a Prieto su presidente y acordaron que el tesoro depositado en la casa de Argüelles fuese entregado a la JARE. Así fue como Prieto le ganó el pulso a Negrín y se apropió de la carga.

El tesoro fue trasladado a la casa de un empleado de la embajada republicana en el barrio de San Ángel y un mes después al número 114 de la avenida Baja California. Metieron los bultos en un sótano y lo tapiaron. En diciembre de 1939, Prieto y otros representantes del gobierno republicano abrieron un boquete en la tapia y empezaron a sacar el oro, la plata y las joyas. Instalaron un taller en el número 64 de la calle Michoacán, a la vuelta de la vivienda que el socialista había adquirido en la avenida Nuevo León. Los objetos de valor histórico o artístico fueron desguazados o fundidos para borrar las huellas de su origen.

Días después, recibió la visita en México de José Puche Álvarez, a quien Negrín había puesto al frente del SERE, primero en París y después en México, adonde había llegado en avión desde Nueva York, después de navegar en el *Normandía* desde Francia. En nombre de Negrín, Puche reclamó el tesoro a Prieto, que se lo negó invocando la autoridad de las Cortes en el exilio. La maniobra cursó en un duro cruce de correspondencia entre Indalecio Prieto y Juan Negrín, gracias al cual conocemos las claves del asunto. Con los fondos del *Vita*, la JARE de Prieto disputó al SERE de Negrín el control sobre los políticos exiliados.

Pocos dirigentes rehusaron las atenciones del SERE o de la JARE. Uno de esos pocos fue el expresidente Alcalá-Zamora que, pese a tener menos dinero que uno que se va a bañar, rechazó una ayuda que consideraba deshonrosa. Tampoco el insobornable anarcosindicalista Cipriano Mera Sanz aceptó ese socorro. Este albañil madrileño —que llegó a ser general del IV Cuerpo del Ejército del Centro republicano, derrotó a los italianos en Guadalajara y evitó la masacre de Madrid al final de la guerra— estaba preso en un campo de Argelia cuando rechazó de plano las ofertas de dinero de los agentes del SERE y de la JARE.

El temor de los republicanos a robos y asaltos les impulsó a adquirir armas para los custodios y a vestir a los trabajadores con batas pegadas al cuerpo, sin bolsillos. Pero hubo robos, hurtos, ratería, algunos guardianes desmontaron los brillantes de mayor tamaño, aprovecharon el oro y tiraron el platino y las gemas a las que no asignaban valor. Los periódicos mexicanos anunciaban sorprendentes hallazgos de esas piedras en diferentes sitios de la ciudad, como el de unos barrenderos que en un solar de la colonia del Valle encontraron rubíes, platino y pequeños brillantes.

Pero, ¿cuál fue el paradero de las joyas? El secretismo fue total, aunque acabó sabiéndose que la mayor parte fueron vendidas a joyeros de Estados Unidos, Suiza y Francia. Previamente se hizo una valoración y se comprobó que brillantes buenos habían sido sustituidos por otros falsos. En cualquier caso nunca hubo inventario del contenido del *Vita*, ni se abrieron libros de contabilidad, ni hubo interés en que se conociera su verdadero valor. Fue la falta de un arqueo detallado lo que inició la leyenda del tesoro del *Vita*. La prensa mexicana especuló desde el primer momento con su contenido y su valor. En 1939, el diario mexicano *Excelsior* valoraba el tesoro en quinientos millones de dólares, las autoridades mexicanas lo cifraron en poco más de cien millones. Una comisión del gobierno republicano en el exilio lo cifraba en 1946 en cuarenta millones.

La parte del león del tesoro se aplicó a constituir una sociedad financiera fundada por la JARE. Se llamó Sociedad Financiera de Crédito Industrial y era la matriz de un *holding* de una treintena de pequeñas sociedades en las que había que dar empleo a los refugiados españoles. Algunas de ellas como Sosa de Texco o Productos El Fuerte, compañía envasadora de productos agrícolas, tuvieron una vida próspera al principio, pero poco a poco fueron pasando a manos mexicanas o acabaron quebrando. La Sociedad Financiera de Crédito Industrial fue absorbida por el gobierno a través de la Nacional Financiera. El tesoro del *Vita* tal vez diera para la *dolce vita* de unos pocos, pero no arregló la vida a los refugiados españoles. ¿Es posible que alguien llevara cajas llenas de joyas, o al menos algunas piezas, a las inhóspitas lagunas del Nevado? La historiadora Flor Trejo cree que cuando los republicanos extrajeron el oro de los relojes y otras piezas, tiraron la maquinaria y las carátulas a la laguna mexicana.

EL PROTOCOLO SECRETO

Después de haber conquistado en poco más de un año Polonia, Checoslovaquia, Bélgica, Holanda, Dinamarca, Luxemburgo y Noruega y de doblegar a Francia, Adolf Hitler recorría el andén de Hendaya, el último confín del Tercer Reich, mientras esperaba a Franco. A su lado, Joachim von Ribbentrop, ministro de Exteriores.

El 23 de octubre de 1940 en Hendaya hacía un día estupendo y ambos charlaban antes de la cita que debía servir para que España entrara en la guerra: «Por ahora, no podemos dar garantías escritas a los españoles respecto a la cesión de territorios de las posesiones coloniales francesas», explicaba Hitler a Ribbentrop. «Si les facilitamos algún documento escrito sobre esta cuestión tan delicada, más pronto o más tarde, dada la locuacidad de los latinos, los franceses se enterarán de ello», prosiguió el Führer. Conocemos ese diálogo, que no presagiaba un fácil entendimiento entre los dos dictadores, porque lo oyó y más adelante lo recogió en sus memorias Paul Schmidt, jefe de traductores del Ministerio de Exteriores alemán.

Al mismo tiempo, en el vagón de Obras Públicas en el que viajaba, el Generalísimo tenía un cabreo de abrigo por el retraso con el que iba a llegar a su cita crucial con el dueño de Europa. Viajaban con él Serrano Suñer —flamante ministro de Exteriores—, el barón de las Torres, traductor del ministerio, Enrique Giménez Arnau, director general de Prensa, el general Espinosa de los Monteros, embajador español en Berlín, y el general José Moscardó, jefe de su casa militar.

Lejos de ser un retraso intencionado, como dijeron después algunos palmeros del régimen, la demora no era una estratagema, sino lisa y llanamente resultado del mal estado de las vías y de la locomotora, que impidieron que un trayecto de veinte kilómetros se cubriera a tiempo. Con todo, cuando pasadas las tres y media, la locomotora española entró en la estación el retraso había sido mínimo: apenas ocho minutos que contrastaban con la hora larga que recuerda haber esperado Paul Schmidt.

La reunión comenzó a las cuatro menos veinte. Según la transcripción oficial alemana —un documento incompleto que publicaron los norteamericanos en 1946 dentro de la serie «Spanish Goverment and the

Axis»— el primero en tomar la palabra fue Franco para hacerle la pelota a Hitler con agradecimientos, elogios y otras serviles babosadas que dejaron la oreja del Führer como la de Niki Lauda. Luego expuso una retahíla de inconvenientes y demandas como condición previa para entrar en la guerra. Eran la enésima repetición de los ya mencionados en sus cartas al Führer y los mismos que Serrano Suñer había planteado en las conversaciones que mantuvo un mes antes con Hitler y Ribbentrop durante un viaje a Berlín. En caso de entrar al lado del Eje, España recibiría Marruecos, Argel y el Oranesado, en posesión de la Francia colaboracionista, ampliaciones en el Sahara español y Guinea Ecuatorial en dirección al Río del Oro y, por supuesto, Gibraltar, una vez que tropas españolas, y no alemanas, tomaran el Peñón. Además, dada la situación de España tras tres años de guerra, se necesitaba equipamiento militar, trigo y petróleo. Total que España, pobre de pedir, necesitaba de todo y no recibía casi de nada debido al bloqueo al que Gran Bretaña tenía sometido a Franco.

La política de Winston Churchill era mantener a España fuera de la guerra a toda costa y jugaba al tira y afloja con los suministros a la Península. Churchill sabía que si Franco entraba en el Eje del mal, ya podía él ir despidiéndose de Gibraltar y del cierre del Mediterráneo, lo que impediría la conexión con las colonias y supondría la pérdida de sus recursos, por eso limitaba los envíos, pero sin llegar a ahogar al país hasta el punto de que, desesperado, se echara en los brazos de Italia y Alemania.

Hitler ya había tratado de deshacerse del engorro con una carta a Franco el 18 de septiembre en la que argumentaba que la única manera de acabar con los problemas de abastecimiento era «echar a los ingleses del Mediterráneo», es decir, entrar en el Eje. Por eso, después de la introducción de Franco, Hitler tomó la palabra y como si no hubiera escuchado nada de lo anterior, comenzó un largo sermón sobre la situación de la guerra y lo que estaba por llegar. En resumen, Gran Bretaña estaba ya vencida y sus esperanzas de que la entrada de Rusia o Estados Unidos cambiaran las cosas eran tan ilusorias como esperar que sea verano en pleno invierno. En realidad el verdadero motivo de Hitler para haber convocado el encuentro, era la posibilidad de adueñarse del Peñón de Gibraltar, ya que cualquier otra razón era más una carga que una ventaja. La Operación Félix —cerrar el Mediterráneo a los buques ingleses por medio de la toma de Gibraltar— era la gran baza alemana para ahogar a Churchill y forzar su capitulación. La acción involucraba directamente a España, aunque la tesis principal era la de utilizar tropas alemanas y no españolas para tomar la roca.

Hitler esbozó entonces sus cábalas según las cuales las islas Canarias eran un peligro porque desde esas bases era posible que los aliados influyeran sobre el Marruecos francés y lograran el levantamiento de las tropas francesas allí acuarteladas —que hasta el momento eran leales a la Francia colaboracionista del mariscal Pétain y a los propios nazis—, con el agravante de que los ingleses pudieran apropiarse de sus importantes recursos militares.

Además de la amenaza aliada, la argumentación escondía la auténtica política exterior que había adoptado el Reich con respecto a la Francia de Pétain. El Führer tenía previsto un encuentro con Pétain para el día siguiente y no estaba dispuesto a atarse las manos para contentar a Franco. Una vez más insistió en que el tema ya se podría discutir después de la victoria. Con este panorama, las pretensiones españolas a costa de las colonias francesas eran tan vanas como esperar que llovieran ranas. Hitler no se comprometía a nada más que a una vaga promesa de que España entraría en un eventual reparto de África terminada la guerra. Para rematar la faena, lanzó una sutil indirecta a Franco: Alemania había estado en todo momento de lado del Caudillo durante la guerra civil y hoy por ti y mañana por mí, y a buen entendedor…

Franco volvió a intentar dar pena con un largo monólogo sobre la ruina de España, Hitler bostezó abiertamente. Había ido a Hendaya para recibir, no para dar. Quería pasar por territorio español para asaltar Gibraltar y no regalarle a Franco un trozo del pastel africano, lo que le habría indispuesto con Pétain. Aquella conversación ya no tenía ningún sentido y Hitler amagó con largarse: se levantó y balbuceó que no había nada más que hablar, aunque casi inmediatamente lo pensó mejor y volvió a sentarse. Todo resultó inútil, las posiciones estaban enquistadas. Entonces Hitler ordenó a Ribbentrop que entregara a los españoles un documento que llevaba preparado para la firma: España debía entrar en guerra cuando Alemania lo mandara. Punto. Franco y Serrano lo rechazaron y las negociaciones se fueron al carajo. El barón de las Torres oyó a Ribbentrop justo antes de salir del tren: «Con estos tipos no hay nada que hacer».

En San Sebastián, ya de madrugada, Franco temblaba como un flan, entró en una de las dependencias del Palacio de Ayete, donde le esperaba el director general de Prensa, Enrique Giménez Arnau, y le dictó un texto que resultó ser un protocolo secreto con Alemania que técnicamente aseguraba el compromiso español de bajarse los pantalones: «En cumplimiento de sus obligaciones como aliada, España intervendrá en la presente guerra al lado de las Potencias del Eje contra Inglaterra una vez que la haya provisto de la ayuda militar necesaria para su preparación militar, en el momento en que se fije de común acuerdo por las tres potencias».

No era más que una nueva redacción que habían hecho Franco y Serrano Suñer del acuerdo presentado por los alemanes unas horas antes en el vagón de tren. ¿Por qué en Hendaya no y ahora sí? Pues porque los alemanes habían enviado al palacio de Ayete a Espinosa de los Monteros con una copia del documento. El embajador, que llegó de madrugada meándose en los pantalones, explicó a Serrano que los alemanes estaban más mosqueados que un pavo oyendo una pandereta y exigían que se firmara el protocolo o «puede pasar cualquier cosa». Franco se vio con menos futuro que un homeópata en el planeta Arrakis y tuvo que tragar, aunque en realidad estaba ansioso por entrar en guerra para recoger las migajas imperiales que Hitler le dejaría en el norte de África. El caso es que le dio al embajador el protocolo firmado y le dijo que perdiera el culo para hacérselo llegar a los nazis.

Franco se había atado de pies y manos con el Eje. Sin embargo, nada más se supo del documento, que permaneció oculto. Sobre Hendaya la única fuente es la minuta alemana sobre lo que se dijo en el encuentro, y no está completa. Además, las minutas no siempre son fiables. El régimen propaló que Hitler quiso engañar a Franco. Pues no señor. Hitler no engañó a Franco, simplemente podía pedir por su boquita y le dijo que el objeto de aquella entrevista era determinar en qué medida eran compatibles los intereses alemanes, españoles y franceses de cara al reparto colonial. Y ahí termina la minuta alemana.

Durante seis años, de 1939 a 1945, la enorme embajada alemana del paseo de la Castellana 6 fue el centro neurálgico del vasto operativo nazi en Madrid y dedicaba más recursos y energías a vigilar a los franquistas, que estaban troquelados por la inteligencia aliada, que a los espías enemigos. De hecho, a las veinticuatro horas de celebrarse la conferencia de Hendaya los ingleses ya sabían lo que había ocurrido allí porque en el séquito de Serrano Suñer tenían un espía, el agente T, un camisa vieja que se fue de rositas para Franco y para la historia, porque su identidad no se ha conocido.

Terminada ya la contienda mundial, desde algunos sectores se vendió a los españoles la gran audacia y valentía del Caudillo, que había sabido mantenerse al margen de la Segunda Guerra Mundial a pesar de la presión del matón nazi. Probablemente las copias españolas del protocolo secreto fueron destruidas entonces y se confiaba en que con la debacle del Tercer Reich se perdiera también el documento en poder de los alemanes. Todo parecía haber salido según lo planeado hasta que en 1960 el Departamento de Estado norteamericano —que ya había publicado una serie de documentos en 1946— publicó el protocolo secreto incautado de los archivos nazis. Pero para entonces, la dictadura había sobrevivido y se había consolidado.

A pesar de los compromisos adquiridos en el protocolo secreto, España no entró en la guerra, pero la historiografía ha hecho añicos ya hace tiempo la leyenda de que Franco salvó a España de la Segunda Guerra Mundial y evitó así la muerte de miles de españoles diciéndole virilmente no a Hitler. España no entró en la guerra por la secreta persuasión de los amigos británicos de Franco que habían pastoreado Juan de la Cierva y Luis Antonio Bolín. Voy con ello.

SOBORNOS, CHANTAJES Y MENTIRAS

La célebre «hábil prudencia» del Caudillo fue un mantra de pelotas acuñado por pelotas. Las idas y venidas del régimen durante la Segunda Guerra Mundial fueron tan rocambolescas y volubles que parecían ocultar una pieza que permitiera una comprensión razonable de lo ocurrido. Esa pieza salió a la luz en 2013 al desclasificarse una serie de documentos británicos de los Archivos Nacionales de Kew que revelan una operación de inteligencia en la que se implicaron aventureros, diplomáticos, espías, agentes dobles, intrigantes en la sombra y en general todos aquellos que realizan las labores de desatascar las alcantarillas del Estado. Y un millonario.

Al terminar la guerra española llegó el momento de pagar los servicios prestados a los nacionales por el Spanish Committee y el Friends of Nationalist Spain. Para satisfacer la cuenta, los servicios de inteligencia, el Foreign Office y el Exchequer [Ministerio de Hacienda] colaboraron con sus amigos españoles en una estafa de proporciones asombrosas. El estallido de la Segunda Guerra Mundial incubó en los británicos la obsesión de que España se mantuviera neutral. No se fiaban de una restauración monárquica con Alfonso XIII y el príncipe Juan por considerarlos cercanos a Mussolini. La vuelta de la República no era posible porque supondría la inclusión de los derrotados en 1939, lo que echaría a Franco en brazos de Hitler. La única posibilidad era apoyar a un gobierno franquista que permaneciera al margen de la guerra. La estrategia de Churchill fue satisfacer la necesidad material española a través de acuerdos comerciales y, por si acaso, tener preparada la «operación Puma» de conquista de las islas Canarias, o el alzamiento proaliado del coronel Beigbeder. A pesar de todo, Franco se inclinaba a identificarse con el Eje, por lo que Churchill dio la vuelta al disco e hizo que sonara bajito, muy bajito, la cara B: *Money for being stand by*. La melodía hablaba de pasta gansa y solo debía llegar a los oídos de una treintena de altos mandos del régimen de Franco. Los solistas de la pieza fueron Samuel Hoare, embajador en Madrid, Alan Hugh Hillgarth, agente del MI6, y Juan March, emprendedor mallorquín sin fronteras.

El 4 de junio de 1940, casi cuatro meses antes de la entrevista de Hendaya, el embajador británico en Madrid, sir Samuel Hoare, envió un mensaje cifrado de la máxima urgencia, «secreto y personal» al secretario del Foreign Office, el vizconde Halifax: «Hay indicios de que está cogiendo impulso la idea de abandonar la neutralidad y tengo la impresión de que ha llegado el momento de actuar de forma inmediata», arrancaba el texto. El embajador creía tener «una forma segura» de acceder a los ministros mejor colocados.

El británico Peter Day y el español Ángel Viñas han desvelado el exacto contenido de esa «forma segura» ideada por Samuel Hoare. A partir de los papeles de los Archivos Nacionales de Kew, ambos historiadores han reconstruido la trama británica para evitar que España se alineara abiertamente junto a la Alemania de Hitler y la Italia de Mussolini. Ahí va un *spoiler*: un complot en toda regla de sobornos, chantajes y espionaje.

España era una indefensa doncella seducida al mismo tiempo por dos dragones. Por un lado estaban las amenazas de Hitler, por otro la política británica de impedir a toda costa que Franco se bajara las bragas ante el Führer. Churchill tenía tres ases para jugar su partida: el político-diplomático amenazaba con quitar Canarias a los españoles si entraban en la guerra; el económico-comercial se dosificaba con la clásica receta del palo y la zanahoria, o sea la guerra económica que incluía la adquisición de wolframio y el suministro de petróleo y alimentos; el tercer as fueron las operaciones clandestinas de espionaje e inteligencia, de las que hasta hora se conocía poco. Es una sucia historia que empezó cuando el MI6, la agencia británica de inteligencia exterior, reclutó agentes españoles a sueldo; pero de ellos seguimos sin saber nada o casi nada, salvo que al día siguiente de la entrevista entre Hitler y Franco en Hendaya, los británicos ya sabían qué había pasado. Habían infiltrado o se habían ganado la lealtad de algunos como el todavía incógnito agente T, crucial en sus informes. Ignoramos su nombre, pero sabemos que tenía una asignación mensual de cinco mil pesetas, era considerado un falangista puro, *camisa vieja*, y empezó a boicotear a Serrano Suñer desde que detectó que maniobraba para ser nombrado presidente del Gobierno. Según los británicos, ofreció un informe completo de lo que se acordó en Hendaya, así que estaba muy dentro del círculo de confianza.

Churchill había montado el SOE (Servicio de Operaciones Especiales), un eficiente invento para acciones de guerra subversiva y sabotaje por toda la Europa ocupada por los nazis. En España no actuó apenas porque tanto el SOE como MI6 se subordinaron al Political Warfare Executive (PWE), un servicio clandestino creado para producir propaganda negra y dañar la moral del enemigo. En España el PWE recurrió mayormente a los sobornos. Cuando el astuto embajador Hoare llegó a Madrid el 1 de junio de 1940 se dio cuenta, pese a lo que pensaba todo el mundo, de que no estaba claro que Franco fuera a entrar en guerra, pero que había que ayudarle a ir por el buen camino.

El agregado naval de la embajada británica, Alan Hugh Hillgarth, coordinador de las actividades del PWE en España, tenía un rostro ancho, frente despejada y pelo oscuro con raya rectilínea y peinado hacia atrás con brillantina. Había estudiado en el King's College de Cambridge, se había casado con la hija del barón de Burghclere y con ella se estableció en Mallorca. Compró una de las posesiones más emblemáticas de la isla, la de Son Torrella en Santa María, y fue nombrado vicecónsul honorario en Palma, posiblemente con la única función declarada de sacar marineros británicos borrachos de las cárceles. En realidad se dedicaba a escribir, era novelista, pero de la noche a la mañana se convirtió en el más importante de los elementos del espionaje británico infiltrados en el régimen franquista.

En la isla intimó con el banquero Juan March y trabó relación con Winston Churchill en la primavera de 1936, cuando el que se convertiría en primer ministro británico hizo escala en Palma junto a su mujer Clementine, en un viaje a Marrakech. Hillgarth invitó a comer a la ilustre pareja a su finca de Son Torrella y les brindó hospedaje durante algunos días, la íntima convivencia en aquellas jornadas marcó el inicio de una larga amistad entre dos personas con un idéntico espíritu aventurero. El estallido de la Guerra Civil española pilló a Hillgarth fuera de Mallorca, pero volvió y comenzó sus actividades como agente del gobierno británico en una isla donde los italianos, llamados por las fuerzas golpistas tras un intento fracasado de reconquista por parte de la República, habían desembarcado a finales de agosto de 1936 al mando de Arconovaldo Bonaccorsi, más conocido como el conde Rossi. Hillgarth fue el primero en informar al Foreign Office sobre las actividades del conde Rossi en Mallorca y provocó su salida de la isla en diciembre de 1936, tras la mediación del propio Ramón Franco ante su hermano en Salamanca. Franco vio con buenos ojos la intervención inglesa, y quizá la propiciara, porque no se fiaba un pelo de Mussolini, que tal vez en su delirio imperial quisiera anexionarse la isla.

Hillgarth fue ascendido a agregado naval de la embajada británica en Madrid y fue allí donde vendió su idea al embajador Hoare. Era un plan ambicioso: el soborno de generales franquistas para evitar que España entrara en la Segunda Guerra Mundial. Gran Bretaña no podía permitirse perder el control de Gibraltar, que le aseguraba sus líneas de abastecimiento con la India. Era clave para sus intereses y su pérdida podría haber cambiado el signo de la Segunda Guerra Mundial.

En pleno meollo de las intrigas de unos y de otros, Samuel Hoare, que había sido expulsado por Winston Churchill del gobierno a patadas, fue capaz, a pesar de eso, de convencer a su líder en 1940 de que debían mostrar audacia, anticiparse al titubeo del gobierno español e impedir por todos los medios que se alineara con los nazis. Debían analizar el campo y actuar. Lo hicieron escrupulosamente, que es una marca de fábrica de los británicos. Hoare ya se había coscado de que la tan cacareada «hábil prudencia» del generalísimo, en realidad era otra cosa: que Franco no se enteraba de la misa la media. Una ventaja. El Political Intelligence Department del Foreign Office temía que se dejara influir por una personalidad tan fuerte como falta de escrúpulos, la de su cuñado Ramón Serrano Suñer, que era dos problemas en un solo hombre: el pariente tenía demasiado poder dentro del régimen y además era pronazi. Por eso decidieron volcarse en convencer a Franco de la opción correcta mediante otros personajes influyentes. Algunos de estos barandas, incluso llegaron a sugerir que Serrano Suñer podía sufrir un accidente. Hasta Hoare se mostró entusiasta con la idea, pero finalmente, las altas esferas no dieron vía libre. Había que defenestrar al cuñadísimo por otras vías.

Cuando Alan Hillgarth le dijo a Samuel Hoare que tenían que comprar voluntades, el embajador pensó que le había adivinado el pensamiento, porque era un tipo con más conchas que un galápago, había estado en el MI6 y estaba acostumbrado a trabajar con el dinero, que mueve el sol y las estrellas. Solo llevaba cuatro días en Madrid, pero escribió a Churchill solicitándole medio millón de libras. Y Churchill no solo aceptó sino que amparó la operación de cabo a rabo. Gibraltar no era aún inexpugnable en ese momento, Franco podría tomar el Peñón con ayuda alemana y lo que los ingleses buscaban en un primer momento era ganar tiempo, en concreto seis meses, para hacer Gibraltar infranqueable. Y lo consiguieron.

Juan March era un tipo importante, no solo por el hecho anecdóti-
co de haber pagado el *Dragon Rapide*, el avión que trasladó a Franco a la
Península tras el golpe militar, sino por mucho más: tenía una fortuna tan
enorme que pudo prestar al bando rebelde el equivalente al veinticinco
por ciento de las reservas del Banco de España. También estableció contactos con los alemanes, pero si algo hay que decir en su favor, aparte de
que actuó con gran habilidad, riesgo y mérito, es que se mostró absolutamente leal a los británicos. Tuvo la perspicacia de ver desde el primer
momento que la guerra la iban a perder los alemanes y apostó a caballo
ganador. March jugó el papel de agente de enlace entre británicos y
franquistas. Entre él y Hoare diseñaron una lista de posibles aliados: desde el hermano de Franco, Nicolás, a los generales Varela, ministro del
Ejército, Aranda, Kindelán, Luis Orgaz o Galarza. Todos juntos debían
conjurarse para tumbar a Serrano Suñer.

Una vez aprobada la suma, se ingresaría el dinero en una cuenta
suiza por tramos y había que actuar rápido. El plan se aprobó en menos
de veinticuatro horas. Todos los generales y miembros de su *entourage*
untados hicieron ver a Franco que una España depauperada con un ejército exhausto y diezmado no podía afrontar una nueva guerra. Como
mucho podría mandarse una División Azul al frente ruso y facilitar apoyo logístico en puertos y aeropuertos a Alemania e Italia.

Como apuntó Hoare en su resumen de los acontecimientos de 1941,
al finalizar el año «Serrano Suñer se aferraba lúgubremente a su sillón de
ministro de Asuntos Exteriores y líder de partido». Franco había conseguido mantenerle en su sitio a pesar de las maniobras de los militares,
contrarios a la política exterior de Serrano. Aunque a ojos del embajador
británico las rivalidades internas habían adquirido una nueva dimensión
en el verano de 1941 con la creación de una Junta Militar formada por
los generales más influyentes, el caso es que no habían conseguido el cese
del ministro de Exteriores. La desilusión de Hoare no le impidió, sino al
contrario, seguir intrigando con los conspiradores españoles. Tuvo éxito,
porque en una reunión del Consejo Superior del Ejército, Kindelán
criticó duramente la situación política, dijo que la Falange había fracasado y que Serrano Suñer era «un arribista». Hoare supo que a Serrano le
habían puesto las barbas a remojar. De hecho, el propio interfecto había

empezado a quemar documentos en el ministerio y mantenía vacante la embajada de Roma para ocuparla él mismo cuando tocara. Serrano estaba más solo que la cabra de un circo y Arrese ya estaba domesticando la Falange para que dejara de poner palos en las ruedas.

Arrese había cambiado la música, pero Ximénez de Sandoval, jefe de gabinete de Serrano Suñer y delegado del Servicio Exterior de la Falange, no se había enterado y siguió bailando a contrapelo, toleró que pistoleros falangistas dieran una paliza a un hijo del duque de Sotomayor, se le cayó el pelo y fue cesado y expulsado del partido y del país. Hoare supo que Serrano tenía los días contados y que ya no mandaba una mierda porque Sandoval cayó y él no pudo impedirlo. En septiembre de 1942 le dieron también a él el finiquito.

Se estaba preparando la Operación Torch, el desembarco aliado en el norte de África, iniciado el 8 de noviembre de 1942, y la neutralidad española era clave para el éxito. Del general Jordana, el sustituto anglófilo de Serrano Suñer, el Foreign Office sabía que era una persona muy cercana a Franco y que tenía gran habilidad en el manejo de la diplomacia. Además se le consideraba monárquico y se aseguraba que no tenía conexiones con la Falange y que estaba determinado en mantener a España fuera de la guerra. Jordana significaba un giro paulatino pero decidido hacia la neutralidad y el desembarco aliado en el norte de África fue un éxito. La caída de Serrano fue una bendición para los británicos, Hoare dijo que les había ayudado «la providencia» justo antes del lanzamiento de la Operación Torch. Lo que Hoare llamaba humildemente «providencia» fue en realidad una millonada en sobornos.

Los documentos del untamiento, procedentes de fuentes británicas, prueban que tanto Franco como su hermano Nicolás recibieron cuantiosas sumas. Franco no era tan austero como se tenía interés en propalar, entró en la guerra sin un duro y salió con el equivalente a más de trescientos millones de euros. La mitad de las sumas prometidas se entregaron inmediatamente, sobre el resto se les dijo que si lograban que España se mantuviera al margen de la contienda, lo cobrarían a su debido tiempo. Y así fue, cobraron después, en el año 44, porque la operación, que en principio iba a durar seis meses, se fue prolongando. La segunda etapa ya no buscaba que España se mantuviera neutral, sino que si los alemanes invadían España el régimen ofreciera resistencia. Para eso tocaron a un conspirador nato: el general Antonio Aranda.

Los National Archives de Estados Unidos y los de la inteligencia británica ponen de manifiesto que Aranda no solo era un enredador de primer orden, sino que también conseguía apoyos y no era un lobo solitario. Por eso se convirtió en el número uno de una conspiración para quitar a Franco de en medio si seguía flirteando con el Eje. Aunque, a diferencia de Ordaz o Kindelán, Aranda no era un general líder entre los oficiales, sí era el más próximo a los intereses de los aliados, que lo preferían a todos los demás; de hecho la embajada británica en Madrid recibió un télex en el que se indicaba que estuvieran preparados para dar asilo político a March y Aranda si llegara el caso. Pero, ¿qué ideas anidaban en la cabeza de este conspirador peculiar? Según el momento, porque daba bandazos como una veleta, no es que no fuera dogmático, es que era incoherente: en 1935 había pedido su ingreso en la masonería, lo que significaba que se tenía por liberal, pero apoyó a Franco en el alzamiento, y luego propugnó una monarquía para España. La complejidad de este general recorrió las fases de militar africanista (1913-1931); republicano liberal que solicitó su ingreso en la masonería y estableció contactos con las izquierdas; coronel defensor de Oviedo (1936); gobernador militar de Valencia, antifascista y opuesto a Serrano Suñer (1939-1940); conspirador en contacto continuo con británicos y americanos (1941-1943), para desembocar en la defensa de una opción monárquica que se superpusiera al régimen de Franco. Su tipo corresponde al de un militar muy característico, no católico integrista ni filofalangista, pero conservador y persona de orden que no estaba de acuerdo con la deriva filofalangista del régimen.

Pero más allá de sus eventuales adscripciones era un tipo zigzagueante, indeciso y algo frívolo, porque todo el mundo sabía que estaba conspirando; Franco lo sabía, pero no veía un peligro real porque Aranda no tenía mando en tropa, ya que lo había apartado de todo porque sospechaba que era masón, además dejarle hacer servía para simular que su régimen no era una dictadura férrea. Por otra parte Aranda pertenecía al reducido grupo de los que, como Orgaz, Varela o Kindelán, habiendo tratado de tú a Franco, siguieron haciéndolo y no lo llamaban Excelencia

o Caudillo. Paul Preston dice de Aranda que «aunque en las comunicaciones con sus interlocutores británicos e izquierdistas se refería continuamente a un inminente golpe contra Franco, su principal actividad
consistía en hablar. Al final los británicos lo consideraron un veleta, indigno de toda confianza y sin lógica». El historiador americano David
Stafford, cuenta que «en marzo de 1942 Aranda había contactado con la
embajada norteamericana en Madrid pidiendo armas para el caso de que
una junta militar se hiciera con el poder. El golpe tendría lugar, precisó
Aranda: a) Si la guerra terminaba y Franco no era capaz de mantener la
ley y el orden; b) si Alemania invadía España y Franco no organizaba una
resistencia efectiva; c) si el Caudillo rechazaba tal resistencia o daba a las
fuerzas alemanas derechos de paso por España en dirección al norte de
África». En 1943 Aranda fue arrestado bajo la acusación de conspirar
contra Franco en favor de una restauración monárquica, Franco se hartó
y vino a decirle: «Arandita, si cae el portero caen todos; o sea, que mejor
nos llevamos bien». A Franco le gustaban ese tipo de frases. Por su condición de héroe en la guerra lo soltaron, aunque ya en 1949 Franco lo
acusó de presidir un comité interior de coordinación con socialistas y
libertarios y lo apartó definitivamente del ejército. Durante los años cincuenta siguió conspirando con los monárquicos y, tras la muerte de Franco, el rey Juan Carlos le otorgó el rango de teniente general.

El equivalente en euros de hoy de la inversión total de la operación
Money for being stand by, se cifra en una horquilla de entre trescientos
cincuenta a mil millones de euros a repartir entre treinta generales y
hombres del régimen. March les dio pequeñas sumas en efectivo pero el
grueso del dinero —al menos veinte millones de dólares de la época— se
depositó en cuentas en Nueva York y Ginebra. Y claro, eso era un problema porque tener cuentas en el extranjero era ilegal. El problema era
cómo blanquear ese dinero. Viñas ha desentrañado lo que llama la Operación Navíos, mediante la cual March compró barcos por medios legales y autorizados por el Consejo de Ministros —al que March, por supuesto, engañó— y se autorizaron una serie de importaciones fuera de
cupo financiadas por el SOE británico que permitían al financiero im-
portar mercancías para venderlas legalmente en el mercado intervenido
con la condición de que una parte de esas mercancías las vendiera en el

mercado negro. March se convirtió así en un estraperlista autorizado por el gobierno. Y así blanqueó gran parte del dinero inglés.

La propaganda franquista lanzó a los cuatro vientos, por tierra, mar y aire, el mensaje de que la «hábil prudencia» del dictador había logrado mantener la neutralidad de España durante la Segunda Guerra Mundial. Pero fueron sir Samuel Hoare y millones de libras. Un informe del comandante Furse dirigido a Churchill cita a los implicados y la mordida de cada uno en dólares: Nicholas [sic] Franco (dos millones); general Varela (dos); general Aranda (dos); el secretario general de la Falange, Galarza (uno); general Kindelán (medio millón) de este añade entre paréntesis: «Es un chorizo». Los generales Queipo de Llano, Orgaz y Asensio recibieron pagos, sin que se detalle la cantidad. En la operación estuvieron también entre otros los generales Llana, Moreno, Alonso y Solchaga y Muñoz Grandes.

LA CIA LOS CITÓ EN PRIMAVERA Y OTROS CONTUBERNIOS

Desde los años cincuenta, el exilio buscaba semillas vivas de democracia en el interior de España y los incidentes de febrero de 1956 en Madrid transmitieron la esperanza de que algo se movía. Revistas del exilio como *Ibérica por la Libertad*, en Nueva York, o *Cuadernos por la Libertad de la Cultura*, en París, tiraban los tejos a la tibia disidencia interior y esperaban guiños de complicidad. Y viceversa. Ven, no vengas, decide tú, ya deberías haber venido. Al final, gente del entorno de Dionisio Ridruejo fue a visitar al gobierno de la República en el exilio y unos y otros empezaron a echar pelillos a la mar y a hablar del futuro. Estaban de acuerdo en que podían echar un baile con la banda sonora del europeísmo. Enrique Adrober, al que llamaban Gironella, era secretario general del Consejo Federal Español del Movimiento Europeo y como tantos otros se empeñó en el celestineo entre los del exilio y los del interior.

Escena primera. Exterior día. Mientras los mineros asturianos calentaban la atmósfera social con una larga huelga en los pozos, entre el 5 y el 8 de junio de 1962 una variopinta oposición al franquismo se reunía en Múnich en un Congreso Europeo muy seguido por los países occidentales... y la CIA. La inteligencia americana se mueve al ritmo de la geopolítica global, primero arma a los talibanes y luego les declara la guerra, primero apoya a Franco y luego le monta un Congreso Europeo, o sea un contubernio. En el de Múnich se juntaron por primera vez ciento dieciocho representantes del antifranquismo (treinta y ocho del exilio y ochenta del interior) de diversos partidos y tendencias, con la excepción —al menos de manera oficial— del Partido Comunista. Salvador de Madariaga, un liberal que fue ministro durante la República y embajador en Washington, ideó el *claim* publicitario de la cosa: «Hoy se acaba la Guerra Civil».

Total, que por primera vez tenemos sentados a una misma mesa a vencedores y vencidos de la Guerra Civil para conspirar contra el sofoco franquista. Un abrazo, un olvidemos el pasado y volvamos al amor, un bonito cuento de reconciliación orquestado por la CIA. Gil-Robles y Rodolfo Llopis se estrecharon la mano y la escena fue conmovedora. La verdad es que no hubo mucho más, pero lo que sí hubo fue la ruptura con el discurso del odio. No hay fotografía del abrazo bávaro, en cambio las hay a patadas de la reacción del Régimen, de las portadas energuménicas de los periódicos que llamaron a los disidentes estúpidos, «vendepatrias y traidores», de todo menos bonitos. El régimen supo que el ruido lo montaba la CIA y se puso de los nervios, se pasó de frenada y entró en modo pánico. Un exceso porque en Múnich hubo mucho ruido y pocas nueces. La dictadura respondió como una bestia herida, represalió a los asistentes y el diario falangista *Arriba* bautizó el encuentro como «el sucio contubernio», que según el diccionario de la RAE significa «cohabitación ilícita o alianza o liga vituperable». O sea, una abominación, lo peor de lo peor. Al régimen le interesaba recordar constantemente el conflicto, que no se borraran ni la guerra ni mucho menos aún la victoria, por eso Franco temía que se reconciliaran los dos bandos de la contienda, por eso en las manifestaciones alentadas por el franquismo pidieron incluso la horca para los del contubernio.

¿Quiénes estaban en el ajo?: desencantados del falangismo, socialistas, monárquicos, liberales, nacionalistas, azañistas, antiguos trotskistas... en resumen, todos menos los comunistas. No los habían invitado y en un ataque de cuernos el PCE sacó un comunicado que no decía «esto es una cosa de señoritos», porque ese tipo de frases llevaban el *copyright* de los anarquistas, pero casi, y en eso coincidía con el franquismo, que transmitió el mensaje de que eran un puñado de esnobs que no representaban a nadie. El PCE no estaba porque los disidentes de Múnich habían elegido un bando en la Guerra Fría y no era el de los comunistas. Querían ser parte del proyecto europeísta, ergo, eran anticomunistas.

La CIA llevaba financiando desde 1948 el proyecto europeísta. Llevaba años sobornando a intelectuales para contrapesar la influencia de los artistas soviéticos. Y Múnich era un proyecto perfecto para sus dólares. El filósofo estadounidense Sidney Hook tuvo la idea de montar un negociado de la CIA pomposamente llamado Congreso Para la Libertad de la Cultura, y el gobierno se la aplaudió con las orejas: «Dadme cien millones de dólares y mil personas bien dispuestas y garantizaré que se genere tal ola de malestar democrático entre las masas —sí, incluso entre los soldados— del imperio de Stalin que todos sus problemas durante un largo periodo de tiempo serán internos. Puedo encontrar a la gente». Le dieron la pasta y encontró a los agentes.

Julián Gómez García, apodado Julián Gorkin, fue uno de esos agentes y el protagonista en la sombra del contubernio. Había entrado en el Partido Comunista en los años veinte y se convirtió en un agente de la Komintern. Fue purgado, escapó con mucha suerte, se convirtió en antiestalinista, entró en el POUM trotskista y fue uno de los que recibieron a Orwell en Barcelona en plena Guerra Civil. Durante la ofensiva estalinista que machacó al POUM, tuvo que huir a Francia y luego a Estados Unidos y México, donde sufrió un atentado y le hicieron la vida imposible. Así que en 1948 volvió a Europa y se convirtió en uno de los hombres del Congreso por la Libertad de la Cultura, la organización anticomunista que pagaba las facturas de Múnich y otras muchas. Su manifiesto fundacional tiene párrafos muy oscuros y, como dijo el premio Nobel de Medicina sir Peter Medawar, «tras un párrafo opaco siempre se oculta un ignorante o una trama delictiva». Gorkin era el hombre que encontraba puestos de trabajo, becas y pisos en los que vivir. Una vez fue a Washington con Dionisio Ridruejo y el equipo de Kennedy los recibió como jefes de la oposición democrática en España. Gorkin era el hombre de la CIA y no le fue mal hasta que lo arrolló Vietnam y entonces el gran conseguidor fue vilipendiado por todos.

Franco tuvo infiltrados en Múnich que se ofrecieron a informarle con la condición de que no hubiera represalias para los participantes. Hubo un Consejo de Ministros que duró hasta la madrugada y el Caudillo traicionó a sus informadores, la policía esperó en estaciones y aeropuertos a los participantes en el contubernio. Algunos fueron desterrados a Fuerteventura, un lugar inhóspito en el que el agua potable llegaba en un barco, otros fueron obligados a exiliarse, perdieron sus empleos y sufrieron el desprecio de sus vecinos.

Los gobiernos europeos recibieron con asombro la fanfarronería del franquismo y le dieron con la puerta en las narices. Unos meses después, Gabriel Arias-Salgado salió del gobierno y Manuel Fraga entró con un propósito: arrebatar la bandera del reformismo europeísta a los conjurados de Múnich. ¿Lo consiguió? En parte sí. La Transición que empezó doce años después no fue la de Ridruejo ni la de Gil-Robles, ni la de ninguno de los muniqueses: fue la que empezó Fraga. Les birló la cartera con un simulacro de aperturismo casi presentable en las cancillerías europeas. Su transición empezó con música para camaleones.

Escena segunda. Interior noche. Once de la noche del 16 de junio de 1964. Han pasado dos años de lo de Múnich. Pedro Torrijos recuerda en un artículo desopilante del magazine *Jot Down* que en el auditorio del Ministerio de Información y Turismo se había congregado un millar de espectadores. En el escenario, la Orquesta Nacional de España y el Orfeón Donostiarra dirigidos por Rafael Frühbeck de Burgos. En los palcos asistían atentos —un suponer— Carmen Polo de Franco en representación del Gran Timonel al que la cultura le interesaba lo mismo que la política, el ministro Manuel Fraga, los príncipes Juan Carlos de Borbón y Sofía de Grecia y significados burócratas del régimen con bigotitos hilera de hormigas *style*. El concierto iba a ser retransmitido en directo por Radio Nacional de España, Televisión Española y la cadena SER.

Cuando las luces se atenuaron Frühbeck de Burgos —que efectivamente era de Burgos aunque en realidad se apellidaba redundantemente Frühbeck Frühbeck— alzó la batuta. Cuando la bajó, Carmen Polo y Fraga, Juan Carlos y Sofía, y los mil espectadores y más de un millón de familias españolas en sus casas escucharon *Secuencias*, obra compuesta por Cristóbal Halffter expresamente para el evento y que, en palabras del propio autor, partía «del ruido sin organización rítmica alguna para al mismo tiempo ir incorporando a la obra un ritmo preciso, ir transformando ese ruido en las diversas sonoridades que el conjunto instrumental de un orquesta me ofrece». También se estrenó *Testimonio* de Luis de Pablo, pura música abstracta, o sea abstracta al cuadrado. Bueno, bueno, una cosa espectacular.

Espectacular, claro, según los códigos de Viena o Baden-Baden, aunque no tanto según lo que se llevaba en esta tierra de garbanzos con panceta. Tras la Guerra Civil todo un mundo se hizo cenizas y de las cenizas no suelen surgir diamantes. Por eso, cuesta creerlo, pero en 1964, en una España emponzoñada de folclorismo y con rancio olor a sotana, Carmen Polo y Manuel Fraga patrocinaron y presidieron un concierto de música de vanguardia que los más tradicionalistas juzgaron como un disparate, música degenerada. Un ciudadano anónimo escribió esta carta al ministerio: «Soy un poeta y compositor por la gracia de Dios. El mundo pasa por unos momentos de un peligro mayor que el de una guerra, la culpa de ese peligro está en la música llamada moderna que tiene la culpa del gamberrismo que existe en el mundo. Señor secretario, ese concierto fue algo tan malo que daba la sensación de que era una orquesta de gamberros o de locos que se habían escapado de un manicomio». El rebuzno no era cosa exclusiva de poetas por la gracia de Dios, el músico Óscar Esplá, presidente de una organización que compensaba su escasa chicha con un nombre tan largo como Sección Española de la Sociedad Internacional de Música Contemporánea, consideraba que esa música era cosa de depravados: «Contra natura, tan aberrante como en el terreno biológico lo es la inversión sexual». Fraga era un tipo listo, pero también tenía días tontos y hacía cosas tan interesantes como una patata cocida. A lo mejor todo se reducía a eso.

Sin embargo, para la prensa oficial —o sea, toda la prensa— el concierto fue todo un éxito. «España se ha vestido de gala para asistir al concierto. En la última de las aldeas, perdidas en el valle, no huele esta noche a establo y a tomillo. Huele a noche de concierto, y los oboes salmodian con la amplia sonrisa de nuestras damas. ¡Bendita televisión de esta bendita España que goza de la paz de Dios!», exclamaba al borde mismo del delirio el influyente Diego Belalcázar desde las páginas del *Ya*. Qué cosas, oye.

¿Qué estaba pasando? ¿Por qué desde el ministerio en lugar de la caspa habitual se promocionaba a compositores treintañeros rabiosamente vanguardistas que querían sacarnos del nicho antropológico del ceporrismo y la españolada con una música que tenía tanto que ver con España como una aurora boreal? Pues, sencillamente, el concierto formaba parte de la operación propagandística más importante de la dictadura. Algo tuvo que ver la CIA.

El año 1964 se festejaba el veinticinco aniversario del «Año de la Victoria», o sea el III Año Triunfal; o sea el fin de la Guerra Civil y Fraga quería conmemorarlo desmarcándose precisamente de la propia guerra. Del «cautivo y desarmado el Ejército Rojo», a cautivar al mundo con los labios pintados de rojo, ese era el plan. La consigna era la Paz (con mayúscula). Ni la victoria ni el alzamiento. La Paz. En una operación cosmética tope invasiva se montó una exposición de carteles llamada «España en Paz», a la que siguieron un libro llamado *Viva la Paz*, una circunvalación nombrada Avenida de la Paz y un hospital bautizado como de la Paz. La guinda de tan pacífica tarta fue, chan-tata-chan, el Concierto de la Paz dirigido por Frühbeck de Burgos.

La periodista británica Stonor Saunders, en su libro *La CIA y la Guerra Fría cultural*, da las claves de lo que había detrás de aquel concierto alienígena. Veamos. Tras el Telón de Acero, lo que se llevaba esa temporada —es decir, lo único que el politburó soviético permitía que se llevara esa temporada— era el realismo socialista. O sea, musculadas pinturas y esculturas de vigoréxicos combatientes-mecánicos-agricultores en épicas actitudes de soportar sobre sus hombros el peso del paraíso comunista. Todo lo demás era arte degenerado por la podredumbre del capitalismo. Vamos, que el realismo socialista no dejaba de ser un chute de propaganda. De hecho, las obras del estalinismo y el maoísmo no se diferenciaban mucho de las macizas *Rosies las remachadoras* que pintaron en los años cuarenta Norman Rockwell o J. Howard Miller, ni por supuesto de los carteles de propaganda militar que poblaron las ciudades de todo el mundo durante la Segunda Guerra Mundial. Entonces, si en

Occidente existía una tradición figurativa tan arraigada como la soviética, ¿cómo es que, a partir de los cincuenta, la abstracción inundó todo como un tsunami? Bueno, según Stonor Saunders por la misma razón por la que existió el realismo socialista: otro chute de propaganda. La diferencia era que como en el mundo libre no podía oficializarse una propaganda institucional manifiesta, los negocios se llevaron por la puerta de atrás: a través del Congreso Para la Libertad de la Cultura, el negociado de la CIA que desde su sede en París trabajaba para demostrar que el comunismo era un enemigo mortal del arte y pensamiento.

La Guerra Fría no fue solo un enfrentamiento subterráneo en los terrenos de la política, el espionaje y el contraespionaje, sino que fue además un pulso en todos los ámbitos de la sociedad. La CIA, aparte de defenderse contra el KGB, financiar golpes militares y subvencionar actuaciones de dudosa catadura, también infiltró a sus agentes en los estamentos culturales de Estados Unidos y Europa Occidental. Había que plantar cara al bloque soviético en todos los frentes y si los rusos producían pintura y escultura realista, la CIA pondría un buen dinero para hacer famosos a Mark Rothko, Jackson Pollock o David Smith. La cosa era de traca, el gobierno de Estados Unidos subvencionaba no solo las exportaciones de los agricultores de cacahuetes o de los fabricantes de aviones, sino también el expresionismo abstracto. Y así con todo: agentes artísticos, marchantes, galerías, museos, revistas, periódicos, agregados culturales, secretariados y ministerios. Y eso en un país en el que «cultura patrocinada por el Estado» significaba las locuras feudales de príncipes y potentados de Europa.

Todos recibieron «incentivos» para que el arte oficial de Occidente se pareciera al soviético como un huevo a una castaña. Incluso la música acabó sirviendo de línea de batalla contra el oso ruso, y los conservatorios, festivales y auditorios del mundo occidental recibieron manguerazos de pasta gansa por la causa de la libertad. Frente las fieras sinfonías de Shostakovich, los tiernos poemas sinfónicos de Prokofiev y los vibrantes ballets costumbristas de Jachaturián, Occidente contraatacó con la Escuela de Darmstadt.

Esa ciudad alemana tenía urgencia en lavarse la cara porque fue la primera en obligar a los comercios judíos a cerrar sus puertas en 1933, por eso solo un año después del hundimiento nazi, allí se reunió la flor, la nata, la guinda y hasta el envoltorio de la cultura musical de Occidente. En 1946 tuvo lugar el primero de los cursos de verano de Darmstadt. Un día charlaba Schönberg sobre dodecafonismo y al siguiente daba un curso Messiaen sobre ornitología y sinestesia. La secta necesitaba sectarios y ya en la década de los cincuenta comenzaron a publicarse e interpretarse obras de los propios alumnos, propagandistas destinados a perfilar la silueta musical del mundo: Boulez, Maderna, Stockhausen, Berio o Iannis Xenakis, entre otros. Si estos compositores estaban destinados a dominar el mundo de la música culta fue porque, en efecto, la CIA los puso bien enfiladitos hacia su destino de agentes musicales de la Guerra Fría. En la batuta llevaban una *Weltanschauung* como la copa de un pino.

¿Y qué tiene que ver todo este rollo con Carmen Polo, Manuel Fraga y el concierto alienígena de los veinticinco años de Paz (con mayúscula)? La verdad es que las piezas se unen solas. Si los Pactos de Madrid de 1953 habían reiniciado las relaciones con Estados Unidos y si dos años después España fue admitida como miembro de las Naciones Unidas, Fraga iba a demostrar que España era la mejor amiga de Occidente, aunque no hubiera entrado en el Plan Marshall. O quizás sí que entró un poquito. De hecho, el propio Luis de Pablo había sido alumno de los cursos de Darmstadt en 1959 y Halffter sería ponente de las mismas conferencias en 1970. Sí, las que, según Frances Stonor Saunders, fueron financiadas por la CIA. ¿Hubo dinero de los contribuyentes estadounidenses, directa o indirectamente, en el Concierto de la Paz? ¿Lo hubo en la actuación de los Beatles en la plaza de toros de Las Ventas en el 65? ¿Era el europeísmo de los conspiradores de Múnich una señal de identidad de un ambicioso *think tank* anticomunista, financiado con dólares norteamericanos y que, desde 1950 y hasta mediados de la década de los sesenta, se convirtió en una de las *more daring and effective Cold War covert operations*?*

Audaz y efectiva fue también la voladura el 20 de diciembre de 1973, en pleno barrio de Salamanca de Madrid, del Dodge Dart negro

---

* Más audaces y efectivas operaciones encubiertas de la Guerra Fría.

de casi dos toneladas de peso en el que se desplazaba el presidente del Gobierno Luis Carrero Blanco. Cuando, a las 09.27, tras asistir a misa en la iglesia de San Francisco de Borja, circulaba por la calle Claudio Coello, los terroristas activaron las cargas explosivas en el momento en que el vehículo pasó por encima de la zona señalada con una pintada roja sobre la pared.

Todo comenzó quince meses y seis días antes, cuando en un hotel de Madrid un desconocido entregó al etarra Joseba Mikel Beñarán Ordeñana, *Argala*, un mensaje sin remitente. Era un sobre con un soplo mecanografiado: «El almirante Luis Carrero Blanco, vicepresidente del Gobierno, acude todos los días laborables a la misa de las nueve de la mañana que se celebra en la iglesia de los jesuitas situada en la calle de Serrano, frente a la embajada de Estados Unidos. Lleva muy poca protección de escolta y recorre siempre el mismo trayecto». Personas de contrastada confianza para la CIA que eran también de confianza para ETA, o sea agentes de los servicios secretos del PNV, partido que mantenía relación con la inteligencia americana desde las vísperas de la Segunda Guerra Mundial, pusieron de esa manera en contacto al hambre con las ganas de comer. Lo afirma la periodista Pilar Urbano en su libro *El precio del trono* que concluye que el secretario de Estado Henry Kissinger y la CIA estuvieron detrás del último viaje del almirante.

El juez Luis de la Torre Arredondo, al que le arrebataron el sumario para pasárselo a la jurisdicción militar, comprobó con los expertos que la explosión no pudo ser provocada con la dinamita que ETA dijo que había utilizado. Un informe de los servicios secretos españoles aseguró que el explosivo utilizado era C4, un potentísimo explosivo plástico «fabricado en Estados Unidos para el uso exclusivo de sus Fuerzas Armadas». En una entrevista para *Interviú*, en 1984, el magistrado dijo que «iba teniendo la convicción cada vez más sólida de que la CIA supo que iban a matar a Carrero, que la CIA estaba detrás». Al juez le ocultaron el informe con el resultado de la investigación que el Grupo Operativo de los Servicios Secretos de Información había realizado tomando muestras en el cráter provocado por la explosión. Urbano reveló que, aunque ese informe seguía siendo materia reservada, agentes veteranos de los servicios secretos le habían confirmado su existencia y contenido. La periodista sugería que la CIA cambió el explosivo del túnel cuando los etarras dejaron el sótano sin vigilancia al aplazar el atentado por la visita a Madrid de Henry Kissinger.

La opinión más difundida es que la muerte de Carrero trajo consigo la muerte del franquismo. No lo está tanto la idea de que la Transición se diseñó en la sede central de la CIA. En *Las claves de la Transición. De la muerte de Carrero Blanco al referéndum de la OTAN*, Alfredo Grimaldos publicó el testimonio del general Manuel Fernández Monzón, enlace con la CIA del SECED, los servicios secretos de Carrero Blanco: «No es verdad todo lo que se ha dicho de la Transición. Fue un plan concebido al otro lado del Atlántico. Todo estuvo diseñado por la Secretaría de Estado y la CIA. Estados Unidos quería tener la seguridad de que, con el final del franquismo, aquí no iba a pasar nada que estuviera fuera de su control. Los ejecutantes del atentado contra Carrero son etarras, eso está claro, pero ¿quién lo pone en marcha? Quizá alguien en la CIA pensó que Carrero podía ser un obstáculo y era mejor suprimirlo». Asesinado Carrero, el embajador en Madrid le escribía a Kissinger que «no tenía carisma ni afecto popular y nadie se ha sentido afectado por su muerte». Y el comentario de un importante portavoz de esa representación diplomática, también vinculado personalmente con Kissinger, estremecía a un destacado representante del Ministerio español de Asuntos Exteriores: «No quiero que suene brutal pero… un estorbo menos para la apertura de España y, por deplorable que sea un asesinato, lo cierto es que ETA os ha hecho un gran favor».

Aquel año los etarras se movieron por Madrid con toda impunidad y cometiendo muchas imprudencias en una época en la que cualquier militante comunista que ponía sus pies en territorio nacional era detenido inmediatamente. En momentos en los que las distintas fuerzas de seguridad se disponían a interceptar alguna de las acciones de los terroristas, aparecían ciertos vehículos que abortaban las distintas iniciativas porque se trataba de asuntos de Estado. El periodista Ernesto Villar, tras estudiar el sumario completo del caso de más de tres mil folios, sugiere en su libro *Matar a Carrero* que pudo haber una conspiración desde el propio Régimen para matar al presidente franquista. Tal vez la idea del asesinato no surgiera del propio Régimen, pero la respaldó por acción u omisión. No

tiene explicación que tras el magnicidio no se declarara el estado de excepción ni se pusiera en marcha una operación «jaula», como había ocurrido con atentados anteriores. No se explica que nadie preguntase a los
porteros de las viviendas cercanas al número 104 de la calle Claudio
Coello desde donde los etarras excavaron el túnel en el que pusieron la
carga mortal. Tampoco se entiende que los hechos sucediesen a escasos
metros de la embajada de Estados Unidos. Es como si el Régimen quisiera pasar de puntillas y dar carpetazo al *affaire* lo antes posible. ¿Qué
quiso decir Franco tras el atentado con aquello de que «no hay mal que
por bien no venga?». Y una última pregunta: ¿los oscuros señores de esos
hilos eran los mismos que estaban detrás del intento de golpe de Estado
del 23 de febrero de 1981?

A un libro sobre enigmas le conviene terminar de manera enigmática. O con una tumba vacía.

LA TUMBA VACÍA

El *Angelus* de Millet representa a una pareja de campesinos rezando en un
campo de trigo junto a aperos de labranza y un cesto de patatas. Cuando
se analiza el cuadro con rayos X, se descubre bajo el cesto de patatas un
niño en un féretro. Cuenta Millet en sus memorias que tras haber pintado al niño muerto, un amigo le aconsejó cambiar de tema porque era
demasiado triste y no encontraría comprador, de manera que cubrió la
primera imagen con un cesto de patatas. Dalí ignoraba esta historia, pero
vivió tan hechizado por ese cuadro que lo pintó sesenta y cuatro veces
a su manera, como una obsesiva sucesión de *remakes*. Dalí era el segundo hijo de sus padres, su hermano mayor murió tres meses antes de su
nacimiento y durante toda su vida Dalí hizo el payaso para desmarcarse
de aquel angelito pequeño y enterrado. Cuando le contaron la historia
del cuadro de Millet, dijo: «Siempre había presentido un niño muerto
en ese cuadro».

Tras la finca mexicana de Xilitla, el mayor objeto surrealista del
mundo es el teatro-museo Dalí, en Figueras. Cuando era todavía el teatro municipal, Dalí que tenía catorce años, expuso allí sus dos primeras

obras. No sabía que, setenta años después, sería su tumba. Tampoco lo quería.

En los años sesenta, el alcalde de Figueras, Ramón Guardiola, pidió a Dalí un cuadro para el museo local. El pintor se ofreció a regalar un museo entero y sugirió como sede el antiguo teatro destruido y abandonado desde la Guerra Civil. Cuando se inauguró en 1974, no tardó en convertirse en el segundo museo español por número de visitantes. Durante el verano, con las salas sofocadas de calores y turistas de todo el mundo, la llamativa presencia de Dalí con expresión solemne, ostentando un bastón y tocado con barretina, como un signo de interrogación en la cabeza, era una aparición que arremolinaba a gentes y cámaras. Una de las obsesiones dalinianas era metamorfosear las cosas para convertirlas en otras cosas: un reloj que es un queso de Camembert, un caballo que es un cuerpo de mujer o una Venus de Milo que es un torero. Y eso hizo consigo mismo: era un genio transformado en *showman*. Ya dijo Nietzsche que lo que es profundo ama la máscara. Pero sobre todo amó a Gala.

Se llamaba Helena Ivanovna Diakonova y era la mujer del poeta Paul Éluard cuando Dalí la vio por primera vez un verano en Cadaqués. Fue un flechazo cósmico. Para llamar su atención sacó de la chistera un montón de trucos surreales, se pintó de azul los sobacos, se untó de pescado y de excremento de cabra, adornó su cuello con un collar de perlas y la oreja con un jazmín; pero cuando estuvo ante ella se abismó en el pánico y estalló en un ataque de risa loca. Ella le cogió la mano y le dijo con solemnidad: «Ven mi niño, ya no nos separaremos más». Un beso selló la alianza. Desde aquel momento quedaban unidos para la eternidad. Hasta que un alcalde torció la voluntad de ambos.

Helena Ivanovna se hizo llamar simplemente Gala y fue la curandera de los miedos del genio y la gobernadora de sus delirios. Le enseñó a vestirse, a bajar una escalera sin caerse veinte veces, a comer sin tirar el muslo de pollo al suelo y a distinguir a los enemigos. Dalí la quería más que a Picasso e incluso más que al dinero. Es verdad que era una mujer de fuego y que se refugiaba en los brazos de efebos de ojos azules, pero el genio, que no podía darle ese tipo de efusiones, consentía convencido de que su amor por ella era mucho más sublime que el sexo, y de que su musa buscaba en ellos tan solo preservarse del tiempo.

El 10 de junio de 1982, a las 14.15 horas, Gala murió en Púbol. Un desconsolado Dalí acertó a decir ante el cadáver embalsamado de su diosa: «Parece dormir, vestida de rojo, en su féretro de cristal». La enterraron en el castillo de Púbol, que Dalí le había regalado para su esparcimiento exclusivo y en donde, tras la muerte de la musa, hizo construir dos tumbas gemelas conectadas por un agujero a través del cual los dos amantes se darían la mano eternamente. Pero la segunda tumba está vacía.

En enero de 1989, Dalí agonizaba. Su viejo colaborador Robert Descharnes confirmó que el deseo del artista de ser enterrado junto a Gala. Su ayudante Arturo Caminada ya había dado la orden para que prepararan la tumba de Púbol. Pero el alcalde de Figueres, Marià Llorca, sorprendió a todos con una revelación inesperada: había estado a solas en la habitación del hospital, sin testigos, y Dalí le había pedido que lo enterraran en el teatro-museo. Y allí sigue, en la cripta instalada bajo la cúpula, frente al enorme *trompe l'oeil* que representa, según la distancia a que se halle el observador, las imágenes de Gala desnuda y del presidente Lincoln.

Aún flota la sospecha de que se traicionó la voluntad de Dalí. Están en pugna la supuesta última voluntad de un hombre enfermo y sesenta años de amor, pasión y locura; de idolatría a Gala. En Púbol, una tumba vacía parece implorar un acto de justicia póstuma. A menos que…

Madrid, enero de 2017

BIBLIOGRAFÍA

Estoy en deuda con la tira de historiadores, aunque especialmente con José Álvarez Junco, Henry Kamen, Miguel Alonso Baquer, Pierre Vilar, Yuval Harari, Paul Preston, Francisco Javier Peña Pérez y Miguel Artola. He consultado sus libros y en todos he encontrado sugerencias coruscantes, datos imprescindibles y vislumbres luminosas. He buscado también en un centón de autores y he tomado prestados algunos detalles de Jon Juaristi, Alejandro García, José María Zavala, Pedro Torrijos, Ana V. Pérez de Arlucea, Javier Bilbao, Jorge Bustos y Félix de Azúa. Que consideren estos préstamos como un indicio de admiración.

ABILLEIRA, Yago, *Los galeones de Vigo*, Patiño Gómez, Pontevedra, 2005.

AGUIRREZÁBAL, María Jesús, «La conspiración de Picornell (1795) en el contexto de la prerrevolución liberal española», *Revista de Historia Contemporánea*, n.º 1, 1982.

AL MAQQARI, *History of the Mohammedan dinastyes*, Routledge, Londres, 2002.

ALCALÁ GALIANO, Antonio, *Recuerdos de un anciano*, Crítica, Barcelona, 2009.

ALMAGRO GORBEA, Martín, *Los orígenes de los vascos*, Real Sociedad Bascongada de los Amigos del País, Madrid, 2008.

ALONSO, Jorge, *Tartesos. Tres mil años de enigma*, Roasa, Granada, 1983.

ALONSO BAQUER, Miguel, «El pronunciamiento en tiempo de revolución», *Revista de Historia Militar*, n.º 44, Madrid, 1979.

ALONSO-FERNÁNDEZ, Francisco, *Historia personal de los Austrias españoles*, Fondo de Cultura Económica de España, Madrid, 2012.

ALVAR, Alfredo, *El duque de Lerma, corrupción y desmoralización en la España del siglo XVII*, La Esfera de los Libros, Madrid, 2010.

ÁLVAREZ, Gonzalo, CEBALLOS, Francisco C. y QUINTEIRO, Celsa, *The Role of Inbreeding in the Extinction of a European Royal Dynasty*, journals.plos.org

ÁLVAREZ JUNCO, José, *Historia y mito. Saber sobre el pasado o cultivo de identidades*, Lección inaugural Curso Académico 2011/2012, UCM.

AMAT, Jordi, *La primavera de Múnich: esperanza y fracaso de una transición democrática*, Tusquets, Barcelona, 2016.

ARANZADI, Juan de, *Milenarismo vasco. Edad de oro, etnia y nativismo*, Taurus, Barcelona, 1981.

ARNOLDSSON, Sverker, «La leyenda negra. Estudios sobre sus orígenes», *Acta Universitatis Cotheburgensis*, vol. LXVI. Gotemburgo, 1960.

ARRABAL, Fernando, *Un esclavo llamado Cervantes*, Espasa Libros, Barcelona, 1996.

ARSUAGA, Juan Luis, *El collar del neandertal*, Temas de Hoy, Madrid, 2012.

ARTOLA, Miguel, *Antiguo Régimen y revolución liberal*, Ariel, Barcelona, 1991.

—, *La España de Fernando VII*, Espasa Calpe, Barcelona, 1999.

AVILÉS FARRÉ, Juan, *La daga y la dinamita. Los anarquistas y el nacimiento del terrorismo*, Tusquets Editores, Barcelona, 2013.

BARRIOS, Manuel, *Pedro I el Cruel: la nobleza contra su rey*, Temas de Hoy, Madrid, 2001.

BEEVOR, Antony, *The Battle for Spain. The Spanish Civil War 1931-1939*, Penguin Books, 2006.

BENDALA, Manuel, *Tartesios, iberos y celtas*, Temas de Hoy, Madrid, 2000.

BENITO RUANO, Eloy, «El mito histórico del año mil», en *Milenarismos y milenaristas en la Europa Medieval*, IX Semana de Estudios Medievales, Nájera, 1998.

—, Eloy (coord.), *Tópicos y realidades de la Edad Media*, Real Academia de la Historia, Madrid, 2002.

BLÁZQUEZ MARTÍNEZ, José María, *Prisciliano, introductor del ascetismo en Gallaecia*, I Reunión Gallega de Estudios Clásicos (Santiago-Pontevedra, 2-4 julio 1979), Santiago de Compostela, 1981.

—, «Historiografía de la Dama de Elche, sus prototipos fuera de España», *Lucentum*, 23-24, 2004-2005.

BORD, Gustave, *Rosine Stoltz*, Henri Daragon, 1909.

BRAVO CASTAÑEDA, Gonzalo (coord.), *La caída del Imperio Romano y la génesis de Europa*, Editorial Complutense, Madrid, 2001.

BRIOSCHI, Carlo Alberto, *Breve historia de la corrupción*, Taurus, Barcelona, 2010.

CALVO MATURANA, Antonio, *La revolución de los españoles en Aranjuez: el mito del 19 de marzo hasta la Constitución de Cádiz*, www.academia.edu, 2012.

—, *Con tal que Godoy y la reina se diviertan: en torno a la virtud de María Luisa de Parma y la legitimidad de Carlos IV*, www.academia.edu, 2013.

CALVO POYATO, José, *La vida y época de Carlos II el Hechizado*, Planeta, Barcelona, 1998.

CANAVAGGIO, Jean, *Cervantes*, Espasa-Calpe, Barcelona, 1987.

CANTO, Alicia M., *El testamento del cerdito Corocotta*, celtiberia.net Biblioteca, 2007.

CARO BAROJA, Julio, «La "realeza" y los reyes en la España antigua», *Cuadernos de la Fundación Pastor*, 17, Madrid, 1971.

—, *Las falsificaciones de la historia (en relación con la de España)*, Círculo de Lectores, Barcelona, 1996.

CASTRO, Américo, *España en su historia. Cristianos, moros y judíos*, Losada, Buenos Aires, 1948.

—, *Sobre el nombre y el quién de los españoles*, Sarpe, Madrid, 1985.

CATALÁN, Diego, *Historia de la Lengua Española de Ramón Menéndez Pidal*, Fundación Ramón Menéndez Pidal y Real Academia Española, 2005.

CEPEDA GÓMEZ, José, *Teoría del pronunciamiento. El intervencionismo militar en el reinado de Isabel II*. Tesis doctorales Universidad Complutense de Madrid, 1982.

—, *El Ejército en la política española (1787-1843)*, Fundación Universitaria Española, Madrid, 1990.

CHAO, Ramón, *Prisciliano de Compostela*, Seix Barral, Barcelona, 1999.

CHARROUX, Robert, *Treasures of the World*, Muller, Londres, 1966.

CHILDE, Gordon, *The Story of Tools*, Cobbet Publishing Co., 1944.

CHRISTIANSEN, Eric, *Los orígenes del poder militar en España. 1800-1854*, Aguilar, Barcelona, 1974.

COLLINA-GIRARD, Jacques, *L'Atlantide retrouvée? Enquête scientifique autour d'un mythe*, Belin-Pour la Science, París, 2009.

DAY, Peter, *Los amigos de Franco. Los servicios secretos británicos y el triunfo del franquismo*, Tusquets, Barcelona, 2015.

DE LA FUENTE, Vicente, *Historia de las sociedades secretas*, Maxtor, Valladolid, 2012.

DESDEVISES DU DÉZERT, Georges-Nicolas, *La société espagnole au xviiie siècle*, Ann Arbor University Microfilms International, 1979.

DOMÍNGUEZ MONEDERO, Adolfo J., «Los términos "Iberia" e "iberos" en las fuentes grecolatinas: estudio acerca de su origen y ámbito de aplicación», *Lucentum*, 2, Alicante, 1983.

DOUSSINAGUE, José M., *Fernando el Católico y Germana de Foix. Un matrimonio por razón de Estado*, Espasa Calpe, Madrid, 1944.

DUVERGER, Christian, *Crónica de la eternidad*, Taurus, Barcelona, 2013.

ESCOLAR, Arsenio y ESCOLAR, Ignacio, *La nación inventada. Una historia diferente de Castilla*, Península, Barcelona, 2010.

ESLAVA GALÁN, Juan, *Historia de España contada para escépticos*, Planeta, Barcelona, 2002.

FAJARDO, José Manuel, *La epopeya de los locos*, Vergara, Barcelona, 2002.

FAYANÁS ESCUER, Edmundo, «Isabelle II. Nymphomane couronnée», *Histoire Point de Vue*, n.º 16, París, diciembre de 2013.

FERNÁNDEZ ÁLVAREZ, Manuel, *Carlos V. Un hombre para Europa*, Espasa Calpe, Barcelona, 1999.

FERNÁNDEZ BUEY, Francisco, «La controversia entre Ginés de Sepúlveda y Bartolomé de las Casas, una revisión», *Boletín Americanista de la Universidad de Barcelona*, 1992.

FERNÁNDEZ DURO, Cesáreo, *La tradición de Alonso Sánchez de Huelva, descubridor de tierras incógnitas*, Biblioteca Virtual Miguel de Cervantes.

FERNÁNDEZ URRESTI, Mariano, *Colón el Almirante sin rostro*, EDAF, Madrid, 2006.

FLETCHER, RICHARD A., *Saint James's Catapult. The Life and Times of Diego Gelmírez of Santiago de Compostela*, Oxford University Press, 1984.

GARCÍA, Alejandro, «Amadeo de Saboya, rey: veni, vidi, fugi...», *Jot Down Magazine*.

GARCÍA BELLIDO, Antonio, «Hispania Greca», *The Art Bulletin*, 33, marzo, 2015.

GARCÍA CÁRCEL, Ricardo, *Don Carlos: el príncipe de la leyenda negra*, educa.madrid.org

—, *La leyenda negra: historia y opinión*, Alianza Editorial, Madrid, 1998.

GARCÍA PÉREZ, Guillermo, «Covadonga. Un mito nacionalista católico de origen griego», *El Basilisco*, n° 17, 1994.

GARCÍA Y BELLIDO, Antonio, «Los más remotos nombres de España», *Arbor*, n.º 19, enero-febrero, 1947.

—, *Primeras navegaciones griegas a Iberia*, Biblioteca Virtual Miguel de Cervantes, 2006.

GLICK, Thomas F., *Cristianos y musulmanes en la España medieval (711-1250)*, Alianza Editorial, Madrid, 1991.

GONZÁLEZ CALLEJA, Eduardo, y AUBERT, Paul, *Nidos de espías. España, Francia y la Primera Guerra Mundial*, Alianza Editorial, Madrid, 2014.

GRACIA ALONSO, Francisco (coord.), *De Iberia a Hispania*, Ariel, Barcelona, 2008.

GREENBLATT, Stephen, *El giro*, Crítica, Barcelona, 2012.

GRIMALDOS, Alfredo, *Claves de la Transición 1973-1986 (para adultos): de la muerte de Carrero Blanco al referéndum de la OTAN*, Península, Barcelona, 2013.

HARARI, Yuval Noah, *Sapiens. De animales a dioses: Una breve historia de la humanidad*, Debate, Madrid, 2014.

HOZ, Javier de, *Las lenguas y la epigrafía prerromanas de la Península Ibérica*, en *Unidad y pluralidad en el mundo antiguo*, Gredos, Madrid, 1983.

JORDANES, *Origen y gestas de los godos*, Madrid, Cátedra, 2001.

JUARISTI, Jon, *Historia mínima del País Vasco*, Turner, Madrid, 2013.

JUSTINO, *Epítome de las historias filípicas de Pompeyo Trogo*, Gredos, Madrid, 1995.

KAMEN, Henry, «La destrucción de la flota española de la plata en Vigo en 1702», *Glaucopis, boletín del Instituto de Estudios Vigueses*, n.º 3, 1997.

—, *Felipe V. El rey que reinó dos veces*, Temas de Hoy, Madrid, 2000.

—, *El Rey Loco y otros misterios de la España Imperial*, La Esfera de los Libros, Madrid, 2012.

KINKADE, Richard P., *Alfonso, X, Cantiga 235, and the Events of 1269-1278*, journals.uchicago.edu

KOCH, Stephen, *La ruptura: Hemingway, Dos Passos y el asesinato de José Robles*, Galaxia Gutenberg, Barcelona, 2006.

LAFUENTE, Modesto, *Historia general de España*, Urgoiti Editores, Pamplona, 2002.

LAPESA, Rafael, *Historia de la lengua española*, Gredos, Madrid, 1988.

LOMAX, Derek. W., *La reconquista*, Crítica, Barcelona, 1984.

LUNA, Miguel de, *La verdadera historia del rey Don Rodrigo, en la qual se trata la causa principal de la perdida de España y la conquista que della hizo Miramamolin Almançor Rey que fue del Africa, y de las Arabias*, bibliotecavirtualdeandalucia.es

LLORCA, Carmen, *Isabel II y su tiempo*, Istmo, Madrid, 1984.

MADOL, Hans Roger, *Godoy*, Alianza Editorial, Madrid, 1966.

MALTBY, William S., *The Black Legend in England*, Duke University Press, 1971.

MANZANO Y MANZANO, Juan, *Colón y su secreto: el predescubrimiento*. Ediciones Cultura Hispánica, Madrid, 1989.

MARAÑÓN, Gregorio, *Ensayo biológico sobre Enrique IV de Castilla y su tiempo*, Austral, Buenos Aires, 1943.

MARLOWE, Stephen, *The Death and Life of Miguel de Cervantes: a Novel*, Arcade Publishing, 1996.

MARQUÉS DE VILLA-URRUTIA, *Mujeres de antaño. La reina María Luisa esposa de Carlos IV*, Tip. Artística. 1927.

MARTÍNEZ DE PISÓN, Ignacio, *Enterrar a los muertos*, Seix Barral, Barcelona, 2006.

MARTÍNEZ DÍEZ, Gonzalo, *El condado de Castilla, 711-1038: la historia frente a la leyenda*, Marcial Pons Historia, Valladolid, 2005.

—, *Sancho III el Mayor Rey de Pamplona, Rex Ibericus*, Marcial Pons, Madrid, 2013.

MAYER I OLIVÉ, Marc, *El asesino de Ataúlfo, Humanitas in honorem Antònia Fontàn* Gredos, Madrid, 1992.

MENÉNDEZ PIDAL, Ramón, *La España del Cid*, Espasa Calpe, Barcelona, 1929.

MERLINI, Marco, *La scrittura è nata in Europa? Prehistory Knowledge Project*, Avverbi Edizioni, 2004.

MOFFITT, John F., *El caso de la Dama de Elche. Crónica de una leyenda*, Ediciones Destino, Barcelona, 1996.

MONTELLA, Assumpta, *El setè camió. El tresor perdut de la República*, Ara Libres, Barcelona, 2010.

MONTER, William, *Frontiers of Heresy*, Cambridge University Press, 2009.

MORCILLO ROSILLO, Matilde, «El asesinato de Canalejas en la Prensa española (1912)», *Revista de la Facultad de Educación de Albacete*, n.º 22, 2007.

MORENO LUZÓN, Javier, *El Conde de Romanones. Caciquismo y política liberal*, Alianza Editorial, Madrid, 1998.

MUÑOZ MALDONADO, José, *Causas célebres históricas españolas*, Nabu Press, 2011.

MURRAY, OSWYN, *Grecia Antigua*, Taurus, Barcelona, 1981.

NAVEROS, José Miguel, «Canalejas o la esperanza (12 de noviembre de 1912)», *Tiempo de Historia*, año V, n.º 49, 1978.

OTAMENDI, Miner, *Los pueblos malditos*, Espasa-Calpe, Austral, Barcelona, 1978.

PANDO DESPIERTO, Juan, *Historia secreta de Annual*, Temas de Hoy, Madrid, 1999.

PEÑA PÉREZ, Francisco Javier, *El Cid. Historia, leyenda y mito*, Planeta DeAgostini, Barcelona, 2007.

PÉREZ ABELLÁN, Francisco, *Matar a Prim*, Planeta, Barcelona, 2014.

PÉREZ-MALLAÍNA, Pablo Emilio, *Naufragios en la Carrera de Indias durante los siglos XVI y XVII*, Universidad de Sevilla Secretariado de Publicaciones, 2015.

PFANDL, Ludwig, *Carlos II*, Afrodisio Aguado, 1947.

POGNON, Edmond, *La vida cotidiana en el año mil*, Temas de Hoy, Barcelona, 1991.

POWELL, Philip Wayne, *Tree of Hate*, University of New Mexico Press, 2008.

PRESTON, Paul, *Idealistas bajo las balas*, Debolsillo, Barcelona, 2006.

RAMOS LOSCERTALES, José María, «Los Jueces de Castilla», *Cuadernos de Historia de España*, X, Buenos Aires, 1948.

—, «Prisciliano. Gesta rerum», *Acta Salmanticensia. Filosofía y Letras*, tomo V., n.º 1, Salamanca, 1951.

RICKOVER, H. G., *Cómo fue hundido el acorazado Maine*, Editorial Naval, Madrid, 1976.

ROBLEDO, Mar y KOUTSOURAIS, Ioannis, *Las muertes de Prim*, Tébar Flores, Madrid, 2014.

ROSSI, Rosa, *Sulle tracce di Cervantes: Profilo inedito dell'autore del Chisciotte*, Editorí Riuniti, 1997.

SACANELL RUIZ DE APODACA, Enrique, *El general Sanjurjo. Héroe y víctima*, La Esfera de los Libros, Madrid, 2004.

SALAZAR ACHA, Jaime, *Una familia de la alta Edad Media: los Velas y su realidad histórica*, Estudios Genealógicos y Heráldicos, Madrid, 1985.

SALINAS DE FRÍAS, Manuel, *Los pueblos prerromanos de la península Ibérica*, Akal, Madrid, 2007.

SÁNCHEZ ALBORNOZ, Claudio, *España, un enigma histórico*, Edhasa, Barcelona, 2000.

SAUNDERS, Frances Stonor, *La CIA y la Guerra Fría cultural*, Debate, Barcelona, 2001.

SCHULTEN, Adolf, *Los cántabros y astures y su Guerra con Roma*, Espasa Calpe, Madrid, 1943.

—, *Tartessos, contribución a la historia más antigua de Occidente*, Almuzara, Córdoba, 2006.

SEBRELI, Juan José, *El asedio de la modernidad*, Ariel, Barcelona, 1992.

SECO SERRANO, Carlos, *Godoy, el hombre y el político*. Espasa-Calpe, Barcelona, 1978.

SILES, Jaime, *Léxico de inscripciones ibéricas*, Ministerio de Cultura, 1985.

TODOROV, Tzvetan, *La conquista de América. La cuestión del otro*, Siglo XXI, México, 1987.

TORRIJOS, Pedro, «Franco, la CIA y el Concierto de la Paz», *Jot Down Cultural Magazine*, n.º 3, diciembre de 2014.

TOVAR, Antonio, *Mitología e ideología sobre la lengua vasca*, Gredos, Madrid, 1980.

TUÑÓN DE LARA, Manuel (dir.), *Historia de España*, Labor, Barcelona, 1981.

TUSELL, Javier, *Historia de España en el siglo XX. La crisis de los años treinta: República y Guerra Civil*, Taurus, Barcelona, 1999.

URABAYEN, Félix, *El barrio maldito*, Txalaparta, Navarra, 2015.

URBANO, Pilar, *El precio del trono*, Planeta, Barcelona, 2012.

VICENS VIVES, Jaime, *Aproximación a la Historia de España*, Vicens-Vives, Barcelona, 2003.

VIGÓN, Juan, *General Mola: el conspirador*, AHR, Barcelona, 1957.

VILAR, Pierre, *Historia de España*, Crítica, Barcelona, 2000.

VILLAR, Ernesto, *Todos quieren matar a Carrero*, Libroslibres, Madrid, 2011.

VIÑAS, ÁNGEL, *Sobornos. De cómo Churchill y March compraron a los generales de Franco*, Crítica, Barcelona, 2016.

VOLTES, Pedro, *Carlos III y su tiempo*, Juventud, Barcelona, 1964.

—, *Rarezas y curiosidades de la Historia de España*, Flor del Viento, Barcelona, 2001.

VV.AA., *La imagen de España en la Antigüedad clásica*, Gredos, Madrid, 1995.

VV.AA., *Historia de España Antigua*, Cátedra, Madrid, 1997.

ZABALO, Javier, «El número de musulmanes que atacaron Covadonga», *Historia, Instituciones, Documentos*, n.º 31, 2004.

ZAVALA, Iris M., *Masones, Comuneros y Carbonarios*, Siglo XXI, México, 1971.

ZAVALA, José María, *Bastardos y borbones. Los hijos secretos de la dinastía*, Debolsillo, Barcelona, 2011.

—, *La maldición de los Borbones: De la locura de Felipe V a la encrucijada de Felipe VI*, Debolsillo, Barcelona, 2012.

ESTE LIBRO SE TERMINÓ DE IMPRIMIR
EN EL MES DE MARZO
DE 2017